Emmerich Tálos,
Wolfgang Neugebauer (Hg.)

Austrofaschismus

Politik und Zeitgeschichte

herausgegeben von

Prof. Dr. Emmerich Tálos
(Universität Wien)

Band 1

LIT

Emmerich Tálos,
Wolfgang Neugebauer (Hg.)

AUSTROFASCHISMUS

Politik – Ökonomie – Kultur

1933 – 1938

LIT

Bibliografische Information der Deutschen Nationalbibliothek
Die Deutsche Nationalbibliothek verzeichnet diese Publikation in der
Deutschen Nationalbibliografie; detaillierte bibliografische Daten sind
im Internet über http://dnb.d-nb.de abrufbar.

7. Auflage 2014

ISBN 978-3-8258-7712-5

©LIT VERLAG GmbH & Co. KG   LIT VERLAG
Wien 2014   Dr. W. Hopf Berlin 2014
Krotenthallergasse 10/8   Verlagskontakt:
A-1080 Wien   Fresnostr. 2
Tel. +43 (0) 1-409 56 61   D-48159 Münster
Fax +43 (0) 1-409 56 97   Tel. +49 (0) 2 51-62 03 20
E-Mail: wien@lit-verlag.at   Fax +49 (0) 2 51-23 19 72
http://www.lit-verlag.at   E-Mail: lit@lit-verlag.de
                                   http://www.lit-verlag.de

Auslieferung:
Deutschland: LIT Verlag Fresnostr. 2, D-48159 Münster
Tel. +49 (0) 2 51-620 32 22, Fax +49 (0) 2 51-922 60 99, E-Mail: vertrieb@lit-verlag.de

Österreich: Medienlogistik Pichler-ÖBZ, E-Mail: mlo@medien-logistik.at
E-Books sind erhältlich unter www.litwebshop.de

Inhalt

I. Konstituierung – Selbstverständnis – Akteure

II. Politische Struktur – Verfassungsordnung – politische Wirklichkeit

III. Politische Gestaltung – wirtschaftliche und soziale Realität

IV. Resümee

Vorwort zur siebten Auflage

Das austrofaschistische Herrschaftssystem ist in den letzten Jahren verstärkt in den Blickpunkt des öffentlichen und wissenschaftlichen Interesses gerückt. Im Jänner 2012 wurde ein Gesetz zur Rehabilitierung von dessen Opfer nach einem längeren Diskussionsprozess im österreichischen Parlament beschlossen. Zeitgleich wurden thematisch einschlägige Tagungen veranstaltet.

Im Frühjahr 2013 erschien die Monographie „Das austrofaschistische Herrschaftssystem. Österreich 1933-1938" von Emmerich Tálos. Das damit verbundene Anliegen ist es, auf Basis einschlägiger Forschungsarbeiten und (zum Teil neu verfügbarer) Quellen ein Gesamtbild dieses Herrschaftssystems zu zeichnen. Da nach wie vor Interesse an und Nachfrage nach dem bereits in mehreren Auflagen vorliegenden Sammelband mit seiner breiten Palette von Themen besteht, wird dem mit dessen 7. Auflage entsprochen.

Jänner 2014

Emmerich Tálos

Wolfgang Neugebauer

Vorwort zur sechsten Auflage

Der Austrofaschismus, lange Zeit als Thema tabuisiert, bildet bis heute ein kontroversielles Thema im politischen Diskurs ebenso wie in wissenschaftlichen Analysen. Dies belegt auch die aktuelle Rethematisierung im Zusammenhang mit der Frage des Umgangs mit den Opfern dieser österreichischen Diktatur. Die Auseinandersetzungen um ein Gesetz zur Rehabilitierung dieser Opfer zogen sich über einenhalb Jahre. Umstritten war letzlich nicht die Rehabilitierung selbst, sondern die Benennung des Charakters der Diktatur, der Menschen für ihr Eintreten für demokratische Rechte und gegen die Ausschaltung der Demokratie und der Freiheitsrechte in den Jahren 1933 bis 1938 zum Opfer fielen. Nunmehr liegt eine Dreiparteieneinigung (SPÖ, ÖVP, Grüne) im österreichischen Parlament vor, das diesbezügliche Gesetz soll im nächsten Jahr beschlossen werden. Die Einigung bezieht sich auf die Rehabilitierung, nicht auf den Charakter des Herrschaftssystems, das für die Opfer verantwortlich ist.

Jänner 2012

Emmerich Tálos

Wolfgang Neugebauer

Vorwort zur erweiterten Neuauflage

Kontroversielle Deutungen von einschneidenden Ereignissen oder Brüchen in der politischen Entwicklung sind nicht ungewöhnlich. Diese betrafen in der politischen Entwicklung Österreichs im 20. Jahrhundert neben der Phase der NS-Herrschaft (1938 bis 1945) vor allem die der vorausgehenden genuinen österreichischen Diktatur. An den Ursachen für den Bruch mit der parlamentarischen Demokratie im Jahr 1933 und an der Bedeutung und den Auswirkungen des im Jahr 1934 verfassungsmäßig etablierten Herrschaftssystems schieden und scheiden sich nach wie vor die „Geister" – in der politischen Öffentlichkeit gleichermaßen wie in der Wissenschaft. Für ersteres kann exemplarisch auf das Faktum verwiesen werden, dass heute noch das Bild jenes Mannes in einem der Klubs der im österreichischen Parlament vertretenen Parteien hängt, nämlich Dollfuß, der eine zentrale Rolle bei der Beseitigung eben dieses Parlaments spielte und eine dauerhafte Alternative zur parlamentarischen Demokratie etablieren wollte.

Der anhaltende Dissens auf wissenschaftlicher Ebene zeigt sich an divergierenden Einschätzungen der Bestimmungsfaktoren für den politischen Bruch wie auch des Charakters des bis zum „Anschluß" im Jahr 1938 andauernden Herrschaftssystems. Eine große Palette von Begriffen wie „Ständestaat", „Heimwehrfaschismus", „Halbfaschismus", „autoritäres Regime", „Konkurrenzfaschismus", „Imitationsfaschismus", „Regierungsdiktatur" und „Austrofaschismus" ist Beleg dafür. Die hohe Konfliktintensität dieses Themas korreliert allerdings keineswegs mit einer darauf bezogenen eingehenden politischen und wissenschaftlichen Befassung. Die bis Mitte der 1960er Jahre andauernde Regierungskoalition zwischen ÖVP und SPÖ hat zu dessen Tabuisierung im politischen und wissenschaftlichen Diskurs („Koalitionsgeschichtsschreibung") beigetragen. Dies konnte auch deswegen leichter gelingen, weil die österreichische Diktatur durch die Phase der anschließenden nationalsozialistischen Herrschaft überlagert wurde. Einstige politische Gegner fanden sich gemeinsam in nationalsozialistischen Konzentrationslagern wieder.

Dazu kommt die Problematik der Nicht-Zugänglichkeit einschlägiger Quellen bis in die 1980er Jahre. Das Manko „blinder Flecken" resultierte auch aus der vielfach gepflogenen Selektivität wissenschaftlicher Beschäftigung mit diesem Thema. So ließ der Fokus auf einzelne markante politische Ereignisse (z. B. März 1933, Februar 1934, Juli 1934), auf die institutionelle Dimension der politischen Veränderung wie auch der etablierten Diktatur, auf deren Verfassungsordnung, das Selbstverständnis und Agieren der politischen Elite nur einen verengten, ausschnitthaften Blick zu. Dies spiegelte sich im lange Zeit verbreiteten und dominanten Begriff „Ständestaat", der sich der Selbstdarstellung der damals herrschenden Elite verdankte. Zugleich ermöglichte dieses Verständnis eine völlige Abgrenzung zu den zeitgenössischen Faschismen in den Nachbarländern Italien und Deutschland.

Diese selektive Forschungslage bildete vor zwanzig Jahren den Anstoß dazu, die Etablierung und Ausformung der austrofaschistischen Diktatur in ihren wesentlichen Aspekten zum Gegenstand von Analysen zu machen. Der 1984 erstmals veröffentlichte „Austrofaschismus"-Sammelband thematisierte ökonomische wie politische Faktoren des einschneidenden Veränderungsprozesses, die Rolle wesentlicher Träger des neuen Herrschaftssystems, die rechtliche und realpolitische Verfaßtheit, das ideologische Selbstverständnis, Ansprüche und politische Umsetzung in wichtigen Politikfeldern. In folgenden Auflagen wurde das inhaltliche Spektrum um Themen wie die das Selbstverständnis der austrofaschistischen Elite prägende „Österreich"-Ideologie, die Beziehungen des Austrofaschismus zu Italien und Deutschland, nicht zuletzt die in der Forschung weitgehend ausgeblendete Thematik der Frauen diskriminierenden Konstruktion dieser Diktatur ergänzt.

Ungeachtet dieser Erweiterungen stellten weitere Themen nach wie vor Desiderata dar. Die durch Dr. Hopf vom Lit-Verlag angeregte neue Publikation bot nunmehr die Möglichkeit, zum einen die meisten der in der letzten und seit langem vergriffenen Auflage aus 1988 enthaltenen Beiträge auf Basis neuer Forschungsarbeiten zu aktualisieren, zum anderen das Analysespektrum inhaltlich mit einer großen Anzahl neuer Beiträge substantiell zu erweitern. Diese bereichern sowohl die Kenntnisse über das politische System (kommunale Ebene, Antisemitismus, NSDAP in Österreich) wie vor allem auch über die politische und soziale Realität des Austrofaschismus (Wirtschafts-, Fürsorge- und Repressionspolitik, Medien und Sport).

Die vorliegende Publikation umfaßt vier Abschnitte. Gegenstand des ersten Abschnitts sind der Konstituierungsprozeß, das ideologische Selbstverständnis, unterstützende und oppositionelle Akteure. Im Blickpunkt der Beiträge des zweiten Abschnitts stehen die politischen Strukturen des Austrofaschismus auf Bundes- wie kommunaler Ebene, die rechtliche Verfaßtheit und politische Wirklichkeit. Der politische Gestaltungsanspruch, dessen Umsetzung in Politik wie deren Auswirkungen in Wirtschaft und Gesellschaft werden im dritten Abschnitt in einer Reihe von Beiträgen analysiert. Der letzte Abschnitt beinhaltet eine – neu verfaßte – resümierende Darstellung, Deutung und Bestimmung der Kennzeichen sowie des Charakters des gegenständlichen Herrschaftssystems.

Jänner 2005

Emmerich Tálos
Wolfgang Neugebauer

I.

Konstituierung – Selbstverständnis – Akteure

Besuch von Bundeskanzler Dollfuß beim italienischen Diktator Mussolini in Riccione im August 1933

Zum Konstituierungsprozeß des Austrofaschismus

Emmerich Tálos / Walter Manoschek

1. Ansätze zu politischen Veränderungen vor 1932 – Die Heimwehren – Verfassungsreform 1929 – 2. Konstituierungsprozeß des Austrofaschismus – 2. 1. Innenpolitische Aspekte – 2. 1. 1. Latenzphase – Stärkung der Stellung der Regierung/Einschränkung bzw. Ausschaltung des Parlaments – Stärkung und Stellung der Heimwehren – Kampf gegen die Sozialdemokratie – Angriffe auf rechtstaatliche Einrichtungen – 2. 1. 2. Übergangsphase – Die Defacto-Ausschaltung des Parlaments – Politik auf Verordnungsweg – Ausschaltung der Sozialdemokratie – Ausschaltung bzw. Einschränkung rechtsstaatlicher Einrichtungen – Ausbau und Stärkung der Exekutive – 2. 2. Außenpolitische Aspekte

Vorbemerkung

Die politischen Veränderungen in Österreich in den 1930er Jahren werden vielfach mit der Ausschaltung des Nationalrates im März 1933 und mit dem Verbot der Sozialdemokratie im Februar 1934 indiziert. Unbestritten handelt es sich hierbei um wichtige Ereignisse. Ihr Stellenwert wird klar, wenn sie in den gesamten Veränderungsprozeß eingeordnet werden, zu dem es bereits 1932 merkbare Ansätze gibt und der mit der Etablierung einer neuen politischen Struktur 1934 seinen vorläufigen Abschluß findet. Österreich stellt keinen Einzelfall dar. In einer Reihe europäischer Länder vollzogen sich ähnliche bedeutende politische Veränderungsprozesse, die in engem Zusammenhang mit der sozialen und ökonomischen Entwicklung in den 1920er und 1930er Jahren stehen. Ihre konkrete Ausformung ist von den spezifischen nationalstaatlichen politischen und ökonomischen Bedingungen wie auch den jeweiligen internationalen Einbindungen und Abhängigkeiten geprägt. [1] Neben Gemeinsamkeiten, wie z. B. der Ausschaltung der oppositionellen Arbeiterbewegung, der Beseitigung des Parlamentarismus und der Etablierung einer autoritären Struktur, sind Unterschiede festzuhalten: hinsichtlich der Ideologie, des verfassungsrechtlichen Rahmens, der politischen Wirklichkeit und der Auswirkungen der neuen Herrschaftsformen.

Der Konstituierungsprozeß des Austrofaschismus wird im folgenden im Zusammenhang von ökonomischer Krise und politischen Veränderungen dargestellt. Unter politischem Blickwinkel betrachtet lassen sich unseres Erachtens bis zur Proklamierung der neuen Verfassung im Mai 1934 zwei Phasen des Konstituierungsprozesses unterscheiden: die Latenzphase 1932 bis März 1933 und die Übergangsphase vom März 1933 bis Mai 1934. Den Beginn des Konstituierungsprozesses mit 1932 anzusetzen ist darin begründet, daß die Weichenstellung für den Weg in den Austrofaschismus in diesem Jahr erfolgt – in einer Konstellation, die durch das Zusammenfallen von ökonomischer und politischer Krise gekennzeichnet ist. Daraus jedoch den Schluß zu ziehen, daß der Konstituierungsprozeß ohne jeden Zusammenhang mit

---

[1] Siehe dazu vor allem E. Oberländer (Hg.), Autoritäre Regime in Ostmittel- und Südosteuropa, Paderborn 2001.

der vorausgehenden Entwicklung sei, wäre verfehlt. An den Ansätzen zu politischen Veränderungen in den zwanziger Jahren kann dies gezeigt werden.

1. Ansätze zu politischen Veränderungen vor 1932

Nach dem Zerfall der Koalition zwischen Christlichsozialen und Sozialdemokraten 1920 war es den bürgerlichen Parteien gelungen, ihre politische Vorherrschaft (unter Führung der Christlichsozialen) über zehn Jahre zu halten. Diese Position war allerdings insofern labil, als sie nur durch eine knappe bzw. knapper werdende Mehrheit abgesichert war und die Sozialdemokratie – als wichtigster politischer Opponent – ihr Wählerpotential ausweiten konnte.

Der Frage der politischen Mehrheitsverhältnisse kam unter den besonderen Bedingungen der politischen Struktur der Ersten Republik entscheidende Bedeutung hinsichtlich der Durchsetzungsmöglichkeiten politischer Interessen zu. Parlament und Parteien sind nach 1918 die zentralen Bestimmungsfaktoren politischer Entscheidungen im staatlichen Bereich. Auf der einen Seite waren bewährte politische „Blockadeinstrumente" (wie z. B. der Monarch oder das Herrenhaus) 1918 abgeschafft worden; auf der anderen Seite bindet die Verfassung von 1920 bedeutende politische Veränderungen an eine entsprechende Zustimmung des Parlaments und damit der Parteien. Die Stellung des Staatsoberhauptes, des Bundespräsidenten, blieb demgegenüber vorerst relativ beschränkt. Aufgrund dieser Struktur waren die bürgerlichen Parteien und Regierungen zur Durchführung von Veränderungsvorstellungen in Richtung Stärkung der Stellung von Regierung, Staatsoberhaupt und wirtschaftlichen Interessenvertretungen sowie Schwächung der Position des Parlaments und der Parteien letztlich auf die Sozialdemokratie angewiesen und damit auf jenen politischen Faktor, mit dem sich die Konflikte ab 1927 verschärften und dessen Schwächung selbst auch ein wesentliches Ziel der angestrebten Veränderungen war.

Konkrete Ansätze zur Veränderung der 1920 verfassungsmäßig festgelegten politischen Struktur zeigten sich 1928. Die Sozialdemokratie hatte zwar bei den Ereignissen um den 15. Juli 1927 eine Niederlage erlitten und war politisch zunehmend in die Defensive geraten. Andererseits bildete sie jedoch noch immer parlamentarisch, außerparlamentarisch (Schutzbund, Gewerkschaftsbewegung) und durch ihre Stellung in Wien einen Machtfaktor, der sich als Blockade gegen die uneingeschränkte Realisierung einer Politik zu Lasten der Lohnabhängigen (z. B. Arbeitsrecht, Sozialversicherung, Mietengesetzgebung) erwies. Die Schwächung dieser politischen Machtposition war eines der Ziele der Vorstöße zur Verfassungsänderung in der zweiten Hälfte der 1920er Jahre. Neben den „Bürgerblock"-Parteien spielten dabei die Heimwehren eine bedeutende Rolle.

Die Heimwehren

Die Heimwehren entstanden unmittelbar nach Kriegsende vornehmlich in den westlichen und südlichen Bundesländern auf lokaler und regionaler Ebene. In Kärnten und der Südsteiermark[2] operierten sie primär als paramilitärische Selbstschutzverbände zur Abwehr jugoslawischer Truppen, während sie sich in den westlichen Bundesländern vorerst zur Verteidigung des ländlichen Raums vor Plünderungen durch zurückkehrende Soldaten organisierten und sich nach der Proklamation der Räterepubliken in Bayern und Ungarn im Frühjahr 1919 als antimarxistische bewaffnete Formationen verstanden.[3] Ihre soziale Zusammensetzung war

---

[2]   Siehe H. Arthofer, Vom Selbstschutz zur Frontmiliz, Wien 1936, S. 6.
[3]   Siehe C. E. Edmondson, Heimwehren, Wien 1995, S. 262.

heterogen; während sich die Führerschaft hauptsächlich aus deklassierten Offizieren, klein-
städtischen Akademikern und Agrararistokraten rekrutierte, dominierte an der sozialen Basis das bäuerliche Element.[4] Die ökonomischen und sozialen Unterschiede der Mitglieder
spiegelten sich in ihrer unterschiedlichen parteipolitischen Ausrichtung wider.[5] Den gemeinsamen politischen Nenner der räumlich, sozial und ökonomisch zersplitterten Heimwehren[6]
bildete der Antibolschewismus, der in der Ablehnung der Arbeiter- und Soldatenräte und der
„Bolschewisierung Österreichs" schon bald eine klare innenpolitische Ausrichtung erhielt.
Bereits in der Anfangsphase kooperierten die Heimwehren mit anderen antimarxistischen und
antisemitischen Wehrverbänden[7], während sie zugleich in den christlichsozial dominierten
Bundesländern eng mit den Landesregierungen zusammenarbeiteten und über eine „gleichsam quasi offizielle Einbindung bewaffneter nichtstaatlicher Formationen in die Exekutive"[8]
in den Exekutivapparat integriert wurden.

Trotz regionaler Förderung durch die christlichsozialen Landesregierungen und überre-
gionaler politischer Unterstützung durch die bürgerliche Koalitionsregierung ab 1922, trotz
der massiven finanziellen Unterstützung durch den Hauptverband der Industrie[9], durch Banken und Unternehmen[10] scheiterte eine Vereinheitlichung der partikularistischen Bewegung.
Ziel der angestrebten Vereinheitlichung war es, „ein außerparlamentarisches und zuverläs-
siges Machtmittel zur auch gewaltsamen Durchsetzung industrieller und christlichsozialer
Interessen verfügbar zu halten".[11]

Die Heimwehren fungierten bis 1927 zwar als der „außerparlamentarische bewaffnete
Arm der besitzenden Klassen"[12], die von sich aus „schon im Begriff waren, zu quasifaschis-
tischen Zielen überzugehen"[13] – zu entscheidender politischer Bedeutung gelangten sie vorerst allerdings nicht. Erst die Ereignisse vom 15. Juli 1927, als im Zuge einer Demonstration
von Wiener Arbeitern gegen das politische Urteil im Schattendorfer Prozeß der damalige
Polizeipräsident Schober auf die unbewaffneten Demonstranten schießen ließ, bildeten den
Ausgangspunkt für die Ausweitung der sozialen Basis und den zunehmenden Einfluß der
Heimwehren auf politischer Ebene. Im Juli 1927 hatten die Heimwehren erstmals Gelegen-
heit, bei der Niederschlagung des Generalstreiks ihre Rolle als „Kettenhunde der bürgerlichen
Parteien"[14] unter Beweis zu stellen.

1927 bis 1929 erlebten die Heimwehren eine Hochblüte.[15] Ihre größte Ausdehnung erreichten sie im Jahre 1929 mit nominell mehr als 300.000 Mitgliedern, von denen allerdings
nur geschätzte 52.000 auch bewaffnet waren.[16] Das Anwachsen der Heimwehrbewegung hing
zum einen mit der Veränderung der politischen Kräfteverhältnisse nach dem Juli 1927 zusam-

---

[4]   Siehe G. Botz, Faschismus und Lohnabhängige in der Ersten Republik, in: Österreich in Geschichte und Litera-
      tur, 1977, H. 1, S. 102 - 128, hier 106; Edmondson, Heimwehren, S. 268.
[5]   Botz, Faschismus, S. 106.
[6]   Siehe auch Edmondson, Heimwehren, S. 265 f.
[7]   Ebenda, S. 262.
[8]   W. Holzer, Faschismus in Österreich, in: Austriaca, Juli 1978, S. 69 - 155, hier 99.
[9]   Edmondson, Heimwehren, S. 264.
[10] Ein Beispiel: „Seit 1922 war Apold (der Generaldirektor der Alpine-Montan, W. M.) der wichtigste Gönner
      des steirischen Heimatschutzes gewesen" (zit. nach B. F. Pauley, Hahnenschwanz und Hakenkreuz, Wien 1972,
      S. 160); vgl. auch Ch. A. Gulick, Österreich von Habsburg zu Hitler, Wien 1948, Bd. 1, S. 26.
[11] Holzer, Faschismus, S. 104.
[12] Botz, Faschismus, S. 108.
[13] Edmondson, Heimwehren, S. 266.
[14] Die Heimwehren erkannten selbst, daß ihnen diese Rolle von den bürgerlichen Parteien zugewiesen wurde.
      (Holzer, Faschismus, S. 107.)
[15] Siehe z. B. B. F. Pauley, Nazis and Heimwehr Fascists: The Struggle for Supremacy in Austria 1918 - 1938, in:
      Who Were The Fascists. Ed. by St. U. Larsen et al., Bergen-Oslo-Rom 1980, S. 226 - 238, hier 227; Edmondson,
      Heimwehren, S. 268; M. Mann, Fascists, Cambridge 2004, S. 210.
[16] Edmondson, Heimwehren, S. 267.

men: Die Defensivstrategie und der politische Attentismus der Sozialdemokratie [17] ermutigten die antidemokratischen Kräfte im bürgerlichen Lager. Seipel, als Mentor der Heimwehren, leitete eine Politik der Entdemokratisierung und der Schwächung der Arbeiterbewegung ein, ohne dabei auf den kompromißlosen Widerstand der Sozialdemokratie zu stoßen. Den Heimwehren fiel die Funktion des militanten antimarxistischen außerparlamentarischen Stoßtrupps zu. Zum anderen steht der Aufschwung der Heimwehren mit dem Interesse Italiens an einer faschistischen Umgestaltung Österreichs und der Etablierung einer Regierung, die die außenpolitischen Interessen Italiens garantieren konnte, [18] in Zusammenhang. Ab dem Frühjahr 1928 unterstützte Mussolini die Heimwehren mit Waffen und Geld. „Den Heimwehrführern, die so gut wie keine politische Massenbasis besaßen, dachten sie (Italien und Ungarn) die Aufgabe zu, mit ihren bewaffneten Organisationen die innenpolitische Unruhe zu verschärfen und dadurch die Führer der bürgerlichen Parteien zur Einführung antidemokratischer Regierungsmethoden zu zwingen." [19] Der Aktionsradius der Heimwehren war jedoch zugleich durch diese Bedingungen bestimmt. Auch in der Periode ihrer größten organisatorischen Stärke, in der es von vorbereiteten und wieder abgesagten Putschplänen nur so wimmelte, kamen sie nicht über den Status einer faschistischen Bewegung hinaus, die nie gegen, sondern nur mit Unterstützung und Einwilligung der Christlichsozialen einen politischen Umsturz hätte herbeiführen können. Daß den Heimwehren selbst nach einem erfolgreichen Putsch nicht die zentrale Rolle in einem Regime auf autoritärer Verfassungsgrundlage zugekommen wäre, war sowohl den Heimwehren als auch ihren italienischen Protegés bewußt. Selbst Steidle, der damalige Führer der Heimwehren, christlichsozialer Abgeordneter und Präsident des Bundesrats, war der Ansicht, „an der Spitze der Aktion müsse eine auch im Ausland anerkannte Persönlichkeit stehen (Seipel oder Schober), die schon durch ihre Person eine schnelle Konsolidierung des neuen Regimes gewährleisten würde" [20]. Der oftmals angekündigte Putsch blieb aus mehreren Gründen aus: Die Sozialdemokratie war zwar geschwächt, doch nicht gebrochen, bei einem Heimwehrputsch mußte mit dem geschlossenen Widerstand des Republikanischen Schutzbundes gerechnet werden. Ungeachtet der Basisausweitung und der finanziellen und militärischen Unterstützung Italiens spiegelte sich die innerorganisatorische Schwäche der Heimwehren in der ideologischen Heterogenität und in der Rivalität zwischen den einzelnen Führern wider. Somit „gelangte die politische Teilhabechance der Heimwehren selbst in dieser Phase stärkster Machtentfaltung über assistierende Funktion nicht hinaus. Weder Seipel noch Schober [...] dachten an Überantwortung konkreter Macht an die Heimwehren." [21] Auch die Auseinandersetzungen um die Verfassungsänderung und ihr Ergebnis sind Beleg dafür.

Verfassungsreform 1929

In einer Situation verschärfter innenpolitischer Konflikte traten im Herbst 1928 die Heimwehren, der Landbund und der Führer der Christlichsozialen Partei, Seipel, mit Forderungen und Vorstellungen über eine Verfassungsänderung an die Öffentlichkeit. Während von den Heimwehren nur sehr allgemein von einer Verstärkung der Staatsautorität [22] gesprochen wurde, ist den Stellungnahmen des Landbundes und Seipels Konkreteres über die Inhalte der geforderten Verfassungsreform zu entnehmen: Stärkung der Stellung des Bundespräsidenten,

---

[17]   Siehe dazu A. Rabinbach, Vom Roten Wien zum Bürgerkrieg, Wien, 1989, S. 58 f.; E. Collotti, Die österreichische Sozialdemokratie in der Krise, Wien 1984, S. 385 ff.
[18]   L. Kerekes, Abenddämmerung einer Demokratie – Mussolini, Gömbös und die Heimwehr, Wien 1966, S. 9.
[19]   Ebenda, S. 14.
[20]   Ebenda, S. 22.
[21]   Holzer, Faschismus, S. 109.
[22]   Siehe K. Berchtold, Die Verfassungsreform von 1929, Teil l, Wien 1979, S. 3.

Umbau des Bundesrates in eine Ständevertretung (Landbund),[23] Erweiterung der Befugnisse des Bundespräsidenten und seine Wahl durch das Volk (Seipel).[24]

Nachdem diese Vorstöße vorerst keine konkreten Ergebnisse zeitigten, wurde das Projekt einer Verfassungsreform im Sommer 1929 mit größerem Druck vorangetrieben. So hatte Seipel beispielsweise in seiner Tübinger Rede (Juli 1929) die Parteiendemokratie scharf kritisiert und die Bedeutung der Heimwehren als eine „starke Volksbewegung, die die Demokratie von der Parteienherrschaft befreien will"[25], hervorgestrichen. Heimwehren und Bürgerblockparteien proklamierten wiederholt die Notwendigkeit der Verfassungsreform. Die unter Bundeskanzler Streeruwitz begonnenen konkreten Arbeiten an einem Gesetzentwurf wurden unter seinem Nachfolger Schober zum Abschluß gebracht.

Bemerkenswert an dieser Verfassungsreform ist, daß trotz grundlegender Auffassungsunterschiede über deren Notwendigkeit und Inhalte ein parlamentarischer Konsens gefunden wurde. Der Bundespräsident, der nunmehr durch das Volk gewählt werden sollte, wurde mit wichtigen Kompetenzen (Ernennung bzw. Entlassung der Regierung, Auflösung des Nationalrates, Oberbefehl über das Heer, Notverordnungsrecht) ausgestattet. Das von den bürgerlichen Parteien und Heimwehren verfolgte Ziel der Schwächung des Parlaments, der parteienstaatlichen Demokratie und der Sozialdemokratie im besonderen[26] war damit nur zum Teil[27] erreicht. Dieses Ergebnis resultierte keineswegs nur aus dem massiven Widerstand der Sozialdemokratie gegen die angestrebten weitreichenden Änderungen zum einen und aus ihren Zugeständnissen zu Modifikationen der Verfassung von 1920 zum anderen. Die Regierung Schober hatte in Richtung Kompromiß mit den Sozialdemokraten eingelenkt und die – von den Heimwehren intendierten – gewaltsamen Aktionen zur Durchsetzung einer Verfassung mit autoritären Zügen abgelehnt, um Bemühungen um ausländische Kredite[28] durch die Eskalation innenpolitischer Spannungen nicht zu gefährden. Der auf parlamentarischer Ebene erreichte Kompromiß machte offensichtlich, daß die Heimwehren den Höhepunkt ihres Aufschwunges bereits überschritten hatten. Der Unterstützung eines Putsches durch Exekutive und Heer verlustig, von Schober zur Entradikalisierung gedrängt, vom Hauptverband der Industrie mit Finanzsperre bedroht[29] und durch die Taktik Mussolinis – Unterstützung der Heimwehren bei gleichzeitigem Ausbau der direkten Beziehungen zur österreichischen Regierung – in eine abwartende Haltung gedrängt, wurden die Heimwehren als putschistische Bewegung vorerst kaltgestellt. Bemerkenswert an der Verfassungsreform von 1929 ist darüber hinaus noch ein weiterer Aspekt: Im Unterschied zur Entwicklung ab 1932 hielten sich die politischen Veränderungen in Grenzen. Der wesentliche Grund dafür liegt darin, daß der Ausgangspunkt der Vorstöße für eine Verfassungsreform in erster Linie ein politischer war: der seitens der Heimwehren[30] sowie auch der bürgerlichen Parteien forcierte Angriff auf die 1920 festgelegte politische Struktur ebenso wie auf die parlamentarische und außerparlamentarische Machtposition der Sozialdemokraten seit 1918. Die Offensive steht mit der Verschärfung der politischen Konflikte 1927/28 in unmittelbarem Zusammenhang. Obwohl schon während der Arbeiten am Entwurf der Verfassungsnovelle die Anfänge der ökonomi-

---

[23]　Siehe ebenda, S. 3.

[24]　Siehe ebenda, S. 4.

[25]　Zit. ebenda, S. 5.

[26]　Eindrucksvoller Beleg für dieses Ziel ist die von Kunschak für die Verfassungsreform gebrachte Begründung: Zit. bei Berchtold, Verfassungsreform, S. 151.

[27]　Siehe dazu Berchtold, Verfassungsreform 1929; G. D. Hasiba, Die zweite Bundes-Verfassungsnovelle von 1929, Wien 1976.

[28]　Siehe Kerekes, Abenddämmerung, S. 58; sowie Schobers Ausführungen bei der zweiten und dritten Lesung der Regierungsvorlage betreffend die Verfassungsnovellierung (zit. bei Berchtold, Verfassungsreform, S. 347).

[29]　R. Matthes, Das Ende der Ersten Republik, Dissertation (Masch.), Berlin 1979, S. 213 f.

[30]　Dies wurde in den Debattenbeiträgen wiederholt betont: Siehe Berchtold, Verfassungsreform, S. 120 f., 155, 162.

schen Krise auch in Österreich deutlich sichtbar wurden (Zusammenbruch der Bodenkreditanstalt), ist die ökonomische Krise noch nicht konstitutives Element der Veränderungsbestrebungen.[31] Zu dem kommt: Im Unterschied zu den Vorgängen im Jahr 1932 agierte das bürgerliche Lager noch geschlossen, seine politische Vorherrschaft war auf parlamentarischer Ebene relativ abgesichert. Wie der Korneuburger Eid der Heimwehren, der Pfrimer-Putsch, die Ansätze einer autoritären Regierungspolitik unter Vaugoin,[32] die Verbreitung der Spannschen Ständekonzeption, das breite positive Echo auf die Enzyklika „Quadragesimo Anno" und die Diffamierung der Demokratie in Schulen und Zeitungen[33] zeigen, war nach der Verabschiedung der Verfassungsnovelle die Frage nach politischen Veränderungen nicht vom Tisch. Sie erreichte einen Kulminationspunkt in einer Situation, in der sich ökonomische und politische Krise verschränkten.

2. Konstituierungsprozeß des Austrofaschismus

2. 1. Innenpolitische Aspekte

2. 1. 1. Latenzphase

Die Verschärfung der ökonomischen Krise in Österreich durch den Zusammenbruch der Creditanstalt 1931 zeitigte bereits im Jahr 1932 merkbare politische Konsequenzen.[34] Das Scheitern des Zollunionsplans mit Deutschland, der von den Christlichsozialen forcierte „französische Kurs" der Außenpolitik mit Zielrichtung auf eine neuerliche Völkerbundanleihe sowie die Konsequenzen der Banken- und Budgetsanierung hatten zur Folge, daß die Großdeutschen die langjährige Koalition mit den Christlichsozialen beendeten. Der „französische Kurs" der Außenpolitik stand den außenpolitischen Vorstellungen der Großdeutschen diametral entgegen, von den Sanierungsmaßnahmen war ein wichtiger Teil ihrer politischen Basis, die Beamten, negativ betroffen.[35] Zur Sanierung des durch die „Rettungsaktion" für die Creditanstalt belasteten Budgets wurden im Budgetsanierungsgesetz vom Oktober 1931 umfangreiche Spar- und Steuermaßnahmen getroffen: Kürzung der Gehälter der Bundesangestellten, Abbau von Bundesangestellten, eine Krisensteuer auf Einkommen und Vermögen, Zuschläge zur Bier- und Zuckersteuer, Verkehrs- und Kraftwagensteuer. Dieses Maßnahmenbündel reduzierte die politische Basis aller bürgerlichen Parteien, auch der Christlichsozialen. Merkbarer Ausdruck dafür sind die Landtags- und Gemeinderatswahlen 1932, bei denen erstmals

---

[31] Siehe exemplarisch dafür die Regierungserklärung Schobers und die Debattenbeiträge von Kunschak, Wotawa, Schönbauer (zit. bei Berchtold, Verfassungsreform, S. 119 f.).

[32] An der Regierung Vaugoin waren zwei Heimwehrvertreter beteiligt: Starhemberg als Innenminister, Hueber als Justizminister (siehe F. L. Carsten, Faschismus in Österreich, München 1978, S. 168; A. Staudinger, Christlichsoziale Partei und Errichtung des „Autoritären Ständestaates" in Österreich, in: Vom Justizpalast zum Heldenplatz, Wien 1975, S. 65 - 81, hier 65).

[33] Siehe dazu F. Fellner, The Background of Austrian Fascism, in: P. F. Sugar (Ed.), Nativ Fascism in The Successor States 1918 - 1945, Santa Barbara 1971, S. 15 - 23, hier 20.

[34] Zu diesem Zusammenhang siehe auch die Ausführungen von K. J. Siegfried, Klerikal-Faschismus, Frankfurt 1979, S. 19 ff. In einigen einschlägigen Arbeiten bleibt dieser Zusammenhang ohne Berücksichtigung: So z. B. bei R. J. Rath, The Dollfuß Ministry, 1998; U. Kluge, Der österreichische Ständestaat, Wien 1984, S. 23 ff., 51 ff.; G. Steiner, Wahre Demokratie?, Frankfurt 2004, S. 98 f., kommt aufgrund der Nichtberücksichtigung dieses Zusammenhanges zu einer verengten und damit unzutreffenden Einschätzung der Ursachen des Veränderungsprozesses: Für „Österreich war der unmittelbare 'Anlaß' für die Transition nicht die wirtschaftliche Misere, sondern die Angst der Regierung vor einer nationalsozialistischen Machtübernahme und einem Anschluß Österreichs an Deutschland". (Ebenda, S. 98.)

[35] Siehe dazu I. Ackerl, Das Ende der christlichsozialen-großdeutschen Regierungskoalition, in: Vom Justizpalast zum Heldenplatz, Wien 1975, S. 82 - 94, hier 87 ff.

die Nationalsozialisten beachtliche Stimmengewinne verzeichnen konnten. [36] Im Vergleich zu den Ergebnissen der Nationalratswahl von 1930 erhöhte sich der Anteil der Nationalsozialisten bei der Landtagswahl 1932 in Wien von 2,1 % auf 15,5 %, der der Christlichsozialen sank von 22,1 % auf 17,9 %.

In dieser Situation zugespitzter wirtschaftlicher Herausforderungen bei gleichzeitiger Erosion des bisher bestehenden Bürgerblocks wurde die Regierung Dollfuß gebildet. Diese Regierung besaß keineswegs von Beginn an bereits ein klares Programm in Richtung Etablierung einer neuen Herrschaftsform. [37] Allerdings wurde ihr Versuch, durch Einschränkung von Parlament, von demokratischen (Wahl-)Rechten und politischer Opposition, insbesondere der Sozialdemokratie, ihre Machtposition abzusichern und so zugleich entsprechende Voraussetzungen für eine wirtschaftliche Krisenlösungspolitik – durch Budget- und Bankensanierung sowie Ausweitung der Belastungen – zu schaffen, zum Katalysator für den Weg in den Austrofaschismus.

Der Zusammenhang von ökonomischer Krise, interessenpolitischen Deutungen, Krisenlösungspolitik und Änderung der politischen Struktur ist auch von Protagonisten des Austrofaschismus betont worden: „Die kurze Spanne Zeit seit 1929 brachte bei uns und in der ganzen Welt Erschütterungen in ungewohntem Ausmaß auf wirtschaftlichem und nicht zuletzt infolge dessen auch auf politischem Gebiet. [...] Damit war es von selbst gegeben, daß unerhörte Anforderungen und Lasten sich auf dem Staate häuften, dessen Aufgabenkreis ins Ungemessene gewachsen war. Die Frage blieb offen, ob dessen innere Gestaltung dem Ansturm sich gewachsen zeigen konnte. Hier nun mußte es jedem Einsichtigen seit langem klar sein, daß der Aufbau des Staates und seine innere Struktur, die Form der politischen Willensbildung gestützt auf Proporz und parlamentarischer Mehrheit, die Demokratie aufgefaßt als lediglich formales Organisationsprinzip, nicht zureichen konnte, in der Stunde der Not, die sofortige Entscheidung und unbehinderte Führung verlangt." [38] Der in Österreich im Zusammenhang damit beschrittene Weg sei keineswegs eine Kopie der Entwicklung anderer Staaten: „Dennoch darf nicht übersehen werden, daß letzten Endes die gleichen Gründe und der gleiche Notstand in Österreich zur gründlichen Reform seiner verfassungsrechtlichen Einrichtungen geführt haben wie in den anderen Staaten." [39] Diese „gründliche Reform" ist das Resultat eines Prozesses, zu dem es Ende der 1920er Jahre bereits Ansätze gab, der jedoch – so unsere These – im Lauf des Jahres 1932 eingeleitet wird und dessen zentraler Motor und Exekutor die Regierung Dollfuß [40] ist. Sie wurde dabei von der Christlichsozialen Partei, den Heimwehren, von Unternehmerverbänden, [41] Repräsentanten der katholischen Kirche und von Mussolini unterstützt.

---

[36]   Siehe G. Botz, Soziale „Basis" und Typologie des österreichischen Faschismus im innerösterreichischen und internationalen Vergleich, in: Jahrbuch für Zeitgeschichte 1980/81, Wien 1982, S. 15 - 56, hier 24 f.; D. Hänisch, Wahlentwicklung und Wahlverhalten in der Ersten Republik, Wien 1995, S. 430 f.

[37]   Siehe auch H. Mommsen, Theorie und Praxis des österreichischen Ständestaates, Wien 1981, S. 180.

[38]   K. Schuschnigg (Hg.), Die neue Bundesverfassung für Österreich, Wien 1936, S. 5 f.

[39]   Ebenda, S. 26 f.

[40]   Die Position des Landbundes in der Regierungskoalition ist ambivalent. Seine Vertreter optieren ebenso für eine verstärkte Stellung der Regierung wie eine Beschränkung der Rolle des Parlaments als Voraussetzung für das Gelingen der Krisenlösungspolitik. Sie lehnten jedoch den vor allem von den Heimwehren forcierten Kampf gegen die Sozialdemokraten ebenso ab wie die Vorstöße zur gänzlichen Beseitigung der rechtsstaatlichen und parlamentarischen Struktur (siehe z. B. Ministerratsprotokoll Nr. 846, S. 305) (die Ministerratsprotokolle werden zitiert nach: Protokolle des Ministerrates der Ersten Republik. Bearbeiterin G. Enderle-Burcel, Wien 1980 ff.).

[41]   Hier muß allerdings differenziert werden: Die Zustimmung zum eingeschlagenen Weg in Richtung Stärkung der Stellung der Regierung und Schwächung des Parlaments bedeutete nicht eine vorbehaltlose Zustimmung zur Wirtschaftspolitik der Regierung.

Stärkung der Stellung der Regierung – Einschränkung bzw. Ausschaltung des Parlaments

Aufgrund der Übernahme von finanziellen Verbindlichkeiten beim Zusammenbruch der Creditanstalt sowie der gesetzlichen Verpflichtung zur vorschußweisen Abdeckung des Abganges in der Arbeitslosenversicherung und der krisenbedingt verringerten Einnahmen hatte sich die Situation des staatlichen Budgets beträchtlich verschlechtert. Die Regierung versuchte durch Ausweitung der Steuern, durch Kürzungen verschiedener Budgetposten und Abbaumaßnahmen im Bereich der Arbeitslosenversicherung und Notstandsunterstützung sowohl zur Entlastung des Budgets als auch zur Senkung der Lohnkosten beizutragen. Diese Krisenlösungsstrategie stieß in der Bevölkerung und im Parlament auf Ablehnung. Abgesehen von der Sozialdemokratie oder den Großdeutschen zeigte sich – wie von Regierungsmitgliedern vermerkt wurde – auch Widerstand in den eigenen Reihen (so z. B. gegen Leistungseinschränkungen bei der Arbeitslosenunterstützung[42] oder gegen die Lausanner Anleihe[43]). Zudem war die parlamentarische Regierungsmehrheit – wie sich bei der Abstimmung über die Lausanner Anleihe zeigte – auf ein Minimum von einer Stimme geschrumpft. Vor diesem Hintergrund suchte die Regierung Neuwahlen zu verhindern – was ihr gelang. Darüber hinaus gewann innerhalb der Regierung immer mehr die Vorstellung an Boden, daß Parlament und Parteien keine tauglichen Instrumente seien, die notwendigen Maßnahmen einer Krisenlösungspolitik in die Wege zu leiten, ja, daß diese eher Blockadefunktion ausübten. So betonte Sozialminister Resch wiederholt, daß eine Reform der Arbeitslosenunterstützung aus politischen Gründen nicht durchführbar[44] und das Parlament in dieser Angelegenheit unbelehrbar sei.[45] Hinsichtlich der Konsequenzen, die daraus zu ziehen seien, gab es innerhalb der Regierung breiten Konsens dahingehend, daß es zur Durchführung der intendierten Krisenlösungspolitik unabdingbar einer Stärkung der Stellung der Regierung bedürfe. Unterschiede gab es in dem Punkt, wie dies zu erreichen sei und welche Rolle dann dem Parlament und den Parteien zukommen sollte. Auf der einen Seite wurde die Position vertreten, daß im Fall des Versagens[46] des Parlaments die Regierung eine Reihe wichtiger Angelegenheiten auf dem Verordnungsweg regeln sollte, was einer partiellen Ausschaltung von Parlament und Parteien (à la Präsidialregierung von Papen oder Brüning)[47] gleichkam. Diese Position wurde außerparlamentarisch auch von Vertretern der Unternehmerverbände ventiliert: ein Regime aufgrund erweiterter Vollmachten als Ausweg.[48] Unter den spezifischen österreichischen Bedingungen schien dies die einzig realistische und erfolgversprechende Veränderungsvariante zu sein. Denn zur „Machtergreifung geeignete Faktoren gibt es übrigens in Österreich nicht. Es kann sich also nur um die erweiterte Machtausübung durch den legitimen Inhaber handeln."[49]

Auf der anderen Seite wurde bereits explizit eine weitergehende Alternative formuliert: die Ausschaltung des Parlaments. Nach Justizminister Schuschnigg haben sich die „Parlamente aller in wirtschaftlicher Not darniederliegenden Staaten [...] als ungeeignet erwie-

---

[42] Siehe Resch: Ministerratsprotokoll Nr. 799, 1. 6. 1932, S. 50 f.; Ministerratsprotokoll Nr. 808, 17. 6. 1932, S. 245.

[43] Einige Abgeordnete der Heimwehren hatten erklärt, gegen die Annahme des Protokolls zu stimmen; siehe Ministerratsprotokoll Nr. 819, 28. 7. 1932, S. 437.

[44] Ministerratsprotokoll Nr. 799, 1. 6. 1932, S. 50.

[45] Ministerratsprotokoll Nr. 830, 18. 10. 1932, S. 625.

[46] Zur Einschätzung von Parlament und Parteien als untaugliche Instrumente siehe: Schuschnigg, Ministerratsprotokoll Nr. 808, S. 244; Winkler, Ministerratsprotokoll Nr. 846, 24. 2. 1933, S. 306.

[47] Siehe z. B. Dollfuß, zit. bei Staudinger, Christlichsoziale Partei, S. 67; Winkler, Ministerratsprotokoll Nr. 808, 17. 6. 1932, S. 246.

[48] Siehe dazu Stellungnahme bei K. Haas, Industrielle Interessenpolitik in Österreich zur Zeit der Weltwirtschaftskrise, in: Jahrbuch für Zeitgeschichte 1978, Wien 1979, S. 97-126, hier 109, 114 ff.

[49] Zit. ebenda, S. 115.

sen, Staat und Volk aus der Krise herauszuführen. Die Regierung stehe daher vor der Entscheidung, ob sie es weiter verantworten könne, mit dem Parlament zu arbeiten, und ob der nächste Kabinettswechsel nicht gleichbedeutend mit der Ausschaltung des Parlaments sein müßte. Bei einem solchen Notstand sei ein Regieren mit dem Parlament nicht möglich. Darin erblickte der sprechende Minister das Problem, das einer Lösung in der nächsten Zeit harre."[50] Von der Regierung wurde bis zum 4. März 1933 die erste Variante in Ansätzen konkretisiert. Gestützt auf das Kriegswirtschaftliche Ermächtigungsgesetz aus 1917[51] erließ die Regierung eine Verordnung betreffend Haftung der für den Zusammenbruch der Creditanstalt verantwortlichen Funktionäre (BGBl. Nr. 415/1931). Daß die Auswirkungen dieser Verordnung ohne reale Bedeutung sein würden, war auch der Regierung klar.[52] Die Verordnung fungierte vielmehr als Versuchsballon[53] für die Realisierungschancen einer autoritären Politik und ist – wie Dollfuß selbst bestätigt – der eingeschlagenen Strategie eingeordnet: „die Regierung [...] geht Schritt um Schritt auf ihrem vorgezeichneten Weg weiter. [...] Die Tatsache, daß es der Regierung möglich ist, selbst ohne vorherige endlose parlamentarische Kämpfe sofort gewisse dringliche Maßnahmen in die Tat umzusetzen, wird zur Gesundung unserer Demokratie wesentlich beitragen."[54] Selbst wenn sich die Regierung bis zum März 1933 nicht mehr des Kriegswirtschaftlichen Ermächtigungsgesetzes bediente, bestand – wie beispielsweise die Budgetverhandlungen im Ministerrat vom 24. Februar 1933 zeigen – Übereinstimmung, daß die Einschränkung bzw. Ausschaltung des Parlaments einen notwendigen Schritt zur Realisierung der Krisenlösungspolitik darstelle.[55] Geschäftsordnungsprobleme bei einer Sitzung des Nationalrates am 4. März 1933 boten der Regierung eine günstige Gelegenheit, ihre Intentionen sofort in die Tat umzusetzen. Nach einer von E. März nicht näher belegten Äußerung Dollfuß' war die schließliche Ausschaltung des Nationalrates „nur die reife Frucht der bisherigen Entwicklung, sie wäre auch ohne den Zwischenfall mit den drei Präsidenten erfolgt"[56].

Stärkung und Stellung der Heimwehren

Nachdem die Heimwehren nach einer kurzen Blütephase bereits Ende 1929 ihren politischen Einfluß weitgehend eingebüßt hatten,[57] versuchten sie in der Folgezeit, erneut politisch an Boden zu gewinnen. Der „Korneuburger Eid"[58] vom Mai 1930 – mit seiner vom italienischen Faschismus, Seipels Vorstellungen und der universalistischen Lehre Othmar Spanns beeinflußten korporativistischen Ständeideologie – wurde zur offiziellen Ideologie und zum poli-

---

[50] Ministerratsprotokoll Nr. 808, 17. 6. 1932, S. 244. Rintelen pflichtete dem allerdings erst für den Fall bei, „daß das Parlament der Regierung in der Erfüllung von Lebensnotwendigkeiten des Staates Gefolgschaft verweigere [...]" (Ministerratsprotokoll Nr. 808, S. 245)
[51] Das Kriegswirtschaftliche Ermächtigungsgesetz von 1917 allerdings war im Unterschied zur Situation 1933 auf spezifische Bedingungen bezogen: Es ermächtigte die Regierung „während der Dauer der durch den Krieg hervorgerufenen außerordentlichen Verhältnisse durch Verordnung die notwendigen Verfügungen zur Förderung und zur Wiederaufrichtung des wirtschaftlichen Lebens [...] zu treffen" (Gesetz vom 24. 7. 1917).
[52] Siehe Rintelen, Ministerratsprotokoll Nr. 827, S. 591.
[53] Siehe P. Huemer, Sektionschef Robert Hecht und die Zerstörung der Demokratie in Österreich, Wien 1975, S. 146 f.
[54] Zit. in: Reichspost, 4. 10. 1932.
[55] Siehe Ministerratsprotokoll Nr. 846: die Wortmeldungen von Jakoncig, Weidenhoffer und Winkler. Ebenso wie Jakoncig vertrat Weidenhoffer die Auffassung, „daß die schwebenden großen Fragen der Wirtschaftssanierung nur außerparlamentarisch gelöst werden könnten" (S. 305). Von Winkler wurde die Möglichkeit des Wegs der Notverordnung thematisiert. Ähnlich sprachen sich Rintelen und Dollfuß im Zusammenhang mit der Sanierung der Bundesbahnen für die Erlassung einer Notverordnung aus (Ministerratsprotokoll Nr. 847, S. 334 f.).
[56] E. März, Ständestaat Österreich, Wien o. J., S. 43.
[57] Siehe Edmondson, Heimwehren, S. 270 ff.
[58] Im Wortlaut abgedruckt bei Kerekes, Abenddämmerung, S. 71 f.; auch bei K. Berchtold (Hg.), Österreichische Parteiprogramme, Wien 1967, S. 402 f.

tischen Programm eines beträchtlichen Teiles der Heimwehren. [59] Eine Vereinheitlichung der Bewegung kam dennoch nicht zustande. Die Gegensätze innerhalb der Heimwehren traten offen zu Tage: Der pronationalsozialistische steirische Heimatschutz unter Pfrimer spaltete sich ab. Dies hatte den Ausbruch einer Führungskrise zur Folge, die erst durch die Einsetzung Starhembergs als Bundesführer im Sommer 1930 behoben wurde – allerdings Einbußen an der Basis nicht verhindern konnte. Die politische Unattraktivität der Heimwehren zeigt sich bei deren Wahlantritt im Herbst 1930, wo sie mit 6 % der Stimmen eine Wahlschlappe erlitten. „Im Frühjahr 1931 zeigte die innere Lage der Heimwehren die Anzeichen hoffnungsloser Auflösung." [60]

Daß die Heimwehren letztlich nicht in politischer Bedeutungslosigkeit versanken, sondern zu einer politisch notwendigen Stütze im Prozeß der Etablierung des Austrofaschismus wurden, resultierte aus den angeführten veränderten ökonomischen und politischen Bedingungen ab 1932. Nach dem Zerfall des „Bürgerblocks" im Frühjahr 1932 wurden die Heimwehren zum wichtigsten Koalitionspartner in der seit Mai 1932 nur mit einer Stimme Mehrheit abgesicherten bürgerlichen Regierung unter Bundeskanzler Dollfuß. Ihre politische Rolle wurde nach dem endgültigen Einschwenken auf die Dollfuß-Linie bei der Abstimmung über die Lausanner Anleihe [61] noch erheblich aufgewertet. [62] In der Führung der Christlichsozialen Partei fand diese Aufwertung nicht ungeteilte Zustimmung. Doch herrschte Konsens darüber, [63] daß nach dem Durchbruch der NSDAP bei den Landtagswahlen in Wien, Niederösterreich und Salzburg im April 1932 [64] die Christlichsoziale Partei bei Neuwahlen zum Nationalrat nur als Verlierer aussteigen würde. Diese realistische Einschätzung trug dazu bei, daß die Heimwehren weiterhin die „verläßliche Basis der Regierung Dollfuß" [65] blieben.

Die innerösterreichische Entwicklung, geprägt von der Aufwertung der Heimwehren und dem erstmaligen Einsatz des Kriegswirtschaftlichen Ermächtigungsgesetzes im Oktober 1932 – als Ausdruck der Option der Regierung, die verfassungsmäßigen Organe einzuschränken –, aktualisierte das Interesse Italiens an Österreich. Mussolinis Ziel war es, einen faschistischen Staatenbund Italien – Ungarn – Österreich gegen den immer stärker zur Macht drängenden expansiven Nationalsozialismus zu schaffen. Aus italienischer Sicht boten sich dabei die Heimwehren als politischer Garant für eine Entwicklung nach italienischem Geschmack an, die aber auf Grund ihrer geringen sozialen Basis und beschränkten militärischen Stoßkraft nicht fähig waren, ein faschistisches System ohne die oder gegen den Widerstand der Christlichsozialen zu errichten. Die Heimwehren suchten vielmehr ihre gestärkte Position in der Regierung dahingehend zu nutzen, als Koalitionspartner den Veränderungsprozeß in Österreich im Sinne ihrer dezidiert faschistischen Optionen voranzutreiben und mittels militärischer Aufrüstung durch Italien, die unter der Patronanz der österreichischen Regierung stattfand, den Kampf gegen die Sozialdemokratie zu verschärfen.

Kampf gegen die Sozialdemokratie

Wie bereits in den zwanziger Jahren [66] erwies sich die Sozialdemokratie auch in der Krise als der wichtigste politische Gegner einer Politik der Verschlechterung der Reproduktionsbedingungen der Lohnabhängigen. Die wachsende Arbeitslosigkeit, die im Winter 1932/33 mit

---

[59]   Siehe Edmondson, Heimwehren, S. 270 f.

[60]   Kerekes, Abenddämmerung, S. 93.

[61]   M. Klingenstein, Die Anleihe von Lausanne, Wien 1963, S. 102 f.

[62]   Fey wurde als Staatssekretär für Sicherheitswesen und Neustädter-Stürmer als Minister für soziale Verwaltung in die Regierung aufgenommen.

[63]   Siehe Staudinger, Christlichsoziale Partei, S. 68.

[64]   Hänisch, Wahlentwicklung, S. 491 f.

[65]   Siehe Staudinger, Christlichsoziale Partei, S. 67.

[66]   Siehe dazu E. Tálos, Staatliche Sozialpolitik in Österreich, Wien 1981, S. 184.

über 700.000 Arbeitslosen ihren Höhepunkt erreichte,[67] schwächte zwar die Stellung der sozialdemokratischen Gewerkschaften,[68] in einer Situation der Erosion des bürgerlichen Lagers hatte die Sozialdemokratie jedoch ihre parlamentarische Machtposition halten können. Die Versuche der Regierung, der bürgerlichen Parteien und der Heimwehren, die Sozialdemokratie durch Verfassungsänderung, durch das Antiterrorgesetz, durch den Plan eines Verbots von paramilitärischen Verbänden (in erster Linie des Schutzbundes), durch Waffensuchen beim Schutzbund oder militärische Provokationen entscheidend zu schwächen, waren bis 1932 nur wenig erfolgreich. Unter den spezifischen ökonomischen und politischen Bedingungen des Jahres 1932 bildete die Sozialdemokratie den Hauptangriffspunkt im Kampf um die Ausschaltung der parteienstaatlichen Demokratie. Die Stoßrichtung ging dahin, den Aktionsradius dieser Partei massiv einzuschränken und vor allem den Schutzbund maßgeblich zu schwächen.

Für eine Intensivierung des Kampfes gegen die Sozialdemokratie boten sich im Herbst 1932 verschiedene Anlässe. Am 16. Oktober 1932 war es im Wiener Simmering zu Zusammenstößen zwischen Sozialdemokraten, Kommunisten und Nationalsozialisten gekommen.[69] Mit Zustimmung von Bundeskanzler Dollfuß reagierte der neue Staatssekretär und Heimwehrführer Fey darauf mit einem Verbot von Aufmärschen der beteiligten Parteien. Die Forderung nach einschneidenden Maßnahmen gegen den Schutzbund, nämlich dessen Entwaffnung[70], wurde auch im Zusammenhang mit den Diskussionen, ob überhaupt und unter welchen Bedingungen der traditionelle Aufmarsch der Sozialdemokraten am 12. November 1932 stattfinden könne, ventiliert. Um den Prestigeverlust der Regierung aufgrund der Zulassung der Aufmärsche teilweise – vor allem gegenüber der Exekutive – zu kompensieren, schlug Dollfuß als sehr wirksames Mittel „die Fortsetzung der Waffenbeschlagnahmungen bei den Sozialdemokraten" vor. Daß der Kampf gegen die Sozialdemokratie auf derartige Maßnahmen nicht beschränkt bleiben sollte, deutet Dollfuß' Aussage an, „für Entscheidungsschlachten müsse man den Zeitpunkt selber bestimmen, und dürfe ihn sich nicht von der Gegenseite aufzwingen lassen"[71]. Der Vorbereitung auf weitere Auseinandersetzungen mit den politischen Gegnern, in erster Linie mit der Sozialdemokratie, dienten – nachdem bereits die „Umpolitisierung" des Heeres durchgeführt worden war[72] – Vorkehrungen für eine entsprechende personelle und materielle Ausstattung der Exekutive und des Militärs. Fey und Vaugoin lehnten daher die im Rahmen der Budgetsanierungspolitik auch für ihre Ressorts vorgesehenen Budgetabstriche ab: „Ein Versagen der Wehrmacht bei Unruhen würde einen ungeheuren Schaden anrichten, ganz abgesehen davon, daß die Folge davon eine völlige Änderung des politischen Kurses wäre. Die Bundesregierung könne ohne Heer nicht stark auftreten."[73] Ähnliches machte Fey für die Polizei geltend.[74] Der Entscheidungskampf gegen die Sozialdemokratie erfolgte allerdings erst nach dem März 1933.

Angriffe auf rechtstaatliche Einrichtungen

Im Zusammenhang mit den Simmeringer Vorfällen und den Diskussionen über den Aufmarsch bei der Republikfeier wurde eine schärfere Handhabung der pressegesetzlichen Vor-

---

[67] W. Maderthaner, Die Sozialdemokratie, Wien 1995, S. 192.

[68] Siehe dazu z. B. F. Klenner, Die österreichischen Gewerkschaften, Bd. II, Wien 1953, S. 919 f.

[69] Siehe R. Neck, Simmering, 16. Oktober 1932, in: Vom Justizpalast zum Heldenplatz, Wien 1975, S. 94 - 102, hier 94 ff.

[70] Ministerratsprotokoll Nr. 830, S. 639 f.

[71] Ministerratsprotokoll Nr. 832, 3. 11. 1932, S. 29.

[72] Siehe Huemer, Robert Hecht, S. 24 ff.

[73] Ministerratsprotokoll Nr. 830, 18. 10. 1932, S. 623; siehe auch Ministerratsprotokoll Nr. 842, 31. 1. 1933, S. 228; Ministerratsprotokoll Nr. 846, S. 304.

[74] Ministerratsprotokoll Nr. 830, S. 627 f.; Ministerratsprotokoll Nr. 842, S. 228.

schriften gefordert. Schuschnigg sah in der Einführung der Präventivzensur die Möglichkeit für eine wirksame Überwachung der Presse und sprach sich in diesem Zusammenhang auch für Reformen der Schwurgerichte aus: Die Präventivzensur ermögliche eine adäquate Überwachung der Presse, „weil die beschlagnahmten Exemplare vom Bund bezahlt werden müssen, wenn die Behörde bei der strafgerichtlichen Verfolgung des inkriminierten Deliktes nicht durchdringe, was insbesondere bei Delikten, über welche das Schwurgericht zu entscheiden habe, niemals der Fall sei. Es müsse daher auch an eine Reform der Schwurgerichtsbarkeit gegangen werden."[75]

2. 1. 2. Übergangsphase

Der 1932 in Gang gesetzte politische Veränderungsprozeß wurde durch ein parlamentarisches Ereignis wesentlich beeinflußt. Auf Antrag der sozialdemokratischen Partei fand am 4. März 1933 eine außerordentliche Sitzung des Nationalrates statt, bei der es um die Ablehnung oder Zustimmung zu Sanktionen ging, die die Regierung gegen die Verantwortlichen eines Eisenbahnerstreiks vom 1. März 1933 getroffen hatte. Mit dem Streik hatten die Eisenbahner auf die Ankündigung der Bundesbahndirektion reagiert, daß die Löhne für Eisenbahner im März in drei Raten ausbezahlt würden. Wie bereits angemerkt, waren die Mehrheitsverhältnisse im Parlament äußerst knapp. Als es bei der Abstimmung zu Formfehlern kam und Geschäftsordnungsprobleme auftraten, legten die drei Präsidenten des Nationalrates nacheinander ihre Funktionen zurück.[76] Diese formale Blockade[77] des Nationalrates nützte die Regierung, den politischen Veränderungsprozeß unter den für sie günstigeren Bedingungen weiterzutreiben. Sie konnte sich dabei auf Zustimmung des Bundespräsidenten,[78] der Christlichsozialen Partei und der Heimwehren, von Unternehmerverbänden[79] wie auch der Kirche[80] stützen. Die Christlichsoziale Partei fungierte in dieser Phase „als bestimmendster Faktor der Regierungspolitik"[81].

Da die Entwicklung zwischen März 1933 und Mai 1934 in der zeitgeschichtlichen Forschung sehr eingehend bearbeitet wurde, lassen sich die wesentlichen Aspekte dieser Übergangsphase kurz zusammenfassen:

Die De-facto-Ausschaltung des Parlaments – Politik auf Verordnungsweg

Die Versuche der Oppositionsparteien, den Nationalrat zu reaktivieren, scheiterten. Die Basis des Regierungshandelns bildete das Kriegswirtschaftliche Ermächtigungsgesetz aus 1917.[82] Die damit für die Regierung verbundenen Möglichkeiten zur Durchführung einschneidender ökonomischer Maßnahmen hat unter anderem der Präsident der Nationalbank, Kienböck, im Zusammenhang mit der Bankentlastungsverordnung (Reduktion der Personallasten der Bankaktiengesellschaften) hervorgehoben.[83]

---

[75] Ministerratsprotokoll Nr. 830, S. 641.

[76] Siehe dazu Ch. Gulick, Österreich von Habsburg zu Hitler, Bd. 3, Wien 1948, S. 303 ff.; O. Leichter, Glanz und Ende der Ersten Republik, Wien 1964, S. 162 ff.

[77] Nach Sozialminister Resch, der sein Amt zurücklegte, weil er den im Anschluß an den 4. März eingeschlagenen Weg nicht akzeptierte, sei der „Standpunkt, der Nationalrat habe keinen Präsidenten und niemand besitze das Recht, eine Sitzung einzuberufen, [. . .] ein juristischer Formalismus" (Ministerratsprotokoll Nr. 853, S. 421).

[78] Siehe Staudinger, Christlichsoziale Partei, S. 69.

[79] Siehe z. B. Haas, Industrielle Interessenpolitik, S. 212; Resolution der Präsidialkonferenz der Handelskammern, in: Die Industrie, 1933, Nr. 11, S. 6.

[80] Siehe den Beitrag von Hanisch in diesem Band; auch W. Huber, Die Gegenreformation 1933/34, Wien 2004, S. 56 ff.

[81] Staudinger, Christlichsoziale Partei, S. 69.

[82] Siehe Ministerratsprotokolle Nr. 851, 852, 853, 854, 855 u. 856.

[83] Siehe Ministerratsprotokolle Nr. 851, 852, 853, 854, 855 u. 856.

Die Reichweite der angestrebten Verfassungsänderung wurde erst nach einigen Monaten deutlich. Nach der Ausschaltung des Nationalrates waren vorerst Vorstellungen ventiliert worden, eine partielle Verfassungsreform durchzuführen. Bereits Ende März 1933 wurde allerdings innerhalb des regierenden Lagers Übereinstimmung darüber erzielt, daß eine grundlegende Veränderung des politischen Systems mittels einer neuen Verfassung das politische Ziel sei. [84] Konturen der angepeilten Veränderungen zeichnen sich in der bekannten Trabrennplatzrede Dollfuß' im September 1933, aber auch in seinen Kontakten mit Mussolini ab [85]: die Ausschaltung von Parlament und Parteien sowie der berufsständische Aufbau. In Dollfuß' Worten: „Das Parlament hat sich selbst ausgeschaltet, ist an seiner eigenen Demagogie und Formalistik zugrunde gegangen. Dieses Parlament, eine solche Volksvertretung, eine solche Führung unseres Volkes, wird und darf nie wieder kommen. [...] Die Zeit der Parteienherrschaft ist vorbei, wir lehnen Gleichschalterei und Terror ab, wir wollen den sozialen, christlichen, deutschen Staat Österreich auf ständischer Grundlage, unter starker, autoritärer Führung!" [86] Dies unterstreicht, dass mit der angepeilten strukturellen Umgestaltung dauerhaft eine politische Alternative zum parlamentarisch-rechtsstaatlichen System in Österreich etabliert werden sollte.

In dieser Perspektive war für die herkömmlichen Parteien kein Platz. Ihre Ausschaltung war zum Teil bereits erfolgt (KPÖ, NSDAP) und wurde mit der Verbot der Sozialdemokratie 1934 fortgesetzt. Weniger konfliktreich gestaltete sich das Ende der Christlichsozialen Partei, deren Auflösung (Mai bzw. September 1934) bereits durch die Gründung der Vaterländischen Front (Mai 1933) eingeleitet worden war. Der Landbund, der sich dem Faschisierungsprozeß entgegengestellt hatte, [87] mußte auf Initiative der Heimwehren im September 1933 aus der Regierung ausscheiden. Damit war seine endgültige Auflösung nur noch eine Formsache.

Ausschaltung der Sozialdemokratie

Die Strategie der Regierung gegenüber der Sozialdemokratie bestand darin, diese sukzessive auszuschalten – eine Strategie, der die bis zum Februar 1934 verfolgte Defensivtaktik und die innere Zerrissenheit der Sozialdemokratie sowie deren widersprüchliche Doppelstrategie zwischen Aussöhnung und Aufstand [88] wenig entgegensetzte bzw. durchaus entgegenkam. Das Verbot des Schutzbundes am 31. Mai 1933 war ein erster Schritt. Das damit verfolgte weitreichende Ziel in Worten Bureschs: „Wir wollen grundlegende Änderungen in der Verfassung machen. [...] Wir wollen, daß der Sozigegner diese Geschichte schluckt. Er wird unter harten Druck gesetzt werden müssen, was ihm am meisten wehtun wird, ist sicher die Sache mit dem Schutzbund, weil damit die Glorie der Partei verbunden ist." [89] Das Verbot der Maifeier, das Verbot politischer Demonstrationen, die Schwächung der Position der Sozialdemokratie in verschiedenen Einrichtungen (z. B. in den Arbeiterkammern, in der Selbstverwaltung der Sozialversicherung), die finanziellen Restriktionen für Wien sind Bestandteil der Strategie, die sozialdemokratische Partei „Glied für Glied zum Krüppel" [90] zu schlagen.

---

[84] Siehe eingehend dazu H. Wohnout, Regierungsdiktatur oder Ständeparlament?, Wien 1993, S. 57 ff.; auch Steiner, Wahre Demokratie?, S. 111; J. G. Lackner, Die Ideologie und die Bedeutung der christlichsozialen Partei, Wien 1995, S. 30 ff.

[85] Siehe Geheimer Briefwechsel Mussolini-Dollfuß, Wien 1949, S. 24 ff., 31 ff. Dieser Briefwechsel wurde nunmehr erneut publiziert: W. Maderthaner / M. Maier (Hg.), „Der Führer bin ich selbst". Engelbert Dollfuß – Benito Mussolini Briefwechsel, Wien 2004, S. 13 ff.

[86] Zit. bei Berchtold, Parteiprogramme, S. 429, 431.

[87] Siehe dazu F. Winkler, Die Diktatur in Österreich, Leipzig 1935.

[88] Siehe dazu A. Rabinbach, Der Parteitag im Oktober 1933, Wien 1984, S. 341 ff.; Collotti, Sozialdemokratie, S. 385 ff.; W. Maderthaner, Legitimationsmuster des Austrofaschismus, Wien 2004, S. 136; E. Holtmann, Zwischen Unterdrückung und Befriedung, Wien 1978, S. 65 ff.

[89] Protokolle des Klubs, S. 210.

[90] Vaugoin, in: Ministerratsprotokoll Nr. 880, S. 490.

Als im Jänner 1934 Fey das Sicherheitsressort übernahm und so das Kommando über Polizei und Exekutive an die Heimwehren überging, wurde durch zunehmende Provokationen[91] die Voraussetzung für den Anlaßfall geschaffen, um die letzte Bastion, die der Errichtung eines autoritären Herrschaftssystems noch im Wege stand, die sozialdemokratische Arbeiterbewegung, gewaltsam zu zerschlagen. Mit dem bewaffneten Widerstand der Linzer Sozialdemokraten gegen die Durchsuchung des Parteiheimes durch die Polizei am 12. Februar 1934 war dieser Moment erreicht.

Die Regierung hatte gegenüber der Sozialdemokratie und den Nationalsozialisten eine unterschiedliche Taktik angewandt. Daß die Hauptstoßrichtung gegen die Sozialdemokratie gerichtet war, belegt eindrücklich Dollfuß' Klage gegenüber Mussolini: Bei seinem Bemühen um die Aufrichtung eines „straffen Autoritätsregimes", zu dessen Kernpunkten die Ausschaltung der Sozialdemokratie zählte, sei er „dadurch beträchtlich gehemmt worden, dass mir der Nationalsozialismus, der unverzeihlicherweise dem Marxismus teils direkte, teils indirekte Schützenhilfe leistet, in den Rücken gefallen ist"[92]. Wurde die Sozialdemokratie in einem schrittweisen Prozeß ausgeschaltet, verbot die Regierung Dollfuß die nationalsozialistische Betätigung bereits im Juni 1933 nach einer Reihe von Anschlägen. Allerdings schloß sie Verhandlungen mit den Nationalsozialisten auch weiterhin nicht aus und unternahm wiederholt diesbezügliche Anläufe.[93]

Ausschaltung bzw. Einschränkung rechtsstaatlicher Einrichtungen

Die Einschränkung der Pressefreiheit und der Geschworenengerichte, die bereits im Herbst 1932 gefordert wurde, sowie das Verbot politischer Demonstrationen zählten zu den ersten konkreten Aktionen nach dem 4. März 1933. Die Regierung stützte sich dabei ebenso wie in anderen Fällen (z. B. Wehrgesetz, Anzeigenfrist von Versammlungen, Bankentlastungsverordnungen) auf das Kriegswirtschaftliche Ermächtigungsgesetz aus 1917. Die Rechtmäßigkeit des Regierungshandelns stand zumindest prinzipiell zur Diskussion, als die Stadt Wien eine Reihe von Notverordnungen beim Verfassungsgerichtshof beinspruchte.[94] Um auch dieses Blockadeinstrument auszuschalten – nachdem ein Vermittlungsversuch mit Vertretern Wiens erfolglos blieb –, verfolgte die Regierung jene Strategie, die Dollfuß als letzten Ausweg sah:[95] die Lahmlegung des Verfassungsgerichtshofes. Dies gelang auf dem Weg, daß die von der Christlichsozialen Partei in den Verfassungsgerichtshof delegierten Mitglieder ihre Funktionen niederlegten und damit diesen handlungsunfähig machten.[96] Das Notverordnungsregime konnte damit ungehindert fortgesetzt werden. Um politische und gesellschaftliche Konflikte zu unterbinden, wurden Streiks – in von Bund oder sonstigen Gebietskörperschaften verwalteten Betrieben und Betrieben, die für das öffentliche Wohl wichtig waren – sowie Aussperrungen verboten und die Möglichkeit zur Zwangsschlichtung verordnet. Das Aussperrungsverbot, als Pendant zum Streikverbot, konnte nicht den Sachverhalt verdecken, daß das Streikverbot den Lohnabhängigen die Möglichkeit nahm, den 1933/34 in den Betrieben vermehrt betriebenen Sozialabbau abzuwehren.[97]

Wie bereits die Einschränkungen der Geschworenengerichte zeigten, blieb auch der Justizbereich von den politischen Veränderungen nicht unbeeinflußt. So wurde, nachdem Schuschnigg bereits im Mai 1933 die Möglichkeit von Schnellgerichten und Standrecht ven-

---

91 Siehe dazu z. B. G. Botz, Gewalt in der Politik, München 1983, S. 226 f.
92 Zit. in: Maderthaner / Maier (Hg.), „Der Führer bin ich selbst", S. 31.
93 Siehe z. B. Kerekes, Abenddämmerung, S. 137, 167, 174; Siegfried, Klerikal-Faschismus, S. 50 ff., 77; L. Meysels, Der Austrofaschismus, Wien-München 1992.
94 Siehe Ministerratsprotokoll Nr. 870, S. 257 ff.
95 Siehe Ministerratsprotokoll Nr. 870, S. 257, Anmerkung VII.
96 Siehe Näheres bei Huemer, Robert Hecht, S. 178 ff.
97 Siehe dazu den Beitrag von Tálos über Sozialpolitik in diesem Band.

Der Führer der österreichischen Heimwehren, Ernst Rüdiger Starhemberg

tilierte,[98] das Standrecht tatsächlich im November 1933 eingeführt. Zu den weiteren Maßnahmen zählen: die schrittweise Ausweitung der Strafbefugnisse der Verwaltungs- und Poli-
zeiorgane,[99] die Einrichtung von Sicherheitsdirektoren in den Ländern, die Einrichtung von
Anhaltelagern im September 1933[100] sowie die Gerichtsverordnung vom Februar 1934, die
die Autonomie der ordentlichen Gerichte gegenüber der Justizverwaltung aufhob.

Ausbau und Stärkung der Exekutive

Der Stand des militärischen Personals unterlag auf Grund des Vertrages von Saint-Germain
Begrenzungen. Da das Militär ebenso wie die Exekutive wichtige Herrschaftssicherungsfak-
toren darstellten, versuchte die Regierung (bei den Genfer Abrüstungsverhandlungen vertreten durch Sektionschef Hecht) eine Änderung dieser Beschränkungen zu erwirken.[101] Dies
gelang auch: Es erfolgte die Einrichtung des Militärassistenzkorps. Das bewaffnete Potential
der Regierung sollten darüber hinaus zwei weitere militärische Formationen verstärken: die
freiwilligen Assistenzkörper und die freiwilligen Schutzkorps.[102]

2. 2. Außenpolitische Aspekte

Die Beziehungen Österreichs zu Staaten wie Italien und Ungarn sowie auch politische Entwicklungen in anderen Ländern (so z. B. die Machtübernahme der Nationalsozialisten in
Deutschland) blieben nicht ohne Einfluß auf den politischen Veränderungsprozeß in Österreich. Ausgehend von unserer Analyse des Verlaufes des politischen Veränderungsprozesses
und seiner innerösterreichischen Bestimmungsfaktoren, vertreten wir die These, daß außenpolitische Faktoren diesen Prozeß begünstigt bzw. verstärkt haben, jedoch keineswegs die
entscheidenden Erklärungsvariablen darstellen.[103] Anders ausgedrückt: Der Weg in den Austrofaschismus war weder in erster Linie Resultat des von Mussolini ausgeübten Druckes noch
Resultat des Abwehrkampfes gegen den deutschen Faschismus[104] bzw. des Kampfes für die
Selbständigkeit Österreichs.

Eine besondere Rolle spielten die Beziehungen zwischen Österreich und Italien/Ungarn.
Das bereits Ende der 1920er Jahre deklarierte Interesse der Regierungen Italiens und Ungarns an der Etablierung einer Rechtsregierung in Österreich und deren Einbindung in ein
gemeinsames Bündnis war keineswegs uneigennützig: Sie erwarteten sich davon günstigere
Bedingungen für die Durchsetzung ihrer außenpolitischen Interessen, so z. B. in der Südti-
rolfrage, hinsichtlich des Verkehrs zwischen Ungarn und Italien oder hinsichtlich der italienischen Ambitionen im Donaubecken.[105] Niederschlag fand dieses Interesse in der beträchtlichen materiellen Unterstützung der Heimwehren mit Geld und Waffen. Die italienische und
ungarische Regierung sahen in den Heimwehren jenen politischen Faktor, der den politischen Veränderungsprozeß in Richtung Ausschaltung von Demokratie und Sozialdemokratie
forcieren und durchziehen könnte. Diese Erwartungen erfüllten sich – wie oben bereits ausgeführt – vorerst nicht.

Neben der Unterstützung der Heimwehren suchten Italien und Ungarn auch Kontakte
zur österreichischen Regierung. Diese Bemühungen intensivierten sich ab Herbst 1932. Der

---

[98] Siehe Ministerratsprotokoll Nr. 871, 4. 5. 1933, S. 280
[99] Siehe Holtmann, Zwischen Unterdrückung und Befriedung, S. 49 ff.
[100] Siehe G. Jagschitz, Die Anhaltelager in Österreich (1933 - 1938), in: Vom Justizpalast zum Heldenplatz, S. 128 -
    151, hier 128 ff.
[101] Siehe Huemer, Robert Hecht, S. 116 ff.
[102] Siehe ebenda, S. 239 f.
[103] Zu dieser These siehe bereits Kerekes, Abenddämmerung, S. 173 f.; Siegfried, Klerikal-Faschismus, S. 1 ff.
[104] Exemplarisch findet sich diese äußerst selektive und unzutreffende Einschätzung bei G. K. Kindermann, Öster-
    reich gegen Hitler, München 2003, S. 21 ff.
[105] Siehe dazu Kerekes, Abenddämmerung, S. 9 ff.

Grund dafür war aus der Sicht von Mussolini und Gömbös folgender: „Heute ist offenkundig festzustellen, daß die Heimwehr nicht den Rückhalt im Volk besitzt, um an die Regierung zu kommen. Das kann nur durch eine von oben, von der Regierung eingeleitete und
durchgeführte Aktion geschehen."[106] Konkret bedeutete dies die Unterstützung der Regierung Dollfuß, die selbst wieder für ihren Machterhalt ausländische Unterstützung benötigte.
Die engen Beziehungen zwischen Italien – Ungarn – Österreich wurden von den Regierungen
der kleinen Entente und Frankreichs mit Argwohn betrachtet – was sich nicht zuletzt auch im
Zusammenhang mit der Hirtenberger Waffenaffäre zeigte. Die Regierung Dollfuß geriet wegen dieser Affäre in das Schußfeld der Kritik vor allem von Seiten Frankreichs, das für die
Realisierung der Lausanner Anleihe eine wichtige Rolle spielte. Die Waffenaffäre blieb je-
doch für die Regierung Dollfuß ebenso folgenlos wie die Ausschaltung des Nationalrates im
März 1933 selbst, obwohl die französische Regierung verlangte, daß die Sanierung (Lausanner Anleihe) im Rahmen der politischen Demokratie erfolgen sollte.[107] Der Grund für diese
Folgenlosigkeit ist in der durch den Machtantritt der deutschen Nationalsozialisten 1933 veränderten internationalen politischen Konstellation zu sehen.[108] Damit stand die Erhaltung der
Selbständigkeit Österreichs, ungeachtet der Ausschaltung der Demokratie, im Vordergrund
französischer und englischer Interessen.

Während sich die deutsch-österreichischen Beziehungen verschlechterten – ablesbar[109] an
der Unterstützung der Neuwahlforderung der Nationalsozialisten in Österreich durch Hitler,
an gewaltsamen Aktionen der österreichischen Nationalsozialisten, am Verbot der Nationalsozialisten und am wirtschaftlichen Druck seitens des nationalsozialistischen Deutschlands
(z. B. der 1000-Mark-Sperre) – intensivierten sich zur gleichen Zeit die Beziehungen zwischen Mussolini und Dollfuß.

Mussolini, der an der Erhaltung der Selbständigkeit Österreichs gegenüber dem Nationalsozialismus interessiert war, nützte seine Position als wichtigster außenpolitischer Partner
der österreichischen Regierung dazu, den Faschisierungsprozeß sowohl durch militärische
Unterstützung der Heimwehren als auch durch direkte Beeinflussung Dollfuß' voranzutreiben. Der geheime Briefwechsel zwischen dem italienischen Ministerpräsidenten und dem
österreichischen Bundeskanzler ist beredtes Zeugnis dafür.[110] Mussolini drängte Dollfuß, die
Beseitigung der Sozialdemokratie wie auch die Verfassungsreform in Österreich so schnell
wie möglich durchzuführen, die Stellung der Heimwehren aufzuwerten und den Einfluß der
Nazis einzudämmen.[111] Daß die Kontakte und Besprechungen nicht folgenlos blieben, lassen die Antworten Dollfuß'[112] und einschlägige Aktivitäten der österreichischen Regierung
im September 1933 erkennen: Nach dem Treffen in Riccione im August 1933 verdeutlichte
Dollfuß in der sogenannten Trabrennplatzrede das Programm seiner Regierung. Im Rahmen
der Regierungsumbildung wurde der Landbund aus der Koalition ausgeschaltet. Darüber hinaus verschärfte die Regierung die Angriffe auf die Sozialdemokratie. Den Februarereignissen
1934 ging der Besuch eines italienischen Regierungsmitgliedes, des Staatssekretärs Suvich,
voraus, bei dem er auf den verschärften Kampf gegen den Marxismus, die Reform der Verfassung im antiparlamentarischen Sinne und auf die Beseitigung der Parteien, insbesondere
der Sozialdemokratie, drängte.[113]

---

[106] Zit. ebenda, S. 117.
[107] Siehe Siegfried, Klerikal-Faschismus, S. 57.
[108] Siehe Kerekes, Abenddämmerung, S. 124.
[109] Siehe ebenda, S. 131; Mommsen, Österreichischer Ständestaat, S. 175.
[110] Siehe Geheimer Briefwechsel Mussolini – Dollfuß, Wien 1949; Maderthaner / Maier (Hg.), „Der Führer bin ich
       selbst", S. 13 ff.
[111] Siehe ebenda, S. 17 ff., 24 ff. bzw. 23 ff., 46 f.
[112] Siehe ebenda, S. 30 ff.
[113] Siehe ebenda, S. 57 ff.

Resümee

1. Das Zusammenfallen von ökonomischer und politischer Krise im Jahr 1932 ist in Österreich – vermittelt über interessenpolitische Deutungen und Optionen – der unmittelbare Ausgangspunkt eines Prozesses, der zur Beseitigung der rechtsstaatlichen parlamentarischen Demokratie und zur Etablierung einer neuen politischen Herrschaftsform im Jahre 1934 führte. Dieser Weg entsprach den Vorstellungen Mussolinis und der faschistischen Heimwehren – beide trugen zu dessen Realisierung bei –, war aber den christlichsozialen Eliten keineswegs aufgezwungen worden. Er resultierte aus der Entscheidung der bereits an der Macht befindlichen dominanten Teile des bürgerlichen Lagers in Österreich, die politische Macht unter den Bedingungen des merkbaren Verlustes an Massenloyalität, der ökonomischen Krise und der damit in Zusammenhang stehenden zugespitzten Herausforderungen an eine Krisenlösungspolitik zu erhalten. Unklarheiten innerhalb der Christlichsozialen Partei gab es nach der Ausschaltung des Nationalrates Ende März 1933 vorerst noch über die konkrete Ausprägung der angestrebten autoritären Herrschaftsform.
2. Der Konstituierungsprozeß weist eine Reihe von Gemeinsamkeiten mit anderen Ländern auf, in denen in den 1920er und 1930er Jahren ebenso einschneidende politische Veränderungen stattfanden. Neben der Ausschaltung der parlamentarischen, parteienstaatlichen Demokratie ist hier vor allem auf die Ausschaltung und Zerschlagung der oppositionellen Arbeiterbewegung, auf die Beseitigung rechtsstaatlicher Einrichtungen, auf den massiven Einsatz des staatlichen Gewaltapparats zur Etablierung autoritärer Formen der Herrschaft zu verweisen. Auch hinsichtlich der Ziele dieser Maßnahmen gibt es zumindest in einem Punkt Übereinstimmung: Es geht vor allem auch darum, mit der Veränderung der bestehenden politischen Struktur die Voraussetzungen für eine Lösung der ökonomischen Krise im Sinne der ökonomisch bestimmenden Interessen (Finanz- und Industriekapital, Teile der Landwirtschaft) zu schaffen.
3. Neben diesen Gemeinsamkeiten gibt es bemerkenswerte Unterschiede. Der Motor und Exekutor dieses Veränderungsprozesses ist in Österreich – anders als in Italien und Deutschland – nicht eine eigenständige, gewachsene politische Bewegung mit Massenbasis, paramilitärischem Potential und eigenständiger Ideologie. In Österreich ist es eine Regierungskoalition zwischen Vertretern des dominanten politischen Faktors im bürgerlichen Lager, der Christlichsozialen Partei, und einer ihrem Selbstverständnis nach faschistischen paramilitärischen Bewegung, den Heimwehren. Die Frage nach der politischen Basis für diesen Veränderungsprozeß stellt sich somit für Österreich beispielsweise anders als für Deutschland und Italien. Die Einrichtung der Vaterländischen Front signalisiert, daß die Regierung zumindest ansatzweise versuchte, fehlendes Terrain durch die Neukonstruktion einer Monopolorganisation wettzumachen. Auf der anderen Seite fehlte es der Regierung in diesem Veränderungsprozeß keineswegs an Unterstützung: Neben der Christlichsozialen Partei und den Heimwehren ist hier sowohl auf die Bürokratie, Unternehmervertretungen und die Kirche zu verweisen.

Literatur

Ackerl, Isabella: Das Ende der christlichsozialen-großdeutschen Regierungskoalition, in: Vom Justizpalast zum Heldenplatz, Wien 1975, S. 82 - 94.
Arthofer, H.: Vom Selbstschutz zur Frontmiliz, Wien 1936.
Berchtold, Klaus: Die Verfassungsreform von 1929, Teil 1, Wien 1979.
Berchtold, Klaus (Hg.): Österreichische Parteiprogramme 1868 - 1966, Wien 1967.

Botz, Gerhard: Faschismus und Lohnabhängige in der Ersten Republik, in: Österreich in Geschichte und Literatur, 1977, H. 1, S. 102 - 128.

Botz, Gerhard: Gewalt in der Politik, München 1983.

Botz, Gerhard: Soziale „Basis" und Typologie der österreichischen Faschismen im innerösterreichischen und internationalen Vergleich, in: Jahrbuch für Zeitgeschichte 1980/81, Wien 1982, S. 15 - 56.

Carsten, Francis L.: Faschismus in Österreich, München 1978.

Collotti, Enzo: Die österreichische Sozialdemokratie in der Krise: Nationale und internationale Ursachen, in: Erich Fröschl / Helge Zoitl (Hg.), Februar 1934, Wien 1984, S. 385 - 394.

Edmondson, C. Earl: Heimwehren und andere Wehrverbände, in: Emmerich Tálos / Herbert Dachs / Ernst Hanisch / Anton Staudinger (Hg.), Handbuch des politischen Systems Österreichs. Erste Republik 1918 - 1933, Wien 1995, S. 261 - 276.

Fellner, Fritz: The Background of Austrian Fascism, in: P. F. Sugar (Hg.), Nativ Fascism in the Successor States 1918 - 1945, Santa Barbara 1971, S. 15 - 23.

Geheimer Briefwechsel Mussolini – Dollfuß, Wien 1949.

Haas, Karl: Industrielle Interessenpolitik in Österreich zur Zeit der Weltwirtschaftskrise, in: Jahrbuch für Zeitgeschichte 1978, Wien 1979, S. 97 - 126.

Hänisch, Dirk: Wahlentwicklung und Wahlverhalten in der ersten Republik, in: Emmerich Tálos / Herbert Dachs / Ernst Hanisch / Anton Staudinger (Hg.), Handbuch des politischen Systems Österreichs. Erste Republik 1918 - 1933, Wien 1995, S. 488 - 503.

Hasiba, Gernot D.: Die zweite Bundesverfassungsnovelle von 1929, Wien 1976.

Holtmann, Everhard: Zwischen Unterdrückung und Befriedung, Wien 1978.

Holzer, Willibald: Faschismus in Österreich, in: Austriaca, Juli 1978, S. 69 - 155.

Huber, Wolfgang: Die Gegenreformation 1933/34, in: Stephan Neuhäuser (Hg.), „Wir werden ganze Arbeit leisten … ". Der austrofaschistische Staatsstreich 1934, Wien 2004, S. 47 - 64.

Huemer, Peter: Sektionschef Robert Hecht und die Zerstörung der Demokratie in Österreich, Wien 1975.

Jagschitz, Gerhard: Die Anhaltelager in Österreich (1933 - 1938), in: Vom Justizpalast zum Heldenplatz, Wien 1975, S. 128 - 151.

Kerekes, Lajos: Abenddämmerung einer Demokratie – Mussolini, Gömbös und die Heimwehr, Wien 1966.

Kernbauer, Hans / Fritz Weber: Von der Inflation zur Depression, in: Emmerich Tálos / Wolfgang Neugebauer (Hg.), „Austrofaschismus", Wien 1988, S. 1 - 30.

Kindermann, Gottfried-Karl: Österreich gegen Hitler. Europas erste Abwehrfront 1933 - 1938, München 2003.

Klenner, Fritz: Die österreichischen Gewerkschaften, Band II, Wien 1953.

Klingenstein, Margarethe: Die Anleihe von Lausanne, Dissertation, Wien 1963.

Kluge, Ulrich: Der österreichische Ständestaat 1934 - 1938, Wien 1984.

Lackner, Johann G.: Die Ideologie und die Bedeutung der Christlichsozialen Partei bei der Einrichtung des „Dollfuß-Schuschnigg Regimes", Diplomarbeit, Wien 1995.

Leichter, Otto: Glanz und Ende der Ersten Republik, Wien 1964.

Maderthaner, Wolfgang: Sozialdemokratie, in: Emmerich Tálos / Herbert Dachs / Ernst Hanisch / Anton Staudinger (Hg.), Handbuch des politischen Systems Österreichs. Erste Republik 1918 - 1933, Wien 1995, S. 177 - 194.

Maderthaner, Wolfgang: Legitimationsmuster des Austrofaschismus, in: Wolfgang Maderthaner / Michaela Maier (Hg.), „Der Führer bin ich selbst". Engelbert Dollfuß – Benito Mussolini Briefwechsel, Wien 2004, S. 129 - 157.

Maderthaner, Wolfgang / Michaela Maier (Hg.), „Der Führer bin ich selbst". Engelbert Dollfuß – Benito Mussolini Briefwechsel, Wien 2004.

März, Eduard: Ständestaat Österreich, Wien o. J., S. 43.

Mann, Michael: Fascists, Cambridge 2004.

Matthes, Reimar: Das Ende der Ersten Republik, Dissertation, Berlin 1979.

Meysels, Lucian O.: Der Austrofaschismus. Das Ende der ersten Republik und ihr letzter Kanzler, Wien-München 1992.

Mommsen, Hans: Theorie und Praxis des österreichischen Ständestaates 1934 - 1938, in: Das geistige Leben Wiens in der Zwischenkriegszeit. Wissenschaftliche Leitung Norbert Leser, Wien 1981, S. 174 - 192.

Neck, Rudolf: Simmering, 16. Oktober 1932 – Vorspiel zum Bürgerkrieg, in: Vom Justizpalast zum Heldenplatz, Wien 1975, S. 94 - 102.

Oberländer, Erwin (Hg.): Autoritäre Regime in Ostmittel- und Südosteuropa 1919 - 1944, Paderborn u. a. 2001.

Pauley, Bruce F.: Hahnenschwanz und Hakenkreuz, Wien 1972.

Pauley, Bruce F.: Nazis and Heimwehr Fascists: The Struggle for Supremacy in Austria 1918 - 1938, in: U. Larsen u. a. (Eds.), Who were the Fascists, Bergen-Oslo-Rom 1980, S. 226 - 238.

Protokolle des Klubvorstandes der Christlichsozialen Partei 1932 - 1934, Wien 1980.

Protokolle des Ministerrates der Ersten Republik, Wien 1980 ff.

Rabinbach, Anson: Der Parteitag im Oktober 1933: Die innere Krise der österreichischen Sozialdemokratie und die Ursprünge des Februar 1934, in: Erich Fröschl / Helge Zoitl (Hg.), Februar 1934, Wien 1984, S. 341 - 366.

Rabinbach, Anson: Vom Roten Wien zum Bürgerkrieg, Wien 1989.

Rath, R. John: The Dollfuß Ministry: The Democratic Prelude, in: Austrian History Yearbook, Vol. XXIX 1998, S. 161 - 194.

Schuschnigg, Kurt (Hg.): Die neue Bundesverfassung für Österreich, Wien 1936.

Siegfried, Klaus Jörg: Klerikal-Faschismus, Frankfurt 1979.

Staudinger, Anton: Christlichsoziale Partei und Errichtung des „Autoritären Ständestaates" in Österreich, in: Vom Justizpalast zum Heldenplatz, Wien 1975, S. 65 - 81.

Steiner, Guenther: Wahre Demokratie? Transformation und Demokratieverständnis in der ersten Republik Österreich und im Ständestaat Österreich 1918 - 1938, Frankfurt 2004.

Tálos, Emmerich: Staatliche Sozialpolitik in Österreich, Wien 1981.

Winkler, Franz: Die Diktatur in Österreich, Leipzig 1935.

Wohnout, Helmut: Regierungsdiktatur oder Ständeparlament?, Wien 1993.

Kundgebung der Vaterländischen Front in Langenrohr, Niederösterreich, Mitte 1934. In der Mitte: Bundeskanzler Dollfuß, links außen: Finanzminister Karl Buresch, daneben rechts der niederösterreichische Bauernbunddirektor Leopold Figl

Austrofaschistische „Österreich"-Ideologie

Anton Staudinger

Ansätze und Vorformen der „Österreich"-Ideologie – Komponenten der „Österreich"-Ideologie und deren Protagonisten – Die katholisch-österreichische (gesamtdeutsche) Reichs-Ideologie – Dollfuß' „Österreichs Sendung" – Die Propagierung der „Österreich-Ideologie" – „Vaterländische Erziehung" – Die Einbeziehung des (habsburgischen) Legitimismus – Deutschnationale Volkstumsarbeit und Antisemitismus

Vorbemerkung

Österreichs staatliche Souveränität war nie zuvor in der kurzen Geschichte der Ersten Republik so deutlich reklamiert und propagiert worden, vor allem nicht von seiten österreichischer Regierungen, als seit jener Phase der politischen Entwicklung in Österreich, in der durch die Regierung Dollfuß ab 1932 die parlamentarische Demokratie sukzessive demontiert, zerstört, schließlich die Diktatur in Österreich errichtet wurde. Dieser auch in der Ära Schuschnigg von Staats wegen verordnete österreichische Patriotismus wurde später in seiner vordergründigen Dimension – nämlich des Bestehens auf einem gegen die nationalsozialistische Anschlußpolitik gerichteten, selbständigen österreichischen Staat – bis weit in die Zweite Republik hinein vielfach als ein wesentlicher Beitrag zur Abwehr des Nationalsozialismus und damit auch als Grundlage zur Ausbildung des als demokratisch verstandenen österreichischen Selbstverständnisses nach 1945 eingeschätzt. Es gilt hier [1], die signifikanten Merkmale der austrofaschistischen Konzeption österreichischer Eigenstaatlichkeit näher zu bestimmen und zu beurteilen, welchen Beitrag nun diese „Österreich"-Ideologie zur Defensive gegen die nationalsozialistische Ideologie des Dritten Reiches geleistet hat bzw. welche Funktion ihr im Dollfuß- und Schuschnigg-Regime zugedacht war.

---

[1] Vorliegender Text ist eine gekürzte Fassung meines Aufsatzes: Zur „Österreich"-Ideologie des Ständestaates, in: L. Jedlicka / R. Neck (Hg.), Das Juliabkommen von 1936 – Vorgeschichte, Hintergründe und Folgen, Wien 1977 (= Veröffentlichungen des Theodor-Körner-Stiftungsfonds u. des Leopold-Kunschak-Preises zur Erforschung der österreichischen Geschichte der Jahre 1927 bis 1938, Bd. 4), S. 198 - 240. Als Quellenmaterial bot sich in erster Linie neben den Äußerungen führender Funktionäre des Regimes schriftliches Material der Vaterländischen Front an, etwa Schulungsmaterial und Flugschriften, Publikationen zum Bildungswesen allgemein, speziell zum Bildungswesen in den Unterrichtsfächern Deutsch, Geschichte und Geographie und anderes mehr. Nicht berücksichtigt wurden Schriften aus dem literarisch-belletristischen Bereich; es sei verwiesen auf K. H. Rossbacher, Literatur und Ständestaat, in: F. Aspetsberger (Hg.), Staat und Gesellschaft in der modernen österreichischen Literatur, Wien 1977, S. 93 - 107; F. Aspetsberger, Literarisches Leben im Austrofaschismus. Der Staatspreis, Königstein/Ts. 1980 (= Literatur in der Geschichte – Geschichte in der Literatur, Bd. 2); H. Jarka, Zur Literatur- und Theaterpolitik im „Ständestaat", in: F. Kadrnoska (Hg.), Aufbruch und Untergang – österreichische Kultur zwischen 1918 und 1938, Wien 1981, S. 499 - 538; K. Amann, Die Brückenbauer – Zur „Österreich"-Ideologie der völkisch-nationalen Autoren in den dreißiger Jahren, in: K. Amann / A. Berger (Hg.), Österreichische Literatur der dreißiger Jahre, Wien-Köln-Graz 1985, S. 60 - 78.

Ansätze und Vorformen der „Österreich"-Ideologie

Ansätze und Vorformen dieser Österreich-Ideologie lassen sich bis an den Beginn der österreichischen Republik zurückverfolgen und waren vor allem am rechten Rand der Christlichsozialen Partei und deren Umkreis formuliert worden. Als publizistisches Forum dienten dafür vorrangig Josef Eberles Zeitschriften „Das Neue Reich"[2] und später die „Schönere Zukunft", in denen ostinat gegen Republik, gegen Demokratie, gegen „Marxismus", gegen „Liberalismus", gegen die Friedensverträge von St. Germain und Versailles, häufig auch in antisemitischer Diktion, polemisiert und in der Perspektive einer christlich-katholischen, österreichischen Mission die Errichtung eines künftigen neuen „Heiligen Reiches" in „organischer", „ständischer" Gliederung projiziert wurde. In engem Zusammenhang mit der universalistischen Gesellschaftsauffassung des Kreises um Othmar Spann beeinflußten diese österreichischen Frühformen der Reichsideologie auch die Reichsideologie der katholischen Rechten in Deutschland.[3] Die republikanischen Anschlußtendenzen, wie sie von Sozialdemokraten, von bürgerlich-liberalen Kreisen, aber auch von Christlichsozialen in den Bundesländern vor allem außerhalb Wiens getragen wurden, stießen bei den Vertretern der „Österreich"-Ideologie jedoch auf Ablehnung oder zumindest auf ambivalente Distanz mit ausgeprägten Sympathien für Vorstellungen einer „Donauföderation". In der Christlichsozialen Partei selbst kann man als Repräsentanten solcher Auffassungen jene Abgeordneten rechnen, die im Oktober/November 1918 wie Aemilian Schöpfer, Wilhelm Miklas, Heinrich Mataja auf einer Aufrechterhaltung der Habsburger Monarchie mit deutscher Dominanz in der österreichischen Reichshälfte bestanden und sich am längsten auch der Republikanisierung Deutsch-Österreichs widersetzt hatten.[4] Dazu gehörten auch jene Christlichsozialen, die noch nicht zu Abgeordneten gewählt, aber in der Christlichsozialen Partei schon damals meist über den katholisch-kirchlichen Bereich über politischen Einfluß verfügt hatten und sich in den folgenden Jahren immer effektiver für eine prononciert rechte christlichsoziale Politik exponierten, wie Ignaz Seipel, Viktor Kienböck, Richard Schmitz, aber auch Friedrich Funder, der Chefredakteur der Reichspost, der in der Ersten Republik einzigen länderübergreifenden katholischen Tageszeitung Österreichs.

Nach den umfangreichen Wahlverlusten der Christlichsozialen Partei von 1927 und vor allem 1930, als die Christlichsozialen im Nationalrat nur mehr als zweitstärkste Partei hinter der Sozialdemokratie rangierten, setzten sich innerhalb der Christlichsozialen Partei immer deutlicher jene Kräfte durch, die auf eine Veränderung des parlamentarisch-demokratischen Systems in Richtung eines autoritären, „organisch-ständischen" Aufbaues für Österreich hinarbeiteten. Nach außen hin manifestierte sich diese Orientierung unmißverständlich in einer parteioffiziellen Kommentierung des sehr allgemein gehaltenen christlichsozialen Parteiprogrammes von 1926 durch Richard Schmitz.[5] War dieser 1932 erschienene Kommentar offensichtlich auch davon bestimmt, das an die extreme Rechte, Heimwehren und Nationalsozialisten verlorene Wählerpotential zurückzugewinnen, also parlamentarische Praxis aufgrund

---

[2] St. Hanzer, Die Zeitschrift „Das neue Reich" 1918 - 1925. Zum restaurativen Katholizismus nach dem Ersten Weltkrieg, phil. Diss., Wien 1973. Für die spätere Zeit siehe H. Busshoff, Das Dollfuß-Regime in Österreich in geistesgeschichtlicher Perspektive unter besonderer Berücksichtigung der „Schöneren Zukunft" und „Reichspost", Berlin 1968 (= Beiträge zur politischen Wissenschaft, Bd. 6). Vor allem aber P. Eppel, Zwischen Kreuz und Hakenkreuz – die Haltung der Zeitschrift „Schönere Zukunft" zum Nationalsozialismus in Deutschland 1934 - 1938, Graz 1980 (= Veröffentlichungen der Kommission für neuere Geschichte Österreichs, Bd. 69).

[3] K. Breuning, Die Vision des Reiches – deutscher Katholizismus zwischen Demokratie und Diktatur (1929 - 1934), München 1969, S. 25 ff.

[4] A. Staudinger, Christlichsoziale Partei und Errichtung der Republik, in: Aspekte christlichsozialer Politik 1917 - 1920, Habil., Wien 1979.

[5] Das Christlichsoziale Parteiprogramm, mit Erläuterungen von R. Schmitz, Wien 1932.

von Wahlen wenigstens vorerst noch nicht aufgegeben, so enthält dieser Kommentar jedoch unmißverständlich auch konkrete Programmpunkte, die kurze Zeit später von der Regierung Dollfuß verwirklicht wurden.

Parteioffiziell wird hier auch zur nationalen Frage Österreichs Stellung bezogen. Im Gegensatz zum Programm des Jahres 1926, aus dem sowohl die Anschlußanhänger als auch die Verfechter einer Donauföderation ihre Vorstellungen interpretieren hatten können,[6] werden hier, im Kommentar von Schmitz, die Konturen der „Österreich"-Ideologie deutlich:

Die Christlichsoziale Partei als „die bodenständige Partei der christlichen Deutschen Österreichs" bekenne „sich offen und rückhaltlos zum Gesamtdeutschtum, mit dem die österreichischen Deutschen nicht nur durch die Blutsverwandtschaft, sondern auch durch eine tausendjährige Geschichte und durch die Gemeinsamkeit von Sprache und Kultur unzerreißbar sich verbunden" fühlten. Als „nationalgesinnte" Partei fordere sie „die Pflege deutscher Art", die „von gut christlichem Wesen nicht zu trennen" sei und die nicht nur „Volkstumspflege" und „die im politischen Leben der Gegenwart so oft vermißte Disziplin" bedeute (das heiße „freiwillige Ein- und Unterordnung", als „der moderne Nachfahre der germanischen und altdeutschen Heerbanntreue"), sondern die in der „Abwehr undeutscher und unchristlicher Einflüsse" auch einen Antisemitismus zur Abwehr gegen „die Übermacht des zersetzenden jüdischen Einflusses auf geistigem und wirtschaftlichem Gebiete" begründe. Die Christlichsoziale Partei begnüge sich freilich nicht mit dem grundsätzlichen Bekenntnis zur deutschen Nation, sondern fordere die Revision der „ungerechten Diktate", der Friedensverträge von St. Germain und Versailles, und die „Anerkennung des nationalen Selbstbestimmungsrechtes [...], das man nur den Deutschen gänzlich verweigert" habe. So verlange die Christlichsoziale Partei insbesondere „die Ausgestaltung des Verhältnisses zum Deutschen Reich auf Grund des Selbstbestimmungsrechtes". Dazu kommentierte Schmitz, daß dem „Anschluß", das sei nämlich die „nicht mehr allgemein gültige Idee" der „Eingliederung Österreichs als 'Provinz', bestenfalls als mit geringem Eigenrecht ausgestattetes 'Land', ins Deutsche Reich", daß also einem solchen „Anschluß" von seiten der Christlichsozialen Partei ein „Zusammenschluß", in welcher Variante auch immer, vorgezogen werde, die wohl „erst im entscheidenden Augenblicke selbst richtig beurteilt werden" könne. Denn Österreich vermöge nur dann seine „Ostmarkmission" zu erfüllen, „wenn es ein genügendes Maß von Selbständigkeit" behalte. „Die wirtschaftliche und kulturelle Erhaltung des deutschen Österreichertums" liege somit „im gesamtdeutschen Interesse".[7]

Komponenten der „Österreich"-Ideologie und deren Protagonisten

Gewiß zielte dieser Kommentar auch auf den Gewinn einer Mitarbeit der jüngeren katholischen Intellektuellen, die in katholischen Vereinigungen organisiert, sich für eine Vereinigung Österreichs mit dem Deutschen Reich und gegen den parlamentarischen Parteienstaat und somit auch gegen die Christlichsoziale Partei engagierten. Wesentliche Prägung hatte die akademische Jugend vor allem auf den österreichischen Universitäten, insbesondere in Wien, durch die wissenschaftliche und erzieherische Arbeit jener „Großdeutschen" erfahren, die wie die Philosophen Othmar Spann, Hans Eibl, der Rechtshistoriker Karl Gottfried Hugelmann (1921 bis 1931 christlichsozialer Abgeordneter im Bundesrat) oder die Geographen Machatschek und Hassinger, die Historiker Hans Hirsch und Heinrich Srbik und der Germanist Josef

---

[6] Zur Entwicklung der Diskussion in der Christlichsozialen Partei zu diesem Programmpunkt bis 1926 siehe A. Lüer, Die nationale Frage in Ideologie und Programmatik der politischen Lager Österreichs 1918 - 1933, phil. Diss., Wien 1985, S. 216 ff.

[7] Das Christlichsoziale Parteiprogramm, S. 61 - 70.

Nadler, die nach der Charakterisierung durch den in dieser Tradition sozialisierten Historiker Adam Wandruszka, „den Volkstumsgedanken Herders und der Romantik sowie das Nationserlebnis des Ersten Weltkrieges und des Kampfes für das Grenz- und Auslandsdeutschtum mit dem Universalismus der alten Reichsidee und den Traditionen der Habsburger Monarchie zur Synthese des Zukunftsbildes einer übernationalen [...] Ordnung Mitteleuropas zu vereinen suchten“. [8]

Als wichtigste Komponenten seien hier angeführt: Srbiks „gesamtdeutsche“ Geschichtsauffassung [9], die wenigstens im historischen Bewußtsein in Überwindung der alten „Klein- und Großdeutschen“-Kontroversen das „Reich“ neu konstituieren sollte; die „Stammestheorie“ Nadlers [10], dem diese nicht nur als literaturhistorisches Einteilungsprinzip für die deutschsprachige Literatur diente, sondern der daraus auch politische Ordnungsprinzipien für ein zukünftiges Reich der Deutschen ableitete; die Führungsfunktion der Deutschen über die kleinen Nationen Mitteleuropas, die aus den mittelalterlichen Verhältnissen z. B. nach Hirsch [11] durchaus für die Gegenwart, wenn auch in differenzierter Form, zu aktualisieren gewesen sei; in diesem Zusammenhang auch die Ableitung der staatlich-politischen Beschaffenheit der historischen Großstaaten aus den geographischen und „raumpolitischen“ Gegebenheiten; und nicht zuletzt, worauf schon verwiesen wurde, als wichtiges Bindeglied zur Errichtung des österreichischen „autoritären Ständestaates“ die antiparlamentarische, ständestaatlich orientierte, romantisch-universalistische Gesellschaftsphilosophie Spanns [12], dessen Einfluß auf die faschistischen Ideologien insgesamt nicht überschätzt werden kann.

In diesem Sinne versuchte ihrerseits eine Gruppe katholischer Intellektueller insbesondere von den Wiener Hochschulen die vorhandenen antidemokratischen und völkischen Tendenzen im Politischen Katholizismus vor allem in der Christlichsozialen Partei zu verstärken, eine Gruppe, die sich aus führenden Funktionären der wichtigsten katholischen Jugendverbände wie dem „Reichsbund der christlich-deutschen Jugend Österreichs“, der „Christlich-deutschen Turnerschaft Österreichs“, dem österreichischen Cartell-Verband, dem Kartell-Verband, dem „Bund Neuland“ [13] und anderen Organisationen rekrutierte. Diesem Personenkreis, der ab 1932 im wesentlichen auch den „Volksdeutschen Arbeitskreis österreichischer Katholiken“ bildete und eine führende Rolle bei der Vorbereitung des allgemeinen deutschen Katholikentages im September 1933 spielte, gehörten Wissenschaftler, Publizisten, Beamte, Geistliche an [14], von denen im Frühsommer 1932 auch unter Mitwirkung von Funktionären

---

[8]   A. Wandruszka, Österreichs politische Struktur – die Entwicklung der Parteien und politischen Bewegungen, in: H. Benedikt (Hg.), Geschichte der Republik Österreich, Wien 1954, S. 411.

[9]   H. Srbik, Gesamtdeutsche Geschichtsauffassung, Leipzig 1932. Siehe dazu: H. Dachs, Österreichische Geschichtswissenschaft und Anschluß 1918 - 1930, Wien-Salzburg 1974 (= Veröffentlichungen des Historischen Instituts der Universität Salzburg).

[10] J. Nadler, Literaturgeschichte der deutschen Stämme und Landschaften, 3. Aufl., Regensburg 1929/1932; ders., Das stammhafte Gefüge des deutschen Volkes, München 1934. Zu Nadler siehe S. Meissl, Zur Wiener Neugermanistik der dreißiger Jahre – Stamm, Volk, Rasse, Reich – über Josef Nadlers literaturwissenschaftliche Position, in: Österreichische Literatur der dreißiger Jahre, S. 130 - 146.

[11] H. Hirsch, Deutsches Königtum und römisches Kaisertum, in: H. Srbik / J. Nadler (Hg.), Österreich. Erbe und Sendung im deutschen Raum, Wien 1936, S. 43 - 60.

[12] O. Spann, Der wahre Staat. Vorlesungen über Abbruch und Niveau der Gesellschaft, Leipzig 1921. Zu Spann siehe K. J. Siegfried, Universalismus und Faschismus. Das Gesellschaftsbild Othmar Spanns – zur politischen Funktion seiner Gesellschaftslehre und Ständestaatkonzeption, Wien 1974.

[13] G. Seewann, Österreichische Jugendbewegung 1900 - 1938, 2 Bde., 2. Aufl., Frankfurt/M. 1974.

[14] Darunter Dr. Wilhelm Wolf, Dr. Joseph Pessel, Dr. Joseph Rehrl, Doz. Ernst Klebel, Dr. Ernst Lagler, Dr. Taras Borodajkewycz, Dr. Karl Lechner, Dr. Karl Rudolf, Dr. Anton Böhm, Dr. Eugen Kogon, Dr. Fritz Flohr, Doz. Reinhold Lorenz, Walter Ternik, Dr. Theodor Veiter, Josef Klaus, Ernst Marboe, Franz Riedl, Peter Graff.

der Christlichen Arbeiterbewegung[15] ein Programm zur „ständischen" und „völkischen" Ausrichtung der Christlichsozialen Partei ausgearbeitet wurde.[16]

Dieser Text wies unter besonderer Betonung katholisch-konfessioneller Orientierung
Komponenten auf, die konservativer, vielfach aber auch faschistischer Ideologie entsprechen, wie „Antiparlamentarismus", „Antiliberalismus", vorgeblicher „Antikapitalismus", militanter sogenannter „Antimarxismus", Korporativismus, Großstadtfeindlichkeit
und Agrarromantik, Großraum- und Autarkievorstellungen, organizistisch-biologistische
Volksgemeinschafts- und Volkstums-Ideologie zum Zweck der ideellen Harmonisierung der
bestehenden gesellschaftlichen Interessengegensätze und der davon ablenkenden Konstruktion von Feindbildern, sowie Reichsmystik und Antisemitismus.[17]

Nach diesem Programm galt der Kampf der katholischen Jugendorganisationen dem
„pseudodemokratischen Parlamentarismus", weil er den Staat zur „Beute von ziffernmäßigen
Mehrheiten und Parteikompromissen" mache, „deren ständige Schwankungen die einheitliche Führung des Staates nach einer beherrschenden Staatsidee" verhindern würden; ebenso
gelte dieser Kampf der „fehlerhaften Auslese sachlich nicht Berufener durch das demokratische Wahlsystem". „Das Ziel des wahren Volksstaates" sei „nur durch die Beseitigung des
jetzigen Parteiensystems und der atomistischen Demokratie erreichbar". Die „Diktatur" stelle
befristet ein „zulässiges Mittel" dar, „um aus der demokratischen Unentschiedenheit und dem
Kompromißsystem zu einheitlicher Neugestaltung des Staates gelangen", selbst dann, wenn
die Verfechter eines „christlichen Staates" mit „ständischer Gliederung" in der Minderheit
bleiben sollten.

„Volk" definierte dieses Programm als eine zwar „zuerst geistige Gemeinschaft, eine Gemeinschaft des geschichtlichen Schicksals, der Kultur, der Sprache und der Religiosität, dann
aber auch als eine Gemeinschaft des Blutes und der Abstammung". Das in dieser biologisch-
rassistischen Perspektive nicht zufällig in diesem Zusammenhang apostrophierte „Judentum"
wurde als „eine nach Geist und Blut fremde Arteinheit" abgelehnt, deren angeblich „unver-
hältnismäßiger großer Einfluß" durch energische Maßnahmen – nämlich „Entzug der politischen Rechte, Numerus proportionalis für akademische Berufe, zu bekämpfen" sei: „Ein
Wechsel des Bekenntnisses zum Christentum" würde nach diesen weitverbreiteten Vorstellungen „die Zugehörigkeit zum Judentum" nicht aufheben.

Zur nationalen Frage verlautete in diesem Programm: „Wir bekennen uns als Österreicher
rückhaltlos zum deutschen Volk und zu einem gesamtdeutschen Reich, in dem Österreich
eine autonome Stellung, seinen besonderen Aufgaben entsprechend, zukommt. Als österreichische Aufgabe erkennen wir die führende Mitwirkung an einer einheitlichen politischen
Neuordnung des Donauraumes und des europäischen Südostens, eine Neuordnung, die den
Nationalitäten und Völkerschaften des Südostens kulturelle Selbstverwaltung und politische
Freiheit im Rahmen eines Völker- und Staatsbundes sichert und sie endgültig in den Bereich der deutschen Kultur einfügt. Diese österreichische Aufgabe ist nur ein Teil der gesamtdeutschen Aufgabe: die Umschaffung Mitteleuropas zwischen beiden Meeren, zwischen
Frankreich und Rußland im Sinne eines Bundes freier Völker. Die zentralistische National-
staatsidee des Westens ist für den Donauraum und den Südosten sinnlos und unanwendbar".
Als „Voraussetzung und Fundament jeder Rechts- und Friedensordnung" gelte jedoch „die
restlose Wiedergutmachung des Unrechtes" der Pariser „Friedensdiktate". Durch den Kampf

[15] Dr. Karl Lugmayer und Karl Rehor.
[16] Dazu A. Staudinger, Zu den Bemühungen katholischer Jungakademiker um eine ständisch-antiparlamentarische
       und deutsch-völkische Orientierung der Christlichsozialen Partei, in: E. Fröschl / H. Zoitl (Hg.), Februar 1934.
       Ursachen – Fakten – Folgen, Wien 1984, S. 221 - 231.
[17] "Grundlagen und Ziele völkisch-staatlicher Neugestaltung. Programm junger Katholiken", Sammlung Veiter,
       Photokopie im Institut für Zeitgeschichte, Wien.

um diese „Wiederherstellung der Gerechtigkeit", würde „das deutsche Volk zum Führer im Ringen um ein neues Abendland". [18]

Die hier referierten politischen Zielvorstellungen katholischer Jung-Akademiker, die sich selbst als enger Kreis einer neuen katholischen „Führer"-Elite [19] verstanden, stellten keineswegs das Programm eines außenseiterischen und einflußlosen kleinen Klüngels dar. Denn die zahlreichen Berichte in der Reichspost [20] erweisen eindringlich, daß der oben bezeichnete Personenkreis des „Volksdeutschen Arbeitskreises österreichischer Katholiken" bei praktisch allen wichtigen katholischen Jugend-Tagungen, Schulungsveranstaltungen sowie den Veranstaltungen zur Vorbereitung des Katholikentages 1933 referierte; jenes Katholikentages, der auch der religiös-konfessionellen Legitimierung für die Errichtung der Diktatur in Österreich diente.

Der historischen Fundierung solcher Vorstellungen, wenn auch politisch nicht so präzise formuliert und verbunden mit der Einstimmung auf den Katholikentag im September 1933, sollte auch eine Publikation dienen, die vom Volksdeutschen Arbeitskreis österreichischer Katholiken herausgegeben und deren Beiträge überwiegend von den Proponenten des Arbeitskreises verfaßt waren. [21] Bezeichnenderweise fungierte als Vorspruch für diesen Sammelband eine der „Hymnen an Deutschland" (Der Sieg: die Kraft, IV) von Gertrud von Le Fort, und der Erzbischof von Salzburg, Ignatius Rieder, betonte in seinem Geleitwort „gesamtdeutsche" Perspektiven und solche des „Heiligen Römischen Reiches deutscher Nation" für die Auspizien des Katholikentages gerade für das Jahr 1933, das in „besonderer Weise ein heiliges Jahr der Deutschen" darstelle, das „alle Katholiken deutscher Nation" anläßlich einer Reihe von Jubiläen vereinige: der Bekrönung des Stephansturmes, „das Wahrzeichen der Ostmark", mit der Kreuzrose 1433 – und des Sieges über die Türken 1683.

Die katholisch-österreichische (gesamtdeutsche) Reichs-Ideologie

Nach Errichtung der nationalsozialistischen Herrschaft im Deutschen Reich, nach zunehmendem Antagonismus zwischen Deutschland und Österreich, der sich unter anderem in der wirtschaftlichen Blockade-Maßnahme der 1000-Mark-Sperre gegen Österreich ausdrückte, nach dem Verbot der terroristisch agierenden NSDAP in Österreich wurden die Projektionen des „Reiches" zunehmend österreichbezogener. So formulierte Hugo Hantsch, der auch in der besprochenen Publikation vertreten ist, die seiner Auffassung nach notwendige politische Anwendung der Lehren aus der Reichsgeschichte, zusätzlich auch aus der Geschichte der Habsburger-Monarchie: Österreich bleibe „das verbindende Glied zwischen Germanentum und den Völkern des Osten und Südens, zwischen die es schicksalhaft hineingestellt" sei und die es auch „geographisch und klimatologisch" verbinde, und Österreich müsse immer bedenken, daß sein „politisches und kulturelles Handeln für das gesamtdeutsche Volk [...]

---

[18]   Ebenda.
[19]   J. Klaus, Was ist die akademische Jungfront?, in: Reichspost, 15. 12. 1932.
[20]   Das hier in Auszügen referierte Programm wird vielfach und vollinhaltlich – wenn auch mitunter in geringfügigen Varianten, Abschwächungen und Verkleidungen – von Vertretern der wichtigsten katholischen Jugendorganisationen im Jugendteil der Reichspost unter dem Titel „Der junge Strom" präsentiert. Dieser Jugendteil erschien ab 9. Juni 1932, anfangs einmal im Monat, später 14tägig, ab Frühjahr 1934 nicht mehr regelmäßig und im Umfang eingeschränkt. Redaktionell geleitet wurde „Der junge Strom" von Theodor Veiter, der – wie schon erwähnt, an der Abfassung des zitierten Programms beteiligt – damals als Funktionär des christlichsozialen Bundesratsklubs fungierte und führend in der „Katholisch-deutschen Hochschülerschaft Österreichs" tätig war.
[21]   Katholischer Glaube und deutsches Volkstum in Österreich, hg. v. Volksdeutschen Arbeitskreis österreichischer Katholiken, Salzburg 1933.

von wesentlicher Bedeutung" sei. So wie es das Wirken des „deutschen Volkstums im ganzen Raume die ganze Zeit hindurch als ein einigendes Element, als der unentwegte Träger der österreichischen Idee, als der Sauerteig, der die in diesem Raume vereinigten Völker zur Entwicklung" gebracht habe, es eben „deutsche Kultur", „deutsch-österreichische Leistung" gewesen sei, die das Habsburgerreich geschaffen habe, so dessen Auflösung ein „Schlag gegen das Deutschtum" schlechthin. „Die Reichsidee als Menschheitsidee" habe in der multinationalen Habsburgermonarchie eine eigene Ausformung gefunden, da hier, „sobald der Staat als nationales Besitztum angesprochen wurde [...], der Staatsbegriff überwunden werden" mußte, um im „umfassenderen Begriff des Reiches eine neue Organisationsidee", die „Einheit in der Vielfalt" herzustellen. Als „christlich-germanisches Erbgut", das sei „das letzte Wesen universaler und übernationaler Gemeinschaftsform", habe das österreichische Kaisertum mit der Auflösung des Heiligen Römischen Reiches „die deutsche Reichsidee [...] nicht nur in ihren Symbolen, sondern auch in ihrer Würde und ihrem inneren Gehalte mit dem österreichischen Kaisertum" verbunden. Die neue, unter der Regierung Dollfuß im Entstehen begriffene „österreichische Staatsidee" erschien Hantsch deshalb als „entwicklungsfähig, [...] weil sie alle jene Elemente" enthalte, „die den alten österreichischen Staatsgedanken zum Reichsgedanken entwickelt hätten"; Österreich sei keine „Quantität von so und so vielen Quadratkilometern"; sondern „eine Idee, die aus deutschem Wesen entspringt, weil dieses deutsche Wesen zum Reiche verlangt und im Reiche seine Vollendung sehen muß". Wenn also „das Wesen des deutschen Volkes in einer Weltaufgabe geistiger Art" liege, ergebe sich daraus die Bedeutung des österreichischen Staatsgedankens „zusammen mit dem Gedanken der kirchlichen Einheit und der Erhaltung der Einheit mit Rom", die Bedeutung Österreichs „für eine gesamtdeutsche Erneuerung im christlichen, und zwar katholischen Geiste". Auch das 1918 konstituierte Österreich könne sich „nicht mit der Rolle eines Kleinstaates abfinden, die es in einem völkisch und staatlich so zersplitterten Raume zu spielen verurteilt ist, wie es der südosteuropäische Raum" sei. Es müsse „in jenen größeren Zusammenhängen denken, in die es von Natur aus und durch seine Geschichte gewiesen" würde, es sei „imperialistisch nicht im Sinne, die die Machtpolitik der Vorkriegszeit gemeint hat, sondern im Sinne eines Führerwillens zu einer Organisation eines Reiches des Friedens und der Gerechtigkeit", zu dem „die christlichen Grundsätze, die Prinzipien einer objektiven Wahrheit die Wege" wiesen „und die Grundlage" böten. Nur dies bedeute „die Wiederherstellung der Würde deutscher Nation", „der Weg zur wahren Reichsidee und zum wahren Reiche" ginge „über Österreich". [22]

Deutlicher noch als durch den Benediktiner-Pater und Historiker Hugo Hantsch wird die Einbindung in den religiösen Bereich durch Kurt Schuschnigg, der als österreichischer Unterrichtsminister anläßlich des „Allgemeinen deutschen Katholikentages" im September 1933 formulierte [23]: „Weil nun aber in diesem Reichsgedanken" sich „die Quelle der Kulturkraft" des deutschen Volkstums berge und es sinnlos wäre, „diesen großen, in die Ferne wirkenden abendländischen Gedanken mit dem Flächenmaß und nach der Länge des augenblicklichen machtpolitischen Radius, nach der Gestalt seiner Grenzen zu messen [...], darum auch heute Österreich!"; „nicht die Körperlichkeit des jeweiligen Staates, sondern die große gestaltende Seele des abendländischen Gedankens vom Heiligen Reich" als der „erdgebannte Schatten des corpus mysticum der Kirche" gebe „unserer österreichischen Heimat auch heute noch

---

[22]   H. Hantsch, Österreichische Staatsidee und Reichsidee, in: Österreichische Rundschau. Land – Volk – Kultur, 1. Jg., H. 1, 1934, S. 6 - 15. Praktisch unverändert abgedruckt auch in: Der Katholische Staatsgedanke, Bericht über die katholisch-soziale Tagung der Zentralstelle des Volksbundes der Katholiken Österreichs am 29. u. 30. April 1934 in Wien, Wien 1934, S. 59 - 68. In wenig veränderter Form auch in: Österreich, Volk und Staat, Wien 1936, S. 40 ff.; diese Publikation war vom Bundesministerium für Unterricht neben den eingeführten Lesebüchern der 7. und 8. Klassen der Mittelschulen approbiert.

[23]   Allgemeiner deutscher Katholikentag in Wien 1933 - 7. bis 12. November, Wien 1934, S. 59 - 64.

ihren lebendigen unvergänglichen Sinn"; „der Einsatz der katholischen Kräfte Österreichs" diene „nicht nur dem Interesse des eigenen Landes, sondern auch den gesamtdeutschen Interessen und somit dem Abendlande"; „ohne dieses katholische Österreich" sei „die Erfüllung der Sendung des deutschen Volkes im christlichen Abendland, die Wiedergeburt des wahren Heiligen Reiches und damit die Befriedung des aus tausend Wunden blutenden Mitteleuropas nicht möglich".

Schuschnigg war keineswegs der einzige, der im Rahmen des Katholikentages seinen Bindungen an eine mitunter theologisch überhöhte Ideologie des „Heiligen Römischen Reiches deutscher Nation" Ausdruck verlieh. Diese Veranstaltung vermittelte vielmehr im gesamten den Eindruck, daß die politisch aktivistische, vor allem jüngere katholische Intelligenz weitaus überwiegend von dieser Reichsideologie geprägt war. In diesem Zusammenhang sei noch auf die Referate von Alfred Verdroß, besonders aber jenes des damaligen Bundesführers der österreichischen Neuländer Anton Böhm hingewiesen. [24] Aber diese Demonstration durch den österreichischen Unterrichtsminister mußte zudem bedeuten, daß diese Vorstellungen von Regierungsseite nicht nur toleriert wurden, sondern geradezu eine wesentliche ideologische Komponente des Regierungskurses ausmachten. Dies um so mehr, als die Proklamierung jener Prinzipien „autoritär-christlich-deutsch" durch Dollfuß, nach denen der „autoritäre Ständestaat" eingerichtet werden sollte, ebenfalls im Rahmen des Katholikentages erfolgte und so deutlich die Übereinstimmung mit dem antiparlamentarischen politischen Katholizismus als treibender Kraft für die entstehende Diktatur manifestierte.

Diese katholische, österreichische Reichs-Ideologie bedeutete nicht nur eine Interpretation der Gegenwart der 30er Jahre aus historischer Rückblende, sondern zielte als Programm auch auf Verwirklichung. Sie benützte religiöse und scheinwissenschaftliche Betrachtung der Wirklichkeit zur Legitimierung politischer Handlungsweisen. Die Reichs-Ideologie könnte mit Kurt Breuning so als „säkularisierte rückwärtsgewandte Prophetie" beschrieben werden, die aus verklärter Vergangenheit über eine fehlgedeutete Gegenwart politische Aktionsprogramme für die Zukunft entwarf.

Dollfuß' „Österreichs Sendung"

Freilich konnten Perspektiven der Errichtung eines „gesamtdeutschen", den Donauraum, also die Gebiete der österreichisch-ungarischen Monarchie miteinbeziehenden bzw. womöglich gerade vom Gebiet des ehemaligen Habsburgerreiches aus neu zu gründenden, „Heiligen Reiches" angesichts der internationalen Lage im besten Falle in nicht näher absehbare Zukunft hin orientiert gewesen sein. So erscheinen auch die Äußerungen zum Schlagwortkomplex „Österreichs Sendung" von seiten Dollfuß', der nicht nur die Verhandlungen der Lausanner Anleihe zu Ende geführt hatte, sondern nun auch eine Politik der Aufrechterhaltung österreichischer Eigenstaatlichkeit verfolgen, sich als Regierungschef also den realpolitischen Gegebenheiten einordnen mußte, nicht explizit nach dieser Reichsideologie formuliert.

Zwar hatte sich Dollfuß in seiner Studienzeit ebenso wie die überwältigende Mehrheit seiner Kollegen auf der Ebene studentischer Organisationen für die Anschlußbewegung engagiert [25] und war dann Mitglied der „Deutschen Gemeinschaft" gewesen, eines Geheimbundes aus katholischen und deutschnational-antiklerikalen Gruppen, die ähnlich wie das bekämpfte Freimaurertum organisiert, die ideologischen Auseinandersetzungen auf den österreichischen

---

[24] Breuning, Die Vision des Reiches, S. 259 ff.; Seewann, Österreichische Jugendbewegung, S. 753 ff.
[25] G. Jagschitz, Die Jugend des Bundeskanzlers Engelbert Dollfuß – Ein Beitrag zur geistig-politischen Situation der sogenannten „Kriegsgeneration des Ersten Weltkrieges", phil. Diss., Wien 1967, S. 140 ff.

Universitäten der Vorkriegszeit übergehend, gemeinsam der „Bedrohung der deutschen Nation" durch verschiedene Internationalismen, wie „den Bolschewismus", die „Freimaurer" und
„Juden", entgegenzuwirken suchten.[26] Der „gesamtdeutschen" Orientierung entsprechend,
hatte Dollfuß auch noch nach Annahme der mit der Lausanner Anleihe verbundenen, gegen jede Verbindung Österreichs mit Deutschland gerichteten politischen Bedingungen engen Kontakt mit dem Deutschen Reich gesucht. Selbst nach der Machtübernahme durch die
Nationalsozialisten im Deutschen Reich und nach der Verschärfung des Konfliktes mit der
NSDAP wegen deren Verbotes in Österreich war Dollfuß im Gegensatz zu seiner Politik gegenüber der Sozialdemokratie geradezu unermüdlich bestrebt, sowohl innerösterreichisch als
auch auf diplomatischer Ebene in Verhandlungen mit dem Deutschen Reich einen Ausgleich
mit den Nationalsozialisten zu erreichen.[27]

Wenn auch Dollfuß nicht auf die gleiche Weise, wie oben geschildert, die Errichtung eines „Heiligen Reiches" beschwor, wie andere Funktionäre des Regimes, so war doch auch
das Österreich-Verständnis Dollfuß' deutschnational bestimmt im Sinne einer Einbeziehung
eines in welchem Grade auch immer autonomen oder souveränen Österreichs in eine deutsche
Nation, deutschnational auch im Sinne einer kulturell formulierten „deutschen Sendung Österreichs" gegenüber dem europäischen Osten und Südosten und nicht zuletzt einer christlich-
katholischen Mission innerhalb des „Gesamtdeutschtums".[28]

Um diesen spezifischen österreichischen Standpunkt ein periodisches Forum zu verschaffen, griff Dollfuß einen diesbezüglichen Vorschlag des aus Deutschland über Italien nach Österreich emigrierten Universitätsprofessors Dietrich von Hildebrand auf und genehmigte die
Gründung der Zeitschrift „Der Christliche Ständestaat".[29] Diese Zeitschrift bot den Grün-
dungsintentionen gemäß in erster Linie Beiträgen Platz, die der ideologischen Fundierung
der angestrebten ständisch-autoritären Strukturierung Österreichs, einer von Österreich aus-
gehenden Katholisierung Mitteleuropas, insbesondere einer österreichischen, einer deutsch-
österreichischen Mission im Sinne kulturell-politischer Integrierung, insgesamt aber vor allem der ideologischen Abwehr des Nationalsozialismus dienen hätten sollen. Unter der Kanzlerschaft Schuschniggs gab diese Zeitschrift aber zunehmend habsburgisch-legitimistischen
Tendenzen Raum, bis sie ab 1937, wohl in Auswirkung des Juli-Abkommens von 1936, zu-
sehends an Bedeutung verlor. Spiegelte sie auch in weitgehend repräsentativer Weise verschiedene Nuancen der Ständestaatsideologie wider, so darf ihre Breitenwirkung doch nicht
überschätzt werden, da sie als Zielgruppe nur katholisch-intellektuelle Kreise ansprach, was
in einer niedrigen Auflage deutlich Ausdruck fand.

Die Propagierung der „Österreich-Ideologie"

Breiten Raum nahm die Propagierung der „Österreich"-Ideologie in den offiziellen Publikationen des Regimes ein. So begründete eine Publikation des österreichischen Heimatdienstes

---

[26] W. Rosar, Deutsche Gemeinschaft. Seyss-Inquart und der Anschluß, Wien 1971, S. 29 ff. Der „Deutschen Ge-
      meinschaft" gehörten u. a. auch die christlichsozialen Politiker Emmerich Czermak, Viktor Kolassa und Richard
      Wollek an; z. B. auch die Universitätsprofessoren Niward Schlögel, Kurt Knoll, Wilhelm Czermak, Othmar
      Spann, Oswald Menghin und Alfons Dopsch oder die Aristokraten Aloys Schönburg-Hartenstein und Edgar
      Hoyos, schließlich auch die Rechtsanwälte Arthur Seyss-Inquart und Gustav Steinbauer.

[27] Dazu vor allem D. Ross, Hitler und Dollfuß. Die deutsche Österreichpolitik 1933 – 1934, Hamburg 1966; siehe
      auch G. Jagschitz (unter Mitarbeit von Alfred Baubin), Der Putsch. Die Nationalsozialisten 1934 in Österreich,
      Graz-Wien-Köln 1976, S. 56 ff.

[28] Viele Beispiele in: Dollfuß an Österreich – Eines Mannes Wort und Ziel, hg. v. E. Weber, Wien 1935 (= Sonder-
      schriften der Berichte zur Kultur- und Zeitgeschichte, Bd. 10).

[29] R. Ebneth, Die österreichische Wochenschrift „Der Christliche Ständestaat" -Deutsche Emigration in Österreich
      1933 - 1938, Mainz 1976 (= Veröffentlichungen der Kommission für Zeitgeschichte, Serie B, Bd. 19).

(der ersten Propagandaorganisation der Vaterländischen Front) [30] das Entstehen eines neu-
en österreichischen Selbstbewußtseins aus den „Eroberungsgelüsten" des nationalsozialistischen Regimes in Deutschland, das „als der wahrhaft fanatische Vollstrecker des Bismarck-
schen Kleindeutschtums", das „einerseits die preußische Zentralisierung des Reiches durch
Austilgung der letzten föderalistischen Rechte" vollendet habe, „andererseits den 'Anschluß'
Österreichs als ein einfaches Annexionsproblem" erkläre, Österreich zum „kulakischen Ok-
kupationsgebiet des Deutschen Reiches degradieren" wolle. Da der Nationalsozialismus an-
strebe, die Österreicher „zu Knechten [zu] erniedrigen", seien diese „aufgestanden nach echter Herrenart" und hätten das Bekenntnis zu Österreichs „abendländischer Mission" erneuert.
    Die noch immer gültige Sendung Österreichs [31] bezeichne weiterhin, den „Mittelpunkt
der Einheit eines im Frieden Christi geborgenen Abendlandes" zu bilden. Es bedürfe keiner
Betonung, daß „Österreich sich durch nichts und niemand – nicht einmal durch den Kampf,
den der ehemalige Österreicher Adolf Hitler gegen sein einstiges Vaterland" führe, „aus seiner geistigen Verbundenheit mit dem gesamten deutschen Volkstum herausreißen" lasse. Eine staatsrechtliche Gemeinschaft mit dem nationalsozialistischen Deutschen Reich aber sei
Österreich „gerade um dieser Treue zum ganzen Deutschtum willen verwehrt. Je mehr sich
das deutsche Volk unter nationalsozialistischer Führung in die Idee einer nationalen Selbst-
genügsamkeit und Isolierung" verliere, desto stärker müsse „das deutsche Volk jenseits der
Reichsgrenze, also in erster Linie das österreichische Volk, zur Treuhänderin der universalen,
völkerbefriedenden, abendländischen Aufgabe des Deutschtums werden".
    Ähnlich postulierte auch eine Veröffentlichung der Nachfolge-Organisation, des Bundes-
kommissariats für Propaganda, kurz nach der Ermordung Dollfuß': „Kern eines neuen Mitteleuropas zu werden – das ist Österreichs Beruf. Seine geographische Lage bestimmt es,
seine Geschichte befähigt es dazu." Als „Grenzmarken gegen Osten und gegen Süden" sei
Österreich „in die Helle der Geschichte eingetreten", eine Funktion allerdings, die nicht rein
defensiv aufzufassen sei, wie es der Nationalsozialismus irrtümlich interpretiere, vielmehr
wären diese Grenzmarken „Ausfallstore, womit eine überlegene Kultur den Feind moralisch
erobere", gewesen. Da Mitteleuropa „organisiert" werden müsse, dürfe einerseits die Vorherrschaft in Mitteleuropa nicht der Kleinen Entente unter Führung Benes' überlassen werden, der hier als Nachfolger Przemysl Ottokars apostrophiert wird, andererseits aber, zwecks
Rückenstärkung für die mitteleuropäische Mission Österreichs, ein Anschluß Österreichs an
das Deutsche Reich nicht durchgeführt werden. Denn ein „deutscher Nationalstaat" bedeutete „Abschließung, Abkapselung, also freiwilligen Verzicht, oder Verwicklung in Kämpfe",
deren Ausgang um so unsicherer anzusehen sei, „als die Zusammenballung eines geborenen
Volkes der Mitte zum Nationalstaat allen Nachbarn als Bedrohung erscheinen müßte". Die
historisch gewachsene Beschaffenheit der Österreicher als „die geborenen Mittler und Vermittler" und schließlich „der Umstand der Kleinheit" werde es begünstigen, „daß Österreich
zur Keimzelle eines organischen Völkerbundes werden" könne, „der vom Schwarzen Mee-
re bis zur Nordsee" reichen würde. Da aber Österreich als „Stamm der großen deutschen
Nation" angehöre, könne es „besonders dann, wenn diese Nation verständig" sei, „ein genügendes moralisches Gewicht für sich in Anspruch nehmen, um auch unter Hinweis auf
realpolitische Gegebenheiten seine Führeraufgabe zu rechtfertigen". Daraus aber folge, „daß
Österreich nur dann ins Reich 'heimkehren' könne und dürfe, wenn die gesamtdeutsche Nation zur Trägerschaft des mitteleuropäischen Föderationsgedankens herangereift und erzogen
wäre". Und gerade hierin sieht der Autor „Österreichs Bestimmung", da das österreichische
Wesen jenes „bessere deutsche Wesen" darstelle, „an dem Europa genesen könnte", nämlich

---

[30] Österreichs Sendung. Unseres Vaterlandes Schicksalsweg, Wien 1933 (= Schriftenreihe des österreichischen
    Heimatdienstes), S. 4 f.
[31] Ebenda, S. 14 f.

darin, daß dieser „österreichische Gedanke" Deutschland erobere. Dann erst wäre das „Unrecht vom Jahre 1866 beseitigt. Dann wäre Seipels Wort erfüllt [. . .]: 'Wir wollen beides – den Anschluß und die Donauföderation.'"[32]

Operieren die eben präsentierten Auffassungen ebenso wie die weiter oben referierte Reichsideologie über eine zum Nationalsozialismus polarisierte „österreichische Mission" mehr in spekulativen, von den realen politischen Verhältnissen abgelösten Bereichen, so sind die Ausführungen des stellvertretenden Landesleiters der Vaterländischen Front in Oberösterreich mehr auf die praktische, auf einen Ausgleich mit den auf „Anschluß" fixierten Deutschnationalen zielende, durchaus auf der Linie von Dollfuß liegende Politik abgestimmt. Auch er betonte, daß die „österreichisch-großdeutsch-universale Reichsidee", zu der sich die Vaterländische Front bekenne, „Österreich als Stamm und nicht als Nation" anerkennen müsse, allerdings als einen der edelsten Stämme im deutschen Gesamtvolke, der auch als Stamm gewisse Sonderaufgaben zu erfüllen habe. Die „Ostmarksendung" Österreichs beinhalte das „Bekenntnis zu dem im Westen liegenden deutschen Volke". Daher könne Österreich „niemals ein zweites Holland werden, weil Holland eine eigene Nation geworden" sei, und „niemals eine zweite Schweiz", weil diese „außerhalb der beiden deutschen Geschichtsauffassungen" liege und vollkommen eigene Wege „ohne das deutsche Volk" gehe. Ausgehend von der Geltung der Friedensverträge und der realpolitischen Verhältnisse in Europa und unter Berücksichtigung der Tatsache, „daß alle Deutschen [. . .] eigentlich dasselbe" anstrebten, „nämlich die Geltung des deutschen Volkes im mitteleuropäischen Raum", könne „Österreichs deutsche Sendung [. . .] nur durch ein selbständiges Österreich vollzogen werden". Wenn nun „der österreichische Stamm durch seine ganze Vergangenheit, durch seine Geschmeidigkeit, durch seine unzähligen Verbindungen mit den anderen Völkern mehr Talent zur Ordnung dieses Raumes" aufbringe „als die schroffe preußische Art", dann sei zu fragen, „weshalb die beiden deutschen Staaten nicht gemeinsam Realpolitik" betrieben. „Vielleicht würde dann die künftige Lösung der deutschen Frage in der Weise geschehen, daß in einem unter deutschem Übergewicht geordneten mitteleuropäischen Raum Österreich als natürlicher Vermittler einer seiner großen Vergangenheit würdige selbständige Stellung als Türangel einnehmen könnte."[33]

Stellvertretend für die große Anzahl von Behelfen für die Funktionärsausbildung in der Vaterländischen Front sei hier auf eine dieser Schriften eingegangen.[34] Ausgehend vom Nationsbegriff, der darin nicht etatistisch verstanden wird, sondern in Anknüpfung an „die deutschen Klassiker und Romantiker" als „Kulturzugehörigkeit", wird das „Deutschsein" beschrieben als „nicht so sehr" von der Umgangssprache abhängig, als mehr von der „Kenntnis, Aufnahme, Bestätigung deutscher Kulturwerte, deutscher Sitte, deutscher Lebensart [. . .]" begründet; wer sich der deutschen Sprache bediene und sie bloß als „Verkehrsmittel zur Verständigung" gebrauche, sei deshalb noch „kein Deutscher im kulturellen, das ist im edelsten Sinn des Wortes"; daraus folge „logisch ganz richtig [. . .], daß ein Schädling der Gemeinschaft, ein Gewohnheitsverbrecher, ein Treuloser, kein Deutscher" sein könne, und – sichtlich gegen die „Juden" gerichtet – „ebensowenig einer, der keinen Sinn für die deutschen Kulturgüter hat und dessen ganzer Lebensinhalt im Gewinn- und Machtstreben besteht".

Da „das Kulturwerk der Welt" auf „gegenseitiges Befruchten der verschiedenen (Kultur-)Nationen" aufgebaut sei, die „in den größeren Nationen [. . .] größere Stämme ein nationales, kulturelles Eigenleben" entfaltet hätten – „z. B. Nord- und Süddeutschland" –, und „kein deutscher Stamm so innigen Anschluß an andere Nationen" gehabt hätte „wie der öster-

---

[32] A. Klotz, Sturm über Österreich, Wien 1934, S. 53 ff.
[33] A. Maleta, Klarheit der Begriffe, in: Linzer Volksblatt, 23. 12. 1933.
[34] Richtlinien zur Führerausbildung, hg. v. der Vaterländischen Front/Bundeswerbeleitung, Wien 1935.

reichische", habe sich in Österreich eine „besondere hohe und eigenartige deutsche Kultur" entwickeln können, vermöge deren Österreich auch als „der wirksamste Verbreiter deutscher Kultur" bei anderen Nationen anzusehen sei.

Die „echte deutsche Auffassung" stelle sich den Staat „als organisch aus den anderen Verbänden – Gemeinden usw. – entstanden" vor; das „deutsche Wesen" sei „stets genossenschaftlich, föderalistisch gewesen"; der Staat „nach echter deutscher Auffassung" bestehe also „aus dem bündnismäßigen Zusammenwirken von Stämmen und Ländern", im Gegensatz zum Zentralismus der Französischen Revolution und des nationalsozialistischen „Staatszentralismus". Die „echte" und „wahre deutsche Gemeinschaft" stelle jene dar, „in der den natürlichen gesellschaftlichen Grundgemeinschaften, Familie, Gemeinde und Berufsstand ihre natürlichen Bereiche zuerkannt und das Volksganze als großer gemeinschaftlicher Bund aufgefaßt" werde, „der das historische Eigenleben seiner Glieder unverbrüchlich" achte und bewahre. „Das wahre Deutschtum" habe „daher in Österreich seine Heimat und seine Zukunft".[35]

Deswegen müsse auch der „Anschluß" abgelehnt werden. Positiv wurde der „österreichische Staatsgedanke" in diesen Richtlinien begriffen aus der geographischen Lage Österreichs als dem „zur Selbständigkeit bestimmten Raum der Mitte", aus dem „weltgeschichtlichen Inhalt" Österreichs als der „chemischen Küche für den europageschichtlichen Werdeprozeß", aus der kulturellen Sendung Österreichs als „Kulturreich", das aber, weil eben „nicht an Grenzen gebunden", über diese hinauszuwirken vermöge; weiters aus dem „deutschen Inhalt des österreichischen Gedankens", da „keine deutsche Kolonisation [...] so nachhältig" gewirkt habe wie die durch Österreich, wobei z. B. die Chancen unter der Herrschaft Karls V., ganz Südamerika dem „Deutschtum" zu erschließen, nur durch die „innerdeutschen Reformationszwiste" vereitelt worden wären, und schließlich aus dem „weltanschaulich-sozialen" Gehalt des österreichischen Gedankens.[36]

Zu konstatieren ist, daß jener von Staats wegen geförderte und propagierte Ideenkomplex, der mit dem Ausdruck „österreichische Mission" summarisch und nicht in allen seinen, wenn auch meist geringfügigen Nuancierungen umschrieben erscheint, seit der Etablierung des Austrofaschismus im wesentlichen unverändert blieb. Die unmittelbar zuvor behandelten „Richtlinien zur Führerausbildung" stammen aus dem Jahre 1935, also aus der Zeit nach dem Tode Dollfuß' und dem darauffolgend verstärkten Antagonismus außenpolitisch zum nationalsozialistischen Deutschen Reich, innenpolitisch zur österreichischen NSDAP. Die „österreichische Sendung" wies weiterhin dieselben Komponenten auf: „deutsch", Führungsaufgaben im Donauraum, wenn auch die „gesamtdeutsche" Reichsideologie auf Grund der konsolidierten nationalsozialistischen Herrschaft in Deutschland nunmehr zurückhaltender, versteckter und meist als „europäische", „abendländische" Führungsaufgabe formuliert erscheint.

„Vaterländische Erziehung"

Ein weiterer Bereich, der lange Zeit vor 1933 nicht nur „gesamtdeutsch" geprägt, sondern auch „Anschluß"-orientiert gewesen war, nämlich das Schul- und Erziehungswesen, mußte in der „ständestaatlichen" Politik für die Ausbildung einer „tragenden Staatsidee" ebenfalls einen wichtigen Stellenwert besitzen.[37] Nicht nur, weil die Auseinandersetzungen zwischen

---

[35] Ebenda, S. 108 - 116.
[36] Ebenda, S. 125 - 140.
[37] Dazu v. a. H. Dachs, Schule und Politik. Die politische Erziehung an den österreichischen Schulen 1918 - 1938, Wien-München 1982, S. 223 - 362.

Anhängern des VF-Regimes und den Nationalsozialisten bzw. deren Sympathisanten nicht erst auf Hochschulboden, vielmehr schon auf den Mittelschulen stattfanden, sondern vor allem weil die elitäre Bildungspolitik des Regimes gerade der politisch-ideologischen Orientierung künftiger intellektueller Führungskader gesteigerte Aufmerksamkeit zuwenden mußte.

In den Lehrplänen für die Mittelschulen von 1935 [38] wurde statt der bisherigen „nationalen" nun der „vaterländischen" Erziehung die Aufgabe zugewiesen, „in den Schülern die Liebe zu ihrem Vaterland Österreich zu wecken"; nach dem „Grundsatz des sozial-volkstreuen" sei jeder Schüler dazu zu erziehen, „sich über alle Unterschiede der Bildung, des Standes und Berufes und in bewußter Ablehnung aller Klassengegensätze als Glied der Kulturgemeinschaft seines Volkes zu fühlen und zu betätigen", und er solle „insbesondere auch den Anteil Österreichs an der Geschichte und an der Kultur des deutschen Volkes kennen und würdigen lernen", so daß sich ihm in Verbindung des „vaterländischen" und „sozialvolkstreuen" Grundsatzes das Verständnis „für die wertvolle Eigenart österreichischen Wesens als einer besonderen Ausprägung des deutschen" erschließe und er lerne, sich als „bewußter Österreicher" zu fühlen und zu bewähren.

Dieses auf harmonisierender Volksgemeinschaftsideologie aufgebaute Österreich-Bewußtsein sollte nicht nur als Unterrichtsprinzip alle Lehrfächer prägen, sondern wurde wohl auch wegen beträchtlicher, mit dem Nationalsozialismus sympathisierender Opposition in der Lehrerschaft, schließlich in einem eigenen Unterrichtsgegenstand „Vaterländische Erziehung" vertrieben. [39]

Die einschlägigen Lehrbehelfe perseverieren die „österreichische Mission": Wer, „erfüllt von den Ideen des alten Heiligen Deutschen Reiches, das die Welt in kultureller Hinsicht führte, sein Österreichertum" bekenne, vertrete „gesamtdeutschen Gesichtskreis eben so gut wie die kleindeutsche Ideologie. Wollte man die reichsdeutsche Grenze bis an den Neusiedlersee verlegen – es wäre noch immer eine kleindeutsche Lösung." Nur wenn es gelinge, „das große Reich aufzurichten, zu dem auch die Auslandsdeutschen gehören, ist die großdeutsche Frage gelöst"; „Österreich aber ist berufen, Träger dieser Idee zu sein, deren Erfüllung einmal zwangsläufig kommen" müsse.

Aus dieser „deutschen" Erde, der deutschen Sprache, der einheitlichen Abstammung, der Geschichte, Kultur und „Schicksalsgemeinschaft" abgeleitet, wird Österreich als zur deutschen Nation gehörig bestimmt; Österreichs „Amt" sei immer ein „wesentlich deutsches" gewesen, woraus auch zu erklären sei, „daß die beste deutsche Kraft nach Österreich strebte, um zu wachen, zu verteidigen, zu kolonisieren, zu germanisieren".

Der Gedanke einer „Führung Mitteleuropas" durch das „deutsche Volk" sei noch „in der österreichischen Volksseele verborgen vorhanden", er müsse der österreichischen Jugend „gepredigt" werden – „das Reich, das ist des Österreichers Vaterland!". Aber „nicht das zweite und nicht das dritte Reich", sondern „nur das erste Reich"; die Engstirnigkeit des Nationalstaates „genüge" Österreich nicht; solle Österreich „seine Führerstelle im mitteleuropäischen Raum wieder zurückgewinnen können", müsse „das Reich auch fähig sein, fremdes Volkstum zu führen". [40] Die „Entwicklung und Stärkung des deutschen Volksbewußtseins" sei „unentbehrlich", wie es dazu in einer anderen Publikation heißt; die Erziehung der Jugend könne „nicht deutsch genug sein [...]". [41]

---

[38]　Verordnung des mit der Leitung des Bundesministeriums für Unterricht betrauten Bundeskanzlers betreffend die Festsetzung der Lehrpläne für die Mittelschulen vom 11. Juli 1935, BGBl. Nr. 285/1935, S. 1010 ff.

[39]　Staudinger, „Österreich"-Ideologie, S. 219 ff.

[40]　J. A. Tzöbl, Vaterländische Erziehung, mit einem Geleitwort v. K. Schuschnigg, Wien 1933, S. 7 f., 33 ff., 44 ff.

[41]　Schill, Notwendigkeit – Begriff und Wesen der vaterländischen Erziehung, in: Vorträge über vaterländische Erziehung, hg. v. A. Gorbach, Graz 1935, S. 24 f.

Diese Deutschtümelei scheint nicht immer ohne Irritierung aufgenommen worden zu sein, wie die Bitte des Bundeskommissärs für Heimatdienst Walter Adam an ein Lehrer-Publikum [42] zeigt, es solle nicht beanstanden, „daß zu dem Thema 'Die österreichische Staats-idee' soviel von deutschen und europäischen Dingen" gesprochen worden sei; aber wenn „die österreichische Staatsidee diese enge Beziehung zum deutschen Volke und zu Europa nicht hätte", meinte Adam, „wenn sie für sich allein im politischen Horizont eines Sechseinhalb-Millionen-Staates betrachtet und erschöpft werden könnte, dann wäre es wirklich das, zu dem sie unsere Gegner gerne degradieren möchten: Eigenbrötelei und Freude an Kleinstaaterei".

Die Einbeziehung des (habsburgischen) Legitimismus

Aus dem politischen Programm des österreichischen Legitimismus [43] ergab sich die gleiche Unzufriedenheit über die Beschränkung Österreichs auf die fast zur Gänze deutschsprachi-gen ehemaligen Kronländer in den Alpen und an der Donau, aber ebenso eine Übereinstim-mung in der Ablehnung der nationalsozialistischen Anschlußbewegung, so daß dem monar-chistischen Faktor in Österreich über die engen legitimistischen Kreise hinaus nun größere Bedeutung zukommen mußte. Zudem aber mußte die in der ständestaatlichen Propaganda beschworene Tradition der Habsburgermonarchie und die von ihr mit abgeleitete „österrei-chische Sendung" Resonanz vor allem in Kreisen der alten gesellschaftlichen Eliten, aber auch in gewissen, christlichsozialen Bevölkerungskreisen finden und legitimistische Moti-vierungen reaktivieren, die nicht nur vom Beginn der Republik an die antimonarchistischen Tendenzen der Sozialdemokratie und der antiklerikalen Deutschnationalen abgelehnt hatten, sondern in der österreichischen Bevölkerung wohl einen wesentlichen, wenn auch zahlen-mäßig äußerst kleinen Teil der sozialen Basis des Regimes bildete. Schuschnigg selbst soll den „Monarchismus" als „letzte Karte" in der Auseinandersetzung mit dem nationalsozialis-tischen Deutschen Reich um die staatliche Souveränität Österreichs eingeschätzt haben und lieferte durch Kontakte mit Thronfolger Otto Nahrung für Gerüchte über eine Aktualisierung der Restaurationsfrage. [44]

Im Zusammenhang mit vorliegender Themenstellung interessiert vor allem aber, ob über-haupt, beziehungsweise in welcher Weise, legitimistische Konzeptionen in die ständestaat-liche Österreichideologie integriert oder von ihr ausgeschlossen wurden. Die eingehende Beschreibung der „Reichs"-Vorstellung des österreichischen Legitimismus kann hier jedoch ausgeklammert werden, nicht weil der Legitimismus damals in Österreich für reaktionäre Ansätze eines Österreich-Bewußtseins überhaupt keine Rolle gespielt hätte, sondern weil die legitimistische Propaganda von den staatlichen Institutionen und jenen der Vaterländi-schen Front aus der offiziellen Österreichideologie vor allem aus außenpolitischen Gründen wenn schon nicht zur Gänze ausgeschlossen, so doch deutlich kalmierend behandelt wurde. Der legitimistischen Tätigkeit allgemein, so sie den Respekt vor den historischen Leistungen der Habsburgermonarchie fördere, die allerdings „vom gesamtdeutschen und europäischen Standpunkt aus zu beurteilen" seien, stünde nichts im Wege, ist dem internen Informations-dienst der Vaterländischen Front vom 27. Juli 1935 zu entnehmen. Es sei sogar „denkbar und wünschenswert", daß im Zuge eines aus zwingenden wirtschaftlichen Gründen erfolgten Zu-sammenschlusses der Staaten im Donauraum – bei voller Wahrung „staatlicher Unabhängig-

[42] W. Adam, Die österreichische Staatsidee, in: Österreich. Grundlegung der vaterländischen Erziehung, hg. v. der Vereinigung christlich-deutscher Mittelschullehrer Österreichs, Wien 1936, S. 43 ff.

[43] Eine Übersicht bietet: F. Wagner, Der österreichische Legitimismus 1918 bis 1938 – seine Politik und Publizistik, phil. Diss., Wien 1956.

[44] E. Ludwig, Österreichs Sendung im Donauraum. Die letzten Dezennien österreichischer Innen- und Außenpoli-tik, Wien 1954, S. 173.

keit" und „nationaler Freiheit" – „der habsburgischen Krone neuerdings europäische Bedeutung" zukäme. Eine Propaganda aber, die in der gegebenen innen- und außenpolitischen Lage
auf die unmittelbare Restauration abziele, widerspreche den staatlichen Interessen ebenso wie
denen der Dynastie.

Bedeutung für die Formulierung eines gegen die im Nationalsozialismus subsumierten
Anschlußtendenzen instrumentalisierten, jedoch reaktionären „Österreichbewußtseins" wiesen also Teile des österreichischen Legitimismus durchaus und insofern auf, als sie weitaus
überwiegend nicht wie die ständestaatlichen Institutionen die Zugehörigkeit zur „deutschen Nation" betonten, sondern diesem „Deutsch-Nationalismus" gewissermaßen einen
„Österreich-Nationalismus"[45], wenn auch nur verbal, akklamierend entgegenstellten und sie
überdies ihre Propaganda nicht wie etwa die österreichischen Kommunisten am anderen Pol
des österreichischen politischen Spektrums, aus deren Kreisen im Exil die Existenz der österreichischen Nation theoretisch begründet wurde[46], unter den Bedingungen der Illegalität
durchführen mußten.

Als Außenseiter unter den Legitimisten ist Ernst Karl Winter zu bezeichnen. Während er
in den zwanziger Jahren noch äußerst rechte Positionen etwa in Anlehnung an die „Action
Française" vertrat, hielt er in den dreißiger Jahren nicht „österreichische(n) Katholizismus,
Konservatismus oder Faschismus" als effektive Gegenkraft gegen den Nationalsozialismus,
sondern „die marxistische Schulung der Arbeiterschaft"[47]. Winter kritisierte den „deutschen
Kurs" Schuschniggs, insbesondere das Juliabkommen 1936, hielt den deutschnationalen Katholizismus und nicht die sozialdemokratische und kommunistische Opposition als den ge-
fährlicheren Gegner „österreichischer" Politik; er konstatierte eine „österreichische Nation",
ohne diese freilich theoretisch zu präzisieren und vertrat auch öffentlich seine Überzeugung,
daß der nationalsozialistischen Bedrohung nur durch eine österreichische Volksfront von den
Monarchisten bis zu den Sozialdemokraten und Kommunisten entgegengewirkt werden könne. Daraufhin wurde Winter als Wiener Vizebürgermeister, in welcher Funktion er seit Februar 1934 die sozialdemokratischen Arbeiter mit dem „vaterländischen" Regime hätte aus-
söhnen sollen, entlassen.

Aber selbst Monarchisten, die wie Andrian die Notwendigkeit, „die österreichische Nation zu sichern", apostrophierten, vermochten es mitunter nicht, sich von der Auffassung
„deutsch"-instrumentalisierter, kultureller Sendung zu lösen. „Den Barbarenkönigen, die aus
den Säulen antiker Paläste Kalk für gemeine Nutzbauten brennen ließen", meinte Andrian,
„gliche ein deutscher Staatsmann, der, äußerer Machtvermehrung willen, Österreich seines
Eigendaseins, der politischen oder auch nur allein der kulturellen, berauben wolle, denn ein in
allen Attributen der Selbständigkeit glänzendes Österreich ist für Deutschlands höhere Zwecke so unentbehrlich wie Deutschland für Österreich ist und wie beide für Europa sind"[48].

---

[45]   Siehe dazu etwa: C. F. Hrauda, Welcher Nationalität sind wir?, in: Vaterland. Blätter für katholisches Österrei-
        chertum, 11. Jg., H. 3, Juli 1937, S. 32 - 35; L. Andrian, Österreich im Prisma der Idee. Katechismus der Führen-
        den, Graz 1937; E. K. Winter, Monarchie und Arbeiterschaft, Wien 1936 (= Beihefte zu den „Wiener Politischen
        Blättern", Nr. 1); J. Leb, Der österreichische Mensch, Wien 1933; F. Jeder (= Christian Radey), Herzogtum Ös-
        terreich? – Gedanken zur legitimistischen Bewegung, Innsbruck 1936. Siehe auch F. Fabri, Zur Psychologie
        des österreichischen Nationalgedankens unter besonderer Berücksichtigung des legitimistischen konservativen
        Denkens (1918 - 1938), phil. Diss., Mainz 1954.
[46]   Zu den Schriften Alfred Klahrs zum Thema „österreichische Nation" aus dem Jahre 1937 siehe die Texte in: Die
        Kommunisten im Kampf für die Unabhängigkeit Österreichs, Wien 1955, S. 26 ff. Siehe dazu auch die kritische
        Würdigung durch F. Marek, Die österreichische Nation. Zwischen zwei Nationalismen, hg. v. A. Massiczek,
        Wien 1967, S. 153 ff.
[47]   Winter, Monarchie und Arbeiterschaft, S. 48; Texte E. K. Winters sind abgedruckt bei K. H. Heinz, E. K. Winter –
        Ein Katholik zwischen Österreichs Fronten 1933 - 1938, Wien-Köln-Graz 1984 (= Dokumente zu Alltag, Politik
        und Zeitgeschichte, Bd. 4).
[48]   Andrian, Österreich im Prisma der Idee, S. 14.

Das Vorurteil deutschösterreichischer kultureller Überlegenheit prägte auch weitgehend den österreichischen Legitimismus.

Deutschnationale Volkstumsarbeit und Antisemitismus

Die ausdrückliche Bezeichnung Österreichs als „deutscher“ Bundesstaat im Vorspruch der Maiverfassung 1934 mußte, da der österreichischen Bevölkerung auch nichtdeutsche Gruppen angehörten, wohl auch „volkstumspolitische“ Bedeutung für die innere Gestaltung des „ständestaatlichen“ Österreich haben. Neben skurrilen Erscheinungen wie dem Bestreben, die Funktionäre im VF-Werk „Neues Leben“, jener den Organisationen „Kraft durch Freude“ im Deutschen Reich und „Dopolavoro“ in Italien nachgebildeten Freizeitorganisation des Austrofaschismus möglichst mit „deutschen“ Ausdrücken zu kennzeichnen („Sachwalter“, „Treuhänder“ usw.)[49], läßt sich der auf innerstaatliche Verhältnisse bezogene Deutsch-Nationalismus am deutlichsten aus der Haltung öffentlicher Einrichtungen und Funktionäre gegenüber der „nichtdeutschen“ Bevölkerung Österreichs exemplifizieren. Hier sollen freilich nicht die Güte und die Mängel des VF-Regimes insgesamt skizziert werden[50], sondern die Diskrepanz zwischen dem Topos der so oft und mitunter so überschwenglich gepriesenen „übernational“ disponierten Gesittung des „österreichischen Menschen“ und der ausgeübten „deutschen“ Gesinnung im ständestaatlichen Österreich deutlich gemacht werden.

So warnte etwa die Bezirkshauptmannschaft Gänserndorf vor „Überfremdungsgefahren“ im Marchfeld[51], da „der deutsche Bauer“ besonders in der Zuckerrübenproduktion slowakische Landarbeiter vorziehe mit der Begründung, diese seien „genügsamer und eingeschulter“, vor allem aber, weil „die slawische Landarbeiterin oder der slawische Dienstbote [...] auch von Deutschen [...] gerne geheiratet“ werde, ein Umstand, der den „deutschen Charakter des Landes“ bedrohe, ebenso wie die mährisch-tschechische Infiltration vom Norden her, die sich im „verderbten Deutsch“, das sogar „von Bundesbahnangestellten im Dienst“ gesprochen werde, manifestiere – Beamte, die sich aber bei Befragung „zu Deutsch als Muttersprache“ bekennen würden, „um den kargen Arbeitsplatz nicht aufs Spiel zu setzen“, und schließlich durch eine Tschechisierung des Straßhof-Gänserndorfer Siedlungsgeländes, von dessen Schülern, die die Gänserndorfer Volksschule besuchten, 70 Prozent in die Tschechoslowakei zuständig wären und es „nur mit Mühe gelungen“ sei, die Einrichtung einer eigenen, „schließlich tschechischen“ Schule in Straßhof zu verhindern, während hingegen die in früheren Zeiten angesiedelten Kroaten keine solche „Gefährdung mehr bildeten, da diese „jetzt schon als eingedeutscht“ bezeichnet werden könnten.

Oder feierte der Landesführer der Ostmärkischen Sturmscharen in Kärnten Österreich als die „Wiege Deutschlands“[52], wobei er entsprechend „volkstreu“-deutscher Gesinnung (an Stelle des vom politischen Gegner mißbrauchten „völkisch“ oder „des Fremdwortes national“) zwar die Legende vom „deutschen Soldaten [...] auf Golgotha“ referierte, andererseits wohl das Hakenkreuz als „das Zeichen einer ehrsamen Gilde der Totengräber“ aus der römischen Epoche Kärntens ironisierte, jedoch „die Deutschen, so weit sie christlich sind

---

[49] Österreichisches Staatsarchiv/Allgemeines Verwaltungsarchiv (AVA), Vaterländische Front, Karton 34, „Die Titelfrage im VF-Werk 'Neues Leben'", 23. September 1936.

[50] Für den juristisch-normativen Bereich siehe Th. Veiter, Das Recht der Volksgruppen in Österreich, Wien 1970. Zur Lage der Slowenen H. Haas / K. Stuhlpfarrer, Österreich und seine Slowenen, Wien 1977, S. 67 - 73. Zu den Tschechen siehe K. M. Brousek, Wien und seine Tschechen – Integration und Assimilation einer Minderheit im 20. Jahrhundert, Wien 1980 (= Schriftenreihe des Österreichischen Ost- und Südosteuropa-Instituts, Bd. 7).

[51] AVA, Bundeskanzleramt, ZI. 7897 - 6D.5/1935.

[52] I. J. Tschurtschenthaler, Österreich – die Wiege Deutschlands, Klagenfurt 1934. Rede auf den volkstreuen Kundgebungen der Ostmärkischen Sturmscharen Kärntens in Klagenfurt am 6. und in Villach am 7. April 1934.

[...] zum Chorführer der ganzen übrigen Völker der Erde" ernannte, Kärnten und Österreich „selbst nach Blut und Rasse reiner deutsch" als jene bezeichnete, die sich „heute als
die Deutschen ausgeben", aber kein einziges Mal die Existenz von Slawen, von Slowenen in
Kärnten, und zwar weder im Wortgebrauch noch auch nur andeutungsweise erwähnte. Entspricht dies vielleicht auch der Form nach eher lokalen Kärntner Verhältnissen, so begründete
das Bundeskanzleramt die Ablehnung eines slowenischen Textes der damaligen Bundeshymne auf bürokratisch-zurückhaltende Art mit der „nicht sinngemäßen" Wiedergabe des offiziellen deutschen Textes, die vor allem in der Übersetzung des Verses in der ersten Strophe der
Kernstock-Hymne: „deutsche Arbeit, ernst und ehrlich – deutsche Liebe, zart und weich" mit:
„ein starkes Volk lebt hier. Ehrlichkeit ist hier zu Hause" (Rückübersetzung nach dem Akt
des Bundeskanzleramtes aus. „Ljudstovo krepko tu trebiva, tu postenost je doma") gesehen
wurde. [53]

   In die gleiche Richtung weist die Verantwortung des Innsbrucker Bürgermeisters Franz
Fischer, wenn er auf die Beanstandung von seiten der Generaldirektion für die öffentliche
Sicherheit jenes Punktes seiner Postenausschreibung von 1935 für den Magistrat Innsbruck,
der „die deutsche Volkszugehörigkeit" verlangt hatte, schrieb, daß diese erstens schon immer
gefordert worden wäre, vor allem aber aus der Lage Innsbrucks „so nahe der Sprachgrenze"
zu rechtfertigen wäre, ohne aber zu explizieren, welche die Grenzen zu Salzburg, Bayern,
Vorarlberg oder zum gewiß doch als „deutsch" verstandenen Südtirol er eigentlich gemeint
habe. Fischer bestritt in diesem Zusammenhang sowohl die Begünstigung nationalsozialistischer Bewerber als auch die „rassenpolitische" Diffamierung eventuell jüdischer Bewerber,
wenngleich er sich in seinen ausgeführten Erläuterungen selbst widersprach, indem er eine Anstellung von „Nichtariern" im öffentlichen Dienst nicht nur als „eine überaus unkluge
Handlung" bezeichnete, sondern Mitbürgern „jüdischer Abstammung" auf Grund ihres geringen Prozentsatzes ein „Anrecht" auf Anstellung im Innsbrucker Gemeindedienst überhaupt
absprach. Darüber hinaus erklärte er, „in Kenntnis der Einstellung der gesamten Regierung
in dieser Frage" durchaus „richtig zu handeln", wenn er bei den Beamten-Einstellungen außer auf die politische Verläßlichkeit und dienstliche Qualifikation auch darauf achte, ob die
Beamten „mit Heimat und Volk" verwurzelt wären". [54]

   Wenn auch der Antisemitismus während des austrofaschistischen Regimes nicht staatlich
normiert und von den Regierungen Dollfuß und Schuschnigg auch nicht offen als politisches
Instrument eingesetzt wurde, so war der noch aus der Monarchie tradierte, aus konfessionellen, wirtschaftlichen und auch rassistischen Komponenten geprägte österreichische Antisemitismus auch im Ständestaat wirksam. [55] In prägnanter Form kann diese Ideologie einem
Exposé über die „Judenfrage" für eine Führertagung der Ostmärkischen Sturmscharen [56] im
September 1936 entnommen werden, wo der „Judenfrage" breite Behandlung eingeräumt
wurde. Demnach manifestiere sich der abzulehnende „Judengeist" als „Materialismus, Marxismus, Liberalismus etc." und sei „in der jüngsten Zeit vor allem in den verschiedensten
Formen der Revolutionierung des sozialen und staatlichen Lebens in Erscheinung" getreten, wobei „weite Kreise über das [...] befallene Judentum hinaus von diesen Ideen erfaßt"
worden wären. Im „Kampf gegen diese Idee und ihre Träger" liege das „Hauptproblem in

---

[53]   A. Staudinger, Deutsch oder nicht deutsch. Eine slowenische Übersetzung der österreichischen Bundeshymne
       und die Kriterien ihrer Ablehnung durch das ständestaatlich-autoritäre Österreich, in: Mladje. Literatura in Kri-
       tika, 23/1976, S. 88 - 99.

[54]   AVA, Bundeskanzleramt, 351.766-St.B./1935 – nach Referatseinholung vom Generalsekretariat der Vaterländi-
       schen Front wurde Fischers Motivenbericht akzeptiert und nur die Aufnahme der Zugehörigkeit zur Vaterländi-
       schen Front in die Anstellungserfordernisse verfügt.

[55]   S. Maderegger, Die Juden im österreichischen Ständestaat 1934 - 1938, Wien-Salzburg 1973 (= Veröffentlichun-
       gen des Historischen Instituts der Universität Salzburg).

[56]   AVA, Heimatdienst, Karton 14.

der Judenfrage", deren „personelle Seite der Lösung" in einer „Bevorzugung der Einheimischen, bodenständigen, durch Generationen im österreichischen Heimatboden verwurzelten
Menschen" liegen müsse, und zwar unter dem „unerschütterlichen Grundsatz", daß „weder
der Übertritt zum katholischen Glauben noch die bloße Zugehörigkeit zu vaterländischen
Verbänden an sich ohne Bewährung eine Berechtigung für den einzelnen" abgebe. Daraus
folge: „1. Einsetzen für vom Sturmschargeist getragenes, das Fremdtum ersetzendes Kultur-
schaffen. 2. Berücksichtigung des Obgesagten bei Ämtervergebung, Auftragserteilung, Wohlfahrtseinrichtungen, bei Kauf und Verkauf am Geldmarkt etc. 3. Zur Führung im politischen,
kulturellen, wirtschaftlichen und sozialen Leben sind Personen, die aus der bodenständigen
Bevölkerung kommen, allein befähigt."

Bald nach Erlassung der „Nürnberger Rassengesetze" im Deutschen Reich veröffentlichte
Leopold Kunschak Anfang 1936[57] einen von ihm schon 1919 verfaßten Gesetzesentwurf, der
die „Juden" in Österreich unter Sondergesetz stellen sollte: Die „jüdische Nation" sollte als
nationale Minderheit vom „deutschen Mehrheitsvolk" getrennt werden; ein Numerus clausus
sollte für den öffentlichen Dienst, bestimmte akademische Berufe und Wirtschaftsunterneh-
mungen den Zugang für „Juden" auf deren Anteil an der Gesamtbevölkerung beschränken;
im politischen Bereich sollten ihnen eigene Vertretungskörper zugewiesen und im kulturellen
Bereich eigene Schulen errichtet werden.[58]

Gewiß wurde dieser Gesetzesentwurf nicht verwirklicht. Aber daß ihn Kunschak gerade
1936 der Öffentlichkeit bekannt gab, nachdem Ignaz Seipel, der dieses Gesetz übrigens für
„politisch möglich" hielt, im Jahre 1919 von der Publizierung wegen „ungünstigen" Zeitpunktes abgeraten hatte, illustriert wohl deutlich das antisemitische Klima und auch die Duldung durch das Regime gegenüber der antisemitischen Agitation seiner Verbände und der im
stillen praktizierten Diskriminierung jüdischer MitbürgerInnen.[59]

Sicherlich nur anekdotische Bedeutung darf man jenem Produkt rassistischer Phanta-
sie eines als langjähriges Mitglied der Ostmärkischen Sturmscharen bezeichneten Autors[60]
beimessen, der zur Verhinderung einer Gefährdung des „österreichischen Volkstums durch
volksfremde und erblich belastete Elemente [...] und zwar nicht durch ein Verbot einer
Ehe zwischen Ariern und Juden, auch nicht durch Sterilisation erheblich Belasteter, sondern auf positivem Wege durch Verleihung eines Adelsprädikates an jene" vorschlug, „die
sich daran halten, Ehen mit Volksfremden und Erbkranken zu vermeiden". Demnach sollte
jeder „Anspruch auf das Adelsprädikat 'Volksedler nach [...]' haben, der österreichischer
Bundesbürger, der bürgerlichen Ehrenrechte und Freiheit teilhaftig und bis zur 7. Generation
nachweislich nicht erblich belastet" wäre; weiters sei „arisch-christliche Abstammung bis zur
5. Generation und christlich-deutsche Abstammung bis zur 3. Generation" erforderlich.[61]

---

[57]   L. Kunschak, Zur Judenfrage, in: Neue Ordnung, 1936, S. 20 - 22. Dieser Gesetzesentwurf ist auch abgedruckt
        bei A. Pelinka, Stand oder Klasse? Die christliche Arbeiterbewegung Österreichs 1933 - 1938, Wien 1972,
        S. 297 - 300; ebenso bei A. Staudinger, Christlichsoziale Judenpolitik in der Gründungsphase der österreichi-
        schen Republik, in: Jahrbuch für Zeitgeschichte 1978, Wien 1979, S. 40 - 42.

[58]   Zum Antisemitismus in der christlichen Arbeiterbewegung siehe Pelinka, Stand oder Klasse?, S. 213 - 233. 1920
        hatte Leopold Kunschak in der Nationalversammlung (Sitzung vom 29. April) gefordert, daß „die Juden, soweit
        sie nicht ausgewiesen werden können und soweit sie nicht freiwillig gehen, unverzüglich in [...] Konzentrati-
        onslagern interniert werden"; siehe dazu Staudinger, Christlichsoziale Judenpolitik, S. 11 - 48, hier 38 f.

[59]   V. a. bei Maderegger, Juden im österreichischen Ständestaat; siehe auch Staudinger, „Österreich"-Ideologie,
        S. 232 ff.

[60]   AVA, Vaterländische Front, Karton 37, Ing. Hans Robert Hörbiger: Österreichs Volksdeutscher Adel, Manu-
        skript.

[61]   In welchen krausen Bahnen Funktionäre der Vaterländischen Front in diesem Zusammenhang zu denken ver-
        mochten, zeigt jedoch die Bemerkung Dr. Otto Gschladts, des Leiters der Kulturabteilung in der Bundesleitung
        des VF-Werkes „Neues Leben", in einer „dienstlichen Mitteilung" an den Generalsekretär und Leiter der Abtei-
        lungen Finanzen und Organisation im „Neuen Leben", Ing. Rudolf Kloos, der ihm das Schriftstück „Österreichs

Die Begriffe „Rasse", „rassisch" schienen durch Okkupierung von seiten der Nationalsozialisten wohl weitestgehend im ständestaatlichen Sprachgebrauch verpönt. Der „rassische" Antisemitismus wurde deshalb häufig und in eindrucksvollen Verbalien verurteilt. Zur wesentlichen Mitbestimmung jeglichen „Volkstums" berief man sich an Stelle des Vokabels „Rasse" daher lieber auf „leibliche Abstammung" und ähnliche Formulierungen wie z. B. in Publikationen des „österreichischen Verbandes für Volksdeutsche Auslandsarbeit", einer auf Vereinsbasis arbeitenden Organisation vor allem zur Betreuung der deutschen Minderheiten in den Nachfolgestaaten der Monarchie im österreichisch-vaterländischen Sinne. Der Verband war im März 1934 in enger Verbindung mit Dollfuß gegründet, die Verbandsführung 1936 „mit ausdrücklicher Zustimmung des Bundeskanzlers und auf Wunsch des früheren Generalsekretärs der Vaterländischen Front Oberst Adam" aus Hugo Hantsch, gleichzeitig auch Referent des Generalsekretariats der Vaterländischen Front für Volksdeutsche Arbeit, sowie den beiden ehemaligen christlichsozialen Politikern Czermak und Tzöbl gebildet worden.

„Die letzte Grundlage allen Volkstums" bedeutet z. B. nach Tzöbl[62] eben „die leibliche Abstammung", die „in der Regel Volkstum" weitergebe, deren „geistige Vermittlung" durch die Muttersprache erfolge und durch „arteigenes Recht" zur „Volksgemeinschaft" gebunden werde. Diese „natürlichen" Faktoren würden „Volkstum" schaffen und nicht ein „durch Übernahme des vom römischen Imperialismus erzeugten Allerweltrechtes" fundierter Staatsbegriff. Fehle die „leibliche Abstammung", schließe auch das „Hineingeboren-werden in eine Sprache" die Zugehörigkeit zum betreffenden Volkstum aus; solche Menschen müßten als „Grenzlinge" bezeichnet werden, „wenn die Völker verwandt", als „Fremdlinge", die diese auch immer blieben, wenn sie nicht verwandt seien. Daß mit den „Fremdlingen" die Juden gemeint waren, präzisierte Tzöbl an anderer Stelle[63], als er feststellte, es gebe Menschen, die schon deswegen keine Österreicher sein könnten, „weil es ihre orientalische Herkunft an den natürlichen Voraussetzungen mangeln" lasse. Über Abstammung, Sprache und „arteigenes" Recht hinaus jedoch präge, bewahre und erzeuge auch noch „Sitte und das Brauchtum" sowie die Religionen Volkstum, so daß der „Wert" des Volkstums geradezu in „Gotteswille" liege.[64]

Daß diese deutsche Volkstumsarbeit nicht nur der Erhaltung der deutschen Minderheiten in nichtdeutschen Staaten dienen sollte, sondern auch gegen die nichtdeutschen Bevölkerungsteile Österreichs gerichtet war, machte Tzöbl deutlich, als er – an den auch im österreichischen Cartell-Verband aufgestellten „völkischen" Grundsatz appellierend – den niederösterreichischen Altherrenbund zu „Grenzlandarbeit in Österreich", insbesondere in Kärnten, im Burgenland, in Niederösterreich und Wien, aufforderte.[65]

Die Übereinstimmungen und Kontakte, die sich aus dieser Volkstums-Arbeit mit Verbänden ergaben, die, wie der „Deutsche Schulverein Südmark" in Österreich, weitestgehend nationalsozialistisch infiltriert waren, oder dem VDA (Volksbund für das Deutschtum im Ausland) in Deutschland, der eindeutig den Interessen des nationalsozialistischen Deutschen Reiches diente, blieben in vaterländischen Kreisen nicht unbestritten. Einem Verdacht auf Sym-

---

Volksdeutscher Adel" zur Stellungnahme hatte zukommen lassen. Gschladt meinte: „Obwohl die Idee an sich nicht ganz unmöglich erscheint, dürfte doch heute in Österreich niemand genügend Zeit und Interesse haben, einige derartige, das Althergebrachte revolutionierende Eingriffe in das Gesellschaftsleben vorzunehmen. Bei Deinen guten Beziehungen ist es aber vielleicht doch möglich, diese oder jene maßgebende Persönlichkeit auf die an sich gute Idee aufmerksam zu machen. [...]" – Vermerk vom 8. März 1937, in: AVA, Vaterländische Front, Karton 37.

[62] J. A. Tzöbl, Wesen und Wert des Volkstums, in: Raimund Meyer (Hg.), Ringendes Volkstum, Wien 1935 (= Schriften des Österreichischen Verbandes für Volksdeutsche Auslandsarbeit).

[63] AVA, Nachlaß Czermak, Karton I: J. A. Tzöbl, Unsere Volksdeutsche Arbeit, Vortrag am 17. Dezember 1937 bei der niederösterreichischen Altherrenbundtagung des ÖCV.

[64] Tzöbl, Wesen und Wert des Volkstums, S. 7 f.

[65] Tzöbl, Volksdeutsche Arbeit.

pathien zum Nationalsozialismus aber trat sowohl der Bundeskommissär für Heimatdienst als auch das Generalsekretariat der Vaterländischen Front entgegen, die beide dem österreichischen Verband für Volksdeutsche Auslandsarbeit und dessen Führung Unbedenklichkeit und positive österreichisch-vaterländische Wirksamkeit bestätigten. [66]

Bedenken über die „deutsch"-fixierte Volkstumsarbeit wurden auch in anderen organisatorischen Bereichen innerhalb der Vaterländischen Front geäußert. So war in der Tagung der Landeskulturreferenten des Kulturreferates der Vaterländischen Front am 18. Jänner 1936 die „Klärung der Stellung zum Deutschtum" aufgeworfen, aber durchaus im Sinne deutschbetonten Österreichverständnisses beantwortet worden, nämlich durch Hinweis auf die „positive Arbeit" des Verbandes für Volksdeutsche Auslandsarbeit durch Czermak und die Erklärung des Bundeskulturreferenten der Vaterländischen Front, Rudolf Henz, wonach die „besondere Betonung der Deutschtumsfrage durch den Bundeskanzler" bedeute, „daß nicht jeder, der sich für das Deutschtum einsetzt, gleich als Nazi angesehen" werden dürfe. Dies aber mußte zumindest bedeuten, daß Tendenzen, durch Verzicht auf Deutschtümelei sich von den Nationalsozialisten abzugrenzen, auch in Kreisen der Vaterländischen Front vorhanden gewesen sein mußten und wohl nicht nur in der jüdischen Bevölkerung Österreichs oder unter jüdischen Journalisten, wie Henz sichtlich anzunehmen schien, wenn er aus dem eben referierten Grundsatz Schuschniggs die Richtlinie für die Praxis zog: „Stille Arbeit gegen die Vorherrschaft des Judentums in der Presse" [67] – eine antisemitische Perspektive, aus der auch Tzöbl Anfeindungen gegen die Volkstumspflege sah [68]: Es gebe „Idioten und Lumpen, Juden und Judensöldlinge, die jeden, der sich auf dem Gebiet der Volkstumpflege besonders betätigt, des Nazismus" bezichtigen.

Wie sehr die Führung der Vaterländischen Front an der deutschen Nationalität Österreichs, an ihrer „gesamtdeutschen" Perspektive für die Zukunft festhielt, zeigt ihre Haltung gerade nach dem mißlungenen Putschversuch der Nationalsozialisten in Österreich, als sie „viel Verständnis und ebenso viel Taktgefühl" forderte, den Nationalsozialismus in einer der vaterländischen Einstellung „entsprechenden Form zu bekämpfen, ohne dabei gesamtdeutsche Interessen zu verletzen"; vielleicht sei zwar auf nationalsozialistischer Seite „eine aus gesamtdeutschen Interessen gebotene Zurückhaltung mißverstanden worden", vielfach hätte aber umgekehrt speziell „ein Teil der Presse – wenn auch vielleicht in bester Absicht – die Grenzen überschritten, die aus der Wahrung gesamtdeutscher Interessen gezogen" erscheinen hätten müssen. [69] Oder aus der gleichen Zeit die Äußerung von Heinrich Mataja „Was am Nationalsozialismus gut und edel und gesamtdeutsch ist, das werden wir fördern und unterstützen. Wo er in parteipolitische Unduldsamkeit und in einen undeutschen Despotismus ausartet, dort werden wir ihn bekämpfen. Zu jeder Verständigung, darüber hinausgehend zur gesamtdeutschen Verbrüderung gerne bereit, werden wir jedem Zwang, jeder Brutalität unsere österreichische Standhaftigkeit entgegensetzen." [70]

Resümee

Das austrofaschistische Regime nahm ideologische Traditionen der völkisch-antidemokratisch-antisemitischen katholischen Rechten und deren Projektionen auf die Errichtung eines neuen deutschen Reiches auf, wie sie nach dem Ersten Weltkrieg formuliert

[66] AVA, Bundeskanzleramt, ZI. 345.296-St.B./1936.
[67] AVA, Vaterländische Front, Karton 2, ZI. 60.045/1936, Bericht über die Tagung der Landeskulturreferenten.
[68] Tzöbl, Volksdeutsche Arbeit.
[69] Informationsdienst der Vaterländischen Front, 23. 11. 1934.
[70] Reichspost, 1. 10. 1934.

worden waren. Die Forderung nach dem katholischen „gesamtdeutschen" Reich mußte für
Österreich jedoch mit der Entwicklung der nationalsozialistischen Herrschaft in Deutschland
modifiziert werden.

Die österreichische Regierung hatte 1932 durch Annahme der Lausanner Anleihe ein neu-
erliches Anschlußverbot des Völkerbundes akzeptiert und sah sich nun ab 1933/34 gezwungen, der aggressiven national-sozialistischen Anschlußpropaganda sowohl aus dem Deutschen Reich als auch in Österreich selbst entgegenzuwirken. Die staatliche Eigenständigkeit
Österreichs mußte mit der „gesamtdeutschen" Reichsideologie versöhnt werden.

Das ständestaatliche Regime versuchte dies mit Propagierung einer gegen die nationalsozialistische Ideologie vom „Dritten Reich" gerichteten „Österreich"-Ideologie, die durch
aktuell-politische Interpretationen der Geschichte der Habsburger-Monarchie – und zwar
gleichzeitig als Geschichte des Heiligen Römischen Reiches deutscher Nation – für die Zukunft die Errichtung eines „Heiligen Reiches" postulierte. Die aktuelle, durch die Friedensverträge für Österreich geschaffenen kleinstaatlichen Bedingungen wurden als befristet angesehen und die Errichtung des „Wahren Reiches" zur „österreichischen Mission" erklärt.
Diese österreichische Mission verstand sich als deutsche, und zwar nach zwei Seiten hin gerichtet. Erstens nach außen: Errichtung eines universellen, über die deutsch-bevölkerten Gebiete hinausreichenden und in diesem Sinne „gesamtdeutschen" Reiches wenn schon nicht
in „abendländischen", so zumindest in mitteleuropäischen Dimensionen. Zweitens: Die innere Ausgestaltung dieses Reiches nach Maximen, die als spezifisch österreichisch, präziser:
österreichisch-deutsch angesehen wurden: katholisch-österreichisch und nicht protestantisch-
preußisch oder heidnisch-nationalsozialistisch, föderalistisch (bis zu einer Form von Konfö-
deration weitestgehend autonomer Staatengebilde) und nicht zentralistisch; vor allem aber
mit Wien bzw. Österreich und nicht Berlin/Preußen als Mittelpunkt des „Reiches".

Anders ausgedrückt, dem österreichischen „Deutschtum" wurden dabei zwei Aufgaben
zugewiesen: die innerdeutsche Missionierung vor allem der in diesem Verständnis schlechteren nationalsozialistischen Deutschen durch die sozusagen „besseren", weil katholischen,
„geschmeidigeren", kulturell angeblich höherstehenden Deutschen in Österreich und auf
Grund dieser Vorzüge die Führung des Gesamtdeutschtums durch die österreichischen Deutschen im Rahmen der in europäischer, ja weltweiter Perspektive gesehenen „deutschen Mission". Eine Variante dieser deutschen Mission Österreichs, die vielfach apostrophierte und
wohl im Zusammenhang auch mit der katholischen Reichsideologie im Deutschen Reich
zu sehende „Ostmarkmission" Österreichs – das bedeutete Österreich als Erfüllungsgehilfe
für die Interessen des Deutschen Reiches im Osten und Südosten –, diese Ostmarkmission
verlor innerhalb der vaterländischen Kreise auch im Verlauf der Festigung des nationalsozialistischen Regimes in Deutschland und trotz wachsenden Antagonismus zum Nationalsozialismus keineswegs völlig an Boden.

Die Grundlage für dieses deutsche Selbstverständnis Österreichs, das im buchstäblichen
Sinne weitestgehend und nicht nur für das konservative Lager und die austrofaschistische
Führung selbstverständlich war, bildete die „österreichisch" orientierte Variante der deutschen Volkstumsideologie[71], deren Zentrum die Sehnsüchte nach dem Volk als einem ganz-
heitlichen, organischen Gesetzen gehorchenden Wesen bildeten, in dem sich „echte Gemeinschaft" verkörpere. Diese Proklamierung der „Volksgemeinschaft" wandte sich als Integrati-
onsideologie einerseits gegen die als „widernatürlich" gesehene Teilung des Volkes in politische Parteien, insbesondere gegen die Organisationen der sozialistischen Arbeiterbewegung,
und gab vor, die Spannungen zwischen den als „naturgegebenen" Klassen aufzuheben. Die

---

[71]   Dazu W. Emmerich, Zur Kritik der Volkstums-Ideologie, Frankfurt/M. 1971.

aus der sozialen Disharmonie entstehenden Unzufriedenheiten sollten demnach auf innere und äußere „Feinde“ abgelenkt werden.

Aus der deutschen Vorherrschaft in der österreichischen Reichshälfte Österreich-Ungarns 1918 verdrängt, unter den Bedingungen ökonomischer, militärischer und politischer Ohnmacht der Ersten Republik Österreich, in Pflege des schon aus der Monarchie her tradierten Vorurteils einer Überlegenheit der „deutschen Kultur“, wurde die „österreichische Mission“ überwiegend auf die „kulturelle“ Ebene transponiert und kann im Begriff „Kultur-Imperialismus“ gefaßt werden (eine Haltung, die in großem Ausmaß auch den nicht direkt in die ständestaatliche „Österreich“-Ideologie integrierten Legitimismus kennzeichnete). Dieser „österreichisch“ formulierte expansive „kulturelle“ Deutschnationalismus schloß dabei aber politische Ambitionen durchaus ein, so sehr diese auch unrealistische Wunschvorstellungen darstellten.

Interpretiert man diese katholisch-österreichische Spielart des Gesamtgermanismus als eine Ideologie von Depossedierten mit Wiederaufstiegswillen, dann ergab sich für das austrofaschistische Regime das nicht lösbare Problem, daß es sich zu einer Ideologie und zu einem politischen Programm bekannte, das es selber nicht realisieren konnte, sondern nur zusammen mit seinem eigentlichen äußeren Feind, dem nationalsozialistischen Deutschen Reich.

Ohne Zweifel aber war der ständestaatlichen Österreichideologie eine defensive Funktion gegen Tendenzen eines Anschlusses an das nationalsozialistische Deutsche Reich zugedacht. In der Einschätzung der Defensivkraft dieser „Österreich“-Ideologie muß aber festgestellt werden, daß sie eine solche Wirkung nicht auszuüben vermochte. Die Schwäche ihrer Defensivkraft läßt sich nicht nur als dem bloßen Phänomen des Erfolges der nationalsozialistischen Anschlußpolitik ableiten, sondern vor allem aus ihrer im Vergleich zum Wirkungsanspruch inadäquaten Beschaffenheit selbst. Diese Schwäche bestand in der versuchten Konkurrenz mit dem Nationalsozialismus in bezug auf gleiche Ziele, nämlich in der Errichtung und Organisierung eines Großreiches, in der Führung des Deutschtums, in der Pflege „deutschen Volkstums“ auch im Ausland, Motive, für deren Erfüllung schon allein die machtpolitische Basis des Deutschen Reiches eine ungleich stärkere Anziehungskraft ausüben mußte als die österreichische Position.

Diese deutsche „Österreich“-Ideologie konnte vorhandene österreichische patriotische Tendenzen in den eigenen Reihen nicht stärken, da einerseits die kompliziert-intellektuelle Stilisierung der ständestaatlichen „Österreich“-Ideologie deren Rezipierung auf breitester Ebene nicht gerade förderte und andererseits durch das Beharren auf der Zugehörigkeit Österreichs zur deutschen Nation Ansätze einer im Entstehen begriffenen Formulierung österreichischen Nationalbewußtseins (Ernst Karl Winter) nicht nur nicht begünstigt, sondern geradezu unterdrückt wurden. Zudem vermochte es diese „Österreich“-Ideologie schon gar nicht, jenen Teil der österreichischen Bevölkerung, der zwar dem autoritär-ständestaatlichen Regime in Österreich opponierte, aber in noch stärkerem Ausmaß den Nationalsozialismus ablehnte, in einer antinationalsozialistischen Front zu integrieren, da diese „Österreich“-Ideologie gleichzeitig auch eine Legitimierungsfunktion für die innenpolitische Machtausübung durch die Vaterländische Front zu erfüllen hatte und breite Bevölkerungsschichten, die vor 1933 durch die Parteien der Arbeiterbewegung repräsentiert waren, vom nationalen Interesse ausschloß.[72]

---

[72] Zum Gesamtproblem der österreichischen Identität: F. Kreissler, La Prise de Conscience de la Nation Autrichienne 1938 - 1945 - 1978, 2 Vol.s, Paris 1980; veränderte deutsche Fassung: Der Österreicher und seine Nation – Ein Lernprozeß mit Hindernissen, Wien-Köln-Graz 1984 (= Forschungen zur Geschichte des Donauraumes, Bd. 5); F. Heer, Der Kampf um die österreichische Identität, Wien-Köln-Graz 1981; E. Bruckmüller, Nation Ös-

Literatur

Adam, Walter: Die österreichische Staatsidee, in: Österreich. Grundlegung der vaterländischen Erziehung, hg. v. der Vereinigung christlich-deutscher Mittelschullehrer Österreichs, Wien 1936.

Amann, Klaus: Die Brückenbauer – Zur „Österreich"-Ideologie der völkisch-nationalen Autoren in den dreißiger Jahren, in: Klaus Amann / Albert Berger (Hg.), Österreichische Literatur der dreißiger Jahre, Wien-Köln-Graz 1985, S. 60 - 78.

Andrian, Leopold: Österreich im Prisma der Idee. Katechismus der Führenden, Graz 1937.

Aspetsberger, Friedbert: Literarisches Leben im Austrofaschismus. Der Staatspreis, Königstein/Ts. 1980 (= Literatur in der Geschichte – Geschichte in der Literatur, Bd. 2).

Breuning, Kurt: Die Vision des Reiches – deutscher Katholizismus zwischen Demokratie und Diktatur (1929 - 1934), München 1969.

Brousek, Karl M.: Wien und seine Tschechen – Integration und Assimilation einer Minderheit im 20. Jahrhundert, Wien 1980 (= Schriftenreihe des Österreichischen Ost- und Südosteuropa-Instituts, Bd. 7).

Bruckmüller, Ernst: Nation Österreich – Sozialhistorische Aspekte ihrer Entwicklung, Wien-Köln-Graz (= Studien zu Politik und Verwaltung, Bd. 4).

Busshoff, Heinrich: Das Dollfuß-Regime in Österreich in geistesgeschichtlicher Perspektive unter besonderer Berücksichtigung der „Schöneren Zukunft" und „Reichspost", Berlin 1968 (= Beiträge zur politischen Wissenschaft, Bd. 6).

Dachs, Herbert: Schule und Politik. Die politische Erziehung an den österreichischen Schulen 1918 - 1938, Wien-München 1982.

Dachs, Herbert: Österreichische Geschichtswissenschaft und Anschluß 1918 – 1930, Wien-Salzburg 1974 (= Veröffentlichungen des Historischen Instituts der Universität Salzburg).

Das Christlichsoziale Parteiprogramm, mit Erläuterungen v. Richard Schmitz, Wien 1932.

Die Kommunisten im Kampf für die Unabhängigkeit Österreichs, Wien 1955.

Dollfuß an Österreich – Eines Mannes Wort und Ziel, hg. v. Edmund Weber, Wien 1935 (= Sonderschriften der Berichte zur Kultur- und Zeitgeschichte, Bd. 10).

Ebneth, Rudolf: Die österreichische Wochenschrift „Der Christliche Ständestaat" – Deutsche Emigration in Österreich 1933 - 1938, Mainz 1976 (= Veröffentlichungen der Kommission für Zeitgeschichte, Serie B, Bd. 19).

Emmerich, Wolfgang: Zur Kritik der Volkstums-Ideologie, Frankfurt/M. 1971.

Eppel, Peter: Zwischen Kreuz und Hakenkreuz – die Haltung der Zeitschrift „Schönere Zukunft" zum Nationalsozialismus in Deutschland 1934 - 1938, Graz 1980 (= Veröffentlichungen der Kommission für neuere Geschichte Österreichs, Bd. 69).

Fabri, Friedrich: Zur Psychologie des österreichischen Nationalgedankens unter besonderer Berücksichtigung des legitimistischen konservativen Denkens (1918 - 1938), phil. Diss., Mainz 1954.

Haas, Hanns / Karl Stuhlpfarrer: Österreich und seine Slowenen, Wien 1977.

Hantsch, Hugo: Österreichische Staatsidee und Reichsidee, in: Österreichische Rundschau. Land – Volk – Kultur, 1. Jg., H. 1, 1934, S. 6 - 15.

Hanzer, Stefan: Die Zeitschrift „Das neue Reich" 1918 - 1925. Zum restaurativen Katholizismus nach dem Ersten Weltkrieg, phil. Diss., Wien 1973.

Heer, Friedrich: Der Kampf um die österreichische Identität, Wien-Köln-Graz 1981.

Heinz, Karl Hans: E. K. Winter – Ein Katholik zwischen Österreichs Fronten 1933 - 1938, Wien-Köln-Graz 1984 (= Dokumente zu Alltag, Politik und Zeitgeschichte, Bd. 4).

Hirsch, Hans: Deutsches Königtum und römisches Kaisertum, in: Heinrich Srbik / Josef Nadler (Hg.), Österreich. Erbe und Sendung im deutschen Raum, Wien 1936, S. 43 - 60.

---

terreich – Sozialhistorische Aspekte ihrer Entwicklung, Wien-Köln-Graz (= Studien zu Politik und Verwaltung, Bd. 4).

Hrauda, C. F.: Welcher Nationalität sind wir?, in: Vaterland. Blätter für katholisches Österreichertum, 11. Jg., H. 3, Juli 1937, S. 32 - 35.

Jagschitz, Gerhard: Die Jugend des Bundeskanzlers Engelbert Dollfuß – Ein Beitrag zur geistig-politischen Situation der sogenannten „Kriegsgeneration des Ersten Weltkrieges", phil. Diss., Wien 1967.

Jagschitz, Gerhard (unter Mitarbeit von Alfred Baubin): Der Putsch. Die Nationalsozialisten 1934 in Österreich, Graz-Wien-Köln 1976.

Jarka, Horst: Zur Literatur- und Theaterpolitik im „Ständestaat", in: Franz Kadrnoska (Hg.), Aufbruch und Untergang – österreichische Kultur zwischen 1918 und 1938, Wien 1981, S. 499 - 538.

Jeder, Ferdinand (= Christian Radey): Herzogtum Österreich? – Gedanken zur legitimistischen Bewegung, Innsbruck 1936.

Katholischer Glaube und deutsches Volkstum in Österreich, hg. v. Volksdeutschen Arbeitskreis österreichischer Katholiken, Salzburg 1933.

Klaus, Josef: Was ist die akademische Jungfront?, in: Reichspost, 15. 12. 1932.

Klotz, Anton: Sturm über Österreich, Wien 1934.

Kreissler, Felix: La Prise de Conscience de la Nation Autrichienne 1938 – 1945 - 1978, 2 Vol.s, Paris 1980.

Kreissler, Felix: Der Österreicher und seine Nation – Ein Lernprozeß mit Hindernissen, Wien-Köln-Graz 1984 (= Forschungen zur Geschichte des Donauraumes, Bd. 5).

Kunschak, Leopold: Zur Judenfrage, in: Neue Ordnung, 1936, S. 20 - 22.

Leb, Josef: Der österreichische Mensch, Wien 1933.

Ludwig, Eduard: Österreichs Sendung im Donauraum. Die letzten Dezennien österreichischer Innen- und Außenpolitik, Wien 1954.

Lüer, Andreas: Die nationale Frage in Ideologie und Programmatik der politischen Lager Österreichs 1918 - 1933, phil. Diss., Wien 1985.

Maderegger, Sylvia: Die Juden im österreichischen Ständestaat 1934 - 1938, Wien-Salzburg 1973 (= Veröffentlichungen des Historischen Instituts der Universität Salzburg).

Maleta, Alfred: Klarheit der Begriffe, in: Linzer Volksblatt, 23. 12. 1933.

Marek, Franz: Die österreichische Nation. Zwischen zwei Nationalismen, hg. v. Albert Massiczek, Wien 1967.

Meissl, Sebastian: Zur Wiener Neugermanistik der dreißiger Jahre – Stamm, Volk, Rasse, Reich – über Josef Nadlers literaturwissenschaftliche Position, in: Österreichische Literatur der dreißiger Jahre, S. 130 - 146.

Nadler, Josef: Literaturgeschichte der deutschen Stämme und Landschaften, 3. Aufl., Regensburg 1929/1932.

Nadler, Josef: Das stammhafte Gefüge des deutschen Volkes, München 1934.

Österreichs Sendung. Unseres Vaterlandes Schicksalsweg, Wien 1933 (= Schriftenreihe des österreichischen Heimatdienstes).

Pelinka, Anton: Stand oder Klasse? Die christliche Arbeiterbewegung Österreichs 1933 - 1938, Wien 1972.

Richtlinien zur Führerausbildung, hg. v. der Vaterländischen Front/Bundeswerbeleitung, Wien 1935.

Rosar, Wolfgang: Deutsche Gemeinschaft. Seyss-Inquart und der Anschluß, Wien 1971.

Ross, Dieter: Hitler und Dollfuß. Die deutsche Österreichpolitik 1933 - 1934, Hamburg 1966.

Rossbacher, Karlheinz: Literatur und Ständestaat, in: Friedbert Aspetsberger (Hg.), Staat und Gesellschaft in der modernen österreichischen Literatur, Wien 1977, S. 93 - 107.

Schill: Notwendigkeit – Begriff und Wesen der vaterländischen Erziehung, in: Vorträge über vaterländische Erziehung, hg. v. Alfons Gorbach, Graz 1935.

Seewann, Gerhard: Österreichische Jugendbewegung 1900 - 1938, 2 Bde., 2. Aufl., Frankfurt/M. 1974.

Siegfried, Klaus Jörg: Universalismus und Faschismus. Das Gesellschaftsbild Othmar Spanns – zur politischen Funktion seiner Gesellschaftslehre und Ständestaatkonzeption, Wien 1974.

Spann, Othmar: Der wahre Staat. Vorlesungen über Abbruch und Niveau der Gesellschaft, Leipzig 1921.

Srbik, Heinrich: Gesamtdeutsche Geschichtsauffassung, Leipzig 1932.

Staudinger, Anton: Christlichsoziale Judenpolitik in der Gründungsphase der österreichischen Republik, in: Jahrbuch für Zeitgeschichte 1978, Wien 1979, S. 11 - 48.

Staudinger, Anton: Deutsch oder nicht deutsch. Eine slowenische Übersetzung der österreichischen Bundeshymne und die Kriterien ihrer Ablehnung durch das ständestaatlich-autoritäre Österreich, in: Mladje. Literatura in Kritika, 23/1976, S. 88 - 99.

Staudinger, Anton: Zur „Österreich"-Ideologie des Ständestaates, in: L. Jedlicka / R. Neck (Hg.), Das Juliabkommen von 1936 – Vorgeschichte, Hintergründe und Folgen, Wien 1977, S. 198 - 240 (= Veröffentlichungen des Theodor-Körner-Stiftungsfonds u. des Leopold-Kunschak-Preises zur Erforschung der österreichischen Geschichte der Jahre 1927 bis 1938, Bd. 4).

Staudinger, Anton: Christlichsoziale Partei und Errichtung der Republik, in: Aspekte christlichsozialer Politik 1917 - 1920, Habil., Wien 1979.

Staudinger, Anton: Zu den Bemühungen katholischer Jungakademiker um eine ständisch-antiparlamentarische und deutsch-völkische Orientierung der Christlichsozialen Partei, in: Erich Fröschl / Helge Zoitl (Hg.), Februar 1934. Ursachen – Fakten – Folgen, Wien 1984, S. 221 - 231.

Tschurtschenthaler, Ignaz J.: Österreich – die Wiege Deutschlands, Klagenfurt 1934.

Tzöbl, Josef Alois: Wesen und Wert des Volkstums, in: Raimund Meyer (Hg.), Ringendes Volkstum, Wien 1935 (= Schriften des Österreichischen Verbandes für Volksdeutsche Auslandsarbeit).

Tzöbl, Josef Alois: Vaterländische Erziehung, mit einem Geleitwort v. Kurt Schuschnigg, Wien 1933.

Veiter, Theodor: Das Recht der Volksgruppen in Österreich, Wien 1970.

Wagner, Friedrich: Der österreichische Legitimismus 1918 bis 1938 – seine Politik und Publizistik, phil. Diss., Wien 1956.

Wandruszka, Adam: Österreichs politische Struktur – die Entwicklung der Parteien und politischen Bewegungen, in: Heinrich Benedikt (Hg.), Geschichte der Republik Österreich, Wien 1954, S. 289 - 485.

Winter, Ernst Karl: Monarchie und Arbeiterschaft, Wien 1936 (= Beihefte zu den „Wiener Politischen Blättern", Nr. 1).

Die Grundlagen des Nationalsozialismus

Eine ideengeschichtliche Untersuchung

von

Bischof Dr. Alois Hudal
Rom

Johannes Günther Verlag

Leipzig und Wien

Der in Rom tätige österreichische Bischof Alois Hudal bemühte sich in seinem 1937 erschienenen Buch „Die Grundlagen des Nationalsozialismus" um dessen Verständnis und propagierte antisemitische Auffassungen

Antisemitismus 1933 - 1938

Angelika Königseder

Der Einfluß der katholischen Kirche – Die Christlichsoziale Partei – Die christliche Arbeiterbewegung – Die Heimwehr – Die Nationalsozialisten

Vorbemerkung

Die Machtübernahme der Nationalsozialisten im Deutschen Reich 1933 hatte im Nachbarland Österreich eine auf den ersten Blick erstaunlich wirkende Begleiterscheinung: Der Antisemitismus, der seit dem Ende des Ersten Weltkrieges als wichtige Waffe in der innenpolitischen Auseinandersetzung gedient hatte, büßte einen Teil seiner Schlagkraft ein. Er war zwar in Teilen der österreichischen Bevölkerung und der einflußreichen katholischen Kirche weiterhin vorhanden, äußerte sich durch aggressives Vorgehen im ökonomischen Bereich, spielte aber im öffentlichen Leben 1934 bis 1938 keine so entscheidende Rolle wie zuvor.

Die Niederlage 1918 war der ideale Nährboden für das Wiederaufleben der tradierten antijüdischen Vorurteile gewesen. „Die Juden" dienten als klassischer Sündenbock für die verheerenden Kriegsfolgen, die beträchtlichen Gebietsabtretungen, die existentiellen wirtschaftlichen Nöte und die tiefe nationale Demütigung Österreichs.

Nach der Volkszählung von 1934 lebten in Österreich 191.481 Menschen jüdischen Glaubens (2,8 Prozent der Gesamtbevölkerung), davon wohnten 176.034 (91 Prozent) in Wien und nur 15.447 in den anderen Bundesländern.[1] Wegen des Zuzugs von Jüdinnen und Juden aus den östlichen Teilen des Habsburgerreiches handelte es sich hierbei keineswegs um eine homogene Minderheit, sondern infolge des völlig unterschiedlichen Assimilationsgrades um eine diffuse gesellschaftliche Gruppe. Sie reichte von den verarmten, in elenden Verhältnissen lebenden ostjüdischen Flüchtlingen, über zahlreiche Rechtsanwälte und Ärzte bis hin zu vermögenden Unternehmern und Bankiers. Auch in religiöser und politischer Hinsicht war das österreichische Judentum sehr unterschiedlich orientiert.

Für die Antisemiten spielten diese weitreichenden Differenzierungen keine Rolle, zumal der Antisemitismus im Österreich der Zwischenkriegszeit weniger auf tatsächlichen Spannungen zwischen der Mehrheitsgesellschaft und der jüdischen Minderheit beruhte, sondern eher als Ventil für die durch die Krise verunsicherten Schichten diente.[2] Je nach Standpunkt identifizierten die antisemitischen Hetzer die jüdische Minderheit entweder mit den „jüdischen Kapitalisten", mit der „verjudeten" Sozialdemokratie oder mit den verarmten ostjüdischen Flüchtlingen, hetzten gegen assimilierte, zionistisch orientierte oder orthodoxe Juden.

---

[1] S. Maderegger, Die Juden im österreichischen Ständestaat 1934 - 1938, Wien 1973, S. 1; J. Moser, Demographie der jüdischen Bevölkerung Österreichs 1938 - 1945, Wien 1999, S. 7.

[2] J. Bunzl / B. Marin, Antisemitismus in Österreich. Sozialhistorische und soziologische Studien, Innsbruck 1983, S. 43.

Genährt wurde der Antisemitismus im Österreich der Zwischenkriegszeit vor allem aus wirtschaftlichen Motiven. Auf der Suche nach Sündenböcken für die verheerende ökonomische Lage ignorierten die Antisemiten aller Couleur die Tatsache, daß Jüdinnen und Juden in gleichem Maße betroffen waren und machten sie stattdessen für die Mißstände verantwortlich. Nahezu allen gesellschaftlichen und staatstragenden politischen Kräften war der Antisemitismus als Mittel im Kampf gegen die Konkurrenz oder die politischen GegnerInnen recht. In großen Teilen der Bevölkerung, die die Jüdinnen und Juden traditionell als „Fremde" betrachteten, konnte man damit Zustimmung ernten.

Mit dem Aufstieg der Nationalsozialisten verringerte sich die Bedeutung des Antisemitismus als politische Waffe für die in Österreich an der Macht befindlichen Kräfte. Die Sozialdemokratie als Adressat dieser Propaganda war ab Februar 1934 verboten, und gegen die Nationalsozialisten versprach diese Strategie wenig Erfolg. Die von Bundeskanzler Engelbert Dollfuß 1934 eingeführte ständestaatliche Verfassung garantierte den Jüdinnen und Juden – allerdings nur auf dem Papier – uneingeschränkte bürgerliche Rechte und die Religionsfreiheit. Vier Juden wurden als offizielle Vertreter des Judentums in hohe – aber einflußlose – Staatsorgane berufen.[3] Dollfuß' Nachfolger Kurt Schuschnigg behielt diesen Kurs bei. Er wollte den Eindruck vermeiden, daß er dem deutschen Druck bei der Ausschaltung der Jüdinnen und Juden nachgab, und bestätigte immer wieder, daß die in Österreich lebenden Jüdinnen und Juden voll anerkannt seien. Er verhinderte etwa 1937 in Salzburg die Einführung eines Gesetzes, das rituelle Schlachtungen verbieten sollte.[4] Auch verbot seine Regierung den Straßenverkauf der antisemitischen Zeitung „Der Stürmer" und ließ einige Ausgaben beschlagnahmen. Auf der anderen Seite befürchtete die Regierung, daß eine zu judenfreundliche Haltung ihrerseits den Nationalsozialisten weiteren Zulauf verschaffen würde[5] und unterband deshalb nicht konsequent das Erscheinen antisemitischer Presseartikel. Dieses Vorgehen glich einer Gratwanderung, die Schuschnigg in einer Stellungnahme zur „österreichischen Judenfrage" im März 1935 selbst beschrieb: „Würde die Regierung alle Angriffe gegen Juden in der Presse oder bei öffentlichen Manifestationen verbieten, so würde ihr dies als Parteilichkeit ausgelegt werden, was dem Ziel, das die Regierung verfolgt, widerstreiten würde."[6]

Daß der Antisemitismus in den dreißiger Jahren realiter nicht ohne Bedeutung war, wird nicht zuletzt daran deutlich, daß alle einflußreichen Kräfte selbst bei auferlegter Zurückhaltung dieses Feld nicht den Nationalsozialisten überlassen wollten. Deshalb wurden die Verantwortlichen nicht müde zu betonen, daß man wegen des Antisemitismus kein Anhänger der Nationalsozialisten werden müsse. Die Christlichsozialen würden zwar den nationalsozialistischen Rassenantisemitismus ablehnen, aber: „Praktischer Antisemitismus ist wertvoller als radikaler Wortantisemitismus."[7]

Nicht nur ein Währinger Pfarrer meinte, sich als besserer Antisemit darstellen zu müssen: „Ich bekomme", schrieb er Ende 1932 im „St. Laurenz-Gertrudsblatt" „eine Menge heilsamer Belehrungen und Ermahnungen, wie ich mich eigentlich zu verhalten hätte. Zum Beispiel, daß auch der Priester Antisemit sein soll; zur Beruhigung der geehrten Schreiber könnte ich

---

3   G. Enderle-Burcel, Christlich – Ständisch – Autoritär. Mandatare im Ständestaat 1934 - 1938. Biographisches Handbuch der Mitglieder des Staatsrates, Bundeskulturrates, Bundeswirtschaftsrates und Länderrates sowie des Bundestages, hg. v. Dokumentationsarchiv des österreichischen Widerstandes, Wien 1991.

4   G. Fellner, Antisemitismus in Salzburg, Wien 1979, S. 200.

5   B. F. Pauley, Politischer Antisemitismus im Wien der Zwischenkriegszeit, in: G. Botz / I. Oxaal / M. Pollak / N. Scholz (Hg.), Eine zerstörte Kultur. Jüdisches Leben und Antisemitismus in Wien seit dem 19. Jahrhundert. 2. neu bearb. u. erw. Aufl., Wien 2002, S. 241 - 259, hier 254 f.

6   Die Neue Welt, 5. 3. 1935. Zit. nach: Maderegger, Juden im österreichischen Ständestaat, S. 117.

7   Zit. nach: L. Spira, Feindbild „Jud'". 100 Jahre politischer Antisemitismus in Österreich, Wien 1981, S. 92.

feststellen, daß ich schon ein überzeugter Antisemit war, wo es noch keinen Nazi auf der Welt gab und gewisse Herrschaften in der Taferlklasse saßen."[8]

Die ambivalente Haltung des Dollfuß/Schuschnigg-Regimes zum Antisemitismus vermied zum einen direkte Angriffe und hielt sich offiziell zurück. Sie tolerierte zum anderen jedoch nicht nur antijüdische Vorgehensweisen außerhalb der Regierung, vor allem auf dem wirtschaftlichen Sektor, sondern setzte auch einschlägige Einzelmaßnahmen. So wurde im Februar 1935 das deutsch-österreichische Filmverkehrsabkommen geschlossen, in dem Österreich akzeptierte, daß die zu engagierenden KünstlerInnen einen Ariernachweis vorzulegen hatten.[9] Der „Antisemitismus auf Gummisohlen", wie ihn die nationalsozialistische Zeitschrift „Die Tat" bezeichnete, war im Alltag für die Betroffenen verhängnisvoll. Als Beispiel wäre etwa die Gewerbenovelle 1934 zu nennen, die den Kundenbesuch verbot und damit den Kauf auf Raten erschwerte. Ohne die Jüdinnen und Juden ausdrücklich zu erwähnen, vernichtete diese Vorschrift die Existenzen zahlreicher kleiner ostjüdischer Händler. Neben den unmittelbaren katastrophalen Konsequenzen beunruhigte die Jüdische Gemeinde vor allem die maßgebliche Beteiligung des Wiener Vizebürgermeisters Dr. Kresse an dieser Aktion.[10]

Auch die Boykottaufrufe in der Vorweihnachtszeit fallen unter den wirtschaftlich motivierten „Tatantisemitismus". Die Zeitschrift „Der Konditor" etwa benutzte das christliche Weihnachtsfest, um gegen die unliebsame jüdische Konkurrenz vorzugehen: „Weihnachten sind die höchsten Feiertage von 90 % der österreichischen Bevölkerung. Diese 90 % der Bevölkerung sind katholisch. Und wer erzeugt heute einen Großteil jener Waren, die zum Schmuck der Christbäume bestimmt sind? [...] Werte Kollegen, wir haben den Mut zur Ehrlichkeit: Viele für das höchste Fest der katholischen Bevölkerung bestimmte Waren werden nicht vielleicht von erbeingesessenen Gewerbetreibenden erzeugt, sondern von 'Fabrikanten', welche noch nicht die Sprache unseres Landes beherrschen, geschweige denn die Schreibweise dieser Sprache. Es ist nichts so absurd und paradox zugleich, als der Umstand, daß der Bedarf für das höchste Fest der Christen von Andersgläubigen erzeugt wird zu dem Zweck, um Geld zu verdienen."[11]

Die Benachteiligung junger jüdischer Ärzte und Ärztinnen bei der Besetzung von Fortbildungsstellen in den öffentlichen Krankenhäusern oder die Entlassung von ÄrztInnen unter dem Vorwand sozialdemokratischer Betätigung fallen unter den wirtschaftlich motivierten „Tatantisemitismus" der Christlichsozialen.

Ein Beispiel, wie unverblümt sich Antisemitismus in Österreich bereits vor dem „Anschluß" äußerte, ist das Verhalten des „Verbandes deutsch-arischer Rechtsanwälte". Im Dezember 1936 meinte der Verband seine Mitglieder in den „Mitteilungen" darauf aufmerksam machen zu müssen: „Denken Sie bei Ihren Einkäufen daran, daß Weihnachten ein christliches Fest ist! Decken Sie Ihren Bedarf nur bei arischen Firmen."[12]

Natürlich war dem Verband die hohe Zahl jüdischer Rechtsanwälte vor allem in Wien ein Dorn im Auge. Als im Sommer 1936 in Wien ein internationaler Anwaltskongreß stattfinden sollte, rief der Verband zum Boykott auf: "International' und 'jüdisch' oder 'jüdisch beeinflußt' sind gleichbedeutende Begriffe geworden. [...] Für uns besteht kein Zweifel, daß die jüdische Anwaltschaft die Gelegenheit wahrnehmen wird, ihre zahlenmäßige Stärke durch eine rege Beteiligung an dem internationalen Anwaltskongreß zu bekunden, und es erscheint

[8]   St. Laurenz-Gertrudsblatt, Nr. 23, Dezember 1932, S. 1. Zit. nach N. Scholz, Antisemitismus in den Wiener Pfarren, in: Botz / Oxaal / Pollak / Scholz (Hg.), Eine zerstörte Kultur, S. 283 - 301, hier 294.
[9]   P. Dusek, „Nehmen Sie es als Omen". Der vorgezogene Anschluss oder: Die Arisierungs-Politik des Ständestaates am Beispiel von Joseph Schmidt, Emmerich Kálmán und Erich Wolfgang Korngold, in: Die Presse/Spectrum, 23. 10. 2004, S. V. Siehe auch den Beitrag von Wolfgang Duchkowitsch in diesem Band.
[10] Maderegger, Juden im österreichischen Ständestaat, S. 167.
[11] Der Konditor, 20. 12. 1934. Zit. nach: Ebenda, S. 169.
[12] Mitteilungen des Verbandes deutsch-arischer Rechtsanwälte, 10. 12. 1936. Zit. nach: Ebenda, S. 164.

uns nicht als ein Zufall, daß als Tagungsort gerade Wien ausgesucht wurde, wo das internationale Judentum seine Stellungen mit allen Mitteln zu halten versucht. [...] Wir haben
keine Interessen, die uns mit den jüdischen Rechtsanwälten des In- und Auslandes verbinden
würden. Wir haben also auch keinen Grund, uns mit diesen ohne Notwendigkeit an einen
Tisch zu setzen." [13]

Die „Vereinigung christlich-deutscher Ärzte" unter ihrem Präsidenten Dr. Ceska propagierte ihren rassistischen Antisemitismus in ihrem Programm: „In der Rassenfrage vertritt der
Verein christlich-deutscher Ärzte den Standpunkt, daß die Rasse als Gegebenheit der natürlichen Ordnung zu pflegen und zu respektieren ist. [...] Bezüglich der Judenfrage vertritt der
Verein christlich-deutscher Ärzte den Standpunkt, daß mit aller Entschiedenheit und Schär-
fe die zersetzenden Einflüsse zu bekämpfen sind, die sich aus dem Geist eines entwurzelten
Judentums ergeben." [14]

Manchen war dieses Vorgehen gegen die Jüdinnen und Juden zu subtil und nicht weit genug gehend. Der Geschichtsprofessor Reinhold Lorenz kritisierte: „Die letzte Zurückhaltung
fiel aber mit der Kanzlerschaft des Herrn von Schuschnigg hinweg, dem jüdischer Umgang
ein persönliches Bedürfnis war [...] und der den noch schwach glimmenden Antisemitismus der Christlichsozialen mit dem Wort abtat: 'Wer sich zum Vaterland bekennt, ist uns
willkommen!' – kein Wunder, wenn es in der Leopoldstadt hieß, Dollfuß sei gut gewesen,
Schuschnigg jedoch sei aus Gold! Anläufe des Bürgermeisters Schmitz, durch Neuaufnahme
junger Ärzte aus dem CV die ganz verjudeten Spitäler Wiens etwas 'christlicher' zu machen,
oder durch Absonderung der Katholiken von den übrigen Konfessionen (also der Juden und
der protestantischen Deutschen!) für die Schulen dasselbe zu tun, konnten von den Betroffenen kaum ernst genommen werden. Der Vertreter der 'Israeliten' im Wiener Stadtrat hatte
allerdings die Stirn, selbst darüber große Beschwerde zu führen, und eine recht bescheidene
Aktion des Vizebürgermeisters Kresse 'Christen, kauft bei Christen!' in der Vorweihnachtszeit 1937 löste bis zur Rücktrittsforderung gesteigerte Drohungen der sonst überall bevorzug-
ten Judenschaft aus." [15]

Der Einfluß der katholischen Kirche

Die beiden Repräsentanten des Ständestaats, Engelbert Dollfuß und Kurt von Schuschnigg,
waren gläubige Katholiken, für die die Grundsätze der katholischen Kirche eine Grundlage ihres politischen Handelns darstellten. Die Kirche wiederum unterstützte die Politik der
Christlichsozialen Partei und des von dieser dominierten Regimes. Damit fand die lange Tradition der kirchlichen Judenfeindschaft in dem katholisch geprägten Land Eingang in die
Politik und wurde durch eine als moralisch angesehene Instanz konfessionell legitimiert. [16]
Vor Pauschalierungen muß allerdings gewarnt werden, da die Position der Kirche gegenüber
den Jüdinnen und Juden ein breites Spektrum aufwies, das von dem Bemühen um Verständnis
und ernsthafte theologische Auseinandersetzung bis zu einer Anbiederung an den Nationalsozialismus reichte.

---

[13] Mitteilungen des Verbandes deutsch-arischer Rechtsanwälte, 1. 9. 1936. Zit. nach: Ebenda, S. 164 f.

[14] Programm des Vereines christlich-deutscher Ärzte Österreichs, in: Mitteilungen der Vereinigung christlich-
deutscher Ärzte Österreichs, September 1935. Zit. nach: Ebenda, S. 166.

[15] R. Lorenz, Der Staat wider Willen. Österreich 1918 - 1938, Berlin 1940, S. 151 f. Zit. nach: H. Rütgen, Antisemitismus in allen Lagern. Publizistische Dokumente zur Ersten Republik Österreich 1918 - 1938, Graz 1989,
S. 124 f.

[16] Zur engen Verbindung und Legitimierung des christlichsozialen Antisemitismus durch die Kirche siehe A. Staudinger, Katholischer Antisemitismus in der Ersten Republik, in: Botz / Oxaal / Pollak / Scholz (Hg.), Eine
zerstörte Kultur, S. 261 - 280.

Die vermutlich wichtigste und zudem sehr aufschlußreiche Stellungnahme zum Nationalsozialismus und zum Antisemitismus von kirchlicher Seite stellt der Hirtenbrief des Linzer
Bischofs Johannes Gföllner dar. Brisanz und internationale Aufmerksamkeit erhielt der Hirtenbrief nicht zuletzt durch den Zeitpunkt seines Erscheinens am 21. Januar 1933. Obwohl
Gföllner entschieden gegen den Rassenantisemitismus der Nationalsozialisten Position bezog, manifestierte und legitimierte er die traditionellen kirchlichen antijüdischen Vorurteile,
die im Österreich der Zwischenkriegszeit „common sense" waren. Bischof Gföllner schrieb:
„Der Nationalsozialistische Rassenstandpunkt ist mit dem Christentum völlig unvereinbar
und muß daher entschieden abgelehnt werden. Dies gilt auch hinsichtlich des radikalen Ras-
seantisemitismus, den der Nationalsozialismus predigt. Das jüdische Volk nur wegen seiner
Abstammung verachten, hassen und verfolgen, ist unmenschlich und antichristlich." Im gleichen Hirtenbrief war jedoch auch zu lesen: „Verschieden allerdings vom jüdischen Volkstum
und von der jüdischen Religion ist der jüdische internationale Weltgeist. Zweifellos üben
viele gottentfremdete Juden einen überaus schädlichen Einfluß auf fast allen Gebieten des
modernen Kulturlebens aus. Wirtschaft und Handel, Geschäft und Konkurrenz, Advokatur
und Heilpraxis, soziale und politische Umwälzungen sind vielfach durchsetzt und zersetzt
von materialistischen und liberalen Grundsätzen, die vorwiegend vom Judentum stammen.
Presse und Inserate, Theater und Kino sind häufig erfüllt von frivolen und zynischen Tendenzen, die die christliche Volksseele bis ins innerste vergiften und die ebenso vorwiegend vom
Judentum genährt und verbreitet werden. Das entartete Judentum im Bunde mit der Weltfrei-
maurerei ist auch vorwiegend Träger des mammonistischen Kapitalismus und vorwiegend
Begründer und Apostel des Sozialismus und Kommunismus, der Vorboten und Schrittma-
cher des Bolschewismus. Diesen schädlichen Einfluß des Judentums zu bekämpfen und zu
brechen, ist nicht nur gutes Recht, sondern strenge Gewissenspflicht eines jeden überzeugten
Christen, und es wäre nur zu wünschen, daß auf arischer und auf christlicher Seite diese Ge-
fahren und Schädigungen durch den jüdischen Geist noch mehr gewürdigt, noch nachhaltiger
bekämpft und nicht, offen oder versteckt, gar nachgeahmt und gefördert würden." Gföllner
wollte zwar die Juden „nicht des Landes verweisen", er empfahl jedoch, „in der Gesetzgebung und Verwaltung einen starken Damm auf[zu]richten gegen all den geistigen Unrat und
die unsittliche Schlammflut, die vorwiegend vom Judentum aus die Welt zu überschwemmen
drohen". [17]
Wie weit sich Kreise der katholischen Kirche dem nationalsozialistischen Antisemitismus
annäherten und damit den Boden für die spätere Judenverfolgung bereiteten, wird bei Pater
Georg Bichlmair deutlich, dem Leiter des missionierenden Paulus-Werkes. Noch 1936 lehnte
er zwar die Übernahme der deutschen Judengesetze ab, weil sie „auf einer wissenschaftlich
und ethisch unhaltbaren Rassentheorie" basierten. Gleichzeitig argumentierte er jedoch, daß
es „so etwas wie eine Rasse gibt und daß die Juden einer anderen Rasse angehören als das
deutsche Volk". Auch waren Bichlmair zufolge „während der letzten Jahrzehnte die christliche Kultur und Tradition beim deutschen Volk viel zu stark unter den Einfluß des jüdischen
Geistes geraten", was die nationalsozialistischen Maßnahmen in gewisser Weise rechtferti-
ge. [18] Bichlmair verweist auf die angebliche Schuld der Juden, die er allein mit ihrer Existenz
zu erklären versucht, weil sie ihre Rechtfertigung durch die Geburt Jesus Christus verloren habe. Dabei bedient er das jahrhundertealte Klischee des Ahasver: Das Judentum „ist
heimatlos und haltlos geworden. Es hat seinen geistigen Wurzelboden verloren und damit
die natürlichen Quellen seiner nationalen Existenz. Nur durch Gottes wunderbare Vorsehung
bleibt es in der Welt erhalten, unter die Völker zerstreut, überall mit Mißtrauen betrachtet,

---

[17]   Zit. nach: W. Hannot, Die Judenfrage in der katholischen Tagespresse Deutschlands und Österreichs 1923 - 1933,
      Mainz 1990, S. 185 f.
[18]   Zit. nach Rütgen, Antisemitismus, S. 329 f.

auf ewiger Wanderschaft begriffen, seinen eigenen Leichnam durch die Geschichte tragend, allen Völkern zum Zeugnis." [19]

Bischof Alois Hudal versuchte in seinem 1937 erschienenen Buch „Die Grundlagen des Nationalsozialismus" sogar, „vom christlichen Standpunkt einen Weg zum Verständnis des Nationalsozialismus zu ebnen". Er gab eine verzerrte Darstellung des „Auserwählt-Seins" und paarte dies mit der Idee des Rassen-Antisemitismus: „Das spätere Judentum aber hat – und das ist seine weltgeschichtliche Schuld und die letzte Ursache seines Unterganges – den vom alten Testament verkündigten Gnadenvorzug in einen naturhaften Vorrang seiner Rasse umgedeutet. Ursache und Wirkung wurden vertauscht; nicht mehr beruht – wie im alten Testament – Israels Vorzug auf Gottes Gnade, sondern Gottes Gnade ruht auf Israel, weil es das edelste unter allen Völkern ist." [20]

Im Gegensatz zur politischen Öffentlichkeit, in der der Antisemitismus nach der Errichtung des autoritären Ständestaats eine geringere Rolle spielte, häuften sich antisemitische Artikel in den Pfarrblättern 1934. Der Tradition folgend, erschienen vor allem zur Osterzeit verstärkt antisemitische Beiträge. 1934 etwa meinten die „Donaufelder Pfarrnachrichten" – den jahrhundertealten Vorwurf des Gottesmordes aufgreifend – den Bestandteil der Karfreitagsliturgie „pro Judaeis non flectant" (für die Juden beugt man nicht das Knie) erklären zu müssen: „Es folgten dann die sogenannten großen Fürbitten, ergreifende Gebete für das Heil aller Menschen, auch der Abtrünnigen, Irrgläubigen, Juden und Heiden. Bei jedem Gebete beugt der Priester das Knie, nur beim Gebete für die Juden unterbleibt die Kniebeuge, weil sie an diesem Tage durch die Kniebeuge den Heiland verhöhnten." [21]

Im katholisch geprägten Österreich trugen diese Äußerungen von Kirchenvertretern oder der von Josef Eberle herausgegebenen Zeitschrift „Schönere Zukunft" zweifelsohne zur Verbreitung von antisemitischem Gedankengut unter den obrigkeitstreuen Katholiken bei und bereiteten den Boden für die Akzeptanz des Rassenantisemitismus nach dem „Anschluß".

Die Christlichsoziale Partei

Die Christlichsoziale Partei war die erste große Organisation, die auf die Ängste der Menschen vor den Folgen nicht verstandener sozio-ökonomischer Prozesse eine antisemitische Antwort hatte. Die deutliche Niederlage bei den Wiener Gemeinderatswahlen im Mai 1919 leistete dem Antisemitismus in der Partei Vorschub. Seit Karl Lueger 1897 Bürgermeister in Wien geworden war, hatten die Christlichsozialen die Stadt regiert. Den erdrutschartigen Wahlsieg der Sozialdemokraten führte die Partei auf die Stimmen der ostjüdischen Flüchtlinge zurück, eine Behauptung, die an der zahlenmäßigen Realität völlig vorbeiging, sich aber propagandistisch für die Nationalratswahlen 1920 hervorragend nutzen ließ. [22] Das offiziöse Sprachrohr der Christlichsozialen Partei, die katholische Tageszeitung „Reichspost", schrieb am 22. September 1920: „Hinaus mit den Ostjuden! – Keine Stimme der nur von Juden geführten internationalen Sozialdemokratie! [...] Solange die jüdischen Führer der Sozialdemokratie die Zügel der Regierung unseres Staates in ihren Händen haben, solange wird Österreich der Sammelpunkt aller jüdischen Auswanderer aus dem Osten sein." [23]

19   P. G. Bichlmair, Der Christ und der Jude, in: C. Holzmeister (Hg.), Kirche im Kampf, Innsbruck-Wien 1936, S. 164. Zit. nach: Maderegger, Juden im österreichischen Ständestaat, S. 133.

20   A. Hudal, Die Grundlagen des Nationalsozialismus, Leipzig-Wien 1937, S. 13, 90. Zit. nach: Maderegger, Juden im österreichischen Ständestaat, S. 138 f.

21   Donaufelder Pfarrnachrichten, Nr. 2, Februar 1934, S. 2 f. Zit. nach: Scholz, Antisemitismus, S. 287.

22   B. F. Pauley, From Prejudice to Persecution. A History of Austrian Anti-Semitism, Chapel Hill 1992, S. 157.

23   Spira, Feindbild „Jud'", S. 79 f.

Charakteristisch für den Antisemitismus der Christlichsozialen war seine Instrumentalisierung als Waffe im Kampf gegen politische GegnerInnen. Zunächst betraf dies vor allem die Sozialdemokratie und ihre jüdischen Politiker. Das Motiv dieser Attacken war durchsichtig: Der Antisemitismus wurde eingesetzt, um die vermeintliche Kluft zwischen jüdischen und nichtjüdischen ÖsterreicherInnen, zwischen den bodenständigen „Einheimischen" und den „undeutschen" intellektuellen Fremden zu unterstreichen und damit eine Distanzierung der WählerInnen von der Sozialdemokratischen Partei zu erreichen. Auffallend ist, daß parallel zum Aufstieg der Nationalsozialisten die antisemitischen Äußerungen der christlichsozialen Politiker und deren Presse zurückgingen. Vermutlich lagen die Gründe dafür in der Abhängigkeit von jüdischen Geldgebern, dem Werben um jüdische WählerInnen und der Rücksichtnahme auf die westlichen Demokratien. Robert Krasser, Wiener Obmann der Christlichsozialen, reklamierte dies in einem Redebeitrag auf dem Parteitag 1932. Er betonte, „daß zu Zeiten Luegers der Antisemitismus eine der zündenden Ideen gewesen sei. Daß es jetzt um diesen Gedanken aus staatspolitischen Erwägungen innerhalb der Partei still geworden sei, habe die Partei um eines ihrer wirksamsten Schlagworte gebracht. Der Antisemitismus der Christlichsozialen wird sich gewiß vom Rassenantisemitismus der Nationalsozialisten vorteilhaft unterscheiden."[24]

Die offizielle Ablehnung eines rassistisch motivierten Antisemitismus (wie von Dollfuß und Schuschnigg mehrfach bestätigt) bot in den dreißiger Jahren eine Angriffsfläche für die Nationalsozialisten, die den Christlichsozialen eine zu weiche Haltung in diesem Punkt vorwarfen. Daraufhin betonten die Christlichsozialen die vermeintliche Überlegenheit des eigenen Antisemitismus, um den Nationalsozialisten „den Wind aus den Segeln zu nehmen". Am 17. März 1933 erschien z. B. in der „Reichspost" ein Artikel unter dem Titel „Kein Antisemitismus im Dritten Reich", der sich mit der zuvor veröffentlichten Erklärung Görings beschäftigte, daß staatstreue jüdische Bürger im Deutschen Reich nichts zu befürchten hätten. Darin war zu lesen: „So beginnt das 'gigantische Aufbauwerk des Nationalsozialismus' [...] de facto mit einer großzügigen Judenschutzaktion, und die Massen, die den Aposteln des radikalsten Rassenantisemitismus zur Macht verholfen haben, haben das Nachsehen. [...] Kurz, es ist nichts mit dem Antisemitismus im Zeichen des Hakenkreuzes. [...] Die großen Sprüche vor der Mahlzeit waren eben nur große Sprüche, nach dem Mahle liest sich's anders."[25] Im „Antisemitenbund", in dem der Christlichsoziale Anton Jerzabek und der großdeutsche Rechtsextreme Robert Körber an der Spitze standen, wirkten Christlichsoziale und Großdeutsche zusammen.[26]

Die christliche Arbeiterbewegung

Im Gegensatz zur Christlichsozialen Partei war der Antisemitismus bei der christlichen Arbeiterbewegung wesentlicher Bestandteil des Programms und neben der konfessionellen Bindung das wichtigste programmatische Unterscheidungsmerkmal gegenüber den Sozialdemokraten. Wie Anton Pelinka zeigte, war der Antisemitismus „keineswegs nur ein Instrument tagespolitischer Auseinandersetzungen, keineswegs nur oberflächliche Voreingenommenheit". Die Grenze „vom scheinbar konfessionell motivierten Antisemitismus zum rassistischen" verlief fließend.[27] Eine tragende Rolle spielte dabei der Führer der christlichen Arbeiterbewegung Leopold Kunschak, der gleichzeitig Obmann der Wiener Christlichsozialen Partei war.

---

[24]   Salzburger Chronik vom 24. Mai 1932. Zit. nach: Hannot, Die Judenfrage, S. 183.

[25]   Reichspost vom 17. März 1933. Zit. nach: Spira, Feindbild „Jud'", S. 91 f.

[26]   P. G. J. Pulzer, Die Entstehung des politischen Antisemitismus in Deutschland und Österreich 1867 bis 1914, Göttingen 2004, S. 322.

[27]   A. Pelinka, Stand oder Klasse? Die christliche Arbeiterbewegung Österreichs 1933 bis 1938, Wien 1972, S. 213 f.

Kunschak veröffentlichte Anfang 1936 einen schon 1919 von ihm verfaßten Gesetzesentwurf, der ein Sonderrecht für die in Österreich lebenden Jüdinnen und Juden vorsah: Die „jüdische Nation" sollte als nationale Minderheit vom „deutschen Mehrheitsvolk" getrennt werden. Für einige akademische Berufe und den öffentlichen Dienst sollte ein Numerus clausus eingeführt werden. Zudem sollten den Jüdinnen und Juden eigene politische Vertretungskörper und eigene Schulen zugewiesen werden. Wie fließend die Grenze zum nationalsozialistischen Rassenantisemitismus war, bewies Kunschak durch den Vorschlag, daß der Austritt aus der israelitischen Religionsgemeinschaft für den Austretenden und dessen minderjährige Kinder die Zugehörigkeit zur „jüdischen Nation" nicht aufheben sollte. Der Gesetzesentwurf wurde zwar nicht verwirklicht; die Tatsache, daß Ignaz Seipel ihn während seiner Kanzlerschaft „politisch für möglich" hielt und die Publizierung lediglich wegen des „ungünstigen" Zeitpunktes abgelehnt hatte, demonstriert den Antisemitismus, der die österreichische Politik und Gesellschaft charakterisierte. [28]

Auch für die christliche Arbeiterbewegung war der Antisemitismus ein wichtiges Mittel in der Auseinandersetzung mit dem politischen Gegner. Die Position im Kampf gegen die bei den ArbeiterInnen einflußreiche Sozialdemokratie war ohne eigenes Zutun nach dem Bürgerkrieg in Wien im Februar 1934 und dem folgenden Verbot der Sozialdemokratischen Partei deutlich stärker geworden. Um ihre Anhängerschaft unter den ArbeiterInnen zu vergrößern, appellierte die christliche Arbeiterbewegung an den auch unter der Arbeiterschaft latent vorhandenen Antisemitismus. Dabei unterschied die Propaganda zwischen den „jüdischen" Firmenbossen und den verführten ArbeiterInnen, die es an das Christentum und ein österreichisches Nationalbewußtsein heranzuführen gelte.

Im Kampf gegen die Nationalsozialisten bediente man sich ebenfalls antisemitischer Argumente und stellte sich selbst als die wahren, die besseren Antisemiten dar. So kommentierte die „Christlichsoziale Arbeiter-Zeitung" am 8. April 1933 den Boykott jüdischer Geschäfte, Ärzte und Rechtsanwälte vom 1. April in Deutschland: Der Boykott hätte „zeitlich nicht begrenzt werden dürfen, abgesehen davon, daß ein Antisemitismus auf jederzeitigen Widerruf eine Lächerlichkeit ist. [...] Nun sind sie alle wieder an der Leine, die unzähmbaren Helden von 'Juda verrecke!'. Der Maulantisemitismus ist blamiert, der Tatantisemitismus hat versagt. [...] Wir machen die obige Feststellung besonders gegenüber den österreichischen Nationalsozialisten, die trotz der bitteren Erfahrungen ihrer deutschen Brüder noch immer so tun, als ob sie den Antisemitismus gepachtet hätten." [29]

Leopold Kunschak stand auch dem „Freiheitsbund" vor, eine Organisation, die sich als Vertretung der christlichen Arbeiterschaft innerhalb der „Vaterländischen Front" begriff. Unverblümt verbreitete Kunschak beim Hauptappell des Freiheitsbundes Wien am 15. März 1936 antisemitische Tiraden: „Entweder löst man die Judenfrage rechtzeitig nach den Eingebungen der Vernunft und Menschlichkeit, oder sie wird gelöst werden in der Form des vernunftlosen Tieres, in der es seinen Feind angeht, in Formen wildgewordenen und ungebändigten Instinkts." [30]

Leopold Kunschak löste sich auch nach dem Krieg nicht von seinen antisemitischen Überzeugungen. Als einer der Gründerväter der Zweiten Republik, Parlamentspräsident und Ehrenobmann der ÖVP sprach er im September 1945 auf einer Kundgebung in Wien, die laut „Schweizer Israelitischem Wochenblatt" „von vielen tausend Personen besucht war, um gegen die Einreise polnischer Juden zu protestieren. Dr. Kunschak von der Volkspartei erklärte

---

[28] Der Entwurf ist abgedruckt in: Ebenda, S. 297 ff.
[29] Zit. nach: Ebenda, S. 227 f.
[30] Mitteilungen des Freiheitsbundes, Sonderausgabe März 1936. Zit. nach: Maderegger, Juden im österreichischen Ständestaat, S. 172.

unter heulendem Beifall, er sei immer Antisemit gewesen und bleibe es weiterhin. In Österreich hätten weder einheimische noch fremde Juden etwas zu suchen."[31]

Die Heimwehr

Die Heimwehr[32] hatte ihren Ursprung in den paramilitärischen Wehrgruppen, die sich nach
dem Ersten Weltkrieg auf lokaler und regionaler Ebene spontan zur Verteidigung der Grenzen
gegründet hatten. Die Christlichsoziale Partei unterstützte die antisozialistisch eingestellten
Heimwehren und machte sie sich als Hilfsarmee in ihrem Kampf gegen die österreichische
Arbeiterbewegung zunutze.[33] Der Brand des Justizpalastes und die Arbeiterunruhen am 15.
Juli 1927 in Wien, zu deren Niederschlagung die Heimwehren eingesetzt wurden, verschaff-
ten ihnen Einfluß auf politischer Ebene. Nach dem Auseinanderbrechen des Bürgerblocks
im April 1932 wurden die Heimwehren wichtiger Koalitionspartner in der von Dollfuß angeführten Regierung.[34] Während der Kanzlerschaft Schuschniggs wurden die Heimwehren
schrittweise entmachtet und schließlich im Oktober 1936 aufgelöst. Am 16. Mai 1936 schieden Starhemberg als Vizekanzler und Berger-Waldenegg als Außenminister aus der Regierung aus.

Die Beurteilung der Heimwehr in bezug auf ihren Antisemitismus ist schwierig, da sie
nicht als homogene Organisation auftrat und ihr eine kontinuierliche Ideologie fehlte. Grundsätzlich war ihre Haltung zu den Juden widersprüchlich und opportunistisch. Geprägt durch
Streitigkeiten ihrer Führungspersonen und das zeitweise völlige Fehlen einer zentralen Füh-
rergestalt, aber auch durch ihre unterschiedliche Entwicklung in den verschiedenen Bundesländern, die sich aus deren Historie und Situation erklärt, war sie sowohl auf die Unterstützung ihrer heterogen zusammengesetzten Mitglieder als auch auf ihre jüdischen Geldgeber
angewiesen, für die die Existenz der Heimwehr eine Sicherheit gegen den „Anschluß" an
Deutschland zu bieten schien. Insgesamt dürfte der Antisemitismus bei den Heimwehren als
Integrationsmittel von geringerer Bedeutung gewesen sein als bei der stärker von der Kirche
beeinflußten Christlichsozialen Partei. Die antisemitischen Äußerungen der Heimwehrführer
zollten eher der judenfeindlichen Haltung ihrer Anhänger Tribut als der eigenen Überzeugung.

Wie für die Christlichsoziale Partei war der Antisemitismus jedoch auch für die Heimwehr ein Mittel im Kampf gegen den politischen Gegner, in diesem Fall gegen den „Austromarxismus". In dem Artikel „Heimwehr und Antisemitismus", den Bundesführer Steidle
1929 publizierte, war zu lesen: „Gewisse Kreise jüdischer Herkunft tun das Menschenmög-
lichste, um antisemitische Tendenzen nach Kräften zu fördern, oder wo solche noch nicht
vorhanden sind, zu erzeugen. Ich meine damit, daß gerade unter den übelsten Pressestrol-
chen, unter den destruktivsten Elementen des Marxismus und seiner Mitläufer, unter den

---

[31] E. Adunka, Antisemitismus in der Zweiten Republik. Ein Überblick anhand einiger ausgewählter Beispiele, in:
H. P. Wassermann (Hg.), Antisemitismus in Österreich nach 1945. Ergebnisse, Positionen und Perspektiven der
Forschung, Innsbruck 2002, S. 5.

[32] Zu den Heimwehren siehe F. L. Carsten, Faschismus in Österreich. Von Schönerer zu Hitler, München 1977,
S. 39 - 66, 98 - 130, 156 - 174, 195 - 210; C. E. Edmondson, The Heimwehr and Austrian Politics 1918 - 1936,
Athens 1978; C. E. Edmondson, Heimwehren und andere Wehrverbände, in: E. Tálos / H. Dachs / E. Hanisch /
A. Staudinger (Hg.), Handbuch des politischen Systems Österreichs. Erste Republik 1918 - 1933, Wien 1995, S.
261 - 276; W. Wiltschegg, Die Heimwehr. Eine unwiderstehliche Volksbewegung?, München 1985.

[33] Zum Verhältnis von Christlichsozialer Partei und Heimwehr bei der Errichtung der Diktatur siehe A. Staudinger,
Christlichsoziale Partei und Errichtung des „Autoritären Ständestaates" in Österreich, in: L. Jedlicka / R. Neck
(Hg.), Vom Justizpalast zum Heldenplatz. Studien und Dokumentationen 1927 bis 1938, Wien 1975, S. 65 - 81,
hier 65 ff.

[34] H. Woller, Rom, 28. 10. 1922. Die faschistische Herausforderung, München 1999, S. 94 f.

bösartigsten Vertretern der Asphaltdemokratie immer gerade die aus dem Osten zugewanderten Individuen jüdischer Abkunft zu finden sind. Es ist natürlich ungerecht, diese entarteten Exemplare eines Volkes mit der staatstreuen, konservativen und alteingesessenen Judenschaft in einen Topf zu werfen."[35] Mit dieser Unterscheidung zwischen den zugewanderten Ostjuden und dem assimilierten österreichischen Judentum kam Steidle, der sich in früheren Jahren als Gründer des Tiroler Antisemitenbundes noch deutlich radikaler geäußert hatte, sicherlich seinen jüdischen Geldgebern und gleichzeitig einem Großteil der Anhängerschaft der Heimwehren entgegen.

Auch sein Nachfolger Ernst Rüdiger Fürst Starhemberg führte diesen Balanceakt fort und vermied es, eindeutig Position zu beziehen. In Wahlkämpfen operierte die Heimwehr mit deutlich antisemitischen Tönen, die Teil ihrer „antimarxistischen" Strategie waren. So erklärte Starhemberg im Oktober 1930 auf einer Kundgebung auf dem Heldenplatz über den damaligen sozialdemokratischen Finanzstadtrat Hugo Breitner: „Den Wienern werde ich ein gutes Rezept für den Wahlkampf geben: Sie sollen die Wahlschlacht im Zeichen Breitners führen. Nur wenn der Kopf dieses Asiaten in den Sand rollt, wird der Sieg unser sein."[36] Es wurden aber keine antijüdischen Maßnahmen wie etwa das in christlichsozialen Kreisen immer wieder erhobene Postulat eines Numerus clausus für jüdische StudentInnen gefordert.

Mit dem Verbot der Sozialdemokratischen Partei im Februar 1934 verlor der Antisemitismus bei der Heimwehr seine Bedeutung und trat in den Hintergrund. Allerdings gab es einen radikal-antisemitischen Flügel, den steirischen Heimatschutz, der in seinem in Graz erscheinenden Blatt „Der Panther" offen gegen Bundesführer Starhemberg Stellung bezog. Die Zeitung rief offen zum Boykott jüdischer Geschäfte auf: „Der Panther nimmt Anzeigen jüdischer Firmen nicht auf! Kameraden und Kameradinnen, kaufet daher in Geschäften, die in unserem Blatte anzeigen!"[37] Der steirische Heimatschutz konnte sich in der Heimwehrbewegung nicht durchsetzen und suchte daraufhin bei den Nationalsozialisten eine neue Heimat; schließlich ging er in der NSDAP auf.

Die Nationalsozialisten

Die antisemitischen Agitationen der NSDAP während der Ersten Republik betonten die „rassische Andersartigkeit" der Jüdinnen und Juden. Vor allem dieser Punkt unterschied sie von dem Antisemitismus der Christlichsozialen, wenn auch die Grenze manchmal sehr durchlässig war. Die Nationalsozialisten bemühten sich vor allem darum, sich als einzige „echte" antisemitische Partei zu definieren; die WählerInnen sollten ihre Stimmen der NSDAP wegen ihres Antisemitismus geben. Die anderen politischen Kräfte benutzten den Antisemitismus eher zur Verunglimpfung des Gegners, als Mittel zum Zweck, während er für die Nationalsozialisten ein Argument per se darstellte. In einigen Forderungen – wie etwa der Ausweisung der ostjüdischen Flüchtlinge – war man sich mit den Christlichsozialen in der Sache einig, lediglich die Formulierungen fielen radikaler aus. Dies war zum einen ideologisch begründet, zum anderen erlaubte jedoch die Stellung als Oppositionspartei ein anderes Vorgehen, als es Regierungsmitgliedern opportun erschien. Zudem konnte die NSDAP den WählerInnen kein positives politisches Programm anbieten, so wurden alle politischen Gegner mit der Waffe des Antisemitismus angegriffen. Folgenreich war, daß die anderen Parteien und Organisatio-

---

[35] Neues Wiener Journal vom 10. März 1929. Zit. nach: Wiltschegg, Heimwehr, S. 266.

[36] W. Fritz, Der Kopf des Asiaten Breitner. Politik und Ökonomie im Roten Wien. Hugo Breitner. Leben und Werk, Wien 2000, S. 13, 313.

[37] Der Panther, 11. 2. 1933. Zit. nach: Maderegger, Juden im österreichischen Ständestaat, S. 122.

nen dieses Feld den Nationalsozialisten nicht kampflos überlassen wollten, weil sie um die Wirksamkeit und Anziehungskraft der antisemitischen Propaganda wußten.

Wie stark damit das innenpolitische Klima im Österreich der Zwischenkriegszeit vergiftet war, zeigte sich im Frühjahr 1938. Der Einmarsch der deutschen Wehrmacht im März 1938 und der „Anschluß" an Deutschland schufen die Möglichkeit, Aggressionen gegen das propagierte Feindbild „Jude" auszuleben. Der Ausbruch antisemitischer Gewalt im Frühjahr 1938 überraschte selbst die neuen Machthaber. Die lange aufgestauten Frustrationsgefühle konnten nun hemmungslos an dem Sündenbock, den für fast alle gesellschaftlichen, sozialen und wirtschaftlichen Probleme verantwortlich gemachten Jüdinnen und Juden, ausgelebt werden. Auch die „Arisierung", die in der Tradition des wirtschaftlichen Antisemitismus stand, wurde mit brutaler Konsequenz und Gründlichkeit durchgeführt. Sicherlich ist zudem die relativ hohe Zahl an österreichischen Tätern und Mittätern bei der Ermordung der europäischen Jüdinnen und Juden nicht losgelöst von der Judenfeindschaft zu sehen, die das gesellschaftliche Klima in Österreich geprägt hatte. Festzuhalten bleibt aber auch, daß erst die Machtübernahme durch die deutschen Nationalsozialisten die Rahmenbedingung für die Entrechtung und Austreibung der jüdischen Bevölkerung und schließlich die Ermordung von mehr als 65.000 österreichischen Jüdinnen und Juden schuf. Die herrschenden politischen und gesellschaftlichen Kräfte in Österreich hatten dem allerdings zweifelsohne mehr oder weniger den Boden bereitet.

Literatur

Adunka, Evelyn: Antisemitismus in der Zweiten Republik. Ein Überblick anhand einiger ausgewählter Beispiele, in: H. P. Wassermann (Hg.), Antisemitismus in Österreich nach 1945. Ergebnisse, Positionen und Perspektiven der Forschung, Innsbruck 2002.

Bunzl, John / Bernd Marin: Antisemitismus in Österreich. Sozialhistorische und soziologische Studien, Innsbruck 1983.

Carsten, Francis L.: Faschismus in Österreich. Von Schönerer zu Hitler, München 1977.

Dusek, Peter: „Nehmen Sie es als Omen". Der vorgezogene Anschluss oder: Die Arisierungs-Politik des Ständestaates am Beispiel von Joseph Schmidt, Emmerich Kálmán und Erich Wolfgang Korngold, in: Die Presse/Spectrum, 23. 10. 2004, S. V-VI.

Edmondson, C. Earl: The Heimwehr and Austrian Politics 1918 - 1936, Athens 1978.

Edmondson, C. Earl: Heimwehren und andere Wehrverbände, in: Emmerich Tálos / Herbert Dachs / Ernst Hanisch / Anton Staudinger (Hg.), Handbuch des politischen Systems Österreichs. Erste Republik 1918 - 1933, Wien 1995, S. 261 - 276.

Enderle-Burcel, Gertrude (unter Mitarbeit v. Johannes Kraus): Christlich-Ständisch-Autoritär. Mandatare im Ständestaat 1934 - 1938. Biographisches Handbuch der Mitglieder des Staatsrates, Bundeskulturrates, Bundeswirtschaftsrates und Länderrates sowie des Bundestages, hg. v. Dokumentationsarchiv des österreichischen Widerstandes, Wien 1991.

Fellner, Günter: Antisemitismus in Salzburg, Wien 1979.

Fritz, Wolfgang: Der Kopf des Asiaten Breitner. Politik und Ökonomie im Roten Wien. Hugo Breitner. Leben und Werk, Wien 2000.

Hannot, Walter: Die Judenfrage in der katholischen Tagespresse Deutschlands und Österreichs 1923 - 1933, Mainz 1990.

Maderegger, Sylvia: Die Juden im österreichischen Ständestaat 1934 - 1938, Wien 1973.

Moser, Jonny: Demographie der jüdischen Bevölkerung Österreichs 1938 - 1945, hg. v. Dokumentationsarchiv des österreichischen Widerstandes, Wien 1999 (= Schriftenreihe des Dokumentationsarchivs des österreichischen Widerstandes zur Geschichte der NS-Gewaltverbrechen 5).

Pauley, Bruce F.: From Prejudice to Persecution. A History of Austrian Anti-Semitism, Chapel Hill 1992.

Pauley, Bruce F.: Politischer Antisemitismus im Wien der Zwischenkriegszeit, in: Gerhard Botz / Ivar Oxaal / Michael Pollak / Nina Scholz (Hg.), Eine zerstörte Kultur. Jüdisches Leben und Antisemitismus in Wien seit dem 19. Jahrhundert, 2. neu bearb. u. erw. Aufl., Wien 2002, S. 241 - 259.

Pelinka, Anton: Stand oder Klasse? Die Christliche Arbeiterbewegung Österreichs 1933 bis 1938, Wien 1972.

Pulzer, Peter G. J.: Die Entstehung des politischen Antisemitismus in Deutschland und Österreich 1867 bis 1914, Göttingen 2004.

Rütgen, Herbert: Antisemitismus in allen Lagern. Publizistische Dokumente zur Ersten Republik Österreich 1918 - 1938, Graz 1989.

Scholz, Nina: Antisemitismus in den Wiener Pfarren, in: Gerhard Botz / Ivar Oxaal / Michael Pollak / Nina Scholz (Hg.), Eine zerstörte Kultur. Jüdisches Leben und Antisemitismus in Wien seit dem 19. Jahrhundert, 2. neu bearb. u. erw. Aufl., Wien 2002, S. 283 - 301.

Spira, Leopold: Feindbild „Jud'". 100 Jahre politischer Antisemitismus in Österreich, Wien-München 1981.

Staudinger, Anton: Christlichsoziale Partei und Errichtung des „Autoritären Ständestaates" in Österreich, in: Ludwig Jedlicka / Rudolf Neck (Hg.), Vom Justizpalast zum Heldenplatz. Studien und Dokumentationen 1927 bis 1938, Wien 1975, S. 65 - 81.

Staudinger, Anton: Katholischer Antisemitismus in der Ersten Republik, in: Gerhard Botz / Ivar Oxaal / Michael Pollak / Nina Scholz (Hg.), Eine zerstörte Kultur. Jüdisches Leben und Antisemitismus in Wien seit dem 19. Jahrhundert, 2. neu bearb. u. erw. Aufl., Wien 2002, S. 261 - 280.

Wiltschegg, Walter: Die Heimwehr. Eine unwiderstehliche Volksbewegung?, München 1985.

Woller, Hans: Rom, 28. 10. 1922. Die faschistische Herausforderung, München 1999.

Bundeskanzler Dollfuß und Kardinal Innitzer

Der Politische Katholizismus als ideologischer Träger des „Austrofaschismus"

Ernst Hanisch

1. Zum Typus der Herrschaft

Otto Bauer hat sich in mehreren Aufsätzen mit der soziopolitischen Rolle der Katholischen Kirche im „Austrofaschismus" beschäftigt. Seine Analyse ist – wie immer bei ihm – anregend, suggestiv und apodiktisch: Man muß sich hüten, einfach darauf hereinzufallen. Die erste Version seiner Theorie lautete also: Im Zuge der internationalen Gegenrevolution Anfang der dreißiger Jahre ging die Katholische Kirche vom „Stimmzettel" (sprich: Demokratie) zum „Maschinengewehr" (sprich: Faschismus) über. Starhemberg, der österreichische Aristokrat, und Sibilia, der päpstliche Nuntius, trieben Dollfuß in den Faschismus. Das etablierte System des „Austrofaschismus" bestimmte Otto Bauer dann als Koalition: als Koalition von Klerikofaschismus und Heimwehrfaschismus. In einer weiteren Phase – ab 1936 – gelang es dann dem Klerikofaschismus, den Heimwehrfaschismus an die Wand zu drücken und seine Alleinherrschaft aufzurichten. "Wer vom Papste ißt, der stirbt'; das haben nacheinander die Großdeutschen, die Landbündler, die Heimwehrfaschisten erfahren"[1].

Ich halte diese Thesen für falsch. Der Begriff „Klerikofaschismus" ist ein politischer Kampfbegriff, aber kein theoretisch reflektierter „Typus".[2] Es gibt keinerlei Beweise dafür, daß der Vatikan oder der österreichische Episkopat Dollfuß in die Diktatur getrieben haben.[3] Gewiß beide hatten das Regime unterstützt und ihm – mehr als einmal – den offiziellen Segen gespendet; gewiß auch wuchs die Katholische Kirche kurzfristig zum größten Profiteur des Regimes heran. Diese gesicherten empirischen Beobachtungen leiten mich zu einem anderen theoretischen Argumentationsgang, als ihn Otto Bauer und viele in seiner Gefolgschaft beschritten. Eben weil die Katholische Kirche als Herrschaftsträger und Ideologielieferant in das „autoritäre" System so stark einbezogen war, führte dies zu einem Sperriegel gegen den vollfaschistischen Charakter des Regimes.

---

[1] Vgl. dazu: E. Hanisch, Otto Bauers Theorie des „Austrofaschismus", in: Zeitgeschichte 1 (1974), S. 255.

[2] Unbrauchbar, weil theoretisch überhaupt nicht reflektiert: K.-J. Siegfried, Klerikalfaschismus. Zur Entstehung und sozialen Funktion des Dollfußregimes in Österreich. Ein Beitrag zur Faschismusdiskussion, Frankfurt/M. 1979.

[3] F. Engel-Janosi, Vom Chaos zur Katastrophe. Vatikanische Gespräche 1918 bis 1938, Wien 1971.

Meine Argumentation schließt an das theoretische Konzept von Stanley G. Payne, vor allem an seine Trennlinie zwischen dem faschistischen und dem autoritären Typus, an. [4] In Österreich fehlte, was auf der Ebene der Negation ein vollfaschistisches Regime kennzeichnet, ein distinkter Antikonservativismus. Weiters läßt sich eine Scheu vor den „modernen" Formen der Diktatur beobachten (vielleicht auch nur bedingt durch die österreichische Schlamperei und die bürokratische Dominanz der Herrschaft). [5] Die Rezeption des katholischen Neokorporatismus entsprach keiner Modernisierungsstrategie, wie sie im faschistischen Typus z. T. jedenfalls vorhanden war, sondern wies zurück in eine verklärte Vergangenheit. Indem sich das Dollfuß-Schuschnigg-Regime auf die traditionale Religion stützte, lehnte es den säkularisierten Irrationalismus des „elan vital" mit seinen neuen quasireligiösen Zügen ab. Die Christianisierungskampagne schloß an Strategien der Gegenreformation an und stellte sich quer zur bereits weitgehend säkularisierten Gesellschaft. Allein wegen dieser Naivität war ein Scheitern vorauszusehen. Die Elitenhierarchie der traditionalen Gesellschaft wurde durch keine neue Elite in Frage gestellt, sondern verstärkt und durch die Zerschlagung der Sozialdemokratie weiter ausgebaut. Das Regime wirkte zwar – unterstützt und legitimiert durch die Katholische Kirche – in manchen Zügen totalitär, vermochte jedoch relativ große Inseln von Freiräumen nie zu überschwemmen.

Auf der anderen Seite jedoch dürfen „faschistische" Strukturen und unentwegte Versuche, den „faschistischen" Herrschaftstypus zu imitieren, nicht übersehen werden. [6] Gemeinsame ideologische Negationen fanden sich im Antiliberalismus und Antibolschewismus (von der Kirche heftig geschürt). Die Zerschlagung der autonomen Arbeiterbewegung, um die schwerste ökonomische Krise des Industriezeitalters von Unternehmerseite und vom Staat her zumindest teilweise auf Kosten der ArbeiterInnen bewältigen zu können. Die Vorliebe für den starken Staat und ein tendenzieller kultureller Imperialismus (die Österreicher als bessere Deutsche! Kulturmission im Osten!) weisen das Regime in die Nähe des faschistischen Typus. Die Ästhetisierung der Politik in Versammlungen, Symbolen und Choreographien, die unentwegten Versuche zur Massenmobilisierung und Militarisierung aller politischen Beziehungen, die Betonung der Jugend (Frontkämpfergeneration), der Führermythos deuten in dieselbe Richtung.

Als Fazit bleibt ein widersprüchlicher Befund, der es bestenfalls erlaubt, den „Ständestaat" als „Imitationsfaschismus" zu charakterisieren. Allerdings – und dies verkompliziert das Problem – blieb das Regime nicht stabil, sondern veränderte andauernd sein labiles Gleichgewicht. Einige Anzeichen sprechen dafür, daß der „Ständestaat" nach 1935/36 sich wieder stärker zum „autoritären-bürokratischen" Typus zurückbildete. Tatsächlich blieb die „Regierungsdiktatur" das durchgehende Merkmal dieses faschistisch verkleideten autoritären Regimes. Dadurch rückte der „Ständestaat" eher in die Nähe der ost- und südosteuropäischen autoritären Herrschaften. Obendrein ist die relativ geringe Zahl der Opfer des Regimes und

---

[4] St. G. Payne, Fascism. Comparison and Definition, The University of Wisconsin Press 1980; ders., The Concept of Fascism, in: L. W. Stein u. a. (ed.), Who were the Fascists. Social Roots of European Fascism, Bergen 1980. Ausführlich: St. G. Payne, A History of Fascism 1914 - 45, London 1997; J. Borejsza, Schule des Hasses. Faschistische Systeme in Europa, Frankfurt/M. 1999. E. Oberländer (Hg.), Autoritäre Regime in Ostmittel- und Südosteuropa 1919 - 1944, Paderborn 2001; G. Steiner, Wahre Demokratie? Transformation und Demokratieverständnis in der Ersten Republik Österreich und im Ständestaat Österreich 1918 - 1938, Frankfurt/M. 2004; E. Hanisch, Wer waren die Faschisten? Anmerkungen zu einer wichtigen Neuerscheinung, in: Zeitgeschichte 9 (1982), S. 179 - 186.

[5] G. Jagschitz, Der österreichische Ständestaat 1934 - 1938, in: E. Weinzierl / K. Skalnik (Hg.), Österreich 1918 - 1938. Geschichte der Ersten Republik, 1. Bd., Graz 1983, S. 497 - 515, hier 504. H. Wohnout, Regierungsdiktatur oder Ständeparlament? Gesetzgebung im autoritären Österreich, Wien 1993.

[6] Vgl. E. Holtmann, Zwischen Unterdrückung und Befriedung. Sozialistische Arbeiterbewegung und autoritäres Regime in Österreich 1933 - 1938, Wien 1978, S. 11 - 20.

der Kampf gegen die radikal faschistische nationalsozialistische Bewegung in Österreich mitzudenken.

Jedenfalls, und so meine These: Die Katholische Kirche als Bündnispartner des Regimes bildete gleichzeitig eine gewisse Barriere gegen den Vollfaschismus. Der österreichische
Episkopat wies 1933 die Regierung offen darauf hin, „daß gewisse Gefahrenmomente für
die Einbürgerung faschistischer Ideen nach italienischem Muster bestehen [...] für unsere
Verhältnisse kommt der Faschismus als 'Importware' nicht in Betracht". [7]

2. Der Politische Katholizismus Anfang der dreißiger Jahre

Seit dem 19. Jahrhundert konstituierte sich der Politische Katholizismus aus dem Episkopat
und dem Klerus, aus dem breitgefächerten katholischen Vereinswesen und aus der Christlichsozialen Partei. Auf der unteren Ebene kam es dabei zu mannigfaltigen Überschneidungen und zu einer gewissen Elitenkonkordanz. [8] Sozialgeschichtlich integrierte der Politische
Katholizismus in erster Linie die bäuerliche Bevölkerung, einen Teil des städtischen Kleinbürgertums, eine wachsende CV-Intelligenz [9] (vor allem in der Bürokratie und in den freien
Berufen), einen Großteil der Aristokratie und eine eher kleine Arbeiterschicht; allerdings
mit steigender Tendenz, nimmt man den Anstieg der Mitgliederzahlen der christlichen Gewerkschaften als Indikator (1921: ca. 79.000, 1932: ca. 130.000). In allen diesen sozialen
Schichten jedoch stand der Politische Katholizismus in Konkurrenz zu den beiden anderen,
deutlich antiklerikalen Lagern.

Ideologiegeschichtlich bildete der Politische Katholizismus ein recht diffiziles Gebilde. [10]
Ein schmaler linker Rand umfaßte die religiösen Sozialisten [11], die Katholische Arbeiterbewe-
gung, den Einzelkämpfer Ernst Karl Winter; ein weitaus breiterer rechter, deutschnationaler
Rand kristallisierte sich um die Betont-Nationalen à la Arthur Seyss-Inquart, Hans Eibl, Edmund Glaise-Horstenau, Karl Gottfried Hugelmann usw., um die einflußreiche Zeitschrift
„Schönere Zukunft" [12], den „Bund Neuland" und zahlreiche katholische Schriftsteller [13]; über
Bischof Alois Hudal reichte dieser „rechte" Rand in die Hierarchie hinein. [14] Die Kerngruppe
bildeten die Wiener Christlichsozialen um Ignaz Seipel, Engelbert Dollfuß, Kurt Schuschnigg
und Richard Schmitz, mit guten Kontakten zur Industrie und zur Heimwehr. Diese Kerngruppe übernahm die Initiative auf dem Weg in die Diktatur. Die Christlichsozialen in der Provinz
zeigten wiederum recht unterschiedliche ideologische Züge. In Tirol kooperierten sie auf das
engste mit der Heimwehr; in Oberösterreich und Salzburg hingegen war der demokratische
Flügel stärker ausgebildet, war der Kontakt zur Heimwehr loser und voller Spannungen. [15]

---

[7]   R. Leeb, Geschichte des Christentums in Österreich. Von der Spätantike bis zur Gegenwart, Wien 2003, S. 415.
[8]   G. Lewis, Kirche und Partei im Politischen Katholizismus. Klerus und Christlichsoziale in Niederösterreich
      1885 - 1907, Wien-Salzburg 1977; J. W. Boyer, Political Radicalism in Imperial Vienna. Origins of the Christian
      Social Movement 1848 - 1897, Chicago 1981. Ders., Cultural and Political Crisis in Vienna. Christian Socialism
      in Power, 1897 - 1918, Chicago 1995; L. S. Gellot, The Catholic Church and the Authoritarian Regime in Austria
      1933 - 1938, New York 1987.
[9]   G. Popp, Der Cartellverband der Katholischen Deutschen Studentenverbindungen (CV), in: Phil. Diss., Öster-
      reich. 1864 - 1938. Organisation und Öffentlichkeitswirkung, Wien 1980.
[10] E. Hanisch, Die Ideologie des Politischen Katholizismus in Österreich 1918 - 1938, Wien-Salzburg 1977.
[11] J. Außermair, Kirche und Sozialdemokratie. Der Bund der religiösen Sozialisten 1926 - 1934, Wien 1979.
[12] P. Eppel, Zwischen Kreuz und Hakenkreuz. Die Haltung der Zeitschrift „Schönere Zukunft" zum Nationalsozia-
      lismus in Deutschland 1934 - 1938, Wien 1980.
[13] F. Aspetsberger, Literarisches Leben im Austrofaschismus. Der Staatspreis, Königstein/Ts. 1980.
[14] A. C. Hudal, Römische Tagebücher. Lebensberichte eines alten Bischofs, Graz 1976.
[15] Vgl. H. Slapnicka, Oberösterreich, in: E. Hanisch, Österreich 1918 - 1938, S. 873 - 902; Salzburg, in: Ebenda,
      S. 903 - 937.

Die Dominanz der Interessen der Katholischen Kirche, die Sicherung ihrer privilegierten Stellung in Staat und Gesellschaft, hielt die einzelnen Gruppierungen zusammen.

Eine zumindest grobe strukturelle Dimension erschließt die Konfessionsverteilung in Österreich. Von 1910 bis 1934 sank der Prozentsatz der Katholiken von 93,7 auf 90,5 %. In Wien war erwartungsgemäß die Austrittsbewegung am stärksten; hier fiel der Katholikenanteil von 87 auf 79 Prozent. [16] Von diesen Zahlen her gesehen, offerierte sich Österreich als eindeutig katholisches Land, und der Episkopat wird nicht müde werden, die privilegierte Stellung der Katholischen Kirche mit diesem Argument zu begründen. Man muß jedoch näher hinsehen: Der sonntägliche Kirchenbesuch in Wien betrug ca. 10%, auf dem Land war er sicherlich weitaus höher, dort erreichte er die 80 - 90-Prozentmarke. [17] Aber insgesamt hieß katholisch sein: sich taufen und firmen lassen, zu den Feiertagen und zu den Lebensfeiern die katholischen Zeremonien zu genießen und ein katholisches Begräbnis in Anspruch zu nehmen; alles Merkmale eines typischen Milieukatholizismus.

Genauere Zahlen über den Religionswechsel wurden nur in Wien erhoben.

Religionswechsel in Wien 1927 - 1936

Jahr	Austritte	Eintritte	+/-
1927	28.837	552	- 28.285
1928	14.023	716	- 13.307
1929	12.081	760	- 11.321
1930	8.610	938	- 7.672
1931	6.723	900	- 5.823
1932	6.090	993	- 5.097
1933	4.496	1.414	- 3.082
1934	2.433	32.943	+ 30.510
1935	1.795	6.514	+ 4.716
1936	2.060	4.078	+ 2.018

Quelle: Hanisch, Ideologie des Politischen Katholizismus, S. 3 f.

Der Religionswechsel folgte ziemlich genau den politischen Herrschaftsverhältnissen. Solange die Sozialdemokratie das Wiener Rathaus beherrschte, überwogen die Austritte, mit einem klar akzentuierten Höhepunkt im Jahre 1927, als Folge der Propaganda gegen Ignaz Seipel, den „Prälaten ohne Milde"; als das katholische Lager seine Herrschaft antrat, war dies von einer Eintrittswelle begleitet. Der katholische Taufschein sollte die berufliche Position absichern. Die Gemeindebediensteten wurden im strengen (gegenreformatorischen) Wortsinn katholisch gemacht.

Im Jahre 1931 präsentierte sich der österreichische Katholizismus in einer Selbstdarstellung der Öffentlichkeit, die eine Analyse der tatsächlichen Situation, aber auch eine Analyse der Ängste und Träume der Kerngruppen erlaubt. [18] Die Ängste werden durch die Einleitungssätze von Kardinal Friedrich Gustav Piffl artikuliert: „Aber gerade die zeitweilige Gewaltherrschaft des österreichischen Marxismus hat den Katholiken die Augen geöffnet. Sie

---

[16]   Statistische Nachrichten 13 (1935), S. 118.
[17]   Konsistorialarchiv Salzburg (KAS), Waitz 19/66, Schulenquete am 13./14. Februar 1927.
[18]   A. Hudal (Hg.), Der Katholizismus in Österreich. Sein Wirken, Kämpfen und Hoffen, Innsbruck 1931.

sahen eine Weltanschauung an der Arbeit, die wohl überall niederreißen, aber nirgends aufbauen konnte, sahen an der Stelle des Rechts brutale Gewalt an der Regierung und sahen nicht
zuletzt, wie die Grundsätze der katholischen Weltanschauung systematisch aus allen Gebieten des staatlichen und öffentlichen Lebens verdrängt wurden."[19] Angst scheint ein schlechter
Ratgeber zu sein. Man ist versucht zu fragen, meint Piffl hier tatsächlich die österreichische
Erste Republik? Der Text ist umso merkwürdiger, als der ehemalige kaiserliche Minister-
präsident Max Freiherr Hussarek von Heinlein wenige Seiten später nüchtern konstatieren
mußte: Die kirchenpolitische Gesetzgebung habe sich seit der Monarchie nicht verändert.[20]
Wie kommt es dann zur „Gewaltherrschaft des Marxismus"? Hier wirkte wohl jene „breite,
brennende Wunde"[21] der Kirche nach, der Verlust der Monarchie, der Verlust des Monarchen
als Schutzvogt der Kirche. Die Republik blieb für sie bestenfalls ein Minus malum, aber keine Sache des Herzens.[22] Noch beim Konkordat von 1934 wollte Bischof Waitz den Begriff
„Republik" nicht zulassen und berief sich auf Ignaz Seipel, der das Wort „österreichische Republik" nie in den Mund genommen habe, sondern nur vom österreichischen Staat sprach.[23]
Hier zeigten sich auch die Auswirkungen einer z. T. menschlich-emotional tief verletzenden
antiklerikalen Propaganda der Sozialdemokratie;[24] der Religionsunterricht in einer „roten"
Wiener Schule war für Katecheten sicherlich eine bedrückende Aufgabe. Aber die Gemeinde
Wien stellte die Religionsbücher den Kindern kostenlos zur Verfügung[25]; der heiß umkämpf-
te Glöckelerlaß vom 10. April 1919 besagte nichts weiter, als daß kein schulischer Druck
auf den sonntäglichen Kirchenbesuch des Kindes ausgeübt werden durfte. Doch ohne Druck
schien der Kirche die katholische Sozialisation gefährdet. Und schließlich mußte eben diese
Republik gewaltige Summen für den Religionsfonds zuschießen; Summen, die Ignaz Seipel
sich der Öffentlichkeit gar nicht mitzuteilen getraute.[26]

In diesen kirchlichen Ängsten rumorte die sozialdemokratische Abfallpropaganda, die
die Kirche umso tiefer traf, weil es meist junge Leute waren, die austraten.[27] Es ging ein
Aufatmen durch die Reihen des Klerus, als die Austrittsziffern – im Zuge des allgemeinen
Rechtsdriftes – Anfang der dreißiger Jahre zurückgingen. Alois Hudal schrieb diese Tenden-
zwende unmittelbar der Heimwehrbewegung zu, die den „antireligiösen Terror des Sozialismus in den Fabriken und Gewerkschaften" gestoppt habe.[28]

Die Hoffnungen des Politischen Katholizismus faßt Prälat Aemilian Schoepfer im letzten
Satz des Buches „Katholizismus in Österreich" zusammen: „die Gesellschaft wieder zu ver-
christlichen, im Rahmen des kleinen Österreich das Reich Christi und das Königtum Christi
wieder aufzurichten".[29] Die Christkönigsideologie, die Ende der zwanziger Jahre im katholischen Lager auftauchte, diente so als Herrschaftsideologie. Christus als Herrscher der Welt
hieß: die Konzeption einer demokratisch-pluralistischen Gesellschaft negieren, hieß: Kleri-
kalismus als unmittelbares Staats- und Gesellschaftsprogramm durchzusetzen, 1931 durch
die Enzyklika „Quadragesimo Anno" mit konkreten Bildern der „richtigen", gottgewollten

---

[19] Ebenda, S. 6.
[20] Ebenda, S. 27 f.
[21] Ebenda, S. 22.
[22] KAS, Waitz 19/66.
[23] Für die untere Ebene vgl. E. Hanisch, St. Peter in der Zwischenkriegszeit 1919 - 1938: Politische Kultur in einer
      fragmentierten Gesellschaft, in: Festschrift St. Peter zu Salzburg, Salzburg 1982, S. 361 - 382.
[24] Vgl. dazu: P. M. Zulehner, Kirche und Austromarxismus. Eine Studie zur Problematik Kirche-Staat-Gesellschaft,
      Wien 1967.
[25] Hudal (Hg.), Katholizismus, S. 101.
[26] J. Kremsmair, Der Weg zum österreichischen Konkordat von 1933/34, Wien 1980, S. 137.
[27] Hudal (Hg.), Katholizismus, S. 53.
[28] Ebenda, S. 50.
[29] Ebenda, S. 456.

Gesellschaft ausgerüstet, hieß: die Führerimago vorzubereiten und den Episkopat und den Klerus in ihren Stellvertreterfunktionen als unmittelbare, auch politische Leitfiguren zu akzeptieren. Mit einem Wort: In der Christkönigsidee, in der Vorstellung vom Reich Gottes im kleinen Österreich, lag ein, wenn auch noch sehr diffuses, ideologisches Programm bereit, das, längst vor Dollfuß, den Marsch in die Diktatur katholischerseits absicherte. Die „österreichische Arbeiterzeitung" schrieb 1934: „In einer großen Stunde feiert Österreich dieses Jahr das Fest des Königtums Christi. Wenn irgendwo dieses Fest erhöhte Bedeutung gewonnen hat, dann in Österreich, das Christus zu seinem Führer und König erwählte; in Österreich, das gewillt ist, sich der Herrschaft Christi zu unterwerfen; in Österreich, das die Totalität des Christentums verwirklicht." [30]

In den katholischen Kreisen machte sich immer stärker das Bedürfnis nach einer autoritären Regierung, die die Sozialdemokratie niederhält, breit. In einem undatierten Brief an einen Confrater schrieb Bischof Waitz ganz offen: „Und war es erlaubt, die Monarchie zu stürzen, so ist es ebenso erlaubt, statt der Republik wieder eine andere Staatsform einzuführen. Und wie wird endlich die Herrschaft der Sozi in Wien gebrochen, die so verderblich sich im Steuerwesen und im Schulwesen auswirkt?" [31]

3. Der katholische Flankenschutz beim Marsch in die Diktatur

Die vor einiger Zeit veröffentlichten Protokolle des Klubvorstandes der Christlichsozialen Partei erlauben eine schärfere Sicht auf die Haltung der Kerntruppe des Politischen Katholizismus in der kritischen Phase von 1932 – 1934. [32] Große Teile der Christlichsozialen hatten ihren ohnedies immer eher schmalbrüstigen Glauben an die parlamentarische Demokratie verloren. Der Parlamentarismus schien verbraucht; die Notzeit der ökonomischen Krise – lautete die weitverbreitete Meinung – erfordere eine autoritäre Regierung. Durch die Parlamentsausschaltung – so Richard Schmitz – habe der liebe Gott noch einmal die Gelegenheit geschickt, das Land zu retten. [33] Vom linken Flügel wurde zwar verbal heftige Kritik an Dollfuß geübt, in den Entscheidungssituationen aber hieß es immer wieder: Die Regierung sei in einer schwierigen Situation und brauche die Unterstützung des geschlossenen katholischen Lagers. Auch ein so vehementer Kritiker des Dollfußkurses wie der Oberösterreicher Josef Aigner erklärte am 15. Februar 1934: „Heute ist der Würfel gefallen, entweder Sieg der Regierung Dollfuß oder Bolschewismus. Nur im Einverständnis mit Dollfuß vorgehen." [34]

Der Vatikan, der Episkopat, der Klerus standen relativ geschlossen hinter Dollfuß. Der propagierte Kampf gegen die „areligiösen Kräfte" wirkte mobilisierend. Der Vatikan sah obendrein die Chance, nach Ausschaltung der Sozialdemokratie, ein „mustergültiges Konkordat", d. h. ein die Privilegien der Kirche absicherndes Konkordat durchzusetzen. [35]

In einem streng geheimen Promemoria über die österreichische Situation im Herbst 1933 führte Bischof Gföllner aus: Nach Anschauung des österreichischen Episkopates sei eine Mitgliedschaft und aktive Teilnahme an den Bestrebungen des Nationalsozialismus unvereinbar mit dem katholischen Gewissen. Von dieser prinzipiellen Anti-NS-Haltung rückten

---

[30]   Österreichische Arbeiterzeitung, 27. 10. 1934; vgl. auch: A. Diamant, Austrian Catholics and the First Republic. Democracy, Capitalism and Social Order, 1918 - 1934, Princeton 1960.

[31]   KAS, Waitz, 19/66.

[32]   W. Goldinger (Hg.), Protokolle des Klubvorstandes der Christlichsozialen Partei 1932 - 1934, Wien 1980.

[33]   Ebenda, S. 133. Vgl. auch: E. Weinzierl, Aus den Notizen von Richard Schmitz zur österreichischen Innenpolitik im Frühjahr 1933, in: Geschichte und Gesellschaft. Festschrift für Karl R. Stadler zum 60. Geburtstag, Wien 1974, S. 113 - 142.

[34]   Ebenda, S. 357.

[35]   Engels-Janosi, Vom Chaos, S. 135.

die Bischöfe bis zum März 1938 nicht ab. Vor allem die Priester auf dem Land führten eine religiöse und ideologische Auseinandersetzung mit den Nationalsozialisten. Ganz anders jedoch ihr Verhältnis zur Dollfußregierung: „Der Episkopat ist überzeugt von der vollkommen legalen Stellungnahme und korrekten Handlungsweise der jetzigen Staatsgewalt, so sehr sie auch von manchen, selbst katholischen Kreisen und Persönlichkeiten in Zweifel gezogen und kritisiert wurde."[36] Gföllner war von einigen ostentativ „christlichen" Maßnahmen der Regierung beeindruckt – so etwa vom Anbringen der Kruzifixe in den Kasernen. Auf einer Massenversammlung Anfang April 1933 rief Kardinal Innitzer den katholischen Männern zu: „Hinter einer solche Regierung müssen wir uns geschlossen stellen!"[37]

Im Hirtenbrief der österreichischen Bischöfe vom 21. Dezember 1933 wurde der Dollfußkurs voll unterstützt. Selten – hieß es da – habe der Papst einen Regierungsführer so mit Lob überhäuft, wie es Pius XI. gegenüber Bundeskanzler Dollfuß machte.[38] Nach dem 12. Februar 1934 übernahmen die Bischöfe die Verteidigung der Regierung gegenüber der Weltöffentlichkeit. Die verzerrenden Ängste des Politischen Katholizismus wurden dabei klar sichtbar. Denn, was geschah am 12. Februar? Die Sozialdemokratie inszenierte eine „mit langer Vorbereitung und mit dem Aufgebot gewaltiger Mittel außerordentlich planmäßig ins Werk gesetzte Revolution"; eine Revolution, die in Österreich russische Zustände gebracht hätte, nämlich: einen Kirchen- und Klostersturm übelster Art (die Bischöfe sahen sich bereits an den Laternen baumeln). Die Kirche wurde davor von der Regierung bewahrt, daher gebühre ihr der Dank des Katholizismus für den „Ernst und die Milde" ihres Vorgehens.[39] Und das „Wiener Kirchenblatt" sah den Februar 1934 als Werk dunkler Mächte, die seit Jahrzehnten in „heißester Höllenarbeit" beschäftigt waren, dem Volk den Glauben aus dem Herzen zu reißen.[40] Aus der Retrospektive gesehen: Ärger konnte man die an die Wand gequetschte und mit allen Mitteln ums Überleben bettelnde Sozialdemokratie nicht mißverstehen. Aber die ausgeprägt abgeschottete Lagermentalität hatte bereits seit langem nur mehr verzerrte Bilder vom politischen Gegner zugelassen.

Die Regierung ihrerseits wußte, daß sie der ideologischen Unterstützung der Kirche bedurfte. Das zeigte sie nicht nur am Katholikentag vom September 1933 oder in der entgegenkommenden Haltung bei den Konkordatsverhandlungen, das zeigte sie demonstrativ mit der Aufhebung des von der Kirche so vehement bekämpften Glöckelerlasses bereits am 10. April 1933, einen Monat nach der Ausschaltung des Nationalrates; das zeigte sie auch bei der raschen Auflösung des Freidenkerbundes.

Die Christlichsoziale Partei sah sich vom Verfall bedroht. Es liefen ihr WählerInnen weg: Bei den Landtagswahlen von 1932 in Salzburg verlor sie 10 % der Stimmen; es lief ihr vor allem die Jugend weg. Die Christlichsoziale Partei schien rettungslos veraltet und verbraucht; die Spannungen zwischen ihr und der Heimwehr vergifteten den politischen Alltag und verunsicherten den Anhang. Die Bischöfe wiederum störte zwar die faschistische Gestik der Heimwehr, doch die kulturpolitische Einheitsfront mit ihr war ihnen willkommen.[41]

Es war dann der österreichische Episkopat, der mithalf, der Christlichsozialen Partei den Todesstoß zu versetzen. Der Beschluß der Bischofskonferenz vom 30. November 1933, die Priester aus der Politik zurückzuziehen, entzog der Partei einen wichtigen Teil ihrer Elite; die Entscheidung Bischof Gföllners, den Katholischen Volksverein einer rein kirchlichen Füh-

---

[36] KAS, Waitz, 19/66.
[37] Christlichsoziale Arbeiter-Zeitung, 8. 4. 1933.
[38] Ebenda.
[39] Ebenda.
[40] Wiener Kirchenblatt, 25. 2. 1934.
[41] A. Staudinger, Christlichsoziale Partei und Errichtung des „Autoritären Ständestaates" in Österreich, in: L. Jedlicka / R. Neck (Hg.), Vom Justizpalast zum Heldenplatz, Wien 1975, S. 65 - 81.

rung zu unterstellen, ließ die Parteielite in Oberösterreich ohne Organisation im Regen ste-
hen und diente als Signalwirkung.[42] Bitter klagte Spalowsky im Klub: „der Mohr hat seine
Schuldigkeit [getan]"[43], und Otto Ender erklärte offen: „Der Bischof hat die Christlichsoziale
Partei umgebracht."[44]

Ohne Zweifel stand die Regierung unter einem außen- und innenpolitischen Druck. Doch
der Hauptfeind stand für sie phasenweise 1933/34 auf der linken Seite (Schmitz: „Die Politik muß so sein vor allem gegen links";[45] Neustädter-Stürmer: „Der Vernichtungskampf
gegen den Marxismus muß rücksichtslos geführt werden"[46]). Im Gegensatz zu den irrationa-
len Ängsten der Bischöfe und des Klerus kalkulierte Dollfuß sehr nüchtern. Am 3. Mai 1933
analysierte er die Lage wie folgt: „Die Sozi haben sich alles gefallen lassen, weil sie sich
sagen, es sind noch immer nicht die Nazi. Unsere Lage ist dadurch erleichtert worden."[47]
„Aber nichts geht den Sozi mehr auf die Nerven als diese gewisse langsame Taktik. Alles auf
einmal bringt die Leute zum Kampf."[48] Die Taktik gegenüber den Nationalsozialisten verlief
in dieser Phase ganz anders. Die braune Welle – meinte Dollfuß – könne man nur auffangen,
wenn man das, was die Nazi versprechen, selbst mache.[49] Und Neustädter-Stürmer wurde bei
einer Mehrheitsparteienbesprechung noch deutlicher: „Wir können den Nationalsozialismus
in Österreich schlagen, indem wir ihn 'überhitlern'."[50]

4. Rekatholisierungsversuche

Unter einer gesamteuropäischen Perspektive gesehen, fällt auf: Staaten, die in den dreißiger
Jahren ein autoritär-halbfaschistisches Regime etablierten – Portugal, Spanien, Österreich –
waren alle drei ehemalige Kreuzzugs-Empires, waren Reiche der Gegenreformation, die vom
Zentrum in die Semiperipherie rückten.[51] Die politische Kultur dieser Länder wurde davon
zutiefst geprägt.

1933 schien dem Politischen Katholizismus in Österreich der Zeitpunkt für eine neue
Offensive, für einen neuen Kreuzzug, für eine neue Gegenreformation gekommen; wie gehabt, von oben, vom Staat gesteuert. Signale dafür gab es um und um. Die pluralistischen
Strukturen in der Gesellschaft sollten zerschlagen, die Ideen von 1789 überwunden, der „re-
volutionäre Schutt" weggeräumt werden. Denn der Sinn der Gegenreformation war – wie Anton Böhm betonte – Rückeroberung, war kirchlicher Triumphalismus, war imperial.[52] Nicht
zufällig wählte man das alte Symbol der Kreuzfahrer, das Kruckenkreuz, als Zeichen der
„Vaterländischen Front".[53]

---

[42] Hanisch, Ideologie des Politischen Katholizismus, S. 14; so bereits: F. Winkler, Die Diktatur in Österreich,
Zürich 1935, S. 84 f.

[43] Goldinger, Protokolle, S. 331.

[44] Ebenda, S. 334.

[45] Ebenda, S. 154.

[46] Ebenda, S. 204.

[47] Ebenda, S. 242.

[48] Ebenda, S. 248.

[49] Ebenda, S. 212.

[50] Ebenda, S. 204.

[51] St. Rokkan, Dimensions of State Formation and Nation-Building: A possible Paradigm for Research on Variations within Europe, in: Ch. Tilly (ed.), The Formation of National States in Western Europe, Princeton 1975,
S. 562 - 600.

[52] A. Böhm, Geist und Erscheinung des österreichischen Katholizismus, in: Katholischer Glaube und Deutsches
Volkstum in Österreich, Salzburg 1933, S. 48 f.

[53] K. J. Heilig, Österreichs neues Symbol, Wien 1934. Die Kreuzzugsmetapher wurde von Bundeskanzler Schuschnigg in einer Rede in Klosterneuburg bewußt aufgenommen. Vgl. Wiener Zeitung, 12. 11. 1934.

Der Apostolische Nuntius in Wien, Enrico Sibilia, mit Bundeskanzler Dollfuß vor dessen Abflug zur Unterzeichnung der Römischen Protokolle

Und der Allgemeine Deutsche Katholikentag von 1933 stand ganz unter dem Signum des Kreuzzuges, der Gegenreformation, des kirchlichen Triumphalismus; wohl zum letzten Mal entfaltete sich ein üppiger, barocker, imperialer Katholizismus mit all seiner Pracht und seinen Zwängen hier in Österreich. Die Metapher Gegenreformation richtete sich weniger gegen die Evangelische Kirche als gegen den Säkularismus und Austromarxismus. [54]

Die Erinnerung an den Sieg über die Türken bot den Anlaß, alte, uralte Ängste zu reaktivieren, die Grande Peur vor den „Horden aus dem Osten" neu zu erwecken und zu aktualisieren. Diese blutrünstigen Horden waren nun die Bolschewiken und etwas getarnt: die Sozialdemokraten. Wien – das Bollwerk des Christlichen Abendlandes, Wien – der Hort christlichdeutscher Gesinnung – sollte auf seinen Posten gerufen werden! Bundespräsident Wilhelm Miklas sprach die Erwartung offen aus: „Die Epoche der Säkularisierung des europäischen Geistes, die sich im privaten und öffentlichen Leben so unheilvoll auswirkte, neigt sich ihrem Ende zu, und nach der gewaltsamen Austreibung christlichen Geistes aus dem Leben der Völker, mit der frühere Generationen gesündigt haben, muß nun wieder mit dem Einholen der Heiligtümer begonnen werden." [55] Bundeskanzler Dollfuß benutzte das Forum des Katholikentages für eine programmatische Rede: „Ja, wir wollen einen christlich-deutschen Staat in unserer Heimat errichten! Wir brauchen uns nur an die letzten Enzykliken des Heiligen Vaters zu halten; sie sind uns Wegweiser für die Gestaltung des Staatswesens in unserer

---

[54] M. Mitterauer, Politischer Katholizismus, Österreichbewußtsein und Türkenbild, in: R. Klieber, Beiträge zur historischen Sozialkunde 12 (1982), S. 111 - 129. R. Klieber, Eine Gegenreformation in Neu-Österreich? Die Kirche(n) im Autoritären Ständestaat und ihr Bild in der österreichischen Wochenschau, in: M. Achenbach (Hg.), Österreich in Bild und Ton. Die Filmwochenschau des austrofaschistischen Ständestaates, Wien 2002, S. 321 - 337.

[55] Allgemeiner deutscher Katholikentag Wien 1933. Wien 7.-12.9.1934, S. 111.

Heimat. Die jetzige Regierung ist einmütig entschlossen, im christlich-deutschen Geist die Erneuerung von Staat und Wirtschaft in die Wege zu leiten. Wir werden ständische Formen und ständische Grundlagen, wie sie die 'Enzyklika Quadragesimo Anno' uns so schön verkündet, zur Grundlage des Verfassungslebens nehmen. Wir haben den Ehrgeiz, das erste Land zu sein, das dem Ruf dieser herrlichen Enzyklika im Staatsleben Folge leistet."[56]

Gewiß, diese Rede war kaum mit den Bischöfen abgesprochen, aber sie war aus ihren Herzen gesprochen. Das Protokoll verzeichnete denn auch, daß die „denkwürdigen Worte des Bundeskanzlers" vom Beifall der Massen begleitet waren.[57] Und die ständische Idee entsprach nicht nur dem katholischen Sozialprogramm seit der Romantik: Die einzelnen ständischen Versammlungen gehörten zum alten Organisationsrepertoire der österreichischen Katholikentage; so auch in Wien im Jahre 1933.

Ganz in der Tradition des staatlich-bürokratisch überformten Neoabsolutismus stand dann das Konkordat von 1933. Wie 1855 nützte die Kirche den gegenrevolutionären Aufwind, um das Konkordat durchzusetzen und ihre gesellschaftliche Position zu verbessern bzw. durch einen Staatsvertrag abzusichern. Wie nach 1855 war auch nach 1933 der Erfolg kurzfristig: Im 19. Jahrhundert opponierten die Liberalen; das Konkordat war mit ein Grund für den Auszug der Intelligenz aus der Kirche; in den dreißiger Jahren opponierten die Sozialdemokraten und – recht lautstark – die Nationalsozialisten.[58]

Die plakative Selbstwerbung als „christlicher Staat" wurde verbaliter auch in der Verfassung von 1934 verankert, die mit den Worten begann: „Im Namen Gottes, des Allmächtigen, von dem alles Recht ausgeht, erhält das österreichische Volk für seinen christlich, deutschen Bundesstaat auf ständischer Grundlage diese Verfassung."[59] Der von kirchlichen Kreisen so bekämpfte, weil säkularisierte Artikel 1 der alten Verfassung von 1920 „Österreich ist eine demokratische Republik. Ihr Recht geht vom Volke aus", dieser Artikel fiel weg. Alles Recht ging nun wieder von Gott aus. Und der Staat hat die Aufgabe, über das religiös sittliche Leben zu wachen (Artikel 26 b; 31, 6). Zwar sollte die Zulassung zu den öffentlichen Stellen vom Religionsbekenntnis unabhängig sein, aber für den Schuldienst können Ausnahmen durch Gesetz aufgestellt werden. Im Klartext gesprochen: Zumindest die Schuldirektoren mußten katholisch sein. Zwar heißt es: Niemand dürfe zu einer kirchlichen Feierlichkeit gezwungen werden, aber Verpflichtungen zur Anwesenheit bei kirchlichen Veranstaltungen, aus Rücksicht des öffentlichen Dienstes, werden davon selbstverständlich nicht berührt (Artikel 27, 3). Beamte und LehrerInnen müssen bei den patriotisch aufgezogenen kirchlichen Feiern teilnehmen, und speziell die LehrerInnen müssen die Osterbeichte der Kinder überwachen.

Die Kirche war nun wieder ex lege in bestimmten Verfassungsinstitutionen vertreten: im Bundeskulturrat (8 Vertreter) und in den Landtagen.[60]

Doch die Rekatholisierungsversuche zielten darauf, über den Staat und seine Bürokratie auch den Alltag der Menschen zu erreichen. Ironisch merkte Sigmund Freud an: „Denn wir

---

[56] Ebenda, S. 55.
[57] Ebenda, S. 57.
[58] E. Weinzierl-Fischer, Die österreichischen Konkordate von 1855 und 1933, Wien 1960.
[59] H. Fischer / G. Silvestri (Hg.), Texte zur österreichischen Verfassungs-Geschichte. Von der Pragmatischen Sanktion zur Bundesverfassung (1713 - 1966), Wien 1970, S. 24 ff. Vgl. auch: A. Merkl, Die ständisch-autoritäre Verfassung Österreichs. Ein kritisch-systematischer Grundriss, Wien 1935. Zur zeitgenössischen katholischen Interpretation vgl. Wiener Zeitung, 5. 3. 1934, 2. 5. 1934; Katholische Kirchenzeitung, 3. 5. 1934; Schönere Zukunft, 13. 5. 1934.
[60] G. Froehlich, Die „Verfassung 1934" des Bundesstaates Österreich, Baden 1936, S. 108.

leben hier in einer Atmosphäre katholischer Strenggläubigkeit."[61] Ein katholischer Kultur-mief, gespreizt und gravitätisch, moralisierend und pathetisch, machte sich überall breit. [62]

Gesetzliche Zwänge behinderten den Austritt aus der Katholischen Kirche. Mit Erlaß vom 16. August 1933 bestimmte das Bundesministerium für Unterricht, daß jeder Austrittswillige einen gesunden Geistes- und Gemütszustand nachzuweisen habe. [63] Noch weiter ging man in Salzburg, wo die Sicherheitsdirektion den demonstrativen Austritt aus der Katholischen Kirche mit sechs Wochen Arrest bestrafte; tatsächlich sollen ein Dutzend Personen verurteilt worden sein, bis der Bundesgerichtshof diese Verordnung aufhob. [64] Sicherlich war dies eine anti-nationalsozialistische Maßnahme, denn ohne Zweifel waren es in erster Linie illegale Nationalsozialisten, die zur Evangelischen Kirche übertraten. 1934 waren es immerhin 24.000 Personen.

Seelenzahl der Evangelischen Kirche (AB) in Österreich:

1930	274.931
1931	278.025
1932	280.249
1933	284.600
1934	308.957

Quelle: Die Gegenreformation in Neu-Österreich, S. 108.

Der Marienkult um Mariazell griff die alte Parole der Gegenreformation auf. Der religiöse Kult wurde vehement in die Staatsaktionen integriert. Landauf und landab wurden Amtsräume geweiht, Feldmessen zelebriert; ein symbolisches Fronleichnamsfest in Permanenz abgehalten. Besonders intensiv wurde die Schuljugend bearbeitet. Der Zwang, die Schulmesse zu besuchen, wurde verstärkt – nicht zur Beichte zu gehen zog eine Verschlechterung der Sittennote nach sich; das Bekenntnis zu Österreich und zur Katholischen Kirche waren eins. [65]

Nach der Ermordung von Bundeskanzler Dollfuß kam noch ein spezifischer Dollfußkult hinzu: Heldenkanzler – Märtyrer für Österreich – Heiliger. In manchen Kirchen entstanden Dollfußaltäre, und fromme Bauernfamilien hängten sein Bild in den Herrgottswinkel. Die wesentlichen Elemente dieses Kultes hatte Kardinal Theodor Innitzer bereits in seiner Begräbnisrede im Dom zu St. Stephan verwendet. [66]

Der Katechet in der Schule, der Pfarrer im Dorf gewannen wieder staatliches Prestige und erweiterte Kompetenzen hinzu; sie wurden wiederum vom Seelsorger in die Position der Obrigkeit gehoben. Leopold Kunschak jubelte: Es ist wieder eine Lust zu leben, Christ und

---

[61] Freud an A. Zweig, 30. 9. 1934, in: Sigmund Freud, Briefe 1873 - 1939, Frankfurt 1960, S. 414. W. Huber, Psychoanalyse in Österreich seit 1933, Wien-Salzburg 1977, S. 41.

[62] A. Pfoser, Literatur und Austromarxismus, Wien 1980; U. Weinzierl, Die Kultur der „Reichspost", in: F. Kadrnoska (Hg.), Aufbruch und Untergang. Österreichische Kultur zwischen 1918 und 1938, Wien 1981, S. 325 - 344; H. Jarka, Zur Literatur- und Theaterpolitik im „Ständestaat", in: Kadrnoska (Hg.), Aufbruch und Untergang, S. 499 - 538; P. Malina, Bücherverbote in Österreich 1933 - 1938, in: Zeitgeschichte 10 (1983), S. 311 - 335.

[63] Die Gegenreformation, in: Neu-Österreich: Ein Beitrag zum katholischen Ständestaat, Zürich 1936, S. 116 f.

[64] Ebenda, S. 134 ff.

[65] Vgl. etwa Mitteilungen der Direktion der Knabenhauptschule Haydnstraße in Salzburg; H. Dachs, Schule und Politik. Die politische Erziehung an den österreichischen Schulen 1918 bis 1938, Wien 1982.

[66] Wiener Zeitung, 29. 7. 1934. G. Jagschitz, Der Putsch. Die Nationalsozialisten 1934 in Österreich, Graz 1976, S. 190 ff.

Österreicher zu sein. [67] Allerdings: Die sozio-ökonomischen Strukturen, die eine Säkularisierung förderten, blieben die gleichen, und die nationalsozialistische Intelligenz nützte diese
Strukturen aus, um mit steigendem Erfolg antiklerikale Propaganda zu betreiben.

Exemplarisch lassen sich anhand der Seelsorgeberichte einiger Salzburger Pfarrer die
Konfliktlinien nachzeichnen. [68] Die Weltwirtschaftskrise hatte die Bergbauern besonders hart
getroffen; monatelang war kein Groschen Bargeld im Haus. Bei kirchlichen Sammlungen
konnten sie lediglich Naturalien spenden und wie ein Pfarrer nüchtern konstatierte: „Mit dem
Viehpreis steigt und sinkt die Liebe zum Vaterland." [69] Die ökonomische Krise zeitigte verschiedene Auswirkungen. Zum einen stiegen (im katholischen Jargon) die Konkubinate. Die
Leute weigerten sich zu heiraten, weil sonst ein Partner die Arbeitslosenunterstützung verloren hätte. In den rein bäuerlichen Gebieten versuchten die Pfarrer über die politische Gemeindevertretung, ein Konkubinat zu verhindern. Ein Pfarrer schlug ungerührt vor, die „Hei-
lighaltung" der Ehe mit schweren Kerkerstrafen zu sichern. [70] In einer Arbeiterpfarre wie in
Lend, wo 50 Konkubinate bestanden, war dies hoffnungslos [71], in der Eisenbahnergemein-
de Bischofshofen hatten 1934 von 20 Brautpaaren 16 bereits vorher zusammengewohnt. [72]
Gleichzeitig stieg die Zahl der unehelichen Kinder. Aber dieses Problem war in den ländlichen Gebieten nicht neu, und die Pfarrer zeigten eine bemerkenswert pragmatische Einstellung. Ihr Trost: „Besser ich habe diese Kinder in meinem Taufbuch, als wie mein Nachbar
droben [der Arzt, E. H.] in den Aborten" [73]; oder: Die unehelichen Kinder „arbeiten der Ona-
nie entgegen". [74] Zum anderen verminderte die Wirtschaftskrise den Wirtshausbesuch, das
Kartenspielen und das permanent scheel angesehene Tanzvergnügen; eine Randerscheinung
der Krise, die die Pfarrer zufrieden registrierten. Dafür trat aber eine neue sittliche Gefahr auf:
das Kino. Es war dies die erste Generation, auf die dieses neue Medium voll einwirkte, und
wenn die Pfarrer schon den Bau von Kinos nicht verhindern konnten, so forderten sie vom
„christlichen Staat" zumindest eine strenge polizeiliche Überwachung. Erleichtert wurde ein
solches Vorgehen nach dem Verbot der Sozialdemokratie, als ehemals sozialdemokratisch
geführte Kinos (wie in der Bergbaugemeinde Mühlbach am Hochkönig) nun in christliche
Hände kamen.

Durch die spezifische Kommunikationsstruktur im Dorf war die Katholische Kirche tatsächlich allen anderen gesellschaftlichen Gruppierungen überlegen. Und die Pfarrer waren
sich dessen bewußt. Denn welche andere Gruppe konnte wöchentlich einmal 70-80 % der
Dorfbevölkerung versammeln und sie in einer halbstündigen Predigt beeinflussen? [75] Mit den
ausgegebenen Beichtzetteln war auch eine ziemlich lückenlose Kontrolle möglich; wer nicht
zur Beichte kam, konnte leicht eruiert und bearbeitet werden, wobei die in fast allen Gemeinden recht aktive Katholische Frauenorganisation die soziale Kontrolle verdichten konnte.

Doch der Modernisierungs-, konkret: Säkularisierungsprozeß machte auch vor den ent-
legensten Gemeinden nicht halt. Da war einmal der Sport, der besonders die Jugend begeisterte. Bergwandern und Schifahren am Sonntag hielt vom Besuch der Messe ab. Die Klage
der Pfarrer: „Denn wenn zuviel Sport getrieben wird, verliert die Jugend den Kontakt mit
der Kirche und schlägt die Mahnungen des Seelsorgers in den Wind, und sein Wirken ist er-

---

[67]   Ch. Klusacek / K. Stimmer (Hg.), Reichspost, 2. Juni 1933; Dokumentation zur österreichischen Zeitgeschichte
       1928-1938, Wien 1982, S. 260.
[68]   KAS, Seelsorgeberichte, 12/44.
[69]   Ebenda, Unternberg, 1935.
[70]   Ebenda, Piesendorf, 1935.
[71]   Ebenda, Lend, 1934.
[72]   Ebenda, Bischofshofen, 1934.
[73]   Ebenda, Hofgastein, 1935.
[74]   Ebenda, Ramingstein, 1935.
[75]   Ebenda, Zederhaus, 1934.

folglos."[76] Da war weiters der Fremdenverkehr, den die Pfarrer aus ökonomischen Gründen begrüßten, aber aus sittlichen Gründen verabscheuten. Zwar erwähnen sie immer wieder jene auswärtigen BesucherInnen, die am Sonntag brav in die Kirche kommen und den Einheimischen ein Vorbild geben, aber ebenso häufig ist die Klage über die „jüdische Frechheit", die sich in sittlichen Beziehungen zeige und die das Eingreifen des Pfarrers bei der Gemeinde notwendig mache.[77] Junge Engländerinnen, die mit Kniehosen durch den Ort gehen, erhalten im Seelsorgebericht nicht nur die Qualifikation „unmoralisch", sondern auch die Beurteilung „unästhetisch". Als die Fremden 1934 ausblieben, schrieb ein Pfarrer sein erleichtertes Deo Gratias in seinen Jahresbericht.[78]

Die Ansätze zur Rekatholisierung von oben und von unten zeigten nur geringe Erfolge. Die Schere zwischen säkularisierter Alltagserfahrung und zwanghafter Pastorisierung wurde immer weiter.[79] Je stärker die soziopolitische Stellung der Kirche war, desto schwächer war ihr moralisch-intellektuelles Ansehen. Erst in der NS-Zeit, als die politische Position der Kirche radikal geschwächt wurde, schnellte ihr moralisches Prestige in die Höhe.

Vorläufig jedoch, in den dreißiger Jahren, verstärkte sich der Antiklerikalismus, der von den Nationalsozialisten geschickt auf ihre Mühle geleitet wurde. Denn gemäß der politischen Schichtung im Dorf seit dem 19. Jahrhundert war die „Dorfbourgeoisie", die Honoratiorenschicht – der Arzt, der Lehrer, der Förster, der Bezirksrichter etc. – die „Intelligenz" also, zumeist liberal-deutschnational gesinnt. Die Elitenkonkurrenz mit dem Pfarrer hatte sich in einem distinkten Antiklerikalismus niedergeschlagen. 1931/32 ging diese Schicht zuerst zur NSDAP über. Die Folge davon war ein verstärkter, aggressiver Antiklerikalismus, der durch die Fehlgriffe des „Christlichen Staates" immer neue Nahrung sog.[80] Organisatorisch wie kulturell wirkten dabei die deusch-völkischen Turnvereine als Zentren. Der Sport als moderne Form der Freizeitgestaltung zog vor allem die Jugend an. Für die Pfarrer bildeten so die deutschnationalen Turnvereine – wie es in einem Bericht hieß – wahre Schmerzenskinder, da sie alle Schichten an sich rissen und sie sowohl antichristlich wie antiösterreichisch erzogen.[81] Die wenigen christlich-deutschen Turnvereine, gehemmt durch ihre Prüderie (siehe das mit Mißtrauen betrachtete Mädchenturnen!), vermochten nur ein schwaches Gegengewicht auszubilden.

Der Pfarrer von Faistenau beobachtete einen weiteren sozialgeschichtlichen Prozeß, der pronationalsozialistisch wirkte. Für das Jahr 1933 berichtete er: „Hemmungen gehen fast ausschließlich von den Nationalsozialisten aus. In diesem Lager sammeln sich alle Nörgler und Krakeeler. Das Programm ist Nebensache. Die Opposition Hauptsache."[82] Opposition gegen den Common sense der Dorfgemeinschaft, zumeist: der Anspruch, etwas „Besseres" zu sein, einen höheren sozialen Status einzunehmen, konnte so den Eintritt in die NSDAP motivieren.

Die Kirche im Dorf steckte hier in einem klaren Dilemma. Trat etwa ein Kaplan – wie es vorkam – besonders scharf gegen den Nationalsozialismus auf, erstattete er Anzeige bei den Behörden, schadete er damit der Seelsorge. Im Lungau erklärten Bauern und Knechte, sie wollen nicht mehr in die Kirche gehen, weil ihnen auf jedem Kirchgang nur Gendarmen

---

[76] Ebenda, Tweng, 1935.
[77] Ebenda, St. Gilgen, 1935.
[78] Ebenda, St. Jakob am Thurn, 1933, 1934.
[79] Vgl. dazu jetzt: W. K. Blessing, Staat und Kirche in der Gesellschaft. Institutionelle Autorität und mentaler Wandel in Bayern während des 19. Jahrhunderts, Göttingen 1982.
[80] E. Hanisch, Nationalsozialismus im Dorf. Salzburger Beobachtungen, in: H. Konrad / W. Neugebauer (Hg.), Arbeiterbewegung – Faschismus – NationalbewuSStsein, Wien 1983, S. 69 - 81.
[81] KAS, Seelsorgeberichte, 12/44, Strobl, 1934.
[82] Ebenda, Faistenau, 1933.

und Hilfspolizisten begegnen[83]; wurde nun ein illegaler Nationalsozialist verhaftet, blieben seine Angehörigen demonstrativ vom Kirchgang fern, wie überhaupt jede offizielle Anti-NS-Äußerung der Kirche mit einem Kirchenboykott beantwortet wurde.[84] Das aber traf die ländliche Kirche an einem zentralen Nerv, und ihr Kommunikationssystem, der sonntägliche Kirchgang, schien bedroht.

5. Der katholische Traum: Stand contra Klasse

Im 10. Jahrhundert tauchte die Trias zuerst auf: Die einen beten, die anderen kämpfen, noch andere arbeiten. Drei Ordines, drei Stände. In Kongruenz zu den himmlischen Heerscharen. Jeder hat in diesem Modell seinen Platz und seine Funktion, um die Harmonie der Hierarchie, um oben und unten zu sichern.[85]

Bis ins 18. Jahrhundert funktionierte dieses Ständemodell in etwa, wenn es auch mittlerweile reicher ausgefaltet wurde und die permanenten Kämpfe zwischen der Krone und den Ständen alles andere als eine harmonische Gesellschaft suggerierten. Seit der Doppelrevolution des 18. Jahrhunderts wandelte sich grosso modo die Ständegesellschaft zur Klassengesellschaft.[86] Der Katholischen Kirche entglitt dadurch ihr Ordnungsbild. In ihrer inneren Struktur ständisch-feudal-hierarchisch aufgebaut, flüchtete sie in einen Traum vom natürlichen, richtigen, guten Leben. Die Politische Romantik nährte diesen Traum vom goldenen Zeitalter des Mittelalters, und über Karl von Vogelsang wurde dieser Traum an die Christlichsoziale Partei weitergereicht.[87]

Aber wie alle Träume zog auch dieser Traum eine gewisse Nahrung aus der gesellschaftlichen Realität. Denn die klassenmäßige Durchformung hatte nicht alle gesellschaftlichen Schichten in gleicher Stärke erreicht. Bedingt durch die relative Marktferne blieben ständische Residuen bestehen: beim Klerus, bei den Beamten, bei den Bauern, im Kleingewerbe, bei den freien Berufen – bei jenen Schichten also, die die soziale Basis des Politischen Katholizismus lieferten. In Österreich waren diese Ungleichzeitigkeiten – gemäß der kleingewerblichen Struktur und der Beamtendominanz – besonders stark ausgebildet, hielten sich ständische Verhaltensmuster besonders lange.

Welche Grundgedanken, welche Sehnsüchte lagen dem katholischen Ständemodell zugrunde? Zunächst und zentral drückte es ein weit verbreitetes Unbehagen an der modernen, industriekapitalistischen Gesellschaft mit ihren Entfremdungserscheinungen und Vermassungstendenzen aus. Im Gegenbild tauchte eine verklärte, einfach strukturierte mittelalterliche Agrargesellschaft auf. Vor allem Bundeskanzler Engelbert Dollfuß war geradezu manisch auf dieses Gegenbild fixiert. Schon auf dem Katholikentag von 1933 rief er emphatisch aus: „Wir lassen uns nicht mehr vorerzählen, daß jene Zeiten 'finsteres' Mittelalter waren. Nein! Das waren die Zeiten der Hochblüte deutscher Kultur!"[88] Und bei der berühmten Rede am Trabrennplatz, am 11. September 1933, lieferte er das sozialgeschichtliche Unterfutter für diese kulturelle Hochblüte: Das Mittelalter war jene Zeit, „in der das Volk berufsständisch [sic!] organisiert und gegliedert war, war jene Zeit, in der der Arbeiter gegen seinen Herrn

---

[83]   Ebenda, St. Michael, 1933.
[84]   Ebenda, Mittersill, 1934, St. Michael, 1934.
[85]   Vgl. G. Duby, Die drei Ordnungen. Das Weltbild des Feudalismus, Frankfurt/M. 1981.
[86]   Zur Begrifflichkeit vgl. H.-U. Wehler, Klassen in der europäischen Sozialgeschichte, Göttingen 1979.
[87]   E. Hanisch, Konservatives und revolutionäres Denken. Deutsche Sozialkatholiken und Sozialisten im 19. Jahrhundert, Wien-Salzburg 1975; Das Beispiel Adam Müller, in: R. Brinkmann (Hg.), Romantik in Deutschland. Ein interdisziplinäres Symposion, Stuttgart 1978, S. 132-146.
[88]   Allgemeiner deutscher Katholikentag, S. 55.

nicht aufstand und organisiert war […]". Immer wieder benutzte Dollfuß das Bild vom Bauernhaus, „wo der Bauer mit seinen Knechten nach gemeinsamer Arbeit abends am gleichen Tisch, aus der gleichen Schüssel seine Suppe ißt […]". [89]

In allen diesen Bildern schwang die katholische Sehnsucht nach gesellschaftlicher Harmonie und Konfliktfreiheit mit. An Stelle des sozialdarwinistischen Struggle for life sollte die natürliche, harmonische, organische Gesellschaft treten. Organische, naturrechtliche Gesellschaft heißt: daß die sozialen Hierarchien geachtet, die prinzipiellen sozialen Schichtungslinien akzeptiert, kurz: daß der Herr Herr und der Knecht Knecht sei; wie im Himmel so auf Erden. In einer naiven, ahistorischen Sichtweise wurden die Klassenkonflikte nicht als „strukturelle, in die Fundamente der Sozialstruktur eingesenkte Konflikte" (Wehler) gesehen, sondern als von außen hineingetragen: als Werk von Verführern (Juden, Liberale, Marxisten!). Das Klassenbewußtsein erschien dementsprechend nicht als akkumulierte Erfahrung aus dem Alltag der kapitalistischen Industriegesellschaft, sondern als Perversion des abstrakt definierten Gemeinwohles, das von der Idylle des Bauernhofes grundiert blieb. Parlamentarische Demokratie, politische Massenparteien als Weltanschauungsparteien zerstörten diese Idylle der harmonischen Gesellschaft. Nichts wäre falscher, als in diesen Bildern bloße Manipulationen zu sehen, um das Kapital aus der ökonomischen Krise zu retten und die Profitrate der Unternehmer zu sichern. So einfach funktionieren Ideologien in der Regel nicht. Die dahinter liegenden Träume und Sehnsüchte sollten ernster genommen werden: die antikapitalistische, sozialreformerische Sehnsucht, eine spezifische Konfliktunfähigkeit und Harmoniebedürftigkeit, die Sehnsucht, die fragmentierte Gesellschaft zu überwinden usw. Allerdings: Dies ernst nehmen, heißt nun nicht, den Charakter der Legitimationsideologie zu übersehen – die Legitimation für die Zerstörung der autonomen Arbeiterbewegung. Und auf Regierungsseite existierten genügend Zyniker, die den ständischen Aufbau als kindische Spielerei abtaten, aber die Unterdrückung der Arbeiterbewegung zufrieden goutierten.

Einen theoretisch fundierten Entwurf der berufsständischen Ordnung lieferte Johannes Messner. Sein erster Satz zeigt die ideologische Stoßrichtung an: „Individualismus und Kollektivismus sind der Aufstand der Gesellschaft wider die natürliche und geschichtliche Ordnung des Volkes." [90] Was die Katholische Soziallehre anstrebte, lag dazwischen: Zwischen Kapitalismus und Sozialismus entsprach der von Gott gesetzten, durch das (konservative) Naturrecht vermittelten, natürlichen Ordnung, bedeutete nichtsdestoweniger eine Revision des westlichen Modernisierungsprozesses. Aber auch Messner mußte sich diesem Prozeß anpassen, wenn er den Sprung von den mittelalterlichen Geburtsständen zu den Berufsständen machte und damit „Leistung" als rationale Kategorie der Modernität beibehielt. Zur modernen Leistungsklasse als gesellschaftliche Schichtungslinien trat die vormoderne Kategorie der „Ehre", die die Interessenstruktur der Berufsstände (= Leistungsklassen) ausbalancieren und stabil halten sollte. [91] Messner hielt zwar an der liberalen Differenz zwischen Staat und Gesellschaft fest, forderte den Aufbau der berufsständischen Ordnung von der Gesellschaft her, schrieb jedoch deutlich: „Die Gesellschaftsordnung, welcher der berufsständische Staat angehört, fordert auch den autoritären Staat." [92] Dieser „autoritäre Staat" wird indessen vom „totalen Staat" abgehoben; letzterer verwische diese Differenz zwischen Staat und Ge-

---

[89] E. Weber (Hg.), Dollfuß an Österreich. Eines Mannes Wort und Ziel, Wien 1935, S. 32; vgl. auch: G. Jagschitz, Ideologie und Werdegang von Engelbert Dollfuß, in: Bericht über den 12. österreichischen Historikertag in Bregenz 1973, Wien 1974, S. 82 - 91, hier 90.

[90] J. Messner, Die berufsständische Ordnung, Innsbruck 1936, S. 1.

[91] Zur „Ehre" vgl. jetzt: A. Grießinger, Das symbolische Kapital der Ehre. Streikbewegung und kollektives Bewußtsein deutscher Handwerksgesellen im 18. Jahrhundert, Frankfurt 1981

[92] Messner, Die berufsständische Ordnung, S. 58.

sellschaft. Die Berufsstände sollen gerade im Sinne des Subsidiaritätsprinzips den Staat in einigen Funktionen entlasten.

Das Kernstück der berufsständischen Ordnung lag im Konzept der „theoretisch" gleichberechtigten Stellung von UnternehmerIn und ArbeiterIn im gleichen Berufsstand. Hier war der alte katholische Traum am Werk: das Proletariat zu entproletarisieren. Auf wessen Kosten und zu welchem Vorteil dies nur geschehen konnte, braucht nicht ausgeführt zu werden. Immerhin hielt auch Messner an der Existenz eines selbständigen Gewerkschaftsbundes fest.

Im Vergleich zu vielen anderen Spekulationen, die vom Reißbrett her den ständischen Aufbau entwarfen, war das Programm von Johannes Messner noch relativ „liberal". Aber – wie immer auch das Programm aussah – es scheiterte an der Realität. Der „Christliche Ständestaat" wurde bis 1938 kein Ständestaat, weil der Ausbau der Stände mißlang.

Es war Otto Bauer, der darauf aufmerksam gemacht hatte, daß in der Zeit des „Organisierten Kapitalismus" die Entwicklung berufsständischer Ordnung keine bloße Utopie sei. Zwar könne sie weder den Klassenkampf überwinden, noch den Kapitalismus aus der Angel heben; auch nähre sich das berufsständische Modell nicht allein aus katholisch-konservativen Vorstellungen, sondern es gäbe auch syndikalistische und gildensozialistische Modelle. So gesehen, meinte Otto Bauer: „Die berufsständische Organisation war gewiß unvereinbar mit dem Liberalismus, aber keineswegs unvereinbar mit dem organisierten Monopolkapitalismus unserer Zeit."[93] Die Weiterentwicklung zur „Sozialpartnerschaft", die Neokorporatismus-Diskussion der Gegenwart illustrieren – sicherlich unter ganz anderen Voraussetzungen –, daß der katholische Traum nicht gänzlich an der Wirklichkeit vorbeiträumte.[94]

6. Kirchliche Distanzierungsversuche

Die Katholische Kirche hatte sich mit der ideologischen Unterstützung des „Christlichen Ständestaates" auf ein Experiment eingelassen, dessen soziale Folgekosten sie immer deutlicher zu spüren bekam: den Verlust an seelsorglich-religiöser Glaubwürdigkeit. Nicht nur aufgeschlossene Priester kritisierten die Verquickung von Religion und Politik; nicht nur die Nationalsozialisten wetterten gegen den „Politischen Katholizismus": Auch die kirchliche Hierarchie selbst sah sich genötigt, langsam auf Distanz zu gehen. Das Gesprächsklima zwischen Bundeskanzler Schuschnigg und Kardinal Innitzer war denkbar schlecht. Emmerich Czermak notierte in seinem Tagebuch: „Der Kardinal steht dem Kanzler Schuschnigg völlig fremd und ohne persönliches Vertrauen gegenüber."[95] In einer Rede auf einer Männerversammlung in Hernals am 15. März 1936 erklärte Innitzer: Man hätte mit der Bezeichnung „Christliches Österreich" noch etwas zuwarten sollen. Sie wurde gewissermaßen auf Vorschuß erteilt, und nun hapere es mit der Bezahlung. Was nun störte den Kardinal? Nicht die politische Sittenlosigkeit der Diktatur, sondern – wie eh und je – die moralische Sittenlosigkeit: daß nämlich in der Fastenzeit getanzt wurde, die frivole Bademode … .[96] Die Kirche weigerte sich auch beharrlich, ihr System der Vereinsorganisation aufzugeben und besonders die Jugenderziehung ganz dem Staate zu überlassen.[97] Auf dieser Ebene entstand eine Fülle von internen Konflikten. Langsam drang der Gedanke durch, daß die politische Demokratie

---

[93] O. Bauer, Klassenkampf und Ständeverfassung, Werkausgabe, 9. Bd., Wien 1980, S. 356.
[94] Von U. Alemann, Neokorporatismus, Frankfurt 1981; E. Tálos, Sozialpartnerschaft und Neokorporatismustheorien, in: Österreichische Zeitschrift für Politikwissenschaft 11 (1982), S. 263 - 285.
[95] L. Jedlicka, Aus dem politischen Tagebuch des Unterrichtsministers a. D. Dr. Emmerich Czermak 1937 - 1938, in: Österreich in Geschichte und Literatur 8 (1964), S. 367. V. Reimann, Innitzer. Kardinal zwischen Hitler und Rom, Wien-München 1967.
[96] Reichspost, 16. 3. 1936, 23. 3. 1936.
[97] Reichspost, 16. 8. 1935.

doch nicht das größte aller Übel für die Kirche sei[98], daß im Faschismus, auch im „Imitationsfaschismus", eine viel ärgere Bedrohung der Kirche erwuchs. Aber die Hierarchie fand nicht mehr die Kraft, sich auch offiziell vom Regime zu lösen.

Literatur

Alemann, Ulrich von: Neokorporatismus, Frankfurt 1981.

Aspetsberger, Friedbert: Literarisches Leben im Austrofaschismus. Der Staatspreis, Königstein/Ts. 1980.

Außermair, Josef: Kirche und Sozialdemokratie. Der Bund der religiösen Sozialisten 1926 - 1934, Wien 1979.

Bauer, Otto: Klassenkampf und Ständeverfassung, Werkausgabe, 9. Bd., Wien 1980.

Blessing, Werner K.: Staat und Kirche in der Gesellschaft. Institutionelle Autorität und mentaler Wandel in Bayern während des 19. Jahrhunderts, Göttingen 1982.

Böhm, Anton: Geist und Erscheinung des österreichischen Katholizismus, in: Katholischer Glaube und Deutsches Volkstum in Österreich, Salzburg 1933, S. 48 f.

Borejsza, Jerzy: Schule des Hasses. Faschistische Systeme in Europa, Frankfurt/M. 1999.

Boyer, John W.: Political Radicalism in Imperial Vienna. Origins of the Christian Social Movement 1848 - 1897, Chicago 1981.

Boyer, John W.: Cultural and Political Crisis in Vienna. Christian Socialism in Power, 1897 - 1918, Chicago 1995.

Dachs, Herbert: Schule und Politik. Die politische Erziehung an den österreichischen Schulen 1918 bis 1938, Wien 1982.

Das Beispiel Adam Müller, in: Richard Brinkmann (Hg.), Romantik in Deutschland. Ein interdisziplinäres Symposion, Stuttgart 1978, S. 132 - 146.

Diamant, Alfred: Austrian Catholics and the First Republic. Democracy, Capitalism and Social Order, 1918 - 1934, Princeton 1960.

Die Gegenreformation, in: Neu-Österreich: Ein Beitrag zum katholischen Ständestaat, Zürich 1936, S. 116 f.

Duby, Georges: Die drei Ordnungen. Das Weltbild des Feudalismus, Frankfurt/M. 1981.

Engel-Janosi, Friedrich: Vom Chaos zur Katastrophe. Vatikanische Gespräche 1918 bis 1938, Wien 1971.

Eppel, Peter: Zwischen Kreuz und Hakenkreuz. Die Haltung der Zeitschrift „Schönere Zukunft" zum Nationalsozialismus in Deutschland 1934 - 1938, Wien 1980.

Fischer, Heinz / Gerhard Silvestri (Hg.): Texte zur österreichischen Verfassungs-Geschichte. Von der Pragmatischen Sanktion zur Bundesverfassung (1713 - 1966), Wien 1970.

Froehlich, Georg: Die „Verfassung 1934" des Bundesstaates Österreich, Baden 1936, S. 108.

Gellot, Laura S.: The Catholic Church and the Authoritarian Regime in Austria 1933 - 1938, New York 1987.

Goldinger, Walter (Hg.): Protokolle des Klubvorstandes der Christlichsozialen Partei 1932 - 1934, Wien 1980.

Grießinger, Andreas: Das symbolische Kapital der Ehre. Streikbewegung und kollektives Bewußtsein deutscher Handwerksgesellen im 18. Jahrhundert, Frankfurt 1981.

Hanisch, Ernst: Wer waren die Faschisten? Anmerkungen zu einer wichtigen Neuerscheinung, in: Zeitgeschichte 9 (1982), S. 179 - 186.

Hanisch, Ernst: Die Ideologie des Politischen Katholizismus in Österreich 1918 - 1938, Wien-Salzburg 1977.

Hanisch, Ernst: Konservatives und revolutionäres Denken. Deutsche Sozialkatholiken und Sozialisten im 19. Jahrhundert, Wien-Salzburg 1975.

---

[98]   Vgl. L. Reichhold, Opposition gegen den autoritären Staat, Wien 1964.

Hanisch, Ernst: Otto Bauers Theorie des „Austrofaschismus", in: Zeitgeschichte 1 (1974), S. 255.

Hanisch, Ernst: Nationalsozialismus im Dorf. Salzburger Beobachtungen, in: Helmut Konrad / Wolfgang Neugebauer (Hg.), Arbeiterbewegung – Faschismus – NationalbewuSStsein, Wien 1983, S. 69 - 81.

Hanisch, Ernst: St. Peter in der Zwischenkriegszeit 1919 - 1938: Politische Kultur in einer fragmentierten Gesellschaft, in: Festschrift St. Peter zu Salzburg, Salzburg 1982, S. 361 - 382.

Heilig, Konrad Josef: Österreichs neues Symbol, Wien 1934.

Holtmann, Everhard: Zwischen Unterdrückung und Befriedung. Sozialistische Arbeiterbewegung und autoritäres Regime in Österreich 1933 - 1938, Wien 1978.

Huber, Wolfgang: Psychoanalyse in Österreich seit 1933, Wien-Salzburg 1977.

Hudal, Alois (Hg.): Der Katholizismus in Österreich. Sein Wirken, Kämpfen und Hoffen, Innsbruck 1931.

Hudal, Alois C.: Römische Tagebücher. Lebensberichte eines alten Bischofs, Graz 1976.

Jagschitz, Gerhard: Der österreichische Ständestaat 1934 - 1938, in: Erika Weinzierl / Kurt Skalnik (Hg.), Österreich 1918 - 1938. Geschichte der Ersten Republik, 1. Bd., Graz 1983, S. 497 - 515.

Jagschitz, Gerhard: Ideologie und Werdegang von Engelbert Dollfuß, in: Bericht über den 12. österreichischen Historikertag in Bregenz 1973, Wien 1974, S. 82 - 91.

Jagschitz, Gerhard: Der Putsch. Die Nationalsozialisten 1934 in Österreich, Graz 1976.

Jarka, Horst: Zur Literatur- und Theaterpolitik im „Ständestaat", in: Franz Kadrnoska (Hg.), Aufbruch und Untergang. Österreichische Kultur zwischen 1918 und 1938, S. 499 - 538.

Jedlicka, Ludwig: Aus dem politischen Tagebuch des Unterrichtsministers a. D. Dr. Emmerich Czermak 1937 - 1938, in: Österreich in Geschichte und Literatur 8 (1964), S. 367.

Klieber, Rupert: Eine Gegenreformation in Neu-Österreich? Die Kirche(n) im Autoritären Ständestaat und ihr Bild in der österreichischen Wochenschau, in: Michael Achenbach (Hg.), Österreich in Bild und Ton. Die Filmwochenschau des austrofaschistischen Ständestaates, Wien 2002, S. 321 - 337.

Klusacek, Christine / Kurt Stimmer (Hg.): Reichspost, 2. Juni 1933. Dokumentation zur österreichischen Zeitgeschichte 1928 - 1938, Wien 1982.

Kremsmair, Josef: Der Weg zum österreichischen Konkordat von 1933/34, Wien 1980.

Leeb, Rudolf u. a.: Geschichte des Christentums in Österreich. Von der Spätantike bis zur Gegenwart, Wien 2003.

Lewis, Gavin: Kirche und Partei im Politischen Katholizismus. Klerus und Christlichsoziale in Niederösterreich 1885 - 1907, Wien-Salzburg 1977.

Malina, Peter: Bücherverbote in Österreich 1933 - 1938, in: Zeitgeschichte 10 (1983), S. 311 - 335.

Merkl, Adolf: Die ständisch-autoritäre Verfassung Österreichs. Ein kritisch-systematischer Grundriss, Wien 1935.

Messner, Johannes: Die berufsständische Ordnung, Innsbruck 1936.

Mitterauer, Michael: Politischer Katholizismus, Österreichbewußtsein und Türkenbild, in: Rupert Klieber, Beiträge zur historischen Sozialkunde 12 (1982), S. 111 - 129.

Oberländer, Erwin (Hg.): Autoritäre Regime in Ostmittel- und Südosteuropa 1919 - 1944, Paderborn 2001.

Payne, Stanley G.: Fascism. Comparison and Definition, The University of Wisconsin Press 1980.

Payne, Stanley G.: The Concept of Fascism, in: Stein W. Larsen u. a. (ed.), Who were the Fascists. Social Roots of European Fascism, Bergen 1980.

Payne, Stanley G.: A History of Fascism 1914 - 45, London 1997.

Pfoser, Alfred: Literatur und Austromarxismus, Wien 1980.

Popp, Gerhard: Der Cartellverband der Katholischen Deutschen Studentenverbindungen (CV), in: Phil. Diss., Österreich. 1864 - 1938. Organisation und Öffentlichkeitswirkung, Wien 1980.

Reichhold, Ludwig: Opposition gegen den autoritären Staat, Wien 1964.

Reimann, Viktor: Innitzer. Kardinal zwischen Hitler und Rom, Wien-München 1967.

Rokkan, Stein: Dimensions of State Formation and Nation-Building: A possible Paradigm for Research on Variations within Europe, in: Charles Tilly (ed.), The Formation of National States in Western Europe, Princeton 1975, S. 562 - 600.

Siegfried, Klaus-Jörg: Klerikalfaschismus. Zur Entstehung und sozialen Funktion des Dollfußregimes in Österreich. Ein Beitrag zur Faschismusdiskussion, Frankfurt/M. 1979.

Sigmund Freud, Briefe 1873 - 1939, Frankfurt 1960.

Slapnicka, Harry: Oberösterreich, in: Ernst Hanisch, Österreich 1918 - 1938, S. 873 - 902.

Slapnicka, Harry: Salzburg, in: Ernst Hanisch, Österreich 1918 - 1938, S. 903 - 937.

Staudinger, Anton: Christlichsoziale Partei und Errichtung des „Autoritären Ständestaates" in Österreich, in: Ludwig Jedlicka / Rudolf Neck (Hg.), Vom Justizpalast zum Heldenplatz, Wien 1975, S. 65 - 81.

Steiner, Guenther: Wahre Demokratie? Transformation und Demokratieverständnis in der Ersten Republik Österreich und im Ständestaat Österreich 1918 - 1938, Frankfurt/M. 2004.

Tálos, Emmerich: Sozialpartnerschaft und Neokorporatismustheorien, in: Österreichische Zeitschrift für Politikwissenschaft 11 (1982), S. 263 - 285.

Weber, Edmund (Hg.): Dollfuß an Österreich. Eines Mannes Wort und Ziel, Wien 1935.

Wehler, Hans-Ulrich: Klassen in der europäischen Sozialgeschichte, Göttingen 1979.

Weinzierl, Erika: Aus den Notizen von Richard Schmitz zur österreichischen Innenpolitik im Frühjahr 1933, in: Geschichte und Gesellschaft. Festschrift für Karl R. Stadler zum 60. Geburtstag, Wien 1974, S. 113 - 142.

Weinzierl-Fischer, Erika: Die österreichischen Konkordate von 1855 und 1933, Wien 1960.

Winkler, Franz: Die Diktatur in Österreich, Zürich 1935.

Weinzierl, Ulrich: Die Kultur der „Reichspost", in: Franz Kadrnoska (Hg.), Aufbruch und Untergang. Österreichische Kultur zwischen 1918 und 1938, Wien 1981, S. 325 - 344.

Wohnout, Helmut: Regierungsdiktatur oder Ständeparlament? Gesetzgebung im autoritären Österreich, Wien 1993.

Zulehner, Paul Michael: Kirche und Austromarxismus. Eine Studie zur Problematik Kirche-Staat-Gesellschaft, Wien 1967.

Großkundgebung der Vaterländischen Front auf der Schmelz in Wien mit Bundeskanzler Schuschnigg,
18. Oktober 1937

Christliche Arbeiterbewegung und Austrofaschismus

Anton Pelinka

Die Christliche Arbeiterbewegung und das Ende der Republik – Die Christliche Arbeiterbewegung im Äutoritären Ständestaat- Die Christliche Arbeiterbewegung und die Opposition zum System – Die Christliche Arbeiterbewegung als loyale Opposition

Vorbemerkung

Die Christliche Arbeiterbewegung in Österreich stützte sich auf zwei Arten von Organisationen. Neben die in den letzten Jahren des 19. Jahrhunderts gegründeten Christlichen Arbeitervereine traten am Beginn des 20. Jahrhunderts die Christlichen Gewerkschaften. Gemeinsame Jugendverbände, gemeinsame Presseorgane, ein gemeinsamer Wehrverband ("Freiheitsbund") und zahlreiche personelle Verbindungen schufen aus diesen beiden Organisationen eine Einheit. [1]

Die Christliche Arbeiterbewegung war Teil des christlichsozial-konservativen Lagers. Sowohl Arbeitervereine als auch Gewerkschaften waren damit der Christlichsozialen Partei verbunden. Arbeitervereine und Gewerkschaften akzeptierten von Anfang an diese Zugehörigkeit und damit die Führungsrolle der Parteiführung der Christlichsozialen. Kunschak, Spalowsky und andere Repräsentanten der Christlichen Arbeiterbewegung waren auch führende Vertreter der Christlichsozialen Partei. Die Christlichsoziale Arbeiterbewegung war eine Vorfeldorganisation der Christlichsozialen Partei. [2]

Die Christliche Arbeiterbewegung erfüllte für das christlichsozial-konservative Lager vor allem die Aufgabe, den Anspruch glaubhaft zu machen, dieses Lager wäre eine Gemeinschaft, die Interessen und Klassen übergreifend vereinigen könnte. Die Christliche Arbeiterbewegung sollte für das Lager das vorwegnehmen, was die Katholische Soziallehre als Lösung der "sozialen Frage" propagierte: die "Entproletarisierung des Proletariats", die Aufhebung des Klassengegensatzes durch Klassenintegration. [3]

Als Arbeiterbewegung waren die Arbeitervereine und die Gewerkschaften des christlichsozial-konservativen Lagers freilich in einer eindeutigen Minderheitsposition gegenüber der Sozialdemokratie und den dieser Partei eng verbundenen Freien Gewerkschaften. Die Sozialdemokratische Arbeiterpartei hatte von Anfang an die Christliche Arbeiterbe-

---

[1] A. Pelinka, Stand oder Klasse? Die Christliche Arbeiterbewegung Österreichs 1933 - 1938, Wien 1972, S. 21 - 34.

[2] Zur Frühgeschichte der Christlichsozialen Partei siehe R. Knoll, Zur Tradition der christlichsozialen Partei. Ihre Früh- und Entwicklungsgeschichte bis zu den Reichsratswahlen 1907, Wien 1973; J. W. Boyer, Political Radicalism in Late Imperial Vienna. Origins of the Christian Social Movement 1848 - 1897, Chicago 1981.

[3] Vgl. dazu etwa O. v. Nell-Breuning, Soziallehre der Kirche. Erläuterungen der lehramtlichen Dokumente, Wien 1977.

wegung zu einer verhältnismäßig kleinen Minderheitsströmung innerhalb der organisierten Arbeiterschaft gemacht.

Am Beginn der 1. Republik war die Bedeutung der Christlichen Arbeiterbewegung nur in einigen Sektoren und Regionen mehr als das Gewicht einer unbedeutenden Gruppierung: Generell war die Christliche Arbeiterbewegung im Westen der Republik relativ stärker als im Osten; und ganz allgemein war das Gewicht der Arbeitervereine und der Christlichen Gewerkschaften in den nicht industriellen Berufsgruppen stärker. Bei den Landarbeitern und bei den Hausgehilfinnen, bei den öffentlich Bediensteten und bei den Arbeitnehmern in kleinen Gewerbebetrieben lag die relative Stärke der Christlichen Arbeiterbewegung.[4] In industriellen Großbetrieben dominierten ganz eindeutig hingegen die Sozialdemokratie und die Freien Gewerkschaften.

Die Entwicklung der 1. Republik ermöglichte jedoch eine Stärkung der Christlichen Arbeiterbewegung. Die Mitgliederzahl der Christlichen Gewerkschaften stieg innerhalb von 15 Jahren um mehr als das Fünffache. Am Ende der Republik besaßen die Christlichen Gewerkschaften eine offenkundig immer stärker werdende Position, während die Mitgliederzahlen der Freien Gewerkschaften schon rückläufig waren.[5]

Tabelle 1: Mitgliederstand der Christlichen Gewerkschaften der 1. Republik

1918:	20.556	1919:	30.725	1920:	64.478
1921:	78.737	1922:	78.105	1923:	79.377
1924:	80.128	1925:	77.200	1926:	76.122
1927:	78.907	1928:	100.087	1929:	107.657
1930:	111.939	1931:	108.420	1932:	130.000
1933:	115.705				

Diese relative und absolute Stärkung der Christlichen Arbeiterbewegung am Ende der Republik war jedenfalls auch Ausdruck der verschobenen Machtverhältnisse.[6] Die Christlichsoziale Partei als Regierungspartei konnte in vielen Bereichen eine die Christlichen Gewerkschaften begünstigende Personalpolitik betreiben – die „Umpolitisierung" des Bundesheeres durch den christlichsozialen Heeresminister Vaugoin ist dafür ein wichtiger Beleg.[7] Überdies wirkte sich die ab 1929 voll einsetzende Massenarbeitslosigkeit gegen die Freien Gewerkschaften aus, da die Mitgliedschaft bei einer sozialdemokratisch orientierten Gewerkschaft immer mehr als Nachteil empfunden werden mußte – und die Christlichen Gewerkschaften boten sich als eine gewerkschaftliche Alternative an, die, ohne „gelb" zu sein (wie etwa die von der Heimwehr begünstigten „Unabhängigen Gewerkschaften"), dennoch ein harmonisches Verhältnis mit Arbeitgebern und Regierung zu garantieren schien.

Am Ende der Republik war jedenfalls die Christliche Arbeiterbewegung Teil des Regierungslagers. In einer doppelten Minderheitsposition war sie einerseits in einer strategischen Schlüsselrolle – mußte doch die von der Regierung und der Christlichsozialen Partei angestrebte Schwächung der Sozialdemokratie sich zugunsten vor allem der Christlichen Arbeiterbewegung auswirken. Andererseits war die Christliche Arbeiterbewegung als Minderheit

---

[4]   F. Klenner, Die österreichischen Gewerkschaften. Vergangenheit und Gegenwartsprobleme, Bd. 2, Wien 1953, S. 1019 - 1073.

[5]   Ebenda, S. 1097 f.

[6]   Pelinka, Stand oder Klasse?, S. 35.

[7]   L. Jedlicka, Ein Heer im Schatten der Parteien, Graz 1955.

im christlichsozial-konservativen Lager, das mehrheitlich von bäuerlichen und bürgerlichen Interessen bestimmt war, und als Minderheit innerhalb der mehrheitlich sozialdemokratisch ausgerichteten Arbeiterbewegung einem ständigen Zerreißprozeß ausgesetzt.

Minderheit im eigenen Lager, Minderheit in der eigenen Bewegung: In diesem Spannungsfeld befand sich die Christliche Arbeiterbewegung, als die Führung der Regierung und der Partei, eben des Lagers, dem sich die Christliche Arbeiterbewegung zugehörig fühlte, bewußt daranging, Parlamentarismus und Demokratie schrittweise zu beseitigen.

Die Christliche Arbeiterbewegung und das Ende der Republik

Die Christliche Arbeiterbewegung war innerhalb des christlichsozial-konservativen Lagers ganz bestimmt keine Kraft, die den Weg zur Diktatur vorantreiben wollte. Vielmehr befand sie sich in einem heiklen Spannungsverhältnis zum Heimatschutz, dessen offen faschistische und antidemokratische Ausrichtung auch von den Organen der Christlichen Arbeiterbewegung kritisiert wurde. [8] Von allen Teilorganisationen des Lagers war die Christliche Arbeiterbewegung sicherlich die am wenigsten vom Faschismus infizierte, fühlte sie sich sicherlich am stärksten der Demokratie schlechthin verpflichtet. [9]

Dennoch erlag die Christliche Arbeiterbewegung den Einflüssen und Tendenzen, die an die Stelle der demokratischen Republik einen „autoritären Ständestaat" setzen wollten. Die Christliche Arbeiterbewegung folgte zögernd, aber eben doch der Regierung Dollfuß auf dem Weg zur Diktatur.

Für die Haltung der Christlichen Arbeiterbewegung zwischen März 1933 und Februar 1934 war die Politik gegenüber den Arbeiterkammern signifikant. Die Regierung Dollfuß wollte die längst überfällige Wahl in die Kammern für Arbeiter und Angestellte verhindern. Am 21. Dezember 1933 setzte die Bundesregierung auf dem Verordnungsweg für die Arbeiterkammer Verwaltungskommissionen ein, die direkt dem Bundesminister für Soziale Verwaltung unterstellt waren und die die gewählten Einrichtungen in den Kammern ersetzen sollten. An die Stelle demokratisch gewählter Organe traten Regierungsvertreter. Auf diese Weise sollte das demokratisch begründete Übergewicht der Freien Gewerkschaften in den Arbeiterkammern ins Gegenteil verkehrt werden. [10]

Als die Freien Gewerkschaften es ablehnten, das Angebot des Sozialministers Schmitz anzunehmen und eine Minderheitsposition in den Verwaltungskommissionen zu akzeptieren, wurden sie von den Christlichen Gewerkschaften deshalb kräftig kritisiert. Die Freien Gewerkschaften hatten mit ihrem Nein Anfang 1934 nur klargestellt, daß sie einer solchen Vorgangsweise nicht den Schein von demokratischer Legitimität verleihen wollten. Die Christliche Arbeiterbewegung kritisierte nicht nur diese Haltung der Freien Gewerkschaften, sie akzeptierte auch die vom Bundesminister für Soziale Verwaltung verliehene Mehrheitsposition. Staud, Sekretär der Zentralkommission der Christlichen Gewerkschaften, wurde Vorsitzender der mit Abstand wichtigsten Arbeiterkammer – der Kammer für Wien und Niederösterreich. Die 11 von der Regierung besetzten Mandate in der Verwaltungskommission dieser Kammer teilten sich 6 Vertreter der Christlichen Gewerkschaften mit 3 Repräsentanten der „unabhängigen" und 2 Repräsentanten der Deutschnationalen Gewerkschaften. [11]

Am Vorabend des Bürgerkrieges und der offenen Diktatur hatte die Christliche Arbeiterbewegung aus den Händen der Regierung eine Funktion übernommen, die nach allen nur

---

[8]   Gustav Blenk, 1918 - 1934, in: Die Christlichen Gewerkschaften in Österreich, Wien 1975, S. 155 f.
[9]   Pelinka, Stand oder Klasse?, S. 183 - 202.
[10] Ebenda, S. 52 - 54.
[11] Klenner, Österreichische Gewerkschaften, S. 1009.

denkbaren demokratischen Maßstäben nicht ihr, sondern der Sozialdemokratie und den Freien Gewerkschaften zugestanden wäre.

Am 9. Februar 1934 hielt Kunschak, langjähriger Obmann der Christlichen Arbeitervereine und führender Politiker innerhalb der Christlichsozialen Partei, im Wiener Gemeinderat seine historische Rede: „Gebe Gott, daß sich die Zerrissenheit des Geistes und der Seele von unserem Volk und seinen Führern bald hebe, ehe Volk und Land an Gräbern steht und weint." [12]

Diese Zwiespältigkeit kennzeichnete die gesamte Einstellung der Christlichen Arbeiterbewegung. Einerseits versuchte sie, wie Kunschak dies ausdrückte, den Bürgerkrieg zu vermeiden, Kompromisse auch mit der Sozialdemokratie herbeizuführen; den Heimwehrflügel des eigenen Lagers zu bremsen. Andererseits war sie bereit, Nutzen aus dem Weg in die Diktatur zu ziehen, Positionen zu übernehmen, die mit den Mitteln des offenen Verfassungsbruches der Sozialdemokratie weggenommen worden waren.

Als demokratisches Gewissen der Christlichsozialen Partei und des christlich-konservativen Lagers war die Christliche Arbeiterbewegung immer in Versuchung, letztlich doch loyal zur Politik der Führung – auch der Führung durch Bundeskanzler Dollfuß – zu stehen; und sei es nur, um durch die Teilnahme an dieser Politik Ärgeres zu verhindern und demokratische Ansprüche aufrechtzuerhalten.

Die Christliche Arbeiterbewegung im „Autoritären Ständestaat"

Die Christliche Arbeiterbewegung gehörte zu den Siegern des Bürgerkrieges vom Februar 1934. Der Freiheitsbund hatte auf der Seite der Regierungstruppen gekämpft, gemeinsam mit den Einheiten der Heimwehren. Die Christliche Arbeiterbewegung konnte daher auch einen Platz im nun offen und uneingeschränkt diktatorischen System beanspruchen, das mit der Verfassung vom 1. Mai 1934 zum „autoritären Ständestaat" wurde.

Die Christlichen Gewerkschaften lösten sich, nach dem Verbot der Freien Gewerkschaften, selbst auf. [13] Sie übernahmen jedoch gleichzeitig die führende Rolle im durch Verordnung der Regierung am 2. März 1934 geschaffenen „Gewerkschaftsbund der österreichischen Arbeiter und Angestellten". Diese Einheitsgewerkschaft sollte mit dem Spannungsverhältnis der Richtungsgewerkschaften Schluß machen – gleichzeitig jedoch wurde dieses Spannungsverhältnis zu einem wohl unüberbrückbaren Gegensatz verschärft, weil die sozialdemokratisch orientierten Gewerkschaften ihre gewaltsame Zurückdrängung nicht akzeptieren konnten und wollten.

Der Vorstand des Gewerkschaftsbundes wurde vom Bundesminister für Soziale Verwaltung bestellt. Der Präsident (Staud) und sechs weitere der insgesamt zwölf Vorstandsmitglieder kamen aus den Reihen der Christlichen Gewerkschaften. Drei Vorstandsmitglieder waren ehemalige „Unabhängige", also Repräsentanten der Gewerkschaften des Heimatschutzes. Ein Vertreter der Deutschnationalen und ein ehemaliger Funktionär der Freien Gewerkschaften komplettierten den Vorstand. [14]

Der regierungsabhängige Gewerkschaftsbund war somit von der Christlichen Arbeiterbewegung dominiert. Dennoch war der Gewerkschaftsbund nicht einfach deckungsgleich mit den Christlichen Gewerkschaften. Nicht nur die Mitwirkung der kleinen, anderen Gruppierungen des Regierungslagers, vor allem die Positionen der „Unabhängigen", verhinderte eine vollständige Identität. Der starke Anstieg des Mitgliederstandes des Gewerkschaftsbundes

---

[12] Zit. nach G. Blenk, Leopold Kunschak und seine Zeit, Wien 1966, S. 181.
[13] F. Hemala, Die Gewerkschaften im Wandel der Zeit, Wien 1937, S. 27.
[14] Pelinka, Stand oder Klasse?, S. 96 f.

und des „Berufsverbandes" Industrie und Bergbau waren auch und vor allem das Ergebnis eines verstärkten Beitrittswillens der Mitglieder der früheren Freien Gewerkschaften. Industrie und Bergbau, traditionell eben nicht von den Christlichen Gewerkschaften, sondern von den Freien Gewerkschaften geprägt, wurden dennoch zum wichtigsten „Berufsverband" des Gewerkschaftsbundes.

Doch die bloße Existenz des Gewerkschaftsbundes sicherte der Christlichen Arbeiterbewegung eine wesentliche Position innerhalb des Austrofaschismus. Deshalb mußten Staud, Kunschak und die anderen Vertreter der Christlichen Arbeiterbewegung die Politik des Heimatschutzes als direkte Bedrohung empfinden, die im Gewerkschaftsbund nur ein Übergangsstadium auf dem Weg zum perfekten Korporatismus italienischen Zuschnitts sah. Der erste Sozialminister des Ständestaates, Neustädter-Stürmer, führender Vertreter des Heimatschutzes, gleichzeitig unmittelbarer Vorgesetzter des regierungsabhängigen Gewerkschaftsbundes, provozierte wegen eben dieser Politik einen offenen Konflikt mit Kunschak und Staud. Die Ablösung Neustädter-Stürmers bedeutete auch einen Erfolg der Christlichen Arbeiterbewegung im Machtkampf innerhalb des Systems. [15] Der neue Sozialminister, Dobretsberger, stand der Christlichen Arbeiterbewegung äußerst freundlich gegenüber. [16]

Tabelle 2: Mitgliederentwicklung des Gewerkschaftsbundes und der Berufsverbände innerhalb des Gewerkschaftsbundes [17]

30. Juni 1934:	147.636	31. Dezember 1936:	368.078
30. Juni 1935:	316.102	30. Juni 1937:	397.207
31. Dezember 1935:	337.076	31. August 1937:	401.413
30. Juni 1936:	353.595		

Die Christliche Arbeiterbewegung beherrschte, neben dem Gewerkschaftsbund, auch die direkt politisch gedachte, zweite Vertretung der Arbeitnehmer innerhalb des Ständestaates – die Soziale Arbeitsgemeinschaft (SAG). Am 31. März 1935 durch einen „Bundesbefehl" des Bundesführers der Vaterländischen Front, Starhemberg, errichtet, stand die SAG von Anfang bis kurz vor dem Ende unter der Führung Großauers. Großauer, zunächst auch noch Staatssekretär im Bundesministerium für Soziale Verwaltung, kam aus den Reihen der Christlichen Gewerkschaften. Als „Bundesleiter" der SAG wurde er in den letzten Tagen des Ständestaates, im Zuge der Regierungsumbildung vom 15. und 16. Februar 1938, von Hans Rott abgelöst, der ebenfalls aus der Christlichen Arbeiterbewegung kam. [18]

Auch die Leitung der Organisation der SAG in den einzelnen Bundesländern lag in den Händen der Vertreter der Christlichen Arbeiterbewegung. Freilich wurde die SAG stärker noch als der Gewerkschaftsbund gegenüber der illegalen Linksopposition geöffnet, beziehungsweise von den (illegalen) Freien Gewerkschaften und auch von den Kommunisten als Instrument möglicher Veränderungen innerhalb des Systems genutzt. [19] Die SAG war jedenfalls in den letzten Monaten des „autoritären Ständestaates" der Boden, der am ehesten für Kontakte zwischen der Christlichen Arbeiterbewegung beziehungsweise dem Regierungslager und der Linksopposition geeignet schien.

---

[15] Ebenda, S. 81 - 85.
[16] Ch. Kluwick, 1934 – 1945, in: Die Christlichen Gewerkschaften in Österreich, Wien 1975, S. 245.
[17] Ebenda, S. 105.
[18] Pelinka, Stand oder Klasse?, S. 119 - 127.
[19] Josef Dobretsberger, Tonbandinterview, Dokumentationsarchiv des österreichischen Widerstands Wien, aufgenommen 1970. Dazu auch O. Leichter, Österreichs Freie Gewerkschaften im Untergrund, Wien 1963. J. Hindels, Österreichs Gewerkschaften im Widerstand 1934 – 1945, Wien 1976.

Die Aufgabe des Gewerkschaftsbundes im „autoritären Ständestaat" war – offiziell – die Wahrnehmung sozialer (nicht politischer) Interessen der ArbeitnehmerInnen. Die Aufgabe der SAG war die politische Vertretung von Arbeitnehmerinteressen im Rahmen der Einrichtungen des Ständestaates, vor allem im Rahmen der Vaterländischen Front. Neben diesen beiden Instrumenten besaß die Christliche Arbeiterbewegung jedoch auch noch andere Möglichkeiten, im Ständestaat Politik zu machen, sich mit dem Ständestaat zu identifizieren. Mit Großauer als Staatssekretär im Sozialministerium (1934 – 1935), mit Rott in derselben Funktion (1936 – 1938), der in den letzten Wochen des Ständestaates auch Minister ohne Portefeuille wurde, war die Christliche Arbeiterbewegung auch in den Regierungen Dollfuß und Schuschnigg vertreten [20] – allerdings verhältnismäßig bescheiden, gleichsam als kleiner und schwacher Koalitionspartner der stärkeren Gruppierungen. Vertreter der Christlichen Arbeiterbewegung waren auch in andere Institutionen des Ständestaates und der Vaterländischen Front eingebaut.

Der Christlichen Arbeiterbewegung als voll integriertem Bestandteil des Systems kam dabei die Aufgabe zu, das soziale Gewissen und die sozialpolitischen Versprechungen des Ständestaates glaubhaft zu machen. Gleichzeitig griff die Christliche Arbeiterbewegung jene Tendenzen innerhalb des Regierungslagers an, die – offen und uneingeschränkt faschistisch – jeder Arbeiterbewegung, auch einer regierungsabhängigen, die Existenzberechtigung im korporativen Staat absprechen wollten. [21] Die christliche Arbeiterbewegung wurde, in ihren teilweise offenen, teilweise verstärkten Auseinandersetzungen vor allem mit dem Heimatschutz, auch zu einer Art inneren Opposition – sie stand innerhalb des Systems für mehr soziale Gerechtigkeit, auch für „ständische Demokratie" im Sinne einer Verbindung von (nichtparlamentarischer) Demokratie mit dem Grundgedanken eines ständischen Staatswesens.

Die Grenze dieser inneren Opposition war die Grenze des Systems selbst. Die Christliche Arbeiterbewegung opponierte im System gegen bestimmte Tendenzen des Systems. Sie verweigerte sich jedoch allen Richtungen, die eine Opposition zum System vertraten.

Die Christliche Arbeiterbewegung und die Opposition zum System

Die Christliche Arbeiterbewegung hatte am Beginn der Ära des Austrofaschismus neue Organisationsformen angenommen. Die Arbeitervereine wandelten sich schon bald nach den Kämpfen des Februar 1934 in nun offiziell „unpolitische" Vereine, die im „Bund katholischer Arbeiter Österreichs" zusammengefaßt waren. [22] Die Christlichen Gewerkschaften waren im Gewerkschaftsbund aufgegangen. Mit diesem Wandel der Organisationsformen war auch ein Wandel der Beziehungen zur früher übermächtigen Konkurrenz innerhalb der Arbeiterbewegung eingetreten: Die Sozialdemokratie und die Freien Gewerkschaften waren nun im Untergrund, sie bekämpften aus der Illegalität heraus das System, in dem die Christliche Arbeiterbewegung Juniorpartner war.

Die Christliche Arbeiterbewegung versuchte zumeist, die teilweise exilierte Führung der Sozialdemokratie von deren Gefolgschaft zu trennen und die sozialdemokratischen Massen für sich und damit für den Ständestaat zu gewinnen. Die Sozialdemokraten wurden zur Mitarbeit eingeladen – freilich unter der Voraussetzung, daß sie ihre früheren Positionen als „Irrtum" einbekannten und sich der Führung der Christlichen Arbeiterbewegung im Gewerkschaftsbund und in der SAG unterstellten.

---

[20] Pelinka, Stand oder Klasse?, S. 73 - 94.
[21] Vgl. dazu auch L. Reichhold, Opposition gegen den autoritären Staat. Christlicher Antifaschismus 1934 – 1938, Wien 1964.
[22] L. Kunschak, Die Arbeiterschaft im autoritären Kurs, in: Jahrbuch der christlichen Arbeiterschaft Österreichs, Wien 1937.

Die Christliche Arbeiterbewegung betrieb eine Politik der Öffnung und der Integration gegenüber der Linksopposition – freilich als Einladung zur Eingliederung in den Austrofaschismus. Für diese Politik waren die Vertrauensmännerwahlen Ende 1936 typisch. Dieser erste und einzige Schritt in Richtung Demokratisierung der betrieblichen Vertretungen – die Vertrauensmänner hatten ähnliche Kompetenzen wie die Betriebsräte, freilich in geringerem Umfang – war von der Christlichen Arbeiterbewegung und vom Gewerkschaftsbund gewünscht und betrieben worden. Gleichzeitig hatten die zumeist aus der Christlichen Arbeiterbewegung kommenden Gewerkschaftsfunktionäre die Regimetreue der Kandidaten zu überprüfen – jeder Wahlvorschlag mußte von der Gewerkschaft und der Vaterländischen Front überprüft werden. Damit sollte sichergestellt werden, daß die durch die Wahlen angestrebte Beteiligung sozialdemokratischer Arbeiter und Angestellte nichts an der Ausrichtung der regierungsoffiziellen Arbeitervertretung zu ändern vermochte. [23]

Die Christliche Arbeiterbewegung hatte gegenüber der illegalen Linksopposition ihr Monopol zu verteidigen. Jede Aussöhnung mit der Linken, etwa zur Rettung der Unabhängigkeit Österreichs, mußte das Monopol der Christlichen Arbeiterbewegung brechen, mußte der Sozialdemokratie den demokratisch begründeten Führungsanspruch auf die Gewerkschaftsbewegung zurückgeben. Deshalb war es nicht die Christliche Arbeiterbewegung, sondern die von ihr teils versteckt, teils offen bekämpfte „Aktion Winter", von der die wichtigsten Impulse zur Versöhnung mit der Sozialdemokratie ausgingen. Impulse, die freilich erst zu spät zu Kontakten führten, die der österreichischen Unabhängigkeit hätten nützlich sein können. [24]

Die „Politik der Bekehrung" gegenüber der Sozialdemokratie hatte eine Aussöhnung mit der nach wie vor existenten illegalen freien Gewerkschaftsorganisation und mit den Revolutionären Sozialisten unmöglich gemacht. Dennoch betonte die Christliche Arbeiterbewegung immer wieder, daß der eigentliche Feind des „autoritären Ständestaates" nicht links, sondern rechts stünde. [25] Die Kontaktschwierigkeiten gegenüber der Linken hinderten Kunschak, Staud und die anderen Repräsentanten der Christlichen Arbeiterbewegung nicht, den eigentlichen Gegner und die eigentliche Gefahr des Ständestaates und Österreichs rechts zu sehen. Der Nationalsozialismus war trotz allem das größere Übel – auch für die Christliche Arbeiterbewegung, die sich vom Ständestaat in den Dienst hatte nehmen lassen.

Diese eindeutige Frontstellung äußerte sich in einer Polemik gegen den Nationalsozialismus, auch in einer Polemik gegen jedes Gleichgewichtsdenken innerhalb des Ständestaates: Die Christliche Arbeiterbewegung wollte keinesfalls die Sozialdemokratie mit dem Nationalsozialismus gleichgesetzt sehen. Bei aller Gegnerschaft zur sozialistischen Arbeiterbewegung waren deren Anhänger doch mögliche Verbündete. Die Sozialdemokraten galt es für den berufsständischen Gedanken zu gewinnen; die Nationalsozialisten sollten uneingeschränkt bekämpft werden.

Die eindeutige Grundstellung gegenüber dem Nationalsozialismus wurde freilich durch die geheimen Kontakte zwischen dem deutschen Gesandten, von Papen, und Staud überschattet. Die deutsche Gesandtschaft ließ zumindest bis zum Juli-Abkommen von 1936 dem Freiheitsbund wesentliche finanzielle Zuwendungen zukommen; Staud bot sich von Papen als möglicher Bündnispartner gegen den proösterreichischen (und proitalienischen) Flügel des Heimatschutzes um Starhemberg an. [26]

Die Hintergründe dieser geheimen Kontakte sind nicht voll ausgeleuchtet. Auffallend ist, daß die der Christlichen Arbeiterbewegung nahestehende Geschichtsschreibung diese durch

23　Hindels, Österreichs Gewerkschaften im Widerstand, S. 121 - 138.
24　Pelinka, Stand oder Klasse?, S. 129 - 141.
25　Rede Kunschaks v. 9. Februar 1934, zit. nach: Christlichsoziale Arbeiterzeitung, 17. 2. 1934, S. 2.
26　O. Leichter, Zwischen zwei Diktaturen, Wien 1968, S. 250 - 257.

offizielle Dokumente belegten Kontakte entweder negiert oder einfach leugnet. [27] Auffallend ist, daß Stauds Verbindung zur deutschen Gesandtschaft dem Bundeskanzler ebenso bekannt war wie die Subventionierung des Freiheitsbundes aus deutschen Geldmitteln. [28]

Viele Anzeichen sprechen dafür, daß die delikate Beziehung zwischen dem Präsidenten des Gewerkschaftsbundes und dem deutschen Gesandten mit dem Abschluß des Juliabkommens an Bedeutung verloren hat. Im Jahr 1937 und in den ersten, entscheidenden Wochen des Jahres 1938 waren die Repräsentanten der Christlichen Arbeiterbewegung jedenfalls innerhalb des Regierungslagers eindeutig gegen ein weitergehendes Nachgeben gegenüber dem deutschen und nationalsozialistischen Druck. Die Vertreter der Christlichen Arbeiterbewegung hatten dies auch nach dem 11. März 1938 zu büßen: Sie gehörten zu den ersten Opfern des nationalsozialistischen Terrors. [29]

Die Christliche Arbeiterbewegung als loyale Opposition

Das Verhalten der Christlichen Arbeiterbewegung zwischen 1934 und 1938 kann nur im Zusammenhang mit der Geschichte und dem Selbstverständnis dieser Bewegung erklärt werden. Die Christliche Arbeiterbewegung war immer ein Bestandteil des christlichsozial-konservativen Lagers. Sie definierte sich immer auch als Teil der Kirche, sie vertrat eine aus der kirchlichen Soziallehre abgeleitete gesellschaftspolitische Auffassung. Eingebettet in diese Tradition konnte sie sich gegenüber dem „autoritären Ständestaat" nicht anders als grundsätzlich loyal verhalten – auch die Katholische Kirche, und zwar sowohl der Vatikan als auch die österreichischen Bischöfe, stützten das Regime.

Dennoch gab es Katholiken, die auf größere, kritischere Distanz zum Austrofaschismus gingen, als dies die Repräsentanten der Christlichen Arbeiterbewegung taten. Dazu zählte nicht nur die kleine Gruppe religiöser Sozialisten, sondern auch – zunächst 1933 und 1934, dann wieder ab 1936 – Ernst Karl Winter. [30] Daß die Christliche Arbeiterbewegung zu einer solchen Distanz nicht fähig war, lag auch an ihrem Konkurrenzverhältnis zur sozialistischen Arbeiterbewegung. Der Antisozialismus, der Antimarxismus war immer auch eine zentrale Motivation für das Handeln der Christlichen Arbeiterbewegung. Da die Christlichen Gewerkschaften die entscheidenden Funktionen der offiziellen, für die Vertretung der Arbeiterinteressen geschaffenen Einrichtungen des Ständestaates übernahmen, mußte jede Aussöhnung mit der Sozialdemokratie eben diese Position gefährden. Die Christliche Arbeiterbewegung konnte gar nicht, ohne ihre eigene Stellung prinzipiell zu gefährden, für die volle Aussöhnung zwischen Regierungslager und Sozialdemokratie sein.

Der Antisozialismus in Form des Antimarxismus war bei der Christlichen Arbeiterbewegung immer auch mit antisemitischen Motiven durchmischt. In allen ihren programmatischen Äußerungen – insbesondere auch im Linzer Programm der christlichen Arbeiter Österreichs 1923 – waren Antimarxismus und Antikapitalismus durch den Antisemitismus verknüpft. Die marxistische Form des Sozialismus und die liberale Form des Kapitalismus waren für die Theoretiker der Christlichen Arbeiterbewegung gleichermaßen Produkt des internationalen Judentums, dessen Einfluß zu bekämpfen war.

---

[27] Vgl. dazu Kluwick, 1934 - 1945, sowie die Diskussionen während der 18. Internationalen Tagung der Historiker der Arbeiterbewegung in Linz. W. I. Holzer, Die 18. Internationale Tagung der Historiker der Arbeiterbewegung in Linz vom 14. bis 18. September 1982, in: Internationale wissenschaftliche Korrespondenz zur Geschichte der deutschen Arbeiterbewegung, 2/1983, insbes. S. 237 - 240.

[28] Privatbrief Schuschniggs an den Autor vom 2. Juli 1970.

[29] Vgl. dazu Kluwick, 1934 - 1945, S. 251 - 254.

[30] Hindels, Österreichs Gewerkschaften im Widerstand, S. 89 f.

Der Antisemitismus war keineswegs bloß religiös motiviert – offen rassistische Argumente wurden ebenfalls verwendet. So hieß es im Linzer Programm[31]:

„Für gesunden Fortschritt auf kulturellem, politischem und wirtschaftlichem Gebiete ist es von wesentlicher Bedeutung, daß die Führer der Arbeiterschaft in Abstammung und Denkart dem bodenständigen christlichen Volke angehören und daß der zersetzende Einfluß des Judentums aus dem Geistes- und Wirtschaftsleben des deutschen Volkes verdrängt werde."

Der Antisemitismus lieferte auch die offizielle Begründung für die Zuwendungen, die die deutsche Gesandtschaft zumindest bis 1936 der Christlichen Arbeiterbewegung zukommen ließ. In einem vertraulichen Bericht von Papens an Hitler vom 12. Mai 1936 wurde von Stauds Ablehnung einer näheren Bindung des Freiheitsbundes an tschechische Interessen berichtet. Weiters hieß es in diesem Bericht[32]:

„Daraus ergibt sich für uns ferner die Notwendigkeit, diese Bewegung wie bisher finanziell zu unterstützen, und zwar im wesentlichen mit Bezug auf die Weiterführung ihres Kampfes gegen das Judentum. Ich halte für erforderlich einen Betrag von etwa 100.000,- RM, der fallweise in Schillingen zur Verfügung zu stellen wäre, und bitte um dahingehende Bewilligung. Unser Verhältnis zum Freiheitsbunde, insbesondere zu seinem Führer Staud, ist bereits so intim, daß ich gefragt worden bin, welche Persönlichkeiten bei einer Einführung von Ministern aus der nationalen Opposition in das Kabinett seitens der deutschen Regierung gewünscht würden."

Der Antisemitismus diente sogar als Brückenschlag zu der expansiven Politik des sonst radikal abgelehnten Nationalsozialismus. Der Antisemitismus half mit, eine klare Bündnispolitik mit der Linken gegen den Nationalsozialismus zu verhindern. Es ist bezeichnend, dass Gottfried-Karl Kindermann diesen Aspekt geradezu demonstrativ vernachlässigt.[33] Offenbar widerspricht ein solcher Kontakt, der den Antisemitismus als gemeinsame Basis für eine – zumindest versuchte – Annäherung an den Nationalsozialismus ausweist, dem einseitigen Bild eines heroisch sich gegen Hitler-Deutschland zur Wehr setzenden Ständestaates.

Dennoch blieb die Christliche Arbeiterbewegung eine Arbeiterbewegung – sie setzte sich innerhalb der Systemgrenzen für die sozialen Interessen der ArbeitnehmerInnen ein; sie wandte sich insbesondere gegen den vor allem unmittelbar nach den Februarkämpfen einsetzenden Abbau der sozialen Sicherheit; sie bekämpfte alle Strömungen des Regierungslagers, die der Arbeiterschaft noch mehr Rechte nehmen wollte.[34] Die Systemgrenzen waren freilich eng gezogen; die Wirksamkeit der defensiven Sozialpolitik der Christlichen Arbeiterbewegung war dementsprechend gering.

Daß es die Christliche Arbeiterbewegung als Arbeiterbewegung auch im „autoritären Ständestaat" gab, ist ein Indikator für die Qualität dieses Systems. In den anderen faschistischen Systemen ist die politische Autonomie einer christlichen Arbeiterbewegung nicht bekannt; die relative Autonomie der Christlichen Arbeiterbewegung in Österreich belegt den bloß eingeschränkt, den unvollendet faschistischen Charakter des „autoritären Ständestaates".

Die Christliche Arbeiterbewegung war zwischen 1933 und 1938 eine Fraktion des diktatorisch regierenden Regierungslagers. Sie war aber eine Fraktion, die sich einer vollständigen Übernahme eines faschistischen Musters zu widersetzen versuchte. Die verschiedenen Strömungen, die auch in Dollfuß' und Schuschniggs Regierung an einem – freilich sehr vagen –

---

[31]   Das Linzer Programm der christlichen Arbeiter Österreichs, erörtert v. Dr. Karl Lugmayer, Wien 1924, S. 10.
[32]   Geheimbericht und vertrauliche Briefe Papens an Hitler, zit. nach: Der Hochverratsprozeß gegen Dr. Guido Schmidt vor dem Wiener Volksgericht. Die gerichtlichen Protokolle, Wien 1947, S. 404 f.
[33]   G.-K. Kindermann, Österreich gegen Hitler. Europas erste Abwehrfront. 1933 – 1938, München 2003.
[34]   Vgl. dazu allgemein Reichhold, Opposition, sowie Pelinka, Stand oder Klasse?, S. 245 - 248.

Demokratiepostulat festhielten, konnten sich immer auch auf die Christliche Arbeiterbewegung stützen. [35]

Literatur

Blenk, Gustav: Leopold Kunschak und seine Zeit, Wien 1966.

Boyer, John W.: Political Radicalism in Late Imperial Vienna. Origins of the Christian Social Movement 1848 – 1897, Chicago 1981.

Das Linzer Programm der christlichen Arbeiter Österreichs, erörtert v. Dr. Karl Lugmayer, Wien 1924.

Der Hochverratsprozeß gegen Dr. Guido Schmidt vor dem Wiener Volksgericht. Die gerichtlichen Protokolle, Wien 1947

Hemala, Franz: Die Gewerkschaften im Wandel der Zeit, Wien 1937.

Hindels, Josef: Österreichs Gewerkschaften im Widerstand 1934 – 1945, Wien 1976.

Holzer, Willibald I.: Die 18. Internationale Tagung der Historiker der Arbeiterbewegung in Linz vom 14. bis 18. September 1982, in: Internationale wissenschaftliche Korrespondenz zur Geschichte der deutschen Arbeiterbewegung, 2/1983.

Jedlicka, Ludwig: Ein Heer im Schatten der Parteien, Graz 1955.

Kindermann, Gottfried-Karl: Österreich gegen Hitler. Europas erste Abwehrfront. 1933 – 1938, München 2003.

Klenner, Fritz: Die österreichischen Gewerkschaften. Vergangenheit und Gegenwartsprobleme, Bd. 2, Wien 1953.

Kluwick, Christl: 1934 – 1945, in: Die Christlichen Gewerkschaften in Österreich, Wien 1975.

Knoll, Reinhold: Zur Tradition der christlichsozialen Partei. Ihre Früh- und Entwicklungsgeschichte bis zu den Reichsratswahlen 1907, Wien 1973.

Leichter, Otto: Österreichs Freie Gewerkschaften im Untergrund, Wien 1963.

Leichter, Otto: Zwischen zwei Diktaturen, Wien 1968.

Nell-Breuning, Oswald v.: Soziallehre der Kirche. Erläuterungen der lehramtlichen Dokumente, Wien 1977

Pelinka, Anton: Stand oder Klasse? Die Christliche Arbeiterbewegung Österreichs 1933 – 1938, Wien 1972.

Reichhold, Ludwig: Opposition gegen den autoritären Staat. Christlicher Antifaschismus 1934 – 1938, Wien 1964.

Steiner, Guenther: Wahre Demokratie? Transformation und Demokratieverständnis in der Ersten Republik Österreich und im Ständestaat Österreich. 1918 – 1938, Wien 2004.

Wohnout, Helmut: A Chancellor Dictatorship with a „Corporative" Pretext: The Austrian Constitution Between 1934 and 1938, in: Günter Bischof / Anton Pelinka / Alexander Lassner (eds.), The Dollfuss/Schuschnigg Era in Austria. A Reassessment. Contemporary Austrian Studies, Vol. XI. New Brunswick, NJ 2003, S. 143 - 162.

---

[35] G. Steiner, Wahre Demokratie? Transformation und Demokratieverständnis in der Ersten Republik Österreich und im Ständestaat Österreich. 1918 – 1938, Wien 2004, S. 225 - 243. H. Wohnout, A Chancellor Dictatorship with a „Corporative" Pretext: The Austrian Constitution Between 1934 and 1938, in: G. Bischof / A. Pelinka / A. Lassner (eds.), The Dollfuss/Schuschnigg Era in Austria. A Reassessment. Contemporary Austrian Studies, Vol. XI. New Brunswick, NJ 2003, S. 143 - 162.

Nationalsozialistische Schmiererei auf Plakat der Vaterländischen Front

Nationalsozialisten in Österreich 1933 - 1938

Winfried R. Garscha

Die illegale Partei vor dem Putsch: Opposition oder terroristische Organisation? – Die illegale Partei vom Juliputsch 1934 bis zum „Anschluß" 1938 – Zum Umgang mit den „Illegalen" nach 1945

Vorbemerkung

Seit dem 19. Juni 1933 war in Österreich jegliche Betätigung für die NSDAP verboten[1], was de facto ein Verbot der Partei bedeutete. In der NS-Terminologie wurden die Jahre 1933 - 1938 daher auch als „Verbotszeit" bezeichnet. Obwohl nach dem 11. Juli 1936 (deutsch-österreichisches Juliabkommen) und dem 12. Februar 1938 (Treffen Hitler/Schuschnigg in Berchtesgaden) Vertrauensleute der illegalen Partei sogar in führende Positionen des „Ständestaats" aufrückten, blieb das Betätigungsverbot formal bis zur Bildung der nationalsozialistischen Bundesregierung am Abend des 11. März 1938 in Kraft.

Nach dem mißlungenen Putschversuch im Juli 1934[2] war die illegale Partei sowohl auf Grund der staatlichen Repressionsmaßnahmen[3] als auch infolge innerer politischer Auseinandersetzungen und Führungsstreitigkeiten zeitweise fast vollkommen lahmgelegt.[4] Dennoch stellten die österreichischen Nationalsozialisten auch in den Jahren ihres Verbots einen bedeutenden Faktor sowohl der Außen- als auch der Innenpolitik dar, weshalb eine Analyse des Austrofaschismus ohne Berücksichtigung der Rolle der illegalen NSDAP nicht möglich ist.

Die Gründe für die außen- und innenpolitische Bedeutung der österreichischen NSDAP liegen auf der Hand: Seitens Hitler-Deutschlands diente die österreichische Partei, auch wenn sie gerade nicht als „verlängerter Arm" für die Einflußnahme auf die österreichische Innenpolitik benutzt wurde, als diplomatisches Druckmittel, das noch durch die Existenz einer

---

[1]   Verordnung der Bundesregierung auf Grund des Gesetzes vom 24. Juni 1917 (Kriegswirtschaftliches Ermächtigungsgesetz), womit der nationalsozialistischen deutschen Arbeiterpartei (Hitler-Bewegung) und dem Steirischen Heimatschutz (Führung Kammerhofer) jede Betätigung in Österreich verboten wird, 19. Juni 1933, BGBl. 240/1933. Da gegen ein formales Verbot der Partei Bedenken bestanden, wurden nur die Wehrformationen (SA, SS) aufgelöst und für die Partei ein *Betätigungs*verbot ausgesprochen. Siehe: MRP 884, 19. 6. 1933, Protokolle des Ministerrats der Ersten Republik, VIII/4, S. 21 - 33.

[2]   G. Jagschitz, Der Putsch. Die Nationalsozialisten 1934 in Österreich. Unter Mitarbeit v. A. Baubin, Graz-Wien-Köln 1976; K. Bauer, Elementar-Ereignis. Die österreichischen Nationalsozialisten und der Juliputsch 1934, Wien 2003.

[3]   Aufgelistet in: L. Reichhold, Kampf um Österreich. Die Vaterländische Front und ihr Widerstand gegen den Anschluß 1933 - 1938. Eine Dokumentation, hg. v. Dokumentationsarchiv des österreichischen Widerstandes, Wien 1984. Siehe auch: K.-G. Kindermann, Österreich gegen Hitler. Europas erste Abwehrfront 1933 - 1938, München 2003.

[4]   Die zahlreichen in der wissenschaftlichen Literatur und in Erinnerungsberichten angeführten Beispiele fanden Eingang in die Überblicksdarstellung von B. F. Pauley, Der Weg in den Nationalsozialismus. Ursprünge und Entwicklung in Österreich, Wien 1988.

österreichischen regierungsfeindlichen militärischen Formation auf deutschem Boden, der „Österreichischen Legion"[5], verstärkt wurde. Die innenpolitische Bedeutung der NSDAP lag vor allem darin begründet, daß es ihr 1931 bis 1933 gelungen war, die verschiedenen Fraktionen der deutschnationalen Rechten entweder zu integrieren oder auszuschalten: Bei den Landtags- und Kommunalwahlen 1932/33 eroberte die NSDAP zwischen 20 und 25 Prozent der Stimmen, vor allem auf Kosten der Großdeutschen Volkspartei, in geringerem Ausmaß aber auch des Landbunds für Österreich und der Sozialdemokratie.[6] Am 9. März 1933 begann der Verschmelzungsprozeß des Steirischen Heimatschutzes[7] mit der NSDAP, in den Folgemonaten schloß sich die Großdeutsche Volkspartei – über den Umweg eines „Kampfbündnisses"[8] – der NSDAP an. Der Versuch des Landbunds für Österreich, über eine „Nationalständische Front"[9] die verbliebenen nicht-nationalsozialistischen Teile des (deutsch)"nationalen Lagers" zu sammeln, schlug fehl, die Reste des Landbunds gingen im Mai 1934 in der NSDAP auf.

Zwar steht eine Gesamtgeschichte[10] der österreichischen NSDAP noch aus (vor allem die nationalsozialistische Partei als Herrschaftsinstrument 1938 - 1945 ist erst ansatzweise erforscht[11]), doch die Geschichte der illegalen NSDAP zählt zu den in Geschichtswissen-

---

[5]   Die „Österreichische Legion" bestand aus rund 10.000 militärisch geschulten und bewaffneten SA-Männern und unterstand dem österreichischen SA-Führer Hermann Reschny. Ihre Geschichte wird seit den späten neunziger Jahren von Hans Schafranek untersucht, eine Publikation seiner Forschungsergebnisse ist unter dem Titel „Söldner für den Anschluss. Die Österreichische Legion im Deutschen Reich 1933 - 1938" angekündigt. Am ausführlichsten bisher: Jagschitz, Der Putsch, S. 36, 69 f., 159 f., 183. Siehe auch: M. Holzmann, Österreich, Deutschland und die Österreichische Legion in den Jahren 1933 bis 1938 (unveröffentlichtes Manuskript, Konstanz 1981). Zu den Versuchen der Ausdehnung der „Legion" nach Jugoslawien: D. Nećak, Die österreichische Legion II. Nationalsozialistische Flüchtlinge in Jugoslawien nach dem mißlungenen Putsch vom 25. Juli 1934, Wien-Köln-Weimar 1996.

[6]   Eine Überblickstabelle der Stimmenzuwächse im Vergleich zu den Nationalratswahlen 1930 enthält B. McLoughlins Aufsatz „Das intensive Gefühl, sich das nicht gefallen lassen zu dürfen": Arbeiterschaft und die Gewaltpraxis der NSDAP, 1932 - 1933, in: R. G. Ardelt / H. Hautmann (Hg.), Arbeiterschaft und Nationalsozialismus in Österreich, S. 49 - 72, hier 68. Bruce F. Pauley wies darauf hin, daß dies – von den beiden spektakulären Erfolgen bei den Gemeinderatswahlen in Zwettl und Innsbruck im März bzw. April 1933 mit jeweils über 40 % der Stimmen abgesehen – immer noch weniger als die Hälfte des Stimmenanteils in Deutschland war: Pauley, Weg in den Nationalsozialismus, S. 89.

[7]   B. F. Pauley, Hahnenschwanz und Hakenkreuz. Der Steirische Heimatschutz und der österreichische Nationalsozialismus 1918 - 1934, Wien-München-Zürich 1972, S. 161 ff.

[8]   I. Ackerl, Das Kampfbündnis der Nationalsozialistischen Deutschen Arbeiterpartei mit der Großdeutschen Volkspartei vom 15. Mai 1933, in: L. Jedlicka / R. Neck (Hg.), Das Jahr 1934: 25. Juli. Protokoll des Symposiums in Wien am 8. Oktober 1974, Wien 1975, (= Veröffentlichungen der Wissenschaftlichen Kommission des Theodor-Körner-Stiftungsfonds u. des Leopold-Kunschak-Preises zur Erforschung der österreichischen Geschichte der Jahre 1927 bis 1938, Bd. 3), S. 21 - 34.

[9]   A. Feldmann, Landbund für Österreich. Ideologie – Organisation – Politik, phil. Diss., Univ. Wien 1967, S. 170 ff.

[10] Einen Überblick über die Geschichte der NSDAP vor 1933 bieten neben B. F. Pauley's „Weg in den Nationalsozialismus" (S. 29 - 122) vor allem die Beiträge von Jagschitz im Handbuch des politischen Systems der Ersten Republik (G. Jagschitz, Die Nationalsozialistische Partei, in: E. Tálos / H. Dachs / E. Hanisch / A. Staudinger [Hg.], Handbuch des politischen Systems Österreichs. Erste Republik 1918 - 1933, Wien 1995, S. 231 - 244, Literaturverzeichnis: 305 - 316) und im Studienbuch zur österreichischen Geschichte des zwanzigsten Jahrhunderts (G. Jagschitz, 25. Juli 1934: Die Nationalsozialisten in Österreich, in: R. Steininger / M. Gehler [Hg.], Österreich im 20. Jahrhundert, Bd. 1 – Von der Monarchie bis zum Zweiten Weltkrieg, Wien-Köln-Weimar 1997, S. 257 - 308).

[11] Grundlegende Fragestellungen für die Erforschung der NSDAP als Regierungspartei wurden angesprochen von G. Jagschitz, Von der „Bewegung" zum Apparat. Zur Phänomenologie der NSDAP 1938 bis 1945, in: E. Tálos / E. Hanisch / W. Neugebauer / R. Sieder (Hg.), NS-Herrschaft in Österreich. Ein Handbuch, Wien 2000, S. 88 - 122. Siehe auch: E. Hanisch, Gau der guten Nerven. Die nationalsozialistische Herrschaft in Salzburg 1938 - 1945, München 1997, sowie die umfangreiche Arbeit von G. Botz, Wien vom „Anschluß" zum Krieg. Nationalsozialistische Machtübernahme und politisch-soziale Umgestaltung am Beispiel der Stadt Wien 1938/39, Wien-München 1978 – eines der raren Beispiele einer zeitgeschichtlichen Regionalstudie für Wien.

schaft und Publizistik am häufigsten behandelten Themen der österreichischen Zeitgeschichte (die aktuellste Literaturliste hierzu umfaßt über fünfzig Bücher, Aufsätze, Dissertationen
und Diplomarbeiten, die sich explizit mit der Geschichte der illegalen NSDAP beschäftigen [12]) – allerdings meist im Zusammenhang mit dem Juliputsch 1934 und dem „Anschluß"
1938. [13] Dabei fällt, insbesondere angesichts des hohen Anteils regionalhistorischer Untersuchungen [14], das völlige Fehlen einer Studie zur Geschichte der NSDAP in Wien vor 1938
auf.

Die Erforschung der Geschichte der österreichischen NSDAP begann in den späten sechziger Jahren am Wiener Institut für Zeitgeschichte unter der Leitung von Ludwig Jedlicka
und wurde bis in die neunziger Jahre in erster Linie durch die Arbeiten der beiden Jedlicka-
Schüler Gerhard Botz und Gerhard Jagschitz geprägt. Während Jagschitz vor allem die Partei
selbst und ihre Rolle in der österreichischen Politik (besonders zwischen Juliputsch 1934 und
„Anschluß" 1938) [15] untersuchte, betrieb Botz Forschungen zur Sozialstruktur der Anhängerschaft [16], analysierte ihre gesellschaftlichen Aktivitäten (vor allem die gewaltsamen Auseinandersetzungen mit ihren politischen Gegnern [17]) und leitete daraus typologische Vergleiche
mit anderen faschistischen Bewegungen [18] ab.

Hatte die empirische Basis für Botz' Strukturanalysen die „große Kartei" des Berlin Document Centers [19] – also die bei der Parteileitung in München registrierten Angaben zu den

---

[12]   Bauer, Elementar-Ereignis, S. 370 - 386.

[13]   Unter den zahlreichen Arbeiten zur Annexion 1938 ist vor allem das Buch Erwin Schmidls hervorzuheben,
       der einen auf Dokumente, Erinnerungen und lokalhistorische Untersuchungen gestützten Überblick über die
       Machtübernahme durch die illegale Partei in den einzelnen Bundesländern gibt: E. A. Schmidl, März 38. Der
       deutsche Einmarsch in Österreich, Wien 1987, S. 111 - 134.

[14]   Bundesländerstudien bzw. Arbeiten zur illegalen NSDAP in den Landeshauptstädten: T. Albrich / W. Matt (Hg.),
       Geschichte und Region. Die NSDAP in den 30er Jahren im Regionalvergleich. Forschungsberichte – Fachgesprä-
       che, Dornbirn 1993; O. Fritsch, Die NSDAP im Burgenland 1933 - 1938, geisteswiss. Diss., Univ. Wien 1993;
       T. Dostal, Das „braune Netzwerk" in Linz. Die illegalen nationalsozialistischen Aktivitäten zwischen 1933 und
       1938, in: F. Mayrhofer / W. Schuster (Hg.), Nationalsozialismus in Linz, Linz 2001, Bd. 1, S. 21 - 136; A. Elste /
       D. Hänisch, Auf dem Weg zur Macht. Beiträge zur Geschichte der NSDAP in Kärnten von 1918 bis 1938, Wien
       1997 (= Vergleichende Gesellschaftsgeschichte und politische Ideengeschichte der Neuzeit, hg. v. A. Pelinka
       u. H. Reinalter, Bd. 8); K.-D. Mulley, Die NSDAP in Niederösterreich 1918 bis 1938. Ein Beitrag zur Vorge-
       schichte des „Anschlusses", in: Österreich in Geschichte und Literatur 33 (1989), S. 169 - 191; E. Staudinger,
       Zur Entwicklung des Nationalsozialismus in Graz von seinen Anfängen bis 1938, in: H. Valentinitsch / F. Bou-
       vier (Hg.), Graz 1938, Graz 1988 (= Historisches Jahrbuch der Stadt Graz, Bd. 18/19), S. 31 - 74; H. Walser, Die
       illegale NSDAP in Tirol und Vorarlberg 1933 - 1938. Mit einem Vorwort v. A. Pelinka, Wien 1983 (= Materialien
       zur Arbeiterbewegung Nr. 28). Darüber hinaus existieren zu zahlreichen weiteren Orten und Regionen Aufsätze,
       Diplomarbeiten und Dissertationen.

[15]   G. Jagschitz, Zur Struktur der NSDAP in Österreich vor dem Juliputsch 1934, in: Jedlicka / Neck (Hg.), Das Jahr
       1934: 25. Juli, S. 9 - 20; ders., Zwischen Befriedung und Konfrontation. Zur Lage der NSDAP in Österreich 1934
       bis 1936, in: L. Jedlicka / R. Neck (Hg.), Das Juliabkommen 1936. Vorgeschichte, Hintergründe und Folgen. Pro-
       tokoll des Symposiums in Wien am 8. Oktober 1974, Wien 1977 (= Veröffentlichungen der Wissenschaftlichen
       Kommission des Theodor-Körner-Stiftungsfonds u. des Leopold-Kunschak-Preises zur Erforschung der öster-
       reichischen Geschichte der Jahre 1927 bis 1938, Bd. 4), S. 156 - 187; ders., Von der „Bewegung" zum Apparat,
       bes. S. 89 ff.

[16]   G. Botz, The Changing Patterns of Social Support for Austrian National Socialism (1918 - 1945), in: St. U.
       Larsen / B. Hagtvet / J. P. Myklebust (Hg.), Who Were the Fascists. Social Roots of European Fascism, Bergen-
       Oslo-Tromsø 1980, S. 202 - 225; ders., Strukturwandlungen des österreichischen Nationalsozialismus (1904 -
       1945), in: I. Ackerl / W. Hummelberger / H. Mommsen (Hg.), Politik und Gesellschaft im alten und neuen
       Österreich. Festschrift für Rudolf Neck zum 60. Geburtstag, Wien 1981, Bd. II, S. 163 - 193.

[17]   G. Botz, Gewalt in der Politik. Attentate, Zusammenstöße, Putschversuche, Unruhen in Österreich 1918 - 1938,
       München 1983.

[18]   G. Botz, Soziale „Basis" und Typologie der österreichischen Faschismen im innerösterreichischen Vergleich, in:
       Faschismus in Österreich und international, Wien 1982 (= Jahrbuch für Zeitgeschichte 1980/81), S. 15 - 77.

[19]   G. Botz, Die österreichischen NSDAP-Mitglieder. Probleme der quantitativen Analyse aufgrund der NSDAP-
       Zentralkartei im Berlin Document Center, in: R. Mann (Hg.), Die Nationalsozialisten. Analysen faschistischer
       Bewegungen, Stuttgart 1980 (= Historisch-Sozialwissenschaftliche Forschungen, Bd. 8), S. 98 - 136; die Vor-

Mitgliedern – gebildet, so konzentrierten sich spätere Forschungen zur Sozialstruktur der NSDAP auf die Aktivisten der Bewegung, d. h. jene, die durch Propagandatätigkeit oder Teilnahme an Terroranschlägen mit Polizei und Justiz in Berührung gekommen und daher behördlich „erfaßt" worden waren. Sowohl das kollektivbiographische Forschungsprojekt zur sozialen Basis der NSDAP in Tirol und Vorarlberg, das in den neunziger Jahren unter der Leitung von Thomas Albrich und Wolfgang Meixner an der Universität Innsbruck durchgeführt wurde[20], als auch die den Arbeiten von Kurt Bauer zum NS-Putsch 1934 zugrundeliegende Datenbank[21] stützten sich auf die Angaben in polizeilichen Anzeigen und gerichtlichen Untersuchungen.

Aus diesen neueren Untersuchungen geht hervor, daß die NSDAP, die bis zu ihrem Verbot erst ansatzweise unter der Industriearbeiterschaft und kaum unter der Bauernschaft AnhängerInnen gewonnen hatte[22], 1933/34 ihr Sozialprofil gründlich änderte, sodaß „keine größere soziale Gruppe mehr auffällig unterrepräsentiert war"[23]. In der illegalen Partei trat die traditionelle kleinbürgerliche Anhängerschaft im Vergleich zu den neuen, meist jüngeren Mitgliedern aus dörflich-kleinstädtischen, bäuerlich-proletarischen Milieus in den Hintergrund, nur der Führungskader der Partei wies noch das traditionelle Übergewicht von Beamten, Angestellten und Selbständigen auf. Albrich und Meixner plädieren dafür, die nach 1945 für Politik, Rechtswesen und historische Forschung so bedeutende Kategorie der „Illegalen" aufzugeben, da sie von den NS-Behörden 1938 „konstruiert" worden war. Ihre Forschungen hätten ergeben, daß – zumindest in Tirol und Vorarlberg – die Zahl der Personen, die in der Zeit der Illegalität nachweislich für die NSDAP aktiv gewesen waren, „wesentlich höher" liege als die Zahl derer, die im Mai 1938 eine entsprechende Mitgliedsnummer erhalten haben, während umgekehrt ein hoher Anteil dieser Personen die Mitgliedsnummer, die sie als „Illegale" auswies, ehrenhalber verliehen bekommen hatte.[24]

Die illegale Partei vor dem Putsch: Opposition oder terroristische Organisation?

Unmittelbarer Anlaß des Betätigungsverbots für die NSDAP am 19. Juni 1933 war ein Handgranaten-Überfall von zwei Nationalsozialisten auf 56 Hilfspolizisten von Christlich-Deutschen Turnern, die von einer Schießübung in Egelsee nach Krems an der Donau zurückkehrten. Ein Hilfspolizist wurde getötet, 13 weitere schwer verletzt.

---

gangsweise im Forschungsprojekt „Sozialstruktur des österreichischen Nationalsozialismus" wurde von ihm auch in zwei umfangreichen Anmerkungen eines 1990 publizierten Aufsatzes beschrieben: Ders., Arbeiterschaft und österreichische NSDAP-Mitglieder (1926 - 1945), in: R. G. Ardelt / H. Hautmann (Hg.), Arbeiterschaft und Nationalsozialismus in Österreich – in memoriam Karl R. Stadler, Wien-Zürich 1990, S. 46.

[20] T. Albrich, Die „alten Kämpfer". Zum Aufbau, Alters- und Sozialprofil der NSDAP in Tirol und Vorarlberg vor 1933, in: T. Albrich / W. Matt (Hg.), Geschichte und Region. Die NSDAP in den 30er Jahren im Regionalvergleich. Forschungsberichte – Fachgespräche, Dornbirn 1993, S. 63 - 80; W. Meixner, „Illegale NS-Aktivisten" in Tirol 1933 - 1938: Erste Einblicke in ein Forschungsvorhaben, in: Ebenda, S. 81 - 99. Zu Quellenlage und Methodik siehe: T. Albrich / W. Meixner, Zwischen Legalität und Illegalität. Zur Mitgliederentwicklung, Alters- und Sozialstruktur der NSDAP in Tirol und Vorarlberg, in: Zeitgeschichte 5 - 6, 22. Jg., 1995, S. 149 - 187, bes. 151 ff.

[21] Den von Bauer für seine Strukturanalyse erstellten 2.500 Sozialprofilen von Beteiligten am Juliputsch liegt ein milieutheoretischer Ansatz zu Grunde. Siehe: K. Bauer, Arbeiterpartei? Zur Sozialstruktur der illegalen NSDAP in Österreich, in: Zeitgeschichte 5, 29. Jg., 2002, S. 259 - 272, bes. 260 f.

[22] D. Hänisch, Die österreichischen NSDAP-Wähler. Eine empirische Analyse ihrer politischen Herkunft und ihres Sozialprofils, Wien-Köln-Weimar 1998; detailliert zu Kärnten: Elste / Hänisch, Auf dem Weg zur Macht, S. 48 - 208.

[23] Bauer, Arbeiterpartei, S. 266.

[24] Albrich / Meixner, Zwischen Legalität und Illegalität, S. 181.

Anfang Juni 1933 hatten die Anschläge der NSDAP eine neue Qualität erreicht. In nur 19 Tagen wurden 48 Personen verletzt und vier getötet, darunter der jüdische Juwelier Norbert Futterweit, der am 12. Juni in Wien-Meidling von vier Nationalsozialisten in seinem Geschäft in die Luft gesprengt worden war. Andere Anschläge gegen jüdische Geschäfte forderten nur durch Zufall keine Todesopfer. Am Tag zuvor war gegen den Tiroler Heimwehr-Führer Richard Steidle ein Attentat verübt worden. Das war die Umsetzung einer Order, wie sie bei „Führerappellen" der österreichischen NSDAP ausgegeben wurde: „Juden, Minister und Heimwehrleute sind vogelfrei" (die Fotografie der Mitschrift von Reden auf einem derartigen Appell wurde vom Wiener Heimwehrführer und Sicherheitsminister Emil Fey am 30. Juni dem Ministerrat vorgelegt [25]).

Am 9. Juni drohte der auf Grund der Wiener Landtagswahlen in den Bundesrat entsandte nationalsozialistische Angeordnete Franz Schattenfroh der Bundesregierung einen „Kampf bis aufs Messer" an. [26] Im Frühjahr 1932 hatte der aus Deutschland stammende „Landesinspekteur" Theo Habicht einen mit „brutalsten Mitteln" geführten „Endkampf um Österreich" vorhergesagt. [27] Die Vermutung lag nahe, daß dieser „Endkampf" mit der Terrorwelle des Juni 1933 eingeleitet werden sollte. Bis dahin hatte sich die Taktik der Nationalsozialisten von den übrigen Parteien des „latenten Bürgerkriegs" 1928 bis 1933 (neben den NS-Organisationen waren dies die Heimwehren sowie der sozialdemokratische Schutzbund und die Kommunistische Partei) in Saalschlachten und Straßenkämpfen nicht grundsätzlich unterschieden, wenngleich sie durch besonders exzessive Gewaltanwendung gekennzeichnet war, die stetig gesteigert wurde: 1932 waren Nationalsozialisten bereits an 90 Prozent aller gewalttätigen politischen Auseinandersetzungen beteiligt. Individuelle Attentate [28] auf politische Gegner wurden vorerst nur in Ausnahmefällen verübt. Ab dem Frühjahr 1933 kamen jedoch terroristische Methoden massiv zum Einsatz: An die Stelle der unmittelbaren Konfrontation mit gegnerischen Aktivisten (des von Botz so genannten „Zusammenstoß-Terrors" [29]) trat nunmehr die konspirativ vorbereitete Gewalt gegen öffentliche Kommunikations- und Versorgungseinrichtungen und schließlich Anschläge gegen tatsächliche und vermeintliche Gegner, die auch den Tod von Unbeteiligten in Kauf nahmen. Es war offenkundig, daß diese Wandlung mit dem Machtantritt Hitlers in Deutschland am 30. Jänner 1933 in Zusammenhang stand. Die neue deutsche Regierung arbeitete mehr oder weniger offen auf einen Sturz der österreichischen Regierung hin, die österreichische NSDAP unterstützte diesen Angriff durch gewaltsame Aktionen im Innern. Es war wohl kein Zufall, daß die neue Terror-Welle mit der am 1. Juni 1933 in Kraft getretenen sogenannten „Tausendmarksperre", d. h. die Einhebung einer Gebühr von 1.000 RM für die Ausstellung eines Sichtvermerks nach Österreich, zusammen-

---

[25] MRP 888, 30. 6. 1933, Protokolle des Ministerrats, VIII/4, S. 148.

[26] Stenographische Protokolle des Bundesrates der Republik Österreich, 198. Sitzung, 9. 6. 1933, S. 2244 f., zitiert in: H. Wohnout, Dreieck der Gewalt. Etappen des nationalsozialistischen Terrors in Österreich 1932 - 1934, in: G. Schefbek, Österreich 1934. Vorgeschichte – Ereignisse – Wirkungen, Wien-München 2004, S. 78 - 90, hier 84.

[27] Die Formulierung Habichts in seinem oft zitierten Vorwort zum „Dienstbuch der NSDAP Österreichs", Linz 1932, S. 1 f., lautet allerdings etwas anders, als sie in der Publizistik gelegentlich paraphrasiert wird. Habicht kündigte zwar an, die NSDAP trete „zur Entscheidung an", behauptete aber, es sei der „Marxismus", der sich auf einen „mit den allerletzten und brutalsten Mitteln geführten Verzweiflungskampf" vorbereite. Indem er von den Parteigängern Hitlers „Härte und Opferbereitschaft" forderte, die in der Bereitschaft gipfeln müsse, „rücksichtslos sich selbst zu opfern" so wie jene Dreihundert, die bereits als Märtyrer „unter Hitlers Fahnen" gefallen seien (S. 3), machte er jedoch deutlich, daß das dem Marxismus unterstellte Ziel der „gewaltsame[n] Auseinandersetzung im Innern" tatsächlich die Strategie seiner eigenen Partei umschrieb.

[28] Zu den historisch-politischen Wurzeln und Vorbildern des nationalsozialistischen Terrors in der „Kampfzeit" der Bewegung in den zwanziger und dreißiger Jahren siehe: W. Neugebauer, Die Anfänge des NS-Terrorismus in Österreich – Wurzeln, Motive und politische Hintergründe, in: Schefbek, Österreich 1934, S. 70 - 77, hier 71 ff.

[29] Botz, Gewalt in der Politik, S. 111.

fiel – die durch diese Maßnahme herbeigeführte Abwürgung des Fremdenverkehrs sollte den wirtschaftlichen Zusammenbruch Österreichs beschleunigen.[30]

Die österreichischen Behörden reagierten mit einer Verhaftungswelle, mit drastischen Verwaltungsstrafen und schließlich mit dem faktischen Parteiverbot und in weiterer Folge der Aberkennung der Mandate der in Gemeinderäte und Landtage gewählten Nationalsozialisten sowie der Unterbindung des weiteren Erscheinens ihrer Zeitungen. Führende Funktionäre der NSDAP saßen ab Juni 1933 im Gefängnis oder hatten ins benachbarte Ausland ausweichen müssen, darunter Landesleiter Alfred Proksch und Landesinspekteur Habicht. Letzterer übernahm ab diesem Zeitpunkt auch formal die Führung der Landesleitung.

Das nationalsozialistische Deutschland bot den österreichischen Parteifunktionären nicht nur Unterschlupf, sondern ermöglichte ihnen die Fortsetzung ihrer Tätigkeit von deutschem Boden aus. Der Sitz der Landesleitung der österreichischen NSDAP wurde von Linz nach München verlegt, wo sie die Möglichkeit zur Radio-Propaganda erhielt und fallweise Flugzeuge einsetzen konnte, die über dem österreichischen Grenzgebiet Flugblätter abwarfen. Auch die Gauleitungen von Niederösterreich und Wien, ab Herbst auch von Tirol-Vorarlberg, sowie die Leitungen von SA und SS schlugen ihr Quartier in München auf. Die oberösterreichische Gauleitung übersiedelte nach Passau, die Salzburger Gauleitung nach Freilassing. Zur Betreuung der Flüchtlinge, aber auch zur Mobilisierung von in Deutschland lebenden Österreichern gegen die österreichische Bundesregierung konnte im November 1933 der frühere Stabschef des Steirischen Heimatschutzes, Ernst Rauter, den „Kampfring der Deutschösterreicher im Reich" ins Leben rufen. Ihre öffentliche Gründungsversammlung hielt die Organisation am 10. Dezember 1933 in München ab, das Vereinsorgan „Der Deutsch-Österreicher" begann aber schon einige Wochen eher zu erscheinen. Im Januar 1934 begann der Kampfring sein Organisationsnetz auf das ganze Reichsgebiet auszudehnen. Im Sommer 1934, nach der Ermordung Dollfuß', mußte sich der Kampfring auflösen, der „Deutsch-Österreicher" wurde eingestellt.[31]

Nach einer kurzen Phase der Reorganisation setzten auch in Österreich selbst die mitunter spektakulären Propagandaaktionen und Anschläge wieder ein. In den an Deutschland angrenzenden Bundesländern, insbesondere in Oberösterreich, wurden die Terrorgruppen logistisch von jenseits der Grenze unterstützt und mit Sprengmitteln versorgt, wobei vor allem die aus geflüchteten österreichischen SA-Männern gebildete „Österreichische Legion" zum Einsatz kam.[32] Die Regierung versuchte die Terrorwelle durch Vermögensbeschlagnahmungen, Ausbürgerungen und andere auf der Grundlage des Kriegswirtschaftlichen Ermächtigungsgesetzes verfügte Maßnahmen zu bekämpfen, die aber vorerst ebensowenig Wirkung zeigten wie hohe Geldstrafen auch für geringfügige Übertretungen und die massenhafte Verhängung von Arreststrafen. In breitem Umfang wurde die Ausnahmegesetzgebung auf der Grundlage des Kriegswirtschaftlichen Ermächtigungsgesetzes dazu genutzt, Nationalsozialisten – unabhängig davon, ob ihnen eine Mitwirkung an dem jeweiligen Anschlag nachgewiesen werden konnte – zum Ersatz der Kosten für die angerichteten Schäden zu verhalten. Zur Beseitigung nationalsozialistischer Schmierereien wurden sogenannte „Putzscharen" aus ortsbekannten Nationalsozialisten eingesetzt. Am 23. September 1933 schuf die Regierung darüber hinaus die Möglichkeit zur „Anhaltung" staatsgefährdender Personen[33], doch die Internierungen in

---

[30]   G. Otruba, A. Hitler's „Tausend-Mark-Sperre" und die Folgen für Österreichs Fremdenverkehr (1933 - 1938), Linz 1983 (= Linzer Schriften zur Sozial- und Wirtschaftsgeschichte, Bd. 9).

[31]   W. R. Garscha, Die Deutsch-Österreichische Arbeitsgemeinschaft. Kontinuität und Wandel deutscher Anschlußpropaganda und Angleichungsbemühungen vor und nach der nationalsozialistischen „Machtergreifung", Salzburg-Wien 1984 (= Veröffentlichungen zur Zeitgeschichte, Bd. 4), S. 259 f. Siehe auch: Jagschitz, Der Putsch, S. 35 f., 182.

[32]   Beispiele für von Deutschland aus gesteuerte Sprengstoffanschläge 1933/34 bei: Jagschitz, Der Putsch, S. 42 f.

[33]   BGBl. 431/1933 („Anhalteverordnung").

Wöllersdorf, Messendorf und anderen Lagern bewirkten nur, daß sich die solchermaßen in größeren Gruppen zusammengefaßten Nationalsozialisten gegenseitig in ihrer Bereitschaft, zum Sturz des „Systems" auch persönliche Opfer zu bringen, bestärkten. Doch auch in dieser Phase faktischer „Omnipräsenz" gelang es der illegalen Partei nicht einmal ansatzweise, die Stimmung der Bevölkerung zu ihren Gunsten so zu beeinflussen, daß der erhoffte Volksaufstand in erreichbare Nähe rückte.

Allerdings erblickte die übergroße Mehrheit der Nationalsozialisten in den verschiedenen Versuchen der Regierungsseite (an denen teilweise sogar Bundeskanzler Dollfuß beteiligt war[34]), mit den Nationalsozialisten trotz ihres Terrorfeldzugs wieder ins Gespräch zu kommen, um sich über ein gemeinsames Vorgehen gegen den „Marxismus" zu verständigen, den Beweis dafür, daß der Zusammenbruch der Gegenseite unmittelbar bevorstand. In diese Erwartungshaltung mischten sich quasi-religiöse Momente, wenn in der Propaganda die nahende Befreiung von der Bedrückung durch das „System" versprochen und Hitler als „Erlöser" verklärt wurde.[35] Erst als nach der Niederlage im Juliputsch diese kurzfristige Erwartungshaltung zusammengebrochen war, zeitigten die Repressionsmaßnahmen Wirkung, ohne jedoch die Aktivitäten der illegalen Partei völlig unterbinden zu können.

Mit Jahreswechsel 1933/1934 erreichte die österreichische NSDAP wieder ihre ursprüngliche Schlagkraft, was sich in einer Häufung von Sprengstoffanschlägen zeigte. Als Anfang Februar in mehreren Städten große Bauernaufmärsche zur Unterstützung der Bundesregierung stattfanden, explodierten bis zu vierzig Böller an einem Tag.

Diese neuerliche Terrorwelle wurde mit dem Ausbruch der Kämpfe zwischen dem Republikanischen Schutzbund und Regierungstruppen am 12. Februar abrupt gestoppt. Im Bürgerkrieg vom 12. bis zum 15. Februar 1934 nahm die NSDAP offiziell eine neutrale Haltung ein, da es für die Nationalsozialisten nur von Vorteil sein konnte, wenn ein anderer für sie die „schmutzige Arbeit" der Zerschlagung der Arbeiterbewegung besorgte[36], sie andererseits aber den daraus erhofften unmittelbaren Nutzen der Gewinnung enttäuschter sozialdemokratischer „Februarkämpfer" nur ziehen konnten, wenn sie zur Regierungsseite auf Distanz gingen (was von der Heimwehr als Schützenhilfe für die „Roten" und nationaler Verrat gebrandmarkt wurde[37]). Nach den Februarkämpfen unternahm die illegale NSDAP große Anstrengungen, sich vor allem jungen Mitgliedern der besiegten Sozialdemokratie als nunmehr einzige kämpferische Opposition gegen das Dollfuß-Regime zu präsentieren; so stammte ein Teil des nach den Februarkämpfen im Untergrund verbreiteten Propagandamaterials aus nationalsozialistischer Quelle.[38] Trotz einiger Erfolge (so näherte sich der oberösterreichische

---

[34] Beispiele hierfür bei: Jagschitz, Der Putsch, S. 60 f.

[35] Kurt Bauer zitiert in seinem Buch (Elementar-Ereignis, S. 7 f.) zahlreiche Beispiele, die belegen, daß diese „Endzeit-Stimmung" vor allem von jüngeren Juli-Putschisten verinnerlicht worden war.

[36] Auf diesen Zusammenhang hat der sowjetische Publizist Ilja Ehrenburg bereits in seiner im März 1934 in der Prager Exilzeitschrift „Neue Deutsche Blätter" publizierten Reportage über die Februarkämpfe in Österreich aufmerksam gemacht. Siehe: H. Arlt (Hg.), Der Bürgerkrieg in Österreich von Ilja Ehrenburg, Grafiken von Mihály Biró, Wien o. J. [1984], S. 35: Hitler könne jetzt in Österreich statt als Henker als „Befreier" auftreten.

[37] Beispiele hierfür zitiert in: H. Schafranek, NSDAP und Sozialisten nach dem Februar 1934, in: Ardelt / Hautmann (Hg.), Arbeiterschaft und Nationalsozialismus, S. 120. Schafranek wies in diesem Aufsatz nach, daß „das tatsächliche Verhalten der NSDAP und ihrer Vorfeldorganisationen in diesen Tagen durchaus nicht einheitlich und widerspruchsfrei von einer strikten Neutralität diktiert" war. „Es umfaßte vielmehr ein breites Spektrum unterschiedlicher taktischer Pläne und Aktionsformen, die von Hilfsangeboten an die Regierungsseite, Indifferenz, wohlwollender Neutralität gegenüber den militanten Schutzbündlern bis zu deren aktiver Unterstützung reichten." (Ebenda, S. 97).

[38] Dies trifft beispielsweise auf das bekannte Foto der Erschießung von sechs Schutzbund-Sanitätern durch Heimwehr-Männer am 13. Februar 1934 auf der Kellerbühne des Arbeiterheims in Holzleithen/Hausruck zu, das wenige Stunden danach von Nationalsozialisten am noch blutigen Schauplatz des Ereignisses nachgestellt wurde. – Mündliche Auskunft von Peter Kammerstätter, 1992. In seiner umfangreichen (ungedruckten) Dokumentation der Februarkämpfe belegt er zwar, daß das Foto nicht die Personen zeigt, die sich auf der Bühne be-

Schutzbundführer Richard Bernaschek vorübergehend der NSDAP an [39]) hörten die Übertritte nach wenigen Wochen auf. Als Grund hierfür gab der Geschäftsführer der in München ansässigen Anschluß-Organisation „Deutsch-Österreichischen Arbeitsgemeinschaft", Gerhard von Branca, der im April 1934 in Salzburg, Linz, Wien und Klagenfurt Gespräche mit verschiedenen Vertretern des deutschnationalen Lagers führte, an, daß „die Marxisten versuchen, ihre eigenen Positionen wieder aufzubauen und die Waffen behalten wollen". Hinsichtlich der politischen Haltung der neuen Parteimitglieder war er auf Skepsis gestoßen: „Die geistige Gewinnung der bisher mehr aus Haß gegen die Regierung Dollfuß übergetretenen Marxisten wird die N.S.D.A.P. noch eine Zeitlang beschäftigen." [40]

Mit einem Bombenanschlag auf einen Zug bei Wels am 10. April, bei dem ein Eisenbahner getötet und 15 Personen zum Teil schwer verletzt wurden, wurden die nationalsozialistischen Attentate wieder aufgenommen, bei denen in den Wochen bis zum Beginn des Juliputschs in Salzburg, Oberösterreich und der Steiermark weitere Menschen ums Leben kamen. Die Analyse der Anschläge zeigt, daß sie nicht österreichweit, wohl jedoch vielfach innerhalb der Bundesländer koordiniert waren, was Rückschlüsse auf die Kommunikation innerhalb der Landesorganisationen („Gaue" [41]) zuläßt. Festzuhalten ist jedoch, daß die über dreihundert Attentate und Böller-Anschläge der ersten Jahreshälfte 1934 – von wenigen Ausnahmen abgesehen – keine spontanen Einzelaktionen waren, sondern von Deutschland aus gesteuert, zumindest aber mit Waffen, Geld und logistischer Hilfe unterstützt wurden. [42]

Eine historisch-politische Einordnung der nationalsozialistischen Untergrundtätigkeit hat die persönlichen und kollektiven Motive der nationalsozialistischen Aktivisten, die angewandten Methoden der politischen Auseinandersetzung, aber auch innen- und außenpolitische Faktoren zu berücksichtigen. Die nach 1945 vorgenommenen Zuschreibungen hatten eine politisch-ideologische Funktion – die Charakterisierung der „Illegalen" als „Hochverräter" knüpfte an ihrer objektiven Rolle als „fünfte Kolonne" Hitler-Deutschlands an und war Bestandteil der Bemühungen um einen antifaschistischen Grundkonsens auf österreichisch-nationaler Grundlage in den ersten Nachkriegsjahren, tabuisierte aber die Repressionspraxis des Austrofaschismus; indem die vor 1938 tätigen Nationalsozialisten zu Hochverrätern und der Nationalsozialismus damit zu einer ausschließlich deutschen, „un-österreichischen" Angelegenheit deklariert wurden, stützte diese Herangehensweise außerdem die „Opfer-These". Umgekehrt blendet die Verharmlosung der illegalen NSDAP als (deutsch-)"nationale Opposition" gegen ein diktatorisches System den terroristischen Charakter vieler ihrer Aktionen sowie ihre bedingungslose Gefolgschaft für das verbrecherische Regime, das zur selben Zeit im benachbarten Deutschen Reich aufgerichtet wurde, völlig aus. Von Interesse ist, in welchem Ausmaß von ehemaligen Nationalsozialisten die Zugehörigkeit zur illegalen NSDAP als logische Folge der Arbeitslosigkeit im „Ständestaat" (der vielerorts von ZeitzeugInnen nach wie vor mit dem Nazi-Begriff „System-Zeit" bezeichnet wird) hingestellt wird, obwohl

---

funden hatten, die Information über das Zustandekommen des Fotos hat er darin allerdings nicht aufgenommen: P. Kammerstätter, Der Aufstand des Republikanischen Schutzbundes am 12. Februar 1934 in Oberösterreich. Eine Sammlung von Materialien, Dokumenten und Aussagen von Beteiligten, Linz 1983, Bd. III.

[39] I. Kykal / K. R. Stadler, Richard Bernaschek. Odyssee eines Rebellen, Wien 1976, S. 101 ff. Siehe auch: H. Konrad, Das Werben der NSDAP um die Sozialdemokraten 1933 - 1938, in: Ardelt / Hautmann (Hg.), Arbeiterschaft und Nationalsozialismus, S. 73 - 89, hier 83 f.

[40] Bericht des geschäftsführenden Vorstandsmitglieds der deutsch-österreichischen Arbeitsgemeinschaft, Dr. rer. pol. Gerhard Frhr. v. Branca, über seine Reise durch Österreich, Bundesarchiv Potsdam (vormals Zentrales Staatsarchiv der DDR), Bestand Reichsministerium des Inneren, Nr. 25769, Bl. 333, zitiert in: Garscha, Die Deutsch-Österreichische Arbeitsgemeinschaft, S. 310.

[41] Tirol und Vorarlberg bildeten, zeitweise unter Einschluß Salzburgs, den sogenannten „West-Gau". Für das Burgenland wurde erst 1935 eine eigene Gauleitung eingerichtet.

[42] Siehe: Jagschitz, Der Putsch, S. 90, 140.

sich bei genauerem Nachfragen oft herausstellt, daß zwischen der individuellen Mitgliedschaft und persönlicher Arbeitslosigkeit kein unmittelbarer Zusammenhang bestand. [43]

In der lokalen Erinnerungstradition werden die Aktivitäten der nationalsozialistischen Aktivisten oft wegen ihrer persönlichen Waghalsigkeit (beispielsweise Anbringung riesiger Hakenkreuze in Felswänden und an ähnlich exponierten Stellen, Abbrennen von Höhenfeuern) und ihres Einfallsreichtums (wozu nicht nur technischer Erfindungsgeist gehörte, sondern auch die gezielte Verbreitung falscher Gerüchte [44]) romantisch verklärt. Analysiert man diese Aktionen der illegalen NSDAP nicht aus dem Blickwinkel der Täter, sondern von ihrem teilweise mörderischen Resultat her – wie dies in einem 2000 - 2002 durchgeführten Gemeinschaftsprojekt des Dokumentationsarchivs des österreichischen Widerstandes und des Karl von Vogelsang-Instituts geschah [45] –, so drängt sich die Charakterisierung als Terrorismus auf: Im Zeitraum 1. Juni 1933 bis 10. März 1938 wurden 117 Personen sofort getötet, weitere 52 Personen so schwer verletzt, daß sie an den Folgen dieser Verletzungen verstarben. Zusätzlich zu diesen 169 Todesopfern wurden 624 Personen verletzt (291 schwer und 295 Personen leicht, in 38 Fällen ist der Verletzungsgrad nicht mehr feststellbar). 13 Personen wurden Opfer einer existenzbedrohenden Sachbeschädigung. [46] Von den Getöteten entfallen 119 Personen (78,7 %) auf den Juliputsch, die übrigen 50 Toten verteilen sich zu gleichen Teilen auf die knapp 14 Monate vor dem Juliputsch und die 3 1/2 Jahre zwischen Putsch und „Anschluß". Zu berücksichtigen ist dabei freilich, daß es sich beim NS-Terror vor 1938 – trotz der Rückendeckung seitens Hitler-Deutschlands – um eine Form der terroristischen „Gewalt der Unterlegenen" (Botz [47]) handelte. Deren Charakterisierung hat von den Rahmenbedingungen der Diktatur auszugehen, gegen die sie gerichtet ist. Im Falle des österreichischen „Ständestaats" ist dies die politische Schwäche der Regierung nach innen (Ablehnung durch den Großteil der ArbeiterInnenschaft sowie die deutschnationalen Teile der Beamtenschaft, des Kleinbürgertums und der bäuerlichen Bevölkerung), die noch verschärft wurde durch ihre außenpolitische Abhängigkeit von Italien als einziger Rückendeckung gegen den Druck Hitler-Deutschlands. Neben der zwar deklarierten, aber – wie die Entwicklung zeigte – aussichtslosen systemsprengenden Zielsetzung des nationalsozialistischen Terrorismus sind ferner die „kommunikativen Aspekte von Gewalt unter Bedingungen ansonsten eingeschränkter Meinungsäußerung und übermittlung für breite oppositionelle Bevölkerungsgruppen" [48] zu

---

[43]   Kurt Bauer schätzt, daß „wesentlich mehr als 50 % der am Juliputsch aktiv beteiligten Arbeiter arbeitslos waren" (Bauer, Arbeiterpartei, S. 265) – bei einem Gesamtanteil von 47,3 % Arbeitern (kleinbetriebliche Arbeiter, Handwerksgesellen, Hilfsarbeiter, Industriearbeiter und Facharbeiter) unter den Putschisten.

[44]   Beispiele hierfür u. a. bei: Dostal, Das „braune Netzwerk" in Linz, S. 48 f.

[45]   „Opfer des Terrors der NS-Bewegung in Österreich 1933 - 1938". Ein Dokumentations- und Forschungsprojekt des Karl von Vogelsang-Instituts zur Erforschung der christlichen Demokratie in Österreich und des Dokumentationsarchivs des österreichischen Widerstandes im Auftrag des Bundesministeriums für Bildung, Wissenschaft und Kultur. Eine Publikation der Ergebnisse des von Wolfgang Neugebauer und Helmut Wohnout geleiteten und vom Autor gemeinsam mit Heinz Arnberger wissenschaftlich betreuten Forschungsprojekts (SachbearbeiterInnen: Georg Kastner, Judith Kreiner und Susanne Uslu-Pauer) wird vom Autor dieses Beitrages gemeinsam mit Georg Kastner für 2005 vorbereitet. Die Datenbank ist am Karl von Vogelsang-Institut bzw. am DÖW einsehbar.

[46]   Ergebnis der Auswertung der Datenbank. Siehe: Wohnout, Dreieck der Gewalt, S. 80, und G. Kastner, Die Opfer des NS-Terrors in Österreich von 1933 bis 1938. Forschungszwischenbericht, in: H. Wohnout (Hg.), Demokratie und Geschichte. Jahrbuch des Karl von Vogelsang-Instituts zur Erforschung der christlichen Demokratie in Österreich, Jg. 5, Wien 2001, S. 161 - 187.

[47]   Botz, Gewalt in der Politik, S. 275. Diese Charakterisierung des Kampfes der illegalen Nationalsozialisten gegen das „System" entspricht eher dem Quellenbefund, wie er beispielsweise im Projekt „Opfer des NS-Terrors 1933 - 1938" erhoben wurde, als die Einbeziehung des NS-Terrors in eine „funktionelle Widerstandsforschung", wie sie in den neunziger Jahren Ernst Hanisch vorschlug: E. Hanisch, Der lange Schatten des Staates. Österreichische Gesellschaftsgeschichte im 20. Jahrhundert, Wien 1994, S. 318 - 322.

[48]   Botz, Gewalt in der Politik, S. 234.

berücksichtigen. Dies galt ganz besonders für die Monate vor dem Juliputsch 1934 und die Zeit unmittelbar vor dem „Anschluß" 1938.

Die illegale Partei vom Juliputsch 1934 bis zum „Anschluß" 1938

Auf das zentrale Ereignis in der Geschichte der illegalen NSDAP – den Putschversuch in Wien am 25. Juli 1934 und den sich daran anschließenden mehrtägigen Aufstandsversuch in den Bundesländern, über den eine umfangreiche wissenschaftliche Literatur vorliegt [49] – kann hier nicht näher eingegangen werden. Es sei jedoch darauf hingewiesen, daß mit den Akten des zur Aburteilung der Juliputschisten eingerichteten Militärgerichtshofs [50] ein umfangreicher Bestand im Archiv der Republik existiert, der bisher ganz ungenügend als historiographische Quelle genutzt wurde. [51]

Durch die Massenverhaftungen nach dem Putsch und die Flucht der wichtigsten Kader nach Deutschland und Jugoslawien brach die illegale Parteitätigkeit vorübergehend zusammen. Die von München aus operierende Landesleitung unter Proksch und Habicht wurde auf Befehl Hitlers [52] aufgelöst, zahlreiche österreichische Parteifunktionäre wurden degradiert, einige vorübergehend in Konzentrationslagern interniert, die übrigen erhielten bestenfalls – wie es Gerhard Jagschitz und Bruce F. Pauley ausdrückten – „dekorative" Posten [53] ohne politischen Einfluß und verloren Privilegien wie überhöhte Gehälter, Dienstautos und die Verfügungsgewalt über die hohen Geldbeträge, die bis dahin nach Österreich geflossen waren. [54] Die Umstellung der deutschen Österreich-Politik auf einen „evolutionären" Kurs fand auch in der Abberufung des bisherigen deutschen Gesandten Kurt Rieth ihren Niederschlag; an seiner Stelle wurde – als Hitlers „Sonderbevollmächtigter" – der stellvertretende Reichskanzler Franz von Papen von der katholischen Zentrumspartei mit der Leitung der deutschen Gesandtschaft in Wien betraut. [55] Mit Ausnahme des weiterhin über Mittelsmänner gesicherten Geldflusses (der teilweise über das „Hilfswerk" abgewickelt wurde, das auf deutscher Seite vom SS-General Alfred Rodenbücher und auf österreichischer Seite vom ehemaligen Parteiobmann der Großdeutschen Volkspartei in Oberösterreich, Franz Langoth, organisiert wurde [56]) war die österreichische Partei tatsächlich auf sich allein gestellt und wurde von den

---

[49] Am gründlichsten: Jagschitz, Der Putsch (mit Schwergewicht Wien), und Bauer, Elementar-Ereignis (mit dem Schwergewicht auf dem Aufstandsversuch in den Bundesländern).

[50] E. Holtmann, Zwischen „Blutschuld" und „Befriedung": Autoritäre Julijustiz, in: Jedlicka / Neck (Hg.), Das Juliabkommen 1936, S. 36 - 45. Der Militärgerichtshof stellte ein bis 31. Januar 1935 befristetes Ausnahmegericht dar. Seiner Einrichtung ging eine lebhafte Debatte im Ministerrat voran: MRP 957, 26. 7. 1934, Protokolle des Ministerrats, VIII/7, S. 645 - 660. Das diesbezügliche Bundesverfassungsgesetz ist abgedruckt in: Ebenda, S. 653 ff.

[51] Der Quellenwert dieses Bestands wird deutlich in dem auf das betreffende Militärgerichtshofverfahren gestützten Aufsatz von G. Kastner, Der Anschlag auf die Radio Verkehrs-A.G. am 25. Juli 1934. Zwischenbericht zum Forschungsprojekt „Der Juliputsch in den Bundesländern" (erscheint in: Jahrbuch des Karl von Vogelsang-Instituts, 8. Jg., Wien 2004).

[52] Faksimile der von Bormann im Namen von Hitlers Stellvertreter Rudolf Heß unterzeichneten „Anordnung" vom 3. August 1934 in: Jagschitz, Der Putsch, S. 181.

[53] Jagschitz, Der Putsch, S. 184; Pauley, Der Weg in den Nationalsozialismus, S. 136.

[54] Zum Ergebnis der parteiinternen Revision im August 1934 siehe: Jagschitz, Der Putsch, S. 183.

[55] F. Müller, Ein „Rechtskatholik" zwischen Kreuz und Hakenkreuz: Franz von Papen als Sonderbevollmächtigter Hitlers in Wien 1934 - 1938, Frankfurt/M.-Bern-New York-Paris 1990 (= Europäische Hochschulschriften, Reihe III, Bd. 446), S. 89 ff.

[56] Siehe: G. Volsansky, Pakt auf Zeit. Das Deutsch-Österreichische Juli-Abkommen 1936, Wien-Köln-Weimar 2001, S. 83 ff. – Zum „Hilfswerk Langoth" ausführlich: W. Schuster, Deutschnational – Nationalsozialistisch – Entnazifiziert. Franz Langoth – Eine NS-Laufbahn, Linz 1999, S. 89 - 103. Daß die illegale Partei zumindest regional aber auch beträchtliche Zuwendungen österreichischer Geldgeber lukrieren konnte, hat Alfred Elste am Beispiel Kärntens gezeigt: Elste / Hänisch, Auf dem Weg zur Macht, S. 292 - 301. Siehe zur Finanzierung auch:

Gauleitern bzw. den nach deren Verhaftung nachgerückten Stellvertretern „regiert". Nach teilweise heftigen inneren Auseinandersetzungen einigten sich die Führer der Bundesländer-Organisationen auf einem konspirativen Treffen in Innsbruck Ende Dezember 1934 auf eine neue Führung. Zum neuen Landesleiter wurde der noch in Haft befindliche Gauleiter von Niederösterreich, der Kremser Nationalsozialist Josef Leopold[57], der bis zu seiner Inhaftierung im Juli 1933 Hauptmann des österreichischen Bundesheeres gewesen war, bestellt. Leopold war Vertreter des „revolutionären", d. h. putschistischen Flügels in der illegalen Partei. Logischer Stellvertreter wäre Hermann Neubacher gewesen, der – obwohl erst wenige Monate zuvor zur illegalen Partei gestoßen – während der Haftzeit Leopolds als Landesleiter fungiert hatte. Neubacher, ehemals leitender Beamter der Wiener Gemeindeverwaltung und 1938 - 1940 Bürgermeister von Wien, war jedoch nicht von allen Teilen der Partei als Landesleiter anerkannt, weshalb schließlich mit Franz Schattenfroh ein Vertrauter Theo Habichts zum (geschäftsführenden) Stellvertreter Leopolds bestellt wurde.

Angesichts des desolaten Zustands der illegalen Partei hatten bereits wenige Wochen nach dem gescheiterten Putschversuch Bemühungen sogenannter „Betont-Nationaler" eingesetzt, den Dialog zwischen „nationalem Lager" und Repräsentanten des Austrofaschismus wiederaufzunehmen. Als „Betont-Nationale" oder „Nur-Nationale" wurden deutschnationale Honoratioren bezeichnet, die außerhalb der NSDAP standen, da diese ihnen entweder zu „plebejisch" war oder sie deren Terrorismus ablehnten. Schon seit 1933 war in diesem Sinne der großdeutsche Vizebürgermeister von Innsbruck, Walther Pembaur, aktiv, wurde aber schließlich von beiden Seiten desavouiert.[58] Im Sommer 1934 bemühte sich der ehemalige oberösterreichische Gauleiter Anton Reinthaller im Rahmen einer sogenannten „Nationalen Aktion" (später allgemein „Aktion Reinthaller" genannt[59]) gemeinsam mit Hermann Neubacher, Arthur Seyß-Inquart und Hubert Klausner, den Einbau von Vertrauenspersonen der NSDAP in das austrofaschistische System zu erreichen. Obwohl es dieses „evolutionäre" Konzept einer nationalsozialistischen Machtübernahme war, das – unter Beteiligung genau jener Personen – 1938 realisiert werden sollte, scheiterte die „Aktion Reinthaller" damals noch sowohl am Widerstand innerhalb des Regierungslagers (vor allem der Heimwehren unter Starhemberg) als auch der illegalen Partei-Kader.

Eine spezifische Situation bestand in Kärnten, wo eine derartige Annäherung an die Institutionen des „Ständestaats" nicht notwendig war, da „völkische" Verbände über breiten Rückhalt in der deutschsprachigen Bevölkerung verfügten und als legale „Operationsbasen der Nationalsozialisten im Kampf um die Macht"[60] genutzt werden konnten – auch als offizielle Veranstalter nationalsozialistischer Manifestationen.

Mit der organisatorischen Konsolidierung setzte auch die Propagandatätigkeit wieder ein. Hauptgegenstand der Flugschriften und Untergrundzeitungen der illegalen NSDAP war die Verherrlichung der Erfolge Hitler-Deutschlands auf wirtschaftlichem und außenpolitischem Gebiet, die immer wieder der Unfähigkeit des Austrofaschismus, der Massenarbeitslosigkeit Herr zu werden, gegenübergestellt wurden. Damit wurde der „Anschluß" implizit als Rettung

K. Stuhlpfarrer, Zum Problem der deutschen Penetration Österreichs, in: Jedlicka / Neck (Hg.), Das Juliabkommen 1936, S. 315 - 327.

[57] L. Jedlicka, Gauleiter Josef Leopold (1889 - 1941), in: G. Botz / H. Hautmann / H. Konrad (Hg.), Geschichte und Gesellschaft. Festschrift für Karl R. Stadler zum 60. Geburtstag, Linz-Wien 1974, S. 143 - 161. Siehe auch die Memoiren des österreichischen SA-Führers A. Persche, Hauptmann Leopold. Der Abschnitt 1936 - 1938 der Geschichte der nationalsozialistischen Machtergreifung in Österreich, unveröffentlichtes Manuskript, o. D. [1946/1947].

[58] Zu Pembaurs „Verständigungsbund" siehe: Garscha, Die Deutsch-Österreichische Arbeitsgemeinschaft, S. 284 ff.

[59] Pauley, Der Weg in den Nationalsozialismus, S. 146 ff.

[60] Elste / Hänisch, Auf dem Weg zur Macht, S. 285.

propagiert, ohne daß die alte Parole „Ein Volk – ein Reich" (die nach der Distanzierung der deutschen Regierung vom Juliputsch obsolet geworden war) wiederholt werden mußte.[61] Als Hauptgegner bekämpft wurden – neben der Bundesregierung – bis 1936 Italien (wobei an traditionelle österreichische Ressentiments angeknüpft werden konnte, während gleichzeitig zu Hitlers Haltung zu Südtirol geschwiegen wurde), ferner alle, die Gedanken einer nationalen Eigenständigkeit der österreichischen Bevölkerung entwickelten (das waren zunächst französisch beeinflußte Publizisten, ab Mitte der dreißiger Jahre in erster Linie österreichische Legitimisten und Kommunisten). Besonders aggressiv war die Propaganda gegen die katholische Kirche und gegen Juden. Gustav Spann hat darauf hingewiesen, daß Herstellung und Vertrieb des Propagandamaterials hauptsächlich vom radikalen Flügel der NSDAP betrieben wurde, der alle Verständigungsversuche mit der Regierung ablehnte.[62]

In dem am 11. Juli 1936 zwischen Hitler und Schuschnigg geschlossenen Abkommen[63], durch das u. a. die Aufhebung der 1933 von Hitler-Deutschland verhängten „Tausend-Mark-Sperre" in Aussicht gestellt wurde[64], verpflichtete sich die deutsche Regierung zur Respektierung der innenpolitischen Gestaltung Österreichs, „einschließlich der Frage des österreichischen Nationalsozialismus, als eine innere Angelegenheit des anderen Landes, auf das sie weder mittelbar noch unmittelbar Einwirkung nehmen wird".[65] Im gleichzeitig (nicht verlautbarten) „Gentlemen's Agreement" wurde im Gegenzug festgelegt, daß die österreichische Bundesregierung Vertreter der bisherigen sogenannten „nationalen Opposition in Österreich" zur Mitwirkung an der politischen Verantwortung heranziehen werde, um „für die innere Befriedung der nationalen Opposition und ihre Beteiligung an der politischen Willensbildung in Österreich zu sorgen".[66] Bestandteil dieses Agreements war eine umfassende Amnestie, durch die am 23. Juli mehr als 17.000 inhaftierte Nationalsozialisten freikamen.[67] Dies bedeutete jedoch keine Legalisierung der illegalen Partei. Die Generaldirektion für die öffentliche Sicherheit wies die Polizeidienststellen am selben Tag darauf hin, daß sich bezüglich der Bekämpfung der Betätigung für die nationalsozialistische Partei keine Änderung ergebe.[68]

Die erste Reaktion der österreichischen Nationalsozialisten auf das Juliabkommen war eine „Stimmung […] großer Niedergeschlagenheit". Erst durch die illegalen Zeitungen wurde diese erste Einschätzung korrigiert, wie der bereits erwähnte Emissär einer konspirativ tätigen deutschen Anschluß-Organisation, Gerhard von Branca, der unmittelbar nach Bekanntgabe der Vereinbarung Österreich bereiste, nach zahlreichen Gesprächen mit illegalen Nationalsozialisten und ihnen nahestehenden Persönlichkeiten konstatierte. „Wir können heute drei Gruppen unterscheiden. Eine kleine Gruppe verharrt in der Auffassung des Verratenseins. Es sollen in Wien Beziehungen zu der Schwarzen Front Otto Strassers und den Kommunisten

---

[61] Zahlreiche Beispiele hierfür in der Dissertation von R. Stoppacher, Die Anschluß-Propaganda der illegalen NS-Presse in Österreich 1933 - 1938, Wien 1983.

[62] G. Spann, Die illegale Flugschriftenpropaganda der österreichischen NSDAP vom Juliputsch 1934 bis zum Juliabkommen 1936, in: Jedlicka / Neck (Hg.), Das Juliabkommen 1936, S. 188 - 197, hier 190.

[63] Volsansky, Pakt auf Zeit., S. 22 - 36; siehe auch: Müller, Franz von Papen als Sonderbevollmächtigter, S. 271 ff.

[64] Deren Aufhebung dauerte allerdings noch bis Ende August. Volsanski, Pakt auf Zeit, S. 124 f. Zu den Folgen der zögerlichen Aufhebung der Sperre und der anschließend nur mangelhaften Ausstattung der Touristen mit Valuten auf nationalsozialistisch orientierte österreichische Tourismusbetriebe siehe: Garscha, Die Deutsch-Österreichische Arbeitsgemeinschaft, S. 362.

[65] Kommuniqué, abgedruckt in: ADAP D/I, Nr. 153.

[66] Ebenda, Nr. 152.

[67] Laut Mitteilung von Sonderbotschafter Franz von Papen an das Auswärtige Amt Berlin vom 23. Juli 1936. Abgedruckt in: Ebenda, Nr. 160. Die Gesamtzahl der bis Herbst 1936 Amnestierten betrug 18.684 Personen. Siehe: Volsanski, Pakt auf Zeit, S. 181. Details der Durchführung der Amnestie sowie zur Frage der Rückkehr der mehreren zehntausend nationalsozialistischen „Emigranten" siehe: Ebenda, S. 176 - 199.

[68] Erlaß der G.f.d.ö.S. vom 23. Juli 1936, GD. 34.892-St.B., zitiert in: Müller, Papen als Sonderbevollmächtigter, S. 294.

aufgenommen [worden] sein. In Spittal in Kärnten, wo auch ein Mittelpunkt des Widerstandes gegen das Abkommen ist, wurde eine neue Strophe zum Horst-Wessel-Lied gesungen über den Verrat Österreichs an Rom. Eine zweite, ebenfalls kleine Gruppe ist sich der großen Schwierigkeiten bewußt, die noch zu überwinden sind, und weiß, daß viel Geduld erforderlich ist. Die große Masse der Partei wie ihre Mitläufer haben ihre anfängliche Bestürzung in Optimismus umgewandelt."[69] Diese Kreise würden nämlich an ein Geheimabkommen glauben, wonach Schuschnigg bald zugunsten Glaise-Horstenaus[70] zurücktreten werde, der seinen Platz nach einem halben Jahr einem Nationalsozialisten räumen werde.

Die unterschiedliche Interpretation des Abkommens folgte der generellen Spaltung der Mitgliedschaft in gemäßigte „Salon-Nazis"[71] und Radikale, die sich verraten fühlten. Der Widerstand gegen die neue Linie ging von Landesleiter Leopold und dem ihm treu ergebenen SA-Führer Alfred Persche sowie dem burgenländischen Gauleiter Tobias Portschy aus, doch keiner dieser österreichischen NS-Führer wagte es, auf direkten Konfrontationskurs zu Hitler zu gehen, vielmehr wurden entweder mißgünstige Einflüsterer des „Führers" für Hitlers Kurswechsel verantwortlich gemacht[72] oder der Kurswechsel einfach nicht zur Kenntnis genommen. Die burgenländische NSDAP-Leitung interpretierte das Abkommen in einer Information an die Mitglieder dahingehend, daß Hitler Österreich in die „gesamtdeutsche Front zurückgezwungen" habe und sich an der eigenen Politik nichts ändere.[73]

Das Ausmaß der Entfremdung zwischen der Führung Hitler-Deutschlands und den illegalen österreichischen Nationalsozialisten wurde in einer kleinen Episode sichtbar, die sich am 29. Juli, im Vorfeld der XI. Olympischen Sommerspiele in Berlin, zutrug: Anläßlich des Eintreffens des olympischen Feuers in Wien provozierten die österreichischen Nationalsozialisten Zusammenstöße mit der Polizei – und mußten hinterher feststellen, daß ihre Aktion vom deutschen Nachrichtenbüro als das Werk von „Juden und Marxisten" bezeichnet worden war. Der oben erwähnte DÖAG-Geschäftsführer Branca bemerkte bei seiner Wien-Reise im Juli/August 1936 darüber „große Mißstimmung" in der illegalen Partei: „Tatsache ist, daß zwar auch einige kommunistische Zettel verteilt wurden, daß aber die Demonstration planmäßig von der Partei vorbereitet wurde."[74]

Da der Landesleiter der NSDAP, Josef Leopold, seit Juni 1935 im Lager Wöllersdorf angehalten wurde, konnte er weder in die Vorbereitung des Juliabkommens eingreifen noch sein Zustandekommen verhindern. Nach seiner Freilassung am 23. Juli (infolge der im Abkommen vereinbarten Amnestie) übernahm er wieder die Leitung der österreichischen Partei und bemühte sich nun seinerseits, eine Art „evolutionäres" Konzept umzusetzen – in Form der Gründung einer nationalsozialistischen Tarnorganisation mit der Bezeichnung „Deutschsozialer Volksbund", die dann korporativ der Vaterländischen Front beitreten sollte. Leopolds „Minimalforderungen" gingen weit über das Juliabkommen hinaus, umfaßten ein „Verbot der Judenpresse" ebenso wie eine „Anerkennung des Prinzips, daß die nationalsozialistische

[69]   Bericht über die Reise nach Österreich vom 12. Juli bis 3. August 1936, Bundesarchiv Potsdam (vormals Zentrales Staatsarchiv der DDR), Bestand „Deutsch-Österreichische Arbeitsgemeinschaft", Nr. 37, Bl. 129. Zitiert in: Garscha, Deutsch-Österreichische Arbeitsgemeinschaft, S. 338.

[70]   Der Direktor des Kriegsarchivs, Glaise-Horstenau, der von seinem Duzfreund Schuschnigg bereits im Oktober 1934 als Vertreter der „nationalen Opposition" in den Staatsrat berufen worden war, wurde am 12. Juli 1936 zum Minister ohne Portefeuille, im November 1936 zum Innenminister ernannt. Siehe: P. Broucek (Hg.), Ein General im Zwielicht. Die Erinnerungen Edmund Glaises von Horstenau, Bd. 2: Minister im Ständestaat und General im OKW, Wien 1983 (= Veröffentlichungen der Kommission für Neuere Geschichte Österreichs, Bd. 70), S. 34 f., 72 ff.

[71]   Siehe: Dostal, Das „braune Netzwerk" in Linz, S. 114 f.

[72]   Zahlreiche Beispiele hierfür bei: Persche, Hauptmann Leopold.

[73]   Zit. in: Fritsch, Die NSDAP im Burgenland, S. 225.

[74]   DÖAG-Reisebericht Juli/August1936, zitiert in: Garscha, Deutsch-Österreichische Arbeitsgemeinschaft, S. 339. Siehe auch: Broucek, Ein General im Zwielicht, S. 103 ff.

Überzeugung und Aktivität keinen staats- oder regierungsfeindlichen Charakter" habe. [75] Die Verhandlungen mit der Bundesregierung, die für die NSDAP durch ein unter dem Vorsitz von Oswald Menghin, Urgeschichte-Professor an der Universität Wien, gebildetes, faktisch aber von Leopold geleitetes „Siebenerkomitee" geführt wurden, begannen im Februar 1937. Zur selben Zeit stellte die illegale Partei durch die Organisierung einer Begrüßungskundgebung für Konstantin Neurath, anläßlich des Besuchs des deutschen Außenministers in Wien, ihre wiedergewonnene Mobilisierungskraft unter Beweis: Rund hunderttausend Menschen nahmen an diesen Demonstrationen teil.

Auf der Grundlage einer gemeinsamen Initiative des führenden VF-Funktionärs Guido Zernatto und des katholischen Nationalsozialisten Arthur Seyß-Inquart wurde im April/Mai 1937 eine andere Möglichkeit zum – allerdings individuellen – Einbau von Nationalsozialisten in die Vaterländische Front gefunden: die Schaffung von „Volkspolitischen Referaten" im Rahmen der VF. [76] Als besonders rührig erwies sich hierbei der Leiter des Volkspolitischen Referats in Graz, der jungen Chemieprofessor Armin Dadieu, der auch in Lokalorganisationen der VF Unterabteilungen des Volkspolitischen Referats einrichtete. Indem die VF als Rahmen für den Wiederaufbau der zerschlagenen Infrastruktur der illegalen NSDAP benützt wurde, gelang die Umsetzung eines Beschlusses, den die steirische Gauleitung im Dezember 1936 als Konsequenz aus dem Juliabkommen gefaßt hatte: Nach der Anerkennung der staatlichen Selbständigkeit durch Deutschland müsse es das Ziel der österreichischen Partei sein, „die Bewegung in die Legalität überzuführen. Welche Form die Legalität erhält, ist nebensächlich, entscheidend ist, daß sie die Möglichkeit gibt, an der politischen Willensbildung im Staat teilzunehmen. Diese Legalität kann nur auf dem Verhandlungswege erreicht werden." [77] Ganz anders die Reaktion der burgenländischen Nationalsozialisten: In den illegalen Zeitschriften wurde die neuerliche Verständigungsaktion attackiert, und in einer geheimen „Sonderanweisung" der Gauleitung wurde verfügt, daß Parteigenossen, die mit dem Volkspolitischen Referat außerhalb des „Dienstweges" (d. h. mit Zustimmung Portschys) Kontakt aufnehmen, aus der Partei auszuschließen sind. [78]

Zum Kristallisationskern der innerparteilichen Opposition gegen das Festhalten am „revolutionären" Kurs wurde seit 1936 die sogenannte „Kärntner Gruppe" [79] um Gauleiter Hubert Klausner, zu der auch Klausners politischer Berater Friedrich Rainer sowie Odilo Globocnik, einer der wichtigsten Verbindungsmänner zwischen der österreichischen Partei-Opposition und deutschen NSDAP-Stellen, gehörten. Eine Methode der „Kärntner Gruppe" zum Ausbau ihres Einflusses war ein dem Reichssicherheitshauptamt in Berlin unterstellter geheimdienstlicher Apparat, der sogenannte „Sonderdienst der Gauleitung", der österreichweit agierte. Im November 1937 ließ Hauptmann Leopolds Landesleitung im offiziellen Parteiorgan „Österreichischer Beobachter" verkünden, daß Odilo Globocnik wegen „parteischädigenden Verhaltens" aus der NSDAP ausgeschlossen worden sei [80], nachdem Rainer und Globocnik bereits im Herbst 1936 von Leopold ihrer Ämter enthoben worden waren.

Obwohl die Gruppe um Hauptmann Leopold den überwiegenden Teil der Mitgliedschaft der illegalen Partei hinter sich wußte, mußte sie Ende 1937 / Anfang 1938 feststellen, daß die Entwicklung über sie hinwegzugehen drohte: Katholisch-deutschnationale Persönlichkeiten

[75] Pauley, Der Weg in den Nationalsozialismus, S. 176.
[76] Ausführlich dazu: Rosar, Deutsche Gemeinschaft, S. 117.
[77] "Die politische Taktik der NSDAP in Österreich und die Aufgaben für die nächste Zukunft", ÖStA/AdR, BKA Inneres, 22 Stmk, Kt. 5150 (Zl. 308.010-G.D.), zit. in: Staudinger, Entwicklung des Nationalsozialismus in Graz, S. 62; zu Dadieu auch: Pauley, Weg in Nationalsozialismus, S. 195.
[78] Fritsch, Die NSDAP im Burgenland, S. 227.
[79] Elste / Hänisch, Auf dem Weg zur Macht, S. 301 ff.
[80] Österreichischer Beobachter, Novemberfolge 1937, S. 8, zit. in: Fritsch, Die NSDAP im Burgenland, S. 227.

wie Seyß-Inquart verständigten sich, durch Vermittlung des deutschen Botschafters, sowohl mit der österreichischen als auch mit der deutschen Regierung und wurden dabei von Emissären aus dem Reich unterstützt. Im Juli 1937 hatte Hitler den SS-Offizier Wilhelm Keppler, einen Vertrauten Görings, der eine Kommission zur Überwachung der wirtschaftlichen Aspekte des Juliabkommens leitete, mit der Beobachtung der Entwicklungen in der österreichischen NSDAP betraut, was bei den illegalen Parteifunktionären Verbitterung auslöste. [81] Leopolds Stellvertreter, der Wiener Gauleiter Leopold Tavs, arbeitete einen Plan aus, der die Bildung einer nationalsozialistischen Gegenregierung und die Provozierung eines Bürgerkriegs vorsah, der ein deutsches Eingreifen unvermeidlich machen müßte. Wie schon im Mai 1937, als die Polizei bei einer Hausdurchsuchung im Siebenerausschuß Beweise für die Lenkung der illegalen Partei durch deutsche Stellen gefunden hatte, bemühte sich der Kreis um Leopold auch diesmal nicht, seine Aktivitäten vor der österreichischen Polizei geheimzuhalten. Der Auffindung des „Tavs-Plans" war ein Interview von Tavs für eine Prager Zeitung vorangegangen, in dem er geprahlt hatte, Schuschnigg würde es nicht wagen, gegen die österreichischen Nationalsozialisten vorzugehen, weil er deutsche Vergeltungsmaßnahmen fürchte. Hitler sicherte Schuschnigg beim Treffen am 12. Februar 1938 in Berchtesgaden zu, daß Personen, deren weiterer Aufenthalt in Österreich den beiderseitigen Beziehungen nachteilig sei, ihren Wohnsitz nach Deutschland verlegen müßten. [82] Leopold berief unmittelbar nach dem Treffen Hitlers mit Schuschnigg in Berchtesgaden eine Beratung führender Parteifunktionäre ein. Einige prominente Nationalsozialisten weigerten sich allerdings teilzunehmen: SS-Führer Ernst Kaltenbrunner, der ehemalige Stellvertreter Leopolds als Gauleiter von Niederösterreich, Hugo Jury, und Anton Reinthaller. Für seine Taktik, nun erst recht auf Konfrontationskurs zu gehen (ein entsprechender Runderlaß ging am 17. Februar an die illegalen Organisationen), erhielt Leopold jedoch außer von SA-Führer Persche kaum mehr Rückendeckung. Das signifikante Ansteigen von Gewaltakten in den Wochen unmittelbar vor dem „Anschluß" zeigte aber, daß Leopolds Kurs an der Parteibasis offensichtlich populär war. Leopold wurde daraufhin von Hitler nach Deutschland berufen und aller Ämter enthoben; die Leitung der österreichischen Partei übernahm Hubert Klausner. Seine Aufgabe nach der deutsch-österreichischen Übereinkunft von Berchtesgaden war es, die Umsetzung der Machtübernahme „von oben" (mit Seyß-Inquart als Sicherheitsminister) abzusichern und Störungen durch die illegale Partei hintanzuhalten. [83]

Auch in den anderthalb Jahren zwischen dem Juliabkommen 1936 und dem „Anschluß" 1938 waren gewaltsame Aktionen und Mordanschläge Bestandteil der Politik der illegalen NSDAP. Dazu zählten sowohl bewaffnete Angriffe auf Funktionäre des Ständestaats [84] als auch Feme-Morde in den eigenen Reihen. Eine besondere Rolle spielte dabei in Kärnten der Sicherheitsdienst der SS – zum Kärntner SD-Leiter war 1936 der erst 22jährige Ernst Lerch bestellt worden, der später als Stabschef Odilo Globocniks im Distrikt Lublin während der Massenmorde der „Aktion Reinhard" zum Einsatz kam. [85]

Die Hälfte aller nationalsozialistisch motivierten Tötungen des Jahres 1935 und alle Morde des Jahres 1936 richteten sich gegen die eigenen Leute. Besonderes Aufsehen erregte die

---

[81] Siehe die Schilderung der Unterredung von Alfred Persche mit Wilhelm Keppler und seinem Stabschef Edmund Veesenmayer im Herbst 1937 in Berlin: Persche, Hauptmann Leopold, S. 217 - 225.

[82] Punkt II/4 des Protokolls über die Besprechung vom 12. Februar 1938, abgedruckt in: ADAP D/I, Nr. 295. Nachdruck in: Dokumentationsarchiv des österreichischen Widerstandes (Hg.), „Anschluß" 1938. Eine Dokumentation, Wien 1988, S. 151 f.

[83] W. Rosar, Deutsche Gemeinschaft. Seyss-Inquart und der Anschluß, Wien-Frankfurt-Zürich 1971, S. 186 ff.

[84] Fritsch, Die NSDAP im Burgenland, S. 260 f., zählt mehrere Beispiele von Übergriffen auf burgenländische Bürgermeister durch illegale Nationalsozialisten 1936 - 1938 (mit teilweise schweren Mißhandlungen und Schuß-Attentaten) auf.

[85] Elste / Hänisch, Auf dem Weg zur Macht, S. 319, 360 ff.

Ermordung des aus der NSDAP ausgetretenen Johann Weichselberger in Neustift bei Schlaining am 28. November 1937, deren einschüchternde Wirkung auf die südburgenländische Bevölkerung noch über das Jahr 1945 hinaus spürbar war.[86]

In der letzten Februarwoche 1938 wurde sichtbar, welchen Vorteil auch militante Nationalsozialisten aus dem „evolutionären Kurs" ziehen konnten: Ausgehend von Graz – wo am 24. Februar, dem Tag von Schuschniggs Rede im Bundestag[87], bei einer Kundgebung auf dem Hauptplatz eine Hakenkreuzfahne am Rathaus gehißt wurde – organisierten Nationalsozialisten in ganz Österreich öffentliche Aktionen, aus denen sich an mehreren Orten, insbesondere in Wien, Zusammenstöße sowohl mit „vaterländischen" als auch sozialistischen und kommunistischen Jugendlichen entwickelten, bei denen die bereits nationalsozialistisch infiltrierte Polizei nur selten eingriff. Allerdings konnte sich die Regierung, wie gerade das Beispiel Graz zeigte, noch auf die Disziplin des Bundesheeres verlassen: Die von der NSDAP für den 27. Februar geplante Großkundgebung in Graz, zu der Nationalsozialisten aus der ganzen Steiermark anreisen sollten, wurde durch militärische Maßnahmen unterbunden. Erst durch die aus Wien verfügte Ablösung des Landesführers der Vaterländischen Front in der Steiermark, Alfons Gorbach, und des Landeshauptmanns Karl Maria Stepan, die die steirischen Nationalsozialisten vehement gefordert hatten, änderte sich das Kräfteverhältnis endgültig zugunsten der NSDAP.[88]

Bei der Durchführung der nationalsozialistischen Machtübernahme auf regionaler Ebene spielten die illegalen Parteiorganisationen die Rolle eines Motors, doch fast überall war ihr rascher Erfolg Resultat des Übergehens von Teilen der Beamtenschaft und der Exekutive auf die Seite der künftigen Machthaber.[89] Voraussetzung dafür war, wie sich Göring vor dem Nürnberger Kriegsverbrecherprozeß ausdrückte, daß, nachdem am 10. und 11. März in Berlin die Entscheidung zum militärischen Eingreifen gefallen war, im Laufe des Nachmittags des 11. März auch in Wien die Situation „ins Rutschen" kam.[90]

Zum Umgang mit den „Illegalen" nach 1945

Eines der ersten Gesetze der Provisorischen Regierung des Jahres 1945 war das „Verbotsgesetz" vom 8. Mai 1945, durch das die Zugehörigkeit zur illegalen NSDAP nachträglich als „Hochverrat" geahndet wurde. Mehr als achtzig Prozent der rund 137.000 staatsanwaltschaftlichen Untersuchungen wegen Verbrechen nach dem Verbots- oder Kriegsverbrechergesetz, die vor den Volksgerichten 1945 - 1955 gerichtsanhängig gemacht wurden, hatten ganz oder teilweise die „Illegalität" des Beschuldigten zum Gegenstand, ein beträchtlicher (auf Grund der heutigen Forschungslage allerdings nicht quantifizierbarer, sicher jedoch über 70 % liegender) Teil der 13.607 Verurteilungen durch österreichische Volksgerichte 1945 - 1955 erfolgte wegen dieses Delikts.[91]

---

[86] Siehe: Fritsch, Die NSDAP im Burgenland, S. 262 - 268.

[87] Text der Rede in: DÖW (Hg.), „Anschluß" 1938, S. 193 ff.

[88] Staudinger, Entwicklung des Nationalsozialismus in Graz, S. 69 f.

[89] Siehe die Dokumente in: DÖW (Hg.), „Anschluß" 1938, S. 281 - 302.

[90] IMT IX, S. 333, zit. in: W. R. Garscha, Die NSDAP Österreichs im März 1938 – Regierungspartei oder fünfte Kolonne?, in: F. Kreissler (Hg.), Fünfzig Jahre danach – der „Anschluß" von innen und außen gesehen. Beiträge zum Internationalen Symposium von Rouen 29. Februar – 4. März 1988, Wien-Zürich 1989, S. 149 - 158, hier 155.

[91] Siehe dazu zuletzt: W. R. Garscha, Statistische Zahlen zu nationalsozialistischen Tötungsverbrechen vor österreichischen und deutschen Gerichten, in: H. Halbrainer / M. F. Polaschek (Hg.), Kriegsverbrecherprozesse in Österreich. Eine Bestandsaufnahme, Graz 2003 (= Historische und gesellschaftspolitische Schriften des Vereins CLIO, Bd. 2), S. 9 - 31.

Die Populartradition weicht von der offiziellen Einstufung der „Illegalen" als Hoch-
verräter beträchtlich ab. Die in den ehemaligen „Hochburgen" der illegalen NSDAP in
Oberösterreich, Salzburg, der Steiermark und Kärnten in persönlichen Gesprächen und am
Wirtshaustisch tradierte Einschätzung der „Illegalen" und ihres Kampfs gegen das Dollfuß-
Schuschnigg-Regime weist, bei allen lokalen Unterschieden, einige Gemeinsamkeiten auf.
Fixpunkte dieses populären Geschichtsbildes sind:

- Das Erklärungsmuster „Arbeitslosigkeit": Dieses verkehrt das tatsächliche soziale Motiv
  vom Positiven (nämlich der Erwartung, daß der Nationalsozialismus bzw. der Anschluß an
  Deutschland die allgemeinen Lebensumstände verbessern und individuelle Aufstiegschancen eröffnen werde) ins Negative (nämlich die Verzweiflung über die Massenarbeitslosigkeit in Österreich) und erleichterte so offenkundig den Umgang mit der persönlichen Erinnerung, indem es eine Deutung erlaubte, die mit der allgemeinen Tabuisierung positiver
  Einstellungen zum Nationalsozialismus konform ging.
- Die Ausblendung der Tatsache, daß sich die Anschläge der illegalen NSDAP nicht nur
  gegen Sachen, sondern auch gegen Personen richteten. Zwar wird in der Regel der meist
  gewaltsame Charakter der NS-Aktionen nicht geleugnet, man erinnert sich aber an sie wie
  an „Lausbubenstreiche".
- Die Verleugnung des Antisemitismus und die Verharmlosung des demokratiefeindlichen
  Charakters der illegalen NSDAP (bei gleichzeitiger Betonung des diktatorischen Charakters des „Ständestaats") – diese nachträgliche „Entpolitisierung" der illegalen Partei ist
  einerseits Bestandteil der Reduktion der Beitrittsmotive auf die Arbeitslosigkeit, andererseits eine Notwendigkeit, um sich selbst als „Idealisten" hinstellen zu können – daß der
  rassistische Antisemitismus der NSDAP eines ihrer politischen „Ideale" war, wird ausgeblendet.
- Diese Darstellung der „Illegalen" als „Idealisten" wird ergänzt durch das Motiv des „Verratenseins", da die „Illegalen" nach der Annexion 1938 deutschen NS-Funktionären und
  österreichischen Karrieristen, die sich erst nachträglich als „Illegale" deklarierten, weichen
  mußten. Damit werden aus Tätern, die durch ihr politisches Engagement maßgeblich zur
  Aufrichtung der NS-Gewaltherrschaft in Österreich beigetragen haben, „Opfer". Der hohe
  Anteil der „Illegalen" unter den Arisierungsgewinnlern ebenso wie in den Besatzungsbü-
  rokratien der eroberten Länder während des Krieges wird ebenso negiert wie die Tatsache,
  daß gerade die „Illegalen" in besonders hohem Ausmaß beim Aufbau des Terrorapparats
  von Gestapo, SS und SD in Österreich eingesetzt wurden.[92]

Resümee

Trotz einzelner Privilegien und Orden unmittelbar nach der Annexion unterschied sich die
Masse der „Illegalen" jedoch nicht in dem Ausmaß von den übrigen Parteimitgliedern, wie es
ihre Stigmatisierung nach 1945 nahelegen würde. Das von vielen unter ihnen geteilte Gefühl,
1938 um die „Früchte des Sieges" betrogen worden zu sein, hatte eine reale Grundlage. Denn
obwohl die Annexion keinen „Sieg" der illegalen österreichischen NSDAP darstellte, war
die Existenz einer großen Anzahl von schwer disziplinierbaren radikalen Nationalsozialisten,
die sich als Gefolgsleute des „Führers" eines feindlichen Nachbarstaats verstanden, eine der
Voraussetzungen für den Erfolg der Aggressionspolitik Hitler-Deutschlands. Genau in dieser
Unberechenbarkeit der illegalen österreichischen Parteimitglieder – denen gegenüber das NS-
Regime bis 1938 zu keiner blutigen Disziplinierungsmaßnahme in der Art der Ausschaltung
der SA während des sogenannten „Röhm-Putschs" 1934 in Deutschland in der Lage war –

---

[92] Neugebauer, Die Anfänge des NS-Terrorismus, S. 76 f.

lag aber auch der Hauptgrund dafür, daß sie in ihrer großen Mehrheit nach 1938 die Macht mit den opportunistischen Emporkömmlingen teilen mußten.

Literatur

Ackerl, Isabella: Das Kampfbündnis der Nationalsozialistischen Deutschen Arbeiterpartei mit der Großdeutschen Volkspartei vom 15. Mai 1933, in: Ludwig Jedlicka / Rudolf Neck (Hg.), Das Jahr 1934: 25. Juli. Protokoll des Symposiums in Wien am 8. Oktober 1974, Wien 1975 (= Veröffentlichungen der Wissenschaftlichen Kommission des Theodor-Körner-Stiftungsfonds u. des Leopold-Kunschak-Preises zur Erforschung der österreichischen Geschichte der Jahre 1927 bis 1938, Bd. 3), S. 21 - 34.

Ackerl, Isabella / Walter Hummelberger / Hans Mommsen (Hg.): Politik und Gesellschaft im alten und neuen Österreich. Festschrift für Rudolf Neck zum 60. Geburtstag, Wien 1981.

ADAP D/I:

Akten zur deutschen auswärtigen Politik 1918 - 1945. Aus dem Archiv des deutschen Auswärtigen Amtes, Serie D (1937 - 1945), Bd. I: Von Neurath zu Ribbentrop (September 1937 – September 1938), Baden-Baden 1950. *Das II. Kapitel des Bandes enthält Dokumente ab dem 11. Juli 1936: „Deutschland und Österreich: Juli 1936 – Juli 1938"*.

Albrich, Thomas: Die „alten Kämpfer". Zum Aufbau, Alters- und Sozialprofil der NSDAP in Tirol und Vorarlberg vor 1933, in: Thomas Albrich / Werner Matt (Hg.), Geschichte und Region. Die NSDAP in den 30er Jahren im Regionalvergleich. Forschungsberichte – Fachgespräche, Dornbirn 1993, S. 63 - 80.

Albrich, Thomas / Werner Matt (Hg.): Geschichte und Region. Die NSDAP in den 30er Jahren im Regionalvergleich. Forschungsberichte – Fachgespräche, Dornbirn 1993.

Albrich, Thomas / Wolfgang Meixner: Zwischen Legalität und Illegalität. Zur Mitgliederentwicklung, Alters- und Sozialstruktur der NSDAP in Tirol und Vorarlberg, in: Zeitgeschichte 5 - 6, 22. Jg., 1995, S. 149 - 187.

Ardelt, Rudolf G. / Hans Hautmann (Hg.): Arbeiterschaft und Nationalsozialismus in Österreich – in memoriam Karl R. Stadler, Wien-Zürich 1990.

Arlt, Herbert (Hg.): Der Bürgerkrieg in Österreich von Ilja Ehrenburg, Grafiken von Mihály Biró, Wien o. J. [1984]. *Sondernummer der Zeitschrift „Der Streit" in Zusammenarbeit mit dem „theaterarbeiterkollektiv"*.

Bauer, Kurt: Arbeiterpartei? Zur Sozialstruktur der illegalen NSDAP in Österreich, in: Zeitgeschichte 5, 29. Jg., 2002, S. 259 - 272.

Bauer, Kurt: Elementar-Ereignis. Die österreichischen Nationalsozialisten und der Juliputsch 1934, Wien 2003.

Botz, Gerhard: Arbeiterschaft und österreichische NSDAP-Mitglieder (1926 - 1945), in: Ardelt / Hautmann (Hg.), Arbeiterschaft und Nationalsozialismus in Österreich, S. 29 - 48.

Botz, Gerhard: Gewalt in der Politik. Attentate, Zusammenstöße, Putschversuche, Unruhen in Österreich 1918 - 1938, München 1983.

Botz, Gerhard: Die österreichischen NSDAP-Mitglieder. Probleme der quantitativen Analyse aufgrund der NSDAP-Zentralkartei im Berlin Document Center, in: Reinhard Mann (Hg.), Die Nationalsozialisten. Analysen faschistischer Bewegungen, Stuttgart 1980 (= Historisch-Sozialwissenschaftliche Forschungen, Bd. 8), S. 98 - 136.

Botz, Gerhard: Soziale „Basis" und Typologie der österreichischen Faschismen im innerösterreichischen Vergleich, in: Jahrbuch für Zeitgeschichte 1980/81, Wien 1982, S. 15 - 77.

Botz, Gerhard: Strukturwandlungen des österreichischen Nationalsozialismus (1904 - 1945), in: Ackerl / Hummelberger / Mommsen (Hg.), Politik und Gesellschaft, Bd. II, S. 163 - 193.

Botz, Gerhard: The Changing Patterns of Social Support for Austrian National Socialism (1918 - 1945), in: Stein Ugelvik Larsen / Bernt Hagtvet / Jan Petter Myklebust (Hg.), Who Were the Fascists. Social Roots of European Fascism, Bergen-Oslo-Tromsø 1980, S. 202 - 225.

Botz, Gerhard: Wien vom „Anschluß" zum Krieg. Nationalsozialistische Machtübernahme und politisch-soziale Umgestaltung am Beispiel der Stadt Wien 1938/39, Wien-München 1978.

Broucek, Peter (Hg.): Ein General im Zwielicht. Die Erinnerungen Edmund Glaises von Horstenau, Bd. 2: Minister im Ständestaat und General im OKW, Wien 1983 (= Veröffentlichungen der Kommission für Neuere Geschichte Österreichs, Bd. 70).

Dokumentationsarchiv des österreichischen Widerstandes (Hg.): „Anschluß" 1938. Eine Dokumentation (Auswahl, Bearbeitung und Zusammenstellung: Heinz Arnberger / Winfried R. Garscha / Christa Mitterrutzner), Wien 1988.

Dostal, Thomas: Das „braune Netzwerk" in Linz. Die illegalen nationalsozialistischen Aktivitäten zwischen 1933 und 1938, in: Fritz Mayrhofer / Walter Schuster (Hg.), Nationalsozialismus in Linz, Linz 2001, Bd. 1, S. 21 - 136.

Elste, Alfred / Dirk Hänisch: Auf dem Weg zur Macht. Beiträge zur Geschichte der NSDAP in Kärnten von 1918 bis 1938, Wien 1997 (= Vergleichende Gesellschaftsgeschichte und politische Ideengeschichte der Neuzeit, hg. v. Anton Pelinka u. Helmut Reinalter, Bd. 8).

Feldmann, Angela: Landbund für Österreich. Ideologie – Organisation – Politik, phil. Diss., Univ. Wien 1967.

Fritsch, Otto: Die NSDAP im Burgenland 1933 - 1938, geisteswiss. Diss., Univ. Wien 1993.

Garscha, Winfried R.: Die Auseinandersetzung der KPÖ mit dem Nationalsozialismus, in: Ardelt / Hautmann (Hg.), Arbeiterschaft und Nationalsozialismus in Österreich, S. 129 - 147.

Garscha, Winfried R.: Die Deutsch-Österreichische Arbeitsgemeinschaft. Kontinuität und Wandel deutscher Anschlußpropaganda und Angleichungsbemühungen vor und nach der nationalsozialistischen „Machtergreifung", Salzburg-Wien 1984 (= Veröffentlichungen zur Zeitgeschichte, Bd. 4).

Garscha, Winfried R.: Die NSDAP Österreichs im März 1938 – Regierungspartei oder fünfte Kolonne?, in: Felix Kreissler (Hg.), Fünfzig Jahre danach – der „Anschluß" von innen und außen gesehen. Beiträge zum Internationalen Symposium von Rouen 29. Februar – 4. März 1988, Wien-Zürich 1989, S. 149 - 158.

Garscha, Winfried R.: Statistische Zahlen zu nationalsozialistischen Tötungsverbrechen vor österreichischen und deutschen Gerichten, in: Heimo Halbrainer / Martin F. Polaschek (Hg.), Kriegsverbrecherprozesse in Österreich. Eine Bestandsaufnahme, Graz 2003 (= Historische und gesellschaftspolitische Schriften des Vereins CLIO, Bd. 2), S. 9 - 31.

Garscha, Winfried R.: Das „völkisch"-deutschnationale Lager und der „Anschluß", in: Dokumentationsarchiv des österreichischen Widerstandes (Hg.), „Anschluß" 1938, S. 51 - 59.

Garscha, Winfried R. / Georg Kastner: Opfer des NS-Terrors in Österreich 1933 - 1938(erscheint 2005).

Habicht, Theo: Dienstbuch der NSDAP Österreichs, Linz 1932.

Hanisch, Ernst: Gau der guten Nerven. Die nationalsozialistische Herrschaft in Salzburg 1938 - 1945, München 1997.

Hanisch, Ernst: Der lange Schatten des Staates. Österreichische Gesellschaftsgeschichte im 20. Jahrhundert, Wien 1994.

Hänisch, Dirk: Die österreichischen NSDAP-Wähler. Eine empirische Analyse ihrer politischen Herkunft und ihres Sozialprofils, Wien-Köln-Weimar 1998.

Holtmann, Everhard: Zwischen „Blutschuld" und „Befriedung": Autoritäre Julijustiz, in: Jedlicka / Neck (Hg.), Das Juliabkommen 1936, S. 36 - 45.

Holzmann, Michael: Österreich, Deutschland und die Österreichische Legion in den Jahren 1933 bis 1938, Konstanz 1981 (unveröffentlichtes Manuskript).

IMT IX:

Der Prozeß gegen die Hauptkriegsverbrecher vor dem Internationalen Militärgerichtshof, Nürnberg 14. November 1945 - 1. Oktober 1946. Amtlicher Text in deutscher Sprache, Bd. IX: Verhandlungsniederschriften 8. März 1946 - 23. März 1946, Nürnberg 1947.

Jagschitz, Gerhard: 25. Juli 1934: Die Nationalsozialisten in Österreich, in: Rolf Steininger / Michael Gehler (Hg.), Österreich im 20. Jahrhundert, Bd. 1 – Von der Monarchie bis zum Zweiten Weltkrieg, Wien-Köln-Weimar 1997, S. 257 - 308.

Jagschitz, Gerhard: Die Nationalsozialistische Partei, in: Emmerich Tálos / Herbert Dachs / Ernst Hanisch / Anton Staudinger (Hg.), Handbuch des politischen Systems Österreichs. Erste Republik 1918 - 1933, Wien 1995, S. 231 - 244.

Jagschitz, Gerhard: Der Putsch. Die Nationalsozialisten 1934 in Österreich. Unter Mitarbeit v. Alfred Baubin, Graz-Wien-Köln 1976.

Jagschitz, Gerhard: Von der „Bewegung" zum Apparat. Zur Phänomenologie der NSDAP 1938 bis 1945, in: Emmerich Tálos / Ernst Hanisch / Wolfgang Neugebauer / Reinhard Sieder (Hg.), NS-Herrschaft in Österreich. Ein Handbuch, Wien 2000, S. 88 - 122.

Jagschitz, Gerhard: Zur Struktur der NSDAP in Österreich vor dem Juliputsch 1934, in: Jedlicka / Neck (Hg.), Das Jahr 1934: 25. Juli, S. 9 - 20 (Diskussion dazu: S. 76 - 94).

Jagschitz, Gerhard: Zwischen Befriedung und Konfrontation. Zur Lage der NSDAP in Österreich 1934 bis 1936, in: Jedlicka / Neck (Hg.), Das Juliabkommen 1936, S. 156 - 187 (Diskussion dazu: S. 422 - 435).

Jedlicka, Ludwig: Gauleiter Josef Leopold (1889 - 1941), in: Gerhard Botz / Hans Hautmann / Helmut Konrad (Hg.), Geschichte und Gesellschaft. Festschrift für Karl R. Stadler zum 60. Geburtstag, Linz-Wien 1974, S. 143 - 161.

Jedlicka, Ludwig / Rudolf Neck (Hg.): Das Jahr 1934: 25. Juli. Protokoll des Symposiums in Wien am 8. Oktober 1974, Wien 1975 (= Veröffentlichungen der Wissenschaftlichen Kommission des Theodor-Körner-Stiftungsfonds u. des Leopold-Kunschak-Preises zur Erforschung der österreichischen Geschichte der Jahre 1927 bis 1938, Bd. 3).

Jedlicka, Ludwig / Rudolf Neck (Hg.): Das Juliabkommen 1936. Vorgeschichte, Hintergründe und Folgen. Protokoll des Symposiums in Wien am 8. Oktober 1974, Wien 1977 (= Veröffentlichungen der Wissenschaftlichen Kommission des Theodor-Körner-Stiftungsfonds u. des Leopold-Kunschak-Preises zur Erforschung der österreichischen Geschichte der Jahre 1927 bis 1938, Bd. 4).

Kammerstätter, Peter: Der Aufstand des Republikanischen Schutzbundes am 12. Februar 1934 in Oberösterreich. Eine Sammlung von Materialien, Dokumenten und Aussagen von Beteiligten, Linz 1983. *Ungedrucktes Manuskript, einsehbar u. a. in der DÖW-Bibliothek (13.013), der Bibliothek des OÖLA (J 431/9) und der oberösterreichischen Landesbibliothek (II-1726/1).*

Kastner, Georg: Der Anschlag auf die Radio Verkehrs-A.G. am 25. Juli 1934. Zwischenbericht zum Forschungsprojekt „Der Juliputsch in den Bundesländern", erscheint in: Helmut Wohnout, (Hg.), Demokratie und Geschichte. Jahrbuch des Karl von Vogelsang-Instituts, Jg. 8, Wien 2004.

Kastner, Georg: Die Opfer des NS-Terrors in Österreich von 1933 bis 1938. Forschungszwischenbericht, in: Helmut Wohnout (Hg.), Demokratie und Geschichte. Jahrbuch des Karl von Vogelsang-Instituts zur Erforschung der christlichen Demokratie in Österreich, Jg. 5, Wien 2001, S. 161 - 187.

Kindermann, Karl-Gottfried: Österreich gegen Hitler. Europas erste Abwehrfront 1933 - 1938, München 2003.

Konrad, Helmut: Das Werben der NSDAP um die Sozialdemokraten 1933 - 1938, in: Ardelt / Hautmann (Hg.), Arbeiterschaft und Nationalsozialismus in Österreich, S. 73 - 89.

Kykal, Inez / Karl R. Stadler: Richard Bernaschek. Odyssee eines Rebellen, Wien 1976.

McLoughlin, Barry: „Das intensive Gefühl, sich das nicht gefallen lassen zu dürfen": Arbeiterschaft und die Gewaltpraxis der NSDAP, 1932 - 1933, in: Ardelt / Hautmann (Hg.), Arbeiterschaft und Nationalsozialismus in Österreich, S. 49 - 72.

Meixner, Wolfgang: „Illegale NS-Aktivisten" in Tirol 1933 - 1938: Erste Einblicke in ein Forschungsvorhaben, in: Albrich / Matt (Hg.), Geschichte und Region, S. 81 - 99.

MRP:

Protokolle des Ministerrats der Ersten Republik, Abteilung VIII (Kabinett Dr. Engelbert Dollfuß), Bd. 4 (16. Juni 1933 bis 27. Oktober 1933) u. 7 (24. April 1934 bis 27. Juli 1934), Wien 1984 bzw. 1986.

Müller, Franz: Ein „Rechtskatholik" zwischen Kreuz und Hakenkreuz: Franz von Papen als Sonderbevollmächtigter Hitlers in Wien 1934 - 1938, Frankfurt/M.-Bern-New York-Paris 1990 (= Europäische Hochschulschriften, Reihe III, Bd. 446).

Mulley, Klaus-Dieter: Die NSDAP in Niederösterreich 1918 bis 1938. Ein Beitrag zur Vorgeschichte des „Anschlusses", in: Österreich in Geschichte und Literatur 33 (1989), S. 169 - 191.

Nećak, Dušan: Die österreichische Legion II. Nationalsozialistische Flüchtlinge in Jugoslawien nach dem mißlungenen Putsch vom 25. Juli 1934, Wien-Köln-Weimar 1996.

Neugebauer, Wolfgang: Die Anfänge des NS-Terrorismus in Österreich – Wurzeln, Motive und politische Hintergründe, in: Günther Schefbek (Hg.), Österreich 1934. Vorgeschichte – Ereignisse – Wirkungen, Wien-München 2004, S. 70 - 77.

Otruba, Gustav: A. Hitler's „Tausend-Mark-Sperre" und die Folgen für Österreichs Fremdenverkehr (1933 - 1938), Linz 1983 (= Linzer Schriften zur Sozial- und Wirtschaftsgeschichte, Bd. 9). *Der Band stellt einen Nachdruck der fünf Publikationen Otrubas zu diesem Thema aus den Jahren 1976 - 1981 dar.*

Pauley, Bruce F.: Hahnenschwanz und Hakenkreuz. Der Steirische Heimatschutz und der österreichische Nationalsozialismus 1918 - 1934, Wien-München-Zürich 1972.

Pauley, Bruce F.: Der Weg in den Nationalsozialismus. Ursprünge und Entwicklung in Österreich, Wien 1988.

Persche, Alfred: Hauptmann Leopold. Der Abschnitt 1936 - 1938 der Geschichte der nationalsozialistischen Machtergreifung in Österreich. Unveröffentlichtes Manuskript. Niedergeschrieben von einem Alten Kämpfer der NSDAP, o. D. [1946/1947]. *Ein Exemplar der in den sechziger Jahren angefertigten Abschrift wird im Dokumentationsarchiv des österreichischen Widerstandes aufbewahrt (DÖW-Akt 1460).*

Reichhold, Ludwig: Kampf um Österreich. Die Vaterländische Front und ihr Widerstand gegen den Anschluß 1933 - 1938. Eine Dokumentation, hg. v. Dokumentationsarchiv des österreichischen Widerstandes, Wien 1984.

Rosar, Wolfgang: Deutsche Gemeinschaft. Seyss-Inquart und der Anschluß, Wien-Frankfurt-Zürich 1971.

Schafranek, Hans: NSDAP und Sozialisten nach dem Februar 1934, in: Ardelt / Hautmann (Hg.), Arbeiterschaft und Nationalsozialismus in Österreich, S. 91 - 128.

Schefbek, Günther (Hg.): Österreich 1934. Vorgeschichte – Ereignisse – Wirkungen, Wien-München 2004.

Schmidl, Erwin A.: März 38. Der deutsche Einmarsch in Österreich, Wien 1987.

Schuster, Walter: Deutschnational – Nationalsozialistisch – Entnazifiziert. Franz Langoth -Eine NS-Laufbahn, Linz 1999.

Spann, Gustav: Die illegale Flugschriftenpropaganda der österreichischen NSDAP vom Juliputsch 1934 bis zum Juliabkommen 1936, in: Jedlicka / Neck (Hg.), Das Juliabkommen 1936, S. 188 - 197.

Staudinger, Eduard: Zur Entwicklung des Nationalsozialismus in Graz von seinen Anfängen bis 1938, in: Helfried Valentinitsch / Friedrich Bouvier (Hg.), Graz 1938, Graz 1988 (= Historisches Jahrbuch der Stadt Graz, Bd. 18/19), S. 31 - 74.

Steininger, Rolf / Michael Gehler (Hg.): Österreich im 20. Jahrhundert, Bd. 1 – Von der Monarchie bis zum Zweiten Weltkrieg, Wien-Köln-Weimar 1997.

Stoppacher, Robert: Die Anschluß-Propaganda der illegalen NS-Presse in Österreich 1933 - 1938, phil. Diss., Wien 1983.

Stuhlpfarrer, Karl: Zum Problem der deutschen Penetration Österreichs, in: Jedlicka / Neck (Hg.), Das Juliabkommen 1936, S. 315 - 327.

Tálos, Emmerich / Herbert Dachs / Ernst Hanisch / Anton Staudinger (Hg.), Handbuch des politischen Systems Österreichs. Erste Republik 1918 - 1933, Wien 1995.

Tálos, Emmerich / Ernst Hanisch / Wolfgang Neugebauer / Reinhard Sieder (Hg.): NS-Herrschaft in Österreich. Ein Handbuch, Wien 2000.

Volsansky, Gabriele: Pakt auf Zeit. Das Deutsch-Österreichische Juli-Abkommen 1936, Wien-Köln-Weimar 2001.

Walser, Harald: Die illegale NSDAP in Tirol und Vorarlberg 1933 - 1938. Mit einem Vorwort von Anton Pelinka, Wien 1983 (= Materialien zur Arbeiterbewegung Nr. 28).

Wohnout, Helmut (Hg.): Demokratie und Geschichte. Jahrbuch des Karl von Vogelsang-Instituts zur Erforschung der christlichen Demokratie in Österreich, Jg. 5 u. 8, Wien 2001 u. 2004.

Wohnout, Helmut: Dreieck der Gewalt. Etappen des nationalsozialistischen Terrors in Österreich 1932 - 1934, in: Schefbek, Österreich 1934, S. 78 - 90.

II.

Politische Struktur –
Verfassungsordnung – politische
Wirklichkeit

Bundesgesetzblatt

für den Bundesstaat Österreich

Jahrgang 1934   Ausgegeben am 1. Mai 1934   1. Stück

1. Kundmachung der Bundesregierung vom 1. Mai 1934, womit die Verfassung 1934 verlautbart wird.

Auf Grund der mit Artikel II des Bundesverfassungsgesetzes vom 30. April 1934, B. G. Bl. Nr. 255, erteilten Ermächtigung wird in der Anlage die Verfassung 1934 kundgemacht.

Dollfuß   Fey   Schuschnigg   Neustädter-Stürmer
Buresch   Stockinger   Schönburg   Ender   Kerber
Schmitz

Anlage.

Verfassung 1934.

Im Namen Gottes, des Allmächtigen,
von dem alles Recht ausgeht,
erhält
das österreichische Volk
für seinen christlichen, deutschen Bundesstaat
auf ständischer Grundlage
diese
Verfassung.

Erstes Hauptstück.

Grundsätzliche Bestimmungen.

Artikel 1. Österreich ist ein Bundesstaat.

Artikel 2. Der Bundesstaat ist ständisch geordnet und besteht aus der bundesunmittelbaren Stadt Wien und den Ländern: Burgenland, Kärnten, Niederösterreich, Oberösterreich, Salzburg, Steiermark, Tirol, Vorarlberg.

Artikel 3. (1) Die Farben Österreichs sind rot-weiß-rot.

(2) Das Staatswappen Österreichs besteht aus einem freischwebenden, doppelköpfigen, schwarzen, golden nimbierten und ebenso gewaffneten, rotbezungten Adler, dessen Brust mit einem roten, von einem silbernen Querbalken durchzogenen Schilde belegt ist.

(3) Das Staatssiegel des Bundesstaates Österreich weist das im Absatz 2 beschriebene Staatswappen mit der Umschrift „Österreich" auf.

Artikel 4. (1) Das Bundesgebiet umfaßt das Gebiet der Stadt Wien und die Gebiete der Länder.

(2) Eine Änderung des Bundesgebietes, die zugleich Änderung eines Landesgebietes ist, ebenso die Änderung von Landesgrenzen innerhalb des Bundesgebietes kann — abgesehen von Friedensverträgen — nur durch übereinstimmende Verfassungsgesetze des Bundes und der Länder erfolgen, deren Gebiet geändert wird. Diese Bestimmungen sind auf das Gebiet der Stadt Wien sinngemäß anzuwenden.

Artikel 5. (1) Das Bundesgebiet bildet ein einheitliches Währungs-, Wirtschafts- und Zollgebiet.

(2) Zwischenzollinien dürfen innerhalb des Bundesgebietes nicht errichtet, sonstige Verkehrsbeschränkungen nur durch Bundesgesetz eingeführt werden.

Artikel 6. (1) Bundeshauptstadt und Sitz der obersten Organe des Bundes ist Wien.

(2) Für die Dauer außergewöhnlicher Verhältnisse kann der Bundespräsident den Sitz oberster Organe des Bundes an einen anderen Ort des Bundesgebietes verlegen.

Artikel 7. Die deutsche Sprache ist die Staatssprache. Die den sprachlichen Minderheiten eingeräumten Rechte werden dadurch nicht berührt.

Bundesgesetzblatt mit dem Text der am 1. Mai 1934 proklamierten Verfassung

Aspekte der politischen Struktur des Austrofaschismus:

(Verfassungs-)Rechtlicher Rahmen – politische Wirklichkeit – Akteure

Emmerich Tálos / Walter Manoschek

Vorbemerkung

Die Analyse der politischen Struktur[1] verbindet zentrale verfassungsrechtliche und gesetzliche Bestimmungen mit der realen Dimension des Herrschaftssystems im gegenständlichen Zeitraum. Die Berücksichtigung beider Dimensionen resultiert aus der Einsicht, daß die lange Zeit vorgenommene – auch quellenbedingte – Beschränkung auf die formale Verfaßtheit oder Ideologien notwendigerweise eine adäquate Einschätzung und Bestimmung des Charakters des Herrschaftssystems nicht zuläßt – wofür der in der Literatur gelegentlich noch immer verwendete Begriff „Ständestaat" beispielhaft steht. Zudem kann damit verdeutlicht werden, daß es bemerkenswerte Diskrepanzen zwischen formalverfaßter und realer politischer Struktur, zwischen deklariertem Selbstverständnis und politischer Wirklichkeit gibt. Neben der Regierung, die den zentralen politischen Bestimmungsfaktor im austrofaschistischen Herrschaftssystem darstellt, werden zwei weitere Akteure in den Blick gebracht: die Monopolorganisation Vaterländische Front und die Heimwehren.

---

[1] Die Archivquellenangaben wurden aus dem ursprünglichen Beitrag (Tálos / Manoschek 1988) unverändert übernommen, d. h. daß die mit dem Umzug des Verwaltungsarchivs einhergehenden Änderungen bei den Beständen und den Kartonzahlen nicht berücksichtigt sind.

1. Die Verfassung vom 1. Mai 1934 als allgemeiner formaler und unvollständiger Rahmen der neuen politischen Struktur

Der Bestimmtheit der Regierung Dollfuß bei der Beseitigung der parlamentarischen und parteienstaatlichen Demokratie, der oppositionellen Arbeiterbewegung sowie rechtsstaatlicher Einrichtungen kontrastierte vorerst die Unklarheit[2] darüber, was an Stelle der beseitigten politischen Struktur treten sollte. Zunächst war die Vorstellung ventiliert worden, den in der Verfassungsnovelle von 1929 verankerten Länder- und Ständerat in Richtung Stärkung berufsständischer Interessen zu konkretisieren. Zudem sollten auch noch weitere Änderungen an der Verfassung vorgenommen werden. Ende März 1933 wurde im Rahmen einer Mehrparteienbesprechung des regierenden Lagers Übereinkunft[3] dahingehend erzielt, daß es nunmehr nicht um eine partielle Verfassungsreform gehe, sondern eine neue Verfassung das politische Ziel sei.[4] Die Arbeiten des zum Zweck der Verfassungs- und Verwaltungsreform zum Minister für Verfassungsfragen (ohne Portefeuille) ernannten Landeshauptmanns von Vorarlberg, Ender, blieben lange Zeit ohne durchschlagende Ergebnisse. Obwohl die Ausschaltung der Sozialdemokratie und die damit einhergehende Verschiebung der Kräfteverhältnisse zugunsten der Heimwehren den Prozeß der Veränderung der Herrschaftsorganisation noch begünstigte, erklärte Ender im März 1934, „man könne den Inhalt des Übergangsgesetzes solange nicht festlegen, als man sich über die Ziele der Verfassung selbst nicht klar sei"[5]. Ende April 1934 stand nach Beratungen und Umarbeitungen im Ministerrat der endgültige Verfassungstext fest. Seiner Proklamation am 1. Mai ging ein zweifacher Akt voraus[6]: Zuerst erließ die Regierung am 24. April eine Verordnung über die Verfassung des Bundesstaates Österreich auf Basis des Kriegswirtschaftlichen Ermächtigungsgesetzes von 1917.[7] Der zweite Akt vom 30. April 1934, für den auch Gründe wie z. B. die Legitimation gegenüber dem Ausland eine Rolle spielten, signalisiert den Versuch, das Problem der Rechtskontinuität zu lösen. Es fand eine „Rumpf"-Nationalratssitzung statt, von der die Sozialdemokraten aufgrund der Aberkennung ihrer Mandate ausgeschlossen waren. Die anwesenden Vertreter der Christlichsozialen Partei und des Heimatblockes gaben dem „Bundesverfassungsgesetz über außerordentliche Maßnahmen im Bereich der Verfassung" ihre Zustimmung. Bestandteil dieses Gesetzes ist unter anderem die Ermächtigung der Regierung zur Proklamation der Verfassung, die Auflösung des Nationalrates und des Bundesrates sowie die Übertragung deren Befugnisse, insbesondere der Kompetenz zur Gesetzgebung einschließlich der Verfassungsgesetzgebung, auf die Bundesregierung. Auch dieser formale Akt änderte nichts daran, daß die „Inkraftsetzung

---

[2] Siehe die eingehende Darstellung der Entwicklung zwischen März 1933 und 1. Mai 1934 bei P. Huemer, Sektionschef Robert Hecht und die Zerstörung der Demokratie in Österreich, Wien 1975, S. 278 ff.

[3] Daß nicht alle Repräsentanten der christlichsozialen Partei den antiparlamentarischen Kurs vorerst mittrugen, zeigt der Rücktritt von Sozialminister Resch. Allerdings übernahm dieser später die Funktion des ersten Vorsitzenden Stellvertreters im Staatsrat.

[4] Die Konturen der Veränderungsoptionen seitens Regierung, christlichsozialer Partei und Heimwehren werden von H. Wohnout, Regierungsdiktatur oder Ständeparlament?, Wien 1993, S. 57 ff., informativ nachgezeichnet. Siehe auch G. Steiner, Wahre Demokratie?, Frankfurt 2004, S. 111.

[5] Zit. bei Huemer, Robert Hecht, S. 294.

[6] Siehe auch N. Bei, Die Bundesregierung verordnet sich, in: St. Neuhäuser (Hg.), „Wir werden ganze Arbeit leisten … ", Wien 2004, S. 161 - 225, hier 166 ff.

[7] Das Kriegswirtschaftliche Ermächtigungsgesetz allerdings war auf spezifische Bedingungen bezogen: Es ermächtigte die Regierung „während der Dauer der durch den Krieg hervorgerufenen außerordentlichen Verhältnisse durch Verordnung die notwendigen Verfügungen zur Förderung und zur Wiederaufrichtung des wirtschaftlichen Lebens [...] zu treffen" (Gesetz vom 24. 7. 1917).

der neuen Verfassung [. . .] ein Bruch der alten Verfassung [war] – der letzte in einer langen Reihe von Verfassungsbrüchen, die die Regierung Dollfuß begangen hat"[8].

Welches ideologische Selbstverständnis lag der Konstruktion der Verfassung zugrunde? Autoritäre, elitäre, antimarxistische, antidemokratische und antiparlamentarische Vorstellungen (siehe exemplarisch die Trabrennplatzrede Dollfuß' im September 1933)[9] sind verbunden mit gesellschaftsharmonisierenden Optionen – mit Zielrichtung Ausschaltung des Klassenkampfes und organisierter Zusammenfassung von UnternehmerInnen und ArbeitnehmerInnen. Bei letzteren sind Anklänge an rückwärtsgewandte ideologische Versatzstücke berufsständischer Zusammengehörigkeit à la Bauer und Knecht[10] und die berufsständischen Vorstellungen der Enzyklika „Quadragesimo Anno" von 1931 konstatierbar.

Daß die Maiverfassung, gestützt auf metaphysische („Im Namen Gottes, des Allmächtigen, von dem alles Recht ausgeht"), nichtdemokratische Legitimation sowie gegliedert in 13 Hauptstücke, nur in sehr allgemeiner Weise und unvollständig den formalen Rahmen der neuen politischen Struktur absteckt, zeigt sich an den Schlußbestimmungen, in denen es heißt, daß der Übergang zu der durch die Verfassung geschaffenen Neuordnung durch ein besonderes Bundesverfassungsgesetz, nämlich durch das Bundesverfassungsgesetz vom 19. Juni 1934, betreffend den Übergang zur ständischen Verfassung, geregelt wird. Darüber hinaus auch an wiederholten Formulierungen, daß einzelne Sachverhalte erst durch entsprechende Gesetze zu regeln seien (so z. B. in den Artikeln 32, 47, 48 und 65). Ungeachtet dessen enthält die sogenannte Maiverfassung Festlegungen, die die Konturen des Herrschaftssystems bis 1938 prägen sollten:

1. 1. Autoritäre Organisation von Herrschaft

Die politische Herrschaft im Austrofaschismus beruhte nicht auf demokratischer Legitimität, sondern auf hierarchisch („von oben") bestimmter Entscheidung, Verordnung und Ernennung. Die Ablehnung des Gedankens der Volkssouveränität spiegelte sich bereits in der Formulierung der Präambel: Das österreichische Volk „erhält" eine Verfassung.[11] Die politische Partizipation der Bevölkerung betreffend die Kreation der Regierenden und politischen Entscheidungen war ausgeschaltet, die Grundrechte waren dem Prinzip autoritärer Organisation von Herrschaft durch weitreichende Eingriffsrechte der Regierung eingepaßt. Ein Plebiszit ist nur für den Fall vorgesehen, daß ein von der Regierung eingebrachtes Gesetzesvorhaben durch die formale Beschlußinstanz, den Bundestag, abgelehnt würde. Der Bundespräsident sollte von allen Bürgermeistern Österreichs gewählt werden. Selbst die für Teilbereiche des politischen Systems einfachgesetzlich vorgesehenen Wahlen (z. B. bei den Bünden) blieben mit einer Ausnahme (Berufsstand Land- und Forstwirtschaft) uneingelöste Ankündigungen.

Die „Sicherung einer unbeeinflußten und durchgreifenden Führung im Staat"[12] ist auch an anderen Aspekten ablesbar: Die verfassungsrechtlich festgelegte Führungsposition des Bundeskanzlers (Art. 81) wird durch seine Vorrangstellung gegenüber den anderen Regierungs-

---

[8]   Huemer, Robert Hecht, S. 315. Bei (Bundesregierung, S. 200) weist darauf hin, daß diese Verfassung allerdings insofern keine scharfe Zäsur in der politischen Entwicklung darstellt, weil sich der Inhalt der Verfassung letztlich aus der Realverfassung ab März 1933 erhellt.

[9]   Zit in: K. Berchtold (Hg.), Österreichische Parteiprogramme 1868 - 1966, Wien 1967, S. 430.

[10] Ebenda.

[11] O. Lehner, Österreichische Verfassungs- und Verwaltungsgeschichte, Linz 1992, S. 300. Wie einschlägige zeitgenössische Kommentare von Ender (1935), Merkl (1935) und Schuschnigg (1936) untermauern, zählte die Beseitigung demokratischer Legitimation und rechtstaatlich-parlamentarischer Strukturen zu den Kernpunkten der neuen Verfassung.

[12] K. Schuschnigg (Hg.), Die neue Bundesverfassung, Wien 1936, S. 6. Der „stark autoritäre Zug der Verfassung" wird auch von O. Ender, Die neue österreichische Verfassung, Wien 1935, S. 13, sowie von A. Merkl, Die ständisch-autoritäre Verfasung, Wien 1935, S. 155, betont.

mitgliedern, durch seine Rolle betreffend Gesetzesbeschlüsse der Landtage (erforderliche Zustimmung des Bundeskanzlers) und seine herausragende Position bei der Kreierung diverser
Funktionsträger (z. B. der Vertreter im Staatsrat) untermauert. Die autoritäre Komponente
zeigt sich an den Notrechten und an der Stellung der Regierung im Gesetzwerdungsprozeß:
„Dank der Notrechte stehen der Verwaltung reichliche Möglichkeiten rein autoritärer Recht-
setzung zur Verfügung."[13] Nur die Regierung besaß das Initiativrecht für Gesetze und konnte
die durch die Verfassung 1943 eingeführten Spielregeln jederzeit und ohne Einschränkung
übergehen. Das bestimmende Prinzip autoritärer Führung äußert sich zudem „insbesondere
in Ernennungs-, Bestätigungs- und Abberufungsrechten"[14]. Mit der Verschränkung von exekutiver und legislativer Gewalt wurde durch die Verfassung 1934 ein weiteres Grundprinzip
rechtstaatlicher demokratischer Verfassungsordnung beseitigt.

Anstelle parteienstaatlicher Konkurrenz trat mit zeitgleichem Beschluß die Monopolorganisation Vaterländische Front, die durch das Führerprinzip und eine autoritäre hierarchische
Binnenstruktur gekennzeichnet ist.

1. 2. Stellung des Bundespräsidenten

In formalrechtlicher Hinsicht erfuhr die Position des Bundespräsidenten eine über die Verfassung von 1929 hinausgehende Aufwertung – durch das Mitspracherecht bei der Bestellung
von Staatsorganen, durch die Verlängerung der Amtsdauer auf 7 Jahre und durch die Unver-
antwortlichkeitsklausel. Der Bundespräsident sollte durch die Bürgermeister Österreichs auf
Basis eines Dreiervorschlages durch die Bundesversammlung, die aus Mitgliedern der vier
vorberatenden Organe besteht, gewählt werden.

1. 3. „Berufsständische Grundlage"

Die Präambel und der Artikel 2 der Verfassung heben zwar die ständische Grundlage bzw.
Ordnung des Bundesstaates hervor, im weiteren finden sich darüber allerdings nur wenige
Anhaltspunkte: a) Als ständische Elemente scheinen in der Verfassung die Berufsstände (Artikel 32, Artikel 48 Absatz 4) und Kulturgemeinschaften (Artikel 47) auf; b) ständische Organisation weisen unmittelbar der Bundeskulturrat und Bundeswirtschaftsrat auf, mittelbar der
Länderrat, die Landtage und Gemeindetage; c) für die Berufsstände (in Artikel 48 Absatz 4
sind sieben aufgezählt: Land- und Forstwirtschaft, Industrie und Bergbau, Gewerbe, Handel
und Verkehr, Geld-, Kredit- und Versicherungswesen, freie Berufe und öffentlicher Dienst)
ist die Selbstverwaltung ihrer spezifischen Angelegenheiten vorgesehen (Artikel 32 Absatz
2); d) die Berufsstände stehen – dem grundlegenden autoritären Prinzip entsprechend – unter Aufsicht des Staates. Die Verbindung von autoritärem und berufsständischem Prinzip in
der Verfassung 1934 sieht der Theologe Messner folgend begründet: „Nach aller geschichtlichen Erfahrung bedarf der Staat mit berufsständischer Ordnung schon deshalb einer mit aller
Machtfülle ausgestatteten Autorität, damit nun nicht auf neue Weise die Gesellschaft, d. h. die
auf sich gestellten Stände, sich des Staates bemächtigen und ihn zum bloßen Vollzugsorgan
ihrer Interessenausgleiche herabwürdigen."[15] Daß diese Konzeption einer berufsständischen
Ordnung entgegen der wiederholten Berufung auf die päpstliche Enzyklika „Quadragesimo
Anno" deren Grundverständnis widersprach, vermerkt auch Merkl in seinem zeitgenössischen Kommentar zur Verfassung von 1934: Die Enzyklika habe davor gewarnt, die „ständischen Gesellschaftsorgane" als „Staatsorgane" zu gestalten. Die gegenständliche Verfassung

---

[13] Ebenda, S. 155.
[14] Schuschnigg (Hg.), Neue Bundesverfassung, S. 27; siehe auch Ender, Österreichische Verfassung, S. 13.
[15] J. Messner, Die berufsständische Ordnung, 1936, S. 170.

konzipierte allerdings unübersehbar die ständische Ordnung als staatliche Ordnung.[16] Ungeachtet der expliziten Betonung der berufsständischen Grundlage nimmt deren Ausgestaltung in der Verfassung nur einen marginalen Platz ein.[17] Ihre Konkretisierung blieb Ausführungsgesetzen anheimgestellt, die weitgehend ausblieben.

1. 4. Gesetzgebung

Die Verfassung unterscheidet zwischen vorberatenden (Staatsrat, Länderrat, Bundeskulturrat und Bundeswirtschaftsrat) und beschließenden gesetzgebenden Organen (Bundestag, Bundesversammlung). Die Aufgabe der vorberatenden Organe besteht darin, Gutachten über die von der Regierung eingebrachten Vorlagen zu erstatten. Die Partizipation der Interessenorganisationen an der politischen Willensbildung erfolgt im Rahmen des Bundeswirtschaftsrates. Als beschließendes Organ fungiert der Bundestag, der aus Vertretern der vorberatenden Organe zusammengesetzt ist und die Kompetenz der Beschlußfassung für Gesetzesvorlagen der Regierung betreffend Gesetze im materiellen Sinn (die Gutachten der vorberatenden Körperschaften beziehen sich nur darauf), Gesetzesvorlagen der Bundesregierung betreffend Bundesvoranschlag, Aufnahme oder Konvertierung der Bundesanleihe, Verfügungen über Bundesvermögen, gesetzändernde Staatsverträge besitzt. Der Regierung kommt die zentrale Rolle im Gesetzgebungsprozeß zu, sie allein hat das Recht zur Gesetzesinitiative. Sie ist an die Gutachten der vorberatenden Organe nicht gebunden, kann bereits eingebrachte Vorlagen wieder zurückziehen und im Bundestag abgelehnte einer Volksabstimmung unterziehen. Prolongiert wurde der Artikel III, Absatz 2 des Gesetzes vom 30. April 1934 über außerordentliche Maßnahmen im Bereich der Verfassung. Auf Basis dieses Gesetzes war es der Regierung möglich, Gesetze im materiellen Sinn ohne Einbeziehung der vorberatenden Organe des Bundestages zu erlassen. Der Bundespräsident hat keinen unmittelbaren Einfluß auf die Gesetzgebung: Er bestätigt das verfassungsmäßige Zustandekommen der Gesetze. Sein mittelbarer Einfluß besteht darin, daß er die Regierung berufen kann.

1. 5. Grundrechte

In der Verfassung 1934 sind die Grundrechte in einem einheitlichen Katalog unter dem Titel „Allgemeine Rechte der Staatsbürger" zusammengefaßt (siehe Art. 15 ff.) – den Gleichheitsgrundsatz, die Freizügigkeit und Freiheit der Person usw. umfassend. Im Vergleich zur bisherigen Verfassungslage, die sich auf das diesbezügliche Staatsgrundgesetz von 1867 und die Verfassung aus 1920 stützte, erfuhren die Grundrechte in der neuen Verfassung mehr oder weniger weitreichende Modifikationen: Sehr stark verändert wurde beispielsweise der Gleichheitsgrundsatz.[18]

1. 6. Verfassungsprovisorium

Die Bestimmungen der sogenannten Maiverfassung traten zugleich mit dem Verfassungsübergangsgesetz am 1. Juli in Kraft, jedoch nur soweit, als das Übergangsgesetz nicht anderes bestimmte. Das Verfassungsübergangsgesetz war allerdings gerade hinsichtlich der von uns behandelten Fragen von Bedeutung: Es wird nicht nur die dominante Rolle der Regierung noch weiter ausgebaut (§ 17: Sicherung der einheitlichen Führung der Wirtschaft; § 21:

---

[16]   Merkl, Ständisch-autoritäre Verfassung, S. 29.

[17]   Siehe Putschek, Ständische Verfassung und autoritäre Verfassungspraxis, Frankfurt 1993, S. 71 ff.; G. Enderle-Burcel, Vom Parlament zum Haus der Stände, in: Dies. (unter Mitarbeit v. J. Kraus), Mandatare im Ständestaat 1934 - 1938, Wien 1991, S. 13.

[18]   Siehe Putschek, Ständische Verfassung, S. 17 ff.

die Mitglieder des Bundeskulturrates und Bundeswirtschaftsrates werden auf Vorschlag der Bundesregierung vom Bundespräsidenten berufen). Darüber hinaus wird der berufsständische Aufbau als Provisorium festgeschrieben. Den aufgrund der Vorschläge der Bundesregierung bestellten vorberatenden Organen des Bundeskulturrates und Bundeswirtschaftsrates kann auch Merkl nur den Charakter von „quasi-ständischen Vertretungskörpern"[19] zubilligen. Die Verfassungsbestimmungen über die Gesetzgebung traten am 1. November 1934 in Kraft.

2. Rechtlicher Rahmen und politische Wirklichkeit

Das in der Verfassung verankerte autoritäre Prinzip war das bestimmende Element für die politische Praxis: Seine Wirksamkeit ging weit über das Verfassungsreglement hinaus. Dies resultierte nicht nur daraus, daß eine Reihe in Aussicht gestellter gesetzlicher Normierungen und institutioneller Vorhaben (wie z. B. die Durchführung des berufsständischen Aufbaues) uneingelöst blieben bzw. bleiben mußten. Übergangsbestimmungen des Verfassungsüberleitungsgesetzes wie beispielsweise die weitere Geltung des Ermächtigungsgesetzes vom 30. April 1934 stützten und verstärkten den Einfluß von Kanzler und Regierung in der politischen Praxis. Obwohl dem Bundeskanzler laut Verfassung vielfach nur ein Vorschlagsrecht bei Ernennungen von Mandataren (z. B. des Vorsitzenden des Staatsrates und Bundestages sowie der Mitglieder des Staatsrates) eingeräumt war, hatte er durchwegs die letzte Entscheidung. Die Gesetzwerdungspraxis (siehe unten) untermauert ebenso exemplarisch wie das System autoritärer Ernennung die realiter uneingeschränkte Machtstellung von Kanzler und Regierung. Die rechtlich wie realpolitisch herausragende Machtposition der Regierung hatte eine beachtliche Aufwertung der staatlichen Bürokratie zur Folge.[20]

Da Dollfuß eine Volkswahl des Bundespräsidenten strikt ablehnte, entschied der Ministerrat über den Weiterverbleib von Präsident Miklas in seinem Amt. Der Bundespräsident führte ungeachtet seiner verbrieften Kompetenzen ein Schattendasein. Exemplarisch wird dies daran ersichtlich, daß dieser den Inhalt der Gesetze erst im Augenblick der Beurkundung erfuhr.[21] Die restriktive Gestaltung und Auslegung der Grundrechte ermöglichte autoritäres Regieren.[22] Die Monopolstellung der Vaterländischen Front ist vor allem an ihrer Rolle als Zugangstor zu politischen Funktionen und an ihrer Kontrollfunktion ersichtlich.

2. 1. Gesetzgebung

2. 1. 1. Zum Weg der Gesetzgebung

Die Veränderungen, die im Vergleich mit dem bisherigen Rechtszustand vorgenommen wurden, sind – wie auch Merkl[23] oder Ender[24] hervorheben – weitreichend:
– Die Regierungsvorlagen werden durch den Bundeskanzler im Wege des Präsidiums des Hauses der Bundesgesetzgebung den vorberatenden Organen übermittelt.
– Je nach Sachverhalt erstellen diese Organe Pflicht- oder Freigutachten nach von der Regierung gesetzten Fristen. Wichtig dabei ist, daß die vorberatenden Organe in ihrer begutachtenden Tätigkeit inhaltlich spezifisch beschränkt sind: Der Staatsrat äußert sich dahin,

---

[19]   Merkl, Ständisch-autoritäre Verfassung, S. 130.
[20]   U. Kluge, Der österreichische Ständestaat, Wien 1984, S. 98, spricht vom „autoritären Bürokratiestaat Österreich" für den Zeitraum 1936 - 1938.
[21]   Siehe Enderle-Burcel, Christlich – Ständisch – Autoritär, S. 22.
[22]   Siehe Putschek, Ständische Verfassung, S. 29.
[23]   Siehe Merkl, Ständisch-autoritäre Verfassung, S. 62.
[24]   Siehe Ender, Österreichische Verfassung, S. 10.

ob der Entwurf den Anforderungen der Staatshoheit und des Gemeinwohles wie auch jenen einer zweckmäßigen Gesetzesvollziehung entspricht. Der Bundeskulturrat gibt seine Gutachten vom Standpunkt der kulturellen, der Bundeswirtschaftsrat vom Standpunkt der wirtschaftlichen und der Länderrat vom Standpunkt der Länderinteressen ab. Die Organe entscheiden darüber, ob eine Materie einem Ausschuß (z. B. dem wirtschaftspolitischen oder sozialpolitischen Ausschuß) zugewiesen oder im vorberatenden Organ unmittelbar behandelt wird. Gegenberichterstattung ist möglich. Die Sitzungen werden vom Vorsitzenden einberufen und sind nicht öffentlich. Der Grund für die Nichtöffentlichkeit besteht nach Ender darin: „Für die Abgabe sachlich wertvoller Gutachten zu Gesetzesentwürfen bedarf es nun keiner Öffentlichkeit. Die Erfahrung in der Vergangenheit hat vielmehr gelehrt, daß die Öffentlichkeit dazu beiträgt, die Begutachter der Gesetzentwürfe auf das Gebiet der Demagogie und der Popularitätshascherei zu verleiten. Diese Gefahr wollte man bannen."[25]

– Die erstellten Gutachten – auch Gegenberichte sind möglich – werden vom Präsidium des Hauses der Gesetzgebung dem Bundeskanzleramt übermittelt.
– Nach Einlangen der vorgesehenen Gutachten oder Ablauf der Fristen kann die Regierung durch den Bundeskanzler ihre Gesetzesvorlagen in den Bundestag einbringen. Ob sie bei der Erstellung der Vorlage die Gutachten berücksichtigt oder nicht, liegt im freien Ermessen der Regierung.
– Für Gesetzesvorlagen im materiellen Sinn wird im Bundestag ein Berichterstatter, gegebenenfalls ein Gegenberichterstatter eingesetzt. Dieser erläutert und begründet die Vorlage, eine weitere Verhandlung findet nicht statt. Der Bundestag, dessen Sitzungen öffentlich sind, beschließt durch Abstimmung die unveränderte Annahme der Vorlage oder ihre Ablehnung. Für den Fall einer Ablehnung (nie vorgekommen) kann die Regierung beschließen, die Vorlage einer Volksabstimmung zu unterziehen (ein Gesetz, das diesbezügliche nähere Regelung treffen sollte, kam nicht zustande). Ein abweichender Modus der Gesetzgebung ist vorgesehen für Gesetzesvorlagen betreffend Bundesvoranschlag, Aufnahme oder Konvertierung der Bundesanleihen, Verfügung über Bundesvermögen, über Vorlagen und Berichte des Rechnungshofes: Bei diesen Materien, die einer Begutachtung durch die vorberatenden Organe nicht unterliegen, hat der Bundestag das Recht der uneingeschränkten Verhandlung, allfälliger Abänderung und Beschlußfassung.
– Das verfassungsmäßige Zustandekommen der Gesetze, deren Vorlage durch den Bundeskanzler erfolgt, wird durch den Bundespräsidenten beurkundet und vom Bundeskanzler und zuständigen Bundesminister gegengezeichnet.

2. 1. 2. Ausschaltung der Opposition – Ernennung von Funktionären

Für die Ausschaltung einer möglichen Opposition in den vorberatenden Organe und damit im Bundestag ist vorgesorgt: Die Mandatare haben keine Immunität; die Berufung der Mitglieder des Bundeskultur- und Bundeswirtschaftsrates erfolgt (nach Verfassungsübergangsgesetz) auf Vorschlag durch die Bundesregierung und Ernennung durch den Bundespräsidenten, da die Regelung der Wahlen in den Interessenorganisationen auf einen späteren Zeitpunkt verschoben wurde. Nach Merkl sprechen für diesen als Provisorium deklarierten Modus der frei widerruflichen Ernennung auch gewisse Gründe: „Das freie Abberufungsrecht ist eine notwendige Sicherung gegen oppositionelle Einstellung der Mitglieder, deren voraussichtliche Haltung ja im Falle des Berufungsweges der Wahl unbestimmbarer ist als im Falle der Ernennung. Jedenfalls stellt es diese Berufungsordnung sicher, daß der Kulturrat und Wirtschaftsrat in ihrer vorläufigen Gestalt ebenso zuverlässig zur Regierung steht wie der im

---

25   Ebenda, S. 11; siehe auch Neustädter-Stürmer: Verhandlungsschrift des Staatsrates, S. 127 f.

Übergangsregime ebenso wie in der ständischen Ordnung rein autoritär zu bestellende Staatsrat".[26] Der Zugang zu derlei Funktionen war eingegrenzt: Mitglieder des Bundeskultur- und Bundeswirtschaftsrates können nur vaterlandstreue Staatsbürger, was konkret heißt, nur Mitglieder der Vaterländischen Front sein. Der Eintritt ist an die Zustimmung des Führers der Vaterländischen Front gebunden, sie können jederzeit abberufen werden. Über ihren Stellenwert in der politischen Struktur des Austrofaschismus schreibt daher März: „Die an der Bundesgesetzgebung mitwirkenden Organe sind derartig konstruiert, daß die Regierung in ihnen unbedingt verläßliche, vaterlands- und regierungstreue Helfer bei der autoritären Führung des Staates in vaterländischem Sinne besitzt."[27]

2. 1. 3. Rolle der „ständischen Körperschaften"

Über die Rolle der „ständischen Körperschaften" im politischen Willensbildungsprozeß finden sich in der Verfassung und im Verfassungsübergangsgesetz nur insoweit Bestimmungen, als es deren Vertretung im Bundeswirtschaftsrat tangiert. In welcher Weise diese Interessenorganisationen selbst in den politischen Willensbildungsprozeß z. B. in Form von Stellungnahmen, Gutachten zu Gesetzesentwürfen eingebunden sind, blieb auf Verfassungsebene offen. Wie einer Stellungnahme des Sozialministers Neustädter-Stürmer zu einem Schreiben der Präsidentenkonferenz der landwirtschaftlichen Hauptkörperschaften vom 2. 1. 1935 zu entnehmen ist, bestanden Bestrebungen, diese Interventionsformen formal gänzlich auszuschließen. Als die Präsidentenkonferenz[28] unter Berufung auf das Bundesgesetz von 1924 (beinhaltend das Begutachtungsrecht der landwirtschaftlichen Hauptkörperschaften) ersuchte, die Gesetzesvorlage über Sozialversicherungsreform vor Einbringung in den Bundeswirtschaftsrates begutachten zu dürfen, bemerkte Neustädter-Stürmer dazu: „Es scheint gerade im Sinne der neuen Verfassung gelegen zu sein, durch Schaffung der vorberatenden Organe der Bundesgesetzgebung das bisher schleppende Vorberatungsverfahren für Akte der Gesetzgebung grundlegend zu ändern. Auch ist in Art. 61 und 62 der Verfassung 1934 der Weg der Gesetzgebung bei Vorlagen von Gesetzen im materiellen Sinne imperativ festgelegt; in diesen Bestimmungen findet sich die bisher in verschiedenen einfachen Gesetzen enthaltene Verpflichtung der Bundesregierung zur Mitteilung von Gesetzentwürfen an öffentlich-rechtliche Interessenvertretungen (Kammern, landwirtschaftliche Hauptkörperschaften) nicht. Schon formellrechtlich erscheint daher das gestellte Begehren nicht der Gesetzeslage entsprechend. Aber auch materiell erscheint eine derartige Zersplitterung der Begutachtung nicht mehr gerechtfertigt. Art. 48 der Verfassung enthält in Absatz 4 sämtliche berufsständische Hauptgruppen, die Vertreter in den Bundeswirtschaftsrat zu entsenden berufen sind. Der Bundeswirtschaftsrat ist daher tatsächlich eine zusammenfassende Vertretung sämtlicher berufsständischer Gruppen, und sein Gutachten wird die zusammengefaßte Meinung aller Kreise der österreichischen Wirtschaft wiedergeben."[29] Auf der anderen Seite finden sich in den Gesetzen, mit denen 1934 und 1935 die Regelung der neuen Struktur der Interessenvertretungen erfolgte, Hinweise, daß die Unternehmerbünde[30] berufen sind, die Aufgaben durchzuführen, die durch die Vorschriften der §§ 2 und 3 des Gesetzes über die Kammern für Handel, Gewerbe und Industrie (StGBl. Nr. 98/1920) den genannten Kammern zugewiesen sind, insofern diese Aufgaben die Interessen der jeweiligen Körperschaft berühren. Daraus ließe sich schließen,

---

[26] Merkl, Ständisch-autoritäre Verfassung, S. 131.
[27] E. März, Der Ständestaat, Wien o. J., S. 9.
[28] SA 81 – 115.434/34 (Akt des Bundesministeriums für soziale Verwaltung, Allgemeines Verwaltungsarchiv = AVA).
[29] Ebenda.
[30] Gesetz über den Industriellenbund: § 6, Abs. 2, Zahl 3; Gesetz über den Gewerbebund: § 14, Abs. 2, lit. a; Gesetz über den Finanzbund: § 6, Abs. 2; Gesetz über den Handels- und Verkehrsbund: § 14, Abs. 2, lit. a.

daß zum Aufgabenkreis auch die Erstattung von Vorschlägen an die Regierung und Begutachtung von Gesetzentwürfen zählen. Ähnlich heißt es in den Gesetzen [31] über den Gewerkschaftsbund, den Berufsstand öffentlicher Dienst sowie den Berufsstand Land- und Forstwirtschaft, daß diese Interessenvertretungen die Aufgabe haben, den zuständigen Behörden in allen Angelegenheiten, die für die Interessen ihrer Klientel von Bedeutung sind, Berichte, Gutachten und Vorschläge zu erstatten. Daß mit diesen Bestimmungen eine eindeutige Regelung auf formaler Ebene erzielt worden ist, scheint fraglich. In der Ministerratssitzung vom 7. Februar 1936 wurde das Thema „Übermittlung von Entwürfen zu Gesetzesvorlagen der Bundesregierung an berufsständische Körperschaften" besprochen. Nach Schuschnigg handelte es sich „um eine quaestio facti, die jedes Ressort, das an der Sache interessiert sei, selbst zu entscheiden habe, zweckmäßigerweise werde man die in Betracht kommenden Berufskörperschaften bei der Mitteilung eines Gesetzesentwurfes daran erinnern, daß die Beratung über den Entwurf ebenso diskret und unter Ausschluß der Öffentlichkeit durchzuführen sei, wie es die Verfassung von den Organen der Bundesgesetzgebung erfordere." [32] Auch ein in dieser Angelegenheit verfaßtes Gutachten des Verfassungsdienstes des Bundeskanzleramtes bejahte die Zulässigkeit, einen Gesetzentwurf, dessen Übermittlung an die Organe der Bundesgesetzgebung vom Ministerrat beschlossen wurde, „berufsständischen" Körperschaften zur Kenntnis zu bringen. [33]

Die vorberatenden Organe der Gesetzgebung befanden sich fest in „Männerhand". Insgesamt waren nur zwei Frauen Mitglieder (Henrietta Siess, Margareta Rada), und zwar im Bundeskulturrat als Repräsentantinnen des Schulwesens vertreten. [34]

2. 1. 4. Realer Prozeß der politischen Willensbildung und Entscheidungsfindung – verschiedene Wege der Beteiligung gesellschaftlicher Interessen

Der reale Prozeß der Gesetzgebung und die diesbezügliche Beteiligung organisierter gesellschaftlicher Interessen gestaltet sich im Austrofaschismus ungleich differenzierter als es die beschriebene formale Struktur oder auch zeitgenössische Verfassungsinterpretationen [35] ausweisen. Auf Grund einer Analyse des Gesetzgebungsprozesses im Bereich der Sozialpolitik und des „berufsständischen Aufbaues" – unter Verwendung von Akten, Protokollen der Verhandlungen, Gutachten der vorberatenden Organe sowie der Gesetzesvorlagen – lassen sich folgende Aussagen treffen:

- Wie schon verfassungsmäßig festgeschrieben kommt der Regierung [36] auch im realen Gesetzgebungsprozeß die zentrale Rolle zu: Ablesbar daran, daß von ihr durchwegs die Initiativen ausgehen, daß sie den inhaltlichen Rahmen absteckt, daß die Regierung der „Umschlagplatz" für Interventionen seitens der neu eingerichteten Körperschaften (den Bünden) oder sonstiger Interessenorganisationen ist und das Tempo des Gesetzgebungsprozesses bestimmt. Darüber hinaus erfolgte ein beträchtlicher Teil der Gesetzgebungstätigkeit nach Art. III, Absatz 2 des „Selbstermächtigungsgesetzes" vom 30. April 1934, d. h.

---

[31] Gesetz über den Gewerkschaftsbund: § 7, Abs. 3; Gesetz über den Berufsstand Land- und Forstwirtschaft: § 10, Abs. 6; Gesetz über den Berufsstand des öffentlichen Dienstes: § 5, Abs. 1.
[32] Ministerratsprotokoll Nr. 1.022, 7. 2. 1936, S. 16 (AVA).
[33] Ebenda.
[34] Siehe Enderle-Burcel, Christlich – Ständisch – Autorität, S. 26.
[35] Siehe z. B. die Kommentare von Ender, Merkl oder Schuschnigg, die sich ausschließlich auf das Verhältnis Regierung und vorberatende Organe/Bundestag beschränken.
[36] An der Entscheidungsfindung der Regierung hat die Ministerialbürokratie wesentlichen Anteil: Nicht nur, weil sie die Gesetzesvorlagen ausarbeitet, sondern auch weil den Entscheidungen im Ministerrat interministerielle Besprechungen und Vereinbarungen vorausgehen.

unter Umgehung der vorberatenden Organe. [37] In Zahlen ausgedrückt: vom 1. 11. 1934 (Beginn der Tätigkeit des Hauses der Bundesgesetzgebung) bis 28. 2. 1936 wurden 233 Gesetze nach Art. III und nur 33 Gesetze über den Bundestag beschlossen. [38] Laut einer Zählung nach den Bundesgesetzblättern konstatiert Putschek für den Zeitraum von 1934 bis 1938 ein eindeutiges Übergewicht für die Gesetzgebung außerhalb der Verfassung: Von 713 Bundesgesetzen wurden 538 nach Art. III des Selbstermächtigungsgesetzes und nur 165 nach der ordentlichen Gesetzgebung verabschiedet – mit steigender Tendenz bei letzterer. [39] Mitglieder des Staatsrates übten an diesem Vorgehen der Regierung Kritik und dessen Vorsitzender, Hoyos, intervenierte bei Schuschnigg. [40] Obwohl Schuschnigg bei einem Auftritt im Staatsrat das Bemühen der Regierung zusagte, „von dem Art. III nur dann Gebrauch zu machen, wo zwingende sachliche Erfordernisse dies gerechtfertigt erscheinen lassen", [41] kam Art. III in der Folgezeit weiterhin, wenn auch in beschränktem Umfang [42], in Anwendung.

– Die formal eingeschränkte Rolle der vorberatenden Organe wird auch in der Praxis sichtbar. Ihre unmittelbare Involvierung in den Willensbildungsprozeß erfolgt erst, nachdem bereits andere Körperschaften und Interessenvertretungen – wie noch auszuführen ist – daran partizipierten. Die Beschränkung der inhaltlichen Kompetenz in den Gutachten auf die in der Verfassung festgelegten spezifischen Sachverhalte (z. B. kulturell, wirtschaftlich usw.) blieb aufrecht. Sofern es in der Praxis zu „Überschreitungen" dieser eingeschränkten Kompetenz kam, wurde dies von der Regierung kritisiert. [43] Hinsichtlich des Status der „gesetzgebenden" Organe erfolgten keine bemerkenswerten Veränderungen: Der Bundestag blieb ebenso weiterhin Ratifikationsinstrument wie die vorberatenden Organe im wesentlichen reaktive Instrumente. Die Forderungen nach dem Initiativrecht für die vorberatenden Organe [44] waren ohne Erfolg. Aus dem Provisorium der frei widerruflichen Ernennung der Mitglieder des Bundeskulturrates und Bundeswirtschaftsrates wurde de facto bis 1938 ein Definitivum, da – mit Ausnahme für den Berufsstand Land- und Forstwirtschaft – die vorgesehenen Wahlen in den Bünden unterblieben. Allerdings ist konstatierbar, daß Abänderungen, die im Rahmen der Gutachten vorgeschlagen wurden, – obwohl rechtlich unverbindlich – in die Regierungsvorlagen an den Bundestag Eingang gefunden haben. Dabei handelte es sich keineswegs ausschließlich um marginale, sondern z. T. auch – wie am gewerblichen Sozialversicherungsgesetz [45] deutlich wird – um wichtige inhaltliche Än-

---

[37] Selbst die Geschäftsordnung für den Bundestag wurde vom Ministerrat ohne Mitwirkung eines der Organe auf dem Weg des Selbstermächtigungsgesetzes vom 30. 4. 1934 beschlossen (siehe Putschek, Ständische Verfassung, S. 184).

[38] Diese Zahlen wurden von Schuschnigg dem Staatsratsvorsitzenden Hoyos bekanntgegeben: siehe Verhandlungsschrift des Staatsrates, 8. 10. 1936, S. 1091.

[39] Siehe Putschek, Ständische Verfassung, S. 192 f.; ähnlich Wohnout, Regierungsdiktatur oder Ständeparlament?, S. 305, der allerdings eine geringere Gesamtzahl von Bundesgesetzen anführt.

[40] Siehe Verhandlungsschrift des Staatsrates, 6. 2. 1936, S. 793 f., 798; siehe auch Funder: Sten. Prot. des Bundestages, 18. 12. 1935, S. 135.

[41] Verhandlungsschrift des Staatsrates, Sitzung vom 28. 2. 1936, S. 814.

[42] H. J. Krüger, Faschismus oder Ständestaat. Österreich 1934 - 1938, Kiel 1970, S. 385, konstatiert, daß 1937 der Anteil der über den Bundesrat beschlossenen Gesetze überwog; siehe auch Putschek, Ständische Verfassung, S. 193.

[43] Siehe z. B. die Kritik Neustädter-Stürmers an den Gutachten des Bundeskulturrates betreffend Gewerbebundgesetz: Verhandlungsschrift des Bundeskulturrates, S. 64 f.; ähnlich Verhandlungsschrift des Staatsrates, S. 127 f.; aber auch Funder: Verhandlungsschrift des Staatsrates, S. 118 ff.

[44] Siehe z. B. Gewerkschaftsobmann Staud: Sten. Prot. des Bundestages, 24. 11. 1937, S. 610; Weinberger: Verhandlungsschrift des Bundeswirtschaftsrates, S. 1214.

[45] Siehe Erläuternde Bemerkungen zum gewerblichen Sozialversicherungsgesetz 1935: 11 Ge, S. 97 ff.; Ministerratsvortrag: S. 81 - 21.337/35; Sten. Prot. des Bundestages, 28. 3. 1935, S. 46 f.; Verhandlungsschrift des Staatsrates, S. 784 f.

derungen. Die Frage nach den Möglichkeiten oder Nichtmöglichkeiten der Teilnahme der Interessenvertretungen am politischen Willenbildungs- und Entscheidungsprozeß ist mit der Analyse des Verhältnisses zwischen Regierung und vorberatenden Organen nicht ausreichend beantwortet. Der Bundeswirtschaftsrat ist dafür nicht der einzige Indikator. [46] Er stellt nur eine Bühne neben anderen dar, auf denen – bei Ausschaltung einer fundamentalen Opposition – differierende gesellschaftliche Interessen in unterschiedlicher Weise zum Tragen kommen. Es sind zwei weitere Wege der Beteiligung konstatierbar:

– Mitwirkung und Einbeziehung gesellschaftlicher Interessenvertretungen in den politischen Willensbildungs- und Entscheidungsprozeß: Es bestanden zwar – wie oben an einer Stellungnahme Neustädter-Stürmers [47] angedeutet wurde – unter den veränderten Bedingungen Unklarheiten über die Rolle der Interessenvertretungen im Gesetzgebungsprozeß. Unabhängig davon bezog die Regierung zum einen schon vor Errichtung der in der Verfassung vorgesehenen Interessenvertretungen die vorhandenen Interessenorganisationen (wie z. B. den Hauptverband der Industrie, die Präsidentenkonferenz der landwirtschaftlichen Hauptkörperschaften, die land- und forstwirtschaftlichen Hauptkörperschaften, die Handelskammern, den Hauptverband gewerblicher Arbeitgeberverbände usw.) in den Gesetzgebungsprozeß mit ein. Beispielhaft sei hier auf die Gesetze über die Errichtung des Bundes der Industriellen [48], des Gewerbebundes [49], des Handels- und Verkehrsbundes, das Vorhaben eines landwirtschaftlichen Sozialversicherungsgesetzes [50] oder das Gesetz betreffend die Errichtung des Berufsstandes Land- und Forstwirtschaft [51] verwiesen. Daß diese Einbeziehung nicht für jede Materie zutraf, zeigt der Gesetzgebungsprozeß bezüglich Errichtung des Gewerkschaftsbundes: Die Entscheidung der Regierung wurde den bestehenden loyalen Gewerkschaftsfraktionen mitgeteilt, ohne daß diesen praktisch die Möglichkeit einer Einflußnahme auf das Gesetz eingeräumt worden war: „Der genehmigte Verordnungsentwurf ist am 3. März 1934 zufolge Beschlusses des Ministerrates den Vertretern der christlichen Gewerkschaften (Staud, Untermüller, Roth, Waschnig), der unabhängigen Gewerkschaften (Lichtenegger, Bogdanovich, Znidaric) und D. H. V. (Wessely) zur Kenntnis gebracht und erläutert worden." [52] Dies obwohl Dollfuß noch am vorhergehenden Tag einer Abordnung christlicher Gewerkschafter die Mitarbeit zugesagt hatte. [53] Zum anderen wurden die neu errichteten Bünde durchwegs in den Gesetzgebungsprozeß einbezogen, sofern ihre Interessen davon berührt waren. Die Partizipation in Form von Vorschlägen und Gutachten läßt sich sowohl für das Stadium der Vorbereitung von Gesetzentwürfen oder Verordnungen (z. B. Kollektivvertragsgesetz [54], Geschäftsführung der Werksgemeinschaften [55], Gesetz über berufsständische Ausschüsse [56], Satzungen der berufsständischen Ausschüsse [57], Novellierung des gewerblichen Sozialversicherungsgesetzes [58] als auch für das Stadium vor

---

[46]   In diese Richtung deutet die Interpretation des Artikels 48 der Verfassung durch die industrielle Interessenvertretung: siehe Die Industrie 1934, Nr. 18, S. 4.

[47]   Siehe Neustädter-Stürmer, S. 81 - 15.434/34 (AVA).

[48]   Siehe SA 72 - 91.001/34 (AVA).

[49]   Siehe SA 72 - 18.080/35 (AVA).

[50]   Siehe SA 81 - 103.387/35 (AVA).

[51]   Siehe SA 72 - 50.781/35 (AVA).

[52]   So lautet der Aktenvermerk: SA 73/a – 20.867/34 (AVA).

[53]   Laut Jahrbuch der christlichen Arbeiterschaft Österreichs 1936, S. 131 f.

[54]   Siehe SA 72 - 129.550/35 (AVA): Einbeziehung des Gewerkschaftsbundes in die Vorbesprechungen über die Grundzüge einer Reform.

[55]   Siehe SA 23 - 110.468/35 (AVA).

[56]   Siehe Ministerratsprotokoll Nr. 1.029, 8. 5. 1936; Akt 51.200/36 Bundesministerium für soziale Verwaltung (AVA).

[57]   Siehe SA 72 - 26.800/37 (AVA).

[58]   SA 81 - 84.271/36; 94.812/36 (AVA).

Einbringung von Gesetzentwürfen in das Haus der Gesetzgebung konstatieren.[59] Darüber hinaus sei angemerkt, daß auch einzelne Interessenvertretungen von sich aus Gesetzentwürfe vorlegten, ohne damit allerdings Erfolg zu erzielen.[60]

– Darüber hinaus stellten die Interventionen ein weiteres und häufig praktiziertes Instrument der Einflußnahme auf den Gesetzgebungsprozeß dar. Interventionen erfolgten nicht nur durch traditionelle und neu etablierte Interessenorganisationen[61] oder Einzelfirmen.[62] Die Vaterländische Front[63] wie auch Teilorganisationen (z. B. der österreichische Gewerbebund)[64], Regierungsmitglieder oder einzelne Ministerien[65] und Landeshauptmänner[66] erwiesen sich als Transformatoren von Anträgen und Forderungen gesellschaftlicher Interessenvertretungen in den Entscheidungsprozeß. Daß für die Durchsetzung partikularer gesellschaftlicher Interessen der Einbeziehung der Bünde wie auch Interventionen ein größeres Gewicht als dem Bundeswirtschaftsrat[67] zukommt, dafür gibt es empirische Evidenz.[68]

– Die angeführten drei Wege der Beteiligung der Interessenvertretungen am politischen Willensbildungs- und Entscheidungsprozeß stehen nicht isoliert nebeneinander. Ihre Verbindung wird hergestellt durch ein personales Strukturelement, das aus der autoritären Struktur des Austrofaschismus resultiert: die personelle Kumulierung von Funktionen. Die Spitzenvertreter der einzelnen Körperschaften sind zugleich Mitglieder in den vorberatenden Organen und bekleiden Führungsfunktionen in der Vaterländischen Front. An

---

[59] Siehe SA 23/1 – 58.970/34 (Werksgemeinschaftsgesetz); SA 72 - 27.041/37; 125.886/37 (Abänderung des Gewerbebund- sowie Handels- und Verkehrsbundgesetzes): SA 81 - 78.926/35 (Dritte Durchführungsverordnung zum gewerblichen Sozialversicherungsgesetz) (AVA); siehe z. B. Margaretha und Ender: Verhandlungsschrift des Bundeswirtschaftsrates, S. 1629, 1654 (betreffend Handelskammergesetz).

[60] So z. B. der Entwurf über den berufsständischen Aufbau in der Land- und Forstwirtschaft: erstellt durch Bauernbünde und Landwirtschaftskammer: SA 72 - 24.880/35 (AVA). Gesetzentwurf über die Handelskammern: erstellt durch den Gewerbebund: Das Gewerbe, Nr. 6, 1937, S. 6 - 7.

[61] Beispielhaft sei auf die Vielzahl der Interventionen zur Aufrechterhaltung der Kammern verwiesen: Siehe SA 72 – 96.920/34; 101.686/34; weiters bezüglich der Errichtung des Berufsstandes Land- und Forstwirtschaft: Stellungnahme des Generalsekretärs der Präsidentenkonferenz: S. 81 - 115.434/34 (AVA).

[62] Darauf deuten die wiederholten Hinweise des Bundes der Industriellen hin, daß Interventionen von Einzelfirmen an Behörden unter Umgehung des Bundes unzulässig seien (siehe Mitteilungen des Bundes der österreichischen Industriellen, in: Die Industrie, 1935, Nr. 8, Jg. 1; 1936, Nr. 28, Jg. 2).

[63] SA 72 - 31.820 (betreffend den Gesetzentwurf über den Handels- und Verkehrsbund); SA 72 - 50.325 (betreffend Gewerbebundgesetz); SA 72 - 55.116/35 (zugunsten des Reichsverbandes der Tabakhauptverleger); SA 72 - 128.428/35 (AVA).

[64] Schreiben des österreichischen Gewerbebundes an Schuschnigg, vom 12. 1. 1935 in Angelegenheiten des Gewerbebundgesetzes: SA 72 - 116.876; SA 72 - 97.865 (betreffend Heranziehung bei Beratungen über den berufsständischen Aufbau) (AVA).

[65] Handelsminister Stockinger erwies sich für das Gewerbe als wichtiger Transmissionsriemen. So heißt es z. B. in einem Schreiben des Gewerbebundes an den Sozialminister Neustädter-Stürmer vom 6. Dezember 1934 (SA 72 - 116.876/35): „Herr Minister Stockinger hatte die Güte, uns den Vorentwurf zum Bundesgesetz betreffend die Errichtung des Bundes der gewerblichen Unternehmer bzw. zur Gewerbeordnungsnovelle zur einstweiligen Begutachtung zu übergeben […].“ Diese Gutachten sind Stockinger und auch Neustädter-Stürmer übermittelt worden. „Wir erlauben uns hieran die dringende Bitte zu knüpfen, nach Möglichkeit unsere Abänderungsvorschläge schon in dem dem Ministerrat vorzulegenden Entwurf berücksichtigen zu wollen […].“ Im Informationsblatt des österreichischen Gewerbebundes, Nr. 2, März 1935, S. 7, wird Handelsminister Stockinger als „der Paladin des Handels- und Gewerbestandes in der Regierung“ bezeichnet. Siehe auch Starhemberg in seiner Funktion als Vizekanzler: SA 72 - 143.500/35 (AVA).

[66] Siehe z. B. der Landeshauptmann von Tirol betreffend Handelskammern: SA 72 - 91.593/34; SA 72 - 5.629/35 (AVA).

[67] Über die soziale Zusammensetzung des Bundeswirtschaftsrates finden sich detaillierte Angaben bei März, Ständestaat, S. 10. Nach seiner Berechnung waren von den insgesamt 83 Mitgliedern des Bundeswirtschaftsrates 54 Selbständige, 29 Arbeiter und Angestellte.

[68] Hier sei verwiesen auf den Gesetzgebungsprozeß beim Gewerbebundgesetz, beim Gesetz über die berufsständischen Ausschüsse, bei den Änderungen der Gesetze über die Bünde, bei Novellierung und Durchführung des gewerblichen Sozialversicherungsgesetzes, beim Handelskammergesetz und beim Gesetz über den Berufsstand Land- und Forstwirtschaft.

zwei Beispielen aufgezeigt: Der Präsident des Bundes österreichischer Gewerbetreiben-
der, Raab, war zugleich Obmann des Landesgewerbeverbandes Niederösterreich, Vizepräsident des Bundeswirtschaftsrates und Mitglied des wirtschaftspolitischen Ausschusses,
Präsident des österreichischen Gewerbebundes (Berufsorganisation der Vaterländischen
Front), Vizepräsident der im Handelskammergesetz von 1937 vorgesehenen Bundeshandelskammer, Mitglied des 1937 eingerichteten berufsständischen Bundesausschusses sowie Mitglied des Führerrates der Vaterländischen Front. Der Landeshauptmann von Niederösterreich, Reither, bekleidete die Funktion des Präsidenten der Niederösterreichischen
Landwirtschaftskammer, des Obmannes der niederösterreichischen Molkerei, des Obmannes der Niederösterreichischen Brandschadenversicherung, des Obmannes der Niederösterreichischen Genossenschafts-Zentralkasse, des Verwaltungsrates der Girozentrale, des
Obmannes des Agrarverlages, er war Mitglied des Länderrates und kurze Zeit dessen
Vorsitzender und Mitglied des Bundestages und vieles mehr.[69] Ähnliches gilt für weitere Spitzenfunktionäre wie Urban, Kresse, Falkensammer oder Kampitsch (von seiten der
Industriellenvertretung), Figl (Landwirtschaft) oder Staud, Lengauer und Vesely (Gewerkschaftsbund). Aufgrund dieses Sachverhaltes hatten Ansätze, die Nichtöffentlichkeit des
politischen Entscheidungsprozesses auch auf das Verhältnis der vorberatenden Organe zueinander zu übertragen, keine Relevanz.[70]

2. 2. Berufsständische Ordnung – „Ständestaat": Konzeption – formale Struktur – Realität

Im Selbstverständnis des Austrofaschismus bilden der ständische Aufbau und die ständische
Organisierung ein zentrales Element der neuen politischen Struktur. Daran ist der Anspruch
geknüpft, daß den in Berufsständen (und Kulturgemeinschaften) organisierten gesellschaftlichen Interessen eine neue Rolle zukomme, nämlich die selbständige Wahrnehmung ihrer
spezifischen Angelegenheiten (und damit eine Entlastung der staatlichen Verwaltung) zum
einen, die Beteiligung an der politischen Willensbildung und Entscheidungsfindung zum anderen.[71] Zugleich sollte die ständische Organisierung gesellschaftlicher Interessen die Basis
für die Ausschaltung von Klassenkämpfen und für gesellschaftliche Harmonie sein. Unter
Berufsstand wurde die gemeinsame Organisierung von ArbeiterInnen/Angestellten und UnternehmerInnen verstanden. Die verfassungsrechtlichen Bestimmungen, mehr noch die Realität des Austrofaschismus zeichneten ein ganz anderes Bild: Nicht bloß, daß die intendierte
berufsständische Ordnung zu keinem Abschluß kam; die nur zur Vorbereitung etablierten
Interessenorganisationen (Bünde) unterlagen so beträchtlichen staatlichen Einschränkungen,
daß sie die ideologisch angedachte Rolle niemals zu realisieren imstande waren. Was sie von
den Interessenorganisationen, die vor 1933 bestanden, unterschied, war ihre ausgeprägte Unterordnung, ihre Abhängigkeit von und uneingeschränkte Loyalität gegenüber der Regierung
sowie ihre beschränkte Oppositionsrolle. Gesellschaftliche Konflikte waren unter den veränderten Bedingungen gegenstandslos, allerdings ihre Austragung beträchtlich eingeschränkt.
Die Nichtrealisierung und das Scheitern der mit viel Aufwand propagierten berufsständischen
Ordnung ist bereits in der in der Verfassung verankerten „Verstaatlichung gesellschaftlicher
Interessen" angelegt; die Praxis austrofaschistischer Herrschaft und die Realität der gesellschaftlichen Beziehungen taten dazu noch ein Weiteres.

---

69   Siehe die Auflistung bei H. Augustin, Die Bauernbünde, der Bdrufsstand Land- und Forstwirtschaft und die
     Bauern im österreichischen Ständestaat, Wien 1998, S. 84 f., sowie Enderle-Burcel, Christlich – Ständisch –
     Autoritär, S. 197.
70   Siehe dazu die kritischen Anmerkungen von Funder: Verhandlungsschrift des Staatsrates, S. 120 f.
71   Siehe Schuschnigg (Hg.), Neue Bundesverfassung, S. 28; Ender, Österreichische Verfassung, S. 4.

2. 2. 1. Berufsständische Ordnung: eine Rahmenkonzeption mit vagen Konturen

Die Unklarheiten über die konkrete Umsetzung ständischer Vorstellungen, die im Zusammenhang mit der Vorbereitung der neuen Verfassung merkbar wurden, waren keineswegs mit der Proklamierung der Maiverfassung schon beseitigt. Die in der Verfassung selbst nur sehr vage angegebenen Konturen über den ständischen Aufbau, die Unklarheit über Organisation und Wege der Errichtung der Berufsstände wie auch der praktizierte Modus einer „Politik hinter verschlossenen Türen" waren wenig dazu angetan, verbreitete Mißverständnisse – sowohl in der Bevölkerung wie bei offiziellen Vertretern des Austrofaschismus – zu beseitigen. In Interventionen an das für den berufsständischen Aufbau zuständige Sozialministerium versuchten Vereinigungen und Verbände für sich im „Neuaufbau" den Status als eigenständiger Stand zu reklamieren. Beispielhaft sei hier auf den Kärntner Haus- und Grundbesitzerverband[72], den Reichsverband der Landestrafikanten[73] oder den Verband der Köche Österreichs verwiesen. Letzterer hielt die Einführung des Standes der geprüften Köche für notwendig, um eine Unterscheidung zwischen gelernten und angelernten Köchen zu ermöglichen.[74] Der Bund österreichischer Frauenvereine forderte zusätzlich zu den in der Verfassung vorgesehenen sieben Berufsgruppen eine Vertretung der Hausfrauen im Rahmen einer Hauswirtschaftskammer.[75] Ein Schlaglicht auf den geringen Grad der Abklärung der gegenständlichen Frage wirft die Stellungnahme des Bundeskulturrates in seinem Gutachten zum Regierungsentwurf über die Errichtung des Gewerbebundes: „Der Geist dieses Gesetzes widerspricht so sehr dem Geiste der berufsständischen Verfassung, daß der Bundeskulturrat den Gesetzentwurf über den Gewerbebund in der vorliegenden Verfassung zur Gänze ablehnt [...] Den Grundfehler des vorliegenden Entwurfs erblickt der Bundeskulturrat darin, daß dem Gesichtspunkt der ethischen und wirtschaftlichen Einheit im berufsständischen Sinne nicht Rechnung getragen wird. Die Verbindung zwischen Arbeitgebern und Arbeitnehmern, die einen wesentlichen Grundsatz der berufsständischen Ordnung ausmacht, wird [...] nicht ausreichend hergestellt, so daß der alte klassenmäßige Gegensatz aufrecht erhalten bleibt [...] Der Entwurf trägt dem unverrückbaren Grundsatz jeder Sozialphilosophie vom Eigenrecht der kleinen Gemeinschaft, d. h. der Selbstverwaltung, durchaus nicht Rechnung."[76] Die Antwort des Sozialministers Neustädter-Stürmer ist in mehrfacher Hinsicht von Interesse: Zum einen betonte er, „daß hier ein Mißverständnis vorliegt, das [er] dem Bundeskulturrat keineswegs zum Vorwurf mache, weil ja der Plan zur Durchsetzung des berufsständischen Gedankens in Österreich leider in den weitesten Kreisen der Bevölkerung noch vollkommen unbekannt ist".[77] Zum anderen erläuterte er den Plan des berufsständischen Aufbaues. Dieser soll sich in drei Etappen vollziehen: Die erste Etappe ist die einheitliche Organisierung der Arbeitnehmer (Errichtung des Gewerkschaftsbundes); die zweite Etappe – ebenso nur eine vorbereitende Maßnahme – beinhaltet die einheitliche Organisierung der Arbeitgeber (Errichtung von Bünden). Erst in der dritten Etappe werde es zur Vereinigung der Arbeitgeber und Arbeitnehmer kommen: Berufsstände werden errichtet, und der berufsständische Aufbau könne dann durchgeführt werden.[78] Den Grund für die etappenweise Realisierung der berufsständischen Ordnung sieht Neustädter-Stürmer darin, „daß es politisch unmöglich ist, jetzt schon den Arbeitern ihre selbständige Organisation zu nehmen und sie in eine gemeinsame Organisation mit den Arbeitgebern zusammenzubringen. Das ist heut psychologisch

---

[72]   Siehe SA 72 - 22.404/34 (Schreiben vom 25. 2. 1934) (AVA).
[73]   Siehe SA 72 - 108.646/33 (Schreiben vom 16. November 1934) (AVA).
[74]   Siehe SA 72 - 32.977/35 (AVA).
[75]   Siehe SA 72 - 22.404/34 (AVA).
[76]   Verhandlungsschrift des Bundeskulturrates, S. 58, 59, 60.
[77]   Ebenda, S. 66; siehe auch Putschek, Ständische Verfassung, S. 74.
[78]   Ebenda, S. 67 ff.

noch unmöglich, weil der jahrelange, ja jahrzehntelange Klassenkampf eine so große Kluft gerissen hat, daß man diese Kluft nicht mit ein paar Paragraphen verkleistern kann. Hier muß das Vertrauen zwischen Arbeitnehmerschaft und Arbeitgeberschaft Schritt für Schritt, Tag für Tag und Arbeit für Arbeit entstehen, bis es möglich sein wird, wirklich auch ein innerlich geschlossenes Ganze zu haben."[79]

2. 2. 2. Der Umbau der Interessenorganisationen und die Nichtrealisierung der berufsständischen Ordnung

Von den in der Verfassung genannten sieben Berufsständen wurden bis 1938 nur zwei eingerichtet: Der Berufsstand öffentlicher Dienst[80], der allerdings nicht als echter Berufsstand betrachtet werden kann[81], da darin nur unselbständig Erwerbstätige erfaßt waren, und der Berufsstand Land- und Forstwirtschaft.[82] Für die Etablierung eines Berufsstandes wies der Bereich der Land- und Forstwirtschaft spezifische Voraussetzungen auf: Die Landarbeiter waren bereits in einigen der bestehenden Landwirtschaftskammern integriert; die sozialen Beziehungen zeichneten sich durch mehr Konsensorientierung und geringe Konfliktintensität aus.[83]

Bezüglich der anderen „Berufsstände" kam der Austrofaschismus über ein Vorbereitungsstadium nicht hinaus. Der Umbau der bisherigen Organisationsformen gesellschaftlicher Interessenvertretungen erfolgte 1934/35. Den ersten Schritt, der im Zusammenhang mit der nach dem 12. Februar durchgeführten Zerschlagung der Sozialdemokratie steht, bildete die Errichtung des Gewerkschaftsbundes (BGBl. Nr. 132/I/34) durch Verordnung der Regierung vom 2. 3. 1934. Danach besteht die Aufgabe des Gewerkschaftsbundes in der Vertretung der arbeitsrechtlichen, wirtschaftlichen und sozialen Interessen der ArbeiterInnen und Angestellten, und zwar in Industrie und Bergbau, im Gewerbe, im Handel und Verkehr, im Geld- und Kreditwesen und in den freien Berufen. Keine gewerkschaftliche Vertretung ist für Land- und Forstwirtschaft, für den öffentlichen Dienst und für die österreichischen Bundesbahnen vorgesehen. Die Arbeiterkammern wurden zu Geschäftsstellen des Gewerkschaftsbundes. Darüber hinaus enthält die Verordnung jene grundlegenden Bestimmungen über gesellschaftliche Interessenorganisationen im Austrofaschismus, die auch analog in die Gesetze über die Unternehmerbünde Eingang fanden: Der Gewerkschaftsbund ist ebenso wie die anderen Bünde eine Einrichtung öffentlichen Rechts, die der Vorbereitung des berufsständischen Aufbaues dienen soll, die die Aufgabe „im christlichen, vaterländischen und sozialen Geiste mit Ausschluß jeder parteipolitischen Betätigung" zu erfüllen hat, die der staatlichen Aufsicht unterstellt ist und deren Vorsitzender und Mitglieder des Vorstandes durch den zuständigen Bundesminister berufen werden, der auch die Satzungen festsetzt. Die Mitgliederzahl erfuhr eine beachtliche Ausweitung: von 147.600 Mitte 1934 auf ca. 397.00 Mitte 1937.[84] Unterschiedlich geregelt ist die Mitgliedschaft. Im Gewerkschafts-, Industriellen- und Finanzbund ist diese freiwillig, im Gewerbe- und Handels- und Verkehrsbund obligatorisch.

---

[79] Ebenda, S. 72.

[80] BGBl. Nr. 294/II/1934.

[81] So z. B. Sozialminister Neustädter-Stürmer, in: Verhandlungsschrift des Staatsrates, S. 124; Sozialminister Resch: SA 72 – 106.317/37 (AVA); siehe auch Putschek, Ständische Verfassung, S. 76.

[82] BGBl. Nr. 304/35; siehe näher dazu E. Bruckmüller, Interessenvertretung der Bauern, in: E. Tálos / H. Dachs / E. Hanisch / A. Staudinger (Hg.), Handbuch des politischen Systems. Erste Republik 1918 - 1933, Wien 1995, S. 353 - 370, hier 358 ff.; H. Augustin, Die Bauernbünde, der Berufsstand Land- und Forstwirtschaft und die Bauern im österreichischen Ständestaat, Wien 1998.

[83] Siehe dazu die Erläuternden Bemerkungen: 32 Ge d. Beilagen; weiters die Stellungnahmen Fördermayrs und Figls im Bundeswirtschaftsrat: Verhandlungsschrift, S. 495 ff.; Resch: SA 72 – 106.317/37 (AVA).

[84] Siehe Putschek, Ständische Verfassung, S. 100.

Die sogenannte zweite Etappe des berufsständischen Aufbaues bestand in der Errichtung der vier Unternehmerbünde: Bund der österreichischen Industriellen,[85] Bund der Gewerbetreibenden,[86] Bund der Geld-, Kredit- und Versicherungsunternehmungen[87] und der Handels- und Verkehrsbund.[88]

Die von der Regierung bestimmte Regelung der Kooperation zwischen den Vertretern der UnternehmerInnen und ArbeiterInnen/Angestellten ist nicht auf den Bundeswirtschaftsrat beschränkt. Die Gesetze über die Unternehmerbünde beinhalten diesbezüglich weitere Ansätze: Zum einen die Verpflichtung der Bünde, vor Beschlußfassung in Angelegenheiten, die wichtige Interessen der ArbeitnehmerInnen in dem jeweiligen Bereich berühren, dem Gewerkschaftsbund Gelegenheit zur Stellungnahme zu geben (in allen vier Gesetzen); zum anderen die Möglichkeit, zur Vorbereitung des Zusammenwirkens der Berufsangehörigen einen berufsständischen Ausschuß (Finanzbund-, Gewerbebund-, Handels- und Verkehrsbundgesetz) und zur Schlichtung von Streitigkeiten aus dem Arbeitsverhältnis schiedsgerichtliche Ausschüsse zu errichten (Gewerbe-, Handels- und Verkehrsbundgesetz).

Die Diskrepanz von gesetzlicher Norm und tatsächlichem Stellenwert berufsständischer Intentionen verdeutlicht die Stellungnahme des Sozialministers Neustädter-Stürmer vor dem Hintergrund der Befürchtungen des Finanzministers, daß die berufsständischen Ausschüsse die Tätigkeit des Finanzbundes in entscheidenden Fragen beeinflussen würden: „Diese Befürchtungen seien jedoch nicht begründet, da die Beschlüsse der berufsständischen Ausschüsse keinerlei bindende Kraft besäßen und überdies jederzeit die Aufsichtsbehörde eingreifen könne."[89] Die Diskrepanz zwischen Norm und Realität ist auch daran evident, daß die wiederholt angekündigten Wahlen in den Bünden nicht durchgeführt wurden: „Weder die Bestimmungen über den Vorgang der Wahl noch die Bestimmungen über die Erlangung der Wahlberechtigung kamen – mit einer einzigen Ausnahme [im Bauernbund, E. T.] – jemals zur Anwendung."[90] Wahlen schienen selbst unter den Bedingungen autoritärer Kontrolle als Risiko.

Wie oben angeführt, partizipierten Gewerkschaftsbund und Unternehmerbünde durch Gutachten, Stellungnahmen und Interventionen an der Willensbildung und Entscheidungsfindung bei Materien, die ihre Interessen tangierten. Allerdings war ihr Spielraum formal und real[91] beschränkt.

Insgesamt: Die Verfassung „räumte dem Staat die Vorherrschaft über die Vertreter der kulturellen und wirtschaftlichen Interessen ein".[92] Bereits in der Verfassung ist die Beschränkung des Spielraums der intendierten Interessenorganisationen und deren Möglichkeiten zur Selbstverwaltung grundgelegt. Dieser Sachverhalt wurde durch das Verfassungsübergangsgesetz von 1934 noch verschärft: Vom zuständigen Minister wurden die obersten Organe eines Bundes bestimmt, die selbst wieder die untergeordneten Organe ernannten. Wahlen wurden – wie bereits angemerkt – nur im Berufsstand Land- und Forstwirtschaft durchgeführt. Die Mitglieder des Bundeskulturrates und Bundeswirtschaftsrates wurden nicht durch Wahl aus ihren Organisationen, sondern ebenso wie die Mitglieder des Staatsrates auf Vorschlag der Bundesregierung bzw. des Bundeskanzlers durch den Bundespräsidenten ernannt. Die Absi-

---

[85]   BGBl. Nr. 290/II/34.
[86]   BGBl. Nr. 84/35.
[87]   BGBl. Nr. 119/35.
[88]   BGBl. Nr. 303/35.
[89]   Ministerratsprotokoll Nr. 981, 25. 1. 1935, S. 6 (AVA).
[90]   Putschek, Ständische Verfassung, S. 87.
[91]   Hier sei auf die autoritäre Ernennungspolitik, die Unmöglichkeit offener Opposition gegen die Regierung oder die Einschnürung gewerkschaftlicher Strategien durch staatliches Zwangskorsett verwiesen.
[92]   Merkl, Ständisch-autoritäre Verfassung, S. 147.

cherung des autoritären Prinzips und die Sicherung gegen eine mögliche Opposition[93] führten dazu, daß auch die unmittelbare Konkretisierung der Verfassung mit einer Einschränkung des Stellenwerts der „Stände" im Rahmen der neuen politischen Struktur verbunden ist.

Daß aus dem Umbau der Interessenorganisationen und dem Verbot von Streiks und Aussperrung unmittelbar eine Änderung im Verhältnis von Lohnarbeit und Kapital in Richtung Abbau gesellschaftlicher Konflikte und ein Ausgleich von Interessen folgt,[94] trifft auf die Realität des Austrofaschismus nicht zu. Den Umbau nützten die Unternehmer und ihre Vertretungen massiv dazu, die Lebensbedingungen der Lohnabhängigen – sei es durch Nichteinhaltung oder Verweigerung von Kollektivverträgen und Übertretungen sozialpolitischer Gesetze – zu verschlechtern.[95] Die Senkung der Lohnkosten konnte in Übereinstimmung mit den Strategien der Regierung bezüglich der Sozialversicherung zu Lasten der Lohnabhängigen erreicht werden.[96] Die Förderung der Etablierung der berufsständischen Ausschüsse durch die Regierung – als konkreter Ansatz für die bevorstehende organisatorische Verbindung zwischen Vertretern der Unternehmer und Lohnabhängigen proklamiert – resultierte aus dem Faktum, daß es den zur Vorbereitung der berufsständischen Ordnung eingerichteten Bünden nicht gelang, den intendierten Ausgleich zwischen den Interessen der ArbeiterInnen/Angestellten und der UnternehmerInnen herzustellen. Aus dem Provisorium der Bünde wurde im Austrofaschismus ein Definitivum. Dies trotz der Klagen über das Stagnieren des berufsständischen Aufbaues[97] und wiederholter Beteuerungen, daß nach Abschluß der ersten und zweiten Etappe, die erst das Stadium der Syndikate, noch nicht der Korporationen darstellen,[98] die Realisierung der dritten Etappe in Angriff genommen werde. Schuschnigg z. B. betonte in einer Rede im Bundestag, daß die Regierung sich selbstverständlich im klaren sei, „daß zur wirklichen Konsolidierung im Staate, zur wirklichen Befriedung im Volk das konsequente Weiterschreiten auf jener Linie gehört, die uns die Verfassung 1934 vorzeichnet, das Weiterschreiten in der Richtung der Vollendung des berufsständischen Aufbaues"; er versicherte, „daß die Regierung der festen Absicht und willens ist, daß tunlichst in diesem Jahr noch der berufsständische Aufbau der österreichischen Verfassung wenn nicht ganz zu Ende geführt, so doch ein sehr weitgehendes Stück nach vorwärts getrieben werden soll".[99]

Als konkreter weiterer Schritt in diese Richtung galt die Einrichtung der berufsständischen Ausschüsse. Wie ausgeführt, war davon bereits 1935 die Rede. 1936 wurde eine diesbezügliche gesetzliche Regelung getroffen (Bundesgesetz über die berufsständischen Ausschüsse und über die Schlichtung von Streitigkeiten aus Arbeitsverhältnissen, BGBl. Nr. 385/36). Die Aufgaben der berufsständischen Ausschüsse (in Gewerbe, Industrie und Bergbau, Handel) liegen in der Förderung des Abschlusses und der Überwachung der Einhaltung von Kollektivverträgen, in der Schlichtung von kollektivvertraglichen Streitigkeiten sowie – laut Satzungen für das Gewerbe[100] – von Einzelstreitigkeiten aus dem Arbeitsverhältnis. Der staatliche Schlichter sollte nur dann eingreifen, wenn die Schlichtung der Ausschüsse versagt. Zugleich verloren die Verordnungen über das Streikverbot und Aussperrungsverbot ihre Wirksamkeit. Den paritätisch besetzten Ausschüssen ist mit der Kompetenz zu selbständiger und verbindlicher Regelung von Streitigkeiten aus den Arbeitsverhältnissen – wenn auch die

---

[93] Siehe z. B. ebenda, S. 131.

[94] Siehe z. B. H. Bayer (Hg.), Österreichisches Arbeitsrecht, Wien 1937, S. 1.

[95] Siehe dazu den Beitrag über Sozialpolitik in diesem Band.

[96] Siehe dazu E. Tálos, Austrofaschismus und Arbeiterschaft, in: Dokumentationsarchiv des österreichischen Widerstandes (Hg.), Themen der Zeitgeschichte und der Gegenwart, Wien 2004, S. 27 - 42, hier 39 ff.

[97] Siehe z. B. Das Gewerbe, Nr. 6, 1937, S. 23.

[98] Siehe z. B. Kerschagl: Verhandlungsschrift des Staatsrates, S. 109; Neustädter-Stürmer: Verhandlungsschrift des Staatsrates, S. 123; Adamovich: Verhandlungsschrift des Staatsrates, S. 112.

[99] Sten. Prot. des Bundestages, 1. 4. 1936, S. 283.

[100] BGBl. Nr. 88/1937.

Zuständigkeit der Gerichte hinsichtlich der Einzelstreitigkeiten unberührt blieb – ein weiter Handlungsspielraum eingeräumt. Dies schien – laut Erläuternden Bemerkungen der Gesetzesvorlage an den Bundestag – „schon deshalb geboten, weil im berufsständisch geordneten Staat Streik und Aussperrung als wirtschaftliche Kampfmittel zur Durchsetzung arbeitsrechtlicher Ansprüche nicht mehr in Betracht kommen"[101].

Das Gesetz wurde nicht nur als unmittelbarer Vorbereitungsschritt zur Errichtung der berufsständischen Ordnung, sondern auch als Realisierung des fundamentalen Grundsatzes der ständischen Ordnung, des Grundsatzes der Selbstverwaltung der Stände, gefeiert.[102] Diese Euphorie ist allerdings unbegründet. Die Einrichtung der berufsständischen Ausschüsse resultierte keineswegs in erster Linie aus dem forcierten Bemühen um die Vollendung der berufsständischen Ordnung. Die Frage der Nichteinhaltung bzw. Verweigerung von Kollektivverträgen bildete einen wesentlichen Konfliktpunkt zwischen Gewerkschaftsbund und Unternehmerbünden. Die Problematik wird in einem Bericht des Gewerkschaftsbundes verdeutlicht, wo es heißt, „daß die Interventionen zur Abstellung derartiger Mißstände [nämlich die Nichteinhaltung gültiger Verträge sowie arbeitsrechtlicher Bestimmungen, E. T. / W. M.] bald die Hauptlast der Arbeiten des Gewerkschaftsbundes und der Fachverbände bildeten"[103]. 1934/35 wurden 3258 Prozesse um Ansprüche von ArbeiterInnen und Angestellten geführt.[104] Weinberger, Vertreter des Gewerkschaftsbundes im Bundeswirtschaftsrat, sprach von der Ohnmacht, „mit der wir diesen Dingen [gemeint sind Bankentlastungsverordnung, Pensionsverordnung, Phönix-Gesetze, E. T. / W. M.] gegenübergestanden sind, weil wir nicht streiken durften und eine andere Möglichkeit nicht bestand, dem Recht zum Durchbruch zu verhelfen"[105]. Ambivalente Motive lassen sich hinsichtlich des den Interessenvertretungen eingeräumten Handlungsspielraumes im Rahmen der berufsständischen Ausschüsse konstatieren. Nach Resch entspricht dieser Spielraum „nicht nur echtem berufsständischen Geiste, sondern dürfte mit Rücksicht darauf, daß es sich hier um eine erst zu erprobende Einrichtung handle, der Autorität des Staates im Falle des Mißlingens am wenigsten abträglich sein. Denn damit, daß die Initiative für den Ausbau und die praktische Durchführung des berufsständischen Schlichtungswesens den Berufsständen selbst überlassen werde, müssen diese auch einen erheblichen Teil der Verantwortung übernehmen."[106] Die berufsständischen Ausschüsse im Gewerbe nahmen im Juli 1937 ihre Tätigkeit auf. Die von uns gefundenen Informationen lassen eine adäquate Einschätzung dieser Tätigkeit nicht zu. Laut Berichten des Organs des Gewerbebundes[107] gelang es beispielsweise die Lohn- und Arbeitsbedingungen im Bewachungsgewerbe in Wien und Niederösterreich zu regeln, den vertragslosen Zustand im Sägewerksgewerbe zu beenden.[108] 1937 seien von den insgesamt 26 Schlichtungsfällen die Streitigkeiten in den meisten Fällen bereits in erster Instanz endgültig bereinigt und von 50 neuen Kollektivverträgen 15 im Wege des Schlichtungsverfahrens zustande gekommen.[109]

Obwohl auch nach Einrichtung der berufsständischen Ausschüsse Erklärungen über die Vollendung des berufsständischen Aufbaues abgegeben[110] und für diesen Zweck ein Minis-

---

[101]   102 Ge d. Beilagen, S. 4.
[102]   Siehe z. B. die Verhandlungsschrift des Bundeswirtschaftsrates, S. 1192; Sten. Prot. des Bundestages, 19. 11. 1936, S. 348.
[103]   Bericht des Gewerkschaftsbundes 1934/35, S. 19; siehe auch die Andeutungen bei Raab: Sten. Prot. des Bundestages, S. 349.
[104]   Siehe Bericht des Gewerkschaftsbundes 1934/35, S. 19.
[105]   Weinberger: Verhandlungsschrift des Bundeswirtschaftsrates, S. 1211.
[106]   Ministerratsprotokoll Nr. 1034, S. 20 (AVA).
[107]   Über die Tätigkeit der Ausschüsse in Industrie und Handel konnten wir keine Informationen eruieren
[108]   Siehe: Das Gewerbe, Nr. 13/14, 1937, S. 1 f.; Nr. 16, 1937, S. 4 f.
[109]   Siehe: Das Gewerbe, Nr. 20, 1937, S. 6 f.

terkomitee[111] unter Vorsitz Enders eingesetzt wurde, blieb der berufsständische Aufbau ein Torso. Die Stabilisierung des Herrschaftssystems war nicht nur nicht erreicht, sondern – wie aus dem Kontext des Juliabkommens von 1936 ersichtlich[112] – durch die Veränderungen der außenpolitischen Konstellation deutlich in Frage gestellt worden. Für die Regierung war die Absicherung des Systems dringlicher als die Realisierung der dritten Etappe des berufsständischen Aufbaus. Dem korrelierte, daß der Austrofaschismus ab 1936 wenig Dynamik zu entwickeln vermochte. Beharrungstendenzen machten sich breit. Indikator dafür ist die Strategie des Gewerkschaftsbundes, die organisatorische Eigenständigkeit zu erhalten[113] – ein erfolgreiches Bemühen, das zur intendierten Zusammenfassung von ArbeiterInnen/Angestellten und UnternehmerInnen in Berufsständen in Gegensatz stand.

Beharrungstendenzen und die Inkonsistenz des berufsständischen Aufbaues zeigen sich auch an der Entwicklung der Handelskammern. Die Ankündigungen, daß die bestehenden Handelskammern im Zuge des Umbaues der Interessenorganisationen beseitigt bzw. umgeformt werden sollten, lösten 1934 einen Sturm von Interventionen zugunsten der Erhaltung dieser Einrichtungen aus.[114] Eine Neuregelung kam vorerst nicht zustande. Die Handelskammern blieben neben den neugeschaffenen Interessenorganisationen, den Unternehmerbünden, bestehen. Die Auseinandersetzungen über den Stellenwert und die Form der Handelskammern sowie die Kritik an diesen dauerten jedoch an.[115] Nachdem der von der Regierung 1936 vorgelegte Entwurf aufgrund der Interventionen der Bünde[116] und Kammern modifiziert worden war, kam es zum Handelskammergesetz vom 30. Juli 1937. Bemerkenswert an diesem Gesetz ist nicht nur, daß die Kammern erhalten blieben, sondern als Querverbindung ein Dachverband, die Bundeshandelskammer, eingerichtet wurde. Die Annexion Österreichs im März 1938 verhinderte das Wirksamwerden dieser erst im Februar 1938 etablierten Einrichtung.

2. 3. Grundrechte: Norm und Realität

Gegenüber der bestehenden Verfassungsrechtslage hat die Verfassung von 1934 zum einen die Bestimmung über die Grundrechte gebündelt, zum anderen mehr oder weniger einschneidend verändert. Der Austrofaschismus hat sowohl der Verfassung wie auch der Grundrechtspraxis seinen autoritären Stempel aufgedrückt. Die einschlägige Analyse von Wolfgang Putschek[117] belegt, daß erstens mit der neuen Verfassung Grundrechte stark, leicht oder nicht verändert bzw. neue Grundrechte eingeführt wurden. Stark modifiziert wurde verfassungsrechtlich der Grundrechtssektor hinsichtlich des Gleichheitsgrundsatzes (Art. 16): Es wird zwischen Gleichstellung in der Gesetzgebung und in der Gesetzesanwendung differenziert. Hinsichtlich ersterer ist bei Vorliegen sachlicher Gründe eine ungleiche Behandlung möglich. Dies konnte beispielsweise Frauen treffen: Sie haben die „gleichen Rechte und Pflichten

---

[110] Siehe z. B. unter Berufung auf Schuschnigg: Staud und Nowotny, in: Sten. Prot. des Bundestages, 24. 11. 1937, S. 611, 616; Das Gewerbe, Nr. 1/2, 1938.

[111] Siehe das Gewerbe, Nr. 6, 1937, S. 23.

[112] Siehe dazu L. Jedlicka / R. Neck (Hg.), Das Juliabkommen 1936, Wien 1977.

[113] Siehe dazu A. Pelinka, Stand oder Klasse? Die christliche Arbeiterbewegung Österreichs 1933 - 38, Wien 1972, S. 242 ff., sowie seinen Beitrag in diesem Band.

[114] In einem Memorandum drückte z. B. die Tiroler Kammer für Handel, Gewerbe und Industrie vom 29. 9. 1934 ihr Erstaunen darüber aus, „daß zuerst im heurigen Frühjahr und seither immer wieder zum Teil verdeckt, zum Teil deutlich von der Notwendigkeit gesprochen werde, die alten Handelskammern zu beseitigen und an ihre Stelle neue Organisationen zu setzen [. . .]“ (SA 72 - 91.593/34). Weitere Interventionen: SA 72 - 90.138; 90.761; 94.792; 96.920; 98.820; 102.294/34 (AVA).

[115] Siehe dazu die Darstellung bei F. Geissler, Österreichs Handelskammerorganisation in der Zwischenkriegszeit (1920 - 1938), 2. Bd., Wien 1980, S. 253 ff.

[116] Siehe z. B. Ender: Verhandlungen des Bundeswirtschaftsrates, S. 1654.

[117] Siehe Putschek, Ständische Verfassung, S. 17 ff.

wie die Männer, soweit nicht durch ein Gesetz anderes bestimmt ist". Der gleiche Zugang zu öffentlichen Ämtern ist durch die Bindung an den Status eines „vaterlandstreuen Bundesbürgers" begrenzt. Eine Einschränkung der Freiheit der Person durch öffentliche Gewalt ist aufgrund von Gesetzen möglich. Die Möglichkeit der Einschränkung des Grundrechts auf Meinungs- und Pressefreiheit resultiert aus der Bestimmung, daß freie Meinungsäußerung „nur mehr innerhalb der gesetzlichen Schranken" (Art. 26, Abs. 1) erlaubt ist. Diese Möglichkeit wurde realisiert durch vorgängige Prüfungen von Presse und Theater. Weniger weitreichende Veränderungen in Form von Gesetzesvorbehalten betreffen das Brief-, Post- und Telegraphengeheimnis, die Vereins- und Versammlungsfreiheit. Neue Materien sind der aktive Schutz der einzelnen StaatsbürgerInnen vor dem Ausland sowie die Möglichkeit der Regierung, durch das eingeräumte Notrecht der Verwaltung (Art. 147, 148), Grundrechte zeitweilig und örtlich, ganz oder teilweise zu beschränken. [118]

Wie Putschek aufzeigt, sind die Veränderungen weiters an der Durchführung der Grundrechte ersichtlich. Diese erfolgte stark einschränkend, einschränkend oder nicht einschränkend. Ersteres betraf vor allem das Grundrecht auf Meinungs- und Pressefreiheit. Diese wurde durch die Anwendung von Notverordnungen (betreffend Einführung der Vorzensur, Plakatierungsverordnung) stark eingeschränkt bzw. beseitigt. Mit der Sicherung des Monopols für regierungsloyale Medien sollte zugleich die regierungsfeindliche Öffentlichkeit beispielsweise durch Verbot von Zeitungen und der Herausgabe von Druckschriften unterbunden werden. Die Kontrolle bezog sich auch auf andere Medien wie Plakate, Flugblätter und Filme. Diese Beschränkungen der Pressefreiheit blieben bis 1938 aufrecht. Beträchtliche Beschränkungen betrafen realiter das Recht auf Vereins- und Versammlungsfreiheit. Dies wurde vor allem durch die Einführung des Konzessionssystems bewirkt. Laut Putschek standen Vereinsauflösungen auf der Tagesordnung: „Die Anzahl der Fälle war so groß, daß die Behörden für die Erledigung sogar eigene Formulare auflegten, auf denen im wesentlichen nur mehr die Begründung eingetragen werden musste." [119] Gesetze, Verordnungen und deren Auslegung durch die Behörden höhlten die Wirksamkeit dieses Grundrechtes bis zur Bedeutungslosigkeit auf.

Der Ausschaltung der politischen GegnerInnen dienten unter anderem auch Vorkehrungen betreffend das Grundrecht der Freiheit der Person – ablesbar an der Praxis der Betätigungsverbote und an der Einführung von Anhaltelagern. Obwohl das Grundrecht auf volle Glaubens- und Gewissensfreiheit auf Ebene des Verfassungsrechtes verankert war, zeigte die Realität ein vollkommen anderes Bild. Der Kirchenaustritt wurde durch Erlässe und interne Verordnungen erschwert bzw. verhindert. So heißt es – vor dem Hintergrund von Kirchenaustritten aus der katholischen Kirche und steigenden Beitritten zur evangelischen Kirche – in einer Verordnung und in einem internen Erlass des damaligen Unterrichtsministers Schuschnigg vom 16. 8. 1933 bzw. vom 25. 8. 1933: „Die Behörde hat [...] sich weiters zu vergewissern, ob sich der Austretende im Zeitpunkt der Abgabe der Austrittserklärung nicht etwa in einem Geistes- oder Gemütszustand befunden hat, der die eigene freie Überzeugung ausschließt. Zu diesem Zweck sind Personen, die die Austrittserklärung abgegeben haben, nach einer angemessenen Frist persönlich zum Amt zu laden." [120] Die Behörde konnte somit Austrittsansuchen ablehnen, was in der Praxis auch immer wieder geschah. In Salzburg wurden Kirchenaustritte sogar mit Arrest bestraft. [121]

---

[118] Ebenda, S. 24.
[119] Ebenda, S. 43.
[120] Zit. in: Die Gegenreformation im Neu-Österreich. Ein Beitrag zur Lehre vom katholischen Ständestaat, Zürich 1936, S. 116.
[121] Ebenda, S. 134 ff.

Mitglieder der Regierung Schuschnigg 1935. Von links nach rechts: Schuschnigg, Starhemberg,
Stockinger, Berger-Waldenegg, Fey, Zehner, Karwinsky, Hammerstein-Equord

Bundeskanzler Schuschnigg spricht bei der Grundsteinlegung des „Fronthauses" (Entwurf: Clemens
Holzmeister) der Vaterländischen Front am Ballhausplatz in Wien, 24. Juli 1937

Der katholischen Kirche wurde ein Vorrang eingeräumt: Nicht nur durch das Konkordat, sondern auch durch die Bestimmungen betreffend die Religionsgemeinschaften (Art. 29, Abs.1 – Art. 30, Abs.3). In Art. 30, Abs. 4 heißt es, daß einige Artikel des Konkordates Verfassungsrang haben.

Aus Sicht der Grundrechte ist eine Änderung des austrofaschistischen Herrschaftssystems in Richtung Demokratisierung bis 1938 nicht erkennbar. Bilden Grund- und Freiheitsrechte nach rechtsstaatlichem Verständnis eine Barriere für den Zugriff staatlicher Kontrolle, so sicherte sich der Austrofaschismus in Gesetz und Praxis Zugriffsrechte und Zugriffsmöglichkeiten, die die Freiheit wesentlich einschränkten bzw. beseitigten.

3. Politische Akteure im Austrofaschismus

Im Herrschaftssystem des Austrofaschismus wurde die Regierung unter Führung des Bundeskanzlers – wie aus den bisherigen Ausführungen ersichtlich – zum dominierenden politischen Akteur. In Anlehnung an den italienischen Faschismus und den Nationalsozialismus schuf Dollfuß eine politische Monopolorganisation unter dem Titel „Vaterländische Front". Ungeachtet ihrer im Vergleich zu den faschistischen Parteien in den Nachbarstaaten ungleich geringeren politischen Bedeutung und Mobilisierungsfähigkeit, was wesentlich mit der Besonderheit ihrer Entstehung in Zusammenhang steht, nämlich Resultat einer Entscheidung von Dollfuß und nicht Ausdruck einer bereits bestehenden dynamischen Bewegung zu sein: sie versuchte ein relativ instabiles Regime mit verschiedenen Funktionen abzustützen und lieferte eine wenig dynamische Massenbasis. Eine Besonderheit der österreichischen Diktatur im Vergleich zur italienischen und deutschen besteht darin, daß neben der Monopolorganisation Vaterländische Front einige Zeit ein weiterer politischer Akteur Bestand hatte, der neben der christlichsozialen Partei und der Regierung ein wesentlicher Motor der Beseitigung von Rechtsstaat und Demokratie in Österreich war: die Heimwehren. Während die christlichsoziale Partei als eigenständiger politischer Akteur 1934 von der politischen Bühne verschwand, ihre Führungselite die Funktionen im neuen Herrschaftssystem okkupierten und ihre Mitglieder die Reihen der Vaterländischen Front auffüllten, überlebten die Heimwehren noch einige Zeit als eigenständischer politischer Akteur.

3. 1. Die Vaterländische Front (VF)

Die Gründung der VF durch Dollfuß erfolgte zwei Monate nach der Ausschaltung des Nationalrates im Mai 1933. Sie war nicht der organisatorische Ausdruck einer Bewegung, sondern der Versuch, über ein von oben eingesetztes organisatorisches Konstrukt die Verschmelzung der traditionellen bürgerlichen Parteien zu erreichen. Versehen mit den äußeren Insignien einer Organisation faschistischen Musters nach dem Vorbild der PNF in Italien und der NSDAP in Deutschland (Führerkult, Prinzip autoritärer Entscheidungen, Kruckenkreuz in Anlehnung an das Hakenkreuz), fehlte ihr in der Entstehungsphase jede eigenständige inhaltliche Zielsetzung, die über die „Idee Österrreich" hinausging. Erst in der „Trabrennplatzrede" vom 11. 9. 1933 formulierte Dollfuß die politische Stoßrichtung der VF: „Die Zugehörigkeit zur VF ist ein Bekenntnis des Willens zur Mitwirkung am Aufbau unserer Heimat auf christlicher und ständischer Grundlage, ist ein Willensbekenntnis zur Überwindung des Parteienstaates." [122]

Bis zu ihrer gesetzlichen Verankerung im Mai 1934 (BGBl. Nr. 4/1934/II) blieb die VF ein Sammelbecken antiparlamentarischer und antinationalsozialistischer Kräfte ohne politisches Programm und ohne konkrete Vorstellungen über die Organisationsform. Der relativ

---

[122] Dollfuß beim 1. Generalappell der VF am 11. 9. 1933, zit. nach: Unser Staatsprogramm – Führerworte, Wien 1935, S. 113.

hohe Mitgliederstand von rund 500.000[123] zu Beginn des Jahres 1934 wurde großteils durch den korporativen Eintritt ganzer Körperschaften und Organisationen erzielt[124] und spiegelt somit die effektive Organisationsstärke nur unzureichend wider. Mit der endgültigen Ausschaltung der parteienstaatlichen Demokratie durch die Proklamation der Maiverfassung wurde die VF per Gesetz zur politischen Monopolorganisation des Systems bestimmt. An die Stelle der Parteien trat die VF, die als politischer Verband öffentlichen Rechtes zum „Träger des österreichischen Staatsgedankens"[125] bestimmt wurde. Vom formalen Prinzip der Freiwilligkeit ausgehend, war ihr Ziel „die politische Zusammenfassung aller Staatsangehörigen, die auf dem Boden eines selbständigen, christlichen, deutschen, berufsständisch gegliederten Bundesstaates Österreich stehen"[126]. Auf formalrechtlicher Ebene beschränkte sich ihre politische Mitgestaltungsmöglichkeit auf die personelle Zusammensetzung der öffentlichen Vertretungskörper und der etablierten Interessenvertretungen (Bünde) und auf ein politisches Interventionsrecht bei staatlichen Behörden.[127] Das Vorschlags- und Einspruchsrecht der VF bei der Besetzung der Land- und Gemeindetage und der berufsständischen Körperschaften sollte nur ein vorläufiges sein und begründete sich auf das Verfassungsübergangsgesetz.[128] In den Gesetzen zur Errichtung der Bünde kam der VF unterschiedliche Bedeutung bei der Bestellung der Funktionäre zu. Während im Handels- und Gewerbebund und im Berufsstand Land- und Fortwirtschaft ein Vorschlagsrecht der VF gesetzlich verankert war,[129] galt in den übrigen eingerichteten Körperschaften als politisches Kriterium für die Erlangung eines Mandates allein schon die Mitgliedschaft in der VF.

Eine weitere Einflußmöglichkeit der VF auf Behörden und Körperschaften bot das Interventionsrecht.[130] Es umfaßte schriftliche und mündliche Hinweise auf Übelstände allgemeiner Natur und die Unterstützung begründeter Anliegen und Beschwerden einzelner VF-Mitglieder. Die Behörden waren verpflichtet, die Interventionen einer raschen Erledigung zuzuführen. Diese allgemein gehaltene Formulierung über den Anwendungsbereich wurde in der politischen Praxis restriktiv ausgelegt: Das Interventionsrecht durfte auf unterer Ebene nicht durch Amtswalter der VF, sondern nur vom Generalsekretär oder den zuständigen Landesleitern und „nur in solchen Fällen ausgeübt werden, die unmittelbar mit den Aufgaben der VF zusammenhängen"[131]. Die unmittelbare Aufgabe der VF sollte die „politische Willensbildung sein", unter der „zunächst die organisatorische Erfassung und Gliederung der vaterländisch gesinnten Bevölkerung"[132] verstanden wurde. Die Handhabung des Interventionsrechts bedeutete aber eine Ausweitung des bürokratisch-organisatorisch verwendeten Begriffes „politische Willensbildung" insofern, als die Intervention einen Eingriff in den Wirkungsbereich der staatlichen Behörden und der Interessenvertretungen (Bünde) bedeutete.

Ein Indikator für den tatsächlichen politischen Stellenwert der VF im politischen System ist die reale Handhabung des Interventionsrechtes. Ein Anwendungsbereich war die Überprüfung der politischen Verläßlichkeit von Firmen, an die öffentliche Aufträge vergeben wurden. Als die Amtsstellen der VF bei den staatlichen Stellen dahingehend intervenierten, daß Fir-

---

[123] Informationsdienst der VF" (weiters zitiert unter „VF-Infodienst"), Nr. 27, 6. 8. 1935, S. 6, VF-Karton 51 (Allgemeines Verwaltungsarchiv = AVA).

[124] Die größte Anzahl an Mitgliedern (ca. 100.000) stellte die im Herbst 1933 korporativ der VF beigetretene Organisation der Heimwehren, der Heimatschutz.

[125] BGBl. Nr. 4, § 2/1934/II.

[126] Ebenda, § 2.

[127] Ebenda, § 8.

[128] BGBl. Nr. 75/1934; Verfassungsübergangsgesetz vom 23. 6. 1934: § 21, 29 u. § 39.

[129] BGBl. Nr. 84, § 66/1935/I, Nr. 303, §117/1935/11, Nr. 304, § 26 (1)/1935/11.

[130] BGBl. Nr. 4, § 8/1934/II.

[131] "VF-Infodienst", Nr. 43, Jänner 1935, S. 7, VF-Karton 50 (AVA).

[132] Bundeskommissär Adam, zit. nach: Unser Staatsprogramm, S. 118.

meninhaber mit „vaterländischer Gesinnung" (was ohnehin nur die Mitgliedschaft in der VF
voraussetzte) bevorzugt behandelt werden sollten, erließ der VF-Bundeskommissär Adam
Richtlinien, die die politischen Beurteilungskriterien auf wirtschaftlicher Ebene de facto auf-
hoben. Denn bei der Intervention „ist zu berücksichtigen, daß es den auftraggebenden Stellen
vorbehalten bleiben muß, nach sachlichen Erwägungen Aufträge zu vergeben. [. . .] Damit
das Gutachten der VF in jeder Beziehung einwandfrei ist, ist ihm nicht nur die politische
Überprüfung durch die in Betracht kommende Stelle, sondern auch eine sachliche Überprüfung durch die zuständige Stelle der Berufsorganisation der VF (Gewerbebund) zugrunde
zu legen." [133] Noch deutlicher zeigte sich die Machtbeschränktheit der VF, als Seifert „als
Landesleiter von Wien, dem außerdem die politische Verantwortung für den Arbeitsfrieden
obliegt", einen Appell an den Wiener Verband des Industriebundes richtete, das Arbeitsrecht
nicht zu umgehen, indem sie „Kündigungen und Entlassungen von Arbeitern und Arbeiterinnen knapp vor dem Termin des Anfalles ihres ihnen gesetzlich zustehenden Urlaubes
[aussprechen], um auf Kosten der Arbeiterschaft den Unternehmungen die Auszahlung von
Löhnen während der Urlaubszeit zu ersparen" [134]. Der VF-Bundeskommissär Adam antwortete darauf, daß „in solchen Fällen das Interventionsrecht weit überschritten werde [. . .] ein
Eingriff der VF in die Autonomie der staatlichen Verwaltung und der berufsständischen Körperschaften nicht zulässig ist" [135].

3. 1. 1. Der Organisationsaufbau der VF

Der organisatorische Aufbau der VF entsprach dem staatlichen: autoritär, „ständisch" und ter-
ritorial gegliedert. Das uneingeschränkte autoritäre Führerprinzip kommt in der Stellung des
VF-Führers gegenüber den übrigen Funktionären und Mitgliedern zum Ausdruck: Er ernennt
seinen Stellvertreter, den Bundesleiter und die neun Landesleiter, setzt deren Kompetenzen
fest und bestätigt alle Funktionäre der unteren Organe (Leiter der Organisationsstellen, Amts-
träger und Amtswalter). „Der Führer, der weder gewählt noch ernannt worden war, sondern
einfach da war [. . .] hatte uneingeschränkte Befehlsgewalt in der VF." [136] Die Mitgliedschaft
in der VF war freiwillig, aber nur in dem Maße, als eine Nicht-Mitgliedschaft in der Praxis de facto Berufsverbot im öffentlichen Dienst bedeutete. Die Stellung der Mitglieder war
defensiv bestimmt: „Das Gesetz fordert vom Mitglied lediglich die Unterstellung unter den
Bundesführer und unter dessen Stellvertreter." [137]
  Die VF gliederte sich in: a) die oberste Führung; b) das Generalsekretariat und die ihm
angegliederten berufsständischen Organisationsabteilungen; c) die Landesorganisationen und
ihre territorialen und betrieblichen Untergruppen.
  Die oberste Führung bestand aus dem Frontführer und dem ihn beratenden Organ des
„Führerrates", der aus dem Stellvertreter, dem Generalsekretär, den Landesführern und je
zwei Vertretern der berufsständischen Hauptgruppen gebildet wurde. Der obersten Führung
fiel formalrechtlich die Aufgabe der politischen Willensbildung zu.
  Das Generalsekretariat und die „berufsständischen" Organisationsabteilungen hatten die
Aufgabe, die Angehörigen der jeweiligen berufsständischen Hauptgruppen ziffernmäßig zu
erfassen und den Geschäftsverkehr der Organisation abzuwickeln. Ihre Tätigkeit war auf
organisatorisch-technische Arbeiten beschränkt. An das Generalsekretariat angeschlossen
waren diverse Referate (Kulturreferat, Mutterschutzwerk, „Neues Leben" usw.), die eine teils

---

[133] "VF-Infodienst", Nr. 14, 6. 4. 1935, S. 3, VF-Karton 51 (AVA).
[134] Brief von Seifert an die Direktionen der Wiener Industrieunternehmen vom 3. 4. 1935, VF-Karton 14 (AVA).
[135] Brief von Adam an Seifert, 9. 4. 1935, VF-Karton 14 (AVA).
[136] I. Bärnthaler, Vaterländische Front, Wien 1971, S. 58.
[137] "VF-Infodienst", Nr. 43, Jänner 1935, S. 7, VF-Karton 50 (AVA).

rege organisatorische Tätigkeit entfalteten und die der VF auf kultureller und gesellschaftlicher Ebene einen aktivistischen Anstrich gaben.

Neben der Organisierung nach ständischen Gesichtspunkten gliederte sich die VF noch in territoriale Gebietsorganisationen, an deren Spitze die neun Landesleitungen standen. Die Landesleiter wurden vom VF-Führer ernannt und waren im „Führerrat" vertreten. Ihre Stellung im politischen System ergab sich aus dem Verfassungsübergangsgesetz, wo sie bei der Bestellung der Land- und Gemeindetage durch den Landeshauptmann diesem gegenüber ein Vorschlagsrecht zugestanden bekamen. [138] Diese personellen Vorschläge sollten dem Landeshauptmann nach Fühlungnahme mit den „berufsständischen" Körperschaften unterbreitet werden. In der politischen Praxis kam diese verfassungsrechtliche Bestimmung nur bei den einzig in Vorarlberg durchgeführten Gemeindewahlen im Mai 1936 zum Tragen, und auch da nur in abgeänderter Form: Da in Vorarlberg noch nicht alle Berufsstände konstituiert waren, konnte die VF auch keine geeigneten Vorschläge unterbreiten und mußte „nach Fühlungnahme mit der Bevölkerung die Vorschläge in der Form einer Wahl kleiden" [139].

Den Landesleitungen unterstanden auch die Organe der VF auf betrieblicher Ebene, die Betriebsorganisationen (BO) für den privatwirtschaftlichen Bereich und die Dienststellenorganisationen (DO) für den öffentlichen Bereich. Ihnen war die Rolle als politischer Willensträger in den Betrieben und Behörden zugedacht, während die Einheitsgewerkschaft ausschließlich mit der wirtschaftlichen Vertretung der ArbeitnehmerInnen betraut war.

Besonders die BO war als systemintegrierende Kraft für die Arbeiterschaft konzipiert, konnte aber als solche nur eine sehr geringe politische Effizienz erzielen. So etwa brachten die Wahlen in den Steyrer-Werken im November 1936 für die VF betrübliche Ergebnisse: „Von der 3.770 Mann starken Belegschaft erhielten unsere Vertrauensleute ca. 320 Stimmen, die als Kommunisten bekannten Personen erhielten gegen 1.000 Stimmen und die ehemals sozialdemokratischen Funktionäre erhielten rund 1.800 Stimmen." [140] Auch die organisatorische Verankerung in den Betrieben war beschränkt. Drei Jahre nach der Installierung der BO erfaßten sie in Wien nur ein Fünftel der Betriebe. Die Wiener Landesführung forderte daher eine weitgehende innere Umstellung der BO, größere Aktivitäten des Organisationsapparates und das Einsetzen neuer und aktiverer Funktionäre. [141] Da die BO als Befriedungsinstrument gegenüber der Arbeiterschaft wenig von Nutzen waren, wurde schon im März 1935 die „Soziale Arbeitsgemeinschaft" (SAG) gegründet, die als organisatorischer Bestandteil der VF dem jeweiligen Landesleiter unterstand und innerhalb der BO tätig war. Die Aufgabe der SAG war „die soziale Befriedung und die Heranziehung der Arbeiterschaft zur politischen Mitarbeit" [142], wobei ihre Kompetenzen im Detail aber unklar blieben und sie über keinerlei Mittel zur Durchsetzung ihrer Anliegen verfügte. Als Teil der VF, deren Funktionäre von der VF berufen wurden, stand ihr die Arbeiterschaft ablehnend gegenüber. So berichtete ein SAG-Funktionär über seine „schwierige Stellung im Betriebe, da er nicht in die SAG gewähltes, sondern von der Bezirksleitung bestelltes Organ sei und jetzt von seinen Arbeitskollegen quasi als bestellter Polizei-Kommissär angesehen wird" [143]. Somit war auch die SAG „nichts als ein permanenter Anfang, ständige Deklamation über die politische Mitwirkung der Arbeiterschaft ohne realen Inhalt" [144]. Im Gegensatz zu den BO, die als systemintegrierende Instrumente wenig Erfolg aufweisen konnten und deren organisatorischer Aktivismus be-

---

[138]   § 29 und § 39 des Verfassungsübergangsgesetzes.
[139]   "VF-Infodienst", Nr. 8, 20. 6. 1936, S. 23, VF-Karton 51 (AVA).
[140]   Politischer Bericht an das Generalsekretariat vom 24. 11. 1936, VF-Karton 4 (AVA).
[141]   Landesappell an die Bezirks-BO-Referenten von Wien, 7. 9. 1937, VF-Karton 14 (AVA).
[142]   "VF-Infodienst", Nr. 14, 28. 11. 1936, S. 15, VF-Karton 51 (AVA).
[143]   Protokoll der SAG-Sitzung der Bezirksstelle Leopoldstadt, 8. 11. 1935, VF-Karton 14 (AVA).
[144]   Pelinka, Stand oder Klasse?, S. 122.

schränkt blieb, hatten die DO primär die Aufgabe, die „vaterländische Gesinnungstreue" der öffentlich Bediensteten zu kontrollieren. Wie sich bei der DO-Fachgruppenleitung „Bundeskanzleramt"[145] nachweisen läßt, übten die DO offenen Gesinnungsterror aus, der von schriftlichen Verwarnungen wegen abfälliger Kritik an Regierungsmaßnahmen[146] bis hin zu Entlassungen von ehemaligen Schutzbundmitgliedern reichte.[147] Nach der Ermordung von Dollfuß erließ die Bundesleitung der VF an die DO die Aufforderung zum Denunziantentum[148], da bekannt war, daß viele Beamte den Nationalsozialisten nahestanden und nur aus Gründen der Erhaltung ihrer beruflichen Existenz der VF beigetreten waren.[149] Während auf privatwirtschaftlicher Ebene der Einfluß der VF als „politischer Willensträger" kaum zum Tragen kam, war die Machtposition der VF im öffentlichen Sektor als politisches Kontrollorgan eine durchaus reale, von der aus das politische Interventionsrecht auch ausgeübt wurde.[150]

3. 1. 2. Das „Volkspolitische Referat" in der VF: ein Integrationsversuch

Nach der erfolgten Ausschaltung der Heimwehren und der Änderung des außenpolitischen Kurses der Regierung, begannen abermals Verhandlungen über die Integration der „betont Nationalen" in die VF.[151] Das Abkommen mit Deutschland vom 11. Juli 1936 enthielt nicht nur das Versprechen, eine weitreichende politische Amnestie für alle verhafteten Nationalso-

---

[145] Die DO-Fachgruppenleitung Bundeskanzleramt umfaßte 10 Hauptdienststellen mit insgesamt ca. 3000 Beschäftigten, VF-Karton 32 (AVA).

[146] Ein Beispiel: „Es ist erwiesen, daß Sie im Verlaufe zurückliegender Monate des öfteren [. . .] eine abfällige Bemerkung an Regierungsmaßnahmen geübt haben. Außerdem muß Ihnen zum Vorwurf gemacht werden, daß Sie nach dem Unglück vom 25. Juli [Ermordung Dollfuß', W. M.] einen Beitrag zu einer Kranzspende für den verewigten Bundeskanzler verweigert haben. Ich sehe mich daher veranlaßt über Sie auf Grund des § 25 der DO die Strafe einer schriftlichen Verwarnung zu verhängen" (Generaldirektor des Dorotheums Gurkel, 22. 9. 1934, ZI. Res. 530/2, VF-Karton 32 (AVA).

[147] Die DO-Dienststelle der Staatsdruckerei intervenierte erfolgreich bei der Direktion bei der Entlassung von drei Schutzbundmitgliedern, „für deren vaterländische Gesinnung keine Gewähr übernommen werden kann." (VF-Dienststelle Staatsdruckerei, 26. 5. 1934, VF-Karton 23) (AVA).

[148] Die Bundesleitung der VF forderte „die Bekanntgabe aller jener Beamten Ihres Ressorts [Fachgruppenleitung BKA, W. M.], die in letzter Zeit, oder vielleicht gar in den letzten Tagen ein Benehmen zur Schau gestellt haben, das als vaterlandsfeindlich oder regierungsfeindlich zu bezeichnen ist. [. . .] Jede persönliche Rücksichtnahme hat dann zu unterbleiben, wenn der Bestand und das Wohl des Landes oder das Leben unseres Führers gefährdet erscheint. [. . .] Wir bitten um Angabe von Namen, des Amtscharakters und der Anschrift dieser Beamten und wenn sie sich als Mitglieder der VF einzuschleichen wussten, um die Angabe ihrer Mitgliedsnummern" (VF-Bundesleiter Stepan an BKA, Zahl 581/34, 2. 8. 1934, VF-Karton 32) (AVA).

[149] Bei der Fachgruppe BKA waren alle Beschäftigten in der VF organisiert. Die euphorische Erfolgsmeldung, daß „alle unsere Mitglieder nicht bloß Parteibuchmitglieder [sind], sondern aus vollem Herzen der Bewegung angehören" (Dienststelle „Amtliche Nachrichten", 12. 11. 1934, VF-Karton 32) (AVA), steht allerdings in Widerspruch zu den zahlreichen Aufzeichnungen über politisch verdächtige Personen.

[150] Als aus politischen Gründen aus der Staatsdruckerei Entlassene von der Direktion wieder eingestellt werden sollten, machte der Wiener VF-Landesleiter auf Anregung der DO von seinem politischen Interventionsrecht Gebrauch: „Da die Landesleitung der VF Wien darauf Wert legt, daß alle Elemente, die gegen den vaterländischen Kurs eingestellt sind und Unruhe unter die [sic!] Arbeiter- und Angestelltenschaft stiften, aus den Betrieben entfernt werden, wird höflichst ersucht, den Leiter der österreichischen Staatsdruckerei anweisen zu lassen, daß die genannten Arbeiter nicht wieder eingestellt werden dürfen" (Seifert an die DO-Bundesfachleitung der VF, BKA, 22. 10. 1934, Nr. 8662/34, VF-Karton 32) (AVA).

[151] Diese Überlegungen waren keineswegs neu, nur kam ihnen unter den geänderten politischen Bedingungen ein viel bedeutenderer Stellenwert zu. Schon im Juli 1934 fanden Gespräche zwischen Schuschnigg, Riehl und Reinthaller statt, bei denen es um den Massenbeitritt von „Nationalen" in die VF ging, die als Gegenleistung wichtige Regierungsposten forderten (vgl. F. L. Carsten, Faschismus in Österreich, München 1978, S. 263 f.). Im Frühsommer 1935 unterbreitete von Papen dem österreichischen Außenminister Berger-Waldenegg ein ähnliches Angebot, das auf die Angleichung der österreichischen Außenpolitik an die deutsche hinzielte (vgl. Kreissler, Von der Annexion zur Revolution, S. 264 f.).

zialisten durchzuführen [152], sondern darüber hinaus auch die Vertreter der sogenannten „nationalen Opposition" in Österreich (womit Sympathisanten der NSDAP gemeint waren) bei der politischen Willensbildung heranzuziehen. [153] Als ein Integrationsinstrument bot sich die VF an. Zum 3. Bundesappell der VF im Februar 1937 kündigte Schuschnigg die Bildung eines „Befriedungsreferates" innerhalb des Generalsekretariats der VF an, dessen Aufgabe es sein sollte, den der NSDAP nahestehenden Kräften die politische Mitarbeit in der VF zu ermöglichen. Die Gründung des Volkspolitischen Referates erfolgte erst im Juni 1937; die Leitung übernahm Walter Pembaur. [154] Die Besetzung der Landesleitungen des Volkspolitischen Referates gestaltete sich schwierig, da ein Teil der „nationalen Opposition" nicht gewillt war, an einer „Salamitaktik" mit dem Ziel eines legalen Anschlusses mitzumachen, sondern auf einen schnellen, gewaltsamen Anschluß an Deutschland hinarbeitete. So konnten die Landesleiter erst Ende Oktober 1937 bestellt werden.

Die organisatorische Tätigkeit des Volkspolitischen Referates war unerheblich. Es beschäftigte sich in erster Linie mit Wiedergutmachungsansprüchen ehemals inhaftierter Nationalsozialisten. [155] Die Bedeutung des Volkspolitischen Referates lag vielmehr darin, daß es zu einem wichtigen Faktor der Desintegration innerhalb der VF wurde, und die Politik der Integration von Nationalsozialisten in den politischen Prozeß die teils ohnehin schwache Widerstandskraft der VF gegen ideologische Einflüsse von nationalsozialistischer Seite weiter unterminierte. Der Versuch Schuschniggs, die „nationalen Kräfte" zu spalten und einen Teil von ihnen über das Volkspolitische Referat in die VF und den Staat zu integrieren, war von politischer Naivität gekennzeichnet [156], übersah er doch, daß sich diese Kräfte im Ziel, dem Anschluß Österreichs an Deutschland, einig waren und sich nur durch Strategie und Taktik, voneinander unterschieden.

Innerhalb der VF wurde „der Kurs der österreichischen Regierung von den eigenen Leuten nicht mehr verstanden" [157]. Schuschnigg mußte 1937 in der VF immer wieder „Klarstellungen" und „neue Richtlinien zur Befriedungspolitik" verkünden [158], ohne die Verwirrung und politische Lethargie der VF-Funktionäre beseitigen zu können. Selbst nachdem der Salzburger Volkspolitische Referent in der Öffentlichkeit unumwunden zugab, daß „die volkspolitischen Referenten gesinnungsmäßig in ihrer Mehrheit Nationalsozialisten [sind]" [159], behauptete Schuschnigg, daß zu volkspolitischen Referenten nur „Leute bestellt [wurden], die selbst aus der nationalen Bewegung stammen, dabei aber den Staat, seine Unabhängigkeit und das Programm der VF bejahten" [160]. Nach dieser Einschätzung der politischen Lage durch den Bundeskanzler klingt es wie politischer Zynismus, wenn die letzte Ausgabe des internen Informationsbulletins der VF mit der Aufforderung schließt, die Funktionäre der VF „sollen sich vertrauensvoller als je nach den Weisungen unseres Frontführers und Bundeskanzlers

---

[152] "Durch die Juliamnestie werden fast 20.000 Menschen wieder in Freiheit gesetzt, die keineswegs die Absicht hatten, sich nun 'vaterländisch' zu betätigen, sondern ganz im Gegenteil. Die illegale Nazibewegung erhielt durch sie eine fühlbare Verstärkung" (Kreissler, Von der Revolution zur Annexion, S. 281).

[153] Der Text der Geheimklauseln bei K. Schuschnigg, Im Kampf gegen Hitler, Wien 1969, S. 189 f.

[154] Pembaur, der Vizebürgermeister von Innsbruck war, wurde wegen seiner nationalen Einstellung im April 1936 aus dem Dienst entlassen.

[155] L. Reichhold, Die Liquidierung der VF, in: Wien 1938, Forschungen und Beiträge zur Wiener Stadtgeschichte, Wien 1978, S. 25 - 38, hier 27.

[156] Es wird uns gelingen, den Großteil dieser sogenannten Nationalen zur Mitarbeit heranzuziehen. Mit den Nationalsozialisten aber, mit jenem extremen Klüngel, gibt es kein Paktieren und keine Verständigung" („VF-Infodienst" Nr. 6, 11. 12. 1937, S. 22, VF-Karton 51) (AVA).

[157] Bärnthaler, Vaterländische Front, S. 124.

[158] Vgl. „VF-Infodienst" Nr. 1 bis Nr. 9, Jg. 1937, VF-Karton 51 (AVA).

[159] Bärnthaler, Vaterländische Front, S. 124.

[160] "VF-Infodienst", Nr. 1, 15. 1. 1938, S. 3, VF-Karton 51 (AVA).

Dr. Schuschnigg richten, dessen Erfolg als Führer gerade in der letzten Zeit wieder so deutlich hervorgetreten ist."[161]

3. 1. 3. Die Wehrfront

Außer dem zivilen Aufbau existierte bis April 1936 innerhalb der VF die „Wehrfront", die aus den korporativ der VF beigetretenen freiwilligen Wehrverbänden gebildet wurde. Sie umfaßte den „österreichischen Heimatschutz" (die militärische Formation der Heimwehren), die zahlenmäßig und militärisch weitaus stärkste aller Wehrformationen, die „Ostmärkischen Sturmscharen"[162], den Freiheitsbund[163], die Christlich-Deutsche Turnerschaft und die Burgenländischen Landesschützen. Die „Wehrfront" unterstand dem Bundeswehrführer. Bis April 1936 war Starhemberg sowohl oberster Führer der VF als auch Bundeswehrführer, womit die Heimwehren eine zentrale Rolle in der VF einnahmen. Die „Wehrfont" war im Bundesgesetz über die VF vom Mai 1934 nicht als Bestandteil der VF verankert. Ihre Einbindung in die VF und ihre starke innerorganisatorische Stellung bis 1936 beruhte auf der machtpolitischen Konzession, die das basisschwache Regime den Heimwehren vorerst machen mußte und die in der formalen dualistischen Machtteilung zwischen dem Bundeskanzler (als dem Führer der Regierung) und dem Führer der VF (als dem Leiter der politischen Willensbildung) zum Ausdruck kam. Die nach der veränderten außenpolitischen Lage erfolgte Ausschaltung der Heimwehren als politischen Machtteilhaber vollzog sich im Rahmen der VF primär über die systematische Entmachtung der Wehrverbände bis zu ihrer Überführung in die neugeschaffene „Frontmiliz" (Mai 1936) und ihrer Auflösung als selbständige Organisation (Oktober 1936). Die „Frontmiliz" wurde nun als Teil der VF gesetzlich verankert[164], aber gleichzeitig der Befehlsgewalt des Bundesheeres unterstellt.[165] Mit der Ausschaltung der Wehrverbände in der VF und der gesetzlich fixierten Übernahme der Frontführerschaft durch den Bundeskanzler[166] erstreckte sich die Zentralisation der Macht auch auf die VF, die durch die personelle Vereinheitlichung von Kanzlerschaft und Frontführerschaft und die Unterstellung der „Frontmiliz" unter das Kommando des Heeres aufs engste an die Regierung gebunden wurde.

3. 1. 4. Organisationsrealität der VF

Die Organisierung der VF vollzog sich in der Praxis unterschiedlich. Die VF konnte in relativ kurzer Zeit einen Mitgliederstand von über zwei Millionen erzielen und verfügte über einen

---

[161] Ebenda, S. 28.

[162] Die Ostmärkischen Sturmscharen wurden von Schuschnigg 1931 als militärische Gegenkraft zu den Heimwehren gegründet, ohne jedoch nur annähernd die militärische Stärke der Heimwehren zu erreichen. Die Schätzungen über die Zahl der bewaffneten Mitglieder der einzelnen Wehrformationen divergieren stark. Edmondson gibt für 1935 die Zahl der bewaffneten Heimwehrmitglieder mit ca. 77.000, die der Ostmärkischen Sturmscharen mit 25.000 und die des Freiheitsbundes mit 15.000 an, wobei diese Angaben eher zu hoch gegriffen erscheinen (vgl. C. E. Edmondson, The Heimwehr and Austrian Politics 1918 - 1936, Athens 1978, S. 319).

[163] Der Freiheitsbund war der Ende der 1920er Jahre aufgestellte militante Wehrverband der Christlichen Gewerkschaften, der nach Ausschaltung der Freien Gewerkschaften zur offiziellen paramilitärischen Organisation der Einheitsgewerkschaft wurde.

[164] BGBl. Nr. 160/1936.

[165] In Zeiten der Not kann die Frontmiliz zur Unterstützung der bewaffneten Macht und der Sicherheitsexekutive aufgeboten werden. In diesem Fall wird die aufgebotene Frontmilizabteilung [...] der bewaffneten Macht oder Sicherheitsexekutive untergeordnet. [...] Ein selbständiges Einschreiten der Frontmiliz ist danach ausgeschlossen. [...] Die allgemeine oder teilweise Aufbietung der Frontmiliz sowie die Beendigung der Aufbietung ist keine interne Milizangelegenheit, vielmehr eine Maßnahme, die in den Bereich der Vollziehung des Bundes fällt. Die Aufbietung und Abrüstung wurde daher dem Bundeskanzler auf Beschluß der Bundesregierung vorbehalten" (zit. nach: Das Bundesgesetz über die „Vaterländische Front", S. 12).

[166] "§ 3 (1) Führer der VF (Frontführer) ist der Bundeskanzler" (ebenda, S. 17).

Stock von 140.000 Amtswaltern. [167] Da der Beitritt zur VF weiters an keine politischen Auflagen gebunden war, andererseits aber die Nichtmitgliedschaft faktisch Berufsverbot bedeutete [168], bildet die Mitgliederzahl keine Grundlage für die Bewertung ihrer organisatorischen Funktionstüchtigkeit. Während die Organisierung auf territorialer Ebene bis Ende 1935 weitgehend abgeschlossen war, blieb die Gliederung nach ständischen Prinzipien, analog zum berufsständischen Aufbau auf staatlicher Ebene, ein Torso. Von den sieben im Rahmen des Generalsekretariats vorgesehenen zentralen berufsständischen Organisationsabteilungen konstituierte sich nur der Gewerbebund in Form des „österreichischen Gewerbebundes": „Als Vereinigung der der VF als Mitglieder angehörenden Gewerbetreibenden, untersteht [er] der autoritären Führung der VF und ist in seiner gesamtorganisatorischen und politischen Tätigkeit an die Weisungen der zuständigen Gebietsführer der VF gebunden und deren unbeschränkter Kontrolle unterstellt." [169]

Die Selbsteinschätzung der VF bezüglich ihrer Organisation mag für sich sprechen: „1936 war das Jahr der Front. [...] Seien wir ehrlich, es hatte damals gar nicht den Anschein, als ob dieses Wort erfüllbar wäre. Die Front stand mitten in ihrer innerorganisatorischen Arbeit, nicht einmal organisatorisch eine Einheit, geschweige denn ideell." [170] Aber auch die mit 1. 11. 1937 erlassene Mitgliederaufnahmesperre, die zur organisatorischen Straffung führen sollte und „den vielfach entstandenen Eindruck, die Mitgliedschaft bei der Front habe keine wesentliche Bedeutung" [171], aufheben sollte, änderte nichts daran, daß die VF ihre mangelnde politische und organisatorische Qualität durch Quantität zu ersetzen suchte.

3. 1. 5. Das Verhältnis der VF zu den neueingerichteten Interessenvertretungen (Bünde)

Die funktionelle Verbindung zwischen VF und den Bünden war eine dreifache:
– Die VF war politisches Kontrollorgan bei der Bestellung von Funktionären in den Bünden;
– die Bünde hatten über Fachbeiräte eine beratende Funktion bei berufsständischen Fragen innerhalb der VF zu erfüllen;
– die VF sollte, vermittels ihrer ständischen Organisationsabteilungen, als Koordinationsinstrument zwischen den Bünden wirken.

Die VF hatte als politische Monopolorganisation des Systems darauf zu achten, daß an der Spitze der Bünde nur „Leute mit erprobter vaterländischer Gesinnung" [172] standen, was durch das formale Kriterium der Mitgliedschaft in der VF praktisch erfüllt war. Darüber hinaus wurde gesetzlich verankert, daß die Annahme eines Mandates in den ständischen Organisationen an die Zustimmung des Frontführers oder des von ihm betrauten Organs gebunden war. [173]

Die Interessenorganisationen nahmen innerhalb der VF (in Form der Fachbeiräte der einzelnen Bünde) eine beratende Funktion ein. Ihre Aufgabe war es, „alle jene Fragen, die das Verhältnis der VF zum Berufsstand berühren, zu klären und nach Bedarf auch initiative Anträge zu stellen, die als Grundlage für eine Intervention der VF dienen können. [...] Die Zusammensetzung dieser Fachbeiräte muß auch dem berufsständischen Gedanken Rechnung tragen und sowohl Arbeitgeber als auch Arbeitnehmer umfassen." [174] Während die Fachbei-

---

[167] Laut „VF-Infodienst" Nr. 49, 7. 12. 1935, VF-Karton 51 (AVA) betrug der Mitgliederstand mehr als 2,15 Millionen.

[168] "Bei der Einstellung von Bewerbern ist deren vaterländische Gesinnung an erster Stelle zu berücksichtigen" (Brief von Adam an den Präsidenten des Industriebundes Urban vom 18. 9. 1935, VF-Karton 4) (AVA). Vgl. auch Carsten, Faschismus, S. 251: „Im allgemeinen werden bei Arbeitsvergebung Mitglieder der VF bevorzugt."

[169] Organisationsstatut des „österreichischen Gewerbebundes", aus: „Das Gewerbe", Nr. 1/2, 1. 1. 1937, S. 10.

[170] "VF-Infodienst", Nr. 8, 30. 9. 1937, S. 10, VF-Karton 51 (AVA).

[171] Ebenda, S. 10.

[172] "VF-Infodienst", Nr. 6, 10. 2. 1935, S. 3, VF-Karton 50 (AVA).

[173] Bundesgesetz Vaterländische Front vom 1. Mai 1934 (BGBl. II, Nr. 4, § 7).

[174] "VF-Infodienst", Nr. 17, 27. 4. 1935, S. 2 f., VF-Karton 51 (AVA).

räte auf Bundesebene im Rahmen des Generalsekretariats der VF im Jahre 1935 konstituiert waren [175], wurden die sie auf Landesebene erst im Laufe des Jahres 1936 ernannt.

Eine weitere Ebene der Zusammenarbeit zwischen VF und den Interessenorganisationen sollte durch die ständischen Organisationsabteilungen innerhalb des Generalsekretariats der VF geschaffen werden. Sie sollten als eine Art Dachorganisation und wirtschaftspolitische Koordinationsstelle der einzelnen Bünde fungieren. Die VF „wird sich mit wirtschaftlichen Fragen in ihren großen Zusammenhängen befassen müssen, insofern es die Bedachtnahme auf das Gemeinwohl erfordert. [...] Die Front ist für alle da, die berufsständischen Körperschaften für je einen Sektor. Daraus ergibt sich das Verhältnis, das zwischen den beiden zu herrschen hat." [176] Doch bei dieser Absichtserklärung blieb es. Der VF fehlten die Kompetenzen und Machtmittel, um in die Autonomie der Bünde einzugreifen. In der politischen Realität war die Zusammenarbeit zwischen VF und Bünden durchwegs keine konstruktive: „Die Rivalität zwischen Front und den berufsständischen Körperschaften mag bis zu einem gewissen Grad begreiflich sein. Sie darf unsere Arbeitskraft aber nie so sehr in Anspruch nehmen, daß wir über die Schlichtung der aus solcher Rivalität entstandenen Streitigkeiten zuviel Zeit verlieren." [177] Das einzig greifbare Ergebnis dieser Zusammenarbeit war eine propagandistische Preissenkungsaktion für Milch und Zucker, die nach einjähriger Vorarbeit zu Weihnachten 1936 durchgeführt und als Erfolg der VF gebucht wurde, der „die Frage, ob sich die VF mit wirtschaftlichen Dingen befassen soll, absolut bejaht. Die VF hat ihre erste wirtschaftspolitische Aktion mit Erfolg zur Durchführung gebracht." [178] Wie marginal dieser Erfolg war, zeigte sich darin, daß dafür fast sämtliche anderen Grundnahrungsmittel teurer wurden und selbst die VF eingestehen mußte: „Es klingt natürlich wie ein [sic!] Hohn, scheint wie Sabotage, daß knapp nach dem ersten kleinen Erfolg der Preissenkung verschiedene andere Artikel im Preis in die Höhe gegangen sind." [179] Als Resultat des Versagens der ständischen Organisation der VF in ihrer wirtschaftspolitischen Koordinatorfunktion wurde im Jänner 1937 eine „Wirtschaftsabteilung der VF" (WAVF), bestehend aus den Landeshauptmännern, dem Gewerkschaftspräsidenten Staud und Mitgliedern des Staats- und Bundeswirtschaftsrates, gebildet. Die Errichtung der Wirtschaftsabteilung wurde dahingehend begründet, daß „die VF praktisch die Querverbindung aller Berufsstände und die Hüterin der Interessen des Gemeinwohls" sei und daher „die VF die Zusammenfassung der Berufsstände und die Abwägung der über den Bereich derselben hinausgehenden Interessen übernehmen" [180] soll. Die Gründung einer eigenen Wirtschaftsabteilung mit einer Zielsetzung, die eigentlich den ständischen Organisationsabteilungen zugekommen wäre, ist ein Anzeichen dafür, daß die VF der ihr zugedachten Rolle, als Vereinheitlichungsinstrument von divergierenden Interessen zwischen den Bünden zu wirken, nicht gerecht wurde.

3. 1. 6. Das Verhältnis der VF zu Staat und Regierung

Obwohl die VF als politische Monopolorganisation und als „alleinige Trägerin der politischen Willensbildung" rechtlich verankert war, hatte sie nicht die Funktion als staatstragende Organisation zu wirken, sondern besaß „dem Staat gegenüber die verantwortungsvolle Pflicht, die Einheitlichkeit der leitenden staatspolitischen Ideen zu wahren" [181]. Sie verfügte weder

---

[175] Als erster wurde der Fachbeirat für Industrie und Bergbau gegründet (15. 6. 1935). Vorsitzender war der Präsident des Industriebundes Urban, sein Stellvertreter der Vizepräsident der Einheitsgewerkschaft Lengauer.

[176] "VF-Infodienst", Nr. 1, 9. 1. 1937, S. 5, VF-Karton 51 (AVA).

[177] Ebenda.

[178] Ebenda, S. 17.

[179] "VF-Infodienst", Nr. 4, 31. 3. 1937, S. 11, VF-Karton 51 (AVA).

[180] Aus: Arbeitsrichtlinien über die Tätigkeit der Wirtschaftsabteilung der VF, S. 3, VF-Karton 4 (AVA).

[181] Schuschnigg am 31. 10. 1934, zit. nach: Unser Staatsprogramm, S. 117.

über originäre politische Inhalte noch über ein eigenes politisches Programm. Der Grund, warum „die VF kein ausführlich geschriebenes Programm besitzt und nicht besitzen konnte, ist der, daß es in den ersten Monaten nach ihrer Gründung nur um eines ging: ums Zusammenhalten aller Vaterlandstreuen gegen den gemeinsamen Feind, und heute nicht mehr zu besitzen braucht, denn ihr Programm ist verwirklicht: das neue Österreich."[182] Der VF fehlte auf Grund ihrer Entstehungsbedingungen und ihrer Funktionsbestimmung im politischen System jede Dynamik. Ohne eigene politische Programmatik und politische Zielvorstellung kam die VF in der politischen Realität nicht über die Rolle eines Legitimationsinstrumentes der Regierung in Form eines auf „erzwungener Freiwilligkeit" basierenden Parteienersatzes hinaus.[183] Nach der gesetzlich festgelegten Zentralisierung von Staats- und VF-Führung im Mai 1936 ging ihre ohnehin marginale Selbständigkeit als politische Monopolorganisation gegenüber der Staats- und Regierungsgewalt gänzlich verloren. Der formale Anspruch der VF, als alleinige Trägerin der politischen Willensbildung im Staate zu agieren, reduzierte sich unter den konkreten Systembedingungen auf die Vermittlung des politischen Willens der Regierung an die Bevölkerung. Die VF verstand es als ihre „erste und oberste Pflicht, der Regierung restlos Gefolgschaft zu leisten und den Willen der Regierung bis hin in die Doppelreihe der Ortsgruppe hinein verständlich zu machen"[184].

Aufgrund der innerorganisatorischen Entwicklung der VF hin zu einem bürokratischen Apparat und der zentralen Stellung, die der Regierung bei der staatlichen Herrschaftssicherung zukam, gelang es der VF nicht, eine ähnliche Position, wie sie etwa die PNF in Italien oder die NSDAP in Deutschland hatten, einzunehmen.[185] Daß die VF in der politischen Realität über ein Vermittlungs-, Kontroll- und Legitimationsorgan der Regierung nicht hinauskam, lag also an den spezifischen politischen Bedingungen, unter denen die autoritäre Herrschaftsausübung in Österreich stattfand.

3. 2. Die Heimwehren

Nach der militärischen Zerschlagung der Arbeiterbewegung und der Proklamierung der autoritären Verfassung im Mai 1934 konnten die Heimwehren mit Recht behaupten: „Das Heimatschutzprogramm ist heute Regierungsprogramm geworden."[186] Doch war es nicht in erster Linie die Heimwehrbewegung, die die autoritäre Verfassung zum Regierungsprogramm werden ließ. Vielmehr war es die Entscheidung der christlichsozialen Führung, die seit 1932 eingeschlagene Krisenpolitik auch ohne ausreichende parlamentarische Basis durchzuführen, die die Etablierung eines auf autoritärer Grundlage basierenden politischen Systems zur Folge hatte. Erst durch die Bestimmung des Kräfteverhältnisses zwischen faschistischer Heimwehrbewegung und den traditionellen bürgerlichen Kräften wird die sukzessive politische

---

[182] „VF-Infodienst", Nr. 18, 4. 6. 1935, S. 8, VF-Karton 51 (AVA).

[183] Unter völliger Gleichsetzung der politischen Bedingungen im parlamentarischen und im faschistischen System versuchte die VF aufgrund ihrer Mitgliederzahl von 2,15 Millionen den Austrofaschismus zu legitimieren: „Die VF hat heute mehr als die Hälfte der damals Wahlberechtigten [Wahlen 1930, W. M.] erreicht, ja diese noch um 89.359 überschritten! Da die Mitgliedschaft zur VF als Bekenntnis zum neuen Österreich aufgefaßt werden kann, ergibt sich daraus, daß mehr als die Hälfte der seinerzeit Wahlberechtigten heute sich zum neuen Staate bekennen, und das Gefasel der verschiedenen illegalen Gegner von einem 'Minderheitsregime' unsinnig ist" („VF-Infodienst", Nr. 49, 7. 12. 1935, S. 13, VF-Karton 51) (AVA).

[184] "VF-Infodienst", Nr. 18, 4. 6. 1935, S. 9, VF-Karton 51 (AVA).

[185] Der VF-Generalsekretär Zernatto drückte die ambivalente Haltung zum Totalitaritätsanspruch der VF so aus: „Die VF hat jene Form der Totalität, wie sie beispielsweise die NSDAP in Deutschland erreicht hat, nie verlangt, zumindest aber – da die Anschauung darüber, ob und wieweit die Front diese Totalität anzustreben hat oder nicht, verschieden sind – nicht erreicht" (aus: Pressestelle der VF, 18. 10. 1937, S. 1, VF-Karton 46) (AVA).

[186] Starhemberg-Rede im Burgenland, zit. nach: Der Heimatschützer, Jg. 2, 5. 5. 1934, S. 4.

und militärische Entmachtung der Heimwehren bis hin zu ihrer Auflösung im Oktober 1936 verständlich.

Vorerst war die Einbindung der Heimwehren in das autoritäre System für die Konsolidierung der auf einer schmalen politischen und sozialen Basis operierenden Regierung eine politische Überlebensfrage. Nachdem der bei der Zerschlagung der Arbeiterbewegung geschlossene „Waffenstillstand" der Nationalsozialisten mit dem Dollfuß-Regime[187] aufgehoben wurde, eskalierte die nationalsozialistische Propaganda und Terrortätigkeit, die auf die Destabilisierung des Systems mit dem Ziel eines gewaltsamen Anschlusses an Deutschland hinarbeitete, und wurde zu einer existentiellen Bedrohung für das Regime. Ein wichtiger Schritt zur Konsolidierung war die Eingliederung der bewaffneten Heimwehr-Verbände in die Wehrfront der Vaterländischen Front, die im April 1934 erfolgte. Dollfuß war Führer der VF, Starhemberg sein Stellvertreter. Gleichzeitig aber erhielt Starhemberg die Führerschaft über die Wehrfront, der militärischen Gliederung der VF. In dieser wurden alle freiwilligen Wehrverbände, vorerst unter Bewahrung ihrer organisatorischen Selbständigkeit, zusammengeschlossen. Die Vizekanzlerschaft Starhembergs und das Kommando über die Wehrfront waren die Konzessionen, die Dollfuß für die Aufrechterhaltung des labilen Gleichgewichts zwischen den alten klerikalen Eliten aus der Christlichsozialen Partei und den antiklerikalen Heimwehren machen mußte. Die Heimwehren meinten, daß durch die gesetzliche Verankerung der VF der Schritt hin zur „Errichtung einer politischen Monopolorganisation nach dem Muster der faschistischen Partei Italiens"[188] vollzogen war. In der Regierung waren die Heimwehren zwar mitbeteiligt[189], ohne aber die Führungsrolle von Dollfuß[190] als obersten Repräsentanten der „alten Eliten" antasten zu können.

Beim gescheiterten Putsch der Nationalsozialisten am 25. Juli 1934[191], der mit der Ermordung von Dollfuß endete, löste Mussolini sein Versprechen ein, daß Österreich „bei der Verteidigung seiner Unabhängigkeit als souveräner Staat auf uns rechnen kann"[192], indem er mehrere Divisionen an der Brennergrenze stationierte. Der vom Bundespräsidenten neuernannte Kanzler Schuschnigg hielt daher an der außenpolitischen Anlehnung an Italien fest, was innenpolitisch zur Aufwertung der Position der Heimwehren führte. Starhemberg blieb weiterhin Vizekanzler, übernahm das Sicherheitsministerium und wurde zudem Bundesführer der VF. In dieser scheinbar dualistischen Machtteilung zwischen Heimwehren und den ehemaligen Christlichsozialen kam den Heimwehren aber nur die Rolle des „Juniorpartners" zu, dessen Machtbeteiligung nicht auf die eigene politische und organisatorische Stärke, sondern auf die schmale soziale Basis und auf die außenpolitische Absicherung des Systems durch Italien zurückzuführen war. 1934/35 blieb die Stellung der Heimwehren in der Regierung durch den proitalienischen Kurs Schuschniggs gesichert. Während sich Staatsführung und VF nach außen hin in harmonischer Einheit präsentierten, brachen die Machtkämpfe innerhalb der VF zwischen Heimwehren und den übrigen Wehrformationen aus. Die Heimwehren beanspruchten die Monopolstellung innerhalb der Wehrfront und waren nicht gewillt, „mit auf demokratischer Grundlage stehenden Wehrorganisationen[193] auf gleiche Stufe ge-

---

[187] Kreissler, Von der Annexion zur Revolution, S. 237.

[188] Der Heimatschützer, Jg. 2, 26. 5. 1934, S. 1.

[189] Starhemberg war Vizekanzler, Fey (bis Juli 1934) Sicherheitsminister, Berger-Waldenegg Justizminister.

[190] Dollfuß war Kanzler, Minister für Äußeres, für Land- und Forstwirtschaft, Heeresminister und ab 10. Juli 1934 auch Sicherheitsminister.

[191] K. Bauer, Elementar-Ereignis. Die österreichischen Nationalsozialisten und der Juliputsch 1934, Wien 2003.

[192] Kreissler, Von der Annexion zur Revolution, S. 238.

[193] Damit meinten sie die unter der Führung Schuschniggs stehenden Ostmärkischen Sturmscharen, den Freiheitsbund (der militanten, unter der Führung Stauds stehenden Formation der ehemaligen Christlichen Gewerkschaft), die als Gegenverbände der traditionell bürgerlichen Kräfte zu den Heimwehren gegründet wurden.

stellt zu werden"[194].

Da die Heimwehren von ihrem Charakter her eine paramilitärische faschistische Bewegung waren, beruhte ihre politische und organisatorische Überlebensfähigkeit darauf, als eigenständige Wehrorganisation erhalten zu bleiben. Nach der Ausschaltung der Arbeiterbewegung und der geänderten Taktik Hitlers, der nach dem mißglückten Putschversuch vom Juli 1934 vom offenen Terror zur Strategie des Eindringens sogenannter „betont Nationaler" in das konkurrenzfaschistische System überging, waren die Bedingungen für die objektive Funktionslosigkeit der Heimwehren als autonome Wehrorganisation im autoritären System gegeben. Waren die Heimwehren im parlamentarischen System eine notwendige außerparlamentarische Stütze zur Sicherung der bürgerlichen Herrschaft, so bedeutete nun die Weiterexistenz der Heimwehren als autonome Wehrorganisation, die in Konkurrenz zum Heer stand, ein Hindernis bei der Zentralisierung des Systems. Die Heimwehren selbst legitimierten ihr Weiterbestehen mit ihren „historischen Leistungen": „Wir Heimatschützer haben uns durch die Kämpfe dieser Tage das Recht und die Pflicht erworben, in diesem Staate mit das erste Wort zu reden."[195]

Die stufenweise Entmachtung der Heimwehren als selbständige Wehrorganisation und als politischer Machtfaktor in der Regierung verlief vorerst auf zwei zeitlich getrennten Ebenen. Ihre organisatorische Entmachtung wurde von Schuschnigg mit der Vereinheitlichung der Wehrverbände[196] (Mai 1935) und der Zusammenlegung aller Wehrverbände zur „Freiwilligen Miliz – österreichischer Heimatschutz" (Oktober 1935) eingeleitet. Solange aber Mussolini, aus außenpolitischen Überlegungen gegenüber Deutschland, an der Schutzmachtpolitik für Österreich festhielt, konnte Schuschnigg die Heimwehren, die Mussolinis innerösterreichische Garanten für die Beibehaltung des „italienischen Kurses" waren, nicht aus der Regierung entfernen. Somit verblieben die Heimwehren auch nach der Regierungsumbildung im Oktober 1935 weiterhin an wichtigen Regierungsposten.[197] Im Frühjahr 1936 begann sich eine außenpolitische Annäherung zwischen Italien und Deutschland abzuzeichnen. Für Österreich war damit Mussolinis Rat verbunden „sich mit Hitler-Deutschland zu arrangieren"[198] und zu einem Modus vivendi mit Deutschland zu gelangen. Einer „Befriedungspolitik" Schuschniggs gegenüber den österreichischen Nationalsozialisten standen aber die Heimwehren im Wege, die die Konsequenz, die eine Einbeziehung „betont Nationaler" in das System mit sich bringen würde, klar erkannten: „Eine solche Taktik wäre, wenn wir sie akzeptieren würden, nur der Weg, um uns gegebenenfalls umso leichter und sicherer abwürgen zu können."[199] Der politischen Rückendeckung durch Mussolini verlustig, mußte sich der Widerstand der Heimwehren gegen ihre endgültige Entmachtung auf pathetische verbale Kraftakte beschränken. So behauptete Starhemberg noch Anfang Mai 1936, „daß der Heimatschutz nicht daran denkt, als bewaffnete Formation abzurüsten und vom Schauplatz abzutreten. [...] Nur über meine Leiche geht derzeit der Weg zur Abrüstung des Heimatschutzes, es gibt jetzt keine Abrüstung des Heimatschutzes."[200] Wenige Wochen später war der Heimatschutz sang- und klanglos von der politischen Bühne verschwunden.

Am 16. 5. 1936 schieden Starhemberg als Vizekanzler und Berger-Waldenegg als Außenminister aus der Regierung aus und zwei „betont Nationale" (Edmund Glaise-Horstenau

---

[194] Der Heimatschützer, Jg. 2, 27. 1. 1934, S. 2.

[195] Starhemberg, zit. nach: Der Heimatschützer, Jg. 2, 3. 11. 1934, S. 1.

[196] Die Maßnahmen erstreckten sich vorerst nur auf ein Werbe- und Aufnahmeverbot für die einzelnen Wehrorganisationen, vgl. Carsten, Faschismus, S. 226.

[197] Neben Starhemberg als Vizekanzler waren Berger-Waldenegg (Äußeres), Baar-Baarenfels (Inneres), Draxler (Finanzen) und Znidaric (Staatssekretär für Soziale Verwaltung) in der Regierung vertreten.

[198] Kreissler, Von der Annexion zur Revolution, S. 251.

[199] Der Heimatschützer, Jg. 3, 2. 10. 1935, S. 6.

[200] Starhemberg, zit. nach: Der Heimatschützer, Jg. 4, 2. 5. 1936, S. 1.

und Guido Schmidt) wurden in die Regierung aufgenommen. Gleichzeitig wurde eine Novelle des Bundesgesetzes über die VF beschlossen, die einerseits die Führerschaft der VF mit
der Kanzlerschaft gesetzlich koppelte[201] und andererseits die „Frontmiliz" als integrierten
Bestandteil der VF an Stelle der Wehrverbände verankerte.[202] Somit waren die Heimwehren
sowohl auf Regierungsebene als auch in der VF gänzlich entmachtet, ohne dagegen auch nur
ansatzweise Widerstand leisten zu können. Ihre Auflösung im Oktober 1936 war nur mehr
formaler Schlußstrich unter eine deklariert faschistische Bewegung, die nie über eine As-
sistenzfunktion bei der Herrschaftssicherung der bürgerlichen Eliten hinausgekommen war.
Nachdem durch die Etablierung des autoritären Systems die Kontinuität der bürgerlichen
Herrschaft gesichert war und die Heimwehren durch die Änderung der Außenpolitik Italiens
ihre Funktion als Garanten des „italienischen Weges" verloren hatten, waren sie nur mehr
eine anachronistische politische Hülle, die, vom Machterwerb ausgeschlossen, in sich selbst
zusammenfiel. Von Schuschnigg politisch kalt gestellt, blieben die ehemaligen Heimwehr-
funktionäre weiterhin Mitglieder in den verschiedenen vorberatenden Organen oder wurden
mit Positionen in der Frontmiliz und der VF versorgt, um durch personelle Kontinuitäten
die Fiktion der Unterstützung des Regierungskurses durch die Parteigänger des aufgelösten
Heimatschutzes weiterhin aufrechtzuerhalten.[203]

Resümee

1. In der Struktur des Austrofaschismus spiegeln sich dessen Konstituierungsbedingungen.
   Der Regierung, die schon den Konstituierungsprozeß wesentlich prägte, kommt unter der
   Führung durch den Bundeskanzler im Rahmen der neuen Herrschaftsform die zentrale
   Rolle zu. Das Fehlen einer gewachsenen eigenständigen Massenorganisation zeigt sich
   auf der Ebene der Ideologie und der politischen Abstützung des Austrofaschismus. Die
   Ideologie besteht in einem Mix von rückwärtsgewandten gesellschaftlichen Harmonisie-
   rungsvorstellungen, von dezidierter Ablehnung des Marxismus, der Demokratie und des
   Parlamentarismus sowie einer – vor allem in Abgrenzung von den Nationalsozialisten –
   ventilierten, die Eigenstaatlichkeit betonenden „Österreich"-Idee. Diese sollte die Eigenständigkeit des in der Selbsteinschätzung als „Ständestaat" bezeichneten Herrschaftssystems begründen. Ihr Mobilisierungseffekt war gering.
2. Die politische Struktur des Austrofaschismus ist durch das verfassungsmäßig verankerte
   und real praktizierte Prinzip autoritärer Herrschaft gekennzeichnet. Dieses bestimmende Charakteristikum ist ablesbar an der Führungsposition des Bundeskanzlers und den
   Machtbefugnissen und Notrechten der Regierung, am verfassungsrechtlich festgelegten
   und tatsächlich auch praktizierten hierarchischen Entscheidungsmuster, an der „von oben"
   vorgenommenen Zuweisung von Handlungsspielräumen für die gesellschaftlichen Interessenvertretungen und an der gewaltsamen Unterbindung von Handlungsmöglichkeiten
   für die Opposition. Das Prinzip autoritärer Führung, das die politische Struktur des Austrofaschismus kennzeichnet, ist im Vergleich mit Deutschland modifiziert – ablesbar beispielsweise an der integrierten Stellung des Bundeskanzlers im Rahmen der Regierung.
   Die Grund- und Freiheitsrechte erfuhren weitreichende Einschränkungen, die ebenso wie

---

[201] "§ 3 (1): Führer der VF (Frontführer) ist der Bundeskanzler; er trifft die näheren Bestimmungen über die Einrichtungen der VF", zit. nach: Das Bundesgesetz über die „Vaterländische Front", dargestellt von Dr. Robert Hecht,
Wien 1936, S. 17.

[202] Ebenda, S. 19: „§ 10 (1): Innerhalb der VF wird eine uniformierte, nach militärischem Muster eingerichtete
Formation (Frontmiliz) gebildet. Sie ist mit Rechtspersönlichkeit ausgestattet."

[203] Wohnout, Regierungsdiktatur oder Ständeparlament?, S. 282 ff.; Enderle-Burcel, Christlich – Ständisch – Autoritär (insbesondere Tabelle 9 über die Anzahl von Heimwehrfunktionären in den vorberatenden Organen, S. 314).

die Errichtung von Anhaltelagern auf die Ausschaltung der politischen Opposition abzielten.

3. Laut Selbstverständnis und Verfassungsproklamation sollte den Ständen bzw. Berufsständen im Herrschaftssystem 1934 - 1938 eine besondere Rolle zukommen. Diese Vorstellung fand Niederschlag in der gängigen Selbstbezeichnung „Ständestaat". Es trifft zu, daß im Austrofaschismus der Umbau der gesellschaftlichen Interessenvertretungen durchgeführt und neue Kooperationsebenen eingerichtet wurden. Weiters läßt sich nachweisen, daß die gesellschaftlichen Interessenvertretungen im Austrofaschismus an der politischen Willensbildung und Entscheidungsfindung partizipierten. Doch diese Partizipation bedeutete ebensowenig wie die Veränderungen in der Organisierung gesellschaftlicher Interessen und in deren Verhältnis zueinander die Realisierung der mit großem propagandistischen Aufwand ventilierten berufsständischen Vorstellungen. Der berufsständische Aufbau kam über Ansätze nicht hinaus. Die durch staatlichen Zwang eingeführte und kontrollierte Kooperation zwischen den Interessenvertretungen trug zur Verringerung des Niveaus offener gesellschaftlicher Konflikte zwar bei, konnte jedoch weder einen Ausgleich konträrer Interessen noch die Integration der Arbeiterschaft bewirken. Aus den nur zur Vorbereitung auf die Vollendung der berufsständischen Ordnung eingerichteten Organisationen wurden Dauereinrichtungen, deren Handlungsspielraum sich weitgehend autoritärer Zuweisung verdankte.

Daß die gesellschaftliche Interessenorganisierung im Austrofaschismus niemals die ihr ideologisch zugeschriebene Qualität erreichte – und daher der Begriff „Ständestaat" der Realität entbehrt –, resultiert sowohl aus dem rechtlich verankerten als auch real praktizierten Prinzip autoritärer Herrschaft. Damit wich der „ständische Aufbau" in Österreich von der Konzeption einer berufsständischen Ordnung, wie sie in der als Referenzquelle wiederholt angeführten Enzyklika „Quadragesimo Anno" formuliert ist, einschneidend ab. Zudem standen die Interessenorganisationen – Unternehmerbünde wie auch Gewerkschaftsbund – selbst der Durchführung des berufsständischen Aufbaues im Wege. Unter den Bedingungen eines massiven Angriffes von Unternehmern auf die sozialen Bedingungen der Lohnabhängigen verfolgte selbst der systemloyale Gewerkschaftsbund die Strategie, die Selbständigkeit der Interessenvertretung der Lohnabhängigen zu wahren.

4. In der Entstehungsgeschichte der Vaterländischen Front ebenso wie in ihrer Stellung im Herrschaftssystem zwischen 1934 und 1938 spiegeln sich die Charakteristika des Austrofaschismus wider. Als Ersatz für eine gewachsene eigenständige Massenbewegung „von oben" her eingesetzt und mit einem „Programm" ausgestattet, das sich in der „Idee Österreich" erschöpfte, konnte die Vaterländische Front keine mit der faschistischen Partei in Italien oder mit der NSDAP in Deutschland vergleichbare Dynamik entwickeln. Die Vaterländische Front war strikt autoritär (Führerprinzip), hierarchisch und ständisch-territorial strukturiert, wobei die ständische Organisierung über marginale Ansätze nicht hinauskam. Innerhalb des Spielraumes, der der Vaterländischen Front von der Regierung eingeräumt wurde, konnte sie die ihr zugeschriebene Funktion als „Träger der politischen Willensbildung" nur in einem eng umgrenzten Rahmen (Bestätigung der Funktionäre der Interessenvertretungen, Vorschlagsrecht der Kandidaten bei Landtags- und Gemeindewahlen, Interventionsrecht) ausüben. Die tatsächliche Funktion der Vaterländischen Front im politischen System war es, über ihren auf „freiwilligem Zwang" beruhenden Mitgliederstand als Legitimationsinstrument des Austrofaschismus nach außen zu fungieren und als politische Monopolorganisation mittels ihrer Organisationsabteilungen (Betriebsorganisationen, Dienststellenorganisationen) und ihrer gesetzlichen Möglichkeiten eine politische Kontrollfunktion im Inneren auszuüben. Die Diskrepanz zwischen der ihr formal und ideologisch zugeschriebenen Funktion und ihrem tatsächlichen Stellenwert ist nicht

nur Resultat ihres „Versagens". Der Grund dafür liegt zum einen in der Struktur des Austrofaschismus, die durch die zentrale Stellung der Regierung bei der Ausübung politischer Herrschaft und die autoritäre Zuweisung von Handlungsspielräumen für andere Akteure bestimmt war, zum anderen darin, daß die Mobilisierungsbemühungen seitens Regierung und Vaterländischer Front als bürokratischer Organisation nur wenig Dynamik zu erzeugen vermochten.

In der Konstituierungsphase des austrofaschistischen Herrschaftssystems waren die Heimwehren eine notwendige außen-, innenpolitische und militärische Stütze. Nach der Etablierung des Austrofaschismus aber bildete ihre Weiterexistenz als autonomer Wehrverband und ihre politische Stellung im System, die in der scheinbar dualistischen Machtteilung zwischen Dollfuß bzw. Schuschnigg und Starhemberg zum Ausdruck kam, einen Störfaktor in mehrfacher Hinsicht. Nachdem die Heimwehren als Wehrverband innerhalb der VF schon seit 1935 systematisch zurückgedrängt wurden, ermöglichten die veränderten außenpolitischen Bedingungen ab dem Frühjahr 1936 die endgültige Ausschaltung der Heimwehren aus den politischen Machtpositionen in der VF und der Regierung. In der reibungslosen Entmachtung der Heimwehren zeigt sich auch für die Periode der austrofaschistischen Herrschaftsausübung die fehlende machtpolitische Eigenständigkeit der faschistischen Heimwehrbewegung, deren politischer Aktionsradius letztlich von äußeren Bedingungen abhängig blieb. Ihre Ausschaltung ging nicht mit einer Öffnung des Systems, sondern mit einer verstärkten Konzentration politischer Macht beim Bundeskanzler einher. [204]

Literatur

Augustin, Helga: Die Bauernbünde, der Berufsstand Land- und Forstwirtschaft und die Bauern im österreichischen Ständestaat, Diplomarbeit, Wien 1998.
Bauer, Kurt: Elementar-Ereignis. Die österreichischen Nationalsozialisten und der Juliputsch 1934, Wien 2003.
Bärnthaler, Irmgard: Die Vaterländische Front. Geschichte und Organisation, Wien 1971.
Bayer, Hans (Hg.): Österreichisches Arbeitsrecht, Wien 1937.
Bei, Neda: Die Bundesregierung verordnet sich, in: Stephan Neuhäuser (Hg.), „Wir werden ganze Arbeit leisten … " Der austrofaschistische Staatsstreich 1934, Wien 2004, S. 161 - 225.
Berchtold, Klaus (Hg.): Österreichische Parteiprogramme 1868 - 1966, Wien 1967.
Bruckmüller, Ernst: Interessenvertretung der Bauern, in: Emmerich Tálos / Herbert Dachs / Ernst Hanisch / Anton Staudinger (Hg.), Handbuch des politischen Systems. Erste Republik 1918 - 1933, Wien 1995, S. 353 - 370.
Carsten, Francis L.: Faschismus in Österreich, Wien 1978.
Das Bundesgesetz über die „Vaterländische Front", dargestellt v. Dr. Robert Hecht, Wien 1936.
Die Gegenreformation in Neu-Österreich. Ein Beitrag zur Lehre vom katholischen Ständestaat, Zürich 1936.
Edmondson, Earl C.: The Heimwehr and Austrian Politics 1918 - 1936, Athens 1978.
Ender, Otto: Die österreichische Verfassung, Wien 1935.
Enderle-Burcel, Gertrude (unter Mitarbeit von Johannes Kraus): Christlich – Ständisch – Autoritär. Mandatare im Ständestaat 1934 - 1938. Biographisches Handbuch der Mitglieder des Staatsrates, Bundeskulturrates, Bundeswirtschaftsrates und Länderrates sowie des Bundestages, Wien 1991.
Geissler, Franz: Österreichs Handelskammerorganisation in der Zwischenkriegszeit (1920 - 1938), 2. Bd., Wien 1980.
Huemer, Peter: Sektionschef Robert Hecht und die Zerstörung der Demokratie Österreichs, Wien 1975.

---

[204] Siehe auch Kluge, Der österreichische Ständestaat, S. 89 f.

Jahrbuch der christlichen Arbeiterschaft Österreichs, Wien 1936.

Jedlicka, Ludwig / Rudolf Neck (Hg.): Das Juliabkommen 1936, Wien 1977.

Kluge, Ulrich: Der österreichische Ständestaat, Wien 1984.

Kreissler, Felix: Von der Annexion zur Revolution, Wien 1970.

Krüger, Hans Jürgen: Faschismus oder Ständestaat. Österreich 1934 - 1938, Kiel 1970.

Lehner, Oskar: Österreichische Verfassungs- und Verwaltungsgeschichte, Linz 1992.

März, Eduard: Der Ständestaat, Wien o.J.

Merkl, Adolf: Die ständisch-autoritäre Verfassung Österreichs, Wien 1935.

Messner, Johannes: Die berufsständische Ordnung, Wien 1936.

Pelinka, Anton: Stand oder Klasse? Die christliche Arbeiterbewegung Österreichs 1933 - 38, Wien 1972.

Putschek, Wolfgang: Ständische Verfassung und autoritäre Verfassungspraxis in Österreich 1933 - 1938, Frankfurt 1993.

Reichhold, Ludwig: Die Liquidierung der VF, in: Wien 1938, Forschungen und Beiträge zur Wiener Stadtgeschichte, Wien 1978, S. 25 - 38.

Schuschnigg, Kurt (Hg.): Die neue Bundesverfassung für Österreich samt Übergangsverfassung, Wien 1936.

Schuschnigg, Kurt: Im Kampf gegen Hitler, Wien 1969.

Steiner, Guenther: Wahre Demokratie? Transformation und Demokratieverständnis in der Ersten Republik Österreich und im Ständestaat Österreich 1918 - 1938, Frankfurt 2004.

Tálos, Emmerich: Arbeiterschaft und Austrofaschismus, in: Dokumentationsarchiv des österreichischen Widerstandes (Hg.), Themen der Zeitgeschichte und der Gegenwart. Arbeiterbewegung – NS-Herrschaft – Rechtsextremismus, Wien 2004, S. 27 - 42.

Tálos, Emmerich / Walter Manoschek: Politische Struktur des Austrofaschismus (1934 - 1938), in: Emmerich Tálos / Wolfgang Neugebauer (Hg.), „Austrofaschismus". Beiträge über Politik, Ökonomie und Kultur 1934 - 1938, Wien 1988, S. 75 - 119.

Wien 1938. Forschungen und Beiträge zur Wiener Stadtgeschichte, Wien 1978.

Wohnout, Helmut: Regierungsdiktatur oder Ständeparlament?, Wien 1993.

Die Huldigung der Stände Wiens, 1. Mai 1934. Entwurf für einen Gobelin von Hans Andre und Viktor Kosak (Originalentwurf im Wien Museum Karlsplatz)

Führerprinzip und berufsständische Vertretung auf kommunaler Ebene?

Am Beispiel Wien. [1]

Maren Seliger

Einleitung

Bereits am ersten Tag der Februarkämpfe 1934 konnte die Regierung Dollfuß ihr lang vorbereitetes Ziel realisieren: Die im monatelangen Zermürbungskampf geschwächte sozialdemokratische Arbeiterbewegung verbieten [2] und der durch finanzielle Willkürmaßnahmen in die Enge getriebenen Verwaltung des „Roten Wien", einst wichtigste Machtposition der Sozialdemokratie, den letzten Stoß versetzen. Einem Bundeskommissär wurden alle Aufgaben des aufgelösten Gemeinderates und Landtages sowie die Verwaltung Wiens mit umfassenden Befugnissen übertragen. [3] Führende Mandatsträger der Stadt Wien und sozialdemokratische Funktionäre wurden verhaftet und eine Säuberung der Beamtenschaft vorgenommen. Nach dem Ende der Kämpfe stand für viele Christlichsoziale fest: „Wien ist wieder frei" [4], oder, wie die katholische „Reichspost" am 14. 2. 1934 jubelte: „Die Abkehr vom Sowjetstern zum Kreuz hat gesiegt". In Wirklichkeit war die Demokratie besiegt, waren Brücken abgebrochen worden. Die Christlichsoziale Partei (CSP) richtete sich im austrofaschistischen Wien im neuen Gewand der Vaterländischen Front ein, stellte den größten Teil des Führungspersonals und übernahm wie selbstverständlich ehemals sozialdemokratische Positionen und Einrichtungen.

---

[1] Mein Dank gilt Karin Misak für die kritische Durchsicht des Manuskripts.
[2] BGBl. 78/1934/I.
[3] BGBl. 77/1934/I.
[4] Österreichische Gewerbe-Zeitung, 17. 2. 1934.

Zu den demokratischen Errungenschaften nach 1918 hatte auch die Einführung des allgemeinen und gleichen Wahlrechts auf allen Ebenen des Staates gehört, dem die seit 1896 im Wiener Rathaus herrschende CSP nur widerwillig zugestimmt hatte. Als Vertreterin des „bodenständigen Wienertums" fühlte sie sich durch ein „schrankenloses" Wahlrecht zu Unrecht von der Macht verdrängt. Die Hoffnung, in freien Wahlen bald wieder zur Mehrheitspartei zu werden, schwand in dem Maße, wie sich die Sozialdemokratie anschickte, das zum Bundesland aufgewertete Wien zur Sache der Gesamtpartei und zum Gegenmodell zur Politik der Bürgerblockregierungen zu machen, nachdem sieselbst 1920 aus der Bundesregierungausgetreten war. Die politischen Auseinandersetzungen in und um Wien waren somit Teil des nationalen Dauerkonflikts zwischen bürgerlich-bäuerlich-feudalem Lager und der Arbeiterschaft. Dabei wurden ökonomische Interessendivergenzen durch einen mehr oder weniger stark ausgeprägten Kulturkampf verstärkt. Hier die laizistische Sozialdemokratie als Anwältin der Moderne, dort das, vormodernen Traditionen verhaftete, katholische Lager, das in der Gegnerschaft zum modernen Industriesystem als „Antiliberale Bewegung" gegründet worden war. [5]

Anfang der 30er Jahre beim Zusammentreffen von Wirtschaftskrise und innenpolitischer Krise – Aufstieg der NS-Bewegung und drohender Verlust der Massenbasis der Regierung – erlangten ständische Ordnungsmodelle bei den Bestrebungen, die Demokratie zu zerstören, zunehmende Bedeutung. [6] Für die CSP wurde Richard Schmitz, der spätere Bundeskommissär im Wiener Rathaus, zu einem Experten und Propagandisten der „berufsständischen" Neuordnung Österreichs. [7] Die Herstellung gesellschaftlicher Harmonie „in der von Individualismus und Sozialismus verheerten Gesellschaft" [8] und die Überwindung der Klassengegensätze soll durch die Einrichtung von Berufsständen erreicht werden, in denen Unternehmer und unselbständig Tätige des gleichen Berufes zusammengefaßt sind. Geleitet von der Erkenntnis der „Naturwidrigkeit und Gefährlichkeit der Klassengesellschaft" [9] wird die Eingliederung der Arbeiterschaft, ihre Entproletarisierung als eine der Hauptaufgaben der berufsständischen Neuordnung bezeichnet. [10] Der Berufsstand wird als ein Funktionsverband, als eine Gesellschaftsgruppe definiert, „die durch im gleichen Beruf geübte gemeinsame Funktion innerlich verbunden ist" [11]. Die Stände, als „Glieder" der Volksgemeinschaft mit dem Recht auf Selbst-

---

[5]   Vgl. dazu M. Seliger / K. Ucakar, Wien – Politische Geschichte 1740-1934. Entwicklung und Bestimmungskräfte großstädtischer Politik, Wien 1985, Teil 1: S. 585 ff.; Teil 2: S. 991 ff., 1014 ff., 1023 ff., 1050 ff. und die dort angeführte Literatur.

[6]   Auf unterschiedliche Konzepte kann hier nicht eingegangen werden. Vgl. dazu u. a. A. Pelinka, Stand oder Klasse? Die Christliche Arbeiterbewegung Österreichs 1933 bis 1938, Wien-München-Zürich 1972, S. 240 ff.; E. Holtmann, Zwischen Unterdrückung und Befriedung. Sozialistische Arbeiterbewegung und autoritäres Regime in Österreich 1933-1938, München 1978, S. 35 ff. H. Wohnout, Regierungsdiktatur oder Ständeparlament? Gesetzgebung im autoritären Österreich, Wien-Köln-Graz 1993, S. 44 ff., 82 ff., 104 ff.

[7]   Schmitz, Jahrgang 1885, Jurist, CV-Mitglied, war ein enger Vertrauter Ignaz Seipels, später Kurt Schuschniggs, Vertreter eines kämpferischen Rechtskatholizismus, nach Otto Leichter einer der „gehässigsten Antimarxisten" der Christlichsozialen. Funktionen: 1918-1923 Wiener Gemeinderat, 1920-1934 Nationalrat, Minister für Unterricht bzw. Soziales in verschiedenen Kabinetten, zuletzt in der Regierung Dollfuß. Ab 1932 einer der vier stellvertretenden Vorsitzenden der Gesamtpartei. Vgl. dazu F. Braun, Der politische Lebensweg des Bürgermeisters Richard Schmitz, Diss., Wien 1968; O. Leichter, Glanz und Ende der Ersten Republik. Wie es zum österreichischen Bürgerkrieg kam, Wien 1964, S. 246 f.; A. Staudinger, Christlichsoziale Partei, in: E. Weinzierl / K. Skalnik, Österreich 1918-1938. Geschichte der Ersten Republik, Graz-Wien-Köln 1983, 1. Bd., S. 253 f. Unter Berufung auf die päpstliche Enzyklika Quadragesimo anno entwickelte Schmitz berufsständische Vorstellungen u. a. in: Das christlichsoziale Programm (1926). Mit Erläuterungen von Richard Schmitz, Wien 1932; ders., Der Weg zur berufsständischen Ordnung in Österreich, Wien 1934; ders., Die berufsständische Neuordnung in Österreich. Eine Zwischenbilanz, Wien-Innsbruck 1935.

[8]   Schmitz, Der Weg, S. 35.

[9]   Ebenda, S. 19.

[10]   Ebenda, S. 51.

[11]   Ebenda, S. 21.

verwaltung heute noch dem Staat überlassener „minder wichtiger Aufgaben" ausgestattet [12], müssen sich dem Gemeinwohl unterordnen. [13] Daher bedarf es eines religiös begründeten „Autoritätsstaates". Zwar muß der Staat die Gesellschaftsreform einleiten, fördern und, soweit nötig, auch erzwingen, dennoch darf die Staatsführung in den Berufsständen nicht bloß Werkzeuge der Machtpolitik sehen. Übergänge sind unvermeidlich, an ihre Stelle muß „so rasch als möglich die zum Wesen der angestrebten Neuordnung gehörige Autonomie treten" [14]. Diese Entwicklungsphase der Umsetzung erreichte die „berufsständische" Ordnung allerdings nicht. Ständekonzeptionen, mit dem autoritären Prinzip verbunden, dienten so dem machtpolitischen Ziel der Ausschaltung des „Erbfeindes" Sozialdemokratie als Träger der Klassenkampfidee. [15]

Aufgrund der bestehenden Forschungsdefizite wird sich der Beitrag auf die Beschreibung und Analyse der in der oktroyierten neuen Stadtordnung festgelegten Normen für die in bezug auf die Themenstellung entsprechend relevanten Organe Bürgermeister und Vertretungskörperschaft konzentrieren und dabei auch historische Vergleiche miteinbeziehen. Darüber hinaus wird die rechtliche Stellung Wiens im Rahmen der Mai-Verfassung 1934 auch im Hinblick auf die übrigen Länder beleuchtet. Auswahl- und Ernennungskriterien für die „Bürgerschaft" werden im gesellschaftlichen Kontext diskutiert und – soweit bereits vorliegend – mit empirischen Befunden über die Zusammensetzung konfrontiert. Diskrepanzen zwischen Ansprüchen und Wirklichkeit sowie systemimmanenten Inkonsistenzen des „berufsständischen" Prinzips wird nachzugehen versucht. Der Nachweis der tatsächlichen Funktionsweise der „berufsständischen" Vertretung bleibt weitergehenden Forschungen vorbehalten.

Verfassungsrechtliche „Neuordnung"

Der mit allen Vollmachten ausgestattete Regierungskommissär konnte bereits am 31. 3. 1934 die neue „Stadtordnung der Bundeshauptstadt Wien" dekretieren [16], auf deren Basis er von Bundeskanzler Dollfuß am 6. 4. 1934 zum Bürgermeister berufen wurde. [17] Diese Eile begründete Schmitz damit, daß er nicht mehr lange in der Lage sein werde, „die mit dieser Funktion verbundene Arbeitslast allein zu tragen". Er habe, ohne auf das In-Kraft-Treten einer neuen Bundesverfassung zu warten, daher beschlossen, das Wiener Gemeindestatut abzuändern. [18] Hinzu kam möglicherweise auch der Wunsch, der eigenen diktatorischen Machtausübung einen Anschein von Legitimität zu verleihen, nachdem die von ca. 60 % der WählerInnen unterstützte Stadtregierung putschartig verdrängt und „hinter Gitter" gesetzt worden war. Da er schon längere Zeit in die Pläne Dollfuß' eingeweiht war, die gewählte Stadtregierung zu beseitigen, einschließlich der ihm zugedachten Rolle als Regierungskommissär [19], kann man davon ausgehen, daß Vorarbeiten (oder sogar mehr) zur „Neuordnung" schon vorhanden waren.

Die neue Stadtordnung hatte Wien bereits bis auf das Gesetzgebungsrecht und die Frage der Instanzenregelung – beides wurde mit der Verordnung des Bürgermeisters vom 30. 10. 1934 [20] dekretiert – die rechtliche Stellung gegeben, die erst durch die Verfassung vom

---

[12]   Ebenda, S. 25.
[13]   Das christlichsoziale Programm, S. 22.
[14]   Schmitz, Der Weg, S. 30 f.
[15]   Das christlichsoziale Programm, S. 23.
[16]   LGBl. 20/1934.
[17]   Wiener Stadt- und Landesarchiv (WStLA), Hauptarchiv – Akten und Verträge, A 1, Zl. 677.
[18]   Bundesminister Schmitz, Protokolle des Ministerrates der Ersten Republik, Abt. VIII, Bd. 6, Kabinett Dollfuß, Wien 1985, MRP 928, 9. 3. 1934, S. 97.
[19]   Vgl. Braun, Der politische Lebensweg, S. 264.
[20]   LGBl. 53/1934.

1. 5. 1934 festgelegt werden sollte. Die Stadtordnung nahm somit diese vorweg. Dies konnte deswegen gelingen, da Schmitz dem Ministerkomitee zur Ausarbeitung einer neuen Verfassung angehört hatte und auch als Bundeskommissär noch (bis 10. 7. 1934) Minister ohne Portefeuille blieb. [21]

1. Verfassungsrechtliche Stellung Wiens

1. 1. Allgemeine Basis der Verfassung

Die Mai-Verfassung 1934 beginnt in ihrer Präambel mit einem antisäkularen Paukenschlag: „Im Namen Gottes, des Allmächtigen, von dem alles Recht ausgeht, erhält das österreichische Volk für seinen christlichen, deutschen Bundesstaat auf ständischer Grundlage diese Verfassung." [22] Damit sind programmatisch das christlich-autoritäre, das ständische und bundesstaatliche Prinzip als Leitidee der Verfassung 1934 angesprochen. Was den Inhalt der Verfassung angeht, werden ständische und bundesstaatliche Vorstellungen aber nur insoweit berücksichtigt, als die autoritäre Staatsführung nicht in Frage gestellt wird. [23]

1. 1. 1. Wien – „landesunmittelbare" Stadt und Land

Die Stellung Wiens wird in Artikel 136 wie folgt definiert: „Die bundesunmittelbare Stadt Wien ist eine Gebietskörperschaft besonderen Rechtes. Sie vereinigt in sich die Wirkungskreise, die nach dieser Verfassung einer landesunmittelbaren Stadt und einem Lande zukommen." Trotz der neuen Bezeichnung „bundesunmittelbare" Stadt hat Wien seine Doppelstellung als Land und Gemeinde, die das BVG von 1920 erstmals festlegte, beibehalten können. Im 9. Hauptstück werden Gesetzgebung und Verwaltung Wiens detailliert festgelegt.

Die Trennung Wiens von Niederösterreich war von den Christlichsozialen Niederösterreichs und den anderen Bundesländern aus machtpolitischen Gründen gefordert worden. [24] Mit zunehmendem Erfolg der Politik des „Roten Wien" wurde seine verfassungsrechtliche Stellung vom bürgerlichen Lager in Frage gestellt. Im Verfassungsreformentwurf der Regierung von 1929 war schließlich vorgesehen, Wien zur „bundesunmittelbaren" Stadt unter Aberkennung seines Länderstatus zu machen. [25] Die Verfassung 1934 hat nun diese Terminologie wieder aufgenommen, die Gleichstellung mit den anderen Bundesländern, da Wien ja nun „umgefärbt" war, jedoch belassen. [26] Hatten die Sozialdemokraten Wert darauf gelegt, daß sich der Doppelcharakter Wiens als Gemeinde und Land auch in der Namengebung der jeweiligen Organe niederschlug (Gemeinderat/Landtag, Bürgermeister/Landeshauptmann etc.), vertrat Bürgermeister Schmitz die Ansicht, man müsse Wien nicht zu einem „Land umlügen", da Wien die gleichen Rechte wie den Ländern „eben aus ihrem Wesen heraus gebühren" [27]. Die Betonung des städtischen Charakters Wiens sollte auch die stärkere Ausprägung des Führerprinzips in der neuen Stadtordnung begünstigen.

---

[21] WStLA – Bürgerschaft B 2/1 - 4, Stenographischer Bericht (später zit. als Bürgerschaft), 2. Sitzung, 17. 5. 1934, S. 22, sowie MRP 919, 1. 2. 1934, Bd. 5, Kabinett Dollfuß, Wien 1984, S. 483.
[22] BGBl. 1/1934/II.
[23] Vgl. dazu A. Merkl, Die ständisch-autoritäre Verfassung Österreichs. Ein kritisch-systematischer Grundriß, Wien 1935, S. 13.
[24] Seliger / Ucakar, Wien, Teil 2: S. 1001 ff.
[25] Ebenda, S. 1019.
[26] Alle anderen Städte mit eigenem Statut, das war auch Wien gewesen, erhielten den Titel „landesunmittelbare" Städte als Ausdruck der generellen Zentralisierungstendenz der Mai-Verfassung. Vgl. § 41 Verfassungsübergangsgesetz (BGBl. 75/1934/II). Dazu auch Merkl, Ständisch-autoritäre Verfassung, S. 104 ff.
[27] Bürgerschaft, 2. Sitzung, 17. 5. 1934, S. 21 f.

1. 2. Bundesstaat auf ständischer Grundlage?

Die Neuerungen in der Rechtsstellung sind fast dieselben wie in allen Bundesländern. Abweichungen sind im wesentlichen terminologischer Art oder ergeben sich aus der strukturellen Besonderheit Wiens. Inhaltliche Abweichungen gibt es nur in wenigen Punkten. Der wichtigste davon betrifft das Gesetzgebungsverfahren, darauf wird weiter unten noch eingegangen. Allen Ländern gemeinsam ist die Einführung des Führerprinzips nach dem Muster des Bundes und eine radikale Einschränkung des ohnehin nicht sehr ausgeprägten Föderalismus, so daß von Länderautonomie kaum gesprochen werden kann. [28] Ist also schon der in der Verfassungspräambel beanspruchte Bundesstaatscharakter der neuen Verfassung zu bezweifeln, so gilt das grundsätzlich auch für deren proklamierte Einrichtung auf „ständischer" Grundlage. [29] Die Bestimmungen der Verfassung über die Zugrundelegung „ständischer" Einrichtungen auf der Ebene des Bundes, der Länder und Gemeinden sind nur Rahmenrichtlinien, deren Umsetzung auf später verschoben wurde, um die Entstehung der Verfassung nicht zu behindern. Den in der Verfassung aufgezählten sieben „Berufsständen" wird die Selbstverwaltung ihrer berufseigenen Angelegenheiten unter Aufsicht des Staates und die Mitwirkung an der Bundes- und Landesgesetzgebung sowie der Verwaltung der Gemeinden zuerkannt. Tatsächlich wurden in der Folge die Vorbereitungen zur Errichtung von „Berufsständen" unterschiedlich weit getrieben: Von sieben in der Verfassung aufgezählten Hauptgruppen wurden lediglich zwei (Öffentlicher Dienst, Land- und Forstwirtschaft) realisiert, wobei erstere wegen der fehlenden Unterscheidung von Arbeitgeber und Arbeitnehmer gar nicht als „Berufsstand" angesehen wurde. Was in der Landwirtschaft auf Grund der dort vorherrschenden paternalistischen Strukturen gelingen konnte, stieß bei den anderen Berufsgruppen nicht nur auf bestehende Verbandsstrukturen mit ihren Eigeninteressen, sondern kann auch als Beleg dafür gelten, daß die Ständeidee zur Lösung gesellschaftlicher Konflikte ungeeignet war. [30] Da die sogenannte berufsständische Erneuerung zur Zeit des Verfassungsoktrois noch nicht gegeben war, legt das Verfassungsübergangsgesetz 1934 [31] provisorische Regeln für die Zusammensetzung und Beschickung der Vertretungskörper auf allen Ebenen des Staates fest. Für Wien finden sich diese in der Stadtordnung vom 31. 3. 1934.

2. Oktroyierte Stadtordnung 1934 – Stellung von Bürgermeister und Bürgerschaft

Bis zum Zusammentreten der „Bürgerschaft" als neuer Stadtvertretung am 17. 5. 1934 – ihr Mitwirkungsrecht an der Gesetzgebung wurde erst per 1. 11. 1934 wirksam – gingen die dem Bundeskommissär zuerkannten umfassenden Vollmachten auf den Bürgermeister über. [32] Um die Phase der absoluten Vorherrschaft abzumildern, konnte der Bürgermeister der Bürgerschaft bereits vorher die Möglichkeit einräumen, bei gesetzeskräftigen Verordnungen Gutachten abzugeben. [33] Wie bereits ihre Entstehung und die Etappen ihrer Umsetzung nahelegen, war die neue Stadtordnung vom Führer- oder Autoritätsprinzip geprägt. Nach dem Motto,

[28] Vgl. dazu Merkl, Ständisch-autoritäre Verfassung, S. 56 ff., S. 92 ff.
[29] Ebenda, S. 13: „Das bis zu den letzten Konsequenzen durchgeführte Autoritätsprinzip schließt nämlich jede Art ständischer oder bundesstaatlicher Mitbestimmung des Volkes an der Staatsführung aus."
[30] Siehe dazu im vorliegenden Band Tálos / Manoschek, Aspekte der politischen Struktur. Vgl. auch G. Enderle-Burcel, (unter Mitarbeit v. J. Kraus), Christlich-Ständisch-Autoritär. Mandatare im Ständestaat 1934 - 1938, Wien 1991, S. 11 ff.
[31] BGBl. 75/1934/II.
[32] BGBl. 213/1934/I.
[33] Vgl. Geschäftsordnung der Wiener Bürgerschaft (GO Bürgerschaft), WStLA, Magistratsdirektion 3234/34, genehmigt vom Bürgermeister 12. 5. 1934, § 33, sowie Bürgerschaft, 3. Sitzung, 6. 6. 1934, S. 107 - 109.

daß „Autorität, nicht Majorität"[34] zur Machtausübung legitimiert, wurde auf eine aus Volks-wahlen hervorgegangene Stadtvertretung verzichtet und dem Bürgermeister außerordentlich weitgehende Rechte eingeräumt. Wie Schmitz am 9. 3. 1934 im Ministerrat berichtete, woll-te er zu dem unter Bürgermeister Lueger geschaffenen „vorzüglichen Verwaltungssystem" zurückkehren. Außerdem wollte er einen „Beirat" mit der Bezeichnung „Wiener Bürger-schaft" schaffen, „der in gewissen autonomen Gemeindeangelegenheiten herangezogen und ständisch gegliedert werden solle"[35]. Die neue Stadtordnung war jedoch als ein Provisori-um angelegt, die erst dann die Qualität eines „Stadtrechtes" erlangen sollte, wenn die „Be-rufsstände" existierten, welche die Entsendung eines Teils der Mitglieder der Bürgerschaft vorzunehmen hätten.[36]

Die neue Stadtordnung stellte nicht nur die demokratische Wiener Verfassung der Nach-kriegszeit auf den Kopf, sie zeichnete sich im Vergleich mit der sogenannten Bürgermeister-verfassung der liberalen und christlichsozialen Vorherrschaft in der Gemeinde Wien[37] durch noch stärkere Betonung des Führerprinzips aus. Aus der Sicht einer „bodenständigen" Min-derheit, die sich eine führende Rolle in einem Gemeinwesen verschaffen will, war die Neu-ordnung von 1934 als höchst erfolgreich anzusehen.

2. 1. Bürgermeister – der „Gemeindeführer"

Schon bei der Aufzählung der städtischen Organe findet sich der Bürgermeister an erster Stelle. Dies, abweichend von allen Gemeindeordnungen nach 1848, signalisiert bereits die herausragende Position, die dieser Funktion in der neuen Stadtordnung zukommt. Der Bür-germeister wird auf Grund eines Dreiervorschlages vom Bundeskanzler auf sechs Jahre beru-fen.[38] Diese Bestimmung trat jedoch nicht in Kraft und damit auch nicht die vorgesehene, sehr reduzierte Mitwirkungsmöglichkeit der Bürgerschaft an der Kreierung des Bürgermeisters, da die Bürgerschaft noch nicht durch Delegation der Berufsstände gebildet werden konnte (siehe oben). Auf jeden Fall wog die Bindung an den Bundeskanzler mehr als die hypothe-tische an die Bürgerschaft, was durch das Abberufungsrecht des Bundeskanzlers gegenüber dem Bürgermeister noch unterstrichen wurde. Waren die Bürgermeistervorgänger im 19. und 20. Jahrhundert durch Wahlen aus der Stadtvertretung, wenn auch auf der Basis eines privile-gierten Wahlrechts hervorgegangen (bis zum Ende der Monarchie allerdings mit kaiserlicher Sanktion), so mußte der Bürgermeister nach dem Februar 1934 lediglich der Vertrauensmann des Bundeskanzlers sein.

2. 1. 1. Bürgermeisterkompetenzen im historischen Vergleich

Die Kompetenzen des Bürgermeisters waren allumfassend.[39] Die Aufgabenteilung zwischen Bürgermeister und Stadtsenat unter sozialdemokratischer bzw. zwischen Bürgermeister und Stadtrat unter liberaler/christlichsozialer Vorherrschaft wurde in der neuen Stadtordnung be-endet. Das Gemeindestatut von 1920 hatte die Demokratisierung der Verwaltung zum Ziel und u. a. mit der Einführung des Ressortprinzips den Stadtrat modernisiert, die Stellung des

---

[34] H. Kelsen, Staatsform und Weltanschauung, Tübingen 1933, S. 27.
[35] MRP 928, S. 97.
[36] Bürgermeister Schmitz, Bürgerschaft, 8. Sitzung, 30. 10. 1934, S. 235. Vgl. auch BGBl. 75/1934/II, Verfassungs-übergangsgesetz, §43.
[37] Vgl. dazu Seliger / Ucakar, Wien, Teil 1: S. 413 ff., Teil 2: S. 767 ff.
[38] § 12, Die Stadtordnung der Bundeshauptstadt Wien, in: Handbuch der bundesunmittelbaren Stadt Wien, 62. Jg., Wien 1937, S. 5 - 15. Später zit. als Stadtordnung.
[39] Vgl. §§36 - 38, Stadtordnung.

Bürgermeisters geschwächt. [40] Nun war der Bürgermeister das „Oberhaupt" der Verwaltung, er vertrat die Stadt nach außen, stand dem Magistrat vor, hatte alle Kompetenzen im Bereich der Personalpolitik in seiner Hand vereinigt und führte die Aufsicht über alle Ämter der Stadt. Wichtige, in der Verfassung 1920 auf Bürgermeister, Stadtsenat und Gemeinderat verteilte Rechte, so im Bereich der Personalpolitik, der Organisation, der Beaufsichtigung und Kontrolle des Magistrates, waren auf ihn übergegangen. Er konnte bis zu drei Vizebürgermeister, deren Amtsdauer der Funktionsdauer der Bürgerschaft entsprechen sollte (drei Jahre), zu seiner Unterstützung ernennen und diese auch wieder nach Belieben entlassen. Weitgehend waren seine Rechte auch gegenüber der Bürgerschaft: Sie wurde von ihm ernannt, er führte den Vorsitz in der Bürgerschaft und ihren Ausschüssen, nur er konnte in der Regel Sitzungen einberufen. Er mußte eine Sitzung einberufen, wenn dies ein Drittel der Bürgerschaftsmitglieder verlangte, in der Verfassung von 1920 war dafür ein Viertel der Mitglieder erforderlich gewesen. [41] Beschlüsse der Bürgerschaft, soweit sie Gesetze betrafen, bedurften der Zustimmung des Bürgermeisters, sonstige Beschlüsse mußte er, wenn diese seiner Meinung nach im Widerspruch zu geltenden Vorschriften oder den Interessen der Stadt standen, nicht vollziehen. [42] Seinem direkten sozialdemokratischen Vorgänger war nur ein Sistierungsrecht eingeräumt worden. [43] Außerdem stand ihm bei Gefahr im Verzug ein Notrecht zu. Dieses hatten auch frühere Verfassungen dem Bürgermeister eingeräumt, allerdings war der autoritäre Bürgermeister von der Einholung einer nachträglichen Genehmigung des übergangenen Organs entbunden [44], er mußte nur zur Kenntnis bringen. [45] Und schlußendlich gab der Bürgermeister der Bürgerschaft eine Geschäftsordnung vor, die erst, wenn Änderungsbedarf bestand, eines Beschlusses der Bürgerschaft bedurfte, mit der Zustimmung des Bürgermeisters. [46] Die Verteilung der Gewichte beim Gesetzwerdungsprozeß wird bei der Darstellung der Bürgerschaft näher charakterisiert.

Hinsichtlich der Stellung des Bürgermeisters in der neuen Stadtordnung ist der Feststellung in einer zeitgenössischen Selbstdarstellung nichts hinzuzufügen: „Den Forderungen der Zeit entsprechend, ist an dem Führerprinzip festgehalten." [47] Oder in den Worten von Bürgermeister Schmitz selbst: „Durch den Umstand, daß das mit Entscheidungsrecht ausgestattete Amt des Bürgermeisters organisch mit der Stadtvertretung verbunden wurde, ist auch dem unsere Zeit beherrschenden Führerprinzip Rechnung getragen worden." [48] Was im einzelnen unter „organisch" zu verstehen ist, wird mit der Darstellung der Rolle der Bürgerschaft vielleicht deutlicher werden. Die Führerstellung des Bürgermeisters entsprach nicht nur den Diktaturbestrebungen, sondern war auch Ausfluß des Politikverständnisses des Verfassungsgebers. Stadtpolitik sei „in erster Linie wirtschaftliche und fürsorgerische Verwaltung", also Sachpolitik, für die man kein Ressortprinzip benötige. „Was bei der Regierung charakteristisch ist, nämlich große Politik zu machen, das ist das, was in einer Stadt- oder Gemeindeverwaltung erst in zweiter, dritter, vierter, ich weiß gar nicht in wievielter Linie zu kommen hat." Eine Gemeinde könne daher am besten von einem Bürgermeister mit „wirklichen Eingriffsmög-

---

[40] Auch dann blieb seine Stellung durch Weisungsrecht gegenüber den amtsführenden Stadträten stark, allerdings waren letztere vom Gemeinderat gewählt worden und diesem auch verantwortlich, vgl. § 92, Verfassung der Bundeshauptstadt Wien, Wien 1928, später zit. als Verfassung.

[41] § 19, Verfassung.

[42] § 25, Stadtordnung.

[43] § 32, Verfassung.

[44] So früher, vgl. § 93, Verfassung.

[45] § 37, Stadtordnung.

[46] §21, Stadtordnung.

[47] Wien im Aufbau. Drei Jahre Neues Wien, Wien 1937, S. 15.

[48] R. Schmitz, Die Stadt Wien im Lichte der österreichischen Bundesverfassung, in: Die Wiener Bürgerschaft. Eine biographische Darstellung der Wiener Stadtvertretung, Wien 1936, S. 11.

lichkeiten" und einer von erfahrenen und „vertrauenswürdigen" hohen Beamten geleiteten Bürokratie geführt werden. [49] Die gesellschaftliche Basis allen Verwaltungshandelns wurde damit weitgehend negiert und ein von oben verordnetes „Gemeinwohl" als gegeben angenommen. „Ein über dem Parteistandpunkt stehender Mann hat die Verwaltung der Stadt zu führen, er allein trägt die Verantwortung hiefür." [50]

Für Bürgermeister Schmitz stand fest: „Die Verwaltung der Hauptstadt ist nicht mehr von machtpolitischem Interesse geleitet, sondern dient dem Gemeinwohl der Wiener Bevölkerung und ganz Österreichs." [51] In Wien war das Führerprinzip noch etwas stärker ausgeprägt als in den anderen Bundesländern [52], was vermuten läßt, daß Schmitz der Verzicht auf das „Landesetikett" leichtgefallen sein könnte. Mit der Umgestaltung der magistratischen Bezirksämter in Bezirkshauptmannschaften konnte er darüber hinaus den von bürgerlicher Seite am „Roten Wien" immer wieder angeprangerten, angeblich „undurchschaubaren" Instanzenzug einer seiner Meinung nach besseren Lösung zuführen [53] und damit die offenbar von Regierungsseite zunächst diskutierte Bestellung eines Bundes-Statthalters, der die zweite Instanz für Wien abgeben sollte, verhindern. [54]

2. 2. Bürgerschaft – berufsständische Vertretung?

2. 2. 1. Zusammensetzung der Bürgerschaft

2. 2. 1. 1. Rechtliche Bestimmungen

An die Stelle des auf dem Prinzip der Volkssouveränität basierenden frei gewählten Stadtparlamentes trat die Wiener Bürgerschaft, die an der Selbstverwaltung der Stadt und an der Gesetzgebung mitzuwirken hatte. Das individuell wahrzunehmende allgemeine, gleiche und direkte Wahlrecht wurde von einem Bestellungsakt auf korporativer Basis abgelöst.

§ 14 der Stadtordnung enthält die Bestimmungen für die Zusammensetzung der Wiener Bürgerschaft. Sie besteht aus 64 Mitgliedern (Mindestalter: 26 Jahre) [55] „und ist unter Berücksichtigung der berufsständischen Gliederung der Bevölkerung zu bilden". Die Mitglieder tragen den Titel „Rat der Stadt Wien".

Bis zur Einrichtung der „Berufsstände" beruft der Bürgermeister die Mitglieder der Bürgerschaft auf drei Jahre, und zwar: „12 Mitglieder aus den Kreisen der kulturellen Gemeinschaften" (3 Vertreter der römisch-katholischen Kirche, je 1 Vertreter der evangelischen Kirche und der israelitischen Religionsgesellschaft, je 1 Vertreter der Kunst und der Wissenschaft sowie 5 Vertreter des Schul-, Erziehungs- und Bildungswesens) und die übrigen 52 Mitglieder „unter Berücksichtigung der selbständig und der unselbständig Erwerbstätigen" aus folgenden sieben „Berufsständen": Industrie, Gewerbe, Handel einschließlich Verkehr jeweils 12 Vertreter; sowie Landwirtschaft, Geld- und Kreditwesen, freie Berufe und Öffentlicher Dienst jeweils 4 Vertreter.

---

[49] Bürgerschaft, 2. Sitzung, 17. 5. 1934, S. 15.

[50] Wien im Aufbau, S. 15.

[51] Schmitz, Die Stadt Wien, S. 12.

[52] Vgl. dazu Merkl, Ständisch-autoritäre Verfassung, S. 97 ff. So konnte der Landeshauptmann von der Bürgerschaft abberufen werden, Beschlüsse des Landtages bedurften nicht der Zustimmung des Landeshauptmannes.

[53] Zum Instanzenzug vgl. M. Seliger, Zum Konflikt um das Bundesland Wien in der 1. Republik. Am Beispiel der Auseinandersetzungen um Instanzenzug und Polizeikompetenzen, in: Jahrbuch des Vereins für Geschichte der Stadt Wien 47/48 (1991/1992), S. 347 - 369.

[54] Bürgermeister Schmitz, Bürgerschaft, 8. Sitzung, 30. 10. 1934, S. 221 f. Vgl. auch Braun, Der politische Lebensweg, S. 299.

[55] Ursprünglich war das Mindestalter mit 30 Jahren festgesetzt, auf Grund der Mai-Verfassung auf 26 Jahre reduziert worden.

Die Sitzungen der Bürgerschaft waren generell nicht öffentlich. Nur die Verhandlungen über das Budget und die beschlußfassenden Sitzungen im Gesetzgebungsverfahren – hier gab es keine Debatten – waren öffentlich zugänglich.[56]

2. 2. 1. 2. Zusammensetzung der Bürgerschaft und gesellschaftliche Wirklichkeit

Die Unterscheidung zwischen „kulturellen Gemeinschaften" und „Berufsständen" entsprach dem später in der Mai-Verfassung definierten, auf Bundesebene zu installierenden „Bundeskulturrat" und „Bundeswirtschaftsrat". In Wien, wie auch in den anderen Ländern und Gemeinden wurden diese in einem Vertretungskörper zusammengeführt, so daß auf die „Berufsstände" im eigentlichen Sinn lediglich 80 Prozent der zu rekrutierenden Mandate entfallen. Innerhalb der sogenannten kulturellen Gemeinschaften kommt, entsprechend den Wertepräferenzen des Systems, Religionsgemeinschaften[57] und Bildungsinstitutionen gegenüber Wissenschaft und Kunst ein eindeutiges Übergewicht zu. Im Bereich der „Berufsstände" bilden die vorgenommenen Kontingentierungen der Mandate die gesellschaftliche Wirklichkeit nur bedingt ab.[58] Diese sollten entsprechend dem Prinzip der zahlenmäßigen Repräsentanz der Berufsgruppen nach Berufsangehörigen gewichtet sein.[59] Industrie, Gewerbe und Handel einschließlich Verkehr scheinen mit fast 70 Prozent der berufsständischen Mandate etwas unterbelichtet gegenüber den restlichen vier Berufsständen. Bei letzteren fällt die Überbewertung der Landwirtschaft, der freien Berufe, des Geld- und Kreditwesens gegenüber dem öffentlichen Dienst auf.

Die innere Logik der getroffenen Einteilung in kulturelle Gemeinschaften und „Berufsstände" ist nur schwer nachzuvollziehen. So kommt es zu Überschneidungen zwischen Öffentlichem Dienst und Einrichtungen des Bildungs- und Erziehungswesens – wieso letztere nicht auch als Berufsstand eingerichtet werden sollten, ist aus den vorhandenen Unterlagen nicht ersichtlich. Das Hineinreklamieren von Elternvertretern in das Bildungs- und Erziehungswesen, wie die Mai-Verfassung festlegt[60] und in Wien auch praktisch bereits vorher bei den Ernennungen berücksichtigt worden war, stellt überhaupt die ganze Systematik in Frage, da Eltern theoretisch in allen anderen Bereichen auch zu subsumieren wären. Eine weitere Verwässerung des berufsständischen Prinzips stellt das Bekenntnis von Bürgermeister Schmitz dar, er habe bei der Ernennung auch „der Wehrverbände gedacht".[61]

Die Frage nach der „gerechten Vertretung von mehr als der Hälfte der Staatsbürger", nämlich der Frauen, stellt überhaupt die Brauchbarkeit der ganzen Neuordnung in Frage. Dabei ging es sowohl um die berufstätigen als auch die nichtberufstätigen Frauen. Alma Motzko, prominente Vertreterin der katholischen Frauenbewegung, langjährige christlichsoziale Gemeinderätin und Stadträtin, ab 1934 auch Bürgerschaftsmitglied, forderte gesonderte Kurien für Frauen in den Berufsständen und die Errichtung einer Hauswirtschaftskammer für nur im Haushalt Tätige, Hausfrauen wie Hausgehilfinnen.[62] Mit diesen Forderungen drang sie erwartungsgemäß nicht durch; der Anteil von ca. 6 Prozent, den Frauen in der Bürgerschaft einnahmen, entspricht dem auf die Mutterrolle reduzierten Frauenbild der neuen Rathaus-

---

[56] § 19, Stadtordnung.
[57] Die Repräsentanz von Religionsgemeinschaften im städtischen Vertretungskörper stellt im übrigen eine Novität des Austrofaschismus dar, die sich in keinem Stadtstatut vorher findet. Vgl. Seliger / Ucakar, Wien, Teil 1: S. 27 ff.
[58] Vgl. R. Banik-Schweitzer, Zur Entwicklung der Berufs- und Betriebsstruktur in Wien 1870 - 1934, in: Summa 6/79, S. 22 ff. Außerdem wurde herangezogen: Betriebszählung 1930, für Vergleichszwecke nach der Betriebssystematik von 1968 bearbeitet von Gerhard Meißl.
[59] Festlegung in Art. 140 unter Bezug auf Art. 48, Abs. 5, Verfassung 1934.
[60] Vgl. Art. 140 unter Bezug auf Art. 47, Abs. 3.
[61] Bürgerschaft, 1. Sitzung, S. 2.
[62] A. Motzko, Die Frau im neuen Staat, in: Wiener Wirtschafts-Woche, 7. 2. 1934. Vgl. dazu auch den Beitrag von Irene Bandhauer-Schöffmann in diesem Band.

führung. Ein „Berufsstand Hauswirtschaft" hätte allerdings, da in der Reproduktionssphäre angesiedelt, die ohnehin schon bestehende Inkonsistenz des berufsständischen Aufbaus noch weitergetrieben.

Statt Delegierung aus sich selbst verwaltenden „Berufsständen" setzte sich die Bürgerschaft in Wirklichkeit aus vom Bürgermeister vorgenommenen Kontingentierungen aus kulturellen Einrichtungen und beruflichen Interessenverbänden zusammen. In öffentlichen Erklärungen wurde es jedoch zur Methode, einen in der Zukunft möglicherweise eintretenden Zustand bereits als gegeben auszugeben. „Als er [Bundeskommissär Schmitz, M. S.] daranging, die Rechtsordnung für die Verwaltung der Stadt Wien neu zu gestalten, wurde der berufsständische Gedanke in der Zusammensetzung der Wiener Bürgerschaft zum erstenmal in Österreich praktisch verwirklicht."[63] In ihrer ersten Sitzung charakterisierte Bürgermeister Schmitz die Bürgerschaft als eine „neuartige Körperschaft, wie sie in dieser Zusammensetzung und nach diesen eigenen Gesetzen des inneren Lebens seit Menschengedenken in unserem Vaterlande nicht mehr bekannt war, eine Körperschaft, deren Mitglieder nicht hervorgegangen sind aus Parteikämpfen, deren Mitglieder auch nicht in dem üblichen Sinne als Interessenvertreter hier ihren Einzug gehalten haben, sondern jedes Mitglied hat hier einen bestimmten, über seine persönlichen Interessen hinausreichenden und diesen übergeordneten Kreis von Aufgaben zu repräsentieren und an deren Erfüllung mitzuwirken".[64]

Der von Schmitz immer wieder unterstrichenen „Vorreiterrolle Wiens bei der Verwirklichung des berufsständischen Aufbaus"[65] ist insofern zuzustimmen, als in Wien der erste Vertretungskörper neuer Art eingerichtet wurde. Zum Zeitpunkt der erstmaligen Installierung der Bürgerschaft waren die „Berufsstände" jedoch noch nicht existent, nur im Bereich der Arbeitnehmerorganisationen war nach dem Verbot der freien Gewerkschaften mit Schaffung des „überparteilichen" Gewerkschaftsbundes, einer regierungstreuen Einheitsgewerkschaft mit ernannter Funktionärspyramide, die erste Phase der Umsetzung des in der Verfassung proklamierten Programms abgeschlossen. Als im Jahre 1937, nach Auslaufen der ersten Funktionsperiode, die Erneuerung der Bürgerschaft anstand, dauerte die „Übergangszeit" immer noch an, so daß das Ernennungsrecht des Bürgermeisters weiterhin Praxis war.[66]

2. 2. 1. 3. Die Gesinnungsprüfung

Den in der Mai-Verfassung festgelegten Grundsatz, daß bei der Bildung der Bürgerschaft nur „vaterlandstreue" Vertreter zum Zuge kommen sollten[67], hatte Bürgermeister Schmitz schon vorher beherzigt.[68] Die Vaterländische Front (VF) war am gleichen Tag wie die Verfassung 1934 zur politischen Monopolorganisation des Regimes erklärt worden.[69] Sie sollte bei der personellen Zusammensetzung der staatlichen Vertretungskörper und bei der Besetzung der Interessenverbände mitwirken. Diese doppelte Rolle der VF sorgte für eine entsprechende Absicherung gegen unzuverlässige Vertreter. Bestand zwischen VF-Führung und Ernennendem Identität, wie dies in Wien ab 1936 der Fall war[70], mußte eigentlich jedes Risiko aus-

---

[63] Wien im Aufbau, S. 13.

[64] Bürgerschaft, 1. Sitzung, 17. 5. 1934, S. 9.

[65] Ebenda, S. 8 f., sowie 11. Sitzung, 18. 12. 1934, S. 275.

[66] Selbst die 1936 für den Berufsstand Landwirtschaft von der Bürgerschaft beschlossene Wahlordnung war von Autonomie weit entfernt, da das aktive und passive Wahlrecht nur „vaterlandstreuen" Mitgliedern des Berufsstandes eingeräumt wurde. Gesetzblatt der Stadt Wien, 34/1936, §§ 1, 2.

[67] Artikel 140, unter Bezug auf Art. 47, Abs. 4, Art. 48, Abs. 3, Verfassung 1934.

[68] Bürgerschaft, 1. Sitzung, 17. 5. 1934, S. 2: Die neue Stadtvertretung sei „unter maßgebender Mitwirkung der Vaterländischen Front" zustande gekommen.

[69] BGBl. 4/1934/II.

[70] Bürgermeister Schmitz war ab 15. 5. 1936 Wiener Landesleiter der VF, sein Vorgänger Josef Seifert war von ihm 1934 auch zum Rat der Stadt Wien ernannt worden. Vgl. I. Bärnthaler, Die Vaterländische Front. Geschichte und Organisation, Wien-Frankfurt/M. Zürich 1971, S. 206, Anm. 3.

geschlossen sein. Sollte sich dennoch einer der ernannten Räte als Fehlbesetzung erweisen, stand dem Bürgermeister das Recht zu, vor Ablauf der 3jährigen Funktionsperiode Mitglieder zu entlassen und durch neue zu ersetzen, oder es bestand die Möglichkeit, die gesamte Bürgerschaft aufzulösen und eine neue zu bestellen. Dies mag angesichts des geltenden Bestellmodus der Bürgerschaftsmitglieder als übervorsichtig angesehen werden. In Hinblick auf die für die fernere Zukunft vorgesehenen Berufsstände als autonome Selbstverwaltungskörper, allerdings unter staatlicher Aufsicht, war die Ernennung auf Widerruf ein Mittel, mögliche oppositionelle Meinungen auszuschalten und die autoritäre Führung in der Gemeinde sicherzustellen. Die Gefahr, daß sich „staatsfeindliche Elemente beider Farben" autonomer Berufsstände bedienen könnten, wurde durchaus eingeräumt. Für diesen Fall sollten die staatliche Aufsicht und die Vaterländische Front für Abhilfe sorgen. [71]

2. 2. 1. 3. Parität als Ernennungsprinzip?

Die Festlegung der Stadtordnung – die Ernennungen aus den Berufsorganisationen sollten „unter Berücksichtigung der selbständig und der unselbständig Erwerbstätigen erfolgen" – ließ die Frage einer paritätischen Besetzung allerdings offen. Dies war für Vertreter des öffentlichen Dienstes per definitionem schon nicht möglich, weil alle dort Organisierten als Unselbständige angesehen wurden. Für die freien Berufe gilt die umgekehrte Feststellung, darin liegt eine der Hauptschwierigkeiten ihrer Berufsstandwerdung. [72] Beim bereits bestehenden Berufsstand Landwirtschaft war für die Landarbeiter lediglich ein Minderheitenschutz in Form einer Viertelparität, in Wien Drittelparität, in den entsprechenden Gremien vorgesehen. [73]

Bei den noch in Gründung befindlichen „Berufsständen" war man von einem „einträchtigen Zusammenwirken" von Arbeitgebern und Arbeitnehmern noch weit entfernt. Im Gegenteil: „in der Tatsache des Getrenntseins der Unternehmer und des Gewerkschaftsbundes [sei, M. S.] eine Gefahr für das gesamte Reformwerk gegeben [...]." [74] Paritätische Besetzungen von Arbeitnehmern und Arbeitgebern zeichneten sich auf Grund der gegebenen Gesetzeslage für die Unternehmerorganisationen im Bereich Gewerbe, Handel und Geld- und Kreditwesen ab, für die Industrie war Parität nicht fixiert. [75] Nach Bürgermeister Schmitz stand fest, „daß zum berufsständischen Wesen keineswegs die generelle Parität gehört, sondern die Sachkompetenz". [76] Aus seinen programmatischen Schriften läßt sich die Paritätsforderung nicht ablesen. Vom Bekenntnis zur „Führerfunktion des Unternehmertums" wird abgeleitet, daß die in einem Berufsstand zusammenzuführenden Beteiligten „untereinander im Sinne der gemeinsamen gesellschaftlichen Funktion ins rechte Verhältnis gebracht werden". [77]

Die Ernennungspraxis für die Wiener Bürgerschaft scheint sich an paritätischer Vertretung zumindest bei den Bürgerschaftsmitgliedern, die der Industrie, dem Gewerbe, dem Handel einschließlich Verkehr und dem Geld- und Kreditwesen zugeordnet waren, orientiert zu haben. War dies für die Arbeitgeberseite relativ eindeutig gelöst, so finden sich bei den Arbeitnehmern neben mittleren und höheren Angestellten kaum Arbeiter, die diesen Beruf noch ausübten, sondern zahlreiche führende Gewerkschaftsfunktionäre vor allem christlichsozialer Provenienz. ArbeiterInnen waren somit kraß unterrepräsentiert. Die Parität war auch da-

---

[71]   Schmitz, Berufsständische Neuordnung, S. 19. Zumindest Schmitz war der Meinung, daß die zunächst durch die Staatsführung ernannten Leitungen der Interessenbünde mit „echten" Berufsständen eigentlich unvereinbar wären.

[72]   Ebenda, S. 11 f.

[73]   Ebenda, S. 14.

[74]   Ebenda, S. 16.

[75]   Ebenda.

[76]   Bürgerschaft, 18. Sitzung, 1. 3. 1935, S. 793.

[77]   Schmitz, Der Weg, S. 24, 32.

durch eingeschränkt, daß einige Angestellte wegen ihrer leitenden Funktionen eigentlich ins Lager der Arbeitgeber gehörten. [78] Da für den Öffentlichen Dienst nur höhere Chargen nominiert wurden, die freien Berufe ausschließlich, die Landwirtschaft ebenso wie die kulturellen Gemeinschaften überwiegend aus den oberen Sozialschichten rekrutiert wurden, besaß die Bürgerschaft, abgesehen von ihrer „politisch" zu wertenden Zusammensetzung, eine klare soziale Schlagseite. [79] Ordnet man die Gesamtheit der Bürgerschaftsmitglieder nach Selbständigen und Unselbständigen, so ergibt sich ein ungefährer Gleichstand. In Anbetracht der sozialen Gliederung der Gesellschaft – unselbständig Erwerbstätige machten mehr als Dreiviertel der Beschäftigten aus [80] – wird diese Feststellung nicht nur unterstrichen, es wird auch deutlich, wie wohltätig sich das neue System der Rekrutierung für das Bürgertum auswirkte. Die vom Bürgermeister vertretene Auffassung, „daß die Wiener Bevölkerung in dieser hohen Körperschaft ein gutes Spiegelbild ihres sozialen Gefüges erkennen kann" [81], kann schlicht als ideologisch bezeichnet werden.

2. 2. 1. 4. Politische Folgen des institutionellen Umbruchs

Die Anwendung der verschiedenen Filter, wie VF, regimetreue Bünde und Interessenorganisationen, katholische und sonstige gleichgeschaltete kulturelle Einrichtungen und nicht zuletzt die Auswahlkriterien des Bürgermeisters selbst, sorgten für die Schaffung einer im großen und ganzen politisch zuverlässigen Bürgerschaft. Dennoch scheinen bei ca. 6 Prozent der Räte, bezogen auf beide Funktionsperioden, NSDAP-Nähe bzw. NSDAP-Mitgliedschaften vor 1938 vorzuliegen. Ob dies trotz der eingebauten Gesinnungskontrollen „passierte" oder bewußt zugelassen wurde, ist ohne weitere Informationen schwer zu beurteilen. Die Bestellung des mit dem Nationalsozialismus offen sympathisierenden Vizebürgermeisters Lahr durch Bürgermeister Schmitz 1934 und 1937 [82], der als Kurzzeit-Bürgermeister im März 1938 den Übergang zur NS-Machtergreifung erleichterte [83], macht die Einschätzung nicht leichter. Mit der Einrichtung der quasi-ständischen Bürgerschaft schien zumindest nach der gewaltsamen Ausschaltung der Sozialdemokratie die „rote Rathausherrschaft" auch politisch-institutionell überwunden. Bestellungsverfahren und Zusammensetzung der Bürgerschaft bedeuteten ein Abkoppeln von der großen Mehrheit der Stadtbevölkerung, Massenloyalität, in freien Wahlen nicht gewonnen, konnte so nicht herbeigeführt werden.

Für die CSP stellte sich nach gewaltsamer Beseitigung der sozialdemokratischen Majorität nun die Frage, wie sie bei der Neugestaltung der Bürgerschaft ihre Interessen wahren konnte. Schließlich hatte einer der ihren die Stadt übernommen. Andererseits befand sich die CSP im Stadium der verordneten Auflösung bzw. des Übergangs in die VF. Daß bei der Kandidatenauswahl die Partei nur eine Einflußgröße unter anderen war, muß angenommen werden, hatte sich doch das Entscheidungszentrum ins Rathaus zum Regierungskommissär bzw. Bürgermeister verlagert. [84] Von den 19 im Jahr 1932 gewählten Gemeinderatsmitgliedern

---

78 Vgl. eigene Erhebungen im Rahmen eines Forschungsprojekts „Kommunale Vertretungskörper im Führerstaat – Die Wiener Bürgerschaft 1934 - 38 und Die Ratsherren der Stadt Wien 1939 - 1945" mit Unterstützung der Österreichischen Gesellschaft für historische Quellenforschung (ÖGQ).

79 Die Wiener Bürgerschaft, S. 59 ff., sowie Erhebungen im Rahmen Forschungsprojekt „Kommunale Vertretungskörper im Führerstaat".

80 Banik-Schweitzer, Entwicklung der Berufs- und Betriebsstruktur, S. 25.

81 Bürgerschaft, 11. Sitzung, 18. 12. 1934, S. 275.

82 Er war Landesführer-Stellvertreter des Wiener Heimatschutzes; in einer der offiziösen Publikationen der Stadt Wien wurde er „als Vorkämpfer des faschistischen Gedankens" im Heimatschutz bezeichnet, vgl. Die Wiener Bürgerschaft, S. 48.

83 Vgl. dazu G. Botz, Nationalsozialismus in Wien. Machtübernahme und Herrschaftssicherung 1938/39, 3., veränd. Aufl., Buchloe 1988, S. 51 ff.

84 Vgl. G. Melinz, Die Christlichsoziale Partei Wiens: Von der Majorität zur Minorität und „Kerntruppe" der Vaterländischen Front. Eine parteigeschichtliche Annäherung, in: Wiener Geschichtsblätter 49 (1994), H. 1, S. 12.

der CSP wurden 6 in die neue Vertretungskörperschaft übernommen, hinzu kamen 3 ehemalige Bezirksräte und 1 Nationalratsabgeordneter. Aufgrund des derzeitigen Forschungsstandes kann zumindest die Hälfte der Bürgerschaftsmitglieder der ersten Funktionsperiode als CSP-Mitglieder ausgemacht werden – mit weiteren „katholisch gesinnten" war für eine, in den Augen des Stadtoberhaupts zuverlässige Zusammensetzung des Vertretungskörpers gesorgt. [85] Die tatsächliche Mitwirkungsmöglichkeit dieses Vertretungskörpers war von der Stadtordnung ohnehin so angelegt, daß sie mehr eine dekorative, denn gestaltende Rolle spielen sollte.

2. 2. 2. Kompetenzen der Bürgerschaft

Die Bezeichnung der Bürgerschaftsmitglieder als „Räte" hatte programmatischen Charakter. In seiner ersten Ansprache vor der von ihm ernannten Bürgerschaft führte Bürgermeister Schmitz aus: „Die Stadtordnung gibt Ihnen den schönen alten Namen wieder 'Rat der Stadt Wien', ohne irgendeine Hinzufügung, einfach: 'Rat der Stadt Wien'! Das hat seinen tiefen Sinn; Sie sollen die Räte sein bei der Führung der Stadt Wien, das heißt, Sie sollen Ihr Wissen, Ihre Erfahrung und die ganze Kraft Ihres Charakters dafür einsetzen, daß es in diesem Saale nur mehr eines gibt in Zukunft: sachliche Beratung und Liebe zum Vaterland und zur Heimatstadt!" [86]

Der geringe Stellenwert der Bürgerschaft entsprach der Dominanz der Bürgermeisterrechte. Das bereits dort Dargestellte soll hier nicht spiegelverkehrt wiederholt werden. Festzuhalten bleibt, daß der Wirkungsbereich der Bürgerschaft im Vergleich zum Gemeinderat der sozialdemokratischen, aber auch der christlichsozialen Vorherrschaft auf ein beschlußfassendes Organ reduziert wurde, Kontroll- und Mitwirkungsrechte hingegen verlorengegangen waren. [87] So verblieb ihr nur neben der Beschlußfassung und der Teilnahme an der Gesetzgebung des Landes, „die Ehre und das Ansehen der Stadt, ihren christlichen, deutschen Charakter zu wahren, der allgemeinen Wohlfahrt zu dienen, die Interessen der Stadt zu schützen und für ihre Befriedigung durch gesetzliche Mittel mitzusorgen". [88]

Die Beschlußgegenstände sind einzeln aufgezählt, sie bezogen sich im wesentlichen auf das Gemeindevermögen im weiteren Sinn, Budgetvoranschlag und Rechnungsabschluß sowie Wirtschaftspläne der städtischen Unternehmen. Dabei konnten Vorberatungen im Haushaltsausschuß der Bürgerschaft gepflogen werden, die Beschlußfassung fiel dann im Plenum. Dies jeweils unter rigider Vorsitzführung und Fristsetzung durch den Bürgermeister. [89]

2. 2. 2. 1. Gesetzwerdungsprozeß – Machtverteilung zwischen Bürgermeister und Bürgerschaft

Das alleinige Recht zur Gesetzesinitiative lag beim Bürgermeister, die Bürgerschaft wirkte bei der Gesetzgebung mit, wobei zwischen begutachtender und beschlußfassender Funktion, offenbar in Analogie zur Bundesgesetzgebung, unterschieden wird. Dort entfielen beide Funktionen jedoch auf verschiedene Organe, hier waren sie in der Bürgerschaft zusammen-

---

[85] Forschungsprojekt „Kommunale Vertretungskörper im Führerstaat". Vgl. auch Melinz, Christlichsoziale Partei, S. 11 f.

[86] Bürgerschaft, 17. 5. 1934, 1. Sitzung, S. 9.

[87] In der Verfassung 1920 kam dem Gemeinderat neben der Entscheidungsbefugnis in wichtigen Verwaltungsangelegenheiten, die Selbstbestimmung – organisatorische Beschlüsse – und die „Oberaufsicht" über die Geschäftsführung im selbständigen Wirkungsbereich der Gemeinde zu, §§ 83 - 86. Die entsprechenden §§ 53 - 56 im Gemeindestatut von 1900 sind wortident. Vgl. Statut und Gemeindewahlordnung für die k. k. Reichshaupt- und Residenzstadt Wien, 2., umgearb. Aufl., Wien 1912.

[88] § 39, Stadtordnung.

[89] Vgl. GO Bürgerschaft.

gezogen. [90] Die Begutachtung konnte allerdings folgenlos bleiben, da der Bürgermeister zu entscheiden hatte, ob er Änderungen an seiner Vorlage vornehmen wollte oder nicht, ob er die Vorlage unverändert oder gar nicht mehr zur weiteren Behandlung bringen wollte. Der springende Punkt bei der Beschlußfassung der Bürgerschaft war, daß sie die Vorlagen nur en bloc annehmen oder ablehnen konnte. [91] Änderungen waren nur insoweit möglich, als sie nach Beurteilung des Bürgermeisters „das Wesen der Vorlage nicht berühren. Hierüber findet keine Verhandlung statt". [92] Die Möglichkeit einer inhaltlichen Mitwirkung der Bürgerschaft war also minimal und vom Belieben des Bürgermeisters abhängig. Ein Initiativrecht der Bürgerschaft gab es nicht. Wünsche nach Erlassung von Gesetzen konnten „in geeigneter Weise dem verantwortlichen Manne, der die Initiative zu pflegen hat, zur Kenntnis" gebracht werden. [93] Im Begutachtungs- und Beschlußfassungsverfahren waren Fristsetzungen des Bürgermeisters vorgesehen. Sollten Fristen nicht eingehalten werden, so konnte er im Wege des Notrechts [94], um einem „Verschleppungsmanöver" entgegenzutreten [95], im Verordnungswege handeln. Alle Gesetze wurden erst dann wirksam, wenn der Bürgermeister ihnen zugestimmt hatte. [96] Somit standen diese unter doppelter Sanktion, weil auch die Zustimmung des Bundeskanzlers erfolgen mußte. Dies ist ein wesentlicher Unterschied zum Gesetzwerdungsvorgang in den anderen Bundesländern. Dort war „nur" die Zustimmung des Bundeskanzlers vorgesehen. Es bestanden also mehrfache Sicherungen, daß kein Gesetz gegen den Willen des Bürgermeisters in Kraft treten konnte, außerdem war er im Unterschied zu den Landeshauptleuten, deren Absetzung auf Basis einer Zweidrittelmehrheit des Landtages durch den Bundespräsidenten vorzunehmen war, nur durch den Bundeskanzler absetzbar.

Die Unterordnung der Bürgerschaft gegenüber dem Bürgermeister war kaum steigerbar, außer, man verzichtete ganz auf sie. Einer im Delegationsverfahren autonomer „Stände" zustande gekommenen Stadtvertretung konnte diese Stadtordnung kaum entsprechen. So drängt sich der Schluß auf, daß das „Provisorium" der oktroyierten Stadtordnung von 1934 für die Stadt Wien sehr wenig mit „ständischen" Prinzipien, wie immer wieder proklamiert, aber viel mit diktatorischer Machtausübung zu tun hatte. Daher verwundert es nicht, daß sich die Stadtordnung von 1934 nach 1938 für mehr als ein Jahr als brauchbares Instrument für die nationalsozialistische Machtetablierung erwies. [97]

2. 2. 2. 2. Berufsstände in der Praxis – Forschungsdesiderat

Eine systematische Auswertung der Sitzungsprotokolle der Bürgerschaft und ihrer Ausschüsse liegt noch nicht vor, sie könnte nicht nur empirische Befunde über die Handhabung der Stadtordnung bringen, sondern auch verifizieren, ob und inwieweit die „Berufsstände" die Budgeterstellung beeinflussen konnten. Eine erste Durchsicht deutet auch darauf hin, daß sich Interessendivergenzen innerhalb des herrschenden Systems aufzeigen lassen. Zweifellos nahmen im Gesetzgebungsverfahren die meisten Vorlagen ohne Probleme die „Hürden" quasiständischer Begutachtung und Beschlußfassung. Änderungsanträge rein formalen Charakters oder solche, die ein „Versehen" der Bürokratie korrigierten [98], waren durchaus willkommen. Gab es doch einmal gravierendere Änderungsforderungen von einzelnen Mitgliedern, so wie

---

[90] Vgl. dazu Merkl, Ständisch-autoritäre Verfassung, S. 95.
[91] § 53, Abs. 5, Stadtordnung.
[92] GO Bürgerschaft, § 34, Abs. 4, 5.
[93] Bürgermeister Schmitz, Bürgerschaft, 8. Sitzung, 30. 10. 1934, S. 231.
[94] § 53, Abs. 4, Stadtordnung.
[95] Bürgermeister Schmitz, Bürgerschaft, 8. Sitzung, 30. 10. 1934, S. 236.
[96] § 55, Stadtordnung.
[97] Vgl. dazu auch Botz, Nationalsozialismus in Wien, S. 285 f.
[98] So zum Beispiel die Anpassung des Mindestalters der Räte an die Vorschriften der Mai-Verfassung, vgl. Bürgerschaft, 8. Sitzung, 30. 10. 1934, S. 234.

bei den Landesgesetzen über das „Zwangszölibat" für weibliche Gemeindebedienstete und Lehrerinnen, als spezielle Interessen der Frauen angemeldet wurden, so wurden sie zumindest artikuliert, selbst wenn sie keine Mehrheit in der Bürgerschaft fanden. [99] Darüber hinaus lassen sich aber auch Beispiele dafür finden, wo Bürgermeister und Bürgerschaft in Konfrontation standen, wie bei der Gesetzesvorlage über die Errichtung der Wiener Landwirtschaftskammer als Voraussetzung zur Schaffung des entsprechenden Berufsstandes. Anträge auf paritätische Besetzung der Kammergremien wurden von der Mehrheit der Bürgerschaft unterstützt, obwohl der den Vorsitz führende Bürgermeister massiven Druck vor der Stimmabgabe ausübte. Die Vorlage mußte zurückgezogen werden, fand allerdings einige Sitzungen später in nahezu unveränderter Form die Zustimmung der Bürgerschaft. [100] Der Bürgermeister hatte vor allem darauf hingewiesen, die Vorlage entspreche dem Willen des „Berufsstandes" und sei daher zu achten. [101] Damit war ein neuralgischer Punkt des „Ständeprinzips" überhaupt berührt, das individuelle Interessenvertretung ausschloß. So zeigten sich quer zu den verordneten sogenannten Berufsständen gesellschaftliche Widersprüche sogar in der „Gesinnungsgemeinschaft" der Bürgerschaft selbst. Wie sehr daran gelegen war, keine über die Berufsgruppen hinausgehenden Interessenartikulationen oder -allianzen zuzulassen, belegt das in der Geschäftsordnung der Bürgerschaft ausdrücklich ausgesprochene Verbot der Klubbildung. „Die Bildung von Klubs einzelner Gruppen der Mitglieder der Wiener Bürgerschaft ist verboten. Vorbesprechungen der einzelnen berufsständischen Vertretungsgruppen sind zulässig." (§ 34) Selbst die Sitzordnung der Bürgerschaftsmitglieder entsprach dem Prinzip der „Berufsstände". [102]

Ausblick

Mit der Bestellung seiner Vizebürgermeister [103] verband sich bereits politische Ansage: Major a. D. Fritz Lahr als Erster Vizebürgermeister, Landesführer-Stellvertreter des Wiener Heimatschutzes, der treibenden Kraft des Gewalteinsatzes, war Dank abzustatten; Vizebürgermeister Josef Kresse, Obmann der christlichsozialen Parteileitung im 18. Bezirk und Vorsitzender der Sektion Wien des Deutschösterreichischen Gewerbebundes, stand als Repräsentant des Wiener Gewerbes für die beabsichtigte, auf den gewerblichen Mittelstand orientierte Interessenwahrnehmung; Vizebürgermeister Ernst Karl Winter sollte die nach Beseitigung von Partei und Gewerkschaft führerlos gewordene Arbeiterschaft an das neue Regime heranführen. Letzterer scheiterte allerdings nach kurzem Bemühen, nicht nur an der Abneigung der Arbeiterschaft, sondern vor allem an seiner Weigerung, die Versöhnung mit dem Regime durch „Bekehrung" der Arbeiterschaft zu erzwingen. [104]

    Obwohl der Handlungsspielraum des neuen Regimes wegen der vorgefundenen leeren Kassen auf Grund der Maßnahmen des Bundes, aber auch der Wirtschaftskrise, gering war, änderte sich die Lasten- und Leistungsverteilung eindeutig zu Gunsten der städtischen Ober-

---

[99] Vgl. dazu Debatten über die Änderung der Allgemeinen Dienstordnung und der Lehrerdienstordnung, Bürgerschaft, 12. Sitzung, 18. 12. 1934, S. 358 ff.

[100] Bürgerschaft, 18. Sitzung, 1. 3. 1935, S. 793 ff., 22. Sitzung, 29. 3. 1935, S. 885 ff.

[101] Ebenda, 18. Sitzung, S. 793.

[102] „Sitzordnung im Saale der Wiener Bürgerschaft", WStLA, Bürgerschaft B 1/1 (2. Exemplar).

[103] Vgl. Die Wiener Bürgerschaft, S. 48 ff.

[104] Pelinka, Stand oder Klasse?, S. 129 ff.; Holtmann, Zwischen Unterdrückung und Befriedung, S. 166 ff. Winter wurde 1937 durch Hans Waldsam ersetzt, einen christlichsozialen Gewerkschaftsfunktionär. Vgl. Forschungsprojekt „Kommunale Vertretungskörper".

und Mittelschicht, was hier im einzelnen nicht nachgezeichnet werden kann. [105] Die Ausgaben für Fürsorge hatten einen ähnlich hohen Stellenwert wie vorher, wenn sich auch die Motivation grundlegend geändert hatte: Vom Recht auf Unterstützung wurde die Fürsorge aus christlicher Nächstenliebe. Obwohl in der Wohnungspolitik eine radikalere Wende eingeleitet wurde, stand auch hier gegen Ende das Einbekenntnis, daß der private Wohnungsmarkt die Nachfrage nach leistbaren Wohnungen nicht decken konnte, der Mieterschutz zu Recht aufrecht blieb und die mehr als bescheidenen Neubauleistungen zur Hälfte aus öffentlichen Mitteln, zum Teil im Subventionswege finanziert werden mußten. [106] Der immer wieder notwendige Hinweis des „Gemeindeführers" Schmitz, daß die Verarmung der Bevölkerung keine weitergehenden Schritte der steuerlichen Entlastung des Mittelstandes [107], wie von seinen Anhängern verlangt, zuließe, kann als Eingeständnis gewertet werden, daß die Kritik am „Roten Wien" doch wohl überzogen gewesen war. Die Berufung auf Bürgermeister Lueger zur Legitimierung der eigenen Politik war weder in Hinblick auf die Stadtordnung von 1934, wie gezeigt werden konnte, noch auf die kommunalpolitische Praxis gerechtfertigt, reichte sie doch bei gleichgelagerter Interessenwahrnehmung nicht an diese heran. Trotz unsozialer Steuer- und Tarifpolitik und Defiziten in der Sozial- und Wohnungspolitik trug die Kommunalpolitik unter Lueger auch zur Modernisierung der Stadt durch Kommunalisierung dysfunktional gewordener privater Energieversorgung und öffentlicher Verkehrseinrichtungen bei. Zur Negativbilanz der „Ära Schmitz" gehören auch die fast alle Politikbereiche durchziehenden Rekatholisierungsbestrebungen, die zum Teil den Charakter eines Kreuzzuges annahmen. Sie stützten sich nur auf eine Minderheit in der Bevölkerung, der Rest wurde nicht erreicht oder in die Arme der NS-Bewegung getrieben.

Literatur

Baltzarek, Franz: Wien 1934 - 1938. Die Geschichte der Bundeshauptstadt im autoritären Österreich, in: Wiener Geschichtsblatter 29 (1974), Sonderh. 2, S. 49 - 97.

Banik-Schweitzer, Renate: Zur Entwicklung der Berufs- und Betriebsstruktur in Wien 1870 - 1934, in: Summa 6/79, S. 22 - 29.

Bärnthaler, Irmgard: Die Vaterländische Front. Geschichte und Organisation, Wien-Frankfurt/M.-Zürich 1971.

Botz, Gerhard: Nationalsozialismus in Wien. Machtübernahme und Herrschaftssicherung 1938/39, 3., veränd. Aufl., Buchloe 1988.

Braun, Fritz: Der politische Lebensweg des Bürgermeisters Richard Schmitz. Beiträge zur Innenpolitik der Ersten Republik Österreich und zur Geschichte der Christlichsozialen Partei, Diss., Wien 1968.

Bundesgesetzblatt, Jg. 1934, I. u. II. Teil, Wien 1934 (BGBl.).

Das christlichsoziale Programm. Mit Erläuterungen von Richard Schmitz, Wien 1932.

Die Stadtordnung der Bundeshauptstadt Wien, in: Handbuch der bundesunmittelbaren Stadt Wien, 62. Jg., Wien 1937, S. 5 - 15.

Die Wiener Bürgerschaft. Eine biographische Darstellung der Wiener Stadtvertretung, Wien 1936.

Enderle-Burcel, Gertrude (unter Mitarbeit von Johannes Kraus): Christlich-Ständisch-Autoritär. Mandatare im Ständestaat 1934 - 1938, Wien 1991.

Geschäftsordnung der Wiener Bürgerschaft, Wiener Stadt- und Landesarchiv, Magistratsdirektion 3234/34.

---

[105] Vgl. dazu G. Melinz / G. Ungar, Wohlfahrt und Krise. Wiener Kommunalpolitik 1929 - 1938, Wien 1996, S. 38 ff.; F. Baltzarek, Wien 1934 - 1938. Die Geschichte der Bundeshauptstadt im autoritären Österreich, in: Wiener Geschichtsblätter 29 (1974), Sonderh. 2, S. 49 - 97; Ch. A. Gulick, Österreich von Habsburg zu Hitler, Bd. V, Wien 1949, S. 210 ff.

[106] Bürgermeister Schmitz, Bürgerschaft, 6. Sitzung (2. Funktionsperiode), 15. 12. 1937, S. 62 f.

[107] Bürgermeister Schmitz, Bürgerschaft, 36. Sitzung, 17. 12. 1935, S. 1282, 54. Sitzung, 17. 12. 1936, S. 530 ff.

Gesetzblatt der Stadt Wien, Jg. 1936, Wien 1936.

Gulick, Charles A.: Österreich von Habsburg zu Hitler, Bd. V, Wien 1949.

Holtmann, Everhard: Zwischen Unterdrückung und Befriedung. Sozialistische Arbeiterbewegung und autoritäres Regime in Österreich 1933 - 1938, München 1978 (= Studien und Quellen zur österreichischen Zeitgeschichte 1).

Kelsen, Hans: Staatsform und Weltanschauung, Tübingen 1933.

Landesgesetzblatt für Wien, Jg. 1934, Wien 1934 (LGBl.).

Leichter, Otto: Glanz und Ende der Ersten Republik. Wie es zum österreichischen Bürgerkrieg kam, Wien 1964.

Melinz, Gerhard / Gerhard Ungar, Wohlfahrt und Krise. Wiener Kommunalpolitik 1929 - 1938, Wien 1996 (= Forschungen und Beiträge zur Wiener Stadtgeschichte 29).

Melinz, Gerhard: Die Christlichsoziale Partei Wiens: Von der Majorität zur Minorität und „Kerntruppe" der Vaterländischen Front. Eine parteigeschichtliche Annäherung, in: Wiener Geschichtsblätter 49 (1994), H. 1, S. 1 - 14.

Merkl, Adolf: Die ständisch-autoritäre Verfassung Österreichs. Ein kritisch-systematischer Grundriß, Wien 1935.

Motzko, Alma: Die Frau im neuen Staat, in: Wiener Wirtschafts-Woche, 7. 2. 1934.

Österreichische Gewerbe-Zeitung, 17. 2. 1934.

Pelinka, Anton: Stand oder Klasse? Die christliche Arbeiterbewegung Österreichs 1933 bis 1938, Wien 1972.

Protokolle des Ministerrates der Ersten Republik, Abt. VIII, Bd. 6, Kabinett Dollfuß, Wien 1985.

Schmitz, Richard: Der Weg zur berufsständischen Ordnung in Österreich, Wien 1934.

Schmitz, Richard: Die berufsständische Neuordnung in Österreich. Eine Zwischenbilanz, Wien-Innsbruck 1935.

Seliger, Maren / Karl Ucakar: Wien – Politische Geschichte 1740 - 1934. Entwicklung und Bestimmungskräfte großstädtischer Politik, Wien 1985, Teil 1 u. 2.

Seliger, Maren: Zum Konflikt um das Bundesland Wien in der 1. Republik. Am Beispiel der Auseinandersetzungen um Instanzenzug und Polizeikompetenzen, in: Jahrbuch des Vereins für Geschichte der Stadt Wien 47/48 (1991/1992), S. 347 - 369.

Statut und Gemeindewahlordnung für die k. k. Reichshaupt- und Residenzstadt Wien, 2., umgearb. Aufl., Wien 1912.

Staudinger, Anton: Christlichsoziale Partei, in: Erika Weinzierl / Kurt Skalnik: Österreich 1918 - 1938. Geschichte der Ersten Republik, 1. Bd., Graz-Wien-Köln 1983.

Staudinger, Anton: Christlichsoziale Partei und Errichtung des „Autoritären Ständestaates" in Österreich, in: Ludwig Jedlicka / Rudolf Neck (Hg.), Vom Justizpalast zum Heldenplatz, Wien 1975.

Stenographischer Bericht über die (nicht) öffentlichen Sitzungen der Wiener Bürgerschaft, Wiener Stadt- und Landesarchiv, Bürgerschaft B 2 / 1 - 4, 17. 5. 1934 - 28. 10. 1937; 9. 12. 1937 - 18. 2. 1938 (unkorr. Konzept).

Tálos, Emmerich / Walter Manoschek: Politische Struktur des Austrofaschismus (1934 - 1938), in: Emmerich Tálos / Wolfgang Neugebauer (Hg.), „Austrofaschismus". Beiträge über Politik, Ökonomie und Kultur 1934 - 1938, 4., erw. Aufl., Wien 1988, S. 75 - 119.

Verfassung der Bundeshauptstadt Wien, Wien 1928.

Wien im Aufbau. Drei Jahre Neues Wien, Wien 1937.

Wohnout, Helmut: Regierungsdiktatur oder Ständeparlament? Gesetzgebung im autoritären Österreich. Wien-Köln-Graz 1993 (= Studien zu Politik und Verwaltung 43).

III.

Politische Gestaltung – wirtschaftliche und soziale Realität

Eröffnung der Wiener Reichsbrücke Oktober 1937

Anpassung durch Kontraktion.

Österreichs Wirtschaft in den dreißiger Jahren.

Gerhard Senft

Krise und Kriseneinschätzung – Sektoren des wirtschaftspolitischen Handelns – Die Wirtschaftsentwicklung – Strategien der Krisenbewältigung

Vorbemerkung

Die wirtschaftspolitischen Weichenstellungen und das ökonomische Geschehen im Österreich der dreißiger Jahre sind zweifellos nur unter Berücksichtigung des Hintergrundes der Weltwirtschaftskrise erklärbar. Vom Börsensektor ausgehend, vereinigte die „Große Depression" in unheilvoller Weise krisenhafte Erscheinungen der Landwirtschaft, der industriellen Erzeugung und des Kreditapparates. Erste Anzeichen einer Krise hatten sich im Agrar- und Rohstoffbereich schon vor den Erschütterungen an der New Yorker Wall Street gezeigt. Die österreichische Wirtschaft wurde branchenübergreifend ab Mitte des Jahres 1930 von dem deflationären Sog erfaßt. Der fehlende Schwerpunkt bei der Kornproduktion hatte die alpenländische Landwirtschaft zwar vor den Folgen des Verfalls der Getreidepreise auf dem Weltmarkt bewahrt, doch der etwas verzögert eintretende Preissturz bei den tierischen Erzeugnissen traf auch die heimischen Betriebe ungebremst. Mit der verschlechterten Ertragslage stieg die Verschuldung der Landwirtschaft, das Schrumpfen ihrer Vermögensbasis nahm immer häufiger existenzbedrohende Formen an. Österreichs Industrie hatte bereits in den zwanziger Jahren unter einer hohen Schuldenlast, einem zu geringen Kapazitätsauslastungsgrad und unter einer zu schwach ausgeprägten Investitionstätigkeit gelitten. Der weltweit zunehmende Protektionismus und der Niedergang der wirtschaftlichen Austauschbeziehungen mußten sich daher für die österreichische Industrie, die fast die Hälfte ihrer Erzeugnisse auf Auslandsmärkten absetzte, verheerend auswirken. Im Jahr 1931 kam der Zusammenbruch der Credit-Anstalt, des größten Bankhauses in Mitteleuropa, als krisenverschärfendes Moment hinzu. [1] Die damit verbundenen Folgen, Kapitalflucht und Abzug von Auslandskrediten, brachten die Investitionstätigkeit in allen Bereichen praktisch völlig zum Erliegen. Von 1929 bis 1933 verminderte sich der industrielle Produktionsausstoß in Österreich um dramatische 38 %, der gesamte Außenhandel der Alpenrepublik ging in diesem Zeitraum sowohl im Import- als auch im Exportbereich um rund zwei Drittel zurück. [2] Die reduzierten Absatzchancen für Güter schlugen sich in einer steigenden Zahl von Betriebszusammenbrüchen

---

[1] D. Stiefel, Finanzdiplomatie und Weltwirtschaftskrise. Die Krise der Credit-Anstalt für Handel und Gewerbe 1931, Frankfurt/M. 1989; A. Schubert, The Credit-Anstalt Crisis of 1931, Cambridge 1991.

[2] Kammer für Arbeiter und Angestellte für Wien (Hg.), Wirtschaftsstatistisches Jahrbuch 1937, S. 599; Österreichisches Statistisches Zentralamt (Hg.), Der Außenhandel Österreichs in der Zeit zwischen den beiden Weltkriegen, Wien 1946, S. 19.

in Industrie und mittelständischem Gewerbe sowie in einer emporschnellenden Arbeitslosenquote nieder. Zwischen 1929 und 1933 war rund eine Verdoppelung der Summe der Insolvenzen festzustellen, die Erwerbslosenzahlen verdreifachten sich in diesem Zeitraum sogar.[3] Die in Gang gekommene Negativspirale wurde erkennbar, als der zunehmende Beschäftigungsrückgang und die Lohnabbaumaßnahmen spürbare Einbrüche bei der inländischen Konsumgüternachfrage nach sich zogen. Während der Index des allgemeinen Geschäftsganges und der Produktionsindex in der Phase der Krise unter das Niveau von 1923 absanken, kam der Wert des Bruttonationalprodukts unter dem von 1913 zu liegen. Das erlahmende Wirtschaftsleben brachte nicht zuletzt auch die öffentlichen Haushalte enorm unter Druck, da sie mit merklichen Einnahmeverlusten konfrontiert waren. Das von Juni 1932 bis Juni 1935 in Kraft befindliche Transfermoratorium, mit dem die österreichische Regierung die Zahlungsunfähigkeit des Landes gegenüber den ausländischen Gläubigern erklärte, war nur ein Ausdruck davon.

Krise und Kriseneinschätzung

Die Geschehnisse wurden auf der Ebene der wirtschaftstheoretischen und politischen Auseinandersetzungen recht unterschiedlich interpretiert, dementsprechend gegensätzlich gestalteten sich auch die Herangehensweisen zur Bewältigung der angespannten ökonomischen Situation. Für die liberale Österreichische Schule der Nationalökonomie, deren zentrale Rolle im wissenschaftlichen Diskurs im Österreich der Zwischenkriegzeit zumindest sektoral ungebrochen fortwirkte, war die große Krise eine geldmengenmäßig induzierte „Überverbrauchskrise". Durch zu großzügige Vergabe von Kreditmitteln an die Wirtschaft sei es zu einem ungesunden Anwachsen des Schuldengebäudes gekommen, dem in der Folge keine reale ökonomische Kraft mehr gegenübergestanden sei, da ein erheblicher Teil der Kredite dubios geworden bzw. nicht mehr liquidierbar war. Einer kurzen Scheinblüte in der zweiten Hälfte der zwanziger Jahre sei so ein gewaltiger Zusammenbruch gefolgt. Als Wortführer der Österreichischen Schule kritisierte Ludwig Mises in diesem Zusammenhang auch das Handeln der öffentlichen Hand, die mit überdimensionierten sozialpolitischen Maßnahmen und mit einem verfehlten Interventionismus zu der schweren Beeinträchtigung der Wirtschaft beigetragen habe. Nur mit der Wiederherstellung funktionierender Märkte in allen Bereichen könne für ein neues wirtschaftliches Gleichgewicht gesorgt werden. Für Mises bedeutete dies, daß es im Sektor des Arbeitsmarktes zu Lohnsenkungen kommen müsse. Da ihm eine Gesundung der Wirtschaft nur auf der Basis der Währungsstabilität und eines ausgeglichenen Budgets aussichtsreich erschien, plädierte er für einen rigiden Sparkurs bei der Gestaltung des Staatshaushaltes.[4]

Spürbar wurde der Einfluß des führenden Experten etwa in der sogenannten Wirtschaftskommission, die 1930 auf Regierungsinitiative gegründet worden war.[5] Mises trat in den Kommissionsberatungen von Wirtschaftsfachleuten, Vertretern der Landwirtschaft, der ArbeitnehmerInnen und der Unternehmerseite als Delegierter der Handelskammer auf, wobei es ihm gelang, die entscheidenden Diskussionsschwerpunkte vorzugeben und seine eigene

---

[3] D. Stiefel, Arbeitslosigkeit. Soziale, politische und wirtschaftliche Auswirkungen am Beispiel Österreichs 1918 bis 1938, Wien 1979, S. 29.

[4] E. März / F. Weber, Österreichs Wirtschaftspolitik in der Zeit der großen Krise. Bürgerliche Strategien und sozialdemokratische Alternative, in: E. Fröschl / H. Zoitl (Hg.), Februar 1934: Ursachen – Fakten – Folgen, Wien 1984, S. 15 - 35, hier 18.

[5] Redaktionskomitee der Wirtschaftskommission (Hg.), Bericht über die Ursachen der wirtschaftlichen Schwierigkeiten Österreichs, Wien 1931.

Argumentationslinie durchzusetzen.[6] Die wirtschaftsliberale Doktrin, die bei der Krisenbewältigung primär auf die „Selbstheilungskräfte" des Marktes setzen wollte und die Ankurbelungsmaßnahmen kategorisch ausschloß, hatte damit zu Beginn der dreißiger Jahre in weiten Bereichen gewonnen. Die sozialistischen Theoretiker um Otto Bauer hatten in der akuten Krisensituation den bürgerlichen Ökonomen des Mises-Kreises nur wenig zu entgegnen. Die dramatischen wirtschaftlichen Geschehnisse wurden zwar als bevorstehender Zusammenbruch des Kapitalismus gesehen, es gelang aber nicht, adäquate Umgangsformen mit der Krise zu entwickeln.[7] Denkansätze aus den Reihen der Gewerkschaften, die über eine Kreditschöpfungspolitik den Spielraum der öffentlichen Hand zum Zwecke der Investitionstätigkeit erweitern wollten, wurden von der Parteiführung als „inflationistisch" abgetan. Erst 1933 trat Otto Bauer mit seiner Programmschrift „Arbeit für 200.000" hervor, aber auch bei den darin formulierten Ansätzen blieb das Vorsichtsmotiv im Zentrum.[8]

Zahl der Arbeitslosen in Österreich in den Jahren 1929 bis 1937

	Gesamtzahl der Arbeitslosen	Zahl der unterstützten Arbeitslosen	Arbeitslose in Prozent der ArbeitnehmerInnen	Anteil der Unterstützten an der Gesamtzahl der Arbeitslosen
1929	192.000	164.477	8,80 %	86 %
1930	243.000	208.389	11,20 %	86 %
1931	334.000	253.367	15,40 %	76 %
1932	468.000	309.968	21,70 %	66 %
1933	557.000	328.844	25,90 %	60 %
1934	545.000	278.527	25,50 %	53 %
1935	515.000	261.768	24,10 %	51 %
1936	515.000	259.187	24,10 %	50 %
1937	464.000	231.320	21,70 %	50 %

Quelle: Stiefel, Arbeitslosigkeit, S. 29.

Im Jahr 1932 strebte die Wirtschaftskatastrophe ihrem Höhepunkt zu, weltweit waren in diesem Zeitraum fast 30 Millionen Menschen von der Geisel der Beschäftigungslosigkeit betroffen. In Österreich waren 1932 im Jahresdurchschnitt 468.000 Personen ohne Arbeitsplatz, 1933 wuchs das Heer der Erwerbslosen um 19 % auf 557.000 an, was einer Arbeitslosenrate von 25,9 % entsprach.[9] Die an die Selbstheilungskräfte des Marktes geknüpften Hoffnungen begannen zunehmend zu verblassen. Nun schlug die Stunde jener Programma-

---

[6]   Zu den Debatten in der Programmkommission: M. Grandner / F. Traxler, Sozialpartnerschaft als Option der Zwischenkriegszeit. Liberal-korporatistisches Krisenmanagement am Beispiel der Wirtschaftskonferenz von 1930, in: Fröschl / Zoitl (Hg.), Februar 1934, S. 75 - 119, hier 93 ff.

[7]   Zur Programmatik des sozialistischen Lagers siehe: A. Fibich, Wirtschaftspolitische Vorstellungen in den österreichischen Parteiprogrammen 1918 bis 1934. Wirtschaftspolitischer Gehalt und Resonanz in der Presse, Dipl., Wien 1975, S. 50 ff.; P. Rosner, Die ewige Krise, in: G. Fischer / P. Rosner (Hg.), Politische Ökonomie und Wirtschaftspolitik im Austromarxismus, Wien 1987, S. 283 - 314, hier 312.

[8]   O. Bauer, Arbeit für 200.000. Ein Wegweiser aus der Not, Wien 1933.

[9]   F. Butschek, Die österreichische Wirtschaft im 20. Jahrhundert, Stuttgart 1985, S. 223.

tiker, die dem liberalen System insgesamt nicht viel abzugewinnen vermochten. Abkömmlinge der christlich-konservativen Solidaristischen Schule wie Johannes Messner oder Josef Dobretsberger befürworteten den autoritären Staat und plädierten für die Rückkehr zu einer historischen Wegscheide, an der die „organische Einheit" von Individuum und Gemeinschaft wiedergefunden werden könne. [10] Othmar Spann, der Vordenker der ständischen Ordnung, sah das moderne Industriesystem nicht mehr in der Lage, dem wirtschaftlichen Niedergang und dem „Kulturverfall" etwas entgegenzusetzen. [11] Im politischen Umfeld von Spann organisierte sich u. a. die österreichische Heimwehrbewegung, die die Klassenkollaboration von Arbeiterschaft und Unternehmertum auf ständisch-autoritärer Basis anstrebte. [12] Die Exponenten der faschistischen Heimwehren traten zudem für eine Verbindung von Ständeordnung und Planwirtschaft ein. Nicht ohne Grund war in der ersten Ausgabe des „Volkswirtschaftlichen Aufklärungsdienstes", der von 1934 bis 1938 vom Amt für Wirtschaftspropaganda (eingerichtet beim Bundesministerium für Handel und Verkehr) herausgegeben wurde, zu lesen, daß die neue Wirtschaftsordnung als eine Art Planwirtschaft zu gestalten sein werde. [13] Die Vorstellungen im Hinblick auf eine planende Gestaltung der Wirtschaft waren jedoch oft mehr als diffus. Am weitestgehenden mit dem Gedanken einer ständischen Planwirtschaft hatte sich der Heimwehr-Führer Odo Neustädter-Stürmer beschäftigt, der im Ständestaat auch als Staatssekretär und Minister hervortrat. [14] Er meinte, daß ein Wirtschaftsplan, der von allen Ständen getragen werden soll, die wesentlichen Rahmenvorgaben für die Marktteilnehmer zu liefern habe. Der private Wirtschaftssektor solle erhalten bleiben, doch mit steuer-, handels- und lohnpolitischen Steuerungsmaßnahmen seien Produktion und Konsum in die erstrebte Richtung zu lenken.

Die unbestrittene Hegemonie einer bestimmten ökonomischen Denkschule in Österreich, bezogen auf die Zeitspanne 1934 bis 1938, wird man allerdings vergeblich suchen. Jede Eindeutigkeit war nach dem Tiefpunkt der Weltwirtschaftkrise zu vermissen. Im Ringen der verschiedenen Positionen war oft nicht einmal eine klare Unterscheidung zwischen liberalen und autoritären Wirtschaftsdenkern mehr möglich. Die marktliberale Seite geriet mit ihrer Abwendung vom Interventions-Verzicht ins autoritäre Fahrwasser – Oskar Morgenstern erachtete 1934 den „autoritären Staat" sogar als Notwendigkeit, um die „Verteilungswirkungen" des Marktes zu schützen [15] –, während ein ständisch-konservativ orientierter Ökonom wie Josef Dobretsberger im Laufe der dreißiger Jahre nahezu „liberale" Tendenzen entwickelte. Dementsprechend war das Spektrum wirtschaftsgestaltender Eingriffe im Ständestaat mit einer großen Bandbreite versehen.

Sektoren des wirtschaftspolitischen Handelns

Der mit der vollständigen Demontage des parlamentarischen Systems in Österreich durch die aus Christlichsozialen und Heimwehr gebildete Regierungskoalition nach dem 12. Februar 1934 verbundene soziale Roll-back war eindeutig wahrnehmbar. Das Abhandenkommen freier gewerkschaftlicher Betätigungsfelder lieferte die Betriebsbelegschaften de facto der

---

[10] J. Messner, Die berufsständische Ordnung, Innsbruck-Wien-München 1936; J. Dobretsberger, Die wirtschaftspolitischen Aufgaben des neuen Staates, Wien 1937.
[11] O. Spann, Der wahre Staat. Vorlesungen über Abbruch und Neubau der Gesellschaft, Jena 1938.
[12] G. Celle, Heimatschutz und Wirtschaftspolitik, in: Die Wirtschaftspolitik. Halbmonats-Zeitschrift des österreichischen Heimatschutzes 1, 15. 5. 1934, S. 13 - 14, hier 13.
[13] Volkswirtschaftlicher Aufklärungsdienst 1, 24. 9. 1934, S. 4.
[14] O. Neustädter-Stürmer, Die berufsständische Gesetzgebung in Österreich, Wien 1936.
[15] O. Morgenstern, Die Grenzen der Wirtschaftspolitik, Wien 1934.

Willkür der Unternehmerseite aus. Krisenlasten wurden nun ungestört von „oben nach unten" verteilt, was konkret Lohnsenkungen, schmerzhafte Eingriffe in das Arbeitsrecht sowie schwerwiegende Veränderungen in den Bereichen der Sozialversicherungen und der Pensionsorganisation bedeutete. [16] Die ständische „Refeudalisierung" (Thomas Meyer) Österreichs zeigte sich vor allem im institutionellen Rahmen der Gesellschaft. Seine wesentliche Stütze suchte das Dollfuß/Schuschnigg-Regime im Bereich der Landwirtschaft. Mit dem Vorbild eines „gesunden Bauerntums" sollte allen gesellschaftlichen „Dekadenzerscheinungen" entgegengewirkt werden. [17] Dem Schutz des Agrarsektors vor den negativen Einflüssen einer „liberal-kapitalistischen Weltwirtschaft" wurde deshalb höchste Priorität eingeräumt. Ein durchgreifender Protektionismus bewahrte die österreichische Landwirtschaft in den dreißiger Jahren weitestgehend vor außenwirtschaftlichen Einflüssen, mit der Durchsetzung eines rigiden Kontingentsystems in den Bereichen der Milcherzeugung bzw. -verarbeitung und der Viehwirtschaft wurde das Preisniveau bäuerlicher Produkte dauerhaft hoch gehalten. Das Förderwesen war so ausgelegt, daß landwirtschaftliche Erzeugnisse klaren Vorrang gegenüber gewerblichen oder besonders industriellen Produkten hatten. Deutliche antimodernistische Züge trug auch die gewerbepolitische Ausrichtung. Die im Zuge der Neuordnung des Gewerbesektors erlassenen Zugangsbeschränkungen eliminierten die Restbestände einer liberalen Gewerbeverfassung völlig, mit der Wiedereinführung der Zünfte Mitte der dreißiger Jahre war nicht mehr zu übersehen, daß die Rückwärtswendung in das mediävale Zeitalter nun ungebremst vollzogen wurde.

Die Industrie verdankte der autoritären Konfliktregelung des Ständestaatregimes eine „Beruhigung" der Arbeiterschaft, sinkende Lohnkosten und einen Abbau der „Soziallasten". Dennoch wird sich bei der Erstellung einer Bilanz der Schaden für den industriellen Sektor größer als sein Nutzen erweisen: Nicht nur, daß etwa bei der Frage der gesetzlichen Regelungen im Hinblick auf die Kartellbildungen ein völliges Versagen der Regierungspolitik festgestellt werden muß, besonders die rigiden finanzpolitischen Vorgaben verhinderten gegebene Expansionschancen. Der tatsächliche Infrastrukturausbau in Österreich zwischen 1933 und 1938 stand in keinerlei Verhältnis zum Propagandaaufwand, wie er etwa im Bereich des Straßenbaus betrieben wurde. Der Ausbau der Donau als moderner Wasserweg wurde gar nicht ernsthaft ins Auge gefaßt, im Bereich der Bundesbahnen wurden die Ende der zwanziger Jahre zum Stillstand gekommenen Elektrifizierungsarbeiten zwar 1933 wieder aufgenommen, der Zuwachs war verglichen mit der Erweiterungsleistung der zwanziger Jahre jedoch äußerst gering. [18] Vernachlässigt wurde auch der Bereich der Energiegewinnung. Entgegen den Expertenempfehlungen des Österreichischen Kuratoriums für Wirtschaftlichkeit wurde der Bau von Wasserkraftwerken in den dreißiger Jahren so gut wie eingestellt,

---

[16]   Der Anteil der Löhne am Volkseinkommen sank von 1933 bis 1937 von 58,8 % auf 54,6 %. A. Kausel, Österreichs Wirtschaft 1918 - 1968, Wien 1968, S. 20. Das Krankengeld wurde auf drei Viertel des bis dahin gültigen Ausmaßes gekürzt, die maximale Bezugsdauer von 78 auf 52 Wochen reduziert. Auch der Kreis der anspruchsberechtigten Personen wurde verkleinert. Die Unfallrenten wurden von 70 auf 60 % des anrechenbaren Arbeitsverdienstes vermindert, bei den Pensionszahlungen für die Angestellten wurde eine „Herabdrückung" des Aufwandes um rund 18 % angepeilt. Mit diesen Veränderungen waren schwere Eingriffe in den selbstverwalteten Bereich der Sozialversicherung verbunden. Zu den sozialpolitischen Umwälzungen beachte: E. Tálos, Staatliche Sozialpolitik in Österreich. Rekonstruktion und Analyse, Wien 1981, S. 275 ff.; G. Melinz, „Christlicher Ständestaat" und „Autoritäre Sozialpolitik", in: Historicum. Zeitschrift für Geschichte 1 (1999), S. 15 - 21.

[17]   Mit zahlreichen Propagandaprodukten in Wort und Bild wie etwa mit dem Kinofilm „Ernte" aus dem Jahr 1936, mit dem besonders gegen das „vergnügungssüchtige Großstadtleben" agitiert werden sollte, wurde das an die „Scholle gebundene Dasein" aufgewertet.

[18]   Während zwischen 1925 und 1929 beim elektrifizierten Bahnnetz in Österreich ein Zuwachs von 330 km gegeben war, fiel die Streckenerweiterung zwischen 1933 und 1937 mit rund 10 % davon deutlich geringer aus. A. Koci, 75 Jahre elektrische Eisenbahnen in Österreich, Wien 1955, S. 7.

dies obwohl der Kohlemangel nach wie vor evident war.[19] Das Versorgungsnetz für elektrische Energie blieb unzureichend und lückenhaft. Die Erdölfunde ergaben sich mehr aus dem Zufallsprinzip als aus systematischen Bohraktionen, die Verarbeitungskapazitäten wurden der steigenden Gewinnung nur zaghaft angepaßt. Soweit die Industrie ihre Auftragslage verbessern konnte, war dies primär dem Außenhandel, konkret der anlaufenden Rüstungskonjunktur 1935 zurechenbar. Daß sich mit einem insgesamt derart harten Restriktionskurs keine echten konjunkturpolitischen Erfolge verknüpfen ließen, erscheint nachvollziehbar.

Aber nicht in allen Belangen entsprach der Ständestaat den antimodernen Ressentiments seiner Proponenten. Bereits bei der Verabschiedung der neuen österreichischen Verfassung im Frühjahr 1934 hatte sich gezeigt, daß die Rückkehr hinter bestimmte Standards so einfach nicht sein würde. Auch das Bankenwesen folgte durchaus nicht dem von den Ständetheoretikern vorprogrammierten Weg. Im Gegenteil: Anstatt nach korporativem Muster in kleine Einheiten zerlegt zu werden, machte der Bankenapparat einen in der österreichischen Geschichte beispiellosen Monopolisierungsprozeß durch. Walter Euckens Feststellung, daß die ständestaatliche Praxis grundsätzlich auf eine Förderung des Zentralisierungs- und Vermachtungsprozesses hinauslaufen müsse, fand im österreichischen Korporativsystem in vielfacher Hinsicht ihre Bestätigung.[20] Die nicht gerade geringen ideologischen Abweichungen lassen den österreichischen Ständestaat als ein widersprüchliches und unvollendetes Projekt erscheinen. Zahlreiche Sachzwänge, manchmal bewußtes Kalkül oder oft auch nur schlichte Zufälle bestimmten das Bild des Korporativsystems, in dem auch modernistische Einsprengsel zu finden waren. So erzwang beispielsweise der Niedergang des Fremdenverkehrs im Gefolge der 1.000-Mark-Sperre Nazi-Deutschlands eine Modernisierungsoffensive in der Tourismuswirtschaft.[21] Auch versuchte die Regierung des Ständestaates sich gegenüber westlichen Handelspartnern streckenweise ein „modernes" Gesicht zu geben.[22] Äußerst untypisch für das autoritäre Regime war beispielsweise die Abschaffung der Anmeldegebühr für Telefon-Neuanschlüsse, was zwischen 1929 und 1936 eine Zunahme der Fernsprecherdichte in der Größenordnung von fast 25 % ermöglichte.[23]

Die Wirtschaftsentwicklung

Daß in der Ära des Ständestaates ein Stabilhalten des „Alpendollar" und das Anstreben des Budgetgleichgewichtes weiterhin als wirtschaftspolitische Hauptziele formuliert waren, zeigt, daß aus der Weltwirtschaftskrise keine praktischen Schlüsse gezogen worden waren.[24] Ansätze zur Belebung der Binnenwirtschaft, wie sie in verschiedenen anderen Ländern ab 1932/33 wirksam wurden, blieben in Österreich, da eine wirkliche innere Überzeugung auf der Ebene der Staatsführung fehlte, zu schwach. Die Ökonomie des kleinen Landes blieb damit ein Fähnchen im Winde der Weltwirtschaft, lediglich außenwirtschaftliche Einflüsse waren imstande, die herrschende Stagnation partiell zu durchbrechen. Nachdem am Tiefpunkt der Krise sämtliche Hochöfen in Österreich stillgelegt waren, zeigten sich im Produktionsbe-

---

[19] R. Hofbauer, Österreichs zukünftige Energiewirtschaft, Wien 1930, S. 24.

[20] W. Eucken, Grundsätze der Wirtschaftspolitik, Tübingen 1963, S. 105.

[21] G. Otruba, A. Hitlers „Tausend-Mark-Sperre" und die Folgen für Österreichs Fremdenverkehr (1933 - 1938), Linz 1983.

[22] Siehe etwa den reichhaltigen Bildband „Ständestaat Österreich im neuen Wirtschafts-Europa", Baden 1935.

[23] St. Koren, Die Industrialisierung Österreichs. Vom Protektionismus zur Integration. Entwicklung und Stand von Industrie, Gewerbe, Handel und Verkehr, in: W. Weber (Hg.), Österreichs Wirtschaftsstruktur gestern – heute – morgen, Bd. 1, Berlin 1961, S. 223 - 545, hier 542 f.

[24] O. Morgenstern, Bemerkungen zur wirtschaftspolitischen Lage Österreichs im Hinblick auf die internationalen Abwertungen, unveröffentlichtes Manuskript, datiert mit 23. 11. 1936, S. 1.

reich erstmals 1934 zarte Anzeichen einer Erholung. Besonders die Schwerindustrie profitier-
te vom zunehmenden Export, ein leichter Optimismus machte sich auch in den Bereichen der
chemischen Industrie und der Elektroindustrie sowie in der Automobilherstellung bemerk-
bar. Andere Sektoren wie die Textilerzeugung blieben davon jedoch unberührt, der Beschäftigungsstand blieb gesamtwirtschaftlich nach wie vor niedrig, auch die Zahlungsfähigkeit der
Unternehmen insgesamt hatte sich nicht verbessert. Die Einflüsse der Rüstungskonjunktur,
die 1935 einsetzte, begünstigte die Schwerindustrie, die Fahrzeugherstellung und die Textilerzeugung. Nach wie vor aber litt die österreichische Industrie unter ihren Überkapazitäten.
Gemessen am Inlandsabsatz waren die Anlagen der Papierindustrie um ein Zweifaches zu
hoch ausgelegt, die Hohlglaserzeugung war nur zu 30 % ausgelastet. [25] Der Auftragsbestand
in der Eisen- und Stahlindustrie entsprach nicht einmal der Hälfte jenes von 1929. [26] Ein sehr
eindeutiges Signal für die Situation am Maschinensektor lieferte die Betriebseinstellung der
Marchegger Maschinenfabrik 1935.

Industrieproduktion nach Branchen:
(Reale Wertschöpfung zu Preisen von 1937)
1913 = 100

Branchen	1929	1933	1937
Bergbau, Erdöl, Magnesit	109,7	74,2	103,2
Stein- und keram. Industrie	78	34,5	45,1
Eisenhütten	87,7	31,7	84,2
Eisen- und Metallverarbeitung	89,1	30,6	60,6
Säge- und Holzindustrie	233,3	128,1	161,6
Papierindustrie	133,8	118,3	144,3
Chemische Industrie	154,4	123,4	112,4
Leder, Textil, Bekleidung	89,6	70,3	104,9
Nahrungs- und Genußmittel	90,6	66,9	62,2
Industrie insgesamt	98	60,9	77

Quelle: Österreichisches Institut für Wirtschaftsforschung (Hg.), Österreichs Volkseinkommen 1913 bis 1963, Wien 1965, S. 12.

Die Aufwärtsbewegung der Weltwirtschaft setzte sich im Jahre 1936 fort. In Österreich
zeigten sich die Auswirkungen davon etwa in den Bereichen der Roheisen- und Rohstahl-
produktion, auch die Textilindustrie konnte daraus partiell weiteren Nutzen ziehen, der Er-
zeugungsindex je Baumwollspindel erhöhte sich 1936 gegenüber dem Vorjahr von 141 auf
160 (1929 = 100). [27] Auf welch niedrigem Niveau sich der Anpassungsprozeß im Grunde

---

[25]   Gesamtbild der wirtschaftlichen Entwicklung Österreichs in den Jahren 1935/36, in: Kammer für Arbeiter und
      Angestellte für Wien (Hg.), Wirtschaftsstatistisches Jahrbuch 1936, S. 98.
[26]   Rückblick auf das Jahr 1937, in: Monatsberichte des Österreichischen Instituts für Konjunkturforschung (im
      folgenden zitiert als Monatsberichte) 2 (1938), S. 31.
[27]   Die Textilindustrie war einer der wenigen Bereiche (etwa neben der Roheisenerzeugung), in dem Rationalisie-
      rungsfortschritte zu verzeichnen waren. Von 1926 bis 1935 erhöhte sich die jährliche Produktion von Baumwoll-
      garn um mehr als 80 %. Der Umstand, daß die Rationalisierung in der Textilerzeugung in den dreißiger Jahren
      ohne Heranziehung einer freien Interessenvertretung der ArbeitnehmerInnen durchgesetzt wurde, sorgte jedoch
      für nicht unerheblichen sozialen Konfliktstoff. Allgemeine Übersicht in: Monatsberichte 9 (1936), S. 200. G.
      Senft, Im Vorfeld der Katastrophe. Die Wirtschaftspolitik des Ständestaates. Österreich 1934 - 1938, Wien 2002,
      S. 358 ff.

vollzog, konnte exemplarisch am Sektor des Maschinenbaus nachvollzogen werden: Hier erhöhte sich der Kapazitätsausnutzungsgrad zwischen 1935 und 1936 lediglich von 36 auf 40 %. [28] Daneben blieben noch Herstellungsbereiche bestehen, deren Lage trotz außenwirtschaftlicher Impulse als nahezu hoffnungslos zu bezeichnen war: So lag beispielsweise die Fensterglasproduktion in Österreich im Jahr 1936 rund sieben Monate lang still. [29] Für alle militärgüternahen Produktionsbereiche war 1937 ein weiteres Aufschwungjahr. Allein Japan bezog in den ersten zehn Monaten des Jahres 1.145 Waggons Stabstahl im Wert von 15,32 Millionen Schilling – ein Vielfaches verglichen mit den Vorjahreswerten. [30] Im Rohstahlsektor wurde 1937 bereits das Produktionsvolumen von 1929 übertroffen. Im Herbst des Jahres fand die Aufwärtsbewegung aber ein jähes Ende. Die angestiegene Nachfrage nach Rohstoffen hatte zu einem massiven Preisauftrieb geführt: Zwischen Oktober 1936 und Oktober 1937 erhöhten sich die Weltmarktpreise für Steinkohle um 35,5 %, für Roheisen um 73 %, für Zink um 21,8 %, für Blei um 23,4 % und für Kupfer um 16,2 %. [31] Die Preissteigerungen im Rahmen einer noch immer labil gelagerten Weltwirtschaft bildeten mit ihren nachfragedämpfenden Effekten zweifellos die Hauptursache für den Konjunktureinbruch 1937. Es war zuvorderst der konjunkturempfindliche Bereich der Investitionsgüter gewesen, der die Aufschwungtendenzen Mitte der dreißiger Jahre wesentlich mitgetragen hatte, der nun aber den Rückschlag in der zweiten Jahreshälfte 1937 sofort spürbar werden ließ. Eine Abschwächung des Geschäftsganges und neuerliche Betriebseinschränkungen waren die Auswirkungen des Konjunkturabschwunges. Besonders betroffen waren die Textil- und Papierindustrie, in verschiedenen Betrieben mußte wieder zur Kurzarbeit übergegangen werden.

Der Aufwärtstrend in der österreichischen Industrie hatte keine Grundlage zur Beseitigung ihrer strukturellen Ungleichgewichte geboten. Eine Auslastung ihrer Anlagen gelang nicht, die Rohstahlkapazitäten blieben sogar in der Aufschwungphase unausgenützt. Bemerkenswert erscheint im gegebenen Zusammenhang außerdem die Schwerpunktverlagerung der österreichischen Industrie in den Roh- und Grundstoffsektor. Die Industrieentwicklung der dreißiger Jahre spiegelt der Kursindex der wichtigsten Industrieaktien deutlich wider: Nach dem Tiefstand im Jahre 1933 mit 43,5 erholte sich der Indexwert, um bis 1937 auf 94,3 anzuwachsen. Im März 1937 erreichte der Kursindex der Industrieaktien seinen Höhepunkt, in der zweiten Jahreshälfte war aber bereits wieder ein deutlicher Rückgang zu bemerken. Damit „haben sich auch die Aussichten auf eine eventuelle Kapitalbeschaffung durch Aktienausgabe vorhanden vermindert", war in den Monatsberichten des Österreichischen Instituts für Konjunkturforschung mit Bedauern vermerkt. [32]

Die Investitionstätigkeit in Österreich, die im Gesamtdurchschnitt der Zwischenkriegszeit schwach ausgeprägt war, blieb in den dreißiger Jahren deutlich hinter den Werten der Vorperiode der zwanziger Jahre zurück. Entsprechend den konjunkturellen Schwankungen betrug die Investitionsquote (= Anteil der Bruttoinvestitionen am Bruttosozialprodukt zu Marktpreisen) in Österreich im Jahr 1924 6 %, um in der Etappe der Konsolidierung bis 1929 auf 10 % anzuwachsen. In der Depressionsperiode sank die Investitionsquote auf 5 %, der folgende Anstieg bis 1937 auf 7 % war wieder nur sehr zart. Stärker als bei der Investitionsquote zeigten sich die Schwankungen beim Investitionsvolumen. Zwischen 1924 und 1929 nahmen die realen Brutto-Investitionen (Gesamtsumme der Investitionen in der Volkswirtschaft) um 81 % zu, bis 1933 gingen sie um 60 % zurück, zwischen 1933 und 1937 stiegen sie nur mehr um

---

[28] Handel und Verkehr, in: Österreichisches Jahrbuch 1936, 17. Folge, Wien 1937, S. 143.
[29] Chemische Industrie. Glasindustrie. Papierindustrie, in: Kammer für Arbeiter und Angestellte für Wien (Hg.), Wirtschaftsstatistisches Jahrbuch 1937, S. 134.
[30] Österreichs Wirtschaft im Jahre 1937, in: Das Gewerbe. Hauptblatt des Gewerbebundes 1 - 2 (1938), S. 2.
[31] Die internationale Wirtschaftslage, in: Monatsberichte 12 (1937), S. 271.
[32] Rückblick auf das Jahr 1937, in: Monatsberichte 2 (1938), S. 27.

Kursindexentwicklung der 34 wichtigsten Industrieaktien in Österreich

Jahr	Index	Jahr	Index
		1932	52,3
1927	113,9	1933	43,5
1928	110,5	1934	48,5
1929	100	1935	64,4
1930	81,5	1936	81,9
1931	61,6	1937	94,3

Quelle: Monatsberichte des österreichischen Instituts für Konjunkturforschung, 12. Jg., Nr. 2, 26. Februar 1938, S. 63.

57 %. Zudem muß festgestellt werden, daß die Investitionen überwiegend nur den Abgang alter, nicht mehr verwendbarer Anlagen ausglichen, so daß das reale Anlagekapital bestenfalls erhalten, aber nicht vermehrt wurde.[33] Weder die Investitionstätigkeit noch etwaige Konsumanpassungen vermochten dem Produktionssektor entscheidende Impulse zu versetzen. Das industrielle Produktionsvolumen lag 1937/38 unter dem von 1929.[34]

Der Sektor der landwirtschaftlichen Produktion zeichnete sich durch eine Vielzahl von Besonderheiten aus. Der Verfall der Agrar- und Rohstoffpreise war noch vor dem Hereinbrechen der großen Weltwirtschaftskrise spürbar geworden. Analog zu dem betont agrarfreundlichen wirtschaftspolitischen Kurs, der in Österreich vorherrschte, erfuhr der Außenhandels-Protektionismus eine rasante Steigerung. Im Jahr 1930 setzte mit den Zollerhöhungen für landwirtschaftliche Produkte die erste Etappe eines durchgreifenden Agrarinterventionismus ein. Rasch wurde aber klar, daß der Preisschutz für die bäuerlichen Betriebe durch Zollerhöhungen allein begrenzt war. Direkte Preisstützungsmaßnahmen wie Interventionskäufe oder Einfuhrverbote, beispielsweise bei Roggen, Gerste oder Vieh, stellten die zweite Etappe der agrarprotektionistischen Regierungsoffensive dar. Dumpingexporte, besonders charakteristisch für den Bereich der Milch- und Molkereiprodukte, waren dabei als wesentliche Ergänzung gedacht. Mit der Stabilisierung des Preisniveaus der meisten landwirtschaftlichen Erzeugnisse in Österreich – während im Gegensatz dazu auf dem Weltmarkt ein weiteres Sinken der Agrarpreise zu bemerken war – trat zwar der gewünschte Effekt ein, doch die verschiedenen Methoden der Preisstützung hatten sich als äußerst kostspielig herausgestellt. Das letzte Mittel, das als Krisenhilfe für die Landwirtschaft in Anwendung gebracht werden konnte, war die unmittelbare Produktionseinschränkung. Mit dem Emporkommen planwirtschaftlicher Muster im Agrarbereich erhöhte sich der Selbstversorgungsgrad Österreichs, doch die negativen Effekte waren ebenso unübersehbar: Die Preise für landwirtschaftliche Güter erreichten ein konsumschädigendes Niveau. Dazu gesellte sich der Umstand, daß der Agrarinterventionismus zunächst eine Investitionswelle im Bereich der Vieh- und Milchwirtschaft ausgelöst hatte, die sich aber ab dem Zeitpunkt des Wirksamwerdens der Produktionsbeschränkungen als eine Fülle von Fehlinvestitionen herausstellen mußte.[35]

Aber auch der landwirtschaftliche Sektor bekam in der Ära des autoritären Staates nach und nach die finanzpolitischen Restriktionen zu spüren (beispielsweise bei der Verschul-

---

[33]   Selbst im Jahr 1929, in dem die günstigsten Werte festgestellt werden konnten, blieben sowohl die Investitions-
       quote als auch das Investitionsvolumen unter dem Niveau von 1913. Österreichisches Institut für Wirtschaftsfor-
       schung (Hg.), Österreichs Volkseinkommen, S. 17.
[34]   Koren, Die Industrialisierung Österreichs, S. 307.
[35]   Rückblick auf das Jahr 1936, in: Monatsberichte 2 (1937), S. 36.

dungsproblematik und bei der Subventionspolitik), erhalten blieben jedoch die planwirtschaftlichen Strukturen, und der binnenwirtschaftliche Protektionismus erfuhr eher noch eine Zunahme. Die Preisgestaltung für landwirtschaftliche Produkte vollzog sich weiterhin unabhängig von den Einflüssen des Weltmarktgeschehens. Nachdem im Jahre 1934 bei der Zuckerrübenernte erstmals der innerösterreichische Bedarf überschritten worden war, wurde im Folgejahr die Anbaufläche um ein Achtel reduziert.[36] Produktionsbeschränkung statt Verbilligung des Verbrauchs war das Motto. Bei abnehmender mengenmäßiger Erzeugung erhöhten sich die Erntewerte, der rechnerische Beitrag der Landwirtschaft zum Bruttonationalprodukt erfuhr in den dreißiger Jahren gegenüber dem Vergleichsjahr 1929 eine merkliche Steigerung, der Index der landwirtschaftlichen Kaufkraft lag im Jänner 1938 beträchtlich über der Indexdurchschnittsziffer des Jahres 1930.[37]

Entwicklung des Produktionsvolumens der österreichischen Landwirtschaft
(in 1.000 Tonnen)

Jahr	Produktion	Jahr	Produktion
		1933	2,9
1929	6,5	1934	2,4
1930	4	1935	2,4
1931	4	1936	2,3
1932	3,3	1937	2,4

Quelle: Monatsberichte des Österreichischen Instituts für Konjunkturforschung, 26. Februar 1938, S. 66.

Der Umstand, daß wirtschaftspolitische Impulse zur Besserung der ökonomischen Situation in Österreich so gut wie fehlten, ordnete dem Außenhandel einen besonderen Stellenwert zu. Ganz charakteristisch für die Phase der Weltwirtschaftskrise war, daß in Österreich – wie in anderen Ländern – zu einer massiven Regulierung der Außenwirtschaft übergegangen wurde. 1931 wurde ein Hochschutzzollsystem etabliert, es folgten Ein- und Ausfuhrverbote, Devisenbewirtschaftungsmaßnahmen und Kontingentierungen, der naturale Gütertausch (Clearing) ersetzte die Formen der Geldverrechnung, Sonderverträge schufen ein System von Präferenzzöllen und ähnlichem. Den Tiefpunkt erlebte die österreichische Außenwirtschaft 1933: Das Außenhandelsvolumen betrug in diesem Jahr etwa ein Drittel dessen von 1929.[38] Die Folgezeit war durch eine leichte Lockerung der Restriktionen – zu erwähnen wären etwa Erleichterungen bei der Devisenordnung – gekennzeichnet. Das Jahr 1934 zeigte bereits eine schwache Aufschwungtendenz im österreichischen Außenwirtschaftsverkehr, eine Besserung, die zu einem geringen Anteil bereits dem Abschluß der Römischen Protokolle (vereinbart zwischen Österreich, Italien und Ungarn) zuzurechnen war. Das Exportvolumen erhöhte sich um 7,7 %, die Importe nahmen um 1,5 % zu.[39] Haupthandelspartner Österreichs waren 1934: Deutschland, die Tschechoslowakei, Ungarn, Italien, Jugoslawien und Polen. 1935 erfolgte eine Fortsetzung der günstigen Entwicklung im Außenwirtschaftsgeschehen. Auffällig war in diesem Jahr die Verschiebung in der Struktur der Hauptpartnerländer, Italien rückte als Abnehmerland deutlich in den Vordergrund. Im Exportgeschäft wuchs der Anteil

---

[36] Rückblick auf das Jahr 1934, in: Monatsberichte 2 (1935), S. 37; Rückblick auf das Jahr 1935, in: Monatsberichte 2 (1936), S. 36.

[37] Rückblick auf das Jahr 1937, in: Monatsberichte 2 (1938), S. 66.

[38] Österreichisches Statistisches Zentralamt, Der Außenhandel Österreichs, S. 19.

[39] Rückblick auf das Jahr 1934, in: Monatsberichte 2 (1935), S. 41.

der Rom-Pakt-Staaten zwischen 1935 und 1937 auf ein Viertel des gesamten Ausfuhrwertes an. Das Handelsbilanzdefizit erfuhr 1935 eine weitere Verringerung, nachdem Österreich die Einfuhranteile aus den wichtigsten Partnerländern reduzieren konnte. Der internationale Konjunkturanstieg 1936 gewährleistete auch Österreich eine weitere Verbesserung seiner Außenhandelsbedingungen. In Folge des Bestehens freier Industriekapazitäten füllten sich die Auftragsbücher, die Völkerbundsanktionen, die anläßlich des Abessinienkrieges über Italien verhängt worden waren, werteten Österreichs Rolle als Zulieferland auf. Die Abwertungen der Goldblockländer und die erhöhten Weltmarktpreise konnten den gestiegenen Optimismus von 1936 nicht dämpfen. Allerdings zeigte sich, daß das Wachstum des Welthandels nicht mit der Ausweitung der Produktion Schritt zu halten imstande war, da in den meisten Ländern noch auf eine Belebung der Binnenwirtschaft gesetzt wurde. Österreichs außenwirtschaftliche Umorientierung von Fertigprodukten auf Rohstoffe und Halbzeuge muß in diesem Zusammenhang gesehen werden. [40] 1936 war jenes Jahr, in dem Österreich verstärkt den Blick nach Westen richtete. Verglichen mit dem Vorjahr zeigten sich die stärksten Veränderungen bei den österreichischen Ausfuhren in die Vereinigten Staaten (+ 40 %), nach Frankreich (+ 33 %) und nach Großbritannien (+ 30 %). [41] Außenwirtschaftlich betrachtet war auch 1937 als Aufstiegsjahr für Österreich zu beurteilen. Das Handelsbilanzpassivum der Alpenrepublik erreichte in diesem Jahr den niedrigsten Wert der Zwischenkriegszeit. Unter Ausklammerung der Nahrungsmitteleinfuhr war die Handelsbilanz bereits aktiv. Kritisch ist allerdings anzumerken, daß das Außenhandelsaufkommen Österreichs auch 1937 deutlich unter dem von 1929 lag. Zudem war der Anteil Österreichs am Welthandel spürbar zurückgegangen. Vergleicht man die Außenhandelsentwicklung international und österreichbezogen anhand der Quantum-Indizes (Index des Außenhandelswertes unter Ausschaltung von Preisschwankungen), so zeigt sich, daß der Rückgang des Außenhandels in Österreich zwischen 1929 und 1933 um vieles stärker war als im Weltmaßstab und daß auch die Erholungsphase keinerlei Anschluß an die weltwirtschaftlichen Gegebenheiten brachte.

Die Entwicklung des Quantum-Index für den Außenhandelsbereich

Jahr	Weltmaßstab	Österreich
1929	100	100
1932	74,5	53,1
1933	75,5	50,9
1934	78	53,8
1935	82	56,6
1936	85,5	57,3
1937	–	67,9

Quelle: Monatsberichte des österreichischen Instituts für Konjunkturforschung, 26. Februar 1938, S. 52.

Für eine umfassende Einschätzung der wirtschaftlichen Situation im Österreich der dreißiger Jahre wird man eine Reihe weiterer zentraler ökonomischer Eckdaten und Zusammenhänge berücksichtigen müssen. Aussagekräftig erscheint etwa die Entwicklung des Bruttonationalprodukts in der Ersten Republik. Im Anschluß an die Aufbauphase hatte Österreich ab

---

[40]   Die Veränderung in der österreichischen Exportstruktur machte die Alpenrepublik zweifellos empfindlicher gegenüber Preis- und Absatzschwankungen auf den internationalen Märkten.

[41]   Rückblick auf das Jahr 1936, in: Monatsberichte 2 (1937), S. 42 f.

Mitte der zwanziger Jahre vom internationalen Konjunkturaufschwung profitiert. Das Bruttonationalprodukt wies in dieser Periode zwar nicht mehr die Steigerungsraten der Beginnphase auf, die auf ein niederes Ausgangsniveau zurückzuführen waren, es zeigte sich jedoch ein stetiger Aufwärtstrend, wobei 1928 das Niveau von 1913 überschritten wurde. Nach den großen Einbrüchen in der Phase der Weltwirtschaftskrise mündete die Entwicklung in eine hartnäckige Stagnation, in der sich Gesundungstendenzen nur sehr zaghaft andeuteten. Das Bruttonationalprodukt wuchs im Laufe der dreißiger Jahre zwar wieder an, von den Ende der zwanziger Jahre erreichten Standards blieb man jedoch weit entfernt. [42]

Einen deutlichen Hinweis auf die unterschiedlichen Wirtschaftsverhältnisse der zwanziger und dreißiger Jahren liefert die Indexziffer des allgemeinen Geschäftsganges, die von 1929 bis 1933 von 100 auf 59 absackte, um bis 1937 nur zögernd wieder auf 72 anzuwachsen. [43] Von der allmählichen Besserung der ökonomischen Lage in Österreich ab 1934 blieben die Konsumgüterumsätze unberührt. Besonders die Lebensmittelherstellung, die Konfektionsindustrie und die Schuherzeugung zeigten in diesem Jahr noch immer einen Rückgang der Nachfrage. [44] Im Jahr 1935 war bei den Verbrauchsgütern erstmals seit 1929 eine Erhöhung der Umsätze zu bemerken, doch nach wie vor existierten Zweige, die von Aufwärtszeichen nur wenig bzw. nichts verspürten, wie etwa der Lebensmittelbereich. [45] Die häufig angewandte Faustregel, daß steigende Produktionsgüterumsätze eine Verstärkung des Verbrauchs nach sich ziehen, galt für die wirtschaftliche Situation Österreichs in den dreißiger Jahren nicht. Bereits 1936 war wieder ein markanter Rückgang der Konsumgüterumsätze zu bemerken. Wesentlich betroffen waren die Sektoren der Lebens- und Genußmittel sowie der Brennstoffverbrauch. [46] Auch im Jahre darauf setzte sich der Rückgang im wesentlichen fort. Während sich die Lebensmittelumsätze etwas erholten, blieb der Bereich der dauerhaften Konsumgüter ohne ein Zeichen der Besserung. [47] Alles deutete darauf hin, daß die Haushalte ihre großen Konsumentscheidungen in die Zukunft verlagerten.

Indexziffern der Produktions- und Konsumgüterumsätze 1929 bis 1937

	Produktionsgüter	Verbrauchsgüter
1929	100	100
1930	81	98
1931	64	94
1932	58	79
1933	57	69
1934	63	67
1935	70	70
1936	74	66
1937	94	65

Quelle: Monatsberichte des Österreichischen Instituts für Konjunkturforschung, 26. Februar 1938, S. 67.

---

[42] Österreichisches Institut für Wirtschaftsforschung (Hg.), Österreichs Volkseinkommen, S. 38.
[43] Rückblick auf das Jahr 1937, in: Monatsberichte 2 (1938), S. 67.
[44] Rückblick auf das Jahr 1934, in: Monatsberichte 2 (1935), S. 21, 30.
[45] Rückblick auf das Jahr 1935, in: Monatsberichte 2 (1936), S. 31.
[46] Rückblick auf das Jahr 1936, in: Monatsberichte 2 (1937), S. 29 f.
[47] Rückblick auf das Jahr 1937, in: Monatsberichte 2 (1938), S. 39.

Der bis 1937 gegebene Konsumrückgang zeigte sich auf allen Ebenen drastisch: Die Zu-
fuhr wichtiger Lebensmittel im Bereich der Wiener Märkte verminderte sich zwischen 1933
und 1937 von 79.329.640 Meterzentner auf 57.014.000 Meterzentner, allein der Fleischver-
brauch der Stadt Wien reduzierte sich von 1931 bis 1937 von 1.430.614 Meterzentner auf
1.056.616 Meterzentner.[48] Ähnliche Rückentwicklungen lassen sich in den Bereichen der
Herren- und Damenkonfektion oder im Schuhhandel feststellen, besonders betroffen war der
Sektor der Genußmittel. Das sinkende Verbrauchsniveau war auf die verschlechterte Einkommenslage und auf die allgemein verbreitete Unsicherheit in der Bevölkerung zurückzuführen.
Während 1935 die Löhne im Bäckereigewerbe um rund 5 % und in der Metallindustrie zwischen 5 und 10 % gegenüber 1931 gesunken waren, betrug der Rückgang in der Bauindustrie
im Durchschnitt fast 30 %.[49] Der Stundenverdienst eines Facharbeiters in der Wiener Metallindustrie verringerte sich von 1,39 Schilling im Jahr 1929 auf 1,33 Schilling im Jahr 1933,
auf 1,28 Schilling im Jahr 1937.[50] Das Preisniveau blieb in dieser Zeit im wesentlichen konstant.[51] Die katastrophale Arbeitslosigkeit, die gesunkenen Masseneinkommen (im Laufe der
dreißiger Jahre wurde in Österreich sogar das Einkommensniveau von 1913 unterschritten)
mußten die Kaufkraft der Bevölkerung enorm in Mitleidenschaft ziehen.

Als wirtschaftspolitische Erfolge wiesen die Vertreter des autoritären Regimes das Stabilhalten der Währung und die Senkung der Auslandsschulden aus.[52] Das Ziel, ein Budget-
gleichgewicht herzustellen, wurde verfehlt, doch die damit verbundenen finanzpolitischen
Restriktionen waren massiv genug, der alpenländischen Wirtschaft schweren Schaden zuzu-
fügen. Deflationäre Tendenzen waren nämlich nicht allein im Geldsektor, sondern auch bei
der Ausgabengestaltung des Staates festzustellen. Das Ausbleiben antizyklisch wirksamer
Impulse bedeutete eine Kontraktion der österreichischen Wirtschaft bzw. eine Verlagerung
auf ein niedrigeres Niveau. Bis 1938 blieb die Arbeitslosenquote über der 20-Prozent-Marke,
auch die Gesamtzahl der gerichtlichen Insolvenzverfahren in den dreißiger Jahren lieferte ein
besorgniserregendes Bild.[53] Drastische Beispiele für die Unterauslastung der Volkswirtschaft
zeigten sich im Montanbereich: Im Graphitbergbau waren 1935 lediglich sieben Unternehmen in Betrieb, 29 stillgelegt. Von den Blei- und Zinkbergbauunternehmen waren nur zwei
beschäftigt, 57 ohne Arbeitsmöglichkeit. Der Kupferbergbau wurde ebenfalls nur von zwei
Unternehmen betrieben, 27 waren zugesperrt. Der Abbau von Aluminium, Antimon, Schwe-
fel und einigen anderen Erzen war völlig aufgelassen.[54] Auch der internationale Konjunkturanstieg 1935 brachte keine allgemeine Besserung der ökonomischen Lage Österreichs.
Außenwirtschaftlich gesehen hatte die restriktive Haltung ebenfalls kontraproduktiv gewirkt.
Die im Ausland gegebene Erwartung eines Abwertungsschrittes im Währungsbereich führte
dazu, daß Importe aus Österreich immer wieder auf die lange Bank geschoben wurden.[55]

---

[48] Österreichisches Statistisches Landesamt (Hg.) Statistisches Jahrbuch für Österreich 1938, Wien 1938, S. 73 ff.
[49] Rückblick auf das Jahr 1935, in: Monatsberichte 2 (1936), S. 29.
[50] Österreichisches Statistisches Landesamt (Hg.), Statistisches Jahrbuch, S. 178.
[51] Ebenda, S. 239.
[52] Die großen Abwertungen, die sich auf der Ebene der Weltwirtschaft vollzogen, kamen der Verschuldungspro-
       blematik Österreichs sehr entgegen. Im Bereich der österreichischen Bundesschuld konnte der Anteil der Aus-
       landsschulden bis 1938 markant gesenkt werden. Ebenda, S. 276.
[53] Ebenda, S. 243.
[54] H. Bayer, Ein Blick in die österreichische Volkswirtschaft, Wien 1936, S. 18; Österreichisches Statistisches Lan-
       desamt (Hg.), Statistisches Jahrbuch, S. 178.
[55] Morgenstern, Bemerkungen zur wirtschaftspolitischen Lage, S. 14.

Veränderungen auf der Seite der Masseneinkommen (netto)

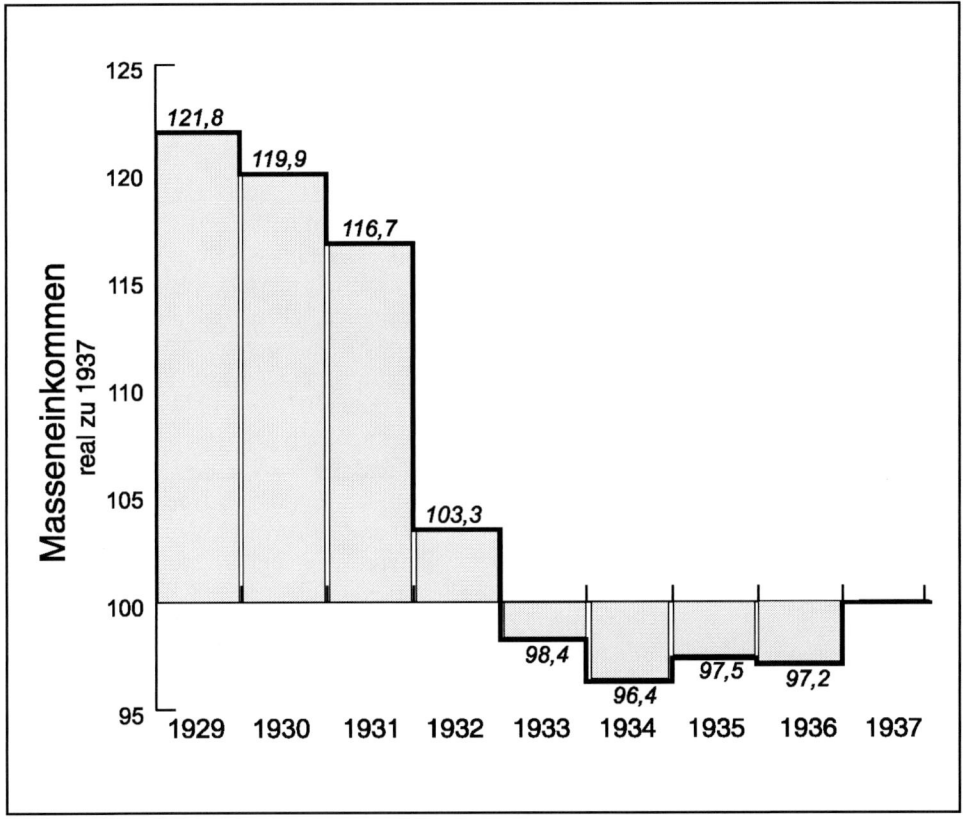

Quelle: Österreichisches Institut für Wirtschaftsforschung (Hg.), Österreichisches Volkseinkommen,
S. 44.

Strategien der Krisenbewältigung

Der Umstand, daß in der Ära des Austrofaschismus über punktuell gesetzte Maßnahmen zur Bekämpfung der großen Krise nicht hinausgefunden wurde, hatte wesentlich mit der Abwehr neuer nationalökonomischer Erkenntnisse zu tun. Dem überragenden Einfluß orthodoxer wirtschaftstheoretischer Standpunkte entsprechend wurde die Krisenhaftigkeit der dreißiger Jahre in Österreich überwiegend unter dem Aspekt der „Anpassung" betrachtet: Beseitigung von „Lohnstarrheiten", Senkung der Arbeitslosenunterstützung, Sanierung und Ausgleich des Staatshaushaltes und Rückbildung von Disproportionalitäten in der Produktionsstruktur lauteten die Rezepte. Die Früchte der wirtschaftspolitischen Einschränkungen zeigten sich vor allem bei der Beschäftigungssituation, bei der verschlechterten Einkommenslage weiter Kreise der Bevölkerung und bei den sozialpolitischen Entwicklungen.

Im internationalen Vergleich betrachtet bestanden in den dreißiger Jahren im wesentlichen drei Modelle, die im Hinblick auf eine Beeinflussung der Krise praktiziert wurden: Eine erste Gruppe von Ländern, und hier ist auch Österreich dazuzurechnen, sah die große Krise primär als eine Folge des Zusammenbruchs des Vertrauens in das internationale Kreditsystem. Die Vorgangsweise, die daran geknüpft wurde, zielte darauf, dieses Vertrauen auf dem Wege einer straff geführten Finanz- und Währungspolitik wiederherzustellen. Für die zweite Variante eines Krisenbewältigungsversuches ist als extremstes Beispiel NS-Deutschland zu nennen. Das nationalsozialistische Regime versuchte das ökonomische Ungleichgewicht vor allem über einen massiven staatlichen Interventionismus zu neutralisieren. Eine dominierende Rolle nahm dabei das Aufrüstungsprogramm im Rahmen rabiater räumlicher Expansionsvorhaben ein. Da die Finanzierung in hohem Ausmaß „über die Notenpresse" funktionierte, waren flankierende Maßnahmen wie eine systematische Devisenbewirtschaftung sowie eine autoritative staatliche Kontrolle der Preise und der Löhne erforderlich. Das NS-Regime trug alle wesentlichen Merkmale einer „konservativen Modernisierung" (Barrington Moore), das heißt, es zielte auf eine Erneuerung und die Effizienzsteigerung des technisch-ökonomischen Systems, bei gleichzeitigem Abbau sozialer Errungenschaften.[56] In den angelsächsischen und zum Teil auch in den nordeuropäischen Ländern wurde vor allem dem Währungssektor als Element einer aktiven Konjunkturpolitik höchste Bedeutung beigemessen. Die antideflatorischen Maßnahmen in Großbritannien ab 1931/32 oder in den USA ab 1933 erzeugten kaum übersehbare konjunktur- und beschäftigungspolitische Impulse.

Die wirtschaftspolitischen Wege Großbritanniens und der USA in den dreißiger Jahren trugen wesentliche Züge von dem, was man später mit dem Begriff „Keynesianismus" konnotierte. Der Engländer John Maynard Keynes[57] war mit seinen Denkansätzen seit Mitte der zwanziger Jahre in den Mittelpunkt wirtschaftstheoretischer und programmatischer Auseinandersetzungen gerückt. Die auf der Basis seiner 1930 erschienenen Schrift „Treatise on Money" entwickelten wirtschaftspolitischen Vorschläge bezogen sich auf die vom Verhältnis zwischen Sparen und Investieren bestimmte zyklische Dynamik in der Wirtschaft. Keynes sah die Chance des bedarfsgemäßen Einsatzes einer expansiven Fiskalpolitik zur Förderung eines wirtschaftlichen Aufschwunges, wobei er eine autonome (von den Zwängen des Goldstandards unabhängige) Geldpolitik und ein niederes Zinsniveau als Grundnotwendigkeiten erachtete.[58] Im Gegensatz zu den dogmatischen Vorstellungen der Österreichischen Schule ging Keynes von der Annahme aus, daß der private Wirtschaftssektor als instabil zu betrachten sei. Insbesondere in der Phase einer tiefgreifenden Wirtschaftskrise und einer hohen Arbeitslosigkeit könne nicht auf einen endogenen Ausgleich gehofft werden. In der gegebenen Situation eines Nachfrageausfalls müsse die öffentliche Hand die Rolle eines Konjunkturmotors übernehmen. Kreditpolitik und staatliche Investitionsprogramme sollten das Beschäftigungsniveau erhöhen, daraus folgten eine verbesserte Einkommenssituation und eine erhöhte Konsumbereitschaft der Bevölkerung, der Wirtschaftsprozeß würde so mehr und mehr wieder in normale Bahnen gelenkt.

Von den Vertretern der zünftischen Nationalökonomie in Österreich wurden „Keynes und seine Jünger" als „Inflationisten", als „Propheten des billigen Geldes" heftig befehdet.[59] „Die oft verkündete sogenannte 'Ankurbelung' der Wirtschaft ist ein großes Mißverständnis",[60] schrieb etwa Ernst Streeruwitz 1936. Warnungen dieser Art waren häufig zu vernehmen.

---

[56]   G. Senft, Tyrannei und Modernisierung. Der techno-ökonomische Wandel im Dritten Reich, in: Österreichische Gesellschaft für kritische Geographie (Hg.), Auf in die Moderne. Österreich vom Faschismus bis zum EU-Beitritt, Wien 1996, S. 16 - 77.

[57]   J. M. Keynes, The General Theory of Employment, Interest and Money, London-New York 1936.

[58]   H. Klausinger, Die Alternativen zur Deflationspolitik Brünings im Lichte zeitgenössischer Kritik. Zugleich ein neuer Blick auf die Borchardt-These, in: Wirtschaft und Gesellschaft 2 (1998), S. 186.

[59]   Keynes über den Ankurbelungsfaktor, in: Der österreichische Volkswirt 25, 18. 3. 1933, S. 578. Keynes für weitere Zinsverbilligung, in: Der österreichische Volkswirt 22, Beilage: Die Bilanzen, 29. 2. 1936, S. 16. Öffentliche Investitionen als Krisenheilmittel, in: Der österreichische Volkswirt 26, 27. 3. 1937, S. 503.

[60]   E. Streeruwitz, Österreichs Wirtschaftsstruktur, Brixlegg 1936, S. 64.

Abseits vom volkswirtschaftlichen Mainstream hatten sich aber auch in Österreich, noch bevor in den USA mit der Initiative des New Deal das Zeichen einer wirtschaftspolitischen Wende gesetzt wurde, „präkeynesianische" Ansätze herauszubilden begonnen. Von der Seite der Freien Gewerkschaften wurden 1932 mehrere programmatische Anregungen geliefert, die zu einer Überwindung der krisenhaften Situation beitragen hätten können. [61] Mittels Kreditschöpfung und ausgedehnter Bundesanleihenfinanzierung sollte die öffentliche Hand vermehrt für beschäftigungspolitische Inputs sorgen. Für eine angeregte Auseinandersetzung auf akademischer Ebene sorgte der ebenfalls 1932 von Otto Deutsch und Alexander Vértes vorgelegte Plan. [62] Im Zentrum ihres Vorschlages stand ebenfalls die Idee einer Innenanleihe, wobei die Anleihegelder in Großprojekte etwa im Energiebereich fließen sollten, um von dort aus als Erträge einen Fonds zu speisen, der für die Finanzierung weiterer Arbeitsbeschaffungsmaßnahmen gedacht war. [63] Der Plan wurde besonders im „Österreichischen Volkswirt", der führenden Fachzeitschrift in der Alpenrepublik, breit diskutiert, prominente Vertreter etwa aus dem Industriebereich zeigten sich durchaus beeindruckt, doch das Urteil des wirtschaftswissenschaftlichen Establishments fiel vernichtend aus. [64] Der Sektor der österreichischen Wirtschaftswissenschaften präsentierte sich in den dreißiger Jahren als nahezu lückenlos geschlossenes Bollwerk gegenüber den Methoden einer Ankurbelungspolitik, wobei die geistigen Herkunftsorte der jeweiligen Theoretiker meist als belanglos anzusehen waren: Die Auffassungen ständischer Ökonomen unterschieden sich in diesem Punkt von jenen der liberalen Österreichischen Schule bestenfalls in Nuancen. Ein Umdenken, soweit es erfolgte, geschah um Jahre zu spät, und auch dabei blieb eine gewisse Zaghaftigkeit vorherrschend. [65] Mit dem Beharren auf orthodoxe Muster wurde aber für die Wirtschaftsgestaltung im österreichischen Ständestaat eine Zwangslage geschaffen, die die inneren Widersprüche überhandnehmen ließ.

Literatur

Bauer, Otto: Arbeit für 200.000. Ein Wegweiser aus der Not, Wien 1933.
Bayer, Hans: Vorschläge zur Arbeitsbeschaffung, Wien 1937.
Butschek, Felix: Die österreichische Wirtschaft im 20. Jahrhundert, Stuttgart 1985.
Butschek, Felix: Präkeynesianismus in Österreich, in: Wirtschaft und Gesellschaft 2 (1993), S. 171 - 182.
Celle, Guido: Heimatschutz und Wirtschaftspolitik, in: Die Wirtschaftspolitik. Halbmonats-Zeitschrift des österreichischen Heimatschutzes 1, 15. 5. 1934, S. 13 - 14.

---

[61]   Die Exponenten der Freien Gewerkschaften in Österreich waren wesentlich beeinflußt von dem innerhalb der deutschen Gewerkschaften ventilierten WTB-Plan (benannt nach seinen Schöpfern Wladimir Woytinsky, Fritz Tarnow und Fritz Baade), nach dem mittels Kreditschöpfung und öffentlicher Beschäftigungsimpulse die große Krise überwunden werden sollte. M Held, Sozialdemokratie und Keynesianismus. Von der Weltwirtschaftskrise zum Godesberger Programm, Frankfurt/M. 1982, S. 130, 168.

[62]   O. Deutsch / A. Vértes, Aufbau, nicht Abbau!, Wien 1932.

[63]   F. Butschek, Präkeynesianismus in Österreich, in: Wirtschaft und Gesellschaft 2 (1993), S. 171 - 182.

[64]   K. Polanyi, Ein gefährlicher Aufbauplan, in: Der österreichische Volkswirt 6, 5. 11. 1932, S. 133 - 136; G. Haberler, Mit oder ohne Inflation?, in: Der österreichische Volkswirt 6, 5. 11. 1932, S. 136 - 137; O. Deutsch / A. Vértes, Aufbau, nicht Abbau! – Eine Entgegnung, in: Der österreichische Volkswirt 8, 19. 11. 1932, S. 183 - 185; K. Polanyi / G. Haberler, Aufbau, nicht Abbau; eine Replik, in: Der österreichische Volkswirt 8, 19. 11. 1932, S. 185 - 187; O. Deutsch / A. Vértes, Aufbau, nicht Abbau! Eine Duplik, in: Der österreichische Volkswirt 11, 10. 12. 1932, S. 257 - 260.

[65]   So schlug etwa der Wirtschaftsexperte Hans Bayer 1937 vor, im Zuge eines einheitlichen Planes Hafenbauprojekte, den Bau von Volkswohnhäusern, die Elektrifizierung der Bundesbahnen oder den Ausbau der elektrischen Verbundwirtschaft großzügig zu fördern. H. Bayer, Vorschläge zur Arbeitsbeschaffung, Wien 1937, S. 2 ff.

Das Gewerbe. Hauptblatt des Gewerbebundes.

Der österreichische Volkswirt.

Deutsch, Otto / Alexander Vértes, Aufbau, nicht Abbau!, Wien 1932.

Deutsch, Otto / Alexander Vértes, Aufbau, nicht Abbau! – Eine Entgegnung, in: Der österreichische Volkswirt 8, 19. 11. 1932, S. 183 - 185.

Deutsch, Otto / Alexander Vértes, Aufbau, nicht Abbau! Eine Duplik, in: Der österreichische Volkswirt 11, 10. 12. 1932, S. 257 - 260.

Die Wirtschaftspolitik. Halbmonats-Zeitschrift des österreichischen Heimatschutzes.

Dobretsberger, Josef: Die wirtschaftspolitischen Aufgaben des neuen Staates, Wien 1937.

Eucken, Walter: Grundsätze der Wirtschaftspolitik, Tübingen 1963.

Fibich, Alexander: Wirtschaftspolitische Vorstellungen in den österreichischen Parteiprogrammen 1918 bis 1934. Wirtschaftspolitischer Gehalt und Resonanz in der Presse, Dipl., Wien 1975.

Fischer, Georg / Peter Rosner (Hg.): Politische Ökonomie und Wirtschaftspolitik im Austromarxismus, Wien 1987.

Fröschl, Erich / Helge Zoitl (Hg.): Februar 1934: Ursachen – Fakten – Folgen, Wien 1984.

Grandner, Margarete / Franz Traxler, Sozialpartnerschaft als Option der Zwischenkriegszeit. Liberal-korporatistisches Krisenmanagement am Beispiel der Wirtschaftskonferenz von 1930, in: Erich Fröschl / Helge Zoitl (Hg.), Februar 1934: Ursachen – Fakten – Folgen, Wien 1984, S. 75 - 119.

Haberler, Gottfried: Mit oder ohne Inflation?, in: Der österreichische Volkswirt 6, 5. 11. 1932, S. 136 - 137.

Held, Michael: Sozialdemokratie und Keynesianismus. Von der Weltwirtschaftskrise zum Godesberger Programm, Frankfurt/M. 1982.

Historicum. Zeitschrift für Geschichte.

Hofbauer, Richard: Österreichs zukünftige Energiewirtschaft, Wien 1930.

Kausel, Anton: Österreichs Wirtschaft 1918 - 1968, Wien 1968.

Keynes, John Maynard: Allgemeine Theorie der Beschäftigung, des Zinses und des Geldes, Berlin 1974.

Klausinger, Hansjörg: Die Alternativen zur Deflationspolitik Brünings im Lichte zeitgenössischer Kritik. Zugleich ein neuer Blick auf die Borchardt-These, in: Wirtschaft und Gesellschaft 2 (1998), S. 183 - 217.

Koci, Alexander: 75 Jahre elektrische Eisenbahnen in Österreich, Wien 1955.

Koren, Stephan: Die Industrialisierung Österreichs. – Vom Protektionismus zur Integration. Entwicklung und Stand von Industrie, Gewerbe, Handel und Verkehr, in: Wilhelm Weber (Hg.), Österreichs Wirtschaftsstruktur gestern – heute – morgen, Bd. 1, Berlin 1961, S. 223 - 545.

März, Eduard / Fritz Weber: Österreichs Wirtschaftspolitik in der Zeit der großen Krise. Bürgerliche Strategien und sozialdemokratische Alternative, in: Erich Fröschl / Helge Zoitl (Hg.), Februar 1934: Ursachen – Fakten – Folgen, Wien 1984, S. 15 - 35.

Messner, Johannes: Die berufsständische Ordnung, Innsbruck-Wien-München 1936.

Monatsberichte des Österreichischen Instituts für Konjunkturforschung.

Morgenstern, Oskar: Die Grenzen der Wirtschaftspolitik, Wien 1934.

Morgenstern, Oskar: Bemerkungen zur wirtschaftspolitischen Lage Österreichs im Hinblick auf die internationalen Abwertungen, unveröffentlichtes Manuskript, datiert mit 23. 11. 1936.

Neustädter-Stürmer, Odo: Die berufsständische Gesetzgebung in Österreich, Wien 1936.

Österreichische Gesellschaft für kritische Geographie (Hg.): Auf in die Moderne. Österreich vom Faschismus bis zum EU-Beitritt, Wien 1996.

Österreichisches Jahrbuch 1936.

Österreichisches Statistisches Landesamt (Hg.): Statistisches Jahrbuch für Österreich 1938, Wien 1938.

Österreichisches Statistisches Zentralamt (Hg.): Der Außenhandel Österreichs in der Zeit zwischen den beiden Weltkriegen, Wien 1946.

Otruba, Gustav: A. Hitlers „Tausend-Mark-Sperre" und die Folgen für Österreichs Fremdenverkehr (1933 - 1938), Linz 1983.

Polanyi, Karl: Ein gefährlicher Aufbauplan, in: Der österreichische Volkswirt 6, 5. 11. 1932, S. 133 - 136.

Polanyi, Karl / Gottfried Haberler, Aufbau, nicht Abbau; eine Replik, in: Der österreichische Volkswirt 8, 19. 11. 1932, S. 185 - 187.

Rosner, Peter: Die ewige Krise, in: Georg Fischer / Peter Rosner (Hg.), Politische Ökonomie und Wirtschaftspolitik im Austromarxismus, Wien 1987, S. 283 - 314.

Schubert, Aurel: The Credit-Anstalt Crisis of 1931, Cambridge 1991.

Senft, Gerhard: Tyrannei und Modernisierung. Der techno-ökonomische Wandel im Dritten Reich, in: Österreichische Gesellschaft für kritische Geographie (Hg.), Auf in die Moderne. Österreich vom Faschismus bis zum EU-Beitritt, Wien 1996, S. 16 - 77.

Senft, Gerhard: Im Vorfeld der Katastrophe. Die Wirtschaftspolitik des Ständestaates. Österreich 1934 - 1938, Wien 2002.

Spann, Othmar: Der wahre Staat. Vorlesungen über Abbruch und Neubau der Gesellschaft, Jena 1938.

Stiefel, Dieter: Arbeitslosigkeit. Soziale, politische und wirtschaftliche Auswirkungen am Beispiel Österreichs 1918 bis 1938, Wien 1979.

Stiefel, Dieter: Finanzdiplomatie und Weltwirtschaftskrise. Die Krise der Credit-Anstalt für Handel und Gewerbe 1931, Frankfurt/M. 1989.

Streeruwitz, Ernst: Österreichs Wirtschaftsstruktur, Brixlegg 1936.

Tálos, Emmerich: Staatliche Sozialpolitik in Österreich. Rekonstruktion und Analyse, Wien 1981.

Volkswirtschaftlicher Aufklärungsdienst.

Weber, Wilhelm (Hg.): Österreichs Wirtschaftsstruktur gestern – heute – morgen, Bd. 1, Berlin 1961.

Wirtschaft und Gesellschaft.

Wirtschaftsstatistisches Jahrbuch 1936 und 1937.

Der neue Finanzminister Ludwig Draxler legt dem Bundestag den Staatsvoranschlag für 1936 vor, 24. Oktober 1935

Die Finanzdiktatur

Wirtschaftspolitik in Österreich 1933 - 1938

Siegfried Mattl

Krise der Wirtschaft - Krise der Politik – Prozyklische Investitionspolitik – Dogma des ausgeglichenen Budgets – Deflationsdiktatur – Andauernde Stagnation – Unternehmerautonomie – Agrarische Sonderstellung – Politik der Passivität

Vorbemerkung

Der innere Zusammenhang von Weltwirtschaftskrise und Krise der parlamentarischen Demokratien ist schon vom zeitlichen Zusammentreffen der beiden her ein kaum zu bezweifelnder Tatbestand. Ganz unterschiedlich sind dagegen die Möglichkeiten, dieses Wechselverhältnis zu interpretieren. Die Erklärungsversuche reichen hier von der Hervorhebung des „plebejischen" Charakters faschistischer Bewegungen, die einer unklar belassenen Radikalisierung durch die Massenarbeitslosigkeit angelastet werden, bis zur diametral entgegengesetzten Behauptung, daß gewisse Sektoren des Industriekapitals den faschistischen Staatsapparat gleichsam manipulativ für ihre Interessen in Beschlag genommen haben. Obgleich über die Bedeutung einer Darstellung faschistischer Wirtschaftspolitik in dieser Auseinandersetzung Einheit besteht, sind die empirischen Befunde zum Klassencharakter des Faschismus selbst am deutschen Beispiel noch weitgehend unentschieden.[1] Das Hauptproblem besteht nicht in der Identifizierung des Anteils der verschiedenen ökonomischen Machtgruppen an der Etablierung des faschistischen Herrschaftssystems, sondern in der Beurteilung der Bindung wirtschaftspolitischer Interventionen an industrielle und finanzkapitalistische Gruppen. Ähnlich, wenn auch bei weitem noch nicht auf jener breiten Grundlage fußend, stellt sich die Debatte über den Faschismus in Österreich dar. Während für die Entwicklung der Diktatur in Österreich heute der entscheidende Beitrag, den dazu Vertreter industrieller, großagrarischer und finanzkapitalistischer Gruppen geleistet haben, schlüssig argumentiert werden kann, so wissen wir noch relativ wenig über die konkreten Maßnahmen zur Krisenbekämpfung in den Jahren nach 1933 und deren interessenpolitischen Hintergrund.

Unter „Krisenbekämpfung" wird hier nicht die bloße Summe wirtschaftspolitischer Maßnahmen betrachtet, sondern ein Programm, das wirtschaftliche und politische Maßnahmen zu kombinieren versucht. Dabei kann es nicht darum gehen, ein detailliertes und festgeschriebenes Grundsatzprogramm entdecken zu wollen, das in dieser Form weder in Österreich noch in einem anderen Industriestaat vorzufinden sein wird. Vielmehr dient die Annahme eines

---

[1]   E. Hennig, Bürgerliche Gesellschaft und Faschismus in Deutschland. Ein Forschungsbericht, Frankfurt/M. 1977, insb. S. 98 ff.

aus der Praxis geschaffenen „Programms" dazu, festzustellen, für welche unter den zur Verfügung stehenden grundsätzlichen Alternativen das autoritäre Regime optiert hat – und der Frage nachzugehen, auf Grund welcher gesellschaftlichen Kräfteverhältnisse der herrschende Wirtschaftskurs beschritten worden ist. Eine anregende Grundlage für diese Sicht ist die Studie Gerhard Krolls „Von der Wirtschaftskrise zur Staatskonjunktur"[2], der die Konjunkturpolitik des nationalsozialistischen Deutschlands mit der Krisenpolitik des „New Deal" in den USA und den klassisch-liberalen Konzepten, wie sie etwa in Frankreich zur Anwendung gelangt sind, konfrontiert. Die Kritik, die von diesem Standpunkt aus am Kurs des autoritären Regimes in Österreich geübt werden kann, bleibt notwendigerweise auf einem begrenzten Niveau stehen. Sie bewegt sich innerhalb der gesetzten Wirtschafts- und Sozialstruktur, ohne darauf einzugehen, ob nicht einzig und allein eine radikale Änderung der Eigentums- und Produktionsverhältnisse eine gesellschaftliche Basis hätte schaffen können, die Voraussetzung für die Überwindung der Krisensymptome gewesen wäre.

Krise der Wirtschaft – Krise der Politik

In den Jahren 1932/33 erreichte die Krise in Österreich ihren Höhepunkt. Das Bruttonationalprodukt (BNP) war auf den niedrigsten Stand seit der Währungsstabilisierung 1923/24 zurückgefallen und lag mit 8,8 Mrd. S um 21,4 Prozent unter dem Niveau von 1929. Die Hauptlast dieses Niederganges hatte die Industrie zu tragen, deren Beitrag zum BNP von mehr als 25 Prozent (1929) auf 20,4 Prozent abnahm.[3] Die Industriekrise wurde besonders stark durch die Schrumpfung des Außenhandels vermittelt (das Handelsvolumen Österreichs lag mit einer Kopfquote von 120 Dollar im Jahr 1929 nach der Schweiz und Schweden an dritter Stelle unter den bedeutenderen Industrieländern[4]), der dem Umfang nach um über 50 Prozent zurückging.

Besonders konjunktursensible Branchen der österreichischen Industrie, die vom österreichischen Institut für Konjunkturforschung ständig beobachtet worden sind, hatten Auftragsverluste von mehr als 80 Prozent hinzunehmen. In der Eisenindustrie beispielsweise betrug der Wert des Auftragsstandes im Jahr 1932 nur mehr 13 Prozent desjenigen von 1929 und stieg auch 1933 nur auf bescheidene 16 Prozent an. Die gleichfalls zu den Schlüsselindustrien zählenden Baumwollspinnereien mußten ein Abgleiten des Ertrages ihrer Aufträge auf 57 Prozent im Jahr 1932 verkraften. Das Volumen der Investitionen war von 1,1 Mrd. S (1929) auf 459 Mill. S zurückgegangen, und parallel dazu hat der Beschäftigtenstand in der Produktionsgüterindustrie um 63, in der Konsumgüterindustrie um 44 Prozent abgenommen; die offiziell ausgewiesene, weitaus zu niedrig angesetzte Zahl der Arbeitslosen erreichte 1933 mit 405.000 zur Vermittlung Vorgemerkten ihren Höchststand.[5]

---

[2]   G. Kroll, Von der Weltwirtschaftskrise zur Staatskonjunktur, Berlin 1958. Kroll behandelt in seinem ausführlichen Werk v. a. die qualitativ neue Politik, über zusätzliche staatliche Kreditschöpfung die Nachfrage nach Wirtschaftsgütern zu beleben und damit eine staatlich induzierte Konjunktur auszulösen. Zu solchen Maßnahmen, die nach dem Zweiten Weltkrieg in fast allen Industriestaaten zur Anwendung gelangt sind und eine der Grundlagen des Nachkriegsbooms gebildet haben – vgl. E. Mandel, Der Spätkapitalismus, Frankfurt/M. 1972, S. 373 ff., wo besonders die Rolle der Banken in diesem Prozeß einer kontrollierten Inflation untersucht wird –, sind nicht nur diktatorisch verfaßte Staaten übergegangen. Innerhalb der kapitalistischen Krisenlösungsstrategien hat sich aber damit unabhängig von der Regierungsform eine reale Alternative zum „Laissez-faire"-Prinzip herausgebildet, über deren Einsatz offenkundig durch die sehr komplexen gesellschaftlichen Kräfteverhältnisse entschieden worden ist.

[3]   A. Kausel / N. Nemeth / H. Seidl, Österreichs Volkseinkommen 1913 - 1963, Wien 1965, S. 38.

[4]   Österreichisches Institut für Konjunkturforschung (Hg.), Die Entwicklung der österreichischen Wirtschaft 1923 - 1932, Wien 1933, S. 27.

[5]   ÖIfK, Nr. 2/1937, S. 36; Nr. 2/1938, S. 67; Sonderh. 2/1937, S. 22.

Tabelle 1: Einfuhr, Ausfuhr, Handelsvolumen und Handelspassivum in Millionen Schilling

Jahr	Einfuhr	Ausfuhr		Handelsvolumen
1923	2.768	1.627	4.395	1.141
1924	3.474	1.988	5.462	1.486
1925	2.905	1.986	4.891	919
1926	2.845	1.745	4.590	1.100
1927	3.191	2.099	5.290	1.092
1928	3.317	.2.50	5.567	1.067
1929	3.318	2.220	5.538	1.098
1930	2.739	1.880	4.619	859
1931	2.210	1.327	3.537	883
1932	1.400	786	2.186	614
1933	1.191	815	2.006	376

Quelle: ÖIfK, Nr. 2/1934, S. 40.

Tabelle 2: Die Entwicklung des Bruttonationalprodukts, der Investitionen und der Arbeitslosigkeit (1929 - 1933)

Jahr	BNP	Investitionen[*]	Arbeitslose[**]
	in Mio. S		in 1000
1929	11.358	1.138	192
1930	11.042	1.007	242
1931	11.042	813	300
1932	9.107	544	378
1933	8.803	459	405
*) Brutto-Anlage-Investitionen			
**) Zur Vermittlung vorgemerkt			

Quelle: Österreichs Volkseinkommen 1913 - 1963; Monatsberichte des Österreichischen Instituts für Konjunkturforschung (= ÖIfK), Nr. 2/1937.

Unter diesem Druck forcierte die Industrie, wie andere Interessensgruppen auch, deren Bedeutung für die kommenden politischen Entscheidungen aber geringer war, ihre Krisenstrategie, die ökonomische und politische Elemente kombinierte. Der wirtschaftliche Teil des industriellen Krisenkonzepts enthielt keine von früheren Entwürfen erheblich abweichenden Vorstellungen, formulierte diese aber bestimmter und nachdrücklicher. Der zentrale Gesichtspunkt bestand hier in Forderungen zur Wiedergewinnung der Konkurrenzfähigkeit am internationalen Markt und war vorrangig an Maßnahmen zur Exportförderung ausgerichtet. In einem Ende 1930 deponierten Forderungspaket präsentierte sich die Industrie als Anhängerin einer konsequenten, wenn auch nicht sonderlich originellen „angebotsorientierten Wirtschaftspolitik", wie sie im übrigen auch in den späten 70er Jahren als Reaktion gegen den zunehmend erfolgloseren Keynesianismus neu belebt worden ist: Neben einer durchgreifenden Senkung der Löhne forderte die Industrie die Entlastung von staatlichen Steuern und

Abgaben, den Abbau der öffentlichen Ausgaben (der sich vorrangig über Personalkosten-
senkungen herstellen hätte müssen) und eine energische Reform der Sozialversicherung mit
dem Ziel, den Kreis der Anspruchsberechtigten an der Arbeitslosenversicherung herabzuset-
zen. Darüber hinaus wurde in allgemeiner Form eine Revision der Handelspolitik zugunsten
der industriellen Produktion eingefordert.[6]

Zur Durchsetzung dieser Forderungen ventilierte man innerhalb des Hauptverbandes der
Industrie, offenbar angeregt durch das Beispiel der Wirtschaftsdiktatur Brünings in Deutschland, den Übergang zu einem „Regime aufgrund erweiterter Vollmachten", worüber Industrievertreter schon zu Beginn des Jahres 1932 beim christlichsozialen Bundeskanzler Buresch
vorstellig wurden. In den kommenden Monaten verfolgte die Industrie dann zwar einen eher
zurückhaltenden und abwartenden Kurs – nicht ohne heftige interne Auseinandersetzungen
um eine offensivere Vorgangsweise zur Installierung eines autoritären Regimes –, sie stellte sich aber entschieden hinter den „Notverordnungskurs" der Regierung Dollfuß und hinter
deren Maßnahmen bei der Ausschaltung des Nationalrates und der Etablierung der Diktatur
in Österreich.[7]

Prozyklische Investitionspolitik

1931/32 war die österreichische Regierung im Zusammenhang mit dem drohenden Zusammenbruch der Creditanstalt zu einer scharfen Deflationspolitik übergegangen. Die staatlichen
Budgetausgaben wurden stark gekürzt, der Zinssatz der Nationalbank sukzessive erhöht und
vorübergehend der Außenhandel durch Devisenbewirtschaftung gedrosselt. Dies entsprach
einerseits den Forderungen der ausländischen Kreditgläubiger, es stellte aber auch ein selbst-
gewähltes Mittel dar, um die in Gang gekommene Kapitalflucht aus Österreich zum Stillstand
zu bringen. Diese restriktive Grundhaltung konnte noch glaubhaft begründet werden, solange
es darum ging, kurzfristige Maßnahmen zu treffen, um die schwersten Schäden der österreichischen Währung abzuwehren.[8] Schon ab 1933/34 wäre es dagegen nach Meinung von
Eduard März möglich gewesen, zum Zweck der Konjunkturbelebung eine Wende einzuleiten
und auf Staatskredit zurückzugreifen.[9] Tatsächlich jedoch setzte die Regierung ihren Kurs
fort, wenn auch mit Modifikationen und ohne deutliche Linie.

Am klarsten kam dies in der Budgetpolitik zum Ausdruck. Die entscheidende Größe, die
hier in Betracht kommt, ist die der Investitionsausgaben. Während durch eine Reihe anderer
Faktoren die Höhe der Staatsausgaben annähernd auf dem Niveau von 1929 stabilisiert wurde, gingen die Ausgaben für staatliche Investitionen im Regelfall weit unter den Stand der
20er Jahre zurück. Lediglich in den Jahren 1934 und 1935 konnte sich die Regierung zu beträchtlichen Steigerungen der Investitionsquote entschließen, doch erreichten die Ausgaben
nicht einmal die Hälfte jener Beträge, die im Durchschnitt der Jahre 1926/30 zur Verfügung
gestanden waren.[10]

---

[6]   K. Haas, Industrielle Interessenpolitik in Österreich zur Zeit der Weltwirtschaftskrise, in: Jahrbuch für Zeitge-
      schichte 1978, Wien 1979, S. 108.

[7]   Ebenda, S. 109 f., 116 ff.

[8]   Vgl. S. Pressburger, Österreichische Notenbank 1816 - 1966, Wien 1966, S. 433 ff.; E. H. Wolf, Katastrophen-
      wirtschaft. Geburt und Ende Österreichs 1918 - 1938, Zürich-New York 1939, S. 77; R. Kamitz, Die österrei-
      chische Geld- und Währungspolitik, in: H. Mayer (Hg.), Hundert Jahre österreichische Wirtschaftsentwicklung,
      1848 - 1948, Wien 1949, S. 181 ff.

[9]   E. März, Stagnation und Expansion. Eine vergleichende Analyse der wirtschaftlichen Entwicklung in der Ersten
      und Zweiten Republik, in: Wirtschaft und Gesellschaft, 2/1982, S. 330.

[10] A. Fibich, Die Entwicklung der österreichischen Bundesausgaben in der Ersten Republik (1918 - 1938), Diss.,
      Wien 1977, S. 143.

Dabei war es noch 1933 zu einer finanzpolitischen Wende gekommen, als mit Zustimmung des Völkerbund-Kommissärs die sogenannte „Trefferanleihe" aufgelegt wurde, die die Mittel für propagandistisch groß angelegte „Arbeitsbeschaffungsprogramme" beistellen sollte. Die 220 Millionen S, die im Rahmen der „Trefferanleihe" gezeichnet worden sind, kamen aber nur zu rund einem Drittel produktiven Maßnahmen zugute, und dies verstreut auf die Jahre 1933 bis 1935. Dabei handelte es sich um bereits länger geplante Projekte im Straßenbau, Wasserbauten und agrartechnische Arbeiten zugunsten der Landwirtschaft, Investitionen der Post- und Telegraphenverwaltung und schließlich um Elektrifizierungsarbeiten an der Tauernbahn. Den übergroßen Anteil an der Anleihe beanspruchten dagegen die Sanierung des österreichischen Bankapparates und die Abtragung der Bundesschulden, die aus der Haftung für die Creditanstalt erwachsen waren. Rund 120 Mill. S wanderten allein an die „Gesellschaft für Revision und treuhändige Verwaltung" als Darlehen, um die Fusion der Creditanstalt und des Wiener Bankvereins finanziell abzusichern, die unter der Leitung dieser Tochterfirma der Nationalbank 1934 abgeschlossen wurde. [11]

Ähnliches, wenngleich mit einer Akzentverschiebung zugunsten der öffentlichen Investitionen, vollzog sich mit der Ausgabe der sogenannten „Arbeitsanleihe" 1935, die bei einem Gesamterlös von rund 155 Mill. S lediglich 66,1 Millionen für Arbeitsbeschaffungsaktionen im Rahmen des außerordentlichen Budgets zustande brachte. Der Rest kam nach den Weisungen des Völkerbund-Finanzkomitees zur Konsolidierung eines Teils der schwebenden Bundesschuld zum Einsatz. [12]

Als nach einer jähen restriktiven Wende in der Budgetpolitik die Methode der Anleihenemission zur Wirtschaftsförderung im Jahr 1937 nochmals aufgegriffen wurde, trat in dieser Hinsicht keine Änderung ein. Bei einem Anleiheerlös von 125 Mill. S entfielen 54 Millionen auf die Tilgung von Bundesschulden und nur ein Anteil von 40 Prozent auf produktive Ausgaben; ganz im Gegensatz zur offiziellen Bezeichnung als „Investitionsanleihe". [13] Alles in allem war mehr als die Hälfte der Anleiheerlöse in den Schuldendienst des Bundes abgeflossen und hatte auf diesem Weg die erhoffte konjunkturbelebende Wirkung dieser zusätzlichen Staatsausgaben beträchtlich in Mitleidenschaft gezogen.

Dogma des ausgeglichenen Budgets

An die Kritik der staatlichen Investitionspolitik schließen noch zwei Aspekte an, die in engem Zusammenhang mit der Beurteilung der Wirtschafts-Politik im Austrofaschismus stehen. Es ist dies zum einen die Art der Finanzierung der „Arbeitsbeschaffungsprogramme" und zum anderen die Struktur der Investitionen seitens der öffentlichen Hand. Gegenüber der Finanzierungsart hat der Leiter des Berliner Instituts für Konjunkturforschung, Ernst Wagemann, unmittelbar nach der Annexion Österreichs ins Treffen geführt, daß sie „völlig orthodox" darauf beschränkt blieb, die benötigten Mittel vom offenen Kapitalmarkt abzuschöpfen und damit keinen wesentlichen stimulierenden Effekt, wie er durch außerordentliche Geldschöpfungsmaßnahmen bewirkt worden wäre, abgegeben zu haben. [14] Da die Zeichner der Anleihen zu wesentlichen Teilen aus Kreisen der Sparkassenkundschaft stammten – was sich auch in

---

[11]   Österreichisches Jahrbuch 1933/34, Wien 1935, S. 171, 175; Pressburger, Österreichische Notenbank, S. 458 f.; M. Sokal, Neugestaltung und Zusammenfassung im österreichischen Bankwesen, in: Mitteilungen des Verbandes österreichischer Banken und Bankiers, Nr. 1/2, 1935, S. 1 ff.

[12]   Der Österreichische Volkswirt, 4. 5. 1935.

[13]   Fibich, Bundesausgaben, S. 149 f.

[14]   ÖIfK, Nr. 3/1938, S. 76 f.; zur Finanzierung der „Arbeitsbeschaffung" und der deutschen Rüstungswirtschaft über „unkonventionelle" Methoden, namentlich der Arbeitsbeschaffungs- und der „MEFO"-Wechsel, unter Reichsbankpräsident H. Schacht, vgl. Kroll, Von der Weltwirtschaftskrise, S. 578 ff.

der Stagnation der Spareinlagen zugunsten des Anleihemarktes widerspiegelte – sind die außerordentlichen Maßnahmen zur Arbeitsbeschaffung tatsächlich in erster Linie technische
Operationen geblieben, die zur Umstrukturierung des Geld- und Kapitalmarktes beitrugen,
aber keineswegs zusätzliche Wachstumsimpulse zu geben vermochten.

Der Kritik an der Finanzierung auf orthodoxem Weg fügt sich der Vorwurf gegen den
wachsenden Rüstungsanteil an den staatlichen Investitionen an: Von den Mitteln der „Investitionsanleihe 1937" kamen 21,6 Mill. S der Landesverteidigung zugute, die übrigens ihren
Anteil am Gesamtbudget in den Jahren nach 1933 enorm steigern konnte und mit einem
Anteil von 11,6 Prozent an den Gesamtausgaben (1937) den dritten Rang unter den einzelnen staatlichen Aufgabenbereichen (nach den Ausgaben für soziale Verwaltung und für
die Bundesbetriebe) belegte. Dagegen blieben die Ausgaben für Bildung und Infrastruktur-
maßnahmen zurück, denen im allgemeinen ein weitaus höherer wachstumspolitischer Effekt
zugesprochen wird. [15]

Die Verwendung der staatlichen Anleihen in den Jahren 1933/37 weist bereits auf den
Umstand hin, daß der Schuldenpolitik im Rahmen der Wirtschaftspolitik ein außerordentlich
hoher Stellenwert eingeräumt worden ist. Diese Politik, die eng mit der Währungspolitik
verknüpft war, bildete ein weiteres Element des Deflationskurses.

Tabelle 3: Finanzschuld, Schuldendienst

Finanzschuld		Schuldendienst in %		Schuldendienst
Jahr	in % des BNP	des Budgets	der Exporte[*)]	in Mio. S
1925	21,1	11,4		160,3
1932		9,6	308,7	184,5
1933	35,6	10,2	294,8	213,2
1937	10,2	8,7		179,8
*) nur Schuldendienst in fremden Währungen; eigene Berechnung				

Quelle: Fibich, Bundesausgaben, S. 167, 190 f., 200 f.; Wärmer, Auslandsverschuldung, S. 285; ÖIfK, Nr. 2/1934, S. 52.

Die enorme Verschuldenshöhe des Staates stammte zu überwiegenden Teilen aus den Engagements zugunsten der österreichischen Großbanken und wirkte als doppelte Hypothek auf
die Wirtschaft zurück. Der Schuldendienst nahm nicht weniger als 10,6 Prozent der Ausgaben in Anspruch (1934) und stellte zu beträchtlichen Teilen einen unproduktiven Transfer
ans Ausland dar. Außerdem verengte sich der Handlungsspielraum der Regierungen durch
den Umstand enorm, daß sich der Staat als Garant der Creditanstalt mit über 500 Millionen S
gegenüber der Nationalbank verschulden hatte müssen. Abgesehen davon, daß beträchtliche Summen öffentlicher Gelder gebunden blieben, hatten die Konditionen, unter denen sich
die Schuldrückzahlung vollzog, maßgeblichen Einfluß auf die Hartnäckigkeit, mit der die
Hartwährungspolitik der folgenden Jahre verfolgt wurde – auch wenn dies nachteilige Folgen für die Exportwirtschaft haben mußte. Österreich hielt noch am stabilen Außenwert des
Schillings fest, als bereits die letzten Vertreter dieser Linie – die sogenannten „Goldblockländer" mit Frankreich an der Spitze – zur Abwertung ihrer Währungen übergegangen waren.
Zunächst konnten dafür gute Gründe ins Treffen geführt werden: Durch die Abwertung in
den Gläubigerländern wurden auch die Forderungen der ausländischen Kreditgeber gegenüber dem österreichischen Staat und Privatfirmen entwertet und der Zins- und Tilgungsdienst

---

[15]   Fibich, Bundesausgaben, S. 160 f., 201 ff.

beträchtlich erleichtert. Dies hatte sich anläßlich der Dollarabwertung 1933 und der Schwächung des britischen Pfunds deutlich erwiesen (vgl. Tabelle 4). Bereits kurzfristig hatten dadurch die Fremdwährungsverbindlichkeiten 1932 auf 1933 um 13,4 % und der Zinsendienst
um 22 % abgenommen. Vor allem die öffentlichen Schuldner profitierten von dieser Entwicklung. [16]

Da nicht nur der österreichische Staat und die Banken Schulden auf ausländische Währungen laufen hatten, sondern (wenngleich in wesentlich kleinerem Ausmaß) auch industrielle Großbetriebe, so ergab sich hier ein gleichgerichtetes Interesse der maßgeblichen Wirt-
schaftskräfte an der Stabilität des Schillings gegenüber den Währungen der Hauptgläubiger.
Zumindest aber ermöglichte dies ein Arrangement zwischen den öffentlichen und privaten
Schuldnergruppen, [17] das eine höchst aufschlußreiche „Verrechnung" der Interessen bewirkte: Der Bund erstattete der Exportindustrie für die durch die stille Schillingaufwertung 1935
erlittenen Verluste 10 Millionen Schilling. Dieser Betrag entsprach in etwa der Verringerung des öffentlichen Schuldendienstes im Zuge der Abwertungswelle in den „Goldblock"-
Ländern. [18]

Deflationsdiktatur

Über dieses kurzzeitige, konjunkturelle Interesse hinaus formte namentlich der Generaldirektor der Nationalbank, Viktor Kienböck, daraus ein strategisches Konzept: Die Existenz
Österreichs, lautete sein Grundgedanke, müsse sich auf den Zufluß ausländischen Kapitals
gründen. Der beste Garant dafür sei die Stabilität des Schillings, [19] die sich allerdings mit den
Abwertungstendenzen in den wichtigsten Staaten zu einer eklatanten Disproportion zwischen
der Produktionskraft und dem Wechselkurs entwickelte. (Der Schilling gewann zwischen
1930 und 1936 gegenüber dem Dollar 30,6 %, gegenüber dem britischen Pfund 29,3 % und
gegenüber der italienischen Lira 32,0 %.) [20] Mit Kienböck hielten aber so ziemlich alle entscheidenden Kräfte der Privatwirtschaft und der Bürokratie an der Hartwährungspolitik fest,
wenngleich zu einem späteren Zeitpunkt der vormalige Kanzler Kurt Schuschnigg heftige
Vorwürfe gegen Kienböck erhob, da sich dieser einer Abwertung parallel zu jener wichtiger
Handelspartner im Jahr 1936 widersetzt habe. [21]

Viktor Kienböck hat im Jahr 1947 nochmals zum Vorwurf Stellung genommen, die Nationalbank habe unter seiner Leitung mit einer restriktiven Kredit- und Geldpolitik zur Behinderung der wirtschaftlichen Aufschwungtendenzen beigetragen. Anhand der Statistiken über
eine vorsichtige Steigerung der umlaufenden Geldmenge und der Giroverbindlichkeiten der
Nationalbank bis zum Jahr 1938, aber auch mit Angaben zur sukzessiven Senkung des Es-
kontzinsfußes der Nationalbank hat er versucht, diese Vorwürfe zu entkräften: "[D]ie Behauptung einer Deflationspolitik der Nationalbank unter meiner Amtsführung", schloß Kienböck

---

[16]   H. Kernbauer, Währungspolitik in der Zwischenkriegszeit. Geschichte der österreichischen Nationalbank von
       1923 bis 1938, Wien 1991, S. 405 f.
[17]   Da empirische Untersuchungen über die Interessenpolitik verschiedener Industriegruppen zwischen 1933 und
       1938 noch nicht vorliegen, verwende ich diesen Begriff als Provisorium.
[18]   Kernbauer, Währungspolitik, S. 405.
[19]   Ausführlich dargestellt wird diese Grundkonzeption Kienböcks bei G. Kunwald, Österreichs Kreditwürdigkeit,
       in der VF-Zeitschrift „Die Wirtschaftspolitik", Nr. 11/1937, S. 9 ff. Kunwald war wie Kienböck ein Vertrauens-
       mann der Großbanken und vertrat in seiner Kritik an Kienböck den Gedanken, daß noch zu viele legistische
       Beschränkungen (etwa im Bereich des Mieterschutzes) vorhanden wären, als daß das Auslandskapital massiv
       ins Land strömte.
[20]   Kernbauer, Währungspolitik, S. 405.
[21]   Akten des Prozesses gegen Guido Schmidt (Institut für Zeitgeschichte Wien), LG Wien, ZI. Vg 1 Vr 1920/45
       Bd. X, Auszug aus dem Manuskript zu K. Schuschnigg, Des dritten Österreichs Weg zur Ostmark, S. 31.

Tabelle 4: Fremdwährungsverbindlichkeiten Österreichs gegenüber dem Ausland

Schuldnergruppen	Stand Ende 1932	Verringerung durch Währungsentwertung	Sonstige Veränderung des Schuldenstandes	Stand Ende 1933
in Millionen Schilling				
A. Titrierte Anleihen				
Bund	1663,0	– 170,3	+ 262,8 [1]	1755,5 [1]
Länder u Gemeind.	596,1	– 149,9	– 8,1	438,1
Geldinstitute	53,6	-	2	55,6
Industrie u. Sonstige	261,9	– 52,4	– 6,4	203,1
Summe A	2574,6	– 372,6	250,3	2452,3 [1]
B. Lang- u. mittelfristige Kredite				
Bund	37,6 [2a]	– 4,1	– 1,0	32,5 [2c]
Länder u Gemeind.	15,2	– 2,3	+ 1,2 [3a]	14,1
Geldinstitute	244,7 [4]	– 22,0	– 36,8	185,9
Industrie u. Sonstige	91,5	– 2,9	+ 39,0 [3b]	127,6
Summe B	389,0	– 31,3	2,4	360,1
C. Kurzfristige Kredite				
Bund	128,0	-	– 128,0	–
Geldinstitute	1012,0 [4]	159,4	– 630,8	221,8
Industrie u. Sonstige	147,4	– 4,7	+ 14,4 [3c]	157,1
Summe C	1287,4	– 164,1	– 741,4	378,9
Summe A – C	4251,0 [2a]	– 568,0 [2b]	– 491,7 [1]	3191,3 [1] [2c]

[1] Außerdem 22,17 Mill. S Bundesschuld aus Credit-Anstalt-Übereinkommen

[2] Außerdem Internationale Reliefkredite, [a] 496,0 Mill. S, -108,5 Mill. S, [c] 387,5 Mill. S

[3] Darunter [a] 2,6 Mill. S, [b] 41,5 Mill. S, [c] 19,8 Mill. S im Laufe des Jahres 1933 neu erfaßte Kredite

[4] Die Abweichungen gegenüber früheren Aufstellungen ergeben sich aus einer Neugliederung der Banken-Kreditoren

Quelle: G. Wärmer, Die Auslandsverschuldung Österreichs, in: Mitteilungen des Verbandes österreichischer Banken, S. 281.

seine Verteidigung ab, sei „eine gänzlich unwahre bloße Erdichtung." [22] Daran ist zumindest wahr, daß mit 1934 der Prozeß einer ständigen Verringerung der in Umlauf befindlichen Geldmenge zum Halten gekommen ist. [23] Hans Kernbauer hat in seiner Geschichte der österreichischen Notenbank auf die Senkung des Diskontsatzes der ÖNB unter Kienböck hingewiesen, aber auch darauf, daß dieser immer noch beträchtlich über dem vergleichbarer europäischer Länder blieb; was die Selbstverteidigung Kienböcks gegen den Vorwurf der Deflationspolitik doch abschwächt. [24] Die Kritiker Kienböcks haben aber in den Mittelpunkt ihrer Angriffe gestellt, daß die Nationalbank nicht mit einer offensiven Politik die Geld- und Kreditwirtschaft belebt hat und daß die leichte Erhöhung der umlaufenden Geldmenge gegenüber den schon

---

[22] V. Kienböck, Währung und Wirtschaft. Ein Vortrag, Wien 1947, S. 6.

[23] Auch das Institut für Konjunkturforschung konstatierte einen bizarren Widerspruch zwischen den vorliegenden Konjunktur-Kennzahlen und der Stagnation im Status der Notenbank; vgl. die zurückhaltende Stellungnahme in ÖIfK, Nr. 9/1937, S. 187.

[24] Im Jänner 1933 lag der Diskontsatz in Österreich bei 6 %, verglichen mit 4,5 % in der Tschechoslowakei und Ungarn bzw. 2 - 5 % in England, der Schweiz und Frankreich; vgl. Kernbauer, Währungspolitik, S. 397.

vorhandenen Aufschwungstendenzen zurückblieb.[25] Die Verteidigung des früheren Natio-
nalbankchefs, mit einer kontinuierlichen Senkung des Zinsfußes ohnedies antideflatorische
Maßnahmen gesetzt zu haben, wurde (wie auch Kernbauer festhält) durch einen anderen,
schwerwiegenden Umstand entkräftet: Die Privatbanken waren aufgrund des herrschenden
ausreichenden Angebots an Sparkapitalien nach 1933 dazu übergegangen, sich selbst zu fi-
nanzieren und den Kredit der Notenbank nur noch in ganz wenigen Fällen zu beanspruchen.
Somit war die zinsregulierende Funktion der Nationalbank weitgehend ausgeschalten und die
Kontrolle des Kapitalmarktes zur Gänze dem neugeschaffenen Bankenmonopol überlassen.
Nach der Erfahrung mit den Belastungen, die ihnen aus den angeschlagenen Konzernbetrie-
ben erwachsen waren, sind die privaten Großbanken (und hier vor allem die Credit-Anstalt)
überdies zu einer äußerst zurückhaltenden Kreditpolitik übergegangen. So führten die Industrievertreter noch Ende 1935 an, daß die Unternehmen „7, 8 und mehr Prozent" an Zinsen
für Kredite zu zahlen hätten und daß sie überdies nur kurzfristige Bankkredite bekommen
könnten – zur gleichen Zeit arbeite die ausländische Konkurrenz aber mit zu 2 bis 3 Prozent
verzinslichen Krediten.[26] Die Vertreter einer noch zu beschreibenden konjunkturstützenden
alternativen Wirtschaftspolitik forderten dementsprechend nicht nur eine Erhöhung der Geldmenge, sondern auch Strukturreformen, die das Bankenmonopol brechen und der Nationalbank Mittel in die Hände geben sollten, selbst aktiv in die Industriefinanzierung einzustei-
gen.[27] Gerade darin aber fanden sie in Viktor Kienböck, der schließlich als Rechtsanwalt und
Vertrauensmann der Bodenkreditanstalt seine politische Karriere vollzogen hat – wenngleich
er dabei in mehrere Prozesse betreffend illegale Transaktionen der Bank verwickelt gewesen
ist[28] –, einen entschiedenen Gegner.

Die Priorität, die von der Regierung und der Nationalbank einer stabilen Währung und
einem ausgeglichenen Budget eingeräumt wurde, war zumindest propagandistisch in den Jahren 1933 bis 1935 durch die „Arbeitsbeschaffungsprogramme" etwas verdeckt. 1936 dagegen, als es zur weitgehenden Einstellung aller öffentlichen Investitionen kam, bekannte sich
die Regierung recht freimütig zu den eben genannten Zielsetzungen. Über die Motive dieser
finanzpolitischen Wende des Jahres 1936, die in der Beseitigung des sogenannten „außerordentlichen Budgets" als Rahmen für die staatlichen Investitionen deutlichen Ausdruck fand,
äußerte der damalige Finanzminister Ludwig Draxler vor dem Bundestag: „Unsere oberste
Richtlinie wird [...] sein, [...] den Haushalt des Bundes und die allgemeine Finanz- und
Wirtschaftspolitik so zu führen, daß die Wertbeständigkeit der österreichischen Währung gesichert bleibt. Wir sind uns dessen bewußt, daß ohne die Grundlage eines wertbeständigen
Geldes alle Bemühungen um den Wiederaufbau der österreichischen Wirtschaft fruchtlos
wären [...] Die Berücksichtigung der vielfachen Mehranforderungen an den Staat müßte
zu einer nicht zu vertretenden Kreditausweitung führen. Hiervon kann sich aber kein Stand
wirkliche Erfolge versprechen: Industrie und Gewerbe nicht, weil sie in erster Linie an einer
vernünftigen Kredit- und Währungspolitik interessiert sind, die ihnen die richtigen Kalkula-
tionen ihrer Produkte ermöglicht; ebensowenig aber die Landwirtschaft, die bei Geldwertän-
derung in erster Linie in die bekannte Preisschere – billige Agrarprodukte, teure Industriepro-
dukte – gerät, überdies aber jede Möglichkeit einer Kreditversorgung zu tragbaren Bedingungen schwinden sieht." In der Folge kam der Finanzminister noch einmal auf die drei Achsen
der Wirtschaftspolitik zu sprechen, auf eine Art „magisches Dreieck", dessen Stabilität die

---

[25] Vgl. die bei Wolf, Katastrophenwirtschaft, S. 103, angeführten Thesen einer „wirtschaftsoppositionellen Grup-
      pe". Die Notenbank hat einen beträchtlichen Teil der eingeflossenen Devisen dazu benutzt, die Wechsel, die aus
      den Sanierungsaktionen zugunsten der Banken eingegangen waren, abzubauen. Vgl. ÖIfK, Nr. 2/1938, S. 24.
[26] Die Industrie. Offizielles Organ des Hauptverbandes der Industrie Österreichs, Nr. 46/1935.
[27] Wolf, Katastrophenwirtschaft, S. 121.
[28] Vgl. Der Abend, 17. 1. 1929; AZ, 13. 1. 1927.

Voraussetzung für einen wirtschaftlichen Wiederaufschwung abgeben sollte: ausgeglichenes Budget, harte Währung und ein stabiles Preisniveau – wobei sich die Regierung v. a. für ersteres zuständig hielt: „Nur bei vollkommener Ordnung im Staatshaushalt kann die derzeitige Aufwärtsbewegung unserer Wirtschaft anhalten und so der Aufbau Österreichs erfolgreich vollendet werden."[29]

Andauernde Stagnation

Die von Ludwig Draxler angesprochene „Aufwärtsbewegung" hielt sich entgegen seinem Optimismus in Grenzen. Die Industrieproduktion hatte zwar ab 1934 – parallel zur Weltwirtschaft – die negative Tendenz umkehren können und jährlich wieder bescheidene Wachstumsraten zu verzeichnen gehabt. Im internationalen Vergleich blieb sie hingegen um einiges zurück, wenn man von den Ländern des „Goldblocks" absieht, die sich dann aber 1936 dazu entschlossen haben, zugunsten der Exportförderung abzuwerten (vgl. Tabelle 5).

Von dieser vorsichtigen Erholung[30] waren nun keineswegs alle Wirtschaftszweige erfaßt. Begünstigt waren namentlich die Rohstoffproduzenten und andere Sektoren, die an der internationalen Rüstungskonjunktur teilnehmen konnten (vgl. Tabelle 6). Das österreichische Institut für Konjunkturforschung hob bei seiner periodischen Berichterstattung stets hervor, daß es sich hier um Sonderkonjunkturen handelte, die in der Hauptsache über den Export vermittelt waren. Die Tendenz zum Aufschwung sei äußerst fragil, berichtete das ÖIfK weiter, da die österreichische Industrie eine ganze Reihe von Aufträgen nur dem Umstand zu danken hätte, daß „viele Aufträge, die in anderen Staaten infolge vollkommener Ausnützung der Produktionskapazitäten nur mit sehr langen Lieferfristen hätten ausgeführt werden können, in Österreich placiert wurden."[31] Als größtes Hindernis für eine Verstetigung der export- und rüstungswirtschaftlich bedingten Konjunkturbelebung erwies sich die hartnäckige Stagnation der Konsumgüterindustrie – ein Tatbestand, der die Gesamtentwicklung nach 1933 am deutlichsten kennzeichnet. Dies war in erster Linie auf das konstant niedrige Niveau der Masseneinkommen zurückzuführen, die nach der Zerschlagung der Gewerkschaften auf den Stand des Krisentiefpunktes eingefroren blieben. Vor allem jedoch verblieb der eigentliche Gradmesser für einen durchgreifenden Aufschwung auf einem katastrophal hohen Stand: 1937 wurden amtlich immer noch mehr als 320.000 Arbeitslose gezählt.[32]

Die österreichischen Regierungen der Jahre 1933 bis 1938 konnten sich im Gegensatz zu anderen – faschistischen wie demokratischen – Staaten nicht dazu durchringen, zur aktiven Konjunkturpolitik überzugehen.[33] Sie sahen ihre Aufgabe vor allem darin, nach klassischen nationalökonomischen Regeln solche Bedingungen herzustellen, die auf die selbstüberwindenden Kräfte der Krise – Wiederherstellung eines Gleichgewichts von Angebot und

---

29 Zit. nach Fibich, Bundesausgaben, S. 88 f.

30 Die veröffentlichten Zahlen und Vergleichsziffern geben nur die allgemeine Tendenz wieder. Das reale Niveau der Krise kann exakt nur an Hand der Auslastung der Produktionskapazitäten bestimmt werden, für die jedoch keine gesammelten Daten vorliegen. Nach Einzelberichten, die in der Verbandspresse veröffentlicht worden sind, befanden sich wichtige Zweige wie die Maschinenindustrie auch im Jahr 1937 noch in extremen Schwierigkeiten. Die Kapazitätsauslastung betrug hier nur 56,4 Prozent (1936: 45 Prozent); die Eisengießereien und die Glasindustrie berichteten eine rund 50prozentige Auslastung. Vgl. Die Industrie, Nr. 1/1938, Nr. 2/1938.

31 ÖIfK, Nr. 9/1937, S. 186.

32 ÖIfK, Nr. 2/1938, S. 70.

33 Es bleibt ein Paradox, daß ausgerechnet der Finanzkontrollor des Völkerbundes in Österreich, Rost van Tonningen, gegen Ende seiner Tätigkeit Druck zugunsten staatlicher Großinvestitionen mit beschäftigungspolitischen Effekten, wie Autobahn-, Flughäfen und Siedlungsbau machte; Peter Berger hebt in seiner Monographie über Rost (Im Schatten der Diktatur. Die Finanzdiplomatie des Vertreters des Völkerbundes in Österreich, Meinoud Marinus Rost van Tonningen 1931 - 1936, Wien-Köln-Weimar 2000, S. 402 ff.) hervor, daß dieser Kienböck und dessen Deflationskurs als seinen Gegenspieler betrachtete.

Tabelle 5: Industrielle Produktion (ø 1929 = 100)

	ø1929	ø1930	ø1931	ø1932	ø1933	ø1934	ø1935	ø1936
Chile*)	100.0	100.9	77.9	87.0	95.8	105.1	120.1	123.9
Dänemark*)	100.0	108.0	100.0	91.0	105.0	117.0	125.0	130.0
Frankreich*)	100.0	100.4	88.9	68.8	76.7	71.0	67.4	70.3
Großbritannien.	100.0	92.3	83.8	83.5	88.2	98.8	105.8	116.2
Kanada*)	100.0	84.8	71.0	58.1	60.3	73.5	81.3	89.8
Niederlande*)	100.0	91.4	79.0	62.3	69.1	69.8	66.3	71.9
Österreich*)	100.0	81.0	69.0	60.0	62.0	68.0	77.0	81.0
Polen*)	100.0	82.0	69.5	53.9	55.6	63.0	66.4	72.2
Schweden*)	100.0					109.0	66.4	77.0
U.S.A*)	100.0	80.7	68.1	53.8	63.9	66.4	75.6	88.1
Welt**)	100.0	86.3	74.8	63.0	71.3	77.0	85.4	95.5
*) Saisonbereinigt								
**) Ohne Rußland								

Quelle: ÖIfK, Nr. 12/1937, S. 273.

Tabelle 6: Industrieproduktion nach Branchen (1930 = 100)

	1913	1920	1924	1929	1933	1937
Bergbau, Erdöl, Magnesit	100.0	78.5	79.1	109.7	74.2	103.2
Stein- u. keramische Industrie	100.0	28.7	36.7	78.0	34.5	45.1
Eisenhütten	100.0	20.6	54.7	87.7	31.7	84.2
Eisen- und Metallverarbeitung	100.0	24.1	43.7	89.1	30.6	60.6
Säge- und Holzindustrie	100.0	66.2	213.7	233.3	128.1	161.6
Papierindustrie	100.0	69.8	97.5	133.8	118.3	144.3
Chemische Industrie	100.0	84.0	110.7	154.4	123.4	112.4
Leder, Textil, Bekleidung	100.0	42.8	77.0	89.6	70.3	104.9
Nahrungs- und Genußmittel	100.0	55.9	75.9	90.6	66.9	62.2
Industrie insgesamt	100.0	45.6	69.8	98.0	60.9	77.0

Quelle: Österreichs Volkseinkommen 1913 - 1963, S. 12.

Nachfrage durch Preisverfall, Konzentration der industriellen und gewerblichen Produktion, Neuverteilung der Kapitalien auf ertragreiche Branchen und Produkte – günstig einwirkten. Dies hieß aber nun nicht, daß sich der Staatsapparat jeglicher Intervention enthalten hätte. Zum einen fanden massive Eingriffe zugunsten des gefährdeten Bankapparates statt, dessen Sanierung einschließlich der im Laufe des Jahres 1934 erfolgten Fusion von Creditanstalt und Wiener Bankverein die enorme Summe von über 20 Mrd. Schilling verschlungen haben dürfte. [34] Hier schreckte auch die Nationalbank nicht davor zurück, ihren Devisenbestand anzugreifen, dessen Aufstockung ansonsten eine der Maximen ihrer Politik gewesen ist. [35] Von hier her datiert auch eine organische Verbindung des Staates mit den Banken, da sich der Großteil der Aktien nach der Sanierung von Creditanstalt, Wiener Bankverein und NÖ Eskomte Gesellschaft in staatlichen Händen befand. Unmittelbarer und dirigistischer Einfluß des Staates auf die Gestion der Banken blieb aber durch den Umstand verwehrt, daß sich die Regierung gegenüber den Auslandsgläubigern verpflichtet hatte, auf die Majoritätsrechte zu verzichten. [36] Andererseits fehlte es nicht an Versuchen, bescheidene Instrumente wirtschafts- diktatorischer Art aufzubauen. Gerade das Schicksal dieser Experimente – die Einsetzung ei- nes „Staatskommissärs für die Privatwirtschaft" und die Berufung eines „Preiskommissärs" – sind geeignet, das Verhältnis von Wirtschaft und Politik im Austrofaschismus aufzuhellen.

Unternehmerautonomie

Nach den Ereignissen des Februar und des Juli 1934 kam es in Österreich zur Berufung des Wiener Heimwehrführers und vormaligen Vizekanzlers Emil Fey in das neugeschaffene Amt eines „Generalstaatskommissärs zur Bekämpfung staats- und regierungsfeindlicher Be- strebungen in der Privatwirtschaft", nicht ohne daß sich bereits im Ministerrat Widerspruch gegen die Einbeziehung ganzer Unternehmen in den Wirkungskreis Feys erhoben hätte.

Die Tätigkeit des Generalstaatskommissärs erstreckte sich aber nicht darauf, wie zunächst anzunehmen gewesen wäre, etwaige ökonomische Sabotageaktionen zu unterbinden, sondern vielmehr darauf, personal politische Rochaden herbeizuführen. Vor allem ging es Fey in der Folge darum, Sympathisanten der NSDAP im Management industrieller Großbetriebe, aber auch sozialistische und kommunistische Parteigänger in der Belegschaft aus den Betrieben zu entfernen und an ihrer Stelle höhere Funktionäre der austrofaschistischen Wehrformationen und deren arbeitsloses Fußvolk unterzubringen. Hinsichtlich der manageriellen Ebene war dies nur von mäßigem Erfolg gekrönt. Zwar gelang es dem Austrofaschismus, die offiziellen Interessenvertretungen unter Kontrolle zu bringen, wie Karl Haas und Stefan Eminger ana- lysierten, jedoch gab es aus den sogenannten „Wirtschaftskreisen" „in den Jahren bis zum „Anschluß" laufend [...] Beitritte zur illegalen NSDAP"; das „Juli-Abkommen" 1936 mit NS-Deutschland und die Quasi-Legalisierung der „nationalen" Opposition gestattete offen- kundig sogar die organisatorische Konsolidierung der NS-Industriellen und Gewerbeunter- nehmer. [37] In keiner Phase war aber offensichtlich daran gedacht, die unternehmenspolitischen Entscheidungen selbst der Untersuchung und Beeinflussung zu unterwerfen. Wesentlich in- teressanter als die praktische Tätigkeit Feys ist aber der Rahmen, innerhalb dessen er nach nur einem Jahr abzudanken gezwungen wurde. Obgleich sich die überwiegende Mehrheit der Ressortvertreter für die Verlängerung der befristeten Verordnung über die Tätigkeit des Generalstaatskommissärs aussprach, kam er über die Intervention des Industriellenbundes zu Fall. Dieser hatte bereits Ende 1934 beim Handelsministerium urgiert, daß die Arbeiten des Generalstaatskommissärs zur Verunsicherung der Gesamtindustrie und des Auslandes beitra- gen müßten, und hatte damit eine Äußerung des Handelsministeriums erreicht, wonach "[d]ie

---

[34]   Vgl. K. Ausch, Als die Banken fielen. Zur Soziologie der politischen Korruption, Wien-Frankfurt-Zürich 1968, S. 420, 422.

[35]   Vgl. Sokal, Neugestaltung. S. 14 f. Danach stellte die Nationalbank 20 Mill. S aus Manipulationen des Edelmetall-, Devisen- und Valutabestandes für die Fusion von CA und Bankverein zur Verfügung.

[36]   Ausch, Als die Banken fielen, S. 41 f.

[37]   St. Eminger / K. Haas, Wirtschaftstreibende und Nationalsozialismus in Österreich. Die Nazifizierung von Han- del, Gewerbe und Industrie in den 1930er Jahren, in: Zeitgeschichte 29, Juli/August 2002, H. 4, S. 153 - 176, hier 159.

weitere Aufrechterhaltung dieses Gesetzes [...] im Ausland nicht günstig wirken und den Eindruck hervorrufen [würde], daß die politischen Verhältnisse in Österreich noch sehr wenig konsolidiert sind. Gerade dieser Eindruck aber muß vermieden werden, da wir bei der Beschaffung von Kapitalien, die wir zur Durchführung eines großzügigen Arbeitsbeschaffungsprogrammes im nächsten Jahr benötigen werden, vornehmlich auf das Ausland angewiesen sind."

In einer interministeriellen Besprechung, der eine neuerliche Bekräftigung des Unternehmer-Ultimatums vorangegangen war, kam es am 21. 6. 1935 zum kurzfristigen Beschluß, der Sonderstellung des Generalstaatskommissärs ein Ende zu bereiten und dessen Tätigkeit im Rahmen der traditionellen Polizeistellen zu normalisieren. [38]

Der im April 1937 berufene „Bundeskommissär für die Preisüberwachung", der leitende Funktionär des Großgrundbesitzerverbandes und Wirtschaftskonsulent beim Bundeskanzleramt, Felix Feest, erlebte zwar nicht jenes jähe Ende wie Generalstaatskommissär Emil Fey. Er sollte sich aber als ebensowenig glücklich dabei erweisen, der staatlichen Wirtschaftspolitik außerordentliche Akzente zu verleihen. Anlaß für die Schaffung des Amtes eines Preisüberwachungskommissärs war die Abwertung der Währung in einer ganzen Reihe von Ländern im Herbst 1936, die nach Ansicht der Regierung und ihrer Wirtschaftsexperten über Dumping-Exporte eine schwere Gefährdung der österreichischen Konkurrenz darstellen mußte. Da man nicht bereit war, die Abwertung mitzuvollziehen, so mußte als Ersatz dafür gesorgt werden, daß das österreichische Preisniveau gesenkt, zumindest aber Auftriebstendenzen unterbunden wurden. Echte Zwangsmittel – mit Ausnahme einer Reihe marktpolitisch gebundener Agrarpreise – standen dem Preiskommissär dafür allerdings nicht zur Verfügung, sodaß Feest Ende des Jahres nach Aufzählung einiger marginaler „Erfolge" resignativ vermelden mußte, es sei „wohl gelungen, die Verteuerungswelle zu bremsen" – deren reale Gefahr allerdings nicht allzu groß gewesen ist –, „nicht aber das Preisniveau der Massenverbrauchsgüter in einem vom Gesichtspunkt der Währung und Lohnpolitik durchaus wünschenswerten Maße herabzudrücken". Die gescheiterten autoritären oder wirtschaftsdiktatorischen Einsprengsel im Rahmen des liberalistischen Gesamtkonzepts weisen auf das komplizierte Verhältnis hin, das sich zwischen Staatsapparat und Wirtschaftsgruppen herausgebildet hatte. [39] Im Prinzip bestanden die wichtigsten Unternehmensgruppen auf der unbedingten Autonomie, wenngleich sie sich gegenüber dem generellen Kurs der Regierung mit dem Primat der Geld- und Budgetstabilität lange Zeit loyal verhielten. Das Organ des Industriellenbundes, „Die Industrie", hat an der Wende des Jahres 1935/36 präzise Worte für diese Beziehung gefunden. „Das, was die Industrie zu fordern hat", heißt es hier, „ist nicht viel und erschöpft sich zum großen Teile in negativen Wünschen, in der Abwehr von Aktionen, die ihre ruhige Arbeit behindern." [40] Tatsächlich ist die Industrie mit keinem eigenen Konzept an die Öffentlichkeit getreten. Der Kerngedanke, um den die industriellen Forderungen kreisten, nachdem erst einmal die Arbeiterorganisationen ausgeschaltet und autoritäre betriebliche Entscheidungsstrukturen geschaffen waren, bestand darin, die österreichischen Exporte so weit wie immer möglich zu fördern. Unter „Förderung" verstand die Industrie vor allem die weitgehende Senkung aller Belastungen der Marktpreise aus Steuern und Abgaben, also eine „angebotsorientierte Politik", um eine moderne Terminologie zu wählen. Die andauernd notwendigen hohen Ausgaben im Sozialbereich für Arbeitslosenunterstützung wie auch die erhöhten Rüstungsanstrengungen wirkten dem jedoch entgegen, ebenso

---

38 K. Stuhlpfarrer, Zum Problem der deutschen Penetration Österreichs, in: Das Juliabkommen von 1936, Wien 1977, S. 320, 325.

39 AVA, BKA-Inn., Büro Feest, Karton 7614/b, Bericht des Bundeskommissärs für die Preisüberwachung über die Führung des Preisüberwachungsdienstes (ca. Ende 1937).

40 Die Industrie, Nr. 52/1935.

wie die Kosten für die „innere Sicherheit", die mit der Einführung der „Sicherheitssteuer"
nochmals kontraproduktiv zu den Forderungen der Industrie wirken mußten. In einer offenbar
sehr realistischen Einschätzung der Handlungsfreiheit der Regierung bei handelspolitischen
Maßnahmen unter den Bedingungen einer weitgehend auf Kompensationsverkehr reduzierten
Weltwirtschaft verzichteten die Industriellen darauf, großangelegte Forderungspakete zu pro-
pagieren, wenngleich sie mit den Jahren immer heftiger die handelspolitische Bevorzugung
gewisser agrarischer Produzenten kritisierten. Langfristig erwarteten sie sich aber offenbar
Verbesserungen ihres Status nur im Rahmen breiter politischer Bündnisse, wie sie mit den
„Römer Protokollen" 1934 und zuvor wie danach mit den Spekulationen um wirtschaftspolitische Arrangements mit Deutschland – etwa im Rahmen einer Zollunion – in Diskussion
gestellt wurden. Allerdings ist es äußerst schwierig, hier eine selbständige konzeptive Arbeit
der Industrievertreter festzustellen.[41]

Agrarische Sonderstellung

Die Kritiker des behaupteten „Agrarkurses" konnten zur Untermauerung ihrer Argumentation eine Reihe signifikanter wirtschaftlicher Kennzahlen anführen. Weizen- wie Roggenpreise
wiesen eine kontinuierliche Preissteigerung auf, die im Fall des Weizens von einer Ausweitung der Anbaufläche um rund ein Viertel gegenüber dem Beginn der 30er Jahre begleitet war
(vgl. Tabelle 7).

Im Außenhandel verzeichneten die Agrarproduzenten ungleich bessere Ergebnisse als
die Industrie, und bereits 1934 wurde das Ausfuhrvolumen von 1929 übertroffen. Die großen
Gewinner dieser Entwicklung waren jene Sektoren, die sich mit Verarbeitung und Handel
von Milch und Milchprodukten befaßten und die den ersten Platz unter den Agrarexporteuren
erringen konnten – ihre Produkte waren allerdings bis zu 175 Prozent subventioniert.[42]

Bei der Beurteilung des „Agrarkurses" ist allerdings zu beachten, daß diese agrarische
Orientierung nicht mit einer generellen Bevorzugung der Landwirtschaft verbunden war. Ulrich Kluge hat in seiner breit angelegten Studie über das Agrarsystem betont, wie neue Abgaben (Futtermittellizenzgebühr), Mengenbeschränkungen (für Getreide, Wein, Zuckerrüben),
und Marktregulierung (Milchausgleichsfonds) höchst exklusive Effekte für bestimmte Seg-
mente der bäuerlichen Großbetriebe und der Agrarindustrie bewirkten, während sie die Einkommenssituation und die Autonomie kleinbäuerlicher Existenzen und den Konsum generell
drosselten.[43] Für das Gros der landwirtschaftlichen Produzenten, für die kleinen und mittleren
Bauern vor allem der Alpenländer, bedeuteten die Marktordnungsmaßnahmen einen weiteren
Verlust der ohnehin beschränkten wirtschaftlichen Freiräume, da sie nunmehr – nach Verbot

---

[41]   Zu den „Römer Protokollen" als wirtschaftlich-politisches Bündnis zwischen Österreich, Ungarn und Italien vgl.
       P. Enderle, Die ökonomischen und politischen Grundlagen der Römischen Protokolle aus dem Jahre 1934, phil.
       Diss., Wien 1979; auch die „Anschluß"-Frage und die Haltung der Industrie hiezu stellt sich nach neueren Un-
       tersuchungen anders dar als in der politischen Polemik unmittelbar nach der Okkupation. Über die komplexen
       Probleme der wirtschaftlichen Kooperation zwischen Österreich und NS-Deutschland unterrichtet etwa K. Stuhl-
       pfarrer, Der deutsche Plan einer Währungsunion mit Österreich, in: Anschluß 1938, Wien 1981, S. 275 ff., der
       zumindest drei Varianten deutscher Politik gegenüber Österreich ausmacht. Dabei spielt Österreich nicht nur als
       imperialistisches Objekt eine wichtige Rolle, sondern – gemäß Vorstellungen über eine Mittlerrolle Österreichs
       für blockierte deutsche Außenhandelsbeziehungen – auch als eine Art Bündnispartner, als Transitland.
       Auf die durchaus eigenständige Funktion, die deutsche Konzerne in Österreich einnehmen konnten, um gewisse
       unternehmenspolitische Nachteile aus der NS-Außenpolitik zu umgehen, hat Roland Matthes hingewiesen; vgl.
       R. Matthes, Das Ende der Ersten Republik Österreich. Studien zur Krise ihres politischen Systems, Hamburg
       1979, insb. S. 137.
[42]   ÖIfK, Sonderh. 2/1938, S. 13 f.
[43]   U. Kluge, Bauern, Agrarkrise und Volksernährung in der europäischen Zwischenkriegszeit. Studien zur Agrar-
       gesellschaft und -wirtschaftspolitik der Republik Österreich 1918 bis 1938, Stuttgart 1988, insb. S. 441 ff.

Tabelle 7: Anbauflächen- und Preisentwicklung wichtiger Agrarprodukte

Wirtschafts-jahr	Weizen	Roggen	Gerste	Hafer	ø Jahr	Weizen	Roggen
(1.7 - 30.6.)	Anbaufläche in ha					S pro 100 kg	
1928 - 29	208.031	379.498	156.404	300.983			
1929 - 30	208.450	374.270	158.193	296.575			
1930 - 31	205.478	375.049	173.959	312.344			
1931 - 32	209.421	378.003	168.321	314.620	ø 1931	25.40	25.86
1932 - 33	216.309	387.125	171.056	307.136	ø 1932	33.58	29.25
1933 - 34	219.620	387.545	171.057	305.729	ø 1933	35.06	22.55
1934 - 35	231.817	381.709	166.608	302.809	ø 1934	35.67	24.01
1935 - 36	243.309	381.942	162.942	297.594	ø 1935	36.47	25.43
1936 - 37	252.472	372.642	163.087	288.489	ø 1936	35.30	25.65
1937 - 38*)	259.900	360.600	160.600	282.400	ø 1937	37.03	26.78
*) Vorschätzung							

Quelle: ÖIfK, Nr. 2/1938, S. 34.

des freihändigen Verkaufs – dem Preisdiktat der Händler- und Genossenschaftsverbände ausgesetzt waren. Der Zoll- und Handelsprotektionismus schlug sich dahingehend nieder, daß gerade auch die Bedarfsgüter dieser Bauern – landwirtschaftliche Produkte, die sie zukaufen mußten, wie etwa Futtermittel – der relativen Verteuerung unterlagen. Dementsprechend halten sich auch die ganze Dauer des austrofaschistischen Regimes über die Proteste bäuerlicher Interessengemeinschaften gegen die praktizierten Formen der Agrarkartellierung und gegen die Bevorzugung einzelner Kategorien der Großbauern und des Großgrundbesitzertums, aber auch der Waren- und Kreditgenossenschaften.[44]

Die auf den ersten Blick exzeptionelle Stellung der Großagrarier ließ sich allerdings vom Regierungsstandpunkt aus auch damit begründen, daß im Agrarbereich ein außerordentlich steigerungsfähiges Ressourcenpotential lag, das gerade mit Hinsicht auf eine Verbesserung der Außenhandelssituation außergewöhnliches Gewicht erhalten konnte. Bezahlt wurde diese Ausrichtung aber aus der weiterhin beschränkten Lebenshaltung der Arbeiter- und Angestelltenschaft und mit konjunkturdämpfenden Folgewirkungen, die aus der gedrosselten Nachfrage des privaten Konsums hervorgingen.

Politik der Passivität

Die „Finanzdiktatur", das heißt das Aufrücken der Finanzökonomie in die hegemoniale Position austrofaschistischer Politik, war die Resultante eines komplexen Gewebes von Strategien und Strukturen, die diese Herrschaftsform nicht schlichtweg mit Personengruppen und Machtträgern verknüpfen lassen. Spätestens mit dem drohenden Zusammenbruch der Creditanstalt 1931 verbanden sich aufgrund deren zentraler Stellung für die Finanzierung von

---

[44] Dazu existiert eine reiche Dokumentensammlung bei den Beständen des Bundesministeriums für Land- und Forstwirtschaft im Allgemeinen Verwaltungsarchiv, Wien, die bislang leider nicht gebührend berücksichtigt worden ist.

Industrie und Gewerbe, aber auch für die laufenden Staatsgeschäfte Finanzökonomie und Politik auf das engste. Bei der Sanierung der Bank, die den monetären Unterbau des Staates durch Kapitalflucht und Devisenkrise zutiefst erschütterte, war auf die internationale „Finanzdiplomatie"[45] ebenso Rücksicht zu nehmen wie auf die konkurrierenden politischen Revisionsprojekte der europäischen Staaten in Zentraleuropa, auf die Spaltung der ökonomischen Machtgruppen Österreichs in „Anschluß"-Freunde[46] und solche, die andere Allianzen – z. B. mit dem italienischen Faschismus – befürworteten und anderes mehr. Die Übernahme bzw. Haftungserklärungen des Bundes für In- und Auslandskredite infolge der Bankensanierungen 1931/34 (samt deren weiteren wirtschafts- und außenpolitischen Verpflichtungen) begrenzte zweifelsohne den Handlungsspielraum der Regierungen – schließlich bewirkten die Rahmenbedingungen der „Lausanner Anleihe" ja eine veritable Krise der Regierungskoalition mit ihrem „Anschluß"-Flügel – und legten diese zum Teil auf eine Deflationspolitik fest. Andrerseits trafen diese Auflagen aber exakt auf die klassenpolitischen Strategien in Österreich im engeren Sinne, das heißt auf die Fokussierung der besitzenden Klassen, durch kombinierte rechtliche, budgetäre und finanzielle Operationen die gewerkschaftlich-sozialdemokratische Gegenmacht auszuhöhlen, um mikroökonomische Vorteile zu erzielen bzw. mit Berufung auf extern oktroyierte „Sachzwänge" – wie eine restriktive Budgetpolitik – zu legitimieren.[47]

Der (internationale) politische Kontext wurde nirgends deutlicher als in der paradoxen Situation, daß die internationalen Gläubiger ab dem Sommer 1934 und nach dem Putschversuch der Nationalsozialisten zu weitgehenden Konzessionen bereit waren und Konversionsanleihen akzeptierten, die (allerdings auch wegen der inkludierten kurzfristigen Tilgungsmoratorien) gemeinsam mit der für den Schilling positiven Wechselkursentwicklung zu einer effektiven Politik der Entschuldung (vor allem des Staates) führten. (Schließlich ging diese Politik sogar gefördert durch die Clearing-Verträge mit wichtigen Handelspartnern in die „Hortung" von Gold und Devisen[48] durch die Notenbank über, da ausländische Unternehmungen mit schwacher Währung ihre Erlöse nicht zurücktransferierten, sondern in Österreich deponierten, also quasi „Kapitalflucht" begingen. Norbert Schausberger hat die nach 1934 aufgefüllten Gold- und Devisenbestände als die möglicherweise attraktivste Morgengabe an das an internationalen Zahlungsmitteln knappe nationalsozialistische Deutschland bezeichnet.[49] Dies mochte die Legitimität des Regimes nach innen gegenüber den oben genannten Machtträgern stützen und die bürgerlichen Opponenten, die für eine Adaptierung beschäftigungspolitischer Staatsintervention plädierten, schwächen.

Die Hartwährungspolitik – nach innen wie nach außen – beruhte auf einem Konsens der ausschlaggebenden Wirtschaftsfraktionen; ein Konsens freilich, der zu verschiedenen Zeiten mehr oder weniger breit verankert war. Für die Jahre bis 1936 umfaßte er, wenn man sich an den offiziellen Stellungnahmen orientiert, die Staatsbürokratie und die Leitung der Nationalbank, die Privatbanken und offenbar den überwiegenden Teil der Industrie und des

---

[45] Vgl. K. Haas, Auf der Suche nach Geld und Märkten. Zur außenpolitischen Dimension der österreichischen Krisenlösung in den frühen Dreißiger Jahren, in: E. Bussière u. a. (Hg.), L'Europe centrale et orientale en recherche d'intégration économique 1900 - 1950, Louvain-la-Neuve 1998, S. 77 - 96, insb. 86 ff.; D. Stiefel, Finanzdiplomatie und Weltwirtschaftskrise. Die Krise der Credit-Anstalt für Handel und Gewerbe 1931, Frankfurt/M. 1989, insb. S. 142 ff.

[46] Vgl. Eminger / Haas, Wirtschaftstreibende und Nationalsozialismus; St. Eminger, Gewerblicher Mittelstand in Österreich zur Zeit der Großen Depression. Organisation, Interessenpolitik und politische Mobilität im Gewerbe 1930 - 1938, in: Mitteilungen des österreichischen Staatsarchivs 46 (1998).

[47] Vgl. Berger, Im Schatten der Diktatur, S. 399 f., zu Kienböcks erfolgreicher Abwehr neuerlicher Anleiheaufnahmen, die 1934 in der Regierung zur Sprache kamen. Eines der Argumente Kienböcks war, daß weitere Anleihen die „Disziplin" bei der Suche nach weiteren budgetären Einsparungspotentialen untergraben würden.

[48] G. Senft, Im Vorfeld der Katastrophe. Die Wirtschaftspolitik des Ständestaates. Österreich 1934 - 1938, Wien 2002, S. 277.

[49] N. Schausberger, Der Griff nach Österreich, Wien 1978.

Handels. Neben einer Reihe anderer nationalökonomischer Faktoren, die die Währungsstabilität in den Augen dieser Gruppen zur ersten Aufgabe werden läßt, ist dieser politisch-
ökonomische Block durch das unmittelbare Interesse an einer möglichst günstigen Lösung
der Auslandsschulden des Staates, der Banken und der Industrie verbunden. Mit der weitgehenden Abstoßung der Privat- und Staatsschulden drängen aber die industriellen Interessen
wieder stärker auf einen expansiven Kurs, der sie in teilweisen Gegensatz zu den Privatbanken und der Bürokratie stellt. Während die Industrie auf eine Ausweitung der Produktion
und des Absatzes abstellt, halten die Banken an einer restriktiven Politik fest, die immer stärker Formen des Rentenkapitals annimmt und im Gegensatz zur vor 1932/33 herrschenden
Geschäftspolitik steht, direkte Industriebeteiligungen zu suchen und eine aktive Bankkon-
zernpolitik zu betreiben. Zumindest bis zum Jahre 1936, als der Kontrollkommissär Rost van
Tonningen seine Tätigkeit einstellte, hat diese Politik eine ausschlaggebende Stütze in den
Auslandsgläubigern bzw. ausländischen Banken, die sich über den Völkerbund an der „Sanierung" der Creditanstalt beteiligt und ihre Kreditbereitschaft an politische Auflagen gebunden haben. [50] Daß die Regierung auch nach Aufhebung der Völkerbund-Kontrolle an diesem
Grundkonzept festhielt, dürfte sich zum einen auf die direkten Engagements im Banken-
kartell zurückführen lassen, zum anderen aber auf die politischen Grundlagen des Regimes.
Eine analoge Politik zur nationalsozialistischen „Staatskonjunktur" hätte zur Voraussetzung
gehabt, daß das austrofaschistische Regime über ähnliche Zwangsmittel verfügt hätte, die
gegenüber widerstrebenden Einzelinteressen der Privatwirtschaft benötigt worden wären, um
sich die Kontrolle über die Außenwirtschaft, die Verteilung der wirtschaftlichen Ressourcen,
über die Preisgestaltung und über eine andere Vielzahl wirtschaftspolitischer Schlüsselfunk-
tionen verschaffen zu können. Dafür wären nicht nur die traditionellen staatlichen Zwangsmittel nötig gewesen, sondern auch eine aus der Gesellschaft selbst herausgegangene Massenbasis, die hierfür hätte mobilisiert werden können. Vor allem aber hätte eine solche Politik zur
Voraussetzung gehabt, daß sie einen großen Teil der Reorganisationsmaßnahmen an monopo-
listische Wirtschaftsgruppen abtreten hätte können. [51] Die Eigentums- wie Kapitalstruktur der
österreichischen Industrie stellte für ein derartiges Konzept keinen tauglichen Partner zur Verfügung, [52] sodaß sich auch bei den Überlegungen hinsichtlich der Erschließung neuer Märkte
das österreichische Unternehmertum durchwegs nur eine diplomatisch-partnerschaftliche Expansion vorstellen konnte. [53] Ohne diese politisch-strukturellen Voraussetzungen aber mußte
eine Politik aktiver Konjunkturförderung immer die Gefahr einer Belebung der politischen
Opposition und darunter vor allem der Arbeiterschaft heraufbeschwören, einen neuerlichen
Aufschwung der Klassenkämpfe, deren Unterbindung die eigentliche Legitimation der austrofaschistischen Regierungen gegenüber den ohnedies nicht allzu starken eigenen Parteigängern dargestellt hat.

---

[50] Diese Forderungen betrafen die Garantie des Zinsendienstes, die Schaffung eines ausgeglichenen Budgets, einen
      Stopp bei der Begebung von Anleihen ohne Zustimmung des Völkerbundes u. a. m.; vgl. G. Klingenstein, Die
      Anleihe von Lausanne. Ein Beitrag zur Geschichte der Ersten Republik in den Jahren 1931 - 1934, Wien-Graz
      1965, S. 67 ff.; Ausch, Als die Banken fielen, S. 397 ff.
[51] Zum Problemkomplex Faschismus – Kapitalgruppen vgl. die überblickshaften Ausführungen bei Hennig, Bür-
      gerliche Gesellschaft, S. 228 ff.
[52] Vgl. Matthes, Das Ende der Ersten Republik, der ein sehr präzises Diagramm der Besitz- und politischen Ver-
      hältnisse im Grenzbereich zwischen österreichischen Banken und Industriekonzernen vorgelegt hat.
[53] Als ein Beispiel für die „Flexibilität" der österreichischen Kapitalgruppen vgl. ebenda, S. 105 f., betreffend Plä-
      ne über die Rolle eines „Ausfallstores Österreich" für britische Handelsinteressen auf dem südosteuropäischen
      Markt.

Literatur

Ausch, Karl: Als die Banken fielen. Zur Soziologie der politischen Korruption, Wien-Frankfurt-Zürich 1968.

Berger, Peter: Im Schatten der Diktatur. Die Finanzdiplomatie des Vertreters des Völkerbundes in Österreich, Meinoud Marinus Rost van Tonningen 1931 – 1936, Wien-Köln-Weimar 2000.

Eminger, Stefan: Gewerblicher Mittelstand in Österreich zur Zeit der Großen Depression. Organisation, Interessenpolitik und politische Mobilität im Gewerbe 1930 - 1938, in: Mitteilungen des österreichischen Staatsarchivs 46 (1998).

Eminger, Stefan / Karl Haas: Wirtschaftreibende und Nationalsozialismus in Österreich. Die Nazifizierung von Handel, Gewerbe und Industrie in den 1930er Jahren, in: Zeitgeschichte 29, Juli/August 2002, H. 4, S. 153 - 176.

Enderle, Peter: Die ökonomischen und politischen Grundlagen der Römischen Protokolle aus dem Jahre 1934, phil. Diss., Wien 1979.

Fibich, Alexander: Die Entwicklung der österreichischen Bundesausgaben in der Ersten Republik (1918 - 1938), Diss., Wien 1977.

Haas, Karl: Auf der Suche nach Geld und Märkten. Zur außenpolitischen Dimension der österreichischen Krisenlösung in den frühen Dreißiger Jahren, in: Eric Bussière u. a. (Hg.), L'Europe centrale et orientale en recherche d'intégration économique 1900 - 1950, Louvain-la-Neuve 1998, S. 77 - 96.

Haas, Karl: Industrielle Interessenpolitik in Österreich zur Zeit der Weltwirtschaftskrise, in: Jahrbuch für Zeitgeschichte 1978, Wien 1979.

Hennig, Eike: Bürgerliche Gesellschaft und Faschismus in Deutschland. Ein Forschungsbericht, Frankfurt/M. 1977.

Kamitz, Reinhard: Die österreichische Geld- und Währungspolitik, in: Hans Mayer (Hg.), Hundert Jahre österreichische Wirtschaftsentwicklung, 1848 – 1948, Wien 1949.

Kausel, Anton / Nandor Nemeth / Horst Seidl: Österreichs Volkseinkommen 1913 – 1963, Wien 1965.

Kernbauer, Hans: Währungspolitik in der Zwischenkriegszeit. Geschichte der österreichischen Nationalbank von 1923 bis 1938, Wien 1991.

Kienböck, Viktor: Währung und Wirtschaft. Ein Vortrag, Wien 1947.

Klingenstein, Grete: Die Anleihe von Lausanne. Ein Beitrag zur Geschichte der Ersten Republik in den Jahren 1931 - 1934, Wien-Graz 1965.

Kluge, Ulrich: Bauern, Agrarkrise und Volksernährung in der europäischen Zwischenkriegszeit. Studien zur Agrargesellschaft und -wirtschaftspolitik der Republik Österreich 1918 bis 1938, Stuttgart 1988.

Kroll, Gerhard: Von der Weltwirtschaftskrise zur Staatskonjunktur, Berlin 1958.

Matthes, Roland. Das Ende der Ersten Republik Österreich. Studien zur Krise ihres politischen Systems, Hamburg 1979.

Mandel, Ernest: Der Spätkapitalismus, Frankfurt/M. 1972.

März, Eduard: Stagnation und Expansion. Eine vergleichende Analyse der wirtschaftlichen Entwicklung in der Ersten und Zweiten Republik, in: Wirtschaft und Gesellschaft, 2/1982.

Österreichisches Institut für Konjunkturforschung (Hg.), Die Entwicklung der österreichischen Wirtschaft 1923 - 1932, Wien 1933.

Österreichisches Jahrbuch 1933/34, Wien 1935.

Pressburger, Siegfried: Österreichische Notenbank 1816 - 1966, Wien 1966.

Senft, Gerhard: Im Vorfeld der Katastrophe. Die Wirtschaftspolitik des Ständestaates. Österreich 1934 - 1938, Wien 2002.

Sokal, Max: Neugestaltung und Zusammenfassung im österreichischen Bankwesen, in: Mitteilungen des Verbandes österreichischer Banken und Bankiers, Nr. 1/2, 1935.

Stiefel, Dieter: Finanzdiplomatie und Weltwirtschaftskrise. Die Krise der Credit-Anstalt für Handel und Gewerbe 1931, Frankfurt/M. 1989.

Stuhlpfarrer, Karl: Zum Problem der deutschen Penetration Österreichs, in: Das Juliabkommen von
      1936, Wien 1977.
Stuhlpfarrer, Karl: Der deutsche Plan einer Währungsunion mit Österreich, in: Anschluß 1938, Wien
      1981.
Schausberger, Norbert: Der Griff nach Österreich, Wien 1978.
Wolf, Erich Hans: Katastrophenwirtschaft. Geburt und Ende Österreichs 1918 – 1938, Zürich-New York
      1939.

Kundgebung der Vaterländischen Front auf dem Heldenplatz in Wien, 8. August 1934. Von links nach rechts: Schuschnigg, Starhemberg, Stockinger, Buresch, Neustädter-Stürmer, Berger-Waldenegg.

Sozialpolitik im Austrofaschismus

Emmerich Tálos

1. Sozialpolitik im Schatten der ökonomischen Krise – 2. Sozialpolitik 1934 bis 1938 – 2. 1. Sozialpolitik in Veränderung – 2. 1. 1. Arbeitsrecht und Arbeiterschutz – 2. 1. 2. Kürzungen auf allen Ebenen sozialstaatlicher Sicherung – 2. 1. 3. Arbeitsbeschaffungspolitik – 3. Sozialpolitik und sozioökonomische Lage der Arbeiterschaft

Vorbemerkung

An der Entwicklung der staatlichen Sozialpolitik in Österreich ist ersichtlich, daß diese seit ihren Anfängen in den achtziger Jahren des 19. Jahrhunderts keineswegs in ununterbrochener, aufsteigender Linie verlief. Veränderungen der politischen und gesellschaftlichen Kräfteverhältnisse sowie der ökonomischen Bedingungen hatten in unterschiedlicher Weise Veränderungen in Richtung Ausbau oder Einschränkung des jeweiligen sozialpolitischen Niveaus zur Folge. [1] Die sozialpolitische Entwicklung in den dreißiger Jahren des 20. Jahrhunderts ist ein einprägsames Beispiel dafür: Die ökonomische Krise, die damit verbundene Krisenlösungspolitik und Etablierung des austrofaschistischen Herrschaftssystems fanden im Bereich der Sozialpolitik nachhaltigen Niederschlag, und zwar sowohl hinsichtlich der Rahmenbedingungen der sozialpolitischen Entscheidungsfindung als auch in bedeutenden inhaltlichen Veränderungen. Dies wird im folgenden an drei Bereichen der Sozialpolitik – Arbeitsrecht, Sozialversicherung und Arbeitsbeschaffungspolitik – aufgezeigt. [2]

1. Sozialpolitik im Schatten der ökonomischen Krise

Die sozialpolitische Entwicklung in der Ersten Republik ist durch einen bemerkenswerten Ausbau im Bereich des Arbeitsrechtes und der Sozialversicherung gekennzeichnet. Dieser Ausbau resultierte in der Anfangsphase (1918 - 1920) zwar weitgehend aus der Machtstellung der Sozialdemokratie, war vorerst jedoch durch die Koalition mit den Christlichsozialen politisch abgesichert. Nach 1920 bildete die Sozialpolitik zunehmend einen bedeutenden Konfliktpunkt zwischen Sozialdemokratischer Partei und Freien Gewerkschaften auf der einen Seite, bürgerlichen Parteien und Regierungen sowie Unternehmervertretungen auf der anderen Seite. Dabei standen in erster Linie das Ausmaß der Leistungen, die „Belastung"

---

[1] Siehe E. Tálos, Staatliche Sozialpolitik in Österreich, Wien 1982; E. Tálos / K. Wörister, Soziale Sicherung im Sozialstaat Österreich, Baden-Baden 1994.

[2] Zum Bereich der Sozialhilfe im Austrofaschismus siehe den Beitrag von G. Melinz in diesem Band.

der Produktionskosten und des staatlichen Budgets im Blickpunkt der Auseinandersetzungen. Unter den Bedingungen der ökonomischen Krise intensivierten sich die Auseinandersetzungen Ende der zwanziger Jahre. [3] Die ökonomische Krise schlug unmittelbar auf den Bereich der Sozialpolitik durch: Neben der rückläufigen Entwicklung bei Löhnen bedingte vor allem die sprunghaft ansteigende Arbeitslosigkeit einen gravierenden Rückgang der Einnahmen der Sozialversicherungsträger. Davon war die Arbeitslosenversicherung ebenso wie die Pensions- und Krankenversicherung betroffen. Zum anderen führte die Krise zu einer vermehrten Inanspruchnahme der Arbeitslosenversicherung und Notstandsunterstützung. Diese Entwicklung tangierte in besonderer Weise das staatliche Budget: Der Bund hatte 1925 zwar die direkte Beteiligung an den Aufwendungen der Arbeitslosenversicherung beseitigt, auf der anderen Seite jedoch „bis zur Beendigung der Krise" die vorschußweise Abdeckung der Abgänge in der Arbeitslosenversicherung übernommen. Die sprunghaft anwachsende Arbeitslosigkeit spiegelt sich in der Steigerung der Abgänge. Die Konsequenzen für den Staatshaushalt können an den folgenden Daten verdeutlicht werden: Betrug der Abgang im Jahr 1926 8 Mio. Schilling, so stieg er 1929 auf 16, 1930 auf 49 und 1931 auf 55 Millionen. [4] Trotz des „Kampfes gegen die sozialen Lasten" und weitreichender „Reform"-Vorstellungen war bis 1931/32 der Erfolg der Budget- und Produktionskosten-Entlastungsstrategie nur gering. Der Grund dafür ist nicht allein im massiven Widerstand der Sozialdemokratie zu suchen. Die Verfassung band sozialpolitische Entscheidungen an das Parlament und bildete somit für eine außerparlamentarische Notverordnungspolitik eine Blockade. Einem einheitlichen Vorgehen des bürgerlichen „Lagers" stand nicht nur die Legitimationsproblematik der darin involvierten Parteien unter den Bedingungen knapper parlamentarischer Mehrheitsverhältnisse entgegen. An der Krisenlösungspolitik 1931/32 war die bisherige Koalition zwischen Christlichsozialen und Großdeutschen zerbrochen. Die Landtags- und Gemeinderatswahlen von 1932 zeigten den rapiden Erosionsprozeß im bürgerlichen Lager auf. [5]

Welche Konsequenzen daraus für die Realisierung einer von der Regierung angestrebten und von den Unternehmervertretern geforderten „Reform" resultierten, verdeutlichte der zuständige Minister, Resch, im Sommer 1932: Er habe bereits im März 1932 versucht, „neuerlich die Reform der Arbeitslosenunterstützung in Angriff zu nehmen, und darüber mit den Sozialdemokraten, den Großdeutschen und den Christlichsozialen verhandelt. Von allen diesen Parteien sei die Schaffung eines selbständigen Versicherungsträgers für die Arbeitslosenunterstützung, die zwar eine Erleichterung des Budgets, gleichzeitig aber auch eine Einschränkung der Leistungen an Arbeitslosenunterstützungen mit sich gebracht hätte, abgelehnt worden [. . .]" [6] Weiters konstatierte er: „Die Reform der Sozialpolitik sei in Österreich nicht zu machen." [7]

Daß die „Reform" in Form eines substantiellen Leistungsabbaues doch gemacht werden konnte, ist Resultat des von der Regierung Dollfuß 1932 in Gang gesetzten politischen Veränderungsprozesses. Für die intendierte Krisenlösung – umfassende Budget- und Bankensanierung sowie Senkung der Produktions- und Lohnkosten – spielte die Frage der „Sanierung" der Sozialversicherung, insbesondere der Arbeitslosenversicherung, eine wichtige Rolle. Um diese Krisenlösungspolitik gegen bestehende Blockaden abzusichern, verfolgte die Regie-

---

3   Siehe dazu E. Tálos, Sozialpolitik in der Ersten Republik, in: Emmerich Tálos / Herbert Dachs / Ernst Hanisch / Anton Staudinger (Hg.), Handbuch des politischen Systems Österreichs. Erste Republik 1918 - 1933, Wien 1995, S. 570 - 586, hier 572 f.

4   Siehe D. Stiefel, Arbeitslosigkeit. Soziale, politische und wirtschaftliche Auswirkungen – am Beispiel Österreichs 1918 - 1938, Berlin 1979, S. 61.

5   Siehe dazu D. Hänisch, Wahlentwicklung und Wahlverhalten in der Ersten Republik, Wien 1995.

6   Ministerratsprotokoll Nr. 799, 1. 6. 1932, S. 50. (Die Ministerratsprotokolle werden zitiert nach: Protokolle des Ministerrates der Ersten Republik, Bearbeiterin: G. Enderle-Burcel, Wien 1980 ff.)

7   Ministerratsprotokoll Nr. 808, 17. 6. 1932, S. 245; siehe auch Ministerratsprotokoll Nr. 829, 13. 10. 1932, S. 625.

rung mit Unterstützung durch die Christlichsozialen, Heimwehren und Unternehmervertretungen die Strategie, den Handlungsspielraum des Parlaments und der politischen Opposition, in erster Linie der Sozialdemokratie, einzuschränken bzw. überhaupt auszuschalten. [8] Die Realisierung dieser Strategie im Jahre 1933 prägte den weiteren sozialpolitischen Entwicklungsverlauf: Hand in Hand mit Veränderungen in der politischen Struktur gehen bedeutende sozialpolitische Änderungen. Ebensowenig wie die politischen Änderungen auf eine befristete Einschränkung des Einflusses von Parlament und Sozialdemokratie beschränkt blieben, erschöpfte sich der weitere sozialpolitische Änderungsprozeß in bloßen Sanierungsmaßnahmen der Arbeitslosenversicherung. Die Entwicklung ab März 1933 ist konkreter Beleg dafür.

Gestützt auf das Kriegswirtschaftliche Ermächtigungsgesetz von 1917 erließ die Regierung eine Reihe von Verordnungen, die alle Bereiche der Sozialpolitik tangierten: Arbeitslosenversicherung und Notstandsunterstützung, Sozialversicherung und Arbeitsrecht. Die Prolongierung des 1932 eingeführten Krisenzuschlages zur Warenumsatzsteuer und zusätzliche Einsparungsmaßnahmen zielten auf die Entlastung des Staatshaushaltes. In der Arbeitslosenversicherung wurde die Höchstdauer der Unterstützung auf 20 Wochen reduziert, das Ausmaß der Unterstützung herabgesetzt und die Bedingungen für die Anspruchsberechtigung durch restriktive Auslegung der „Gefährdung des Lebensunterhaltes" verschärft. Ähnliches gilt für die Notstandsunterstützung, wo entsprechende Richtlinien Einsparungen zur Folge hatten. [9] Die Konsequenz dieser Politik zeigte sich unter anderem daran, daß der Anteil der Unterstützten an der Gesamtzahl der Arbeitslosen merkbar schrumpfte: 1930 betrug dieser noch 86 %, 1933 60 % und 1934 nur noch 53 %. Dies erfolgte in einem Kontext, der durch eine rapide ansteigende Erwerbslosigkeit geprägt ist: 557.000 Arbeitslose im Jahr 1933 und 545.000 im Jahr 1934 entsprachen einer Arbeitslosenquote von 26 % bzw. 25,5 %. [10]

In unmittelbarem Zusammenhang mit der Budget- und Bankensanierung stehen Eingriffe in bestehende Kollektivverträge: Mittels Bankenentlastungsverordnung [11], Verordnung über die Dienst- und Besoldungsverhältnisse der Bediensteten der industriellen Bezirkskommissionen und Arbeitslosenämtern, der Verordnung über Maßnahmen zur Senkung des Aufwandes an persönlichen Verwaltungskosten der Träger der Sozialversicherung, der Bundesbahnsanierungsverordnung sowie Privatbahnbudgetsanierungsverordnung kam es zur Aufhebung der geltenden Kollektivverträge. Ihr Zweck war es, die Voraussetzungen für Lohn- und Pensionskürzungen sowie für den Personalabbau zu schaffen. Die „Industrie", das Organ des „Hauptverbandes der Industrie Österreichs", sah ebenfalls darin tiefe Eingriffe in das Angestelltendienstrecht, verteidigte diese als unverzichtbar: „Sie waren aber auch die einzig mögliche Befreiung aus den Fesseln, die die Kombination von Kollektivverträgen mit Dienstordnung, Pragmatisierung und Unkündbarkeit dem Dienstgeber bedeutete, der mangels der Möglichkeit, das Dienstverhältnis zu lösen, einen Druck auf den Dienstnehmer nicht ausüben konnte, den wirtschaftlichen Verhältnissen angemessene, ungünstigere Arbeitsbedingungen bzw. Dienstverträge anzunehmen." [12] Ähnliches gilt für die Bauarbeiterverordnung.

Zur Senkung der Produktions- und Lohnkosten sollten auch Maßnahmen im Bereich der Arbeitszeitgesetzgebung beitragen: Eine Verordnung legte die Reduktion des Überstundenzuschlages (von 150 % auf 125 %) und eine Verjährungsfrist für Ansprüche aus der Überstundenentlohnung fest. Zugleich wurden Angestellte mit Leitungsfunktionen aus dem Geltungs-

---

[8] Siehe dazu die Ausführungen über die innenpolitischen Aspekte des Konstituierungsprozesses in dem von Manoschek und mir verfaßten Beitrag in diesem Band.

[9] Siehe Tálos, Staatliche Sozialpolitik, S. 265 f.

[10] Siehe Stiefel, Arbeitslosigkeit, S. 29.

[11] Für Kienböck war die Reduktion der Pensionen der erste Schritt, um die notwendige Bankensanierung durchführen zu können – eine Maßnahme, die die Regierung setzen müsse, weil Verhandlungen mit den Bankbeamten ein völlig unzulängliches Ergebnis erbracht hatten. (Ministerratsprotokoll Nr. 860, S. 492 f.)

[12] Die Industrie, 1933, Nr. 50, S. 12.

bereich des Achtstundentaggesetzes ausgenommen. In die gleiche Richtung weist die Verordnung betreffend die Herabsetzung der Verzugsgebühren in der Sozialversicherung. Daß diese Maßnahme sich letztlich als kontraproduktiv erwies, gesteht selbst die „Industrie" ein: „Diese in bester Absicht zur Erleichterung der Wirtschaft erlassene Verordnung hat für die Sozialversicherungsträger den Nachteil, daß sie für Zahlungsunwillige wie eine Prämie wirkt."[13] Die Außenstände sind tatsächlich beträchtlich gestiegen.[14] Auf der anderen Seite wurde die „Reform" der Sozialversicherung bereits eingeleitet: Neben den Kürzungen der Gehälter der Sozialversicherungsangestellten wurden die Leistungen im Bereich der Unfallversicherung und in der Pensionsversicherung der Angestellten gekürzt.

Mit den genannten Maßnahmen ist jenes Vorhaben ansatzweise realisiert worden, das Dollfuß der Industrie ankündigte: „Die derzeitige Verteilung der sozialen Lasten muß meiner Überzeugung nach eine Änderung und Modifikation erfahren, gerade im Interesse der Konkurrenzfähigkeit mit dem Ausland."[15]

Die Auswirkungen der politischen Änderungen zeigten sich also darin, daß die Regierung auf dem Notverordnungsweg eine Reihe sozialpolitischer Maßnahmen traf, die sie unter parlamentarischen Bedingungen wohl kaum durchgesetzt hätte. Darüber hinaus sicherte sie ihre Politik mit Maßnahmen ab, die den Handlungsspielraum der Interessenvertretung der ArbeiterInnen und Angestellten einschränkten. Die Streikverordnung vom 21. April 1933 sowie die Verordnung über Zwangsschlichtung und Verbot der Aussperrung in bestimmten Betrieben vom 13. 6. 1933 hatten die Funktion, Konflikte aus dem Arbeitsverhältnis zu unterbinden. Wenn auch die Unternehmervertretungen Bedenken gegen das Instrument der Zwangsschlichtung anmeldeten[16] und das Aussperrungsverbot als Egalisierungsmaßnahme für das Streikverbot anzusehen ist, hatten diese Maßnahmen für die Interessenvertretung der ArbeiterInnen und Angestellten weitreichende Konsequenzen. Die Streikverordnung unterband die Möglichkeit, gegen die verbreitete Unternehmerpraxis der Nichteinhaltung von Kollektivverträgen und sozialpolitischen Normen Widerstand zu leisten. Über diese soziale Realität konnte die ideologische Verbrämung, daß „Streik und Aussperrung [...] grundsätzlich dem Wesen der berufsständischen Ordnung"[17] widersprechen, nur wenig hinwegtäuschen. Auf Linie der Ausschaltung des Einflusses der Sozialdemokratie liegt die Auflösung der Betriebsräte in allen staatlichen Unternehmungen (mit Ausnahme der Eisenbahnen) und die Einsetzung von Verwaltungskommissionen bei den Kammern für Arbeiter und Angestellte.[18] Mit dem 12. Februar 1934 erreichte diese Strategie ihren Kulminationspunkt: Die Sozialdemokratie wurde verboten, die Freien Gewerkschaften wurden aufgelöst und die sozialdemokratischen Vertreter aus allen sozialpolitisch relevanten Einrichtungen (inklusive Betriebsräte) entfernt. Bereits am 2. März 1934 erfolgte die Errichtung des Gewerkschaftsbundes als Körperschaft öffentlichen Rechts. Diese Maßnahmen sind nicht nur ein wichtiger Vorbereitungsschritt für die Etablierung des Austrofaschismus. Sie sind zugleich Bestandteil der institutionellen Voraussetzungen und Bedingungen, unter denen eine „neue" Sozialpolitik realisiert wurde. Die weiteren Rahmenbedingungen sind durch die Verfassung, das Verfassungsübergangsgesetz und durch die Errichtung von Unternehmerbünden abgesteckt.[19]

---

[13] Die Industrie, 1933, Nr. 50, S. 11.
[14] Siehe ebenda.
[15] Die Industrie, 1933, Nr. 50, S. 8.
[16] Siehe ebenda, Nr. 24, S. 10.
[17] H. Bayer, Österreichisches Arbeitsrecht, Wien 1937, Teil 1, S. 19.
[18] Verordnungen vom 21. Dezember 1933: BGBl. Nr. 571; BGBl Nr. 572.
[19] Siehe dazu die Ausführungen im Beitrag über Aspekte der politischen Struktur des Austrofaschismus in diesem Band.

2. Sozialpolitik 1934 bis 1938

Aus den Äußerungen der Vertreter des Austrofaschismus über Zielsetzung und Stellenwert der Sozialpolitik wird deutlich, daß zwar die bisherige Tradition mit Einschränkungen fortgesetzt werden, darüber hinaus jedoch die Sozialpolitik neue inhaltliche Konturen erhalten sollte. Beide Aspekte spielen für die Bemühungen, die neue Herrschaftsform und deren Praxis zu legitimieren, eine Rolle.

Die einschneidenden Maßnahmen gegen ArbeiterInnen und Angestellte – durch Zerschlagung ihrer bisherigen Organisationen, Einengung des Handlungsspielraumes, sozialpolitischen Abbau – suchte die Regierung propagandistisch zu konterkarieren. Sie beteuerte wiederholt, daß der neue Staat ein „sozialer Staat"[20] und Garant für die Erhaltung der Sozialpolitik sei.[21] Nicht die anerkannten sozialen Errungenschaften sollten beseitigt, sondern „diese Errungenschaften von den Schlacken, die aus parteipolitischem Prestige hereingetragen worden sind", befreit werden.[22] In Dollfuß' „Trabrennplatzrede" vom September 1933 heißt es: „Wir kämpfen gegen den Marxismus, wir kämpfen auch gegen den braunen Sozialismus, aber wir werden niemals die Lebens- und Grundrechte der Arbeiter antasten, im Gegenteil, ein gerechter, christlicher Staat muß gerade den Ansprüchen der arbeitenden Menschen in erster Linie gerecht werden".[23] Die sozialpolitische Realität des Austrofaschismus belegt das Gegenteil.

2. 1. Sozialpolitik in Veränderung

2. 1. 1. Arbeitsrecht und Arbeiterschutz

Der bereits nach Ausschaltung des Nationalrates im März 1933 forcierte Veränderungskurs fand vor allem in Maßnahmen zur massiven Einschränkung der Vertretungsmöglichkeiten unselbständig Erwerbstätiger seinen Niederschlag. Zum einen erfolgte eine vollkommene Neugestaltung der Interessenvertretung auf Betriebsebene: Mit dem Werksgemeinschaftsgesetz vom 12. 7. 1934 wurde das Betriebsrätegesetz aus 1919 außer Kraft gesetzt. Das neue Gesetz sah für Betriebe der Industrie und des Bergbaus, des Handels und Verkehrs, des Geld- und Kreditwesens und der freien Berufe mit mindestens fünf dauernd beschäftigten ArbeiterInnen und Angestellten die Einrichtung von Vertrauensmännern vor, und zwar ein Vertrauensmann für 5 bis 19 Beschäftigte, drei für 20 bis 50 Beschäftigte, vier für 51 bis 150 Beschäftigte. Bei mindestens 20 Beschäftigten bildeten die Vertrauensmänner zusammen mit dem Unternehmer die so genannte Werksgemeinschaft. Diese Veränderung basierte auf der vom Austrofaschismus propagierten berufsständischen Ideologie[24] der gemeinsamen Interessen in der Arbeitswelt: Die Institution der Betriebsräte als einseitige Interessenvertretung der Arbeitnehmer habe in keiner Weise dem Grundgedanken der berufsständischen Ordnung entsprochen, „wonach Arbeitgeber und Arbeitnehmer eine durch den Berufsstand bedingte Gemeinschaft bilden, die vielfach eine Gemeinsamkeit der Interessen mit sich bringe und daher auch die gemeinsame Wahrnehmung dieser Interessen erfordert."[25] Die Position der Vertrauensmänner ist im Vergleich mit den Betriebsräten nicht nur beschränkt, weil ein Teil der Aufgaben

---

[20]   Siehe Schuschnigg, zit. in: Der Gewerkschafter, März 1935, S. 40; Dobretsberger, zit. in: Der Gewerkschafter, Februar 1936, S. 26; Starhemberg, zit. in: Der Gewerkschafter, Jänner 1936, S. 9.

[21]   Siehe Resch, Verhandlungsschrift des Staatsrates, 21. 2. 1935, S. 197.

[22]   J. Dobretsberger, Sozialpolitik im neuen Staat, Wien o. J., S. 4.

[23]   Zit. in: K. Berchtold (Hg.), Österreichische Parteiprogramme 1868 - 1966, Wien 1967, S. 431.

[24]   Siehe näher dazu den Beitrag über Aspekte der politischen Struktur in diesem Band.

[25]   Akten des Bundesministeriums für Soziale Verwaltung, Allgemeines Verwaltungsarchiv: Sammelakt 23/I – 58.970/34.

auf die Werksgemeinschaft überging (z. B. die Regelung der Akkord- und Stücklöhne, die Ergänzung von Kollektivverträgen, die Festsetzung und Abänderung der Arbeitsordnung). Durch die Bindung ihres Tätigkeitsbereiches an die Werksgemeinschaft war zudem die Eigenständigkeit der Vertrauensmänner aufgehoben. Die Beschlüsse der Werksgemeinschaft, deren Aufgabe die Wahrnehmung der aus der Betriebsgemeinschaft sich ergebenden gemeinsamen Interessen sein sollte, waren an die Übereinstimmung zwischen dem Betriebsinhaber und der Mehrheit der Vertrauensmänner gebunden. Im Fall der Nichteinigung lag die Entscheidung beim Einigungsamt. Das Gesetz sah eine Wahl der Vertrauensmänner vor. Diese fand allerdings vorerst nicht statt: Die Vertrauensmänner wurden vom Gewerkschaftsbund bestellt. Das Interesse der Regierung an der Rekrutierung politisch konformer Vertrauensmänner ließen dann bereits die Bestimmungen über Ausschließungsgründe von der Wahl der Vertrauensmänner und die Wahlordnung erkennen. Was dies jedoch im konkreten bedeutete, zeigten Aktivitäten unmittelbar vor der Durchführung der diesbezüglichen Wahl im Jahr 1936. Sicherheitsbehörden arbeiteten mit Gewerkschaftsbundvertretern und Vertretern der Vaterländischen Front eng zusammen, um die Wahl von Vertretern der illegalen Freien Gewerkschaften zu verhindern. Wie die Ergebnisse allerdings zeigen, gelang dies nicht lückenlos.[26] Zum anderen war der Bereich der Kollektivverträge durch den politischen Umbruch substantiell betroffen. Durch die Ausschaltung der freien Gewerkschaften ist für viele Verträge der Vertragspartner weggefallen. Nach einer Interimsregelung (die Kammer für Arbeiter und Angestellte als Vertragspartner) erfolgte im Rahmen des Gewerkschaftbundgesetzes eine definitive Regelung. Der systemintegrierte und staatlich kontrollierte Gewerkschaftsbund bildete auf seiten der ArbeiterInnen und Angestellten die kollektivvertragliche Monopolinstanz. Die gleiche kollektivvertragliche Stellung wurde den 1934/1935 errichteten Unternehmer-Bünden jeweils für ihren Bereich eingeräumt. Die Gültigkeit der von den Bünden abgeschlossenen Verträge war umfassend – unabhängig davon, ob die Mitgliedschaft bei den Bünden obligatorisch oder freiwillig war.

Aus den einschneidend veränderten Bedingungen für Interessenpolitik resultierten weitreichende nachteilige Auswirkungen auf Lohn- und Arbeitsbedingungen der Arbeiterschaft. Der Wegfall des Vertragspartners „Freie Gewerkschaften" im Februar 1934 führte dazu, daß Kollektivverträge seitens der Unternehmer aufgekündigt wurden. Neue Verträge wurden zu schlechteren Bedingungen abgeschlossen.[27] Berichten der Gewerbeinspektoren ist entnehmbar, daß Übertretungen arbeits- und sozialrechtlicher Bestimmungen betreffend Kollektivverträge, Nachtarbeit, Acht-Stunden-Tag, Urlaub, Feiertagsruhe und Kündigungsschutz auf der Tagesordnung der Betriebe standen. Exemplarisch heißt es im Gewerbeinspektorenbericht für 1934, „daß viele Unternehmer von dem Glauben befallen waren, daß durch den ständischen Neuaufbau eine gewisse Lockerung der sozialpolitischen Gesetze Platz gegriffen habe: Diese Irrmeinung trat auch offen in einem deutlich merkbaren Widerstand der Unternehmer gegen die arbeitnehmerschutztechnischen Vorschreibungen der Gewerbe-Aufsichtsbeamten zutage."[28] Die durch die Veränderungen der politischen Rahmenbedingungen für Unternehmer eröffneten Möglichkeiten des realen Sozialabbaus standen auch im Blickpunkt politisch unverdächtiger Beobachter und Kritiker: Die österreichischen Bischöfe kritisierten wiederholt verbreitete Mißstände wie beispielsweise, „daß in manchen Betrieben der Achtstunden-Tag nicht mehr eingehalten wird, daß ohne Rücksicht auf das Gebot, zuerst den Arbeitslosen Beschäftigung zu geben, oft Überstunden angeordnet werden, daß die in den Tarifverträgen geforderte besondere Entlohnung dieser Überstunden den Arbeitern vielfach vorenthalten

---

[26] Siehe E. Holtmann, Zwischen Unterdrückung und Befriedung, Wien 1978, S. 232 f.; E. Tálos, Sozialpolitik im Austrofaschismus, Wien 1988, S. 168.

[27] Siehe F. Klenner, Die österreichischen Gewerkschaften, Bd. 2, Wien 1953, S. 1133.

[28] Bericht der Gewerbeinspektoren 1934, S. 21.

wird, daß die Arbeiterschaft zur Leistung dieser Überstunden unter Androhung der Entlassung gezwungen werde, daß die Bezahlung gesetzlicher Löhne umgangen werde, indem man gelernte und qualifizierte Hilfsarbeiter anstelle, um sie von den höheren Lohnsätzen auszuschließen"[29]. Die Prekarität der Situation bringt auch Gewerkschaftspräsident Staud ungeschminkt zum Ausdruck: „Der Meinung mancher Unternehmer, daß die Zeit jetzt da sei, wo man mit den Rechten aufräumen könne, die die Arbeiterschaft bis jetzt errungen hat, wird der Gewerkschaftsbund als auch die Regierung energisch entgegen treten müssen. Kanzler Dollfuß hat ausdrücklich erklärt, daß Arbeiterrechte im neuen Staat nicht beschnitten werden dürfen"[30].

Die soziale Entwicklung im Austrofaschismus widerlegte nicht nur diese Ankündigung Dollfuß', sondern war auch in der Folgezeit von der Diskrepanz zwischen Ankündigungen, Normen und Realisierung geprägt.[31] Dies wird exemplarisch durch einen Erlass des Landeshauptmannes von Tirol, Dr. Stumpf, bestätigt: „Nach verschiedenen Anzeigen mehren sich die Klagen, daß die zum Schutze der Arbeitnehmerschaft erlassenen Gesetze und Vorschriften in der letzten Zeit in einer Weise außer acht gelassen zu werden scheinen, die auch nicht mit der Einwirkung der noch immer bestehenden wirtschaftlichen Depression erklärt und begründet werden kann. Insbesondere scheint dies hinsichtlich der Bestimmungen über den Achtstunden-Tag der Fall zu sein. Es wäre eine schwere Verkennung der heutigen Zeit, wenn man da und dort glauben wollte, daß die Arbeiterschutz-Bestimmungen überholt seien oder nicht mehr mit derselben Genauigkeit beobachtet werden müssen. Mehr denn je hat die Allgemeinheit ein Interesse daran, daß nicht durch Überstunden die Zahl der in Verwendung zu nehmenden Arbeiter gedrückt werde. Aber auch alle sonstigen zum Schutze der Arbeiter erlassenen Vorschriften bedürfen der aufmerksamen Beobachtung."[32]

Die Politik des Austrofaschismus in der Arbeitszeitfrage war ambivalent. Das Achtstundentaggesetz blieb zwar weiterhin in Geltung, wurde allerdings in der Übergangsphase 1933/34 durch eine Reihe von Ausnahmebestimmungen und die Abänderung der Überstundenentgeltregelung abgeändert.[33] Ausnahmeverordnungen betrafen ebenfalls das Feiertagsgesetz. Unternehmer und Regierung lehnten eine generelle Arbeitszeitverkürzung ab.[34]

2. 1. 2. Kürzungen auf allen Ebenen sozialstaatlicher Sicherung

Waren schon während der 1920er und Beginn der 1930er Jahre verschiedentlich Versuche unternommen worden, Niveau und Reichweite sozialstaatlicher Leistungen einzuschränken, so ist dies realiter im großen Umfang und mit großer Reichweite erst ab 1933, vor allem ab 1934 gelungen. Der Sozialabbau erfolgte auf allen einschlägigen Ebenen.

Die wirtschaftliche Krise blieb für die staatlich geregelte soziale Sicherung nicht ohne Folgen. Der Zusammenbruch von Betrieben in der Wirtschaftskrise war ebenso wie die massiv ansteigende Zahl erwerbsloser Menschen und die Verringerung der Durchschnittsverdienste[35] für die Einnahmensituation der Sozialversicherung höchst nachteilig. Waren 1927 noch mehr als 1,3 Millionen ArbeiterInnen versichert, so 1935 nur noch 1,1 Millionen. Zugleich geht damit eine sinkende Reichweite sozialstaatlicher Absicherung einher.

---

[29] Zit. in: Der Gewerkschafter, Februar 1935, S. 23; siehe auch: Der Gewerkschafter, Jänner 1936, S. 9.
[30] Zit. in: Der Gewerkschafter, Jänner 1935, S. 10.
[31] Siehe Tálos, Sozialpolitik im Austrofaschismus, S. 277.
[32] Zit. in: Klenner, Gewerkschaften, S. 1137.
[33] Siehe z. B. Verhandlungsschrift des Bundeswirtschaftsrates, S. 1192; StenProt. des Bundestages, S. 348.
[34] Siehe dazu Stellungnahmen in Stiefel, Arbeitslosigkeit, S. 107.
[35] Siehe J. Resch, Die volkswirtschaftliche Bedeutung der Sozialversicherung, Wien 1935, S. 19; H. Bayer, Ein Blick in die österreichische Volkswirtschaft, Wien 1936.

Veränderungen der sozialen Sicherung resultierten nicht bloß aus dieser ökonomischen Konstellation. Austrofaschistische Sozialpolitik verstärkte die Schieflage der Belastungen der Arbeiterschaft. Während im Bereich des Arbeitsrechtes Regelungen der Arbeitszeit, des Kündigungsschutzes und der Kollektivverträge ausgehöhlt oder überhaupt beseitigt wurden, ging es im Bereich der tradierten sozialstaatlichen Leistungssysteme vor allem um die Einschränkung des Zugangs zu Leistungen uund deren Niveau. Die dabei verfolgte Zielsetzung fokussierte auf die finanzielle Entlastung des staatlichen Budgets und der Unternehmen, anders gesagt: auf die Herstellung einer Balance zwischen Einnahmen und Ausgaben in der Sozialversicherung.

Aus dem Rahmen der sonstigen Vorstellungen und Zielsetzungen austrofaschistischer Sozialpolitik fiel der Vorschlag, daß für kapitalintensive Betriebe ein neuer Finanzierungsmodus eingeführt werden sollte. Dieser Vorschlag wäre darauf hinausgelaufen, den bisherigen Beitragsmodus der Beiträge der Arbeitgeber auf Basis der Lohnsumme ganz oder teilweise durch eine Erhöhung des Krisenzuschlags zur Warenumsatzsteuer zu ersetzen. Letzteres konkretisierte Sozialminister Neustädter-Stürmer im März 1934: Neben der Schaffung einer Fonds-Gemeinschaft zwischen allen Versicherungseinrichtungen sollte der bisherige Arbeitgeberbeitrag beseitigt und durch einen entsprechend erhöhten Zuschlag zur Warenumsatzsteuer ersetzt werden. Der Plan scheiterte am Widerstand der Unternehmervertretungen wie auch einzelner Ministerien. [36] Nach diversen Maßnahmen in den Jahren 1933/34, die bereits Verschlechterungen einzelner Leistungen der Sozialversicherung brachten, [37] enthielt die sogenannte Sozialreform von 1935 ein umfassendes Paket einschneidender Kürzungen im Bereich der Sozialversicherung. Das damit angepeilte Ziel war die „Wiederherstellung des gestörten Gleichgewichtes zwischen Einnahmen und Ausgaben in der Sozialversicherung". Dies sollte ohne zusätzliche Belastung der Produktionskosten (auf dem Weg von Beitragserhöhungen) und ohne Staatszuschüsse zu den echten Versicherungszweigen, sehr wohl aber durch weitreichende Leistungskürzungen erreicht werden – eine Entscheidung, der, mit Einschränkungen zwar, auch die Vertreter des Gewerkschaftsbundes zustimmten. [38]

Das gewerbliche Sozialversicherungsgesetz von 1935 sah folgende Kürzungsmaßnahmen vor:

– in der Krankenversicherung die Einführung einer dreitätigen Karenzfrist und die Kürzung des Ausmaßes des Krankengeldes;
– in der Unfallversicherung: die Kürzung der Verletztenrente für ArbeiterInnen als auch die der Vollrente für Angestellte;
– in der Pensionsversicherung der Angestellten weitreichende Kürzungen der Pensionen, die – unterschieden nach Dienstjahren – bis zu 22 % der nach dem Angestelltenversicherungsgesetz von 1928 gebührenden Rente betrugen; darüber hinaus erfolgte die Einführung eines Beitrages der Rentenempfänger zur Krankenversicherung;
– in der Arbeitslosen- und Altersfürsorge Leistungseinschränkungen und die Verschärfung der Bezugsbedingungen in der Arbeitslosenfürsorge;
– die erneute Verschiebung des Inkrafttretens der Arbeiteraltersrenten-Versicherung.

Wie sehr diese Politik des Sozialabbaus mit den veränderten politischen Bedingungen in engstem Zusammenhang steht, wird vom damaligen Sozialminister Neustädter-Stürmer selbst eindrücklich bestätigt: „[. . .] es ist Ihnen bekannt, daß die verschiedenen Ansätze meiner Amtsvorgänger, eine Sozialreform im alten Parlament durchzubringen, gescheitert sind, gescheitert sind deswegen, weil die Interessen, die sich an einen solchen Gesetzentwurf

---

[36] Siehe näher dazu Tálos, Sozialpolitik im Austrofaschismus, S. 171 f.
[37] Siehe auch J. Jellinek, Abbau der Sozialpolitik, 1933.
[38] Siehe Tálos, Sozialpolitik im Austrofaschismus, S. 172 f.

knüpfen, so verschiedene, so divergente sind, daß es, glaube ich, überhaupt niemandem gelungen wäre, im alten Parlament, das ja doch alle seine Verhandlungen in freier Öffentlichkeit geführt hat, ein solches Gesetz, das von allen Beteiligten Opfer verlangt, durchzusetzen."[39] Neben der Regelung der Sozialversicherung für ArbeiterInnen und Angestellte erfolgte durch das Meisterkrankenversicherungsgesetz von 1935 und seine Novellierungen Regelungen im Bereich der Selbständigenversicherung.

2. 1. 3. Arbeitsbeschaffungspolitik

Im Kontext der enorm gestiegenen Arbeitslosigkeit hatte die Regierung Dollfuß nur zaghaft und selektiv Maßnahmen beschäftigungsrelevanter Art gesetzt: Beim freiwilligen Arbeitsdienst sollten vor allem vaterländisch gesinnte Arbeiter[40] zum Zug kommen (1933: 17.493, 1934: ca. 20.000 Arbeitsdiensttätige)[41]. Mittels Anleihen wurden einige arbeitsintensive Projekte im Straßen- und Brückenbau durchgeführt (z. B. Reichsbrücke in Wien, Wiener Höhenstraße, Großglockner-Hochalpenstraße). Diese beschäftigungspolitische Zurückhaltung lag durchaus auf Linie der unter Dollfuß und Schuschnigg verfolgten Prioritäten[42], die auch für die Jahre nach der Wirtschaftskrise Geltung hatten und von Schuschnigg 1934 folgend umschrieben wurden: „Grundlage jeder gesunden Wirtschaftspolitik muss der strikt eingehaltene Grundsatz stabiler und solider Geld- und Währungspolitik bleiben, verbunden mit der absoluten Aufrechterhaltung der Ordnung im Staatshaushalt."[43] Die Konsequenz dieser Orientierung: „Neue Ansätze, etwa auf dem Gebiet der Wirtschaftspolitik in Anlehnung an Maßnahmen in anderen Ländern, waren nur unzureichend konzipiert und verliefen sehr bald im Sand. Damit hatte Österreich in den dreißiger Jahren überhaupt keine Antwort mehr auf die Arbeitslosigkeit."[44]

Auch die von Schuschnigg 1935 groß angekündigte „Arbeitsschlacht", die über Anleihen finanziert wurde, trug – wie an der Zahl der Erwerbslosen erkennbar (siehe Tabelle) – nur wenig zur Verbesserung der Bedingungen am Arbeitsmarkt bei. War schon die „Trefferanleihe" aus 1933 nur zu einem Drittel für produktive Zwecke verausgabt worden[45], so wurde auch ein beträchtlicher Teil des Anleiheerlöses im Jahr 1935 zur „Festigung der Staatsfinanzen" eingesetzt.[46] 1936 und 1937 versandeten selbst diese selektiven Aktivitäten. Indikator dieser Entwicklung ist, dass unter den Regierungen Dollfuß und Schuschnigg die Investitionen merkbar rückläufig waren. Der Anteil der Investitionsausgaben in Prozent der gesamten Ausgaben des Bundes betrug 1933 2,1 %, 1935 5 %, 1937 3,4 % (bei Einbeziehung der Investitionen für die Landesverteidigung 6,2 %, 11 % sowie 15 %). Anders ausgedrückt: In den Jahren 1933 bis 1937 wurden durchschnittlich 3 % (bei Berücksichtigung der Landesverteidigung 10 %) für Investitionen verausgabt. Im Vergleich zu den Investitionen der Jahre 1923 bis 1930 betrug deren Anteil im Austrofaschismus lediglich 41 %.

Der finanzpolitische Dogmatismus erwies sich somit als „größte Hemmschwelle für eine dynamische Politik der Arbeitsbeschaffung".[47] Rothschilds[48] Resümee der Konsequenzen

---

39 Verhandlungsschrift des Bundeswirtschaftsrates, S. 237.
40 Siehe A. Pelinka, Stand oder Klasse? Die christliche Arbeiterbewegung Österreichs 1933 - 38, Wien 1972, S. 63 f.
41 Siehe G. Senft, Im Vorfeld der Katastrophe. Die Wirtschaftspolitik des Ständestaates. Österreich 1934 - 1938, Wien 2002, S. 480.
42 Siehe Senft, Vorfeld der Katastrophe; Stiefel, Arbeitslosigkeit; F. Weber, Staatliche Wirtschaftspolitik in der Zwischenkriegszeit, Wien 1995; Mattl in diesem Band.
43 Sten. Prot. d. Bundestages 30. 11. 1934, S. 5.
44 Stiefel, Arbeitslosigkeit, S. 50.
45 Siehe S. Mattl, Die Finanzdiktatur, Wien 1988, S. 137.
46 Siehe Senft, Vorfeld der Katastrophe, S. 488.
47 Senft, Vorfeld der Katastrophe, S. 491; siehe auch Mattl in diesem Band.
48 K.W. Rothschild, Wurzeln und Triebkräfte, Berlin 1960, S. 98.

dieser Ausrichtung austrofaschistischer Budget- und Wirtschaftspolitik lautet: „Die 'gesunde' Währung basierte auf einer 'kranken' Wirtschaft."

Die Priorität der Stabilität von Währung und Budget stand einer aktiven und konsequenten Beschäftigungspolitik entgegen. Auch andere Wege der Arbeitsbeschaffung wie eine generelle Arbeitszeitverkürzung wurden ausgeschlossen. Eine geschlechtsspezifische Diskriminierung brachte die beschäftigungspolitische Skurrilität des Doppelverdiener-Verbots im öffentlichen Dienst. Diese Regelung aus dem Jahr 1933 sah vor, daß verheiratete weibliche Angestellte aus dem öffentlichen Dienst ausscheiden mussten, wenn der Ehemann ebenfalls beim Bund beschäftigt war und eine bestimmte Einkommensgrenze erreichte. [49]

Beleg für die beschäftigungspolitische Untätigkeit und Selektivität der Politik im Austrofaschismus ist die Tatsache, dass die Arbeitslosenrate im Jahr 1937 noch immer annähernd 22 % betrug. Eine merkbar anders verlaufende Entwicklung von Wirtschaft und Arbeitsmarkt in Deutschland war unübersehbar nicht ohne Attraktivität für Teile der Arbeiterschaft und der Arbeitslosen. In einem Bericht der britischen Botschaft an das Foreign Office in London am 9. März 1938 heißt es exemplarisch: „Eine der größten Schwächen der Stellung Dr. von Schuschnigg gegenüber den Nazi ist der Mangel an Unterstützung oder besser gesagt, offene Opposition eines sehr großen Teiles der Bevölkerung, welcher wirtschaftlich in so ärmlichen Verhältnissen lebt, dass er bereit ist, in jeder Veränderung eine Möglichkeit zur Besserung zu sehen [...] sind fasziniert von den glänzenden Berichten, die ihnen vom hohen Beschäftigungsstand in Deutschland aufgedrängt werden und werden verleitet zu glauben, dass ein Anschluss ähnliche Bedingungen für Österreich bringen würde." [50]

3. Sozialpolitik und sozioökonomische Lage der Arbeiterschaft

Während die wirtschaftliche Entwicklung Österreichs vom massiven Einbruch in der Wirtschaftskrise bis zur Annexion bzw. zum Anschluss im Jahr 1938 ein differenziertes Bild – vom Sinken des allgemeinen Geschäftsganges und der Produktionsindizes bis hin zu Stabilisierung von Währung und Budget oder der Stützung der Landwirtschaft und dem Aufschwung der Schwerindustrie – bot, [51] war die materielle und soziale Situation großer Teile der Arbeiterschaft durchgängig von einschneidenden beträchtlichen Problemlagen gekennzeichnet.

Bildete die Arbeitslosigkeit ein Dauerproblem in der gesamten Phase der Zwischenkriegszeit, so erfolgte zu Beginn der 1930er Jahre noch eine beträchtliche Zuspitzung. Arbeitslosigkeit stellte auch nach der Wirtschaftskrise ein zentrales und anhaltendes Problem dar, wie aus der folgenden Tabelle ersichtlich ist:

Am Höhepunkt der Erwerbslosigkeit in den Jahren 1933/34 war laut den offiziellen Statistiken mehr als jeder vierte unselbständig Erwerbstätige arbeitslos, im letzten Jahr austrofaschistischer Herrschaft noch immer jeder Fünfte. Arbeitslosigkeit war in diesem Kontext „etwas tagtäglich Erlebtes" [52]. Betroffen davon waren vor allem auch Jugendliche. [53] Der Frauenanteil an den Beschäftigten fiel von annähernd 30,6 % (1934) auf ca. 27 % (1937). Der Rückgang der Beschäftigten im öffentlichen Dienst (1930: 195.000, 1933: 169.000) wurde in den folgenden Jahren durch personelle Ausweitung bei Militär und Polizei zum Teil wettge-

---

[49] Siehe Bandhauer-Schöffmann in diesem Band; B. Ennsmann, Frauenpolitik und Frauenarbeit im Austrofaschismus, Wien 1993.
[50] Zit. bei Stiefel, Arbeitslosigkeit, S. 138.
[51] Siehe z. B. Senft in diesem Band.
[52] H. Faßmann, Der Wandel der Bevölkerungs- und Sozialstruktur in der Ersten Republik, Wien 1995, S. 22.
[53] Siehe Stiefel, Arbeitslosigkeit, S. 176; E. Bruckmüller, Sozialstruktur und Sozialpolitik, Wien 1983, S. 409.

Tabelle: Zahl der Arbeitslosen in Österreich 1919 - 1937

	Gesamtzahl der Arbeitslosen	Zahl der unterstützten Arbeitslosen	Arbeitslosenrate Arbeitslose in % der Arbeitnehmer	Anteil der Unterstützten an der Gesamtzahl der Arbeitslosen
1919	355 000	147 196	18,4 %	44 %
1920	79 000	32 217	4,2 %	41 %
1921	28 000	11 671	1,4 %	42 %
1922	103 000	49 434	4,8 %	48 %
1923	212 000	109 786	9,1 %	53 %
1924	188 000	95 225	8,4 %	48 %
1925	220 000	149 980	9,9 %	68 %
1926	244 000	176 536	11,0 %	72 %
1927	217 000	172 478	9,8 %	80 %
1928	183 000	156 185	8,3 %	85 %
1929	192 000	164 477	8,8 %	86 %
1930	243 000	208 389	11,2 %	86 %
1931	334 000	253 367	15,4 %	76 %
1932	468 000	309 968	21,7 %	66 %
1933	557 000	328 844	26,0 %	60 %
1934	545 000	278 527	25,5 %	53 %
1935	515 000	261 768	24,1 %	51 %
1936	515 000	259 187	24,1 %	50 %
1937	464 000	231 320	21,7 %	50 %

Quelle: Stiefel, Arbeitslosigkeit, S. 29.

macht. Die Reduktion der Frauenbeschäftigung war auch Resultat von Maßnahmen wie der Verordnung über den Abbau verheirateter weiblicher Personen im Bundesdienst.[54]

Arbeitslosigkeit bedeutete schon für Anspruchsberechtigte einer Arbeitslosenunterstützung eine beträchtliche Einbuße: „Insgesamt machte die Arbeitslosenunterstützung je nach Lage des Betroffenen etwa die Hälfte bis ein Drittel seines Einkommens aus."[55] Ungeachtet der Unterschiede zwischen ländlichem und industriellem Bereich konnten die LeistungsbezieherInnen von der Arbeitslosenunterstützung allein nicht leben. Prekärer noch war die materielle Lage jener Arbeitslosen, die überhaupt keine Arbeitslosenunterstützung bezogen. Wie aus der Tabelle ersichtlich ist, nahm der Anteil der Unterstützten immer mehr ab, seit 1935 erhielt nur mehr jeder zweite Arbeitslose eine Unterstützung.

Neben den Einkommenseinbußen im Gefolge von Arbeitslosigkeit resultierten diese für die Beschäftigten aus der Kürzung der Löhne, vor allem am Beginn der 1930er Jahre. Gene-

---

[54]   Siehe z. B. Stiefel, Arbeitslosigkeit, S. 189 f.
[55]   Ebenda, S. 147.

rell sank die Lohnquote ab 1931.[56] Sie betrug 1929 bis 1933[57] 59,6 %, in den Jahren 1934 bis 1937 56,2 %. Die Statistischen Nachrichten berichten wiederholt von Lohnsenkungen.[58] Die Lohnstatistik 1933 zeige „alle Merkmale der Wirtschaftskrise wie Kürzungen der Löhne [...]"[59]. Die kollektivvertraglichen Lohnsätze wurden beispielsweise in der Bauindustrie in Wien um 5 % bis 9 %, in der Bekleidungsindustrie und Gummiindustrie um 4 % gesenkt. Bayer[60] konstatiert beim Vergleich der Löhne 1930 und 1935 in Wien und Niederösterreich „eine nicht unbeträchtliche Senkung". Die nach Beseitigung der Freien Gewerkschaften und der Etablierung des Einheitsgewerkschaftsbundes neu abgeschlossenen Kollektivverträge beinhalteten eine Lohnkürzung im Durchschnitt um 4 % bis 8 %.[61] Diese restriktive Entwicklung im Bereich der Löhne ging einher mit der Aufrechterhaltung traditioneller Einkommensunterschiede zwischen Angestellten und ArbeiterInnen[62], vor auch allem zwischen Arbeiterinnen und Arbeitern.[63]

Arbeitslosigkeit und Senkung der Löhne zeitigten für die Betroffenen beträchtlich negative Auswirkungen auf den materiellen Lebensstandard: „Die ökonomischen Lebenschancen der Menschen wurden radikal beschnitten."[64]

Abschluß

Der Austrofaschismus hat die Sozialpolitik gemäß seinen gesellschaftspolitischen, budget- und wirtschaftspolitischen Prioritäten umgestaltet. Die sozialpolitischen Veränderungen erfolgten nicht nur auf dem Gesetzesweg. Die Ausschaltung der oppositionellen Arbeiterbewegung, die Beschränkungen des neu eingerichteten Einheitsgewerkschaftsbundes, die Veränderungen in den Rahmenbedingungen der Interessenorganisationen sowie die sozialpolitische Gesetzgebung des Austrofaschismus selbst bildeten die Basis für die zweite Ebene des sozialpolitischen Abbaus: die Praxis der Unternehmer, die sozialen Bedingungen der Lohnabhängigen durch Nichteinhaltung bestehender bzw. Verweigerung neuer Kollektivverträge, durch Übertretungen gesetzlicher Bestimmungen des Arbeitsrechtes und Kündigungen von Vertrauensmännern zu verschlechtern. Die Vielzahl der Klagen, Beschwerden und Proteste des Gewerkschaftsbundes, der Vertrauensmänner, der Gewerbeinspektoren, einzelner Regierungsstellen und von Bischöfen sind Indikator dafür, daß es sich dabei um ein verbreitetes Phänomen handelte. Worin die „Beschneidung" der Arbeiterrechte bestand, verdeutlicht selbst eine Denkschrift, die das Bundeskanzleramt (Büro des Wirtschaftskonsulenten) an das Bundesministerium für soziale Verwaltung weiterleitete: „Es bestehen wohl Kollektivverträge, die die Frage der Löhne und der Arbeitszeit regeln. Diese Kollektivverträge werden fast durchwegs von den Arbeitgebern nicht eingehalten. Die Arbeitnehmer sind nicht in der Lage, sich darüber aufzuhalten oder sich an ihre Vertrauensmänner zu wenden, da sie, wie viele Beispiele schon gezeigt haben, in diesem Fall einfach entlassen werden."[65]

---

[56]   Siehe N. Szecsi, Der Lohnanteil am österreichischen Volkseinkommen, Wien o. J., S. 25; U. Weber-Felber, Gewerkschaften in der Ersten Republik, Wien 1995, S. 333 ff.

[57]   In den Jahren 1929 bis 1931 war ein steiler Anstieg des Lohnanteils zu verzeichnen, der nicht durch einen Anstieg der Löhne, sondern vielmehr durch den eklatanten Einbruch bei den Gewinnen bedingt war (Szecsi, Lohnanteil, S. 23).

[58]   Siehe z. B. Statistische Nachrichten 1933, S. 15.

[59]   Statistische Nachrichten 1934, S. 6.

[60]   H. Bayer, Die Löhne der Arbeiterschaft in Wien und Niederösterreich, Wien 1936, S. 12.

[61]   Statistische Nachrichten 1935, S. 8.

[62]   Siehe Bruckmüller, Sozialstruktur, S. 404 f.

[63]   Siehe Statistische Nachrichten 1936, S. 211.

[64]   E. Hanisch, Der lange Schatten des Staates, Wien 1994, S. 300.

[65]   Akt des Bundesministeriums für soziale Verwaltung: Grundzahl 2223 - 120.712/35(AVA).

Die prekäre materielle und soziale Situation großer Teile der Arbeiterschaft war zum einen Konsequenz der Wirtschaftskrise und deren Folgewirkungen. Zum anderen resultierte diese Situation wesentlich auch aus der ab 1933 verfolgten Politik. Der Austrofaschismus schränkte nicht bloß den Handlungsspielraum unselbständig Erwerbstätiger und ihrer Interessenorganisationen einschneidend ein. Die Politik des Austrofaschismus wies eine beachtliche inhaltliche Schieflage zu Lasten der Arbeiterschaft aus. Deren soziale Bedingungen wurden durch Zugangsbeschränkungen zur Arbeitslosenversicherung, durch den Ausschluß der ArbeiterInnen aus der Pensionsversicherung sowie durch Leistungskürzungen in allen Bereichen der Sozialversicherung substantiell beeinträchtigt.

Durch den Sozialabbau im Bereich der Sozialversicherung konnten anderseits Produktionskosten gesenkt und damit einer der zentralen Forderungen der Unternehmer entsprochen werden. Zudem bewirkte diese Politik eine merkbare Entlastung des Staatshaushaltes, ablesbar am Anteil der Ausgaben für „soziale Verwaltung" an den Gesamtausgaben des Bundes. Dieser belief sich 1932 auf 23,5 % und sank in den folgenden Jahren merkbar ab: 1937 betrug der Anteil noch 17,2 %. [66]

Der Austrofaschismus endete im Jahr 1938 in einem politischen und sozialen Fiasko. Entgegen allen propagandistischen Ankündigungen war die soziale Realität dieser Diktatur nicht von sozialem Ausgleich zwischen Kapital und Arbeit, nicht von der Einlösung von Ansprüchen der Arbeiterschaft, sondern von dessen Gegenteil geprägt.

Literatur

Bayer, Hans: Die Löhne der Arbeiterschaft in Wien und Niederösterreich, Wien 1936.

Bayer, Hans: Ein Blick in die Österreichische Volkswirtschaft, Wien 1936.

Berchtold, Klaus (Hg.): Östereichische Parteiprogramme 1868 - 1966, Wien 1967.

Berichte der Gewerbeinspektoren, Wien 1933 ff.

Bruckmüller, Ernst: Sozialstruktur und Sozialpolitik, in: Erika Weinzierl / Kurt Skalnik (Hg.), Österreich 1918 - 1938, Wien 1983, S. 381 - 436.

Der Gewerkschafter, Wien 1935 f.

Dobretsberger, Josef: Sozialpolitik im neuen Staat, Wien o. J.

Ennsmann, Brigitte: Frauenpolitik und Frauenarbeit im Austrofaschismus, Diplomarbeit, Wien 1993.

Faßmann, Heinz: Der Wandel der Bevölkerungs- und Sozialstruktur in der Ersten Republik, in: Emmerich Tálos u. a. (Hg.), Handbuch des politischen Systems Österreichs. Erste Republik 1918 - 1933, Wien 1995, S. 11 - 22.

Fibich, Alexander: Die Entwicklung der österreichischen Bundesausgaben in der Ersten Republik (1918 - 1938), Dissertation, Wien 1980.

Hänisch, Dirk: Wahlentscheidung und Wahlverhalten in der Ersten Republik, in: Emmerich Tálos u. a. (Hg.), Handbuch des politischen Systems Österreichs. Erste Republik 1918 - 1933, Wien 1995, S. 488 - 503.

Hanisch, Ernst: Der lange Schatten des Staates. Österreichische Gesellschaftsgeschichte im 20. Jahrhundert, Wien 1994.

Holtmann, Everhard: Zwischen Unterdrückung und Befriedung, Wien 1978.

Jellinek, Josef: Abbau der Sozialpolitik, in: Der österreichische Volkswirt, 5. 8. 1933, Nr. 45, S. 1083 - 1085.

Klenner, Fritz: Die österreichischen Gewerkschaften, Bd. 2, Wien 1953.

Mattl, Siegfried: Die Finanzdiktatur. Wirtschaftspolitik in Österreich 1933 - 1938, in: Emmerich Tálos / Wolfgang Neugebauer (Hg.), „Austrofaschismus". Beiträge über Politik, Ökonomie und Kultur 1934 - 1938, Wien 1988, S. 133 - 153.

---

[66] Siehe A. Fiebich, Die Entwicklung der österreichischen Bundesausgaben, Wien 1980.

Pelinka, Anton: Stand oder Klasse? Die christliche Arbeiterbewegung Österreichs 1933 - 38, Wien 1972.

Pelinka, Anton: Christliche Arbeiterbewegung und Austrofaschismus, in: Emmerich Tálos / Wolfgang Neugebauer (Hg.), „Austrofaschismus". Beiträge über Politik, Ökonomie und Kultur 1934 - 1938, Wien 1988, S. 121 - 132.

Protokolle des Ministerrates der Ersten Republik. Bearbeiterin Gertrude Enderle-Burcel, Wien 1980 ff.

Resch, Josef: Die volkswirtschaftliche Bedeutung der Sozialversicherung, Wien 1935.

Rothschild, Kurt W.: Wurzeln und Triebkräfte der Entwicklung der österreichischen Wirtschaftsstruktur, in: Wilhelm Weber (Hg.), Österreichs Wirtschaftsstrukturen gestern – heute – morgen, Berlin 1960, S. 1 - 157.

Senft, Gerhard: Im Vorfeld der Katastrophe. Die Wirtschaftspolitik des Ständestaates. Österreich 1934 - 1938, Wien 2002.

Statistische Nachrichten. Redigiert u. hg. v. Bundesamt für Statistik, Wien 1932 ff.

Stiefel, Dieter: Arbeitslosigkeit. Soziale, politische und wirtschaftliche Auswirkungen – am Beispiel Österreichs 1918 - 1938, Berlin 1979.

Szecsi, Maria: Der Lohnanteil am österreichischen Volkseinkommen 1913 bis 1967, Wien o. J.

Tálos, Emmerich: Staatliche Sozialpolitik in Österreich, Wien 1982.

Tálos, Emmerich: Sozialpolitik im Austrofaschismus, in: Emmerich Tálos / Wolfgang Neugebauer (Hg.), „Austrofaschismus". Beiträge über Politik, Ökonomie und Kultur 1934 - 1938, Wien 1988, S. 161 - 178.

Tálos, Emmerich: Sozialpolitik in der Ersten Republik, in: Emmerich Tálos / Herbert Dachs / Ernst Hanisch / Anton Staudinger (Hg.), Handbuch des politischen Systems Österreichs. Erste Republik 1918 - 1933, Wien 1995, S. 570 - 586.

Tálos, Emmerich: Arbeiterschaft und Austrofaschismus, in: Dokumentationsarchiv des österreichischen Widerstandes (Hg.), Themen der Zeitgeschichte und der Gegenwart. Arbeiterbewegung – NS-Herrschaft – Rechtsextremismus, Wien 2004, S. 27 - 42.

Tálos, Emmerich / Karl Wörister: Soziale Sicherung im Sozialstaat Österreich, Baden-Baden 1994.

Weber, Fritz: Die wirtschaftliche Entwicklung, in: Emmerich Tálos / Herbert Dachs / Ernst Hanisch / Anton Staudinger (Hg.), Handbuch des politischen Systems Österreichs. Erste Republik 1918 - 1933, Wien 1995, S. 23 - 42.

Weber, Fritz: Staatliche Wirtschaftspolitik in der Zwischenkriegszeit, in: Emmerich Tálos / Herbert Dachs / Ernst Hanisch / Anton Staudinger (Hg.), Handbuch des politischen Systems Österreichs. Erste Republik 1918 - 1933, Wien 1995, S. 531 - 551.

Weber-Felber, Ulrike: Gewerkschaften in der Ersten Republik, in: Emmerich Tálos / Herbert Dachs / Ernst Hanisch / Anton Staudinger (Hg.), Handbuch des politischen Systems Österreichs. Erste Republik 1918 - 1933, Wien 1995, S. 319 - 338.

Aufruf zur Winterhilfe, plakatiert neben der Kundmachung über die Einführung der Todesstrafe, November 1933

Fürsorgepolitik(en)

Gerhard Melinz

Finanzausgleich, Ertragsanteile, steuerpolitische Zwangsjacke und Sozialsparpolitik – Akteure in Politik und Verwaltung und ihre Fürsorgekonzepte – Determinanten von Armutspolitik (1933/34-1938) – Heimatrecht – „Bettlerplage" und Modifikation der Armenfürsorgegesetze – Fürsorgepolitische Strategien und Vielfalt in der Praxis – Aspekte der Erwachsenenfürsorge – Fürsorgeräte und Fürsorgebuch – „Erhaltungsbeiträge" – Sonderfürsorgeaktionen: Natural- statt Geldunterstützung – Das ländliche Armutsregime – Jugendfürsorge

Vorbemerkung

Die Fürsorgepolitik bzw. Sozialpolitik der Länder und Kommunen („zweites soziales Netz") in der „ständestaatlichen Ära" stellt nach wie vor ein Stiefkind der historischen Forschung dar. Hier ist im Rahmen einer Politikfeld-Analyse nicht der Ort für eine Diskussion über Periodisierungsfragen der österreichischen Geschichte, genausowenig wie für die Erörterung der adäquaten Begrifflichkeit für das zur Diskussion stehende Herrschaftssystem zwischen 1933 und 1938. [1]

Finanzausgleich, Ertragsanteile, steuerpolitische Zwangsjacke und Sozialsparpolitik

Eine zentrale Rahmenbedingung für jegliche Fürsorge- bzw. Sozialpolitik von Ländern und Gemeinden stellte das System der „verbundenen Steuerwirtschaft" mit dem Modell der „Abgabenteilung" (als Finanzausgleich bekannt) dar. Die Finanz-, Steuer- und Budgetpolitik hatte eine führende Rolle inne. Die Strukturen und Regelungen in diesem Bereich bestimmten die Handlungsmöglichkeiten der kommunalen Sozialpolitik wesentlich mit. [2] Eine zentrale Rolle kam dabei dem „Finanzausgleich" zwischen Bund, Ländern und Gemeinden zu [3], der eine beständige Quelle konflikthafter Auseinandersetzung zwischen den drei öffentlich-rechtlichen Akteuren darstellte.

---

[1] Vgl. zur Begründung G. Melinz / G. Ungar, Wohlfahrt und Krise. Das Beispiel Wiens 1929 - 1938, Wien 1996, S. 5 ff.; G. Melinz, Christlichsoziale Politik und semiperiphere Entwicklung in Österreich, in: R. G. Ardelt / Ch. Gerbel / A. Hajdu (Hg.), Österreichischer Zeitgeschichtetag 1995. „Österreich – 50 Jahre Zweite Republik", Innsbruck 1997, S. 242 - 245; G. Melinz, „Christlicher Ständestaat" und „autoritäre Sozialpolitik", in: Historicum. Zeitschrift für Geschichte, Frühling 1999, S. 15 - 20.

[2] Vgl. Melinz / Ungar, Wohlfahrt und Krise.

[3] Vgl. dazu grundsätzlich R. Pfaundler, System des Finanzausgleiches in Österreich auf Grund der Neuordnung im Jahr 1934, Wien 1935.

Grundsätzlich ist, was den budget- und finanzpolitischen Handlungsrahmen der Fürsorgepolitik betrifft, zunächst festzuhalten, daß dieser bis zum Jahre 1938 stark von einer von ausländischen Gläubigerinstanzen vorgegebenen restriktiven Haushaltspolitik geprägt war. Vor diesem Hintergrund ist es kaum überraschend, daß die zentralstaatliche Finanz- und Budgetpolitik sehr daran interessiert war, bestimmte Steuern stärker für sich zu reklamieren und sogenannte Ertragsanteile nur in möglichst geringem Umfang an Länder und Kommunen abzugeben.

Obwohl die „ständestaatlichen" Gemeindeverwaltungen gute Beziehungen zur Regierungsebene unterhielten, war während der Jahre 1934 bis 1938 keineswegs eine Verbesserung der Ausstattung mit Steuer- und Abgabenressourcen zu verzeichnen.[4]

Insgesamt stellte die restriktive staatliche Budget- und Finanzpolitik einen entscheidenden Faktor dar, der die materiellen Möglichkeiten der Kommunen, soziale Probleme auf der Grundlage ihres eigenen Budgets zu lösen, massiv einschränkte. Die bürgerlichen und „ständestaatlichen" Regierungen der 1930er Jahre betrieben schließlich – durch Ausgabenkürzungen und Steuererhöhungen – eine die Probleme sogar verschärfende Wirtschafts- und Budgetpolitik. Zudem zeichnete den autoritären „Ständestaat" eine offensichtliche Hilflosigkeit gegenüber der Arbeitslosenproblematik aus.[5]

Die Folgen der zentralstaatlichen Steuer- und Sozialsparpolitik bekamen die Länder und vor allem die Gemeinden immer wieder zu spüren.[6] Der Zwang zu Ausgabenkürzungen findet auch in den einschlägigen Statistiken seinen Niederschlag.[7] Als begrenzten Ausweg konnten Gemeinden die Gemeindeumlagen (z. B. auf Grund- und Gebäudesteuer) erhöhen. Kurzum: Den Gemeinden als schwächsten Gliedern in der Arbeitsteilungskette blieb zumeist nur der Nachvollzug der sonst üblichen Sparpolitik.

Akteure in Politik und Verwaltung und ihre Fürsorgekonzepte

Die Proklamierung des „christlichen Ständestaates" zog letztlich auch das formelle Ende der Christlichsozialen Partei nach sich[8]; an den Kontinuitäten hinsichtlich der auf die Fürsorge(politik) bezogenen Programmatik änderte dies allerdings wenig[9], da zahlreiche Funktionsträger des „Ständestaates" ohnedies ehemalige christlichsoziale Mandatare bzw. Vordenker waren. Nicht nur im Themenfeld der Fürsorge stellten ständestaatliche bzw. berufsständische Gesellschaftsbilder und Handlungskonzepte alles andere als ein – erst mit dem Regimewech-

---

[4]   Im „Ständestaat" gab es für Wien einen „Bauschbetrag" als Ersatz für die früheren Ertragsanteile. Die Wien zuvor „auferlegten Opfer blieben somit in anderer Form aufrecht". Der regierungstreue Pfaundler meinte im Rückblick, damit sei die „zulässige Grenze" der Belastung erreicht gewesen. R. Pfaundler, Die Besteuerungsrechte und abgeleiteten Steuereinnahmen der österreichischen Länder und der Stadt Wien im Wandel der Zeit (1896 - 1946), Graz 1947, S. 34. Für statistisches Datenmaterial bezüglich Österreich vgl. Kammer für Arbeiter und Angestellte (Hg.), Wirtschaftstatistisches Jahrbuch [im folgenden zitiert als WiStatJB] 1933/36, S. 467 ff.; WiStatJB 1937, S. 544 ff.

[5]   Vgl. A. Fibich, Die Entwicklung der österreichischen Bundesausgaben in der Ersten Republik (1918 - 1938), Diss., WU Wien, Wien 1977, v. a. S. 19, 105; D. Stiefel, Die große Krise in einem kleinen Land. Österreichische Finanz- und Wirtschaftspolitik 1929 - 1938, Wien-Köln-Graz 1998; E. Tálos in diesem Band. Für die Landesverteidigung gelang es sehr wohl, zusätzliche Finanzmittel unter Heranziehung der Länder zu beschaffen. Österreichisches Staatsarchiv, Archiv der Republik, Ministerratsprotokolle [im folgenden zitiert als ÖSTA, AdR, MRP] 1063, 15. 10. 1937, S. 5 (Rechtfertigung durch Finanzminister Neumayer).

[6]   Vgl. Die Österreichische Gemeinde. Praktischer Ratgeber für Mitglieder des Gemeindetages Jg. 1936, S. 8.

[7]   Vgl. WiStatJB 1933/35, S. 467 ff.; WiStatJB 1937, S. 544 ff.

[8]   Vgl. G. Melinz, Die Christlichsoziale Partei Wiens. Von der Majorität zur Minorität und „Kerntruppe" der Vaterländischen Front, in: Wiener Geschichtsblätter 149 (1994), H. 1, S. 1 - 14.

[9]   So trat etwa der Heimwehr-Exponent Odo Neustädter-Stürmer, der sich am italienischen Faschismus orientierte, nachdrücklich als Förderer des Freiwilligen Arbeitsdienstes hervor.

sel bzw. von heute auf morgen auftretendes – Deus-ex-machina-Phänomen dar. Grundsätzliche Positionswechsel waren im christlichsozialen Milieu auf dem Gebiet der fürsorgepolitischen Konzeptionen in den 1930er Jahren nicht auszumachen. Einen wesentlich bedeutenderen Wandel stellte demgegenüber dar, daß die Regierungsdiktatur[10] von März 1933 bis März 1938 von den „Fesseln" parlamentarisch-massendemokratischer Entscheidungsfindung „befreit" war.

Ein wichtiges Element zeitgenössischen Denkens, das zweifelsohne großen Einfluß auf christlichsoziale sozialpolitische Konzeptionen ausübte, waren bestimmte Interpretationen der päpstlichen Enzyklika „Quadragesimo anno". Allerdings fanden sich konkrete Aussagen zur Wohlfahrtspflege im Sinne einer christlichsozialen Fürsorgeprogrammatik schon im Parteiprogramm von 1926 (Abschnitt VII): „1. Die städtische Wohlfahrtspflege ist im Geiste der christlichen Nächstenliebe, möglichst frei von bureaukratischem Formalismus, hauptsächlich im Ehrenamte von Männern und Frauen zu führen. Die private Wohlfahrtspflege soll gefördert werden und mit der öffentlichen in zweckmäßige Verbindung gebracht werden. Eine Zentralstelle soll alle Zweige der städtischen Fürsorgetätigkeit zusammenfassen. In der geschlossenen Armenpflege ist an die weitere Errichtung von Ehepaarheimen zu schreiten. 2. Die Versorgung der erwerbsunfähig gewordenen Bürger und Bürgerwitwen soll nicht als Armenunterstützung behandelt werden."[11] Fürsorge auf der Grundlage einer katholisch-christlichen Wertegemeinschaft, Subsidiaritätsprinzip, Wohlfahrtsmix und gesonderte Behandlung bzw. Besserstellung bürgerlicher Gruppen stellten Kernpunkte dieser Konzeption dar. Ungeachtet der Tatsache, daß im christlichsozialen Gedankengut im allgemeinen dem ländlichen und agrarischen Österreich ein hoher Stellenwert zukam, bezogen sich die Ausführungen zur Wohlfahrtspflege ausschließlich auf städtische Verhältnisse.

Die Konzeptionen und Politiken der „ständestaatlichen" Gemeindeverwaltungen im Bereich der Fürsorge ergeben – im Vergleich zu jenen der vormalig sozialdemokratischen Gemeindeverwaltungen – unverkennbar ein unschärferes und mithin weniger geschlossenes Bild. Neben dem Wiener Bürgermeister Richard Schmitz, der sich der katholischen Soziallehre verpflichtet fühlte, bestimmten konservative Beamte sowie verschiedene Gruppen aus dem breiten Feld der Privatwohltätigkeit, aber auch offene und versteckte Bewunderer der deutschen Entwicklung[12] die Szene. Im Sinne einer Mischung von Missionstätigkeit und Fürsorge wirkte die Katholische Frauenorganisation für die Erzdiözese Wien (KFO-Wien), und auch hier zeigt sich Kontinuität ab den 1920er Jahren.[13]

Ganz allgemein konnten die (ehemaligen) Christlichsozialen, ungeachtet der politisch-ideologischen Distanzierung vom sozialdemokratischen Modell, den Erfolgen und Errungenschaften der sozialdemokratischen Fürsorgepolitik selbst aus der Sicht der 1930er Jahre ihre rückblickende Anerkennung nicht ganz versagen. In einer offiziellen Selbstdarstellung der „ständestaatlichen" Gemeindeverwaltung ist über das Fürsorgewesen des „roten Wien" zu lesen, daß „die Großzügigkeit der Anlage und die Folgerichtigkeit des ihnen zugrundeliegenden Programms [...] heute noch eindrucksvoll" sei.[14]

Jenseits dieser positiven Referenz setzte Richard Schmitz der Tandler'schen Kombination, bestehend aus dem „Recht auf Fürsorge" und der Pflicht zur Anpassung, jedoch die

---

[10]   Vgl. zur Operationalisierung dieses Begriffs H. Wohnout, Regierungsdiktatur oder Ständeparlament? Gesetzgebung im autoritären Österreich, Wien-Köln-Graz 1993.

[11]   Archiv Institut für Zeitgeschichte, Inv.Nr. 402, 339/42, Programm der Wiener Christlichsozialen.

[12]   Es handelte sich dabei vor allem um Personen, die im professionellen Fürsorgebereich verankert waren und schon lange die „modernen" Fürsorgestandards aus Deutschland übernehmen wollten.

[13]   Vgl. zu einzelnen Aspekten Irene Bandhauer-Schöffmann in diesem Band.

[14]   Wien im Aufbau. Das Wohlfahrtswesen der Stadt Wien, Wien 1937 [im folgenden zitiert als WiA], S. 7.

„Pflicht des Fürsorgenden zur Menschenfreundlichkeit und christlichen Nächstenliebe"[15] entgegen. Stand bei Schmitz eindeutig die religiöse Motivation, der göttliche Auftrag zur Nächstenliebe im Vordergrund, so sind bei anderen maßgeblichen Persönlichkeiten des Fürsorgewesens dieser Zeit durchaus andere Argumentationen zu finden. Obersenatsrat Maly beispielsweise, unter Bürgermeister Schmitz als Leiter des Wohlfahrtsamtes tätig, betonte angesichts des beträchtlichen Geburtenrückganges vor allem den bevölkerungs- bzw. reproduktionspolitischen Aspekt des Fürsorgewesens.[16] Einer der prominentesten konservativen Fürsorgeexperten, Professor Robert Bartsch, ein Spitzenbeamter des Sozialministeriums, betonte die unabdingbare Gültigkeit des Prinzip der Subsidiarität, d. h., „in erster Linie muß die Jugendfürsorge Sache der Familie, vor allem der Eltern sein. Die öffentliche Fürsorge darf den Eltern nicht die Abschüttelung ihrer Pflichten erleichtern, noch in ihre Rechte eingreifen. Sie hat nur dort einzutreten, wo die Fürsorge der Eltern unzulänglich ist oder fehlt oder wo die elterlichen Rechte mißbraucht werden".[17]

Insgesamt fußte die christlichsoziale Programmatik stark auf dem Prinzip der Subsidiarität und auf einer Ethik der Nächstenliebe. Die krisenhaften Zeiten zu Beginn der 1930er Jahre begünstigten dann die verstärkt ideologisierende Propagierung und Zuspitzung latent vorhandener gesellschaftspolitischer Leitbilder katholischer Provenienz. Die „ständestaatliche" Programmatik basierte auf der Überzeugung, daß „durch soziale und wirtschaftliche Not der Familie, Geburtenrückgang, Eheerrüttung usw. die Fundamente des gesellschaftlichen Lebens bedroht wurden". Aufgabe der neuen Zeit sollte es sein, die „ganze Sorge der Wiedererneuerung dieser Fundamente, Ehe und Familie, zuzuwenden". In Abgrenzung vom vermeintlich sozialdemokratischen Modell betonte man dabei den Gedanken der „Volksgemeinschaft" und jenen der „Erziehung des Einzelnen zur Selbstverantwortung".[18]

Determinanten von Armutspolitik (1933/34 - 1938)

Heimatrecht

Das traditionsreiche und vielfach kritisierte „Heimatrecht" blieb auch in den Jahren des „Ständestaates" die Basis der kommunalen Armenfürsorge.[19] Die Verfechter eines Unterstützungswohnsitzprinzips wurden weiterhin nicht angehört. Durch die neue „ständestaatliche" Verfassung blieb das Heimatrecht eine Regelungsmaterie des Staates, in der praktischen Handhabung allerdings wurde die Entscheidungsautonomie der einzelnen Gemeinde hinsichtlich der Verleihung des Heimatrechts an eine Letztgenehmigung durch die Landeshauptmannschaft gebunden. Die Angst der Gemeinden, daß man durch die Heimatrechts-

---

15 Vgl. den gesamten Wortlaut des Schmitz-Erlasses im Amtsblatt der bundesunmittelbaren Stadt Wien [im folgenden zitiert als Amtsblatt], 3. 4. 1937, S. 13.

16 L. Maly, Neuzeitliche Gestaltung des Wiener Wohlfahrtswesens, in: Zeitschrift für Kinderschutz, Familien- und Berufsfürsorge 29 (1937), Nr. 11 - 12, S. 43; vgl. St. Rieder, Jugendfürsorge in der Großstadt, in: Zeitschrift für Kinderschutz, Familien- und Berufsfürsorge 30 (1938), Nr. 1 u. 2, S. 2 - 4, hier 2 f.

17 R. Bartsch, Die Jugendfürsorge im neuen Staat, in: Zeitschrift für Kinderschutz, Familien- und Berufsfürsorge 27 (1935), Nr. 1 - 2, S. 1 - 3, hier 2. Das Subsidiaritätsprinzip zählte übrigens auch für die Sozialdemokraten zu den Grundpfeilern der Fürsorge.

18 Man wollte letztlich auch gegen eine Vorstellung ankämpfen, die in den Köpfen der Bedürftigen vermutet wurde, nämlich daß „mit den regelmäßigen Zuwendungen der städtischen Fürsorge gleichsam als etwas Selbstverständlichem zu rechnen wäre, ohne daß der Einzelne mehr irgendwelche Bemühungen zu seiner Selbsterhaltung notwendig hätte". WiA, S. 8.

19 Vgl. für einen detaillierten Überblick Melinz / Ungar, Wohlfahrt und Krise, S. 7 ff.

verleihung potentielle ArmenfürsorgekandidatInnen hinzubekomme, bestand weiter.[20] Vor dem Hintergrund der angespannten sozialen Misere versuchten Gemeinden öfter, nicht-heimatberechtigte Personen mittels eines „Ausweisungsrechts" aus ihrem Gemeindegebiet zu verbannen.[21]

„Bettlerplage" und Modifikation der Armenfürsorgegesetze

In der Ära der Notverordnungspolitik (auf der Basis des Kriegswirtschaftlichen Ermächtigungsgesetzes von 1917) wurde der Startschuß zu ernsthaften Bemühungen um eine systematische „Bekämpfung des Bettler- und Landstreicherunwesens" gegeben. In einem Rundschreiben hieß es dazu: „Die seit Jahren stets zunehmende Wirtschaftskrise hat als Begleiterscheinung ein Bettler- und Landstreicherunwesen gezüchtet, das zu einer wahren Landplage geworden ist. Die Gewohnheit, von milden Gaben zu leben, hat diese Klasse von Menschen der Arbeit völlig entwöhnt und viele von ihnen zu arbeitsscheuen Individuen gemacht. Diese bedauerliche Erscheinung nötigt das Bundeskanzleramt zu Maßnahmen, einerseits um die erwerbstätige Bevölkerung von der steten Belästigung zu bewahren, andererseits um diese Klasse von Personen wieder in den Arbeitsprozeß einzugliedern."[22] Als Unterstützungsmodus propagierte das Rundschreiben die Unterstützung der Bettler in Form von Naturalien gegen Ableistung von Arbeit in den Gemeinden.

Die „Bettlerplage auf dem Lande" wurde gleichermaßen beschworen wie das „Überhandnehmen des Bettlerunwesens" in der Großstadt, namentlich in Wien.[23] In der Bundeshauptstadt rief dies die Bundespolizeidirektion auf den Plan. Die polizeiliche Gegenstrategie setzte auf die Wirkung sogenannter „Bettlerstreifungen", wobei unter den Aufgegriffenen die „gewohnheitsmäßigen" Bettler strafgerichtlich angezeigt und für die „in unverschuldeter Notlage" angetroffenen Bettler „nach Möglichkeit Fürsorgemaßnahmen getroffen" wurden.[24] Die polizeilichen „Siege" über das Betteln in Wien waren jeweils nur von kurzer Dauer.

Im Februar 1935 beauftragte der Ministerrat sodann ein Ministerkomitee mit der Ausarbeitung eines Gesetzesentwurfes „betreffend außerordentliche Maßnahmen zur Bekämpfung des Bettlerunwesens". Noch vor Jahresmitte kam es zur gesetzlichen Realisierung der „Heimatgesetznovelle 1935", einem Bundesgesetz, mit dem „ergänzende grundsätzliche Bestimmungen zum IV. Abschnitt des Gesetzes betreffend die Regelung der Heimatrechtsverhältnisse, RGBl. Nr. 105/1863" erlassen wurden.[25] Der Gesetzeswerdung vorausgegangen war eine am 8. April 1935 in Wien abgehaltene Länderkonferenz. Die Delegierten aus allen Bundesländern (ausgenommen Vorarlberg) bekundeten bei dieser Gelegenheit „einmütig", daß „zur Bekämpfung des Landstreicherunwesens eine verschärfte Kontrolle der Verabfolgung von Unterstützungen durch die Aufenthaltsgemeinden und eine Entlastung der Gemeinden von dem übergroßen Aufwande für derlei Unterstützungen dringend notwendig wäre".[26] Bereits wenige Tage später wurde vom Bundeskanzleramt zur nächsten Länderkonferenz am 29./30. April 1935 nach Salzburg eingeladen. Bezüglich dieser zweiten Länderkonferenz sollte ganz bewußt keine Pressemitteilung an die Öffentlichkeit herausgegeben werden. Der Pres-

---

[20] Die Heimatrechtsverleihungen in Wien betrafen 1930 30.204 Personen, 1935 nur noch 10.314. Statistisches Jahrbuch der Stadt Wien, 1930-1935 [im folgenden zitiert als StatJb], Neue Folge, 3. Bd., S. 52; ebenda 1937, Neue Folge, 4. Bd., S. 44.

[21] Dieses Recht basierte auf einem Paragraphen in den Gemeindeordnungen.

[22] ÖSTA, AdR, Bundeskanzleramt/Inneres, Zl. 211.809-6/33.

[23] Vgl. die pointierte Wortmeldung von Foglar-Deinhardtstein, Wiener Stadt- und Landesarchiv [WStLA], Wiener Bürgerschaft, Haushaltsausschuß, 3. 12. 1936, S. 418.

[24] Bei einer zwischen 28. August und 1. September 1934 durchgeführten „Bettlerstreifung" wurden insgesamt 1.065 Personen aufgegriffen. Für weitere Details vgl. ÖSTA, AdR, Bundeskanzleramt/Inneres, Zl. 245.271/34.

[25] Bundesgesetzblatt [BGBl.] Nr. 199 v. 1. 6. 1935.

[26] ÖSTA, AdR, Bundeskanzleramt/Inneres, Zl. 128.738-6/35.

sedienst des Bundeskanzleramtes legte dem Konferenzvorsitzenden nahe, bloß für die Veröffentlichung eines Zeitungsartikels über das „Vagantenwesen" zu sorgen.[27] Die wenig später mit 1. Juni 1935 gesetzeswirksam veröffentlichte „Heimatgesetznovelle" verstand sich zwar im Art. I. als „Grundsatzgesetz", betonte aber in den Erläuterungen, daß es sich „lediglich" um eine „Novellierung des IV. Hauptabschnittes" des Heimatgesetzes von 1863 handle. Für ein vollständiges neues Grundsatzgesetz brauchte man mehr Zeit. Entstanden war also eine pragmatische Lösung, diktiert von dem „Bewußtsein, daß die vorliegende Novelle nur eine durch das dringende Bedürfnis unaufschiebbar gewordene vorübergehende Regelung eines Teilproblems der ganzen Armenrechtsreform darstellen soll".[28]

Die Heimatgesetznovelle von 1935 trug unverkennbar ordnungs- und sicherheitspolitische Züge.[29] Sie schuf in Österreich zwei Arten von Aufenthaltsgemeinden: die „dauernde" und die „vorübergehende" (so zum Beispiel für „Wanderer auf der Walz"). Heimatgemeinden waren nun bloß noch bezüglich Sachaufwendungen regreßpflichtig[30], die eine andere Gemeinde für einen Fremdzuständigen mit nur vorübergehendem Aufenthalt in dieser Gemeinde geleistet hatte. Dabei durfte hilfesuchenden „Fremdzuständigen" nur dann Unterstützung gewährt werden, wenn sie einen „Unterstützungsausweis" von der jeweiligen Heimatgemeinde vorweisen konnten. Dieser Regelung kam enorme Bedeutung zu, waren doch selbst in den 1930er Jahren in den Städten noch ungefähr die Hälfte[31] und in den Landgemeinden etwa ein Drittel der BewohnerInnen nicht in ihrer Aufenthaltsgemeinde „zuständig", d. h. nicht heimatberechtigt. Angesichts nicht unbeträchtlicher Fürsorgeunterstützungen für Fremdzuständige führte dies zu endlosen Streitigkeiten zwischen den Gemeinden um entsprechende Regreßforderungen.[32]

In der „Wiener Bürgerschaft" kam es vor dem Hintergrund der Heimatgesetznovelle von 1935 zu einer Debatte über den Gesetzesentwurf zur anstehenden Novellierung des Wiener Armenversorgungsgesetzes aus dem Jahre 1928. Die Erörterungen legten sehr plastisch das Denkmodell bürgerlicher Fürsorgepolitik offen. Alma Motzko, ehemals christlichsoziale Hauptkritikerin des „roten Wien", wies ganz generell die Vermischung verschiedener Gesetzesmaterien im Entwurf ihrer „christlich-ständestaatlichen" Kollegen zurück. Unwidersprochen blieb die in der Gesetzesnovelle vorgeschlagene Regelung der Regreßverpflichtung zwischen den Gemeinden. Grundsätzlich einverstanden war Motzko mit der Notwendigkeit, sich mit dem „Straßenbettel" in Wien und mit der „Wandererfrage" in den Bundesländern zu beschäftigen: „Ich kenne auch die Verhältnisse auf dem Lande und weiß, daß sie vielfach unerträglich geworden sind. Man hört, daß in den Bauernhöfen an manchen Tagen 50 bis 60 Menschen vorsprechen, um eine Unterstützung zu erhalten, sodaß also eine Abwehr wirklich unabweislich ist."[33]

Der Heimatgesetznovelle als „Grundsatzgesetz" folgte im Sinne einer „Ausführungsgesetzgebung" das „Wiener Stadtgesetz" vom 28. Juni 1935 (Armengesetznovelle). Schon der Entwurf zielte auf den Ausschluß von Bargeldunterstützungen für wandernde Personen und schränkte die „übrigen Arten der Aushilfe auf ein Höchstmaß ein", damit „den berufsmäßigen Wanderern die Ausübung dieser Tätigkeit nach Möglichkeit unterbunden" werde. Gleichzei-

---

27 Vgl. ÖSTA, AdR, Bundeskanzleramt /Inneres, 20/2, Zl. 137.123 - 6/35 (Niederschrift über die Länderkonferenz).

28 23/Gu der Beilagen, Haus der Bundesgesetzgebung ex 1935, S. 3.

29 Vgl. BGBl. Nr. 199/1935, § 28c. Herumziehende Personen ohne Unterstützungsausweis konnten mit Arrest von drei Tagen bis sechs Wochen bestraft werden, wobei auch das Tragen von Häftlingskleidung verordnet werden konnte.

30 Vgl. BGBl. Nr. 199/1935, § 28a: Für „Sachleistungen (Nachtlager, Verköstigung, Kleidungsstücke u. dgl.)" durfte für einen Tag innerhalb von drei Monaten ein Höchstbetrag von 1 Schilling verrechnet werden.

31 So waren zum Beispiel im Jahr 1934 57,5 % nach Wien „zuständig".

32 Probleme mit Regreßleistungen gab es natürlich auch mit ausländischen Behörden.

33 WStLA, Wiener Bürgerschaft, 28. 6. 1935, S. 1006 f.

tig aber sollten die neuen Bestimmungen „eine Ersparnis, besonders für die Großgemeinden mit sich bringen, weil erfahrungsgemäß manche Gemeinden und insbesondere die kleinen Gemeinden bei Verabreichung von Unterstützungen an Wanderer nicht immer mit der gebotenen Strenge und Sparsamkeit vorgegangen sind [. . .]".[34] Das neue Armengesetz schuf den schon erwähnten Unterstützungsausweis[35], der für „Wanderer" in ganz Österreich obligatorisch wurde. Dies betraf allerdings nicht Personen mit „dauerndem Aufenthalt in einer Ortsgemeinde des Bundesgebietes", wenn sie sich am Wohnort um Fürsorgeunterstützungen bemühten. In Wien hatte sich dieser Personenkreis nunmehr mit einem „Fürsorgebuch" auszuweisen.

Der Heimatgesetznovelle von 1935 folgten eine weiterführende Debatte über die Bekämpfung der „Bettler- und Landstreicherplage" und auch Überlegungen hinsichtlich wünschenswerter Formen für eine Umgestaltung des Armenfürsorgerechtes.[36] Den Diskutanten und Gemeindeverantwortlichen schien jedes Mittel zur Abschreckung der potentiellen Fürsorgeklientel recht zu sein. Strafrechtliche Repression im Stile des überwunden geglaubten 19. Jahrhunderts wurde dabei bevorzugt. Derartige Debatten knüpften reibungslos an die traditionell repressive Strafen- und Ordnungspolitik an. Bereits mit dem Verfassungs-„Übergangsgesetz" in der Fassung von 1929, das die ehemaligen zentralstaatlichen Vorschriften wieder in Wirksamkeit setzte, waren das „Schubgesetz" von 1871 (RGBl. 88/1871) sowie das „Vagabundengesetz" (RGBl. Nr. 89/1885) neuerlich zu relevanten gesetzlichen Bestimmungen geworden. Dies bedeutete eine Wiederbelebung der „Armenpolizei" gegenüber den durch die Wirtschaftskrise zwangsmobilisierten Bevölkerungsgruppen. Ähnliche Tendenzen fanden in weiteren Bestimmungen, so im Bundesgesetz vom 10. Juni 1932, BGBl. Nr. 167, über die Unterbringung von Rechtsbrechern in Arbeitshäusern beredten Ausdruck. Auf dem Höhepunkt der Weltwirtschaftskrise sicherte dann 1933 eine Durchführungsverordnung zum „Arbeitshausgesetz" die reale Möglichkeit der Anstaltsunterbringung, wofür noch drei Arbeitshäuser existierten.[37] Die sicherheitspolitisch begründete Anstaltsunterbringung fungierte als repressiver Pol in einem Kontinuum, dessen „weichere" ordnungspolitische Krisensteuerungsinstrumente in Form von Herbergen und Naturalverpflegstationen erneut Relevanz erlangten.[38]

Die weitere Diskussion um die II. Heimatgesetznovelle (auch als Heimatgesetznovelle 1936 bezeichnet) war durch den bereits angesprochenen Versuch gekennzeichnet, Strafmaßnahmen und Fürsorgemaßnahmen – gewissermaßen als Doppelstrategie – zu kombinieren. Um es vorwegzunehmen: Diese Novelle trat nie in Kraft.[39] Es blieb schließlich bei zwei symbolträchtig-repressiven Vorzeigebeispielen: zum einen dem einzigen österreichi-

---

[34] Vgl. den Gesetzesbeschluß zum Stadtgesetz an die Abteilung 6 des Bundeskanzleramtes, der letztlich auch genehmigt wurde. ÖSTA, AdR, Bundeskanzleramt/Inneres, Beilage zu Zl. 153.395 - 6/35. Über die angesprochenen Mißstände bei der Unterstützungspraxis kleinerer Gemeinden für Wanderer mit Wiener Zuständigkeit berichtete auf einer Länderkonferenz Obermagistratsrat Wortner unter Verwendung plastischer Beispiele. Vgl. ÖSTA, AdR, Bundeskanzleramt/Inneres, Zl. 137.123 - 6/35 (Niederschrift über Länderkonferenz in Salzburg vom 29./30. 4. 1935), S. 35.

[35] Dieser besaß eine kurze Gültigkeitsdauer, um „eine genaue Evidenz der Wanderer und andererseits eine scharfe Kontrolle dieser Personen [zu] sichern". ÖSTA, AdR, Bundeskanzleramt/Inneres, Zl. 153.395 - 6/35, Wiener Stadtgesetz, S. 20.

[36] Vgl. den zusammenfassenden Überblick von E. Froehlich, Die Bekämpfung der Bettler- und Landstreicherplage und die Umgestaltung des Armenfürsorgerechtes, in: Städte-Zeitung 2 (1936), Nr. 5, S. 15 - 16.

[37] J. Axmann / E. Chaloupka, Die Vorschriften über die Armenfürsorge, Wien 1934, S. 532 ff.

[38] In einigen Bundesländern beschloß man Gesetze zur Errichtung von Herbergen für „reisende Arbeitssuchende". Ebenda, S. 551 f.

[39] Vgl. dazu Melinz / Ungar, Wohlfahrt und Krise, S. 14 ff.

schen Arbeits-(Haft)Lager in Schlögen (Oberösterreich)[40], zum anderen der „Bettlerbeschäftigungsanstalt" in Wien.[41]

Nach der 1935 erfolgten Neuregelung des Wiener Armenfürsorgerechts gab es nunmehr in der „bundesunmittelbaren Stadt" Wien für arbeitsfähige Arme ein Obdachlosenheim, für die minder arbeitsfähigen Armen existierte das „Dauerheim", und schließlich war für arbeitsfähige Bettler die erwähnte „Beschäftigungsanstalt"[42] im Dauerheim eingerichtet worden. Bürgermeister Schmitz meinte dazu: „Für die kommen nur Arbeiten in Betracht, die sich normalerweise nicht lohnen [. . .] damit diese Leute nur irgendwie beschäftigt werden" – zum Beispiel indem sie „alte Pflastersteine auf die Größe von Kiesel bringen".[43] Tatsächlich kamen die Insassen des „Bettlerlagers"[44] in Wien, Gänsbachergasse, bei Arbeiten in den städtischen Betrieben und Anstalten zum Einsatz, was die sozialdemokratische Kritik herausforderte, zumal solche Arbeiten „sonst von Saisonarbeitern zu vollem Lohn" verrichtet wurden. Unter der „ständestaatlichen" Gemeindeverwaltung gab es für die Arbeiter aus dem „Bettlerlager" bloß „Essen und 50 Groschen täglich, von denen 30 Groschen ausbezahlt, der Rest gutgeschrieben" wurde. Die zu „solcher Zwangsarbeit gezwungenen Menschen" waren „meist ausgesteuerte Arbeitslose".[45]

Fürsorgepolitische Strategien und Vielfalt in der Praxis

Verfassungsrechtlich betrachtet, war Fürsorge bzw. Wohlfahrtspflege eine Angelegenheit von Ländern und Kommunen. In der Praxis bewegte sich die Fürsorge grundsätzlich innerhalb der historisch vorgegebenen institutionellen Pfade, beispielweise zwischen „offener" Armenunterstützung in Form von Geld- oder Sachunterstützungen und „geschlossener" Fürsorge in Form der Anstaltsunterbringung[46]. Allerdings sind gravierende Modifikationen feststellbar, und überdies entstand im Gefolge der sozialen und ökonomischen Dauerkrise eine Vielzahl von Sonderfürsorgeaktionen, die nicht immer nur dem engen rechtlichen Fürsorgebegriff zuzuordnen sind.

Es soll hier, da in der bisherigen Forschung kaum berücksichtigt, vorab die Kleinrentnerfürsorge erwähnt werden. Nach langjährigem Tauziehen kam es 1929 – unter Mithilfe einer besonders aktiven Lobbyarbeit der Kleinrentnerverbände – zur Verabschiedung eines Kleinrentnergesetzes, das dem verarmten alten Mittelstand[47] unter bestimmten Voraussetzungen eine Rentenzahlung zuerkannte. Die konkrete Handhabung durch die bürgerliche bzw. später „ständestaatliche" Regierung war restriktiv, über die bürgerliche Klientel wurde keinesfalls das Füllhorn ausgeschüttet. Allerdings wurde an abgewiesene Bewerber in nachsichtiger Art dann doch eine „gekürzte Rente" gezahlt, die als staatliche Zuwendung „karitativer Natur" angesehen wurde. Sozialminister Dobretsberger lieferte in der Debatte den Hinweis, daß es

---

[40] Vgl. Froehlich, Bekämpfung der Bettler- und Landstreicherplage, S. 16; S. Ganglmair, „Die hohe Schule von Schlögen". Zur Geschichte und Rezeption eines Bettlerlagers im Ständestaat, in: Medien & Zeit 5 (1990), H. 2, S. 19 - 29, hier 9 ff.

[41] Vgl. Melinz / Ungar, Wohlfahrt und Krise, S. 16.

[42] Die Artikel IX und X der Armengesetznovelle 1935, Gesetzblatt der Stadt Wien Nr. 37/1935, sowie der § 4 des „Vagabundengesetzes" aus dem Jahre 1885, Reichsgesetzblatt Nr. 89, bildeten die gesetzliche Grundlage für die Abgabe in eine solche Anstalt.

[43] WStLA, Wiener Bürgerschaft, 22. 11. 1935, S. 1115 ff.

[44] Von offizieller Seite betonte man, dies sei aber kein „eigenes Bettlerlager, sondern [. . .] eine Sammel- und Sichtungsstelle für Personen, die beim Straßenbettel betroffen wurden". Amtsblatt, 15. 12. 1936, S. 18.

[45] Arbeiter-Zeitung, Nr. 25, 21. 6. 1936.

[46] In weiterer Folge wird auf die Anstaltenfürsorge nicht eingegangen, da für den gegenständlichen Untersuchungszeitraum keine entsprechenden Forschungsarbeiten vorliegen. In den meisten Arbeiten bleiben diese Jahre unberücksichtigt. Für Wien bietet Melinz / Ungar, Wohlfahrt und Krise, einen knappen Überblick.

[47] Es handelte sich hier um Personen, die durch die Zeichnung von Kriegsanleihen vermögenslos geworden waren.

sich „meistens um alte und sehr bedürftige Leute aus dem Mittelstand" handle. Die Unterstützungszahlungen betrugen zwischen 6 und 65 Schilling; eine Streichung, so der Minister,
würde „zweifellos [als] sehr hart empfunden werden, weil vielfach [mit diesen Zuwendungen,
Anm. G. M.] die Erhaltung der Wohnung gesichert worden sei". [48] Eine hartherzige Gegen-
position zu Josef Dobretsberger nahm der Nationalbankpräsident Viktor Kienböck ein, der in
diesen außerordentlichen Hilfeleistungen nichts anderes als „eine Form der Armenfürsorge"
erblickte. Solange man diese „eigenmächtig" und „ohne gesetzliche Grundlage" zuerkannten
Unterstützungszahlungen beibehalten würde, könne man auch den Bundeshaushalt nicht in
Ordnung bringen, unterstrich Kienböck. [49] Mit dieser Positionierung fand er wenig Anklang,
denn auf seiten der Regierungsmannschaft wollten weder Dobretsberger noch Bundeskanzler
Schuschnigg diesen Standpunkt unterstützen. Staatssekretär Theodor Znidaric verdeutlichte
nochmals die sozial prekäre Existenz der gegenständlichen Gruppe der 12.000 abgewiese-
nen Kleinrentner[50], die in Zeiten vor dem Kleinrentnergesetz in Wien mit 65 Schilling, in
den Ländern mit Beträgen zwischen 15 und 70 Schilling unterstützt worden waren. Er beschwor in seinem Statement, die Leute „seien so arm, daß sie betteln gingen, wenn sie nicht
dem Mittelstand angehörten". [51] Finanzminister Ludwig Draxler befürwortete zwar grundsätzlich Unterstützungen, verwies allerdings auf die dafür zuständigen Fürsorgeeinrichtun-
gen[52] bzw. empfahl, den Ausfall staatlicher Unterstützungsgelder „durch caritative Aktionen
wett[zu]machen". [53] Damit ist auch der sozialpolitische Zeitgeist gut getroffen, denn die Pri-
vatisierung und letztlich auch die Konfessionalisierung zählten zu den zentralen Zielgrößen
des Umbaus bisheriger wohlfahrtspolitischer Arrangements.

Das Paradebeispiel dafür ist im „ständestaatlichen" Wien zu beobachten, denn anders-
wo war ohnedies traditionellerweise die bürgerlich-katholische Spielart vorherrschend. Die
Protegierung privater Wohlfahrtseinrichtungen bzw. Wohlfahrtsaktivitäten, die außerhalb der
Kernzonen professioneller Fürsorgearbeit in den Kommunen zusätzlich durch „Frontwerke"
im Rahmen der Vaterländischen Front (VF) organisiert wurden, zählte zu den Grundzügen
der neuen Politik.

Insgesamt spiegelte der Wohlfahrtsmix im „christlichen Ständestaat" keinen Wohl-
fahrtspluralismus wider, sondern eher eine katholisch akzentuierte, oftmals missionarisch-
gegenreformatorisch aufgeladene Inszenierung. Hier ist nicht sosehr der verstärkte Einsatz
von katholischen Ordensvereinigungen für die Soziale Arbeit gemeint und auch nicht die
Ausstaffierung der Wohlfahrtseinrichtungen mit Kruzifixen sowie die Verpflichtung zum Beten, sondern die Etablierung von mehrdimensionalen Umzingelungen, wie sie sich symbol-

---

[48]   ÖSTA, AdR, MRP 1016, 1. Sitzung, 2. 12. 1935, S. 71.
[49]   Ebenda, S. 72.
[50]   Die Kleinrentner sorgten weiterhin für politische Unruhe in den Reihen des „Hauses der Bundesgesetzgebung",
       ausgelöst durch das angepeilte „Bundesgesetz über die Beiträge der bundesunmittelbaren Stadt Wien und der
       Ortsgemeinden zum Kleinrentnerfonds". Der ins Auge gefaßte Berechnungsschlüssel galt als zu kompliziert, die
       inhaltliche Materie als politisch zu heiß, sodaß in internen Regierungspapieren eine Inkraftsetzung auf der Ba-
       sis der verfassungsgesetzlichen Option der Ermächtigungsbestimmung empfohlen wurde, „um eine öffentliche
       Erörterung des ganzen Komplexes der mit dem Kleinrentnergesetz zusammenhängenden Fragen und damit eine
       neuerliche Beunruhigung der Interessentenkreise zu vermeiden". ÖSTA, AdR, MRP 1031, 12. 6. 1936, zu Punkt
       14, Beilage N.
[51]   ÖSTA, AdR, MRP 1016, 1. Sitzung, 2. 12. 1935, S. 74.
[52]   Ebenda, S. 75 f. Er meinte, daß die „Fürsorge in Wien wohl in einer Weise gehandhabt werde, die auch für Leute
       des Mittelstandes erträglich sei".
[53]   ÖSTA, AdR, MRP 1016, 2. Sitzung, 3. 12. 1935, S. 76. Der Zentralstaat gestand letztlich den Gemeinden eine
       verminderte Beitragslast zum Kleinrentnerfonds zu, für 1935 waren dies 5,3 %, für 1936 10,9 % Ermäßigung.
       Die Gemeinden wurden zur Beitragsleistung herangezogen, „weil ohne öffentliche Hilfe ein Großteil der Klein-
       rentner der Armenfürsorge der Gemeinde zur Last gefallen wäre". Die österreichische Gemeinde 1936, S. 54.

trächtig in den „Familienasylen" manifestierten. Es scheint sich dabei – zumindest nach dem derzeitigen Forschungsstand – um eine Wiener (großstädtische) Spielart zu handeln. [54]

Aspekte der Erwachsenenfürsorge

Die sozialen Folgen der Weltwirtschaftskrise machten vorerst Schluß mit der primär „freiwilligen Fürsorge" der Kommunen, namentlich der Familien- und Jugendfürsorge als jungem Zweig professioneller Sozialarbeit. Die Armutsverwaltung klassischen Zuschnitts („gesetzliche Fürsorge") trat wieder in den Vordergrund. Der altgediente christlichsoziale Sozialexperte und im „Ständestaat" wieder zu Ministerehren gelangte Josef Resch äußerte sich 1936 deutlich über die negativen Konsequenzen der praktizierten Regierungspolitik, daß man nämlich auf dem Gebiet der Arbeitsbeschaffung „zu wenig getan" habe und „trotz der schärferen Aussteuerungspraxis" eine „Erhöhung der Arbeitslosenziffer zu verzeichnen" sei. Darüber hinaus rief er in Erinnerung, „es dürfe nicht vergessen werden, daß die Erhöhung der Arbeitslosenziffer auch eine stärkere Belastung der Gemeinden bedeute". [55]

Fürsorgeräte und Fürsorgebuch

Die wichtigsten Organe der „gesetzlichen" Fürsorge in den Bezirken waren die Fürsorgeinstitute, als Erhebungsorgan fungierte der ehrenamtliche Fürsorgerat. Männliche und weibliche Fürsorgeräte bekleideten ihr Amt – zu dem sie politisch nominiert wurden – „freiwillig", ehrenamtlich und unbesoldet; ihr Aktionsfeld war der jeweilige Fürsorgesprengel, wobei es in Niederösterreich eine Bezirksstruktur mit Bezirksfürsorgeräten gab. Dem Fürsorgerat oblag es, „ungerechtfertigte Beteilungen zu vermeiden, der Unterstützungsjägerei und dem Bettlerunwesen nach Möglichkeit zu steuern, eine zweckmäßige Arbeitsteilung mit der privaten Fürsorge herzustellen, um so die möglichst wirksame Verwertung der vorhandenen Fürsorgemittel zu erreichen". [56] Die Einführung des „Fürsorgebuchs" sollte diese Zielsetzungen unterstützen; das „ständestaatliche" Wien tat sich hier als Vorreiter hervor. [57] Ab 1934 hatte österreichweit jeder Unterstützungswerber, der für sich oder seine Familie eine Hilfe der amtlichen oder privaten Fürsorge beanspruchte, zwecks Eintragung der Unterstützungsleistung ein solches „Fürsorgebuch" vorzuweisen, das aufgrund amtlicher Erhebungen der Fürsorgeräte vom Fürsorgeamt als öffentliche Urkunde ausgestellt wurde. Das Fürsorgebuch – in vier verschiedene Kategorien, je nach Bedürftigkeit, eingeteilt – bedeutete allerdings weder ein Armutszeugnis, noch gab es dadurch automatisch einen Anspruch auf Unterstützung; es diente lediglich als „Ausweisdokument", gewissermaßen ein Kontrollinstrument, das Einsparungen ermöglichen und durch allfälligen Entzug stark disziplinierend wirken sollte. [58] Am Ende des Jahres 1935 waren in Wien etwa 425.000 Menschen (aus 170.000 Familien) mit Fürsorgebüchern der Kategorien A, B, C oder D ausgestattet. Personen mit D-Fürsorgebüchern erhielten „in der Regel nur von privaten, nicht von öffentlichen Stellen Unterstützungen". [59]

---

[54] Vgl. Melinz / Ungar, Wohlfahrt und Krise, S. 80 ff. Das Stichwort bietet zugleich die Gelegenheit, festzuhalten, daß in der Ära des „Ständestaates" ganz und gar nicht die Karte der Wohnungspolitik gespielt wurde, sondern vielmehr – insbesondere in den Landeshauptstädten – die Karte der Obdachlosenfürsorge bzw. jene der seit den frühen 1930er Jahren forcierten Konzeption der „Innenkolonisation".

[55] ÖSTA, AdR, MRP 1044, 20. 11. 1936, zu Punkt 18, S. 25.

[56] WiA, S. 22.

[57] Vgl. Amtsblatt, 19. 12. 1935, S. 5.

[58] Alma Motzko verwies etwa darauf, daß die restriktiven Regelungen auch das eigene „kleinkapitalistische" Milieu hart treffen würden. Vgl. Melinz / Ungar, Wohlfahrt und Krise, S. 55.

[59] WStLA, Wiener Bürgerschaft, 18. 12. 1935, S. 1522.

„Erhaltungsbeiträge"

Die folgenden Ausführungen beziehen sich auf Wien, allerdings waren vom Grundsatz her die Bedingungen in ganz Österreich ähnlich; die konkrete Handhabung in einzelnen Städten bzw. Ortsgemeinden müßte im Einzelfall untersucht werden. [60] In der „ständestaatlichen" Ära entspannten sich die Verhältnisse im Bereich der „offenen" Armenfürsorge – speziell bei den Erhaltungsbeiträgen – keinesfalls. Einer steigenden Nachfrage standen etwa gleichbleibende Mittel gegenüber [61], was in weiterer Folge zwangsläufig verschärfte Kontrollen der Unterstützungsbedürftigkeit nach sich zog [62]. Unter dem Druck knapper Sozialbudgets wurde auch über weitere Ausgabenreduktionen in diesem Bereich nachgedacht. Der Berichterstatter der „Wiener Bürgerschaft" in Sachen Einsparung kritisierte unter anderem eine häufig erwogene, aber wenig zielführende Kürzungsoption im Bereich der höchsten Pfründensätze, weil „schon ein ganz kolossaler Elendsfall vorliegen muß, wenn die Stadtverwaltung jemand 56 Schilling gibt!", und er gab zu bedenken, daß „von 50.000 Unterhaltsempfängern nur 1.734 in der glücklichen Lage sind, diese 56 Schilling zu bekommen, dann urteilen Sie selbst, ob da ein Abstrich möglich ist!" [63]

Unter den Faktoren, die den „Mehraufwand bei der öffentlichen Armenfürsorge für Erwachsene" verursachten, wurden besonders die Änderungen des Gewerblichen Sozialversicherungsgesetzes des Jahres 1935 genannt: „Die Herabsetzung der Leistungen und die Erschwerung der Erlangung eines Anspruches auf Leistungen bewirken selbstverständlich eine erhöhte Inanspruchnahme der öffentlichen Armenpflege. Der Empfänger einer verkürzten Rente, der Arbeitslose, der keine Arbeitslosenunterstützung mehr erhält, weil er die für den Anspruch nunmehr erhöhte Anzahl von Arbeitswochen nicht mehr erreicht, sowie der zufolge der verschärften Bestimmungen Ausgesteuerte wenden sich selbstverständlich an die öffentliche Wohlfahrtspflege der Stadt Wien." Zu diesen Ursachen hinzu kamen „noch die wirtschaftlichen Verhältnisse und eine gewisse Überalterung der Bevölkerung [...]. Auch Personen, die früher keine Armenpflege beansprucht haben, ersuchen jetzt darum [...]". [64] Der institutionalisierten Fürsorge ging es allerdings darum, den Bedürftigen das fürsorgerische Prinzip der Nothilfe klarzumachen, denn entsprechend „dem subsidiären Charakter der Armenfürsorge [sollte] auch die Partei [der Unterstützungswerber, G. M.] das Bewußtsein haben, sich nur dann an die öffentliche Fürsorge wenden zu können, wenn jede andere Möglichkeit, aus dem Notstand herauszukommen, fehlt". [65]

Sonderfürsorgeaktionen: Natural- statt Geldunterstützung

Die um sich greifende ökonomische und soziale Krise ab Beginn der 1930er Jahre veränderte sowohl die Form(en) als auch die Funktion(en) von Fürsorge. Die Erwachsenenfürsorge erstreckte sich mittlerweile „zum großen Teil auf erwerbsfähige Personen, die arbeitswillig sind, aber nicht Arbeit finden können". Ihre Unterstützung diente dazu, „die Arbeitskraft dieser Personen zu erhalten, um sie nach Überbrückung der Krisenzeit wieder in den Wirtschaftsprozeß eingliedern zu können". Überdies verhinderte – so die offizielle Argumentation – „die Befürsorgung" ein „weiteres Hinabgleiten der Fürsorgebedürftigen in größere Not, wodurch die Volkswirtschaft vor einer ansonsten immer größer werdenden Masse von

---

[60]   Nach Kenntnis des Autors fehlen einschlägige Detailstudien.
[61]   Vgl. StatJb 1930 - 1935, S. 71; StatJb 1937, S. 64.
[62]   Vgl. WiA, S. 21 ff.
[63]   WStLA, Wiener Bürgerschaft, 17. 12. 1935, S. 1337.
[64]   Zur letzteren Gruppe zählte man „etwa 10.000 ehemals selbständige Geschäftsleute in der Armenfürsorge".
       WStLA, Wiener Bürgerschaft, 18. 12. 1935, S. 1520.
[65]   WStLA, M. Abt. 208, A 12/4, Normalien, M. Abt. 15/385/37.

Erwerbslosen und Konsumunfähigen bewahrt wird".[66] Die ursprünglich einzelnen Sonder-
fürsorgeaktionen während der Wintermonate markierten eine entschiedene Abkehr von der
klassischen Geldunterstützung, sie setzten voll auf das Prinzip der Naturalunterstützung (z. B.
Lebensmittel, Brennstoffe, Kleiderspenden) und wurden schließlich als „Aktion Winterhilfe"
(WH) bekannt.[67] Finanziert wurde die Aktion durch Sach- und Geldspenden sowie durch
Beiträge diverser Gebietskörperschaften.[68] In den Folgejahren wurden jeweils immer mehr
Finanzmittel des Bundes notwendig und auch bewilligt, allerdings blieben diese ein Tropfen
auf den heißen Stein.[69] Eine gravierende sowohl konzeptive als auch gesetzliche Justierung
wurde im Herbst 1933 realisiert. Die „Verordnung der Bundesregierung betreffend außerordentliche Maßnahmen für die Befürsorgung Bedürftiger in den Wintermonaten (Winterhilfe
1933/34)"[70] schuf einige Neuerungen: Neben Gemeinden konnten nunmehr auch Wohltätig-
keitsvereinigungen Beträge aus Bundesmitteln bekommen. Die Adressaten des Programms
waren jetzt nicht mehr nur bedürftige Ausgesteuerte, sondern auch „sonstige Bedürftige".[71]
Bundesbeiträge sollten in der Folge auch nur mehr an Notstandsgemeinden gehen, die ohne
diese staatlichen Zuschüsse ihren Armenfürsorgeverpflichtungen nicht mehr nachkommen
konnten.[72] Überdies wurde in der Ära des „Ständestaates" das „Winterhilfswerk der Bundesregierung" auf pompöse Weise zur politischen Legitimation verwendet.[73]

Das ländliche Armutsregime

In den ländlichen Gebieten Österreichs war es üblich, ausschließlich Naturalunterstützungen
zu verabreichen, oder man erlaubte „das Sammeln milder Gaben". Ein besonderes Problem
der ländlichen Fürsorge blieb die Unterbringung und Versorgung alter Menschen, in der Regel
ehemalige Beschäftigte in der Land- und Forstwirtschaft.[74] Das System der „Einlege", d. h.
die Versorgung der Armen durch Reihum-Unterbringung in den Haushalten der bäuerlichen
Gemeinden, zählte zu den brennendsten sozialen Problemen und zeichnete sich über Jahrzehnte durch besondere Inhumanität aus. In einigen Bundesländern wollte man die „Einlege"
als menschenverachtende Fürsorgeart „endgültig" abschaffen. Während sie in Niederösterreich „ohne Ausnahme unzulässig" war, war sie in Oberösterreich und Vorarlberg nur für
bestimmte Gruppen nicht erlaubt. In der Steiermark dagegen bestand für die „Einlege" sogar
eine detaillierte Regelung, im Burgenland war sie zulässig.[75]

---

[66]   Amtsblatt, 15. 12. 1936, S. 18.
[67]   Sie wurde erstmals durch die Wiener Gemeindeverwaltung für den Winter 1931/32 durchgeführt. Vgl. Melinz /
       Ungar, Wohlfahrt und Krise, S. 60 ff.
[68]   In den öffentlichen Institutionen wurde der Obolus „freiwillig" per Lohnabzug geleistet; bei den diversen Samm-
       lungen brauchte es einigen Druck, und nicht selten half auch dieser nichts.
[69]   Zur Aktion Winterhilfe des Bundes vgl. ÖSTA, AdR, Bundesministerium für soziale Verwaltung/Sozialpolitik,
       Sammelakt 65.
[70]   Vgl. BGBl. Nr. 493/1933.
[71]   Eine Unterstützung aus Winterhilfe-Mitteln blieb natürlich an die Bedürftigkeit und deren strikte Überprüfung
       gebunden, die trotz bzw. gerade wegen der allgemeinen Notlage aufs schärfste durchgeführt wurde.
[72]   Vgl. ÖSTA, AdR, MRP 1061, 21. 9. 1937, Beilage H zu Pkt. 8.
[73]   Vgl. Schuschniggs Rundfunkrede, Wiener Zeitung, 22. 11. 1936.
[74]   Vgl. E. Bruckmüller, Soziale Sicherheit für Bauern und Landarbeiter, in: E. Bruckmüller, u. a. (Hg.), Soziale
       Sicherheit im Nachziehverfahren. Die Einbeziehung der Bauern, Landarbeiter, Gewerbetreibenden und Haus-
       gehilfen in das System der österreichischen Sozialversicherung, Salzburg 1978, S. 15 - 129; P. Klammer, Auf
       fremden Höfen. Anstiftkinder, Dienstboten und Einleger im Gebirge, Wien-Köln-Weimar 1992; N. Ortmayr
       (Hg.), Knechte, Wien-Köln-Weimar 1992.
[75]   Vgl. zu den einschlägigen Bestimmungen Axmann / Chaloupka, Vorschriften über die Armenfürsorge.

Jugendfürsorge

In den Jahren der Ersten Republik wurde im „roten Wien" das österreichweit fortgeschrit-
tenste „Modell" einer modernen Jugendfürsorge verwirklicht. In den übrigen Bundesländern
und Gemeinden entwickelten sich ähnliche Jugendfürsorgeformen, die aber insgesamt in den
institutionellen Arrangements nicht gleichermaßen kohärent strukturiert und vielfältig ver-
ästelt waren und vor allem nicht über vergleichbare Finanzmittel verfügten. [76] In Anbetracht
der finanzpolitischen Interventionen durch die bürgerliche Regierung gegen das „rote Wi-
en" und im Gefolge der Einwirkungen durch die Weltwirtschaftskrise wurden jedoch auch
in Wien zuallererst die Jugendfürsorgeausgaben beträchtlich zurückgefahren. Was im Falle
von Wien spektakulär erschien, geschah gleichermaßen in den Bundesländern und setzte sich
in der Ära des „Ständestaates" fort. [77] Die neugeschaffene Verfassung von 1934 verzichtete
im Unterschied zu ihrer Vorgängerin auf die Erwähnung von Mutterschafts, Säuglings- und
Jugendfürsorge als zentralstaatlichem Kompetenztatbestand mit dem Recht auf Grundsatzge-
setzgebung. Das bedeutete nunmehr, daß die genannten Rechtsmaterien eine Angelegenheit
des selbständigen Wirkungskreises der Länder waren. Das Entwicklungsniveau der jugend-
fürsorgerischen Infrastruktur war recht unterschiedlich; in den größeren Städten existierten
zumeist Jugendämter. Die ungeschminkte Realität Mitte 1936 sah so aus: „Leider hat die
Entwicklung der allgemeinen Verhältnisse seit 1930 der freiwilligen Tätigkeit der Länder
und Gemeinden Abbruch getan. In vielen Gerichtsbezirken Österreichs existiert keine Jugendfürsorge, in einer großen Anzahl von Bezirken ist lediglich ein Organ tätig, in Tirol und
Vorarlberg werden private Vereine vom Lande subventioniert und sind ebenfalls nicht imstande, die Agenden der Jugendfürsorge in ausreichendem Maße zu versehen." [78] Der „christliche
Ständestaat" mit seiner angesichts des allerorten bedauerten Geburtenrückgangs durchaus
bevölkerungspolitischen Rhetorik betrieb zwar auf der teuren Fürsorgeanstaltsebene generell eine Privatisierungs- und Konfessionalisierungspolitik, vor allem glänzte er aber mit der
Reduktion von Anstaltsplätzen im Fürsorgebereich. In Ausführung eines steirischen Land-
tagsbeschlusses wurden am 15. Oktober 1934 die Pforten der einzigen Fürsorgeerziehungs-
anstalt des Landes in Hartberg geschlossen. Der ehemalige Jugendamtschef der Stadt Graz
veröffentlichte als Reaktion darauf in der Grazer Tagespost einen kritisch-informativen Artikel, der die Hintergründe für diese Politik deutlich machte. Die gesunkene Zahlungsfähigkeit
der Angehörigen der Zöglinge und die gleichfalls gesunkene Leistungs- bzw. Zahlungsfähigkeit der Gemeinden machten es immer schwieriger, die entsprechenden Kostenbeiträge
einzutreiben. Somit lag es nahe, „lieber abzuwarten, bis ein Verwahrloster straffällig wurde
und nach dem Jugendgerichtsgesetz auf Staatskosten in die neugegründete Bundesanstalt für
Erziehungsbedürftige nach Kaiserebersdorf kam, als daß sie [das Land und die Gemeinden,
Anm. G. M.] neue Belastungen auf sich nahmen". [79] Für „wirtschaftliche Fürsorge" (z. B.
Erziehungsbeiträge für Kinder) waren weiterhin die Heimatgemeinden zuständig, wobei der
Unterstützungsantrag an den jeweiligen Armenrat zu richten war. Die eine oder andere ju-
gendfürsorgerische Aktion wurde zum Beispiel in Kooperation mit oder gar in Eigenregie
des Mutterschutzwerks der Vaterländischen Front betrieben. Aus der Sicht der behördlich-

---

[76]	Eine zusammenfassende Überblicksarbeit über die Jugendfürsorge in der Zwischenkriegszeit fehlt bislang, die
	hier angedeutete Einschätzung basiert auf einer umfangreichen Quellen- und Materialsammlung des Autors.
[77]	Einschlägige Belege für die 1930er Jahre liefert die Budgetanalyse für Wien, vgl. Melinz / Ungar, Wohlfahrt und
	Krise, S. 38 ff.
[78]	Jugendfürsorge in Oberösterreich 8 (1936), Nr. 3, S. 38. Zu den Agenden der Jugendfürsorge gehörten etwa:
	Mutterberatung, Säuglingsfürsorge, Erholungsfürsorge, Ziehkinderaufsicht, Berufsvormundschaft, Erziehungs-
	fürsorge, Jugendgerichtshilfe.
[79]	Zit. nach B. E. Maierhofer, Jugendfürsorgepolitik und Sozialpädagogik Österreichs in der Ersten Republik, Graz
	1996, S. 196.

professionellen Jugendfürsorge war klar, daß diesen Ambitionen finanzielle Ressourcen fehlten und ihre Möglichkeiten daher begrenzt waren, und man empfahl, daß ihr Aufgabenkreis eher im Bereich der mentalen Beeinflussung zugunsten der propagierten neuen Verantwortungsethik liegen sollte. [80]

Resümee: Verarmung der Gemeinde und Verarmung der Bevölkerung

Die österreichischen Gemeinden als Träger der lokalen Armenfürsorge gerieten angesichts der katastrophalen sozialen, ökonomischen und politischen Situation in eine ausgeprägte Zwangslage. Angesichts begrenzter Finanzressourcen, verursacht durch zentralstaatliche Politikentscheidungen und die hartnäckig anhaltende Wirtschaftskrise, stieg die soziale Bedürftigkeit der Bevölkerung enorm. Die Gemeinden machten es dem Bund nach – sie reagierten mit restriktiver Fürsorgepolitik, die sich, falls überhaupt Sozialleistungen gewährt wurden, in einer Verschiebung in Richtung Naturalunterstützungen äußerte. Die Unterschiede der sozialfürsorgerischen Standards und Niveaus zwischen städtischen und ländlichen Lebenswelten blieben eklatant. In Anbetracht der dauerhaften Massenarbeitslosigkeit und der vielfältigen Überlebensstrategien (z. B. Wandern und Betteln) traten traditionelle repressiv-sozialdisziplinierende Dimensionen der Armutspolitik wieder deutlich hervor.

Die Schwerpunktsetzungen der kommunalen Fürsorgepolitik sprachen eine deutliche Sprache: Während der Aufwand für Erwachsenenfürsorge, welche größtenteils traditionelle armenpflegerische Aufgaben („gesetzliche Fürsorge") wahrzunehmen hatte, einigermaßen konstant blieb – wenn auch bei einer enorm gestiegenen Zahl von Bedürftigen –, wurden die Ausgaben für Gesundheitsfürsorge und vor allem für Jugendfürsorge (mehrheitlich im Bereich der „freiwilligen Fürsorge") beträchtlich zurückgenommen. Von einer allumfassenden Veränderung der Ausrichtung der „ständestaatlichen" Fürsorgepolitik kann dennoch nur bedingt gesprochen werden. Als Handlungsmaxime galt: radikale Personaleinsparungen, rationellere Ausnutzung der vorhandenen Einrichtungen, Auflassung von Heimen, kontinuierliche Verschärfung der Vergaberichtlinien bei verschiedenen Unterstützungsleistungen sowie Senkung der Pflegegelder und Pflegebeiträge. Dies brachte schwer zu ertragende Belastungen für die von den Einsparungen Betroffenen. Parallel zur Verschlechterung der existentiellen Situation der LohnarbeiterInnen durch ökonomische Dauerkrise und Reduktion sozialpolitischer Absicherungen wurde auch das Leistungsniveau des öffentlichen Reproduktionssicherungssystems der Fürsorge gesenkt. Im Vordergrund stand schlicht klassische Armutsverwaltung; jegliche proaktive kommunale Sozialpolitik bzw. Fürsorgepolitik lag angesichts der skizzierten Rahmenbedingungen außer Reichweite.

Die sozial desintegrativen Tendenzen der auf allen Ebenen verfolgten Politikmuster der „ständestaatlichen" Eliten hinterließen bei zahlreichen Menschen unverkennbare persönliche Spuren. Sozialer Abstieg wurde für viele zur bitteren Realität, ging Hand in Hand mit einem politischen Legitimationsverlust und mündete im weit verbreiteten Wunsch nach einem „Systemwechsel". [81]

---

[80] Zur grundsätzlichen Programmatik, die sich ohnedies nur für die „Anständigen" zuständig erklärte, vgl. Jugendfürsorge in Oberösterreich 7 (1935), Nr. 1, S. 2 ff.

[81] Vgl. zur Begründung eines gesellschaftsgeschichtlichen Interpretationsansatzes Melinz, „Christlicher Ständestaat", S. 19; G. Melinz / S. Zimmermann, Getrennte Wege. Wohlfahrtspolitik und gesellschaftlicher Transformationsprozeß in Wien und Budapest zwischen den Weltkriegen, in: Jahrbuch des Vereins für Geschichte der Stadt Wien Bd. 50 (1994), S. 269 - 316, hier 269 ff.; Melinz, Christlichsoziale Politik.

Literatur

Amtsblatt der bundesunmittelbaren Stadt Wien, Jg. 1934 ff. [Amtsblatt].

Arbeiter-Zeitung, Jg. 1936.

Axmann, Julius / Eduard Chaloupka: Die Vorschriften über die Armenfürsorge, Wien 1934.

Bartsch, Robert: Die Jugendfürsorge im neuen Staat, in: Zeitschrift für Kinderschutz, Familien- und Berufsfürsorge 27 (1935), Nr. 1 - 2, S. 1 - 3.

Bruckmüller, Ernst: Soziale Sicherheit für Bauern und Landarbeiter, in: Ernst Bruckmüller u. a. (Hg.), Soziale Sicherheit im Nachziehverfahren. Die Einbeziehung der Bauern, Landarbeiter, Gewerbetreibenden und Hausgehilfen in das System der österreichischen Sozialversicherung, Salzburg 1978, S. 15 - 129.

Fibich, Alexander: Die Entwicklung der österreichischen Bundesausgaben in der Ersten Republik (1918 - 1938), Diss., WU Wien, Wien 1977.

Froehlich, Eberhard: Die Bekämpfung der Bettler- und Landstreicherplage und die Umgestaltung des Armenfürsorgerechtes, in: Städte-Zeitung 2 (1936), Nr. 5, S. 15 - 16.

Ganglmair, Siegwald: „Die hohe Schule von Schlögen". Zur Geschichte und Rezeption eines Bettlerlagers im Ständestaat, in: Medien & Zeit 5 (1990), H. 2, S. 19 - 29.

Jugendfürsorge in Oberösterreich, Jg. 1935, 1936.

Klammer, Peter: Auf fremden Höfen. Anstiftkinder, Dienstboten und Einleger im Gebirge, Wien-Köln-Weimar 1992.

Maierhofer, Bibiane E.: Jugendfürsorgepolitik und Sozialpädagogik Österreichs in der Ersten Republik, Graz 1996.

Maly, Ludwig: Neuzeitliche Gestaltung des Wiener Wohlfahrtswesens, in: Zeitschrift für Kinderschutz, Familien- und Berufsfürsorge 29 (1937), Nr. 11 - 12, S. 43.

Melinz, Gerhard: Die Christlichsoziale Partei Wiens. Von der Majorität zur Minorität und „Kerntruppe" der Vaterländischen Front, in: Wiener Geschichtsblätter 149 (1994), H. 1, S. 1 - 14.

Melinz, Gerhard: Christlichsoziale Politik und semiperiphere Entwicklung in Österreich, in: Rudolf G. Ardelt / Christian Gerbel / Antonia Hajdu (Hg.), Österreichischer Zeitgeschichtetag 1995. „Österreich – 50 Jahre Zweite Republik", Innsbruck 1997, S. 242 - 245.

Melinz, Gerhard: „Christlicher Ständestaat" und „autoritäre Sozialpolitik", in: Historicum. Zeitschrift für Geschichte, Frühling 1999, S. 15 - 20.

Melinz, Gerhard / Gerhard Ungar: Wohlfahrt und Krise. Das Beispiel Wiens 1929 - 1938, Wien 1996.

Melinz, Gerhard / Susan Zimmermann: Getrennte Wege. Wohlfahrtspolitik und gesellschaftlicher Transformationsprozeß in Wien und Budapest zwischen den Weltkriegen, in: Jahrbuch des Vereins für Geschichte der Stadt Wien Bd. 50 (1994), S. 269 - 316.

Die Österreichische Gemeinde. Praktischer Ratgeber für Mitglieder des Gemeindetages, Jg. 1936.

Ortmayr, Norbert (Hg.): Knechte, Wien-Köln-Weimar 1992.

Pfaundler, Richard: System des Finanzausgleiches in Österreich auf Grund der Neuordnung im Jahr 1934, Wien 1935.

Pfaundler, Richard: Die Besteuerungsrechte und abgeleiteten Steuereinnahmen der österreichischen Länder und der Stadt Wien im Wandel der Zeit (1896 - 1946), Graz 1947.

Rieder, Stephan: Jugendfürsorge in der Großstadt, in: Zeitschrift für Kinderschutz, Familien- und Berufsfürsorge 30 (1938), Nr. 1 u. 2, S. 2 - 4.

Statistisches Jahrbuch der Stadt Wien 1930 - 1935, 1937 [StatJb].

Stiefel, Dieter: Die große Krise in einem kleinen Land. Österreichische Finanz- und Wirtschaftspolitik 1929 - 1938, Wien-Köln-Graz 1988.

Wien im Aufbau. Das Wohlfahrtswesen der Stadt Wien, Wien 1937 [WiA Wohlfahrtswesen].

Wiener Zeitung, Jg. 1936.

Kammer für Arbeiter und Angestellte (Hg.): Wirtschaftsstatistisches Jahrbuch 1933/35, 1937 [WiStat-JB].

Wohnout, Helmut: Regierungsdiktatur oder Ständeparlament? Gesetzgebung im autoritären Österreich, Wien-Köln-Graz 1993.

Mit Schuschnigg für Österreich

Österreichische Frauenkundgebung

Es sprechen:

Fürstin Fanny Starhemberg
Dr. Alma Motzko

Freitag, den 4. März 1938, um 19 Uhr
Rathaus (Volkshalle Arkadenhof)

Front Heil - Österreich!   Die V. F.-Frauenschaft

Aufruf der Frauenschaft der Vaterländischen Front für Pro-Schuschnigg-Kundgebung am 4. März 1938

Der „Christliche Ständestaat" als Männerstaat?

Frauen- und Geschlechterpolitik im Austrofaschismus

Irene Bandhauer-Schöffmann

1. Der Kampf gegen die Moderne - rückwärtsgewandte Frauenideologie – 2. Gottgewollte geschlechtsspezifische Arbeitsteilung – 3. Der „Christliche Ständestaat" als Männerstaat - Ausschluß der Frauen aus der Politik – 4. Organisierung von Frauen im Austrofaschismus – 4. 1. Mutterschutzwerk der Vaterländischen Front – 4. 2. Frauenreferat der Vaterländischen Front – 4. 3. Die Neuorganisierung der katholischen Frauenvereine durch die Amtskirche – 5. Politik und Frauen – 5. 1. Bevölkerungspolitik – 5. 2. Öffentliche Inszenierung von Mütterlichkeit – 5. 3. Infragestellung der Frauenerwerbsarbeit durch die Doppelverdienerverordnung – 6. Zusammenfassung

Einleitung

Wie in Krisen generell zu beobachten ist, kam es auch in der wirtschaftlichen und gesellschaftlichen Krisenzeit des Austrofaschismus zu einer Redefinition von Rollenzuweisungen an Frauen und Männer, die nicht nur die ideologischen Diskurse über eine geschlechtsspezifische Aufgabenteilung betrafen, sondern sich auch in frauendiskriminierenden Gesetzen manifestierten. Indem durch die Maiverfassung 1934 die Gleichheit von Mann und Frau vor dem Gesetz abgeschafft wurde, Frauen gegenüber Männern ein eingeschränktes politisches Mitspracherecht in den Berufsständen hatten und durch die Doppelverdienerverordnung verheiratete Frauen aus dem Bundesdienst entlassen wurden, machte die Politik auf einer formalen Ebene Frauen zu zweitklassigen Staatsbürgern. Wenn zusätzlich in Betracht gezogen wird, daß der Rückbau des Sozialstaates ebenfalls eine patriarchale Restrukturierung von Geschlechterverhältnissen bewirkte, weil staatliche Aufgaben (wie etwa die ökonomische Absicherung bei Arbeitslosigkeit oder im Krankheitsfalle) vermehrt wieder an die Familien abgegeben wurden, wird erkennbar wie tiefgreifend der Einschnitt in das Geschlechterverhältnis während dieser Zeit war. Da der Staat sich immer weiter aus der Verantwortung für die Masse der verarmten, ausgesteuerten, arbeitslosen, unterbeschäftigten Personen zurückzog, [1] wurde Überlebenssicherung wieder der privaten Versorgungsökonomie überlassen, was

---

[1] Der Anteil der unterstützten Arbeitslosen an der Gesamtzahl der gemeldeten Arbeitslosen betrug 1933 im Jahresdurchschnitt noch 81,05 %, im Jahr 1937 war der Anteil auf 72,07 % gesunken. Der Frauenanteil an den unterstützten Arbeitslosen lag zwischen 20 und 22 %. B. Ennsmann, Frauenpolitik und Frauenarbeit im Austrofaschismus, Dipl. Arbeit, Univ. Wien 1993, S. 108 f. Der Anteil der Ausgaben für „Soziale Verwaltung" an den Gesamtausgaben des Budgets lag 1932 bei 23 %, 1937 nur mehr bei 17 %. Schätzungsweise 800.000 ÖsterreicherInnen lebten „im Hungerstatus", vgl. G. Senft, Im Vorfeld der Katastrophe. Die Wirtschaftspolitik des Ständestaates. Österreich 1934 - 1938, Wien 2002 (= Vergleichende Gesellschaftsgeschichte und politische Ideengeschichte der Neuzeit 15), S. 455 f.

geschlechtsspezifische Disparitäten verschärfte, denn unbezahlte Reproduktions- bzw. Subsistenzarbeit wurde vor allem von Frauen erbracht. Einleitend kann festgehalten werden, daß der „Ständestaat" direkte Ungleichbehandlung der Geschlechter politisch sanktionierte und indirekt durch Rücknahme staatlicher Leistungen eine erzwungene Mehrarbeit von Frauen als privaten Liebesdienst forcierte, was zwangsläufig die geschlechtsspezifische Arbeitsteilung verstärkte.

Im folgenden gehe ich kurz auf zwei zentrale Aspekte der Frauenideologie ein, nämlich den Kampf gegen die Moderne und den Geschlechterdualismus, wie er im katholischen Milieu ausgeprägt war. Die Versuche der bürgerlichen-liberalen Frauen, die im Bund österreichischer Frauenvereine (BÖFV) organisiert waren, und der in der Katholischen Frauenorganisation (KFO) zusammengeschlossenen katholischen Frauen, ihre politischen Interessen in einer Hauswirtschaftskammer zu organisieren, stehen für die Auseinandersetzung der Frauen mit dem „berufsständischen" Aufbau des Staates. Anhand der Geschichte der Frauenorganisationen der Vaterländischen Front (VF) – Mutterschutzwerk (MSW) und Frauenreferat – wird deutlich, wie der Staat die traditionellen bürgerlich-liberalen und katholischen Frauenvereine zu einer faschistischen Einheitsorganisation verschmelzen wollte. Ein Unterfangen, daß durch die wenig attraktive Frauenideologie des „Christlichen Ständestaates" und die offen frauendiskriminierende Politik wenig Erfolg hatte. Die Neuorganisation der Katholischen Frauenorganisation im Rahmen der Katholischen Aktion brachte jedoch ab 1935 vormals in den katholischen Frauenvereinen engagierte Frauen als Funktionärinnen zur VF und steht beispielhaft für die Hilfe, die die Amtskirche dem Regime gewährte, indem sie das demokratische katholische Vereinswesen umgestaltete.

Ein Überblick über die vom Mutterschutzwerk betriebene Bevölkerungspolitik, über die Inszenierung des Muttertages und die Darstellung des Doppelverdienergesetz, das den organisierten Frauen als größter Rückschlag in ihrer Geschichte galt, geben schließlich Auskunft über die frauenpolitischen Maßnahmen des Regimes im Bereich der geschlechtsspezifischen Arbeitsteilung.

1. Der Kampf gegen die Moderne – rückwärtsgewandte Frauenideologie

Während der Nationalsozialismus eine flexible und den wirtschaftlichen Bedürfnissen angepaßte Frauenideologie entwickelte, war bei den im „Austrofaschismus" Regierenden das Frauenbild festgelegt auf die katholische Hausfrau und Mutter, die mit ihrer qua definitionem selbstaufopfernden Tätigkeit in der Familie gegen die Moderne ankämpfen sollte. [2]

„Eine der wichtigsten zeitgemäßen Aufgaben der Frau", meinte Fanny Starhemberg, „besteht darin, überall wohin ihr Einfluß reicht, gegen die Auswüchse, die die moderne Zeit mit sich gebracht hat, aufzutreten."[3] Die katholische Frauenbewegung legte ihren Antimodernismus nicht nur als Kampf gegen die Liberalisierung gesellschaftlicher Normen an, sondern trat auch gegen eine moderne industrielle Arbeitsorganisation auf, die die Frauen – als moderne Hausfrauen – in den „Zerreißungsprozeß"[4] zwischen einer profitorientierten Erwerbsarbeitssphäre und einer bedürfnisorientierten familiären Sphäre gestellt hatte. Seit ihrer Gründung war die katholische Frauenbewegung bemüht, diesen Konflikt zwischen zwei einan-

---

[2]   Zu den Facetten der österreichischen Modernisierungskrise vgl. Senft, Im Vorfeld der Katastrophe, S. 36 - 45. Zu den grundsätzlich anti-modernen Denkmustern im katholischen Milieu und insbesondere auch zur Ideologie der katholischen Frauenbewegung vgl.: D. Kaufmann, Katholisches Milieu in Münster 1928 - 1933. Politische Aktionsformen und geschlechtsspezifische Verhaltensräume, Düsseldorf 1984.

[3]   F. Starhemberg, Die Frau in unserer Zeit. Rednerskizze des Werbedienstes, VF-Karton 12. Der Bestand Vaterländische Front befindet sich im Allgemeinen Verwaltungsarchiv (AVA), im Österreichischen Staatsarchiv.

[4]   U. Haß, Mütterliche Landschaften, in: Frauenmacht. Konkursbuch 12, 1984, S. 221.

der ausschließenden Produktionsweisen und insbesondere seine „Verlagerung in die Psyche der Frau"[5] durch eine Rückkehr zur vorindustriellen Hausherrin zu lösen. Für sie lag daher die Attraktivität des Bauerntums nicht nur darin, daß es für die ideologische Konstruktion einer ständisch gegliederten, vorgeblich konfliktfreien agrarischen Sozial- und Wirtschaftsform herangezogen wurde, sondern in erster Linie darin, daß die Bäuerin Vorbildcharakter hatte. Als „lebendige Verkörperung von Haus und Familie nach alten, biblischen Begriffen", als „Hüterin des christlichen Familienideals"[6] repräsentierte sie nicht nur die erwünschte soziale Ordnung, sondern auch die erwünschte Ordnung des Geschlechterverhältnisses. In der bäuerlichen Arbeits- und Lebensorganisation, die noch nichts mit der der modernen Hausfrau gemein hatte, sah die katholische Frauenbewegung die wirkliche „Hausmutter", hier war die Frau noch „Königin in ihrem Reich".[7] Am Bauernhof – in der „Ökonomik des ganzen Hauses"[8] – sah die katholische Frauenbewegung ihr Ideal einer geschlechtsspezifischen Arbeitsteilung verwirklicht.

Indem das konservativ-katholische Milieu daran festhielt, daß der Ort der Frauen die Häuslichkeit zu sein habe, wollte man die bedürfnisorientierte weibliche Arbeit als Gegenpol zu den für den „Verfall" der Gesellschaft verantwortlich gemachten „Materialismus" installieren. Denn aus einer „Wirtschaftsweise ohne Gott"[9] konnten nur die sich aufopfernden Hausfrauen und Mütter den Weg weisen. Daß der Versuch, die Defizite zu minimieren, die dem gesellschaftlichen Fortschrittsprozeß anhafteten, über die rücksichtslose Ausbeutung der weiblichen Produktivität lief[10], reflektierte die katholische Frauenbewegung, indem sie vom „Opfer" sprach, das die Familienmütter zu bringen hätten.[11]

Die jungen Frauen, die den entsagungsreichen Weg der „gott- bzw. naturgewollten" Mutterschaft nicht mehr so ohne weiteres gehen wollten, galten als Hauptursache für den „Niedergang des Volkes", der sich in Ehekrise und Geburtenrückgang zeige.[12] Da der „Anfang aller Aufbauarbeit an der Gemeinschaft" von der Familie ausgehen sollte[13], galt es zuerst, diese „pflichtvergessenen" Frauen wieder an ihren „gottgewollten" Platz zu bringen. Die ideologische Aufwertung der Hausarbeit durch Professionalisierung in der Mütterschule, die Ausweitung hauswirtschaftlichen Unterrichts in den Pflichtschulen und die Inszenierung des Muttertags als „Nationalfest"[14] sollten beim „Wiederaufbau" des katholischen Familienlebens helfen.

---

[5]   B. Brick / Ch. Woesler, Maschinerie und Mütterlichkeit, in: Frauengeschichte. Beiträge zur feministischen Theorie und Praxis 5, München 1981, S. 61 - 68, hier 61.

[6]   F. Starhemberg, Die katholische Frau in der Landwirtschaft, in: Frauenjahrbuch 1933, hg. v. der KFO für die Erzdiözese Wien, Wien o. J., S. 149 - 162, hier 152.

[7]   Ebenda, S. 153.

[8]   O. Brunner, Das „ganze Haus" und die alteuropäische „Ökonomie", in: Ders., Neue Wege der Verfassungs- und Sozialgeschichte, 2. Aufl., Göttingen 1968, S. 103 - 127.

[9]   A. Motzko, Die katholische Frauenbewegung in Österreich, in: Der katholische Almanach 1932, hg. v. der Katholischen Akademikergemeinschaft in Österreich, Wien 1931, S. 95 - 101, hier 99.

[10]   B. Wartmann, Verdrängung der Weiblichkeit aus der Geschichte. Bemerkungen zu einer „anderen" Produktivität der Frau, in: Dies. (Hg.), Weiblich – Männlich. Kulturgeschichtliche Spuren einer verdrängten Weiblichkeit, Berlin 1980, S. 7 - 33.

[11]   E. Kapral, Die Frau im geistigen Ringen der Gegenwart. Referat auf dem Allgemeinen deutschen Katholikentag in Wien, in: Frauenbriefe 95, November 1933, S. 1 - 3; in ähnlichem Sinne sprach am Katholikentag auch Motzko, vgl. Frauenjahrbuch 1935, hg. v. der KFO, S. 153 f.

[12]   M. Wolfring, in: Frauenjahrbuch 1933, S. 146.

[13]   Motzkos Rede am Katholikentag 1933, in: Frauenjahrbuch 1935, S. 153.

[14]   Wiener Front, Mai 1937, Nr. 2, S. 6

2. Gottgewollte geschlechtsspezifische Arbeitsteilung

Die Ideologie einer „gott- bzw. naturgewollten" geschlechtsspezifischen Arbeitsteilung und die These von einander ergänzenden Geschlechtern war im katholischen Milieu gängig. Während die im Austrofaschismus regierenden Männer diese Ergänzungstheorie so auslegten, daß die Frauen im Haus, die Männer außer Haus arbeiten sollten, meinte die katholische Frauenbewegung, „die ständige Ergänzung der männlichen durch die weibliche Eigenart im kulturellen wie im Berufsleben liegt im Sinne Gottes"[15]. Nur durch ein „Zusammenwirken der besonderen Wesensart" von Mann und Frau könnten „allgemeingültige Lebensformen der Gesamtheit" erreicht werden.[16] Eine menschenwürdigere Gesellschaft konnte sich die katholische Frauenbewegung nur als Resultat einer Mitarbeit von sich ihrer Weiblichkeit bewußten Frauen an der als einseitig männlich kritisierten Kultur vorstellen. Mit diesem Konzept einer „besonderen Kulturaufgabe der Frau" grenzten sich die Katholikinnen von der „radikalen" Frauenbewegung ab, die ihrer Meinung nach zu sehr darauf aus gewesen sei, in Konkurrenz mit Männern die Gleichwertigkeit der Frau zu beweisen, und daher in „männlicher Ideologie" stecken geblieben sei. Diese „alte" Frauenbewegung müsse durch Frauen abgelöst werden, die nicht „Nachahmerin und Wiederholung des Mannes" sein wollen, sondern „sich zu ihrem Wesen bekennen".[17] Das Wirksamwerden des weiblichen Wesens, das die gesamte bürgerliche Frauenbewegung mit „Mütterlichkeit" umschrieb, wurde zu einer Überlebensfrage der Menschheit hochstilisiert. Die Frauen, deren selbstlose Liebesfähigkeit in einen Zusammenhang mit der Liebe Gottes gebracht wurde[18], galten als Rettungsanker für die vom Verfall bedrohte Welt. Ihre Mütterlichkeit sollte nicht nur in der Familie, sondern in jedem Beruf, bei jeder Tätigkeit zur Geltung kommen, denn „die Welt schreit nach selbstloser, hingebender, opferstarker Liebe".[19] In diesem Krisendiskurs traf die von der katholischen Frauenbewegung und einigen Klerikern getragene Vorstellung von den Frauen als genuin besseren Katholiken mit der aus der bürgerlichen Frauenbewegung stammenden Idee zusammen, daß der Mangel an Weiblichem für die gesellschaftlichen Mißstände verantwortlich sei.

Die katholische Frauenbewegung dachte die Geschlechter polar, aber gleichwertig, denn Mann und Frau hatten ihre eigene unmittelbare Beziehung zu Gott.[20] Der Klerus war in dieser Frage uneinig: Während ein Teil die „Feminisierung" des Christentums kritisierte, „mehr Männlichkeit in Religion und Seelsorge" forderte und Christus als die „höchste Steigerung der Männlichkeit" einem faschistischen Männerideal anzugleichen bestrebt war[21], betonten jene Kleriker, auf die sich die Katholikinnen beriefen, daß „es in Gottes ewigem Heiligen Geiste keine verschiedenen Ranghöhen zwischen Mann und Frau gibt"[22] und die Frau dank ihrer Mütterlichkeit in religiösen und sittlichen Belangen dem Mann Vorbild sei.

---

[15] E. Kapral, in: Wiener Zeitung, 19. 1. 1935, S. 11.

[16] Motzko, Katholische Frauenbewegung, S. 95.

[17] Dr. Alberta, Die Frau im christlichen Staat, in: Der Christliche Ständestaat 1/6, 14. 1. 1934, S. 17 - 19. Zum Politikverständnis der Frauenbewegungen in Österreich: I. Bandhauer-Schöffmann, Parteidisziplin, in: Zeitgeschichte, 16. Jg., H. 11/12, August/September 1989, S. 396 - 409; B. Zaar, Frauen und Politik in Österreich, 1890 - 1934. Ziele und Visionen, in: D. F. Good / M. Grandner / M. J. Maynes (Hg.), Frauen in Österreich. Beiträge zu ihrer Situation im 20. Jahrhundert, Wien 1994, S. 48 - 76; G. Hauch, Frauenbewegungen – Frauen in der Politik, in: E. Tálos / H. Dachs / E. Hanisch / A. Staudinger (Hg.), Handbuch des politischen Systems Österreichs. Erste Republik 1918 - 1933, Wien 1995, S. 277 - 291. G. Hauch, Vom Frauenstandpunkt aus. Frauen im Parlament 1919 - 1933, Wien 1995.

[18] P. Schmitz, Sendung der Frau, St. Gabriel/Wien 1934, S. 51.

[19] Ebenda, S. 22.

[20] Frauenjahrbuch 1935, S. 175; M. Maresch, Die Aufgaben der Frau im neuen Österreich, in: Der Christliche Ständestaat 1/55, 23. 12. 1934, S. 14.

[21] P. F. Zimmermann, Mehr Männlichkeit in Religion und Seelsorge, in: Schönere Zukunft 11. 10. 1936, S. 43 - 44.

[22] Schmitz, Sendung der Frau, S. 8.

Anhand der Bestimmung des katholischen Ehefrauenideals, das aus der seelischen Konstitution der Frau, der Mütterlichkeit, und nicht aus der leiblichen Mutterschaft abgeleitet
wurde, nahmen die Katholikinnen die Abgrenzung zum Nationalsozialismus vor: „Wer die
Ehe zu einem Rasseninstrument des seichten Materialismus erniedrigt, wer in der Mutterschaft nur Aufzucht und biologisches Fortpflanzungsamt sieht, wer die Jungfräulichkeit leugnet und als volksschädigend bezeichnet, kann unser Führer nicht sein."[23] Innerhalb des katholischen Milieus gab es einerseits Politikerinnen, die eine Verengung des Frauenbildes auf
die „kinderreiche" Mutter kritisierten, für die Jungfräulichkeit mehr als Gebärfreudigkeit bedeutete und die das Recht der Frau auf ein von Männern unabhängiges Leben verteidigten –
wie etwa die Akademikerin und frühere christlich-soziale Politikerin Alma Motzko, von der
allgemein bekannt war, daß sie in einer kinderlosen „Josefsehe" lebte. Andererseits gab es
Frauen, die – ebenfalls aus der katholischen Frauenbewegung kommend – sich sehr stark
für Bevölkerungspolitik engagierten, dazu gehörte Mina Wolfring, die Leiterin des Mutterschutzwerkes der Vaterländischen Front.

Mit der religiös begründeten Aufwertung des Mütterlichen, mit dem in der Nachfolge
Christi zu erbringenden Opfer, konnte die katholische Frauenbewegung keine Ausweitung
ihrer Frauenräume innerhalb des katholischen Milieus durchsetzen. Im Gegenteil, die Frauen
verloren gegenüber der Ersten Republik an Einfluß, und darüber hinaus machten sich noch
Strömungen breit, die den Krisendiskurs des katholischen Milieus auf den Kopf stellten und
nunmehr die Rekatholisierung der Welt nicht mehr vorrangig von den Frauen, sondern von
den Männern erwarteten.[24]

3. Der „Christliche Ständestaat" als Männerstaat – Ausschluß der Frauen aus der Politik

Nachdem die Frauen 1918 erstmals staatsbürgerliche Gleichberechtigung erhalten hatten, erfolgte 1933 der erste große Einschnitt durch den Erlaß der „Doppelverdienerverordnung",
welche verheiratete Frauen auf Grund ihres Geschlechtes von einer Anstellung im öffentlichen Dienst ausschloß. Dieser klare Rechtsbruch wurde nachträglich durch die Maiverfassung legalisiert, in dem in § 16, 2 festgehalten wurde, daß die Gleichheit zwischen
den Geschlechtern durch ein einfaches Gesetz eingeschränkt werden kann. Die bürgerlich-
liberale Frauenbewegung befürchtete, daß die austrofaschistische Regierung diesen Paragraphen für weitere Frauendiskriminierung benützen könnte und übte herbe Kritik an der Mai-
Verfassung.[25] Auch die katholischen Frauenvereine, die den „Ständestaat" und die Beseitigung der Demokratie begrüßt hatten, waren mit der Realisierung nicht einverstanden.

Der Frauenausschluß aus der Politik manifestierte sich in der zahlenmäßigen Unterrepräsentanz von Frauen: Unter den 213 Mandataren des „Ständestaates" waren nur zwei Frauen.
Dr. Henriette Sieß, die Direktorin des bekannten privaten Mädchengymnasiums in der Wiener
Rahlgasse, und Dr. Margarethe Rada, Hauptschuldirektorin in Wien, waren als Vertreterinnen
des Schulwesens im Bundeskulturrat tätig.[26] Der Staatsrat, der Bundeswirtschaftsrat, der Län-

---

23 N. Paunovic in der Vertrauensfrauenversammlung der KFO im Oktober 1933, in: Frauenjahrbuch 1935, S. 179.

24 P. F. Zimmermann, Männliche Frömmigkeit, Innsbruck-Wien o. J., und die Entgegnung der KFO: O. Schneider,
    Die Frömmigkeit der Frau, in: Katholische Frauenzeitung 133, Februar 1937, S. 2 - 3 f.; vgl. auch: Kaufmann,
    Katholisches Milieu, S. 97 ff.

25 Die Frauen und die neue Verfassung, in: Die Österreicherin, Nr. 4, Mai 1934, S. 1. E. Fürth, Die Gesetzgebung des Bundesstaates Österreich nach der Verfassung vom 1. Mai 1934, in: Die Österreicherin, Nr. 7, November/Dezember 1934, S. 2.

26 Zu den Biographien vgl. G. Enderle-Burcel, Christlich – Ständisch – Autoritär. Mandatare im Ständestaat 1934 -
    1938, Wien 1991.

derrat und der Bundestag sowie die Regierung hatten keine weiblichen Mitglieder. Der Frauenausschluß betraf aber nicht nur die Zahlenverhältnisse, sondern vielmehr noch die Konstruktion des „Ständestaates" an sich, die nur den in Berufsständen organisierten Personen politische Mitsprache einräumte, womit die ideologisch hochgelobten nicht-außerhäuslich erwerbstätigen Hausfrauen und Mütter ausgeschlossen waren, weil ihre Tätigkeit ja nicht als Beruf galt. [27]

Die Hoffnungen der katholischen Frauenbewegung, daß ein sich „christlich" nennender Staat „kein Männerstaat sein [könne]" [28], wurden herb enttäuscht und so benannte die Zeitschrift der Katholischen Frauenorganisation für die Erzdiözese Wien bereits im Sommer 1934 die Praxis des austrofaschistischen Regimes als „Halbheit und Mißbrauch mit dem Worte 'christlich'. [29] Von eminenter Bedeutung für die Stellung der katholischen und bürgerlich-liberalen Frauen zum austrofaschistischen Regime war die frauendiskriminierende Konstruktion des „Ständestaates", die die Rolle des Staatsbürgers an die Rolle des Berufsbürgers knüpfte. [30] Fünfzehn Jahre nach der Einführung des Wahlrechts für Frauen war es damit zu einem neuen Ausschluß der (Haus-)Frauen aus der Politik gekommen, den die gesamte bürgerliche Frauenbewegung als krisenhafte Situation empfand. Der Austrofaschismus präsentierte eine Staatsorganisation, die die Frauen nicht mehr „nur" de facto, sondern auch de iure ausschloß. Die bürgerliche Frauenbewegung reagierte auf diese Bedrohung der staatsbürgerlichen Rechte, indem sie der Hausarbeit den Status einer Berufsarbeit und in der Folge die Vertretung durch eine berufsständische Körperschaft (die Hauswirtschaftskammer) sichern wollte. Diese Idee, den Hausfrauen durch die Schaffung einer gesetzlich anerkannten Körperschaft politischen Einfluß zu sichern, läßt sich bis in den Ersten Weltkrieg zurückverfolgen, als die bürgerlichen Frauenvereine sich für die Errichtung von Verbraucherkammern eingesetzt hatten. [31] In den zwanziger Jahren wurde dieser Vorschlag in einer erweiterten Form wieder in der Frauenbewegung diskutiert [32] und im Mai 1931 wurde von der Großdeutschen Abgeordneten Maria Schneider sogar ein Antrag im Nationalrat eingebracht. [33]

Nach der Zerstörung der parlamentarischen Demokratie, als die katholischen Frauen vom sich „christlich" nennenden Staat mehr Rücksichtnahme auf ihre Wünsche erwarteten, wurde die Hauswirtschaftskammer mit Vehemenz gefordert. In der ersten „Stellungnahme zur Errichtung und Zusammensetzung des Ständerates" ersuchte die KFO um die Errichtung einer „Selbstverwaltungskörperschaft des hauswirtschaftlichen Berufsstandes". Die Hausfrauen wären zu Unrecht aus den Berufsständen ausgeschlossen, denn auch ihre Arbeitsleistung trage den „Charakter einer verantwortungsvollen Berufsarbeit". [34] Als Interessenvertretung konzipiert, sollte die Hauswirtschaftskammer ein Instrumentarium für politische Mitsprache sein, und zwar in allen Belangen, die die Hauswirtschaft betrafen. Neben dieser Absichterklärung, überall in die Staatsgeschäfte eingreifen zu wollen – denn welche politische Entscheidung hatte keine Auswirkungen auf die privaten Haushalte? –, hatte die KFO auch konkrete Vorschläge zur Verbesserung der Situation der Hausfrauen parat, wie Kranken- und Pensionsversicherung. [35] Im Herbst 1933 hatte auch der BÖFV die Hauswirtschaftskammer

27 Zur Ideologie des Ständestaates vgl. Senft, Im Vorfeld der Katastrophe, S. 47 ff.
28 Alberta, Die Frau im christlichen Staat, S. 19.
29 Frauenbriefe 104, Juli 1934, S. 1 f.
30 Vgl. z. B. H. Bayer, Was jeder vom berufsständischen Aufbau in Österreich wissen soll, Wien 1936.
31 G. Urban, Hauswirtschaftskammern, in: Die Österreicherin 4/7, Juli 1931, S. 11 - 12.
32 I. Schöffmann, Die bürgerliche Frauenbewegung im Austrofaschismus. Eine Studie zur Krise des Geschlechterverhältnisses am Beispiel des Bundes österreichischer Frauenvereine und der Katholischen Frauenbewegung für die Erzdiözese Wien, Diss., Univ. Wien 1986, S. 134 ff.
33 Die Österreicherin 4/6, Juni 1931, S. 11.
34 Stellungnahme der KFO vom August 1933, BKA, Ender 18, Z. 53 (AVA).
35 Leitlinien zur Errichtung der Hauswirtschaftskammer, in: KFO-Arbeit 2/11, November 1933, S. 1 f.

als eine Parallelaktion zu bestehenden Kammern entworfen.[36] Der mit der Ausarbeitung der Verfassung betraute Minister Ender reagierte anfangs wohlwollend; er könne sich „sehr gut vorstellen, daß in diesem Haus der Berufsstände auch die wirklichen Hausfrauen als ein Stand vertreten sein werden"[37], ließ er verlauten. Tatsächlich aber fand sich in der Maiverfassung kein Hinweis auf die Hauswirtschaftskammer.

Mit der Ankündigung, daß man die freien Berufe „ständisch" gliedern wolle, sah die Frauenbewegung wieder eine Chance. Man möge doch den „wichtigsten und zahlenmäßig stärksten Beruf der Hausfrau und Mutter" in die freien Berufe eingliedern, um dadurch die „oft ausgesprochene Würdigung der Tätigkeit der Hausfrauen durch die Tat zu bekräftigen", schrieb der BÖFV an Schuschnigg.[38] Vom Internationalen Frauentreffen, das 1936 in Wien stattfand und bei dem sich die interessierte Öffentlichkeit über die Hauswirtschaftskammern in Estland informieren konnte, erwartete sich die bürgerlich-liberale Frauenbewegung Unterstützung.[39] Aber erst im Jahre 1937, als der austrofaschistische Staat begann, „Impulse zur Weiterentwicklung" der Verfassung zu setzen, wurde als minimalstes Zugeständnis an die bürgerlichen Frauen die Gründung einer „Kommission für Angelegenheiten der Hausfrauen und Hausgehilfinnen" im Bundesministerium für soziale Verwaltung geplant. Sie sollte sich aus je fünf Vertreterinnen der Hausfrauen- und Hausgehilfinnenorganisationen zusammensetzen und den Sozialminister in Fragen der Berufsbildung, Entlohnung und Stellenvermittlung der Hausgehilfinnen beraten[40], d. h. sie entsprach in keiner Weise den Vorstellungen der bürgerlichen Frauenbewegung. Dem Ansinnen auf eine Kompetenzerweiterung wurde im Sozialministerium ein Riegel vorgeschoben, indem eine Beschäftigung mit „Fragen des berufsständischen Aufbaues" und der „Hauswirtschaft im allgemeinen" kategorisch verboten wurde.[41]

Im Oktober 1937 wurden das Frauenreferat der VF, die KFO, der BÖFV und der Verband christlicher Hausgehilfinnen aufgefordert, für die paritätisch aus Hausfrauen und Hausgehilfinnen zusammengesetzte Kommission Frauen vorzuschlagen.[42] Wegen der Schwierigkeiten, eine der VF genehme Berufungsliste zu erstellen, und den Versuchen der Frauen, doch noch mehr Rechte für die Kommission herauszuschlagen, verzögerte sich die Einberufung der konstituierenden Sitzung bis Jänner 1938. Sogar Ender hatte sich „den Aufgabenbereich der Kommission immerhin etwas weiter vorgestellt". „Ich stelle mir vor", schrieb er an Resch, „daß in dieser Kommission auch Erörterungen darüber nicht verboten werden dürfen, ob irgend ein Einbau dieser Berufe möglich ist. Die Kommission soll doch ein bißchen Blitzableiter sein und einen Ersatz bieten für das, was nicht möglich ist, nämlich den Einbau in die heutigen Berufsstände."[43] Vor dem „Anschluß" kam es noch zu zwei Sitzungen der Kommission, die sich unter männlichem Vorsitz mit der Abänderung des Hausgehilfinnengesetzes, der Dienstvermittlung und der Berufsausbildung der Hausgehilfinnen beschäftigte.[44] Nach

---

[36] Grundsätzliches zur Errichtung von Hauswirtschaftskammern, beigelegt dem Schreiben des BÖFV an Ender vom 13. 10. 1933, BKA, Ender 18, Z 22 (AVA).

[37] Schreiben Enders an die KFO v. 1. 9. 1933, BKA, Ender 18, Z 53 (AVA).

[38] Eingabe des BÖFV an Schuschnigg, Dezember 1935, zit. nach einer Abschrift in: BMfsV, SA 72 (AVA).

[39] G. Urban, Estland hat die erste Hauswirtschaftskammer, in: Die Österreicherin 9/8, November/Dezember 1936, S. 4; Statuten der estländischen Hauswirtschaftskammer wurden vom BÖFV an Resch geschickt, BMfsV, Sozialpolitik, SA 72 (AVA).

[40] Schreiben Reschs an den Verband der Christlichen Hausgehilfinnen im Juni 1937, BMfsV, Sozialpolitik, SA 72 (AVA).

[41] Aktenvermerk v. 20. 10. 1937, BMfsV, Sozialpolitik, GZ 95116/37; „Frau Dr. Motzko schwärmt nach wie vor für eine gesetzliche Regelung, durch die dem Hausfrauenstande wahres Leben gegeben werden könnte", schrieb Ender am 5. 10. 1937 an Resch, BMfsV, Sozialpolitik, 4939/38 (AVA).

[42] Aktenvermerk v. 20. 10. 1937, BMfsV, Sozialpolitik, GZ 95116/37 (AVA).

[43] Schreiben Enders an Resch v. 30. 10. 1937, BMfsV, Sozialpolitik, 95 116/37 (AVA).

[44] Aktenvermerk, BMfsV, Sozialpolitik 4939/38 (AVA).

der ersten Sitzung am 29. 1. 1938[45] intervenierten Fanny Starhemberg und Alma Motzko, die Kommissionsmitglied war, wiederum bei Resch, damit „die Lücke, welche die Verfassung bezüglich der Hauswirtschaft aufweist"[46], endlich geschlossen werde.

Das Scheitern der bürgerlichen Frauenbewegung, die in dieser Frage so einhellig vorging, war wohl schon in der Idee einer geschlechtsspezifischen Politik[47] selbst angelegt. Das Konzept einer Hauswirtschaftskammer, die Anleihen bei der vorindustriellen Hausherrin nahm, war der ständestaatlichen Mittelalterverklärung, nicht aber der Organisierung des Reproduktionsbereichs in den dreißiger Jahren angemessen. Die Frauen vergaßen bei ihrem Wunsch, die Hausarbeit gesellschaftlich aufzuwerten, das Machtverhältnis und die qualitativen Unterschiede zwischen Reproduktions- und Produktionsbereich mitzudenken.

Mochten sich die Hausfrauen auch selbst als „Arbeitgeberinnen" bezeichnen, ihre Herrschaft über die Hausgehilfin war der eines Arbeitgebers im Produktionsbereich nicht vergleichbar.

Schließlich war nach bürgerlichem Recht der Mann der Haushaltsvorstand und ihm war die Hausfrau in allen Dingen rechenschaftspflichtig. Durch eine Hauswirtschaftskammer, d. h. die Anerkennung der Frau als Repräsentant der Hauswirtschaft[48], hätte die rechtliche Stellung der Hausfrau eine völlig neue Qualität gewonnen, die offensichtlich nicht im Interesse der katholischen Männer lag. Sie erachteten es als „ein Gebot des staatlichen Wiederaufbaues, die hausväterliche Gewalt zu bekräftigen, anstatt den Haushalt als solchen zu einer unabhängigen Wirtschaftszelle zu machen".[49] Als Trostpflaster boten sie der bürgerlichen Frauenbewegung an, über die Novellierung des Hausgehilfengesetzes das Machtverhältnis zwischen Hausfrau und Hausgehilfin neu zu definieren.[50]

4. Organisierung von Frauen im Austrofaschismus

4. 1. Mutterschutzwerk der Vaterländischen Front

Während das Frauenreferat – neben dem Politischen Referat, dem Informationsdienstreferat, dem Jungfrontreferat, dem Referat für die Soziale Arbeitsgemeinschaft (SAG), dem Volkspolitischen Referat, dem Traditionsreferat und dem Pressereferat[51] – direkt Teil der VF war, wurde die zweite Frauenorganisation, das Mutterschutzwerk (MSW), als Frontwerk der VF geführt. Das MSW, das aufgrund seiner konkreten und propagandistisch gut verwertbaren Zielsetzung in der Öffentlichkeit viel präsenter war als das Frauenreferat, hatte auch organisationstechnisch als direkt dem Bundesleiter der VF unterstelltes Frontwerk eine bessere

---

[45] Neue Freie Presse, 30. 1. 1938, S. 6.

[46] Schreiben an Resch vom 31. 1. 1938, BMfsV, Sozialpolitik, 4939/38 (AVA).

[47] Zur Idee der geschlechtsspezifischen Politik in der bürgerlichen Frauenbewegung vgl. I. Stoehr, „Organisierte Mütterlichkeit". Zur Politik der deutschen Frauenbewegung um 1900, in: K. Hausen (Hg.), Frauen suchen ihre Geschichte. Historische Studien zum 19. und 20. Jahrhundert, München 1983, S. 221 - 249.

[48] Vgl. dazu den Streit der Ständigen Delegation der Konsumentenvereine mit der Frauenbewegung um die Frage, wer als Vertreter der Hauswirtschaft anzusehen sei, die Hausfrau oder ein „geschlechtsneutraler" Verbraucher. Schöffmann, Die bürgerliche Frauenbewegung, S. 141 ff.; Denkschrift der SDK vom 17. 10. 1933, BKA, Ender 18, Z 175 (AVA).

[49] J. M. Krasser, Die Frau im neuen Staat, in: Wiener-Wirtschafts-Woche 3/7, 14. 2. 1934, S. 2.

[50] Vgl. dazu Gesetzentwürfe für die Hausgehilfengesetznovelle 1938, BMfsV, Sozialpolitik, GZ 86.719 - 5/37 (AVA); K. Neumayer, Zur Reform des Hausgehilfengesetzes, in: Die Hausgehilfin 19/12, Dezember 1937, S. 1 - 2.

[51] Geschäftordnung und Geschäftseinteilung für den Bereich der Landesführung Wien der VF, o. J., S. 23 f., (1937/38), VF-Karton 54 (AVA).

Stellung als das Frauenreferat, das in weiten Bereichen auf Zusammenarbeit mit anderen Referaten angewiesen war. [52]

Die bevölkerungspolitischen Ideen, die das Mutterschutzwerk realisieren wollte, waren Allgemeingut – seitdem im katholischen Milieu von der „Ehekrise" und dem „Aussterben" gesprochen wurde. Die Organisationsform, auf der das Mutterschutzwerk aufbaute, war die seit 1927 in der Katholischen Frauenorganisation für die Erzdiözese Wien bestehende Sektion „Jungmütterrunde". [53] Daß diese Sektion der KFO, die sich als „Bollwerk im Kampf gegen alle familienzerstörenden Elemente" [54] verstand, zum eigenen Werk der VF ausgeweitet wurde, war im wesentlichen auf das Engagement ihrer Leiterin, Mina Wolfring [55], zurückzuführen. Sie trat an Dollfuß mit der Idee heran, eine Studienreise nach Italien zu unternehmen, um Informationen über „Opera nazionale per la maternità ed infanzia" einzuholen und danach in Österreich ähnliches aufzubauen. [56] Kurz nach dieser Italienreise, am 1. März 1934, wurde das Mutterschutzwerk, das damals noch „Mütter- und Kinderhilfe" [57] hieß, gegründet und der Leitung von Wolfring unterstellt, die in enger Anlehnung an das italienische Modell ein erstes Konzept entwickelt hatte. [58] Der Ausbau sollte durch die Eingliederung aller öffentlichen und privaten Institutionen erfolgen, die in irgendeiner Weise für Mütter und Kinder tätig waren. Wolfring dachte daran, das MSW zu einer zentralen, staatlich finanzierten Organisation auszubauen, die weite Teile der Sozialfürsorge und des Bildungsbereichs kontrollieren sollte, indem Mütterberatungsstellen, Ausspeisungsstellen, Krippen, Heime, Horte, aber auch Elternvereine und Elternzeitschriften einbezogen werden sollten. [59]

Obwohl die Zielsetzung der MSW – die „Familienerneuerung" und der Kampf gegen den Geburtenrückgang – uneingeschränkt gut geheißen wurde, waren die Aktivitäten Wolfrings, insbesondere nach der Ermordung Dollfuß', nicht unangefeindet: Erstens war sie nicht die einzige, die bevölkerungspolitische Intentionen innerhalb der Front vertreten wollte, und zweitens waren – nach Ausschaltung des Verbandes „Familienschutz" [60], der 1934 ebenfalls als offizielle Sektion der VF aufgetreten war [61] – von Funktionären Zweifel geäußert worden, ob die VF überhaupt solche Tätigkeitsbereiche erfassen solle. [62] Bei der Eröffnung der ersten Mutterschutzstation im Oktober 1934 betonte der damalige Generalsekretär der VF, Adam, daß die Front prinzipiell keine Aufgaben übernehmen wolle, die „außerhalb ihres gesetzlich

---

[52] Fanny Starhemberg, Schreiben an alle Bezirksreferentinnen, o. J., VF-Kart. 11 (AVA).
[53] Vgl. dazu die Zeitschrift dieser Sektion „Die junge Mutter" bzw. ab Dezember 1933 „Das Blatt der Mutter" und die Jahrbücher der Katholischen Frauenorganisation, in denen Jahresberichte über die Tätigkeiten der einzelnen Sektionen abgedruckt sind.
[54] Brauchen wir Jungmütterrunden?, in: Frauenbriefe 102, Juni 1934, S. 1.
[55] Mina Wolfring, geb. May (1. 10. 1890 - 18. 8. 1944) war als Lebens- und Eheberaterin im Kleinen Volksblatt journalistisch tätig.
[56] Zu ONMI und der faschistischen Frauenpolitik in Italien vgl. V. De Grazia, How Fascism ruled women: Italy, 1922 - 1945, Oxford 1992. Zur Gründung des MSW in Österreich vgl. dazu den Bericht von Hildegard Holzer, die Wolfring auf dieser Reise begleitete, in: I. Schöffmann, Organisation und Politik katholischer Frauen im „Ständestaat", in: Zeitgeschichte 11, H. 11/12, 1984, S. 349 - 375, hier 361 ff.; vgl. auch die Reiseberichte Wolfrings: M. Wolfring, Nationales Werk für den Schutz von Mutter und Kind. Ergebnisse einer Studienfahrt in Rom, in: Der Christliche Ständestaat 1/15, 18. 3. 1934, S. 14 - 16.; dies., Besuch des Mutterschaftsinstituts in Rom, in: Das Blatt der Mutter 5/12, Februar 1934, S. 1 - 2.
[57] Vgl. dazu den Landesbefehl Nr. 53 v. 19. 9. 1934, der sich auf den Bundesbefehl 22 bezieht, VF-Karton 15 (AVA).
[58] Vgl. den Bericht über „Nationales Werk zum Schutz von Mutter und Kind" und das Konzept „Der Sinn des österreichischen Mutterschutzwerkes" von Wolfring, die ganz ähnlichen Inhalt haben, VF-Karton 13 (AVA).
[59] Vgl. dazu das Exposé „Was will die Mütter- und Kinderhilfe der Vaterländischen Front?", VF-Karton 11 (AVA).
[60] Wie es zur Gründung des Verbandes „Familienschutz" kam, Broschüre in: VF-Karton 1 (AVA).
[61] Stellungnahme zur Eingabe des österreichischen Verbandes „Familienschutz" v. 28. 12. 1934, VF-Karton 3 (AVA).
[62] I. Bärnthaler, Die Vaterländische Front, Wien-Frankfurt/M. 1971, S. 186.

vorgeschriebenen Wirkungskreises liegen", daß er nur beim MSW eine Ausnahme mache. [63] Daß das MSW immer damit zu kämpfen hatte, den männlichen Funktionärsapparat für bestimmte Veranstaltungen, etwa den Muttertag, zu mobilisieren [64], zeigt, wie verbreitet die von Adam geäußerte Meinung war.

Mindestens so problematisch wie die Beziehungen zu den Amtswaltern war die finanzielle Situation des MSW. Ein Jahr nach der Gründung hieß es, das MSW „trachtet durch Veranstaltungen, Sammlungen, sowie durch Heranziehung begüterter Kreise Mittel aufzubringen". [65] Auch nachdem Starhemberg dem MSW im Dezember 1935 eine staatliche Subvention zukommen ließ [66], mußte weiterhin mit Aktionen wie einer „Mutterschutz-Lotterie", mit dem Verkauf von Dollfuß-Büsten, mit Flohmärkten etc. das Budget aufgebessert werden. [67] Offensichtlich war diese Zuwendung nur eine zeitlich begrenzte, denn im Frühjahr 1937 beschwerte sich Wolfring über die unzureichende staatliche Unterstützung. Sie wandte sich mit Erfolg an die Industrie und verschiedenste Sozialversicherungsinstitute, um von dieser Seite materielle Hilfe für das bevölkerungspolitische Programm zu erhalten. [68]

Unterstützt durch die finanzielle Subvention und die ideologische Wertschätzung, die dem MSW am Ersten Bundesappell von Starhemberg entgegengebracht wurde [69], konnte 1936 der Ausbau der Organisation auf Bezirksebene weiter vorangetrieben werden. In den Bezirken, in denen noch keine Mutterschutzreferentin tätig war, sollte schnellstens eine geeignete, d. h. eine im katholischen Vereinsleben verankerte Frau gefunden werden, die nach der vom Informationsdienst der VF herausgegebenen Weisung eine Bezirksstelle aufbauen sollte. [70] Diese Bezirksreferentinnen, deren Zahl im Dezember 1935 laut eigenen Angaben des MSW 78 betrug [71], hatten die Aufgabe, schwangere Frauen und Mütter mit Kleinkindern bis zu drei Jahren zu erfassen und zu betreuen, was zum geringeren Teil materielle Hilfe und zum überwiegenden Teil ideologische und praktische Schulung zum „Mutterberuf" hieß. Außerdem hatten die Bezirksreferentinnen die diversen Feierlichkeiten für Mütter zu organisieren. [72]

Im Mai 1936 wurde die monatlich erscheinende Zeitschrift „Mütterzeitung" vom MSW gegründet. Im Naturhistorischen Museum wurde anläßlich des Muttertages die Ausstellung „Das werdende und das wachsende Kind" eröffnet, die dramatisch den Geburtenrückgang darstellte und vor Abtreibungen warnte. [73] Den Gedanken des „Mutterschutzes" popularisieren sollte auch ein vom MSW veranstaltetes Preisausschreiben für ein Filmdrehbuch zum Thema „Aus der gesunden christlichen Familie erwächst das gesunde christliche Volk, erwächst der gesunde christliche Staat". [74] Im Herbst 1936 wurde in Wien das erste Schulungs-

---

[63] NFP 31. 10. 1934; vgl. auch Schreiben Wolfrings an Landesleiter Seifert v. 30. 8. 1934, VF-Karton 14 (AVA).

[64] Schreiben Wolfrings an die Bezirksleiter der VF v. 23. 6. 1935, VF-Karton 23 (AVA); Schreiben Wolfrings an den Bezirksleiter des 4. Bezirks in Wien v. 3. 12. 1934 und Antwortschreiben, VF-Karton 26 (AVA).

[65] Informationsdienst der VF 9/II v. 1. 3. 1935, VF-Karton 50 (AVA).

[66] M. Wolfring, Das Mutterschutzwerk der Vaterländischen Front, Wien 1938.

[67] Weisung Nr. 117, Weisung Nr. 141 aus dem Jahre 1936, VF-Karton 15 (AVA); Pressestelle, Wiener Ausgabe III v. 4. 12. 1937, VF-Karton 46 (AVA).

[68] M. Wolfring, Industrie und Mutterschutzwerk, in: Führer durch Österreichs Industrie, Handel und Gewerbe (= Sonderbeilage der Wiener Stadt-Stimmen v. 15. 5. 1937), S. 10 - 11.

[69] Pressestelle, Wiener Ausgabe V, VF-Karton 45; siehe auch: Der Erste Bundesappell am 19. 1. 1936, hg. im Selbstverlag des Generalsekretärs der VF, VF-Karton 53 (AVA).

[70] Bezirksweisung Nr. 4/36, Wien 30. 1. 1936, VF-Karton 53 (AVA); Landesbefehl NÖ Nr. 4/36 v. 26. 3. 1936, VF-Karton 16 (AVA); vgl. auch das Schreiben Wolfrings an die Bezirksleiter betreffs Einstellung von Finanzreferentinnen für das MSW v. 14. 1. 1936, VF-Karton 17 (AVA).

[71] Wolfring, Mutterschutzwerk der Vaterländischen Front, S. 36.

[72] Wie errichtet man eine Mutterschutzstelle?, in: Informationsdienst 5/III, 14. 3. 1936, VF-Karton 51 (AVA).

[73] Mütterzeitung 1/2, Juni 1936, S. 7.

[74] Unterlagen zum Preisausschreiben in VF-Karton 2 und 24 (AVA); vgl. auch Mütterzeitung 2/5, Oktober 1937, S. 10 f.

heim in einer ehemaligen sozialdemokratischen Säuglingsfürsorgestelle eröffnet, in dem Helferinnen für die Mütterschulung ausgebildet werden sollten. [75]

Daß der Ausbau des MSW – wie ja der der VF insgesamt – äußerst schleppend voranging, läßt sich z. B. daraus ersehen, daß im Herbst 1937 nicht einmal in Wien alle Ortsgruppen eine MSW-Referentin hatten. [76] Gerade in Wien aber fand das MSW die besten Bedingungen vor: Hier konnten die ehemals sozialdemokratischen Einrichtungen übernommen werden, und hier gab es prinzipiell genügend auf dem Gebiet der Mütterschulung bewanderte Funktionärinnen aus den katholischen Vereinen.

Die ersten Mitarbeiterinnen kamen, wie Wolfring selbst, aus der Katholischen Frauenorganisation. Das MSW, das für jede Landes- bzw. Bezirksstelle einen Beirat von mindestens drei Personen vorsah, der aus Vertretern der öffentlichen Fürsorge, der Ärzteschaft und der Lehrerschaft bestehen sollte [77], wollte mit dieser Konstruktion die traditionellen Eliten an sich binden. Das staatliche Fürsorgewesen bzw. das Schulwesen konnte für den Mutterschutz – wohl aus Gründen einer generellen Schwäche der austrofaschistischen Organisation – nie im erwünschten Ausmaß funktionalisiert werden. Der kirchliche Karitasverband jedenfalls war bald nach Gründung des MSW bereit, ein Arbeitsübereinkommen mit dem MSW abzuschließen. [78]

Die katholische Kirche war auch bereit, die Frauenverbände, die sie nach der Reorganisation des Vereinswesens in die Katholische Aktion übernommen hatte, in den Dienst des MSW zu stellen. Im Mai und Juni 1935 wurden Abkommen zwischen dem MSW und der Katholischen Aktion in Niederösterreich, der Steiermark und in Salzburg geschlossen. [79]

Schwierigkeiten bei der Rekrutierung von Funktionärinnen für das MSW ergaben sich im Frühjahr 1935, als das Frauenreferat sich anschickte, sein Papierleichendasein zu beenden und ebenfalls auf die Funktionärinnen aus der katholischen Frauenbewegung zurückgriff. In einem Bezirksreferentinnen-Appell im März 1935 war von „Konkurrenzierung um die Gunst des Bezirksleiters" die Rede und weiters davon, „daß es nach außen hin ein ganz schlechtes Beispiel wäre, wenn sich die beiden Frauen Referentinnen zanken oder streiten würden". [80] Abgesehen davon, daß die VF einfach nicht attraktiv genug war, genügend Frauen zur Mitarbeit zu motivieren, war auch durch die Reorganisation des katholischen Vereinswesens die katholische Frauenbewegung stark in Mitleidenschaft gezogen.

Als ganz bedeutende Personengruppe, die im MSW arbeitete, müssen die Mädchen genannt werden, die im Rahmen des Freiwilligen Arbeitsdienstes (FAD) in den geschlossenen Lagern untergebracht waren. Insbesondere in der Steiermark wurden die in den Industrieorten gegründeten Mutterschutzheime vom FAD betreut. Ende 1935 waren hier in 13 Lagern 163 Mädchen für das MSW tätig. In den anderen Bundesländern gab es bis auf Wien, wo 11 Mädchen im Mutterschutzheim in Dornbach untergebracht waren, keine Inanspruchnahme des FAD für das MSW. [81]

---

[75]   Vgl. Weihe des Vortragsheimes des Bezirksmutterschutzheimes Wieden, in: Tagebuch der Bezirksstelle Margareten, 2. Teil, VF-Karton 22 (AVA); Die Österreicherin 9/8, November/Dezember 1936, S. 3.
[76]   Bezirksweisung Nr. 36 v. 17. 9. 1937, VF-Karton 31 (AVA); Gruppenappell v. 15. 10. 1937, VF-Karton 24 (AVA).
[77]   Landesbefehl Nr. 53 vom 19. 9. 1934, VF-Karton 15 (AVA); und Satzungen des MSW, in: Wolfring, Mutterschutzwerk der Vaterländischen Front, S. 15 - 22.
[78]   Reichspost, 12. 5. 1934, S. 6.
[79]   Wolfring, Mutterschutzwerk der Vaterländischen Front, S. 36.
[80]   Schreiben von Paula Lezak-Müller an die Bezirksreferentinnen in Wien v. 6. 5. 1935, VF-Karton 25 (AVA); Lezak-Müller war Sekretärin der KFO in St. Pölten und kurze Zeit Stellvertreterin Wolfrings.
[81]   Geschlossene Lager des freiwilligen Arbeitsdienstes per Stand 31. 12. 1935, BMfsV, Sozialpolitik, SA 32 (AVA).

4. 2. Frauenreferat der Vaterländischen Front

Die Präsidentin der Katholischen Reichsfrauenorganisation Österreichs (KRFOÖ), Fanny Starhemberg [82], die schon am Katholikentag 1933 mit Dollfuß über eine Vertretung der Frauen in der Vaterländischen Front verhandelt hatte [83], wurde kurz vor seiner Ermordung zur Leiterin des Frauenreferats für ganz Österreich bestellt. [84] Auch wenn man in Wien bei der Berufung der Landesleiterin die Präsidentin der KFO, Alma Motzko, überging, weil sie der aus der Heimwehr kommende Landesleiter Seifert als nicht heimwehrfreundliche Parteigängerin der Christlichsozialen einschätzte [85], stellten – wie auch beim MSW – die Funktionärinnen der Katholischen Frauenorganisation die meisten Amtswalterinnen für das Frauenreferat. [86] Der ungemein langsame Aufbau dieser Organisation hing in erster Linie damit zusammen, daß die katholischen Frauenvereine zwar geschlossen der VF beitraten [87], daß sie aber die Vereinsarbeit wie gewohnt fortsetzten, auch nachdem die erste „Vaterländische Kundgebung der christlichen Frauen" am 20. 6. 1933 in Wien über die Bühne der Sophiensäle gegangen war. [88] Bis zum Frühjahr 1935 bestand das Frauenreferat praktisch nur auf dem Papier. Fanny Starhemberg meinte später, daß auch ihr nicht klar gewesen sei, welche Aufgaben das Frauenreferat verfolgen sollte. [89]

Fast ein Jahr nach Gründung des Frauenreferats kam es mit der Herausgabe der Richtlinien für die Führung des Frauenreferats zur Festlegung der Ziele und des organisatorischen Aufbaus. Das Frauenreferat hatte, laut Rundschreiben vom 16. März 1935, „die politischen Interessen der Frauen im öffentlichen Leben und innerhalb der Vaterländischen Front wahrzunehmen, mit den bestehenden Frauenorganisationen Fühlung zu halten und die Werbung der Vaterländischen Front unter der Frauenschaft über den allgemeinen Werbedienst hinaus zu besorgen". [90] Die ehrenamtlichen Funktionärinnen des Frauenreferats wurden in sieben Arbeitsgemeinschaften (für kulturelle Frauenangelegenheiten; Mutter und Kind; Schule, Erziehung und Mädchenbildung; Fürsorge; Frauenberufe; staatsbürgerliche Aufgaben) eingeteilt. Gleichzeitig mit dieser inhaltlichen und organisatorischen Konkretion erfolgte die Angliederung des traditionsreichen Bundes österreichischer Frauenvereine (BÖFV), der aber weiterhin als eigener Verein bestand. Die Vorsitzende dieses Dachverbandes bürgerlich-liberaler Frauenvereine, Marie Hoheisel, ihre Stellvertreterin, Gisela Urban, und andere Vorstandsmitglieder wurden Mitarbeiterinnen im Frauenreferat. [91]

---

[82]   Zu Fanny Starhemberg vgl. H. Deutsch, Franziska Fürstin Starhemberg. Eine Biographie, Diss., Wien 1967; H. Slapnicka, Fanny von Starhemberg, in: Oberösterreich. Die politische Führungsschicht 1918 - 1938, Linz 1975 (= Beiträge zur Zeitgeschichte Oberösterreichs 3), S. 250 - 252; R. Stepan, Franziska, Fürstin von Starhemberg, in: Christliche Demokratie 2 (1984), Nr. 3, S. 239 - 252.

[83]   F. Starhemberg, Aufbau und Wirkungskreis des Frauenreferates der VF. Vortrag gehalten beim Schulungskurs der VF, 3. 9. 1936, VF-Karton 24 (AVA).

[84]   Reichspost, 10. 7. 1934, S. 9.

[85]   Seifert teilte dem Generalsekretär der VF mit, „daß Frau Dr. Motzko auf die Mitglieder der Kath. Frauen-Organisation nicht immer im frontfreundlichen Sinne einwirkte und zu jener wohl nicht direkt greifbaren aber fühlbaren Opposition gehöre, welche die alten Parteipolitiker jeder Richtung gegen die VF führen". Schreiben v. 27. 12. 1934, VF-Karton 3 (AVA).

[86]   Die KFO machte die Vorschläge zur Besetzung der Frauenreferate, vgl. Landesleitung Wien, Weisung Nr. 123, 17. 12. 1934, VF-Karton 15 (AVA).

[87]   Die KFO war am 29. 5. 1933 mit ihren 50.000 Mitgliedern durch einstimmigen Vorstands- und Leiterinnenbeschluß der VF beigetreten, vgl. Frauenbriefe 90, Juni 1933, S. 3.

[88]   Ausführlicher Bericht darüber in: Frauenjahrbuch 1935, hg. v. der KFO, Wien o. J., S. 183 f.

[89]   Starhemberg, Aufbau und Wirkungskreis des Frauenreferats der VF.

[90]   Rundschreiben des Frauenreferates v. 16. März 1935, VF-Karton 15 (AVA).

[91]   Die Österreicherin 8/4, April 1935, S. 2.

Im Sommer 1935 versuchten die Wiener Frauenreferentinnen, in den Bezirken „Raum und Beachtung zu finden und Amtswalterinnen für das Frauenreferat zu gewinnen".[92] Die sogenannten „Frauenappelle", die mit unterhaltendem Beiprogramm die Frauen davon überzeugen sollten, „daß man sich in der Front auch gesellschaftlich wohlfühlen kann"[93], waren auf Werbung von Mitgliedern abgestellt. Eine darüber hinausgehende Tätigkeit war – wie Berichte von Wiener Bezirksfrauenreferentinnen zeigen – äußerst beschränkt: Die Referentin für „Kultur" organisierte z. B. Volkstanz- und Volksliederkurse; in die Kompetenz der Referentin für „Staatsbürgerliche Angelegenheiten" fiel die Schlichtung von Streitigkeiten zwischen Hausfrauen und Hausgehilfinnen; außerdem unternahm das Frauenreferat Freizeitaktivitäten mit Jugendlichen und engagierte sich allerorten karitativ.[94]

Mit der Gründung des „Neuen Lebens", der Freizeitorganisation der VF, wurde die ohnedies minimale Kompetenz des Frauenreferats noch dahingehend eingeschränkt, daß ihm auf kulturellem Gebiet jede Eigeninitiative verboten wurde.[95] Die Referentin, die in Salzburg für die Zusammenarbeit zwischen „Neuem Leben" und Frauenreferat verantwortlich war, hatte wohl nicht unberechtigt das Gefühl, „als ob die Mitarbeit der Frauen nicht erwünscht wäre, wie es bei allen nicht karitativen Veranstaltungen der Fall ist".[96]

Das Frauenreferat, das Ende 1937 nach Angaben seiner Leiterin „nahezu alle Bezirke und die meisten Gemeinden" umfaßte[97], hatte zwar ein umfassendes Arbeitsprogramm aufgelistet, in der Praxis aber sah die VF die Frauen am liebsten mit Sozialarbeit befaßt.[98] Zur Betreuung bedürftiger Angehöriger der Frontmiliz und der aufgelösten Wehrverbände hatte man innerhalb des Frauenreferats eigene „Frauenhilfsgruppen" geschaffen.[99] Auch die großen karitativen Aktionen zur Zeit des Austrofaschismus, wie Frauennotdienst, Elisabeth- und Josefstische, wurden vom Frauenreferat mitgetragen.[100] Obwohl die Karitas traditionell ein wesentliches Gebiet katholischer Frauenarbeit war und die Wichtigkeit privater Wohltätigkeit in Zeiten massiven Abbaus von Sozialleistungen evident war, sprach sich Motzko, die zu Recht die Konzentrierung auf eine nicht unmittelbar politische Tätigkeit befürchtete, gegen ein übertriebenes karitatives Engagement des Frauenreferats aus. „Die VF", pointierte sie ihre Kritik, „ist kein Fürsorgeverein".[101]

Motzko, eine der bekanntesten Persönlichkeiten der katholischen Frauenszene, übernahm im April 1937 von Auguste Weber die Leitung des Frauenreferats in Wien. Mit ihr, der schon

[92] Schreiben der Bezirksfrauenreferentin Lina Rohrhofer an die Landesfrauenreferentin, 9. 6. 1936, VF-Karton 29; LL Wien, Weisung Nr. 104, 19. 7. 1935, VF-Karton 15 (AVA).

[93] Hauptgruppen- und Gruppenappell, XVI. Bezirk 1935, VF-Karton 28 (AVA).

[94] Jahresbericht des Frauenreferates der VF im XIII. Bez. für das Jahr 1936, VF-Karton 14 (AVA); vgl. auch: Arbeitsplan des Frauenreferates für das Jahr 1936/37, Bez. Ottakring, VF-Karton 29 (AVA) und die erweiterte Fassung dieses Arbeitsplans, VF-Karton 14 (AVA).

[95] R. Schubert, Das Vaterländische Frontwerk „Neues Leben". Ein Beitrag zur Geschichte der Kulturpolitik der Vaterländischen Front, Diss., Wien 1978, S. 207 ff.; vgl. auch den Bestand „Neues Leben" 1937/I, VF-Karton 33 (AVA); Rundschreiben Nr. 110 v. 22. 10. 1937, VF-Karton 20 (AVA); Schreiben des Bezirksführers an die VF-Frauenschaft in Hietzing v. 31. 12. 1937, VF-Karton 25 (AVA).

[96] Schreiben von Hildegard Duffek an die Bundessachwalterin Auguste Weber v. 26. 7. 1937, VF-Karton 33 (AVA).

[97] F. Starhemberg, Schulungsarbeit der VF-Frauenschaft, in: Schulungsblätter, hg. v. der Schulungsabteilung im Amte des Frontführers, Nr. 8 - 9, November/ Dezember 1937, S. 12.

[98] Referentenbesprechung v. 7. 6. 1937, VF-Karton 24 (AVA); Schreiben Fanny Starhembergs an alle Bezirksreferentinnen des Frauenreferats, o. J., VF-Karton 11 (AVA); Frauenschulung. Wege der politischen Frauenarbeit, in: Schulungsblätter, hg. v. der Schulungsabteilung im Amte des Frontführers, Nr. 10 - 11, Jänner/Feber 1938, 38, VF-Karton 54 (AVA).

[99] Rundschreiben Nr. 86 des Generalsekretärs der VF v. 31. 1. 1937, VF-Karton 11 (AVA).

[100] Vgl. Schöffmann, Die bürgerliche Frauenbewegung, S. 351 ff.

[101] Auszug aus dem Referat von Dr. Alma Motzko anläßlich des 1. Amtswalterinnenappells der G.O. Wien, 20. 5. 1937, VF-Karton 14 (AVA).

nach dem Ersten Weltkrieg „Frauenrechtlerei und Vorliebe für politische Tätigkeit"[102] vorgeworfen worden war, begann das Frauenreferat sich auch der Probleme der berufstätigen Frauen anzunehmen.

Theoretisch hatte das Frauenreferat zwei Aufgaben: die Anwerbung von Frauen und die Vertretung von Fraueninteressen in der VF und im Staat.[103] Verfolgen wir aber seine Aktivitäten, so wird klar, daß nicht einmal die katholischen Frauen in ihm ein Sprachrohr für ihre Anliegen sehen konnten. Die Veröffentlichung von bürgerlichen Fraueninteressen betrieben die KFO – solange sie noch nicht in die Katholische Aktion eingebunden war – und der BÖFV, der nicht nur auf den zwei großen Tagungen, „Der Wirkungsraum der österreichischen Frau" im Frühjahr 1935 und „Die Frau im Neuaufbau Österreichs" im März 1936, Frauenforderungen thematisierte.

Motzko versuchte das von den Frauen geforderte Bekenntnis zum „neuen Österreich" auch auf eine inhaltliche Basis zu stellen. Anläßlich des Ersten Amtswalterinnenappells der Gebietsorganisation Wien im Juni 1937 machte sie deutlich, daß eine Massenbewegung nicht auf Zwang basieren könne. Wenn aber „Vertrauen, Glauben und Mitgehen" als wesentlich für den Erfolg der VF erkannt worden wären, könnten die heiklen Fragen, wie die Verdrängung der verheirateten Beamtinnen aus dem Erwerbsleben, nicht ausgeklammert bleiben.[104]

Das Doppelverdienergesetz war der Prüfstein, an dem die bürgerlichen Frauen die Glaubwürdigkeit des Frauenreferats maßen. Am 16. 4. 1937 veranstaltete das Frauenreferat die Tagung „Die Frau in Beruf und Wirtschaft", bei der zwar auch die „Erfüllung der hausfraulichen Pflichten" beredet wurde, in deren Mittelpunkt aber die Verteidigung der Frauenerwerbsarbeit und die „Behebung der Berufsnot" der weiblichen Jugend stand.[105] Schließlich meinte sogar Fanny Starhemberg, das Frauenreferat – das sich 1937 in fataler Anlehnung schon Frauenschaft nannte – solle sich mehr um die berufstätigen Frauen kümmern: „Die VF-Frauenschaft muß darauf bedacht sein, [. . .] den Berufstätigen in ihrem schweren Existenzkampf zur Seite zu stehen, gegebenenfalls auch von ihrem Interventionsrecht Gebrauch zu machen, um bei der Regierung und bei kompetenten Stellen vorstellig zu werden und Erleichterungen für die im Lebenskampf stehenden weiblichen Stände und Berufe auch auf gesetzlichem Wege zu erreichen."[106]

4. 3. Die Neuorganisierung der katholischen Frauenvereine durch die Amtskirche

Die im Rahmen der Neuordnung der Katholischen Aktion[107] vorgenommene Zerstörung des demokratisch organisierten katholischen Vereinswesens, mit der man sich einer „von Jahr zu Jahr unangenehmeren Bindung an eine bestimmte Partei"[108] entledigte, muß als markantes-

---

[102] Maria Rafaela Brentano, Wie Gott mich rief. Mein Weg vom Protestantismus in die Schule St. Benedikts, Freiburg i. B. 1926, S. 193.

[103] Vgl. z. B. Frauenschulung. Wege der politischen Frauenarbeit.

[104] Auszug aus dem Referat von Dr. Alma Motzko, VF-Karton 14 (AVA).

[105] Die Frau in Beruf und Wirtschaft. Referate der Tagung des Frauenreferates der Vaterländischen Front, Wien 1937.

[106] Starhemberg, Schulungsarbeit der VF-Frauenschaft.

[107] Vgl. F. Klostermann, Das organisierte Apostolat der Laien und die Katholische Aktion, in: E. Weinzierl, Kirche in Österreich, 2. Bd., Wien 1966/67, S. 68 - 137; G. Schultes, Der Reichsbund der katholisch deutschen Jugend Österreichs, Wien 1967, S. 289 ff.; K. Rudolf, Das Werden der Katholischen Aktion in der Erzdiözese Wien, in: Der Aufbau. Jahrbuch der KA in Österreich, im Auftrag der Diözesanstelle der Katholischen Aktion in Wien, hg. v. K. Rudolf, Wien 1935, S. 11 ff.; L. Engelhart, Der Neuaufbau der Katholischen Aktion und Seelsorge, Referate der vierten Wiener Seelsorgetagung vom 2. – 4. Jänner 1935, Wien 1935, S. 31 ff.; J. Fried, Die Katholische Aktion – das Laienapostolat, in: A. Hudal (Hg.), Der Katholizismus in Österreich, Innsbruck-Wien-München 1931, S. 120 - 131.

[108] J. Weingartner, Die Katholische Aktion im christlichen Staat, in: Katholische Aktion und Seelsorge. Referate der vierten Wiener Seelsorgertagung vom 2. - 4. Jänner 1935, Wien 1935, S. 98 - 104.

tes Indiz für die Unterstützung, die die katholische Kirche dem austrofaschistischen System gewährte, betrachtet werden. Einerseits war die katholische Kirche eine Schranke gegenüber der Ausbildung zum vollfaschistischen Systems, weil die Kirche etwa im Bereich der Jugenderziehung sich einer durchgängigen staatlichen Erfassung der Menschen widersetzte, andererseits aber ist unübersehbar, daß erst nach der Neuorganisierung des katholischen Vereinswesens die katholischen Funktionärinnen bereit waren, sich im Frauenreferat der VF zu engagieren.

Mit der streng hierarchischen, führerzentrierten Konstruktion der Katholischen Aktion wurde eine „zeitgemäße" Organisationsform gefunden, mit der es möglich war, vom „Christlichen Ständestaat" zu profitieren, ohne voll für das Regime einstehen zu müssen. [109] Für die Funktionärinnen dieser reorganisierten Frauenvereine aber war die Katholische Aktion unattraktiv, weil Demokratie und frauenpolitisches Engagement in der Öffentlichkeit nicht mehr geduldet wurden. Die Vereinsgeschichte der Katholischen Frauenorganisation für die Erzdiözese Wien, einer der mitgliederstärksten Landesverbände der Katholischen Reichsfrauenorganisation, macht dieses harte Durchgreifen der Amtskirche bei der Beseitigung demokratischer Reste deutlich. Die Wiener KFO ist als Beispielsfall insofern sehr anschaulich, weil sie derjenige katholische Frauenverein war, der unter der Leitung der ersten Generation katholischer Akademikerinnen am meisten frauenrechtlerisches Gedankengut aufgenommen hatte [110], und weil in Wien die KA eine besonders weitreichende Umgestaltung des Vereinswesens vornahm. Die Eingliederung hatte für die Frauenvereine naturgemäß noch schwerwiegendere Folgen als für Männervereine, die mit dem Klerus leichter zu einem Modus vivendi kamen.

Die KFO stellte sich natürlich nicht prinzipiell gegen das vom Papst ausgerufene „Apostolat der Laien", sie wandte sich aber gegen die neue Auslegung der KA. Da diese die korporative Mitgliedschaft der Vereine nicht mehr erlaubte [111], sondern zu einem System von Einzelmitgliedschaften übergegangen war, konnte die KFO die autonome Vereinsstruktur nicht mehr bewahren.

Gegen vehementen Widerstand der Funktionärinnen wurde in einer außerordentlichen Generalversammlung im April 1935 die KFO in die KA eingegliedert und damit völlig klerikaler Führung unterstellt: Funktionärinnen wurden in Zukunft nicht mehr gewählt, sondern vom Kardinal bestimmt, und der Diözesankonsulent, der vorher nur beratend in seelsorglichen Angelegenheiten eingegriffen hatte, führte das große Wort. [112]

Die Präsidentin Alma Motzko, die aufgrund ihrer Beliebtheit zunächst auch nach der Eingliederung an der Vereinsspitze belassen wurde, kämpfte vergeblich um eine Revision. [113] Der organisatorischen Eingliederung folgte bald die Vernichtung der Frauenprojekte und schließlich die Absetzung des Vorstandes. Am 12. 11. 1935 wurde Motzko zum Rücktritt gezwungen und in der Öffentlichkeit seitens der Amtskirche diskreditiert. [114] Erst im Frühjahr 1936 fand

---

[109] Ebenda, S. 98 ff; K. Mayer, Die Katholische Aktion und der christliche Staat, in: K. Rudolf (Hg.), Der Aufbau. Jahrbuch der Katholischen Aktion Österreichs, Wien 1935, S. 168 - 189.

[110] Vgl. dazu: A. Motzko-Seitz, Die katholische Frauenbewegung in Österreich, in: Frauenkalender 1927, hg. v. der KFO für die Erzdiözese Wien, Wien o. J., S. 141 - 149; Motzko, Katholische Frauenbewegung, 1931.

[111] E. Benesch, Zusammenarbeit der Katholischen Aktion und der katholischen Vereine, in: KFO-Arbeit 4/3, März 1935, S. 2 f.

[112] Vereinsstatuten der KFO, Wiener Stadt- und Landesarchiv, Vereinsakten 2625/ 20; Frauenbriefe 113, Mai 1935, S. 2.

[113] Schreiben Motzkos an den Fürsterzbischof Waitz vom 29. 10. 1935, Motzko-Nachlaß (Institut für Zeitgeschichte der Universität Wien).

[114] Rücktrittserklärung im Motzko-Nachlaß. In einem Schreiben vom 18. 1. 1935 bat Motzko Innitzer gegen die diffamierenden verbalen Attacken Engelharts vorzugehen; Motzko-Nachlaß. Vgl. auch das Schreiben Motzkos an Innitzer vom 5. 2. 1937, in dem sie um Zurücknahme der Aussage bat, daß die frühere Vereinsleitung ein finanzielles Debakel verschuldet hätte. Wiener Diözesanarchiv, Vereine.

Engelhart, der für den Aufbau der Katholischen Aktion in der Erzdiözese Wien verantwortlich zeichnete, in (Gräfin) Gabriele Thun eine geeignete Präsidentin. [115] Dem austrofaschistischen Zeitgeist entsprechend war es eine ehemalige Adelige, die als Galionsfigur die Politik der Amtskirche exekutieren sollte. Gegen massiven Widerstand und mit „Androhung von Tod und Teufel" [116] wurde der Verein so reorganisiert, daß die frühere Sekretärin ihn nur mehr als ein „aussichtsloses und unsinniges Ding" beschreiben konnte. [117]

Der von der Kirche mundtot gemachte Verein, in dessen neugestaltetem Vereinsorgan sich keine Kritik an Kirche und Staat mehr fand, sondern stattdessen Artikel, die die Unterordnung der Frau predigten und sogar das Doppelverdienergesetz befürworteten [118], gegen das die KFO früher Sturm gelaufen war, hatte keine Attraktivität mehr für politisch engagierte Katholikinnen. Wohl nicht zufällig nahm zur selben Zeit das Frauenreferat der VF einen ersten Aufschwung.

Das Ende dieses Frauenvereins, der die Organisierung der Katholikinnen nicht dem Klerus überlassen wollte und der versucht hatte, Gedankengut der gemäßigten bürgerlichen Frauenbewegung mit der katholischen Lehre zu verbinden, ist nicht erst mit dem Einmarsch der Nationalsozialisten anzusetzen. Im Dilemma der KFO, die sich innerhalb des katholischen Milieus für Frauenrechte eingesetzt, gleichzeitig aber an der Autorität der Amtskirche festgehalten hatte, war das Scheitern für den Augenblick, in dem die Amtskirche liberalere Ideen nicht mehr duldete, bereits vorprogrammiert. Der ideologischen Abhängigkeit von der Amtskirche, die – trotz unterschiedlicher Auslegung der Lehre [119] – dadurch gegeben war, daß die KFO deren Autorität akzeptierte, folgte konsequent die Unterordnung unter die kirchliche Hierarchie.

5. Politik und Frauen

5. 1. Bevölkerungspolitik

Obwohl das italienische „Opera nazionale per la maternità ed infanzia" immer als Vorbild des österreichischen MSW zitiert wurde, sind die Differenzen unübersehbar: In Italien hatte mit Beginn der zwanziger Jahre eine gezielte Fürsorgepolitik eingesetzt, der es gelungen war, die Mütter- und Säuglingssterblichkeit zu senken. In Österreich und hier besonders in Wien, das eine international anerkannte Sozialpolitik betrieben hatte, war in den dreißiger Jahren das Fürsorgewesen so weit ausgebaut, daß das MSW keine Pionierarbeit zu leisten hatte. Da für eine weitere Verbesserung der sozialpolitischen Situation kein Geld zur Verfügung stand, grenzte sich das MSW immer wieder von Fürsorge ab.

„Ganz abgesehen von den gewiß dankenswerten Bestrebungen der bisherigen Organisationen und Institutionen", schrieb Wolfring an die Landesleiter der VF, wäre es doch unumgänglich notwendig, eine Zweigstelle der „Mütter- und Kinderhilfe" zu errichten, da es sich bei dieser Gründung „um keine Fürsorgeaktion im bisherigen Sinne des Wortes, sondern

---

[115] Ausschnitte aus einem Interview mit (Gräfin) Thun in: Schöffmann, Organisation und Politik katholischer Frauen, S. 355 f.

[116] Schreiben von Motzkos ehemaliger Sekretärin vom 9. 6. 1936, Motzko-Nachlaß (Institut für Zeitgeschichte der Universität Wien).

[117] Ebenda.

[118] Vgl. dazu „Die österreichische Frauenzeitung" bzw. „Die Katholische Frauenzeitung".

[119] I. Schöffmann, " . . . da es in Christus weder Mann noch Weib gibt." Eine historische Analyse des Geschlechterverhältnisses im Katholizismus am Beispiel der Katholischen Frauenorganisation im Austrofaschismus, in: Wiener Historikerinnen (Hg.), Die ungeschriebene Geschichte. Dokumentation des 5. Historikerinnentreffens in Wien, 16. bis 19. April 1984, Wien o. J., S. 70 - 82.

um den Beginn eines gesetzlichen Schutzes von Mutter und Kind, von Mütter- und Eltern-
erziehung zu ihrem verantwortungsvollen Berufe [...] und um die geistige Umstellung der
Bevölkerung" handle. [120] Es war erklärtes Ziel des MSW, den Geburtenrückgang zu bekämpfen, der in konservativen Kreisen als „Katastrophe" eingeschätzt wurde und eine Flut von
Literatur hervorbrachte, die das „Aussterben" Österreichs thematisierte.

Obwohl der öffentliche Diskurs sich einzig um die Bekämpfung des Geburtenrückganges drehte, ist die Bevölkerungspolitik des MSW keineswegs uneingeschränkt pronatalis-
tisch zu nennen. Die sozialpolitischen Errungenschaften des „Roten Wien" wurden gar als
den bevölkerungspolitischen Zielen des MSW widersprechend kritisiert, weil sie „zum Teil
einem Nachwuchs zugute kommen, der hemmungslos und verantwortungslos ins Leben gesetzt wurde [...] und nun dem Staat zur Last falle". [121] Dieser Zielsetzung entsprach auch
die für den Muttertag 1935 vorgesehene Prämierung von kinderreichen Müttern, „die sich
ohne Inanspruchnahme der Fürsorge durchgebracht haben". [122] Während also das MSW einerseits „arbeitslose und ausgesteuerte Familien" „nach den Grundsätzen der Quadragesimo
anno" darauf aufmerksam machte, „daß man nicht im Vertrauen auf die öffentliche Fürsorge einfach minderwertigen Nachwuchs [...] in die Welt setzen darf", wurden andererseits
„wirtschaftlich stärkere Kreise auf ihre Pflichten dem Staat und Gott gegenüber, ihre Ehe
nicht zu mißbrauchen", hingewiesen. „Von dem Grundsatze ausgehend, daß man mit dem
aus der Gosse karitativ aufgezogenen Nachwuchs nicht Österreich aufbauen kann", betrieb
das MSW eine sogenannte „qualitative Bevölkerungspolitik" [123], die aber sehr bald an die
Grenzen katholischer Ethik stieß. Mit moralischen Appellen zur Enthaltsamkeit bzw. Ehelo-
sigkeit und mit „Aufklärung" versuchte das MSW, unerwünschten Nachwuchs zu verhindern.
Diese Aufklärung aber – betonte Wolfring – hätte „nach christlichen Grundsätzen" zu erfolgen und dürfe keinesfalls so verstanden werden, daß das MSW „den Schutz vor dem Kinde
propagiere". [124]

Das MSW konzentrierte sich darauf, das Ansehen der Mütter, die „im ordentlichen Familienverband" lebten [125], zu erhöhen, um damit zu einer Hebung der Geburtenrate „in jenen
Bezirken [...], wo die materiellen Voraussetzungen gegeben wären", zu kommen. [126] Über
die im Oktober 1937 begonnene Geburtenbeihilfe-Aktion des MSW und die „Taufgaben des
Frontführers" erhielten die Väter von vier- und mehrköpfigen Familien, die von den Orts-
stellen der VF vor allem nach dem Kriterium der „vaterländischen Gesinnung" ausgewählt
worden waren, finanzielle Zuwendungen. Eine ähnliche Funktion wie diese Prämien für erwünschte Kinder, die im Jahre 1937 an rund 1.800. Familienväter in ganz Österreich aus-
gezahlt wurden [127], hatten die anläßlich der Muttertage verliehenen Diplome und Geschenke.
Das Diplom, in dem das MSW der betreffenden Frau „Anerkennung und Dank für ihre im
Dienste der Familie geleistete Aufbauarbeit für Volk und Staat" aussprach [128], wurde ebensowenig wie die kleinen Geldspenden nach sozialen Kriterien vergeben. In einer Weisung des

---

[120] Schreiben der Abteilung „MuKi" an die Landesleitung Wien v. 16. 4. 1934, VF-Karton 14 (AVA).
[121] Sinn und Zweck des Mutterschutzwerkes nach seiner jetzigen Gliederung und seiner Auswirkung mit Bedacht-
       nahme auf die zur Verfügung stehenden Mittel, VF-Karton 23 (AVA).
[122] Protokoll über die am 22. 1. 1935 stattgefundene Vorbesprechung, VF-Karton 23 (AVA).
[123] Sinn und Zweck des Mutterschutzwerkes, VF-Karton 23 (AVA).
[124] Ebenda.
[125] Das Mutterschutzwerk der VF, in: Rednerinformationsdienst, Nr. 14, Dezember 1937, S. 20, VF-Karton 54
       (AVA).
[126] Erläuterungen zum Mutterschutzwerk der VF (höchstwahrscheinlich 1935 von Wolfring verfaßt), VF-Karton 23
       (AVA).
[127] Eine Aufstellung über die ausbezahlten Beträge findet sich in: Wolfring, Mutterschutzwerk der Vaterländischen
       Front, S. 72.
[128] Ebenda, S. 54.

MSW für die Vorarbeiten des Muttertages 1937 hieß es ganz unmißverständlich, „daß es im Sinne der Bundesleiterin des Mutterschutzwerkes, Frau Rat der Stadt Wien Mina Wolfring liegt, weniger die bedürftigen Mütter, als gute und tüchtige Mütter zu diplomieren. Grundbedingung sind mindestens 3 Kinder, verheiratet und geordnete Verhältnisse (G.O. und D.O. Mitglieder)". [129]

Da der Geburtenrückgang nicht vorrangig als „soziales Problem" angesehen wurde, sondern auf „Egoismus" und „mangelndes Pflichtbewußtsein" der Frauen zurückgeführt wurde, die sich ihrem „wahren Lebenszweck" entzogen hätten [130], war die Mütterschulung ein wesentliches Aufgabengebiet des MSW. [131]

5. 2. Öffentliche Inszenierung von Mütterlichkeit

Im „Christlichen Ständestaat", der sich von der Re-Katholisierung aller Lebensbereiche die Lösung der sozialen Probleme erwartete, erhielt der Muttertag in Österreich erstmals große Aufmerksamkeit der politischen und kirchlichen Prominenz, die öffentlich das Bild des Weiblichen als Mütterlichen inszenierten. [132] Vertreter der katholischen Kirche und der Vaterländischen Front beschworen ein mütterliches Opfer, das Frauen für die Gesellschaft zu erbringen hätten. Bei den offiziellen Muttertagsfeiern 1935 gab Kardinal Innitzer, der sich persönlich sehr für bevölkerungspolitische Fragen interessierte [133], der Hoffnung Ausdruck, „daß nun endlich die Zeit kommen möge, in der die Mutterschaft zum leuchtenden Vorbild werde, dem alle Frauen mit freudiger Opferbereitschaft folgen". [134] Es ging im Austrofaschismus bei den Muttertagsfeiern nicht mehr um die frauenbewegten Forderungen zur Erleichterung der häuslichen Arbeit und deren gesellschaftliche Sichtbarmachung und Anerkennung, sondern um das ideologisch überhöhte Opfer, das im religiösen Kontext von den katholischen Müttern zu erbringen war. Für ein religiös überhöhtes Opfer brauchte es keine Anerkennung, es sollte in der Nachfolge Christi erbracht werden.

Muttertagsfeiern in Rathäusern oder großen Festsälen und spezielle „Müttergottesdienste", „Festmessen mit Generalkommunion für die Mütter" und Friedhofsgänge für die toten Mütter wurden Mitte der dreißiger Jahre in allen Bundesländern durchgeführt. 1936 war es „das erstemal gelungen, die gesamte Öffentlichkeit in den Dienst des Mutterschutzwerkes zugunsten des Muttertages zu stellen", konstatierte die „Mütterzeitung", das offizielle Organ des Mutterschutzwerkes der Vaterländischen Front. [135] Rund 100.000 Pakete wurden 1936 von der Staatsjugend bedürftigen Müttern zugestellt. Es gab Sonderpostämter mit Sonderpostmarken. Unter dem Motto „Besondere Ehrengaben für kinderreiche Familien" verteilte die Vaterländische Front an 2.000 „kinderreiche" Mütter Diplome, die eine Reproduktion von Dürers Madonna als Bildmotiv hatten. Sowohl der damalige Bundesführer der VF, Ernst Rüdiger Starhemberg, als auch Bundeskanzler Schuschnigg nahmen an Muttertagsfeiern teil. [136] Obwohl die Katholische Aktion die Muttertagsfeiern tatkräftig unterstützte, kann nicht davon

---

[129] Weisungen, die Vorarbeiten für den Muttertag betreffend, hg. v. MSW am 2. 4. 1937, VF-Karton 29 (AVA).

[130] Wolfring, Mutterschutzwerk der Vaterländischen Front, S. 10.

[131] M. Wolfring, Die Schulungsarbeit im Rahmen des Mutterschutzwerkes der VF, in: Schulungsblätter, hg. v. der Schulungsabteilung im Amte des Frontführers, Nr. 8 - 9, November/Dezember 1937, S. 14 ff.; dies., Erziehung zur Elternschaft. Vortrag anläßlich der am 13. 1. 1935 gehaltenen Familientagung, Wien 1935, S. 5 ff.

[132] Zur Geschichte des Muttertags vgl. A. Boesch / B. Bolognese-Leuchtenmüller / H. Knack (Hg.), Produkt Muttertag. Zur rituellen Inszenierung eines Festtages. Begleitbuch zur Ausstellung Produkt Muttertag. Österreichisches Museum für Volkskunde, Wien 2001.

[133] Vgl. sein Vorwort zu Wilhelm Winkler, Der Geburtenrückgang in Österreich, Wien 1935.

[134] Liebeswerke zum Muttertag, in: Reichspost, 13. 5. 1935, S. 3.

[135] Der Muttertag in Österreich, in: Mütterzeitung. Organ des Mutterschutzwerkes der Vaterländischen Front, 1. Jg., H. 2, Juni 1936, S. 8.

[136] Ebenda.

die Rede sein, daß die offiziellen Feierlichkeiten flächendeckend alle Mütter in Österreich erreichten. In Tirol fand 1936 in der Hälfte aller Gemeinden eine offizielle Muttertagsfeier statt, die von Seelsorgern, der Vaterländischen Front und den lokalen Behörden organisiert wurden. Auch im Burgenland konnten durch massive Unterstützung der katholischen Kirche zahlreiche Muttertagsfeierlichkeiten abgehalten werden, bei denen 8.150 Lebensmittelpakete verteilt wurden. In Kärnten dagegen verteilte die Vaterländische Front 1936, am Höhepunkt der austrofaschistischen Muttertagsfeierlichkeiten, nur an 400 Familien Pakete, 1935 waren überhaupt nur 80 Familien anläßlich des Muttertages beschenkt worden.[137] Gelungen war dem Regime allerdings, den Muttertag zu einem beachteten Event der medialen Berichterstattung zu machen.

Berichte über den Muttertag transportierten zwei zentrale ideologische Inhalte: den Gedanken der Klassenversöhnung und den des Bevölkerungswachstums verbunden mit einer „gottgewollten" geschlechtsspezifischen Arbeitsteilung. Von der Ideologie der Auflösung der Klassengegensätze in der Mütterlichkeit (bzw. im religiös überhöhten Opfer) zur faschistischen Idee der Überwindung der Klassengegensätze im Konstrukt der Volksgemeinschaft war es nur ein kleiner Schritt. Der Muttertag war ein idealer Anlaß, um über pronatalistische Bevölkerungspolitik zu sprechen und zu schreiben.

Ein paar Monate nach dem Bürgerkrieg berichtete die „Reichspost", daß am Muttertag „eine allgemeine Versöhnung früherer Gegensätze Platz greifen [soll]"[138]. Zeitungsberichte über Muttertagsfeiern verwiesen immer explizit auf Arbeitermütter, zahlreiche veröffentlichte Fotografien zeigen, wie Mütter aus den sogenannten „Familienasylen", das waren Obdachlosenheime der Stadt Wien, hungrig auf die Pakete warteten, die ihnen anläßlich des Muttertages geschenkt wurden. Über die Muttertagsfeiern im Musikverein, die die Vaterländische Front 1937 veranstaltete, war zu lesen, daß dort 350 kinderreiche Mütter versammelt wurden: „Junge und alte Arbeiterfrauen saßen neben den Gattinnen von hohen Beamten. Es gab keinen Unterschied, denn all die Frauen hatten eines gemeinsam: ihre Mütterlichkeit."[139] Daß opferbereite Mütterlichkeit eine Brücke zwischen den Klassengegensätzen schaffen sollte, drückte auch das Titelblatt der „Mütterzeitung" aus, das unter der strahlenden Sonne des Kruckenkreuzes in der Bildmitte eine Mutter mit Kind zeigt, im Hintergrund links die industrielle Arbeitswelt rauchender Schlote und rechts den pflügenden Bauern.

Die Politikergattinnen, die alljährlich an den offiziellen Muttertagsfeiern teilnahmen, hatten ihre prominenten Namen für karitative Aktionen zur Verfügung gestellt, bei denen der katholische Karitasgedanke Hand in Hand mit der Idee der Aussöhnung mit der Arbeiterklasse ging. Josefine Schmitz hatte bereits im Februar 1934 die sogenannten Josefstische gegründet, die in den Arbeitervierteln Wiens an Arbeitslose günstige Mittagessen abgaben. Leopoldine Miklas engagierte sich für den Frauennotdienst, einer karitativen Aktion, an der sich alle noch legalen Frauenbewegungen und die Oberhäupter der katholischen, evangelischen und jüdischen Religionsgemeinschaft beteiligten und die auf persönliche Hilfestellung von bürgerlichen Frauen für Arme setzte. Herma von Schuschnigg hatte bis zu ihrem tödlichen Autounfall 1936 die Herma-von-Schuschnigg-Mittagstische präsidiert, die dann von der Ministerehefrau Bella Pernter betreut wurden. Überall ging es darum, daß Frauen über persönlichen Einsatz und private Spendenfreudigkeit die Defizite im Sozialsystem lindern

---

[137] Vgl. dazu die Berichte zu den Muttertagsfeiern in Österreich, in: Mütterzeitung. Organ des Mutterschutzwerkes der Vaterländischen Front, 1. Jg., H. 2, Juni 1936, S. 8, 11 - 15.
[138] Aus der Vaterländischen Front, in: Reichspost, 9. 5. 1934, S. 6.
[139] Neues Wiener Tagblatt, 9. 5. 1937, S. 5.

sollten, denn vom Anspruch auf finanzielle Unterstützung war man wieder zum System des Almosens übergegangen. [140]

5. 3. Infragestellung der Frauenerwerbsarbeit durch die Doppelverdienerverordnung

Es war kaum mehr als ein Jahrzehnt vergangen, seit mit der Republiksgründung für die Staatsbeamtinnen der Zölibat formal aufgehoben worden war, als mit dem Schlagwort „Doppelverdienertum" eine Kampagne gegen die verheiratete erwerbstätige Frau entfacht wurde, die schließlich in der Tradition der Zölibatsregelungen des 19. Jahrhunderts wieder ein Ausnahmegesetz gegen die verheirateten Frauen im Bundesdienst erwirkte. [141] Als im Frühjahr 1931 Bundeskanzler Ender in seiner Regierungserklärung ankündigte, das Doppelverdienerwesen gesetzlich regeln zu wollen, meinte der BÖFV, „daß es keiner besonderen prophetischen Gabe" bedürfe, um die Tendenz dieses angekündigten Gesetzes vorauszusehen, denn „wie immer, wird sich wohl auch diesmal der Angriff in der Richtung des geringsten Widerstandes bewegen und sich in erster Linie gegen die Frauen wenden". [142] Das Schlagwort Doppelverdiener konnte sehr unterschiedlich verstanden werden: Es meinte Personen mit mehreren Einkommen, aber auch Ehepaare, in denen beide Ehepartner erwerbstätig waren. Vizekanzler Emil Fey schlug im Ministerrat Dezember 1933 vor, die Regelung des Doppelverdienertums sei auch auf die Töchter höherer Beamter auszudehnen. [143]

Nachdem die Regierung im Dezember 1933 die Doppelverdienerverordnung erlassen hatte [144], konnte die bürgerliche Frauenbewegung diese Niederlage nur resignierend als Ausdruck der politischen Ohnmacht der Frauenbewegung hinnehmen. Nach dem Ersten Weltkrieg waren zwar ebenfalls verheiratete Beamtinnen abgebaut worden, damals aber mit dem formal keine geschlechtsspezifischen Bestimmungen enthaltenden Pensionsbegünstigungsgesetz. [145] Die Doppelverdienerverordnung hatte hingegen eine neue Qualität, denn nunmehr waren die Sonderbestimmungen für Beamtinnen, mit denen in einzelnen Bundesländern Frauen trotz der in der Verfassung garantierten Gleichberechtigung diskriminiert wurden, durch ein Bundesgesetz legalisiert. De facto war die Gleichberechtigung der verheirateten Frau am Erwerbsarbeitsmarkt auch in der Ersten Republik nicht verwirklicht, so war der Lehrerinnenzölibat in den meisten Bundesländern bereits in den 1920er Jahren wieder eingeführt worden und zum Zeitpunkt, als die Doppelverdienerverordnung in Kraft trat, galt nur in Wien und

---

[140] Zu diesen karitativen Aktivitäten katholischer Frauen vgl. Schöffmann, Die bürgerliche Frauenbewegung, S. 351 - 365.

[141] Ausführliche Darstellung bei Ennsmann, Frauenpolitik und Frauenarbeit; vgl. weiters A. Franke, Doppelverdienergesetz und Doppelverdienerkampagne, Dipl. Arbeit, Univ. Wien 1989; I. Kupec, Die Eheschranken für die berufstätige Frau seit Beginn der industriellen Gesellschaft am Beispiel Österreichs, Diss., Wien 1963, S. 75.

[142] Die Österreicherin 4/5, Mai 1931, S. 7.

[143] Ministerratssitzung Nr. 909 v. 1. 12. 1933, in: R. Neck / A. Wandruszka, Protokolle des Ministerrats der Ersten Republik, 1918 - 1938, Abt. VIII, Kabinett Dr. Engelbert Dollfuß, Bd. 5, Wien 1984, S. 176.

[144] Verordnung der Bundesregierung vom 15. Dezember 1933, BGBl. Nr. 545 über den Abbau verheirateter weiblicher Personen im Bundesdienste und andere dienstrechtliche Maßnahmen (Doppelverdienerverordnung). Die Zwangspensionierung bzw. Entlassung der Beamtinnen hing vom Gehalt des Mannes und der Kinderzahl ab, hatte die Familie mehr als drei Kinder durfte die Frau nicht entlassen werden. Betroffen waren davon Frauen, die bei folgenden Dienstgebern beschäftigt waren: Bund, Ländern, Gemeinden, Bezirken, sonstige öffentlich-rechtliche Körperschaften, bei öffentlichen Fonds (Stiftungen und Anstalten), Dorotheum, Nationalbank, Bundesbahnen. Ausnahmeregelungen galten für folgende Frauen: Arbeiterinnen in der Tabakregie, land- und forstwirtschaftliche Arbeiterinnen, Schauspielerinnen, Leiterinnen der Postämter dritter Klasse, Musiklehrerinnen an der Akademie konnten um Ausnahme ansuchen. 1934 wurden mit der Novellierung des Gesetzes die Ausnahmebestimmungen erweitert. Ausführlicher dazu Ennsmann, Frauenpolitik und Frauenarbeit.

[145] E. Appelt, Von Ladenmädchen, Schreibfräulein und Gouvernanten 1900 - 1934, Wien 1985; A. Lösch, Staatliche Arbeitsmarktpolitik nach dem Ersten Weltkrieg als Instrument der Verdrängung von Frauen aus der Erwerbsarbeit, in: Zeitgeschichte, 14. Jg., H. 8, Mai 1987, S. 313 - 329.

im Burgenland für Lehrerinnen das uneingeschränkte Recht auf Verehelichung. [146] In einigen Bundesländern war es nach der Zerstörung der Demokratie zu Lohnkürzungen beim weiblichen Lehrpersonal gekommen, wogegen u. a. die Tiroler Lehrerinnen, die doppelt so hohe Gehaltskürzungen wie ihre Kollegen hinnehmen mußten, mit der Bemerkung protestierten, daß die Gleichstellung der Geschlechter kein zu beseitigender „Revolutionsschutz" sei. [147]

In dem letztlich erfolglosen Kampf gegen die Doppelverdienerverordnung, den die diversen Frauenberufs- und Schulvereine [148] mit Petitionen, Protestveranstaltungen, Unterschriftenaktionen etc. führten, wurde zuerst darauf abgezielt, die vorgesehenen Ausnahmebestimmungen zu erweitern und die Verordnung insgesamt als Notstandsmaßnahme mit begrenzter Dauer zu kennzeichnen, „damit die in ihr enthaltenen Härten als vorübergehendes Notopfer tragbar gemacht werden, nicht aber eine prinzipielle Einstellung zum Problem der Berufstätigkeit der verheirateten Frau darstellen". [149] Mit der Mai-Verfassung, in der die Ungleichheit der Geschlechter noch einmal festgeschrieben wurde, indem man bestimmte, daß Männer und Frauen gleiche Rechte und Pflichten nur soweit haben sollten, „soweit nicht durch Gesetz anders bestimmt ist" [150], wurden diese Hoffnungen zunichte.

Während für die bürgerlich-liberalen Frauen das Engagement für die Erwerbstätigkeit der Frau eine klare Sache war [151], kamen Katholikinnen, die sich gegen das Doppelverdienergesetz aussprachen, in Konflikt mit dem von der Kirche propagierten Frauenideal. Nicht nur die Christliche Arbeiterbewegung war ein Feind der Frauenerwerbstätigkeit. [152] Als charakteristisch für die Einstellung der überwiegenden Mehrzahl der Männer im katholischen Milieu kann der offizielle Kommentar des Katholikentagskomitees zur Rede Emma Kaprals gelten. Kapral hatte hierin zwar zum Ausdruck gebracht, daß „es gerecht [sei], zu verlangen, daß die Ehefrau, deren wirtschaftliche Existenz gesichert erscheint, auf ihren Posten verzichtet zugunsten der Jugend"; andererseits verwehrte sie sich aber gegen den Begriff „Doppelverdienertum" und verurteilte Strömungen, die das Ausscheiden der Frauen aus dem Berufsleben forderten. Abgesichert hatte sie ihre Argumentation mit der Höherwertigkeit der Jungfräulichkeit gegenüber der Ehe, die zwar der „natürliche Beruf des Weibes", aber nicht ihr „höchster" sei. [153] Sogar diese vorsichtigen Formulierungen waren Anton Böhm, dem Mitglied des Katholikentages, zuwider. „Wenn schon als der natürliche Hauptberuf die Ehe angesehen wird", schrieb er, „dann muß man folgerichtig auch gegen die außerhäusliche Berufsarbeit der Frau als Massenerscheinung auftreten und zumindest eine soziale Reform fordern, die weibliche außerhäusliche Berufsarbeit wenigstens zum Großteil entbehrlich macht." [154]

Mit Ausnahme der Kleriker Georg Bichlmair S.J. und Peter Schmitz S.V.D. [155] fand die katholische Frauenbewegung keine Unterstützung für die Frauenerwerbsarbeit, die sie mit Bezug auf die Enzyklika Quadragesimo anno verteidigte, in der vom Familienhaushalt als

---

[146] Ennsmann, Frauenpolitik und Frauenarbeit, S. 35.

[147] BKA, Ender 19, Z 202/34 (AVA). Zu den Gehaltskürzungen bei Lehrerinnen vgl. auch: Frauenbriefe 109, Jänner 1935, S. 6; Frauenbriefe 116, Feber 1935, S. 4 f. Ennsmann, Frauenpolitik und Frauenarbeit, S. 66.

[148] Besonders aktiv im Kampf gegen das Doppelverdienergesetz waren der von Annette Pfaff präsidierte Verein „Mädchenmittelschule", der unter Leitung Kaplans stehende „Erste Verein österreichischer Lehrerinnen" und der „Verband der weiblichen Lehrkräfte an Mädchenmittelschulen".

[149] Die Österreicherin 7/1, Jänner/Feber 1934, S. 2.

[150] § 16 (2).

[151] Ausführlich dazu: Schöffmann, Die bürgerliche Frauenbewegung, S. 51 ff.

[152] Das Linzer Programm der christlichen Arbeiter Österreichs, erörtert v. Karl Lugmayer, Wien 1924, S. 9.

[153] Die Rede vom 11. 9. 1933 ist abgedruckt in: Frauenbriefe 97, Jänner 1934, S. 3.

[154] Stellungnahme der Mitglieder des Subkomitees des Programmausschusses, Nachlaß Rudolf, XIX (Wiener Diözesanarchiv).

[155] P. Schmitz, Grundsätzliches zur Frage des Frauenberufes, in: Reichspost, 15. 4. 1934, S. 19; ders., Sendung der Frau, St. Gabriel-Wien 1934.

„hauptsächlichem"[156], nicht aber – wie die KFO betonte – als „ausschließlichem" Arbeitsgebiet der Frau gesprochen wurde.[157] Daher sei es „ein großes Mißverständnis, dem Kampf gegen die erwerbstätigen Frauen, der in jüngster Zeit auf allen Linien häßlich in Erscheinung tritt, mit christlichen Grundsätzen oder mit Berufung auf die päpstlichen Sendschreiben Berechtigung verschaffen zu wollen".[158]

Bichlmair und Schmitz – deren Außenseiterposition gar nicht oft genug betont werden kann – waren dann auch die Hauptreferenten am Ersten Frauentag, den die Hauptstelle „Frauen" der (damals noch nicht umgestalteten) Katholischen Aktion am 25. November 1934 veranstaltete. Unter dem beziehungsvollen Titel „Das Recht der Frau im Schutz der Kirche" sprach Bichlmair davon, daß es in der Wirtschaftskrise kein Vorrecht des Mannes geben dürfe und die Verdrängung der Frau aus dem Erwerbsleben dem katholischen Sittengesetz widerspreche.[159] Schmitz war im März 1935 bereit, gemeinsam mit Motzko und Paunovic an einer Protestversammlung der KFO gegen das Doppelverdienergesetz teilzunehmen.[160]

Da selbst die Erwerbsarbeit der unverheirateten Frau angegriffen wurde, war die Verteidigung der verheirateten berufstätigen Frau im katholischen Milieu wohl ein aussichtsloses Unternehmen. Die katholische Frauenbewegung hob immer wieder die sogenannte „Freiheit der Standeswahl", „das Recht auf menschenwürdiges Leben auch der Ehelosen"[161] hervor und bemühte das demographische Faktum des Frauenüberschusses, der es gar nicht erlaube, alle Frauen mittels der Institution der Ehe vom Erwerbsarbeitsmarkt wegzubringen[162], wenn sie die Berufstätigkeit der ledigen Frauen verteidigte.

In ihrem ersten „Vorschlag zum Entwurf eines Doppelverdienergesetzes" vom Jänner 1933 betonte die KFO, „daß die dauernde Erwerbsarbeit der verheirateten Frau und Mutter dem Familienwohl entgegensteht und eine schwer erträgliche Doppelbelastung der Hausmutter darstellt, daß insbesondere ihre außerhäusliche Erwerbsarbeit als ein schwerer gesellschaftlicher Mißstand anzusehen sei". Wenn das Einkommen des Gatten zur Familienerhaltung aber nicht ausreiche oder die Frau „das ihr zukommende Haushaltungsgeld nicht oder nur unzureichend ausgefolgt [erhält], dann ist Erwerbsarbeit nicht nur ihr Recht, sondern auch ihre moralische Pflicht"[163].

Die Katholische Frauenorganisation und die katholischen Frauenberufsverbände lehnten die Maßnahmen der Doppelverdienerverordnung ab, weil sie „die Familienbildung nicht nur nicht fördern, sondern schwer behindern". Sie verlangten, die Verordnung nicht zur Anwendung zu bringen, wenn Frauen andere Personen miterhalten, wenn es zur Kündigung einer Hausgehilfin komme und wenn die betroffenen Frauen verlobt seien. Auch für die weiblichen Lehrkräfte an Mädchenmittelschulen, Hochschulen und im Sozialdienst sollten Ausnahmen bewilligt werden, denn in diesen Berufen müsse auch die „Mentalität der verheirateten Frau und Mutter zur Auswirkung kommen".[164]

Die bürgerlich-liberalen und katholischen Frauen, die sich im Kampf gegen das Doppelverdienergesetz zu einmütigen Protestversammlungen zusammenfanden, mußten sich damit

---

[156] Papst Pius IX., Die Enzyklika über die gesellschaftliche Ordnung „Quadragesimo anno", übersetzt v. Anton Rohrbasser, Luzern 1958, S, 32.

[157] Frauenbriefe 108, Dezember 1934, S. 1.

[158] Frauenbriefe 108, Dezember 1934, S. 1.

[159] Frauenbriefe 109, Jänner 1935, S. 2 f.; vgl. auch den Tagungsbericht: Das Recht der Frau im Schutz der Kirche, hg. im Auftrag der Hauptstelle „Frauen" der Katholischen Aktion der Erzdiözese Wien, Wien o. J., S. 9 ff.

[160] Frauenbriefe 112, April 1935, S. 2.

[161] Einleitung zu Das Recht der Frau im Schutz der Kirche, S. 6 f.

[162] Frauenbriefe 108, Dezember 1934, S. 1 f.; Frauenbriefe 116, August 1935, S. 4; Frauenbriefe 118, Oktober 1935, S. 2 f.; A. Motzko, Der Frauenüberschuß in Österreich, in: Neue Freie Presse, 31. 10. 1936, S. 2.

[163] BMfsV, Sozialpolitik, SA 2910/1933, Z 2639 - 5/33 (AVA).

[164] Memorandum, BKA, Ender 19, Z 71/1934 (AVA).

zufriedengeben, daß sie eine weitere Verschärfung verhindern konnten. Auch wenn mit dem Abbau der Beamtinnen im Bundesdienst – bei den weiblichen Angestellten in der Privatindustrie konnte die VF nur Firmenleitungen bitten, kein Doppelverdienertum zuzulassen [165] – für Männer keine tatsächliche Verbesserung am Erwerbsarbeitsmarkt erreicht wurde, war das Gesetz aus ideologischen Gründen für das austrofaschistische Regime wichtig.

Bereits vor der Einführung des Gesetzes legten die bürgerlich-liberale und die katholische Frauenbewegung Wert darauf, ein Zölibat der Staatsbeamtinnen als völlig wirkungslose Maßnahme kenntlich zu machen, die keinerlei Besserung der Lage am Erwerbsarbeitsmarkt bringen könne. Diese Einschätzung – die sich ja bewahrheiten sollte, wie selbst die Pressestelle der VF Ende 1937 zugeben mußte [166] – teilte auch das Frauenreferat der Wiener Arbeiterkammer: „Die Stellen im Bundesdienst, die durch die Verordnung im Augenblick frei werden, sind unter Berücksichtigung der Einkommensgrenze und der Familienverhältnisse nicht sehr zahlreich. Ganz überwiegend handelt es sich dabei um Stellen mit hochqualifizierten persönlichen Leistungen [...], die, wenn sie überhaupt neu besetzt werden und nicht Ersparungsrücksichten zum Opfer fallen, kaum nach dem Grundsatz der Bedürftigkeit, sondern wieder nur nach dem besonderer Leistung besetzt werden können." [167]

Wie viele Frauen tatsächlich abgebaut wurden, kann aufgrund mangelnder Daten nicht gesagt werden. Herbert Dachs gibt Zahlen für den Abbau von Lehrerinnen an: In NÖ gab es im Schuljahr 1932/33 500 verheiratete Lehrerinnen, wovon die Hälfte bis Ende 1933 abgebaut worden war, in Oberösterreich wurden 66 Lehrerinnen zwangspensioniert, in Kärnten 67, in Salzburg 24. [168] Die Zeitschrift „Österreichische Pädagogische Warte" ging davon aus, daß in Wien 10 % der verheirateten Lehrerinnen zwangspensioniert wurden. [169] Die Österreichische Arbeiter-Zeitung, das Sprachrohr der Christlichen Arbeiterbewegung, die sich vehement für den Abbau der verheirateten Frauen ausgesprochen hatte, schätzte, daß es sich um wenige hundert Stellen handelte. [170] Mit der Doppelverdienerverordnung unterstützte das austrofaschistische Regime ein frauenfeindliches Klima, in dem Erwerbsarbeit von Frauen, insbesondere von verheirateten Frauen, auf jeder Ebene und nicht nur im Bundesdienst angefeindet wurde. Generell kann gesagt werden, daß sich die Situation für Frauen am Erwerbsarbeitsmarkt kontinuierlich verschlechterte. Der Anteil der Frauen an den Erwerbstätigen im Industriesektor lag 1934 bei rund 30 %, 1937 war er auf rund 27 % gesunken. [171] In Wien war der Rückgang des Frauenanteils an der Gesamtbeschäftigung besonders groß: von 46,60 % (1934) auf 44,96 % (1937). [172] Auch im Bereich der Frauenbildung waren die diskriminierenden Maßnahmen des austrofaschistischen Staates zu spüren, denn der Mittelschulbesuch der Mädchen ging ab dem Schuljahr 1934/35 zurück: 1933/34 hatten 21.453 Mädchen Mittel-

---

[165] Schreiben des Landesleiters der VF Wien, Seifert, an Firmenleitungen v. 25. 4. 1935, VF-Karton 14 (AVA); im XVI. Wiener Gemeindebezirk wurden die Amtswalter angewiesen „besonders krasse Fälle des Doppelverdiener-Unwesens" der Bezirksleitung mitzuteilen, siehe: Bericht über den Gruppenappell v. 20. 10. 1935, VF-Karton 28 (AVA); in einem Protokoll eines SAG-Referenten aus dem XVI. Bezirk ist zu lesen, daß die Frage des „Doppel- und Überverdientums" immer allergrößter Kritik unterzogen werde und es „allgemein unverständlich sei", daß man diese Angelegenheit noch nicht geregelt habe, VF-Karton 26 (AVA).

[166] Schreiben der Pressestelle der VF, 15. 11. 1937, VF-Karton 46 (AVA).

[167] Mitteilungen über Frauenarbeit, Nr. 13, 23. 12. 1933.

[168] H. Dachs, Das Frauenbild in der Schule des „Austrofaschismus", in: Rudolf Ardelt u. a. (Hg.), Unterdrückung und Emanzipation. Festschrift für Erika Weinzierl, Wien-Salzburg 1985, S. 92.

[169] Österreichische Pädagogische Warte, Nr. 11, November 1933, S. 248. Zit. nach Ennsmann, Frauenpolitik und Frauenarbeit, S. 67.

[170] Abbau der Frau im Bundesdienst, in: Österreichische Arbeiter-Zeitung Nr. 15, 11. 4. 1936, S. 3

[171] Monatsberichte des Instituts für Konjunkturfirschung, 12. Jg, Nr. 2, 26. 2. 1938, S. 42, zit. nach Senft, Im Vorfeld der Katastrophe, S. 492.

[172] Ennsmann, Frauenpolitik und Frauenarbeit, S. 118.

schulen besucht, 1936/37 nur mehr 19.525 Mädchen, der Frauenanteil war von 33,32 % auf 30,83 % gesunken. [173]

6. Zusammenfassung

Die Zerstörung der parlamentarischen Demokratie führte zum ersten massiven Einbruch in der Geschichte der Frauenbewegung, die bis dahin als linearer Aufstieg zu immer mehr Freiheit und Selbstverwirklichung erlebt worden war. Mit der in der austrofaschistischen Verfassung verankerten Ungleichheit der Geschlechter war nach knapp eineinhalb Jahrzehnten eine neue Phase des Emanzipationskampfes angebrochen. Es ging nun nicht mehr darum, die formale in eine tatsächliche Gleichberechtigung überzuführen, sondern um die Verhinderung völliger Entrechtung. Daß eine erfolgreiche Verteidigung der Frauenrechte an die Existenz einer starken Interessenvertretung gebunden ist, war der Frauenbewegung bewußt. In der Krise der dreißiger Jahre, als es einer starken Frauenbewegung bedurft hätte, mußte die Frauenbewegung aber erkennen, daß sie insbesondere die weibliche Jugend nicht mehr mobilisieren konnte. So machte die bürgerlich-liberale Frauenbwegung sich über ihre Ohnmacht auch gar keine Illusionen, und die wiederholt aufgeworfenen Fragen, „warum sich die Regierungen ihren Bürgerinnen gegenüber nicht stärker verpflichtet fühlen" und ob „es stets die weiblichen Belange sein müssen, an denen zuerst gespart wird" [174], waren rein rhetorisch. Die Jugend war nicht mehr in den traditionellen Frauenvereinen engagiert, Nachwuchsproblem hatten sowohl die bürgerlich-liberalen als auch die katholischen Frauenvereine und für das rückwärtsgewandte Frauenbild des Austrofaschismus waren junge Mädchen kaum zu gewinnen.

Die Krise der Frauenbewegung ist nicht nur als ein Resultat der mit der Wirtschaftskrise einhergehenden Intensivierung der Verteilungskämpfe zwischen den Geschlechtern zu sehen, sondern auch als Scheitern einer Neuorientierung der bürgerlichen Frauenbewegung nach 1918. Mit dem Zugeständnis der Bürgerrechte, d. h. mit der den Frauen formal gewährten Möglichkeit, sich wie Männer in der bürgerlichen Öffentlichkeit zu entfalten, trat die Frauenbewegung in ein neues Stadium ein. Obwohl die prinzipielle Zulassung der Frauen zu den von Männern dominierten Bereichen der Gesellschaft keine tatsächliche Integration brachte, führte die staatsbürgerliche Gleichberechtigung in weiten Frauenkreisen zur Überzeugung, daß die Frauenbewegung ihre Schuldigkeit getan habe, daß es nun nur mehr auf die persönliche Leistungsfähigkeit ankomme.

Die ohnmächtige Situation, in der sich die Frauenbewegung im Austrofaschismus befand, war einerseits Resultat der extrem frauenfeindlichen Politik des Regimes und andererseits Folge der Schwäche der Frauenbewegung, die im Austrofaschismus, als es um die Verteidigung des materiellen Besitzes der Frauenvereine und um Wahrung der Frauenrechte ging, schon von Zerfallserscheinungen gezeichnet war. Die hier näher betrachtete Katholische Frauenorganisation ist genauso wie der bürgerlich-liberale Bund österreichischer Frauenvereine als loyale Opposition zu begreifen. Sie gehörten damit zu den Frauenvereinen, die zwar nicht zu den Regimegegnern zu zählen sind, im Falle der Katholischen Frauenorganisation die rückwärts gewandten Utopien des Austrofaschismus teilten, die gleichzeitig aber versuchten, die Errungenschaften, die die staatsbürgerliche Gleichberechtigung den Frauen gebracht hatte, in den „christlichen" Staat hinüberzuretten.

Die offizielle austrofaschistische Politik, die die Berufstätigkeit der verheirateten Frauen mittels Doppelverdienergesetz einschränkte, die höhere Mädchenbildung durch Subventionskürzungen für Mädchenmittelschulen und Rücknahme der Koedukation erschwerte und die

---

[173] Ebenda, S. 62.
[174] Die Österreicherin 10/7, Oktober 1937, S. 2.

Tätigkeit der Frauen in der Öffentlichkeit auf Fürsorgeaktionen reduzieren wollte, hatte aber ganz klar eine zu Lasten von Frauen gehende Reformulierung des Geschlechterverhältnisses zum Ziel.

Literatur

Appelt, Erna: Von Ladenmädchen, Schreibfräulein und Gouvernanten 1900 - 1934, Wien 1985.

Bandhauer-Schöffmann, Irene: Parteidisziplin, in: Zeitgeschichte, 16. Jg., H. 11/12, August/September 1989, S. 396 - 409.

Bandhauer-Schöffmann, Irene: Das große Mutteropfer. Muttertagsfeiern im 'christlichen Ständestaat', in: Alexander Boesch / Birgit Bolognese-Leuchtenmüller / Hartwig Knack (Hg.), Produkt Muttertag. Zur rituellen Inszenierung eines Festtages. Begleitbuch zur Ausstellung Produkt Muttertag. Österreichisches Museum für Volkskunde, Wien 2001, S. 61 - 69.

Bärnthaler, Irmgard: Die Vaterländische Front. Geschichte und Organisation, Wien- Frankfurt/M. 1971.

Bayer, Hans: Was jeder vom berufsständischen Aufbau in Österreich wissen soll, Wien 1936.

Benesch, Elvira: Zusammenarbeit der Katholischen Aktion und der katholischen Vereine, in: KFO-Arbeit 4/3, März 1935, S. 2 - 3.

Boesch, Alexander / Birgit Bolognese-Leuchtenmüller / Hartwig Knack (Hg.): Produkt Muttertag. Zur rituellen Inszenierung eines Festtages. Begleitbuch zur Ausstellung Produkt Muttertag. Österreichisches Museum für Volkskunde, Wien 2001.

Brick, Barbara / Christine Woesler: Maschinerie und Mütterlichkeit, in: Frauengeschichte. Beiträge zur feministischen Theorie und Praxis 5, München 1981, S. 61 - 68.

Brunner, Otto: Das „ganze Haus" und die alteuropäische „Ökonomie", in: Ders., Neue Wege der Verfassungs- und Sozialgeschichte, 2. Aufl., Göttingen 1968, S. 103 - 127.

Dachs, Herbert: Das Frauenbild in der Schule des „Austrofaschismus", in: Rudolf Ardelt u. a. (Hg.), Unterdrückung und Emanzipation. Festschrift für Erika Weinzierl, Wien-Salzburg 1985, S. 83 - 99.

De Grazia, Victoria: How Fascism ruled women: Italy, 1922 - 1945, Oxford 1992.

Der Aufbau. Jahrbuch der KA in Österreich, im Auftrag der Diözesanstelle der Katholischen Aktion in Wien, hg. v. Karl Rudolf, Wien 1935.

Deutsch, Heidrun: Franziska Fürstin Starhemberg. Eine Biographie, Diss., Wien 1967.

Dr. Alberta: Die Frau im christlichen Staat, in: Der Christliche Ständestaat 1/6, 14. 1. 1934, S. 17 - 19.

Enderle-Burcel, Gertrude: Christlich – Ständisch – Autoritär. Mandatare im Ständestaat 1934 - 1938, Wien 1991.

Engelhart, Leopold: Der Neuaufbau der Katholischen Aktion und Seelsorge, Referate der vierten Wiener Seelsorgetagung vom 2. – 4. Jänner 1935, Wien 1935, S. 31 - 40.

Ennsmann, Brigitte: Frauenpolitik und Frauenarbeit im Austrofaschismus, Dipl., Univ. Wien 1993.

Franke, Angela: Doppelverdienergesetz und Doppelverdienerkampagne, Dipl., Univ. Wien 1989.

Fried, Jakob: Die Katholische Aktion – das Laienapostolat, in: Alois Hudal (Hg.), Das Katholizismus in Österreich, Innsbruck-Wien-München 1931, S. 120 - 131.

Haß, Ulrike: Mütterliche Landschaften, in: Frauenmacht. Konkursbuch 12, 1984, S. 221.

Hauch, Gabriella: Frauenbewegungen – Frauen in der Politik, in: Emmerich Tálos / Herbert Dachs / Ernst Hanisch / Anton Staudinger (Hg.), Handbuch des politischen Systems Österreichs. Erste Republik 1918 - 1933, Wien 1995, S. 277 - 291.

Hauch, Gabriella: Vom Frauenstandpunkt aus. Frauen im Parlament 1919 - 1933, Wien 1995.

Juffinger, Sabine: Politischer Katholizismus im Austrofaschimus 1933/34 - 1938. Zur Analyse der politischen Rhetorik des Austrofaschismus am Beispiel der „österreichischen Mission" sowie anhand der Konstruktion des Geschlechterverhältnisses, Dipl., Univ. Innsbruck 1993.

Kapral, Emma: Die Frau im geistigen Ringen der Gegenwart. Referat auf dem Allgemeinen deutschen Katholikentag in Wien, in: Frauenbriefe 95, November 1933, S. 1 - 3.

Kaufmann, Doris: Katholisches Milieu in Münster 1928 - 1933. Politische Aktionsformen und geschlechtsspezifische Verhaltensräume, Düsseldorf 1984.

Kirchmayr, Birgit / Daniela Ellmauer: Zwischen den Kriegen. Frauenleben in Salzburg 1918 - 1938, in: Erika Thurner / Dagmar Stranzinger (Hg.), Die andere Geschichte II. Eine Salzburger Frauengeschichte des 20. Jahrhunderts, Salzburg 1996.

Kirchmayr, Birgit: „. . . Und das Ideale ist die Frau und Mutter". Austrofaschistische Frauenpolitik und weibliche Erinnerung, Dipl., Univ. Salzburg 1996.

Klampferer, Anita: Frauensport im Austrofaschismus im Spiegel repräsentativer Sportfachzeitschriften, Dipl., Wien 1997.

Klostermann, Ferdinand: Das organisierte Apostolat der Laien und die Katholische Aktion, in: Erika Weinzierl (Hg.), Kirche in Österreich, 2. Bd., Wien 1966/67, S. 68 - 137.

Koberwein, Franziska: Die Weiblichkeitsideologie in den Fortsetzungsromanen der „Frauen-Zeitung" während des Austrofaschismus, Dipl., Wien 2002.

Kraus, Johannes S.: Volksvertreter? Beiträge zu einer Analyse der Organe der Bundesgesetzgebung 1934 - 1938 und der politischen Elite des Austrofaschismus, in: Zeitgeschichte, 18. Jg., Nr. 11/12, 1990/1991, S. 379 - 414.

Kupec, Ingrid: Die Eheschranken für die berufstätige Frau seit Beginn der industriellen Gesellschaft am Beispiel Österreichs, Diss., Wien 1963.

Lösch, Andrea: Staatliche Arbeitsmarktpolitik nach dem Ersten Weltkrieg als Instrument der Verdrängung von Frauen aus der Erwerbsarbeit, in: Zeitgeschichte, 14. Jg., H. 8, Mai 1987, S. 313 - 329.

Maresch, Maria: Die Aufgaben der Frau im neuen Österreich, in: Der Christliche Ständestaat 1/55, 23. 12. 1934, S. 14.

Motzko, Alma: Der Frauenüberschuß in Österreich, in: Neue Freie Presse, 31. 10. 1936, S. 2.

Motzko, Alma: Die katholische Frauenbewegung in Österreich, in: Der katholische Almanach, 1. Jg., 1932, hg. v. der Katholischen Akademikergemeinschaft in Österreich, Wien 1931, S. 95 - 101.

Motzko-Seitz, Alma: Die katholische Frauenbewegung in Österreich, in: Frauenkalender 1927, hg. v. der KFO für die Erzdiözese Wien, Wien o. J., S. 141 - 149.

Natter, Monika: Bagatelles pour un massacre? Les femmes dans la litterature à succès sous l'Austrofascisme (1934 - 1938), in: Austriaca 42 (1996), S. 103 - 110.

Neck, Rudolf/ Adam Wandruszka: Protokolle des Ministerrats der Ersten Republik, 1918 - 1938, Abt. VIII, Kabinett Dr. Engelbert Dollfuß, Bd. 5, Wien 1984.

Neumayer, Katharina: Zur Reform des Hausgehilfengesetzes, in: Die Hausgehilfin 19/12, Dezember 1937, S. 1 - 2.

Papst Pius IX.: Die Enzyklika über die gesellschaftliche Ordnung „Quadragesimo anno", übersetzt v. Anton Rohrbasser, Luzern 1958.

Pawlowsky, Verena: Werksoldaten, graue Mandln, 50-Groschen-Dragoner. Der Freiwillige Arbeitsdienst in Österreich, in: Zeitgeschichte, 17. Jg., Nr. 5, 1990, S. 226 - 235.

Das Recht der Frau im Schutz der Kirche. Reden von Kardinal Dr. Theodor Innitzer, P. Georg Bichlmair S.J., P. Dr. Peter Schmitz S.V.D., hg. im Auftrag der Hauptstelle Frauen der Katholischen Aktion der Erzdiözese Wien, Wien o. J. (1935).

Rudolf, Karl: Das Werden der Katholischen Aktion in der Erzdiözese Wien, in: Der Aufbau. Jahrbuch der KA in Österreich, im Auftrag der Diözesanstelle der Katholischen Aktion in Wien, hg. v. Karl Rudolf, Wien 1935, S. 11 - 24

Schmitz, Peter: Grundsätzliches zur Frage des Frauenberufes, in: Reichspost, 15. 4. 1934, S. 19

Schmitz, Peter: Sendung der Frau, St. Gabriel-Wien 1934.

Schneider, Oda: Die Frömmigkeit der Frau, in: Katholische Frauenzeitung 133, Februar 1937, S. 2 - 3.

Schneider, Oda: Vom Priestertum der Frau, 2. Aufl., Wien 1937.

Schöffmann, Irene: ". . . da es in Christus weder Mann noch Weib gibt." Eine historische Analyse des Geschlechterverhältnisses im Katholizismus am Beispiel der Katholischen Frauenorganisation im Austrofaschismus, in: Wiener Historikerinnen (Hg.), Die ungeschriebene Geschichte. Dokumentation des 5. Historikerinnentreffens in Wien, 16. bis 19. April 1984, Wien o. J., S. 70 - 82.

Schöffmann, Irene: „Mütter in der Vaterländischen Front". Quellen zur Geschichte katholischer Frauen im „Ständestaat". Veröffentlichungen des Vereins Frauenforschung und weiblicher Lebenszusammenhang Nr. 1, Wien 1983.

Schöffmann, Irene: Die bürgerliche Frauenbewegung im Austrofaschismus. Eine Studie zur Krise des

Geschlechterverhältnisses am Beispiel des Bundes österreichischer Frauenvereine und der Katholischen Frauenbewegung für die Erzdiözese Wien, Diss., Univ. Wien 1986.

Schöffmann, Irene: Ein (anderer) Blick auf die katholische Frauenbewegung der Zwischenkriegszeit, in: Österreich in Geschichte und Literatur, 28. Jg., H. 3, 1984, S. 155 - 168

Schöffmann, Irene: Organisation und Politik katholischer Frauen im „Ständestaat", in: Zeitgeschichte, 11. Jg., H. 11/12, 1984, S. 349 - 375.

Schubert, Rainer: Das Vaterländische Frontwerk „Neues Leben". Ein Beitrag zur Geschichte der Kulturpolitik der Vaterländischen Front, Diss., Wien 1978.

Schultes, Gerhard: Der Reichsbund der katholisch deutschen Jugend Österreichs, Wien 1967.

Senft, Gerhard: Im Vorfeld der Katastrophe. Die Wirtschaftspolitik des Ständestaates. Österreich 1934 - 1938, Wien 2002 (= Vergleichende Gesellschaftsgeschichte und politische Ideengeschichte der Neuzeit 15).

Slapnicka, Harry: Fanny von Starhemberg, in: Oberösterreich. Die politische Führungsschicht 1918 - 1938, Linz 1975 (= Beiträge zur Zeitgeschichte Oberösterreichs 3), S. 250 - 252.

Starhemberg, Fanny: Die katholische Frau in der Landwirtschaft, in: Frauenjahrbuch 1933, hg. von der KFO für die Erzdiözese Wien, Wien o.J., S. 149 - 162.

Starhemberg, Fanny: Die katholische Frauenbewegung, in: Alois Hudal (Hg.), Der Katholizismus in Österreich, Innsbruck-Wien-München 1931, S. 305 - 318.

Stepan, Rainer: Franziska, Fürstin von Starhemberg, in: Christliche Demokratie 2 (1984), Nr. 3, S. 239 - 252.

Stoehr, Irene: „Organisierte Mütterlichkeit". Zur Politik der deutschen Frauenbewegung um 1900, in: Karin Hausen (Hg.), Frauen suchen ihre Geschichte. Historische Studien zum 19. und 20. Jahrhundert, München 1983, S. 221 - 249.

Urban, Gisela: Estland hat die erste Hauswirtschaftskammer, in: Die Österreicherin 9/8, November/Dezember 1936, S. 4.

Urban, Gisela: Hauswirtschaftskammern, in: Die Österreicherin 4/7, Juli 1931, S. 11 - 12.

Wartmann, Brigitte: Verdrängung der Weiblichkeit aus der Geschichte. Bemerkungen zu einer „anderen" Produktivität der Frau, in: Dies. (Hg.), Weiblich – Männlich. Kulturgeschichtliche Spuren einer verdrängten Weiblichkeit, Berlin 1980, S. 7 - 33.

Winkler, Wilhelm: Der Geburtenrückgang in Österreich, Wien 1935.

Wohnout, Helmut: Regierungsdiktatur oder Ständeparlament? Gesetzgebung im autoritären Österreich, Wien 1993 (= Studien zu Politik und Verwaltung 43).

Wolfring, Mina: Besuch des Mutterschaftsinstituts in Rom, in: Das Blatt der Mutter 5/12, Februar 1934, S. 1 - 2.

Wolfring, Mina: Das Mutterschutzwerk der Vaterländischen Front, Wien 1938.

Wolfring, Mina: Industrie und Mutterschutzwerk, in: Führer durch Österreichs Industrie, Handel und Gewerbe (= Sonderbeilage der Wiener Stadt-Stimmen vom 15. Mai 1937), S. 10 - 11.

Wolfring, Mina: Nationales Werk für den Schutz von Mutter und Kind. Ergebnisse einer Studienfahrt in Rom, in: Der Christliche Ständestaat 1/15, 18. 3. 1934, S. 14 - 16.

Zaar Brigitta: Frauen und Politik in Österreich, 1890 - 1934. Ziele und Visionen, in: David F. Good / Margarete Grandner / Mary Jo Maynes (Hg.), Frauen in Österreich. Beiträge zu ihrer Situation im 20. Jahrhundert, Wien 1994, S. 48 - 76.

Zimmermann, Franz P.: Mehr Männlichkeit in Religion und Seelsorge, in: Schönere Zukunft 11. 10. 1936, S. 43 - 44.

Appell des Österreichischen Jungvolkes

„Austrofaschismus" und Schule

Ein Instrumentalisierungsversuch

Herbert Dachs

Ausgangslage – Zunehmende Instrumentalisierung der Schule nach Ausschaltung des Nationalrates – Schulorganisatorische und personelle Änderungen nach dem 12. Februar 1934 – Neue Inhalte in Lehrplänen und Schulbüchern – Die Umsetzung des neuen Erziehungsauftrages – Versuchte politische Normierung der SchülerInnen

Ausgangslage

Das Verhältnis von Schule und Politik war in Österreich schon vor 1933 sehr kontrovers und spannungsreich. Alle damit zusammenhängenden Fragen wurden bereits in der Ersten Republik zwischen den weltanschaulichen Lagern mit starkem Engagement und vielfach – denkt man etwa an das Ringen um die Schulgesetze – mit erstaunlicher politischer Härte ausgetragen.[1] Dabei gingen alle beteiligten Gruppen von der Einschätzung aus, daß dem Schul- und Erziehungsbereich ein erhebliches gesellschaftspolitisches Steuerungspotential zukomme, das zumindest mittel- und langfristig die politischen Verhältnisse in Österreich entscheidend mitbestimmen würde. Schulpolitik ist also damals ganz klar als Gesellschaftspolitik verstanden und – auch wenn das nicht immer zugegeben wurde – als solche betrieben worden. Die Kontroversen um Schulfragen sind auch nicht zuletzt deshalb so erbittert geführt worden, weil an diesem Bereich nicht nur alle politischen Lager gleichermaßen interessiert waren, sondern weil hier auch alle drei Gruppierungen annähernd gleich einflußreich und gleich stark präsent gewesen sind: das katholische Lager über die Bürokratie, die Bundesländer und einen Teil der LehrerInnen, das sozialdemokratische vor allem wegen der Dominanz in Wien und das nationale Lager wegen seiner starken Verankerung in der Lehrerschaft insgesamt.

Nach Auflösung der Donaumonarchie war das Gesetz des Handelns in schulpolitischer Hinsicht eindeutig bei den Sozialdemokraten bzw. genauer beim Leiter des Unterrichtsressorts Otto Gloeckel und dessen Mitarbeitern gelegen. Ihm gelang es auch nach seinem Übertritt in den Wiener Stadtschulrat zumindest im Bundesland Wien die schulreformerische Dynamik aufrechtzuerhalten, was schließlich – gesamtösterreichisch betrachtet – zu einem schulpolitischen Dualismus führte, der sich im Laufe der Jahre immer stärker ausprägen sollte: Auf der einen Seite stand das Unterrichtsministerium und die durchwegs konservativ dominierten Bundesländer und auf der anderen Seite das „rote" Wien mit seinen – vom

1 Vgl. dazu ausführlicher H. Dachs, Schule und Politik. Die politische Erziehung an den österreichischen Schulen 1918 - 1938, Wien-München 1982, S. 29 - 222; W. Sorgo, Autoritärer „Ständestaat" und Schulpolitik 1933 - 1938, phil. Diss., Wien 1978, S. 1 - 37.

katholischen wie vom nationalen Lager gleichermaßen abgelehnten und als „Schulbolschewismus" denunzierten – Bildungseinrichtungen. Trotz der – aufgrund verfassungsrechtlicher Zwänge – schließlich einvernehmlich beschlossenen Schulgesetze von 1926/27 war im katholischen Lager der Groll darüber nie erloschen, daß man seit Gründung der Republik im Schulbereich insgesamt und insbesondere im Bereich der „religiös-sittlichen" Erziehung an Einfluß verloren hatte. Einen Angelpunkt stellte dabei der sogenannte „Gloeckel-Erlaß" vom 10. April 1919 dar. Otto Gloeckel berief sich dabei – wie wir meinen zu Recht – auf die Regelungen des Reichsvolksschulgesetzes aus dem Jahr 1869, das in der Frage der religiösen Übungen in der Schule einen neutralen Standpunkt einnahm. Gloeckel verfügte daher, daß jede Art von Zwang zur Teilnahme an religiösen Übungen künftig untersagt sei und auch die Nichtteilnahme auf die Klassifikation der SchülerInnen keinen Einfluß haben dürfe. Die Religion wurde also in der Schule zur Privatangelegenheit erklärt. Die katholische Seite empfand das als empfindlichen Rückschritt. Sie hielt dem entgegen, der Paragraph 1 des Reichsvolksschulgesetzes schreibe eine „sittlich-religiöse" Erziehung vor und dieser Erziehungsauftrag sei durch Gloeckels Regelung behindert und in Frage gestellt. Der Erlaß blieb zwar auch nach dem Ausscheiden Gloeckels aus der Bundespolitik in Kraft, wobei man freilich katholischerseits (etwa in Lehrerzeitschriften) immer wieder betonte, diese Regelung wieder rückgängig machen zu wollen, sobald sich dazu Gelegenheit bieten sollte.

Zunehmende Instrumentalisierung der Schule nach Ausschaltung des Nationalrates

Nach Ausschaltung des Nationalrates ist der Schulbereich sehr rasch zum Ziel autoritärer Politik geworden. Mit den verfügten – unten noch näher zu beschreibenden – Maßnahmen sollte offensichtlich dreierlei erreicht werden:
1. die Wiederherstellung früherer Machtverhältnisse,
2. die Disziplinierung politisch mißliebiger und opponierender Lehrer- und Schülergruppen (vor allem Nationalsozialisten, aber auch Sozialdemokraten) und schließlich
3. die Legitimierung der geänderten Machtverhältnisse bzw. in der Folge des neu etablierten politischen Systems.

   Diese drei Ziele sollten durch eine Fülle von Verordnungen und einschneidenden Vorschriften sichergestellt werden. Zur Illustration seien einige der wichtigsten Maßnahmen angeführt:
– Bereits am 10. April 1933 hob Unterrichtsminister Dr. Anton Rintelen nach genau 14jähriger Gültigkeit den – wie schon erwähnt – lange und heftig umstrittenen Gloeckel-Erlaß über die religiösen Übungen in den Schulen auf. Die „Reichspost" berichtete darüber am 15. April unter der – die damalige Aufbruchstimmung charakterisierenden – Schlagzeile: „Gloeckel-Erlaß aufgehoben. Forträumung des Revolutionsschuttes auch im Unterrichtswesen". In weiteren Erlässen wurde dann detailliert aufgeführt, welche praktischen Konsequenzen dieser Erlaß für den Schulalltag habe. Konkret hieß das u. a.: Der Religionsunterricht war wieder Zweck der Schule, d. h. wurde für alle katholischen SchülerInnen zur Pflicht. Das galt auch für die religiösen Übungen (tägliche Schulgebete, Besuch der Gottesdienste, mehrmaliger Sakramentsempfang pro Jahr usw.), und die entsprechende Aufsicht auch durch nichtkatholische Lehrpersonen wurde zur Pflicht erklärt. [2]

---

[2]   Z. B. Erlaß v. 19. 5. 1933; Verordnungsblatt des Landesschulrates von Salzburg, 7. 9. 1933, Nr. 49 (hier wurden ganz detailliert Umfang und Art der religiösen Übungen auf dem Erlaßwege festgesetzt). Vgl. zum Schul- und Erziehungswesen in Österreich 1933 - 1938: Dachs, Schule und Politik, S. 223 - 369; H. Engelbrecht, Geschichte des österreichischen Bildungswesens, Bd. 5, Wien 1988, S. 262 - 303; E.-M. Zach, Schule und Gesellschaft in

– Die sozialdemokratischen Schulpolitiker konnten auf diese Herausforderung nicht adäquat reagieren: Diesbezügliche geplante Gegenkundgebungen wurden verboten[3], und einschlägige Kritiken in Lehrerzeitschriften verfielen der zunehmend schärfer zugreifenden Zensur.

– Neben dieser, auf eine Rekonfessionalisierung der Schulen abzielenden Komponente wurde kurze Zeit später die Forderung nach einer „vaterländischen" Erziehung besonders hervorgestrichen. Ein Erlaß vom 12. Mai 1933 ordnete an, daß „die in den vaterländischen Bildungsgütern enthaltenen Werte in solcher Weise an die Jugend herangebracht werden, daß sie von ihr freudig aufgenommen und bejahend erlebt werden und daß sie sich schließlich durch stete Pflege zu Persönlichkeitswerten gestalten".[4] Offenbar konnten oder wollten sich viele Lehrer unter diesen vagen Umschreibungen zunächst wenig Konkretes vorstellen. Spätere Erlässe versuchten – freilich ebenfalls mit wenig Erfolg – eine Präzisierung und inhaltliche Anreicherung. Im Zusammenhang mit den übrigen Maßnahmen wurde bald klar, daß diese geforderte „Bildung einer gediegenen Gesinnung"[5] vor allem auf die Zustimmung zur Vaterländischen Front sowie Dollfuß und seiner Politik hinauslaufen sollte.

– Die LehrerInnen wurden auf diese beiden Erziehungsschwerpunkte dann am 1. Juli 1933 ausdrücklich festgelegt. In einem neuen Diensteid mußten sie bei „Gott, dem Allmächtigen" schwören, daß sie sich für eine Erziehung in sittlich-religiösem und vaterländisch-österreichischem Sinne einsetzen würden.[6]

– In diesem Kontext paßt auch die Schaffung eines vaterländischen Schülerabzeichens, von dem sich das Ministerium möglichst weite Verbreitung erhoffte.[7] Auch sollte sich jede Schule als „Symbol ihrer Verbundenheit mit dem Vaterlande" eine Schulfahne besorgen.[8]

– Schon im Mai des Jahres 1933 hatte man sich auch der Schulbücher angenommen und seitens des Ministeriums angeordnet, daß nur diejenigen Schulbuchinhalte (vor allem für die Fächer Geschichte und Deutsch) im Unterricht verwendet werden dürften, die den neuen Erziehungsschwerpunkten entsprächen. Unpassende Passagen sollten übergangen oder von den LehrerInnen „richtiggestellt" werden, da man aus Kostengründen nicht mit einem Schlag neue Lehrbücher bereitstellen konnte.[9] Im Jänner des Jahres 1934 schließlich sind dann – wieder auf dem Erlaßwege –die LehrerInnen ganz offiziell aufgefordert worden, der Vaterländischen Front beizutreten. Unterrichtsminister Kurt Schuschnigg (er betreute dieses Ressort neben dem der Justiz vom 24. Mai 1933 bis 14. Mai 1936) stellt darin fest, daß die österreichisch-vaterländische Erziehung nur dann von Erfolg gekrönt sein könne, wenn die Lehrer Vorbild seien, „weshalb auch eine eindeutige Klarstellung in bezug auf die Zugehörigkeit der Lehrerschaft [. . .] zur Vaterländischen Front notwendig erscheint". Diese sei ja eine überparteiliche Zusammenfassung, und er erwarte daher, „daß der Beitritt zur Vaterländischen Front und das Tragen von Abzeichen in den Staatsfarben seitens der

---

der Ersten Republik. Eine sozialhistorische Analyse der österreichischen Schulpolitik der Zwischenkriegszeit, Dipl., Wien 1994; F. Erben, Schule und „Ständestaat" – Die österreichische Schule und ihre Bedeutung für das autoritäre Regime 1934 - 1938, Dipl., Neidling 1999; C. Tancsits, Manifestationen des Österreichbewußtseins im Schulwesen der Zwischenkriegszeit mit besonderer Berücksichtigung der Zeit von 1933 bis 1938, phil. Diss., Wien 2002; R. Kriechbaumer, Zwischen Kruckenkreuz und Hakenkreuz. Schule im autoritären und totalitären Staat. Dargestellt am Beispiel Pongauer Schulchroniken 1934 - 1945, Salzburg 1993; für weitere Details sowie insbesondere Nachweise von Quellen vgl. insbesondere Dachs und auch Engelbrecht.

[3]   Z. B.: Die Gloeckel-Versammlung verboten, in: Reichspost, 26. 4. 1933.

[4]   Erlaß v. 12. 5. 1933.

[5]   BGBl. 1933/Nr. 65.

[6]   Vgl. Wiener Deutsche Lehrerzeitung 14 (1933) 10, S. 90.

[7]   Erlaß v. 28. 10. 1933.

[8]   Erlaß v. 2. 6. 1934.

[9]   Erlaß v. 12. 5. 1933; 28. 10. 1933.

Lehrpersonen [...] jedwede Förderung erfährt."[10] Ein Zuwiderhandeln müßte als Weigerung aufgefaßt werden, sich zum österreichischen Vaterlande zu bekennen.

- Wichtig ist in diesem Zusammenhang noch festzuhalten, daß alle diese Bemühungen nicht
  als Politik deklariert, sondern sozusagen als Bemühungen höherer Qualität bezeichnet worden sind. So schrieb etwa Schuschnigg in der „Österreichischen Pädagogischen Warte"
  dazu u. a., die Schule solle keine Stätte der Politik sein. „Ich wünsche absolut nicht, daß
  in die Schule politische Auseinandersetzungen hineingetragen werden, alle Maßnahmen,
  die ich im Hinblick auf die Mittelschule [...] getroffen habe, bezweckten, die Schule von
  jeglicher Politik zu befreien."[11] Der Einsatz für das Österreichisch-Vaterländische und für
  eine sittlich-religiöse Erziehung wurde als überparteiliches Engagement eingestuft, das mit
  Politik im landläufigen Sinne nichts zu tun habe. Die „Schaffung innerer Beziehungen der
  Jugend zu Religion und Vaterland und damit auch zum Volkstum" sei nämlich „selbstver-
  ständliche Grundvoraussetzung jeder Erziehungsarbeit, für die der Staat – als Träger dieser
  Ideen – verantwortlich ist".[12]
- Das neben den LehrerInnen zweite Ziel der behördlichen Disziplinierungsbemühungen
  waren diejenigen SchülerInnen und Schülergruppen, die zum neuen politischen Kurs in
  Opposition standen. Gemeint waren damit die sozialdemokratischen und insbesondere die
  verschiedenen nationalsozialistischen Schülergruppen. Gerade die Störaktionen und Provokationen der zuletzt Genannten stellten zu jener Zeit alles andere in den Schatten. Ihr
  Aktionsraum hatte zumindest in Wien noch dadurch zugenommen, daß die sozialistischen
  LehrerInnen und MittelschülerInnen, die sich früher noch sehr scharf gegen nationale Um-
  triebe gewehrt hatten, jetzt ihren Hauptgegner in der Regierung sahen. Unterrichtsminister
  Schuschnigg versprach mehrmals scharfes Vorgehen gegen derartige Provokationen: „Hier
  wird erbarmungslos eingegriffen", auch gegen jene LehrerInnen, die das Heranwachsen
  eines staatsfeindlichen Geistes an den Schulen förderten.[13]
- Diese „Befriedung" unter den SchülerInnen sollten mehrere Maßnahmen sicherstellen. So
  wurde bereits am 10. Mai 1933 jede Teilnahme an parteipolitischen Demonstrationen verboten. Jedes Zuwiderhandeln sollte schärfste Strafen nach sich ziehen.[14] Ebenfalls im Mai
  wurde die seit Juli 1919 gültige Koalitionsfreiheit aufgehoben, d. h. ab sofort war es MittelschülerInnen wieder untersagt, sich Vereinen anzuschließen. Ausgenommen von diesem
  Verbot sollten nur diejenigen Vereine sein, „die zur Pflege österreichisch-vaterländischer
  Gesinnung bestimmt sind oder der sittlich-religiösen Erziehung dienen".[15] Da diese Ter-
  mini zwar amtlicherseits immer wieder verwendet, aber inhaltlich trotzdem noch immer
  höchst diffus und vage blieben – ein Umstand, an dem sich auch in den späteren Jahren
  wenig ändern sollte – brach in ganz Österreich eine Flut von Beschwerden und Interventionen los, die alle auf eine Präzisierung drängten, um Ausnahmen ansuchten, gegen Verbote
  protestierten usw.

Bis Anfang 1934 war also das amtlicherseits geknüpfte Netz, bestehend aus Verordnungen,
Empfehlungen, Ermunterungen, Verboten und Drohungen, immer enger geworden. Diese
Entwicklung muß man als ein kontinuierlich vorangetriebenes Bemühen sehen, das sehr bald
nach der Ausschaltung des Nationalrates begonnen hatte und dann systematisch fortgeführt

---

[10] Erlaß v. 8. 1. 1934.
[11] K. Schuschnigg, Was Österreich von seiner Lehrerschaft erwartet!, in: Österreichische Pädagogische Warte 29
(1934) 1, S. 2.
[12] Erlaß v. 8. 1. 1934.
[13] Vgl.: „Hier wird erbarmungslos eingegriffen", in: Wiener Zeitung, 21. 7. 1933.
[14] Erlaß v. 10. 5. 1933.
[15] Erlaß v. 31. 5. 1933.

worden ist. Durch die eben – freilich nur in groben Zügen – aufgezeigten Maßnahmen [16] wollte man also alte katholische schulpolitische Forderungen und Ansprüche einlösen (vor allem Aufwertung der Religion in der Schule), durch scharfe Disziplinierung aller opponierender Kräfte die österreichischen Schulen wieder „befrieden" und zur Legitimation des neuen Kurses geänderte Erziehungsziele vorgeben. Als Konkurrenzwerte gegen die laizistisch-materialistischen Sozialdemokraten und gegen die aggressiv die deutsche Nation überbewertenden Nationalsozialisten wurde eine „sittlich-religiöse" und „österreichisch-vaterländisch" akzentuierte Erziehung von oben verordnet, wobei in vielen Einzelfällen deutlich wurde, daß eben über die inhaltliche Konkretisierung dieser Ziele höchst vage Vorstellungen existierten. Die Schulbürokratie setzte also einerseits energisch die ihr zur Verfügung stehende Macht ein, um die eigene Position zu stärken und die der Gegner zu schwächen, und suchte andererseits nach einer tragfähigen, ideellen Legitimationsgrundlage, wobei das zuletzt Genannte hinter dem Bemühen um Machtsicherung deutlich zurückblieb und erst langsam an Konkretheit gewann.

Schulorganisatorische und personelle Änderungen nach dem 12. Februar 1934

Die dramatischen Machtverschiebungen nach den Ereignissen im Februar 1934 eröffneten nun mit einem Schlag die Möglichkeit, im Schulwesen definitiv jene Korrekturen durchzuführen, auf die man im katholischen Lager schon seit langem gedrängt hatte bzw. die man seit dem Frühjahr 1933 schon zielstrebig vorbereitet hatte. Auch hier können wir uns nur auf die wichtigsten Änderungen konzentrieren.

So kam es nach dem 12. Februar fast in allen Bundesländern im Schulbereich zu personellen Änderungen bzw. Umbesetzungen. Besonders drastisch fielen diese in Wien aus. Hier war der als pointierter Vertreter eines kämpferischen politischen Katholizismus bekannte Richard Schmitz zum Bundeskommissär ernannt worden. Damit unterstanden ihm auch die Schulangelegenheiten. Ein Umstand, den er rasch nutzte: So wurden Otto Gloeckel verhaftet, der größte Teil seiner Mitarbeiter entlassen und zudem 102 Schulleiter (von insgesamt 500), deren sozialdemokratische Einstellung bekannt war, ohne nähere Angabe von Gründen mit einem Schlag des Dienstes enthoben. [17] Die Reichspost kommentierte diese Ereignisse u. a. mit folgenden Sätzen: „Von dem Strafgericht, das die rote Revolte über den Austromarxismus gebracht hat, kann am allerwenigsten der Schulmarxismus verschont bleiben. Denn hier, auf dem Gebiete des Schulwesens, ist der Grundstein zu legen für das neue Österreich, wenn es Bestand haben, wenn es ein ewiges Österreich werden soll." [18]

Mehrere schulorganisatorische Änderungen im März 1934 – für die schon seit Ende 1933 Vorarbeiten gelaufen waren – machten dann wesentliche Bestimmungen der Schulgesetze von 1927 rückgängig und realisierten damit Vorstellungen, die der damalige Unterrichtsminister Richard Schmitz nicht hatte durchsetzen können. [19] So wurden z. B. die seit 1927 – um den Übertritt zu erleichtern – weitgehend angeglichenen Unterstufen der Haupt- und Mittelschulen nun wieder stärker getrennt, die einzelnen Gymnasialtypen stärker profiliert und die Auslesefunktion deutlich hervorgestrichen. [20] Daß diese Änderungen einen bildungspo-

---

[16] Ausführlicher vgl. Dachs, Schule und Politik, S. 225 - 257.

[17] Vgl. O. Gloeckel, Selbstbiographie. Sein Lebenswerk: Die Wiener Schulreform, Zürich 1939, S. 132 f.; Amtsenthebungen von Wiener Schulleitern, in: Reichspost, 18. 2. 1934, S. 6; H. Fischl, Schulreform, Demokratie und Österreich 1918 - 1950, Wien 1950, S. 75 f.

[18] Fort mit dem Schulmarxismus!, in: Reichspost, 19. 2. 1934, S. 1.

[19] Verordnungsblatt des Unterrichtsministeriums 1934, Nr. 22 u. 23.

[20] Vgl. dazu ausführlicher Sorgo, Autoritärer „Ständestaat", S. 69 ff.

litischen Rückschritt darstellten, gaben nach 1945 auch katholische Schulpolitiker zu. So bestätigte etwa der damals maßgebliche Ministerialbeamte Ludwig Battista 1948 im Rückblick, daß damit „der Übergang von der Hauptschule zur Mittelschule praktisch unmöglich gemacht" worden sei, „die Kluft zwischen der Mittelschule und dem Volksschulsystem tat sich wieder auf". [21]

Die „ständische" Verfassung vom 1. Mai 1934 schrieb dann in vieler Hinsicht die Zustände, die im Jahr davor schon auf dem Erlaßwege dekretiert worden waren, endgültig fest. Die Mai-Verfassung und das Konkordat hoben nämlich viele schon bisher proklamierte Ziele ausdrücklich in den Verfassungsrang (die religiös-sittliche Erziehung, die religiösen Übungen, die Bevorzugung der katholischen Kirche usw.) und zudem sind die zuvor zwischen dem Bund und den Ländern vielfach umstrittenen schulischen Kompetenzen in der Gesetzgebung und vor allem in der Vollziehung stark zentralisiert worden. Alle einschlägigen Gremien auf den verschiedenen Ebenen wurden durch Ernennungen besetzt, d. h. es gab keine Wahlen mehr und der direkte Zugriff des Ministeriums auf die Schule (etwa in Disziplinarangelegenheiten oder in Fragen der Schulaufsicht) war damit zumindest formell sichergestellt.

Neue Inhalte in Lehrplänen und Schulbüchern

Der geänderte Erziehungskurs führte dann sehr bald auch zu umfangreichen Lehrplanänderungen. [22] Die Inhalte wurden konsequent auf die neuen Ziele hin orientiert. Sie wurden umschrieben mit den schon mehrmals erwähnten Attributen religiös-sittlich, vaterländisch-österreichisch und sozial-volkstreu. Die Grundlage jeder Erziehung sollte durch eine intensive religiöse und sittliche Erziehung gelegt werden, das österreichische Selbstwertgefühl (wodurch vor allem die Widerstandskraft gegenüber nationalsozialistischen Agitationsversuchen gestärkt werden sollte) war auf dem Weg einer besonders pointierten Befassung mit Österreich sicherzustellen, und bei alledem legte man aber großen Wert darauf, immer wieder an den deutschen Charakter Österreichs zu erinnern. [23] Diese Grundsätze, zu denen noch vormilitärische Elemente hinzugefügt wurden (im Turnunterricht, bei Wandertagen usw.), sollten – ähnlich einem Unterrichtsprinzip – in allen Gegenständen mit großem Nachdruck zur Geltung gebracht werden, und bei alledem sollte die Erziehung die Jugendlichen zur Einordnung und Befolgung der vorgeschriebenen Pflichten und Gesetze führen. Für die Abschlußklassen der Mittelschulen gab es ab sofort den neuen Gegenstand „Vaterlandskunde". In diesem sollte vermittelt werden: „Genaue Kenntnis der Grundlagen des neuen Österreichs und des Aufbaues seiner politischen, gesellschaftlichen, wirtschaftlichen und geistig-kulturellen Lebens. *Erziehung zur Hingabe an ein christliches, deutsches, freies Österreich* [Hervorhebung H. D.] und zu verständnisvoller Teilnahme am öffentlichen Leben." [24]

Schon vor den Februar-Ereignissen galt es in Kreisen der katholischen LehrerInnen als ausgemacht, daß parallel zur allgemeinen Umorientierung im Erziehungsbereich auch eine gründliche sogenannte Lehrbuch-Revision durchgeführt werden müßte. Vor allem die bisher verwendeten, überwiegend großdeutsch gefärbten, am Anschluß orientierten und daher Österreich und den katholischen Gedanken nicht besonders hervorstreichenden Geschichtslehrbücher genügten den geänderten Erziehungsbemühungen nicht mehr. Der Ausgang des Bür-

---

[21] L. Battista, Die pädagogische Entwicklung des Pflichtschulwesens und der Lehrerbildung von 1848 - 1948, in: 100 Jahre Unterrichtsministerium 1848 - 1948, Wien 1948, S. 139 - 167, hier 162 f.

[22] Bereits am 18. Mai 1934 wurden geänderte „vorläufige Lehrpläne" für die ersten Klassen der Haupt- und Mittelschulen erlassen, Verordnungsblatt 1934, Nr. 41 u. 42.

[23] Zur Schizophrenie dieses Österreichbildes vgl. A. Staudinger, Zur „Österreich"-Ideologie des Ständestaates, in: Das Juliabkommen von 1936, Wien 1977, S. 198 - 240.

[24] Mittelschullehrplan im Verordnungsblatt des Bundesministeriums für Unterricht, 1935, Nr. 30.

gerkrieges hatte auch auf diesem Gebiet hektische Aktivitäten zur Folge. Am schärfsten ging wiederum Schmitz vor, der z. B. ein an Wiener Schulen verbreitetes, von sozialdemokratischen Autoren verfaßtes Geschichtslehrbuch („Aus alter und neuer Zeit") kurzerhand verbot. Darüber hinaus konzentrierten sich diese „Überprüfungen" vor allem auf die gesinnungsbildenden Fächer Deutsch und Geschichte. Zusätzlich angetrieben wurde die Schulbürokratie dabei durch zahlreiche Eingaben und Beschwerden seitens der Vaterländischen Front bzw. katholischer LehrerInnen. Der tatsächliche Austausch der Bücher zog sich dann aus praktischen und vor allem finanziellen Gründen noch einige Zeit hin. Erst nach und nach erschienen entsprechende Lehrmaterialien, die den neuen politischen Erziehungszielen entsprachen.

Eine Ausnahme machte dabei – wie gesagt – Wien, wo das energische Einschreiten von Richard Schmitz diese Übergangsphase drastisch verkürzt hat. Die neuen Geschichtsbücher – um diese als Beispiel hier herauszunehmen – waren von einer stark affektiven Komponente durchzogen und im übrigen von weitgehender politischer Uniformität geprägt. Neben der Berücksichtigung der schon vorhin genannten Erziehungsgrundlinien ging es den Autoren vor allem darum, Österreich zwar als Bestandteil des deutschen Volkes vorzuführen, der aber in der Geschichte nie als untergeordnetes Anhängsel, sondern als selbständig handelndes Subjekt agiert habe, woraus die nun forcierte staatliche Unabhängigkeit abgeleitet wurde. Anhand historischer Beispiele strich man zudem immer wieder die Werte „Führertum", „Heldenmut" und „Wehrhaftigkeit" sowie „Opferbereitschaft und Hingabe" besonders hervor. Mit den historischen Fakten sprangen die Autoren meist wenig wählerisch um: Epochen oder Persönlichkeiten, die positive Argumente für das Regime oder den SchülerInnen Möglichkeiten zur Identifikation versprachen, wurden ausführlich und emotional aufgeladen dargestellt (z. B. österreichische Großtaten, kulturelle Leistungen, Maria Theresia, der Weltkrieg usw.). Andere Zeiträume und Themen wiederum streifte man nur oder verzeichnete sie in krasser Weise (z. B. Erste Republik, Rolle der Parteien bzw. insbesondere der Sozialdemokratie, Abschaffung der Demokratie usw.). Parteiisch war der Umgang mit der Geschichte in beiden Fällen. Deutlich mitgedacht wurde dabei permanent der nationalsozialistische Gegner, dessen „deutscher" Botschaft man eine genuin „österreich-deutsche" entgegenzusetzen trachtete.

Die Umsetzung des neuen Erziehungsauftrages

Der buchstäblich von oben dekretierte, neue politische Erziehungsauftrag für die Schulen war also von einer weitgehenden Uniformität geprägt. Stellt man nun die Frage nach den Bedingungen für die Umsetzung, für die Vermittlung dieser Inhalte, dann stoßen wir auf ein sehr heterogenes Bild. Die entscheidende Rolle mußte dabei der Lehrerschaft zufallen. Diese war schon vor 1933 politisch sehr stark fragmentiert, ja man kann sagen polarisiert, und diese Spannungen und Gegensätze waren natürlich auch nach dem Februar 1934 – nun sogar z. T. noch verstärkt – weiter vorhanden. Geändert hatten sich aber die Bedingungen und Möglichkeiten, die unterschiedlichen Positionen zu artikulieren und zu vertreten, d. h. die Sozialdemokratische Partei samt ihren Vorfeldorganisationen und Publikationen (natürlich auch im Schulbereich) war verboten, und das gleiche galt für die NSDAP. Nicht verboten waren zu jener Zeit natürlich die katholischen Lehrervereine und – was überrascht – der traditionell starke und einflußreiche deutschnationale Lehrerverein. Auf diesen Umstand wird noch einzugehen sein.

Das Regime und seine Schulbürokratie waren sich natürlich dessen bewußt, daß der größere Teil der Lehrerschaft *nicht* im katholischen Lager stand, obwohl dieses nach dem Februar 1934 verstärkten Zuzug zu verzeichnen hatte. Die politische Führung reagierte auf diesen Umstand derart, daß gegenüber der Lehrerschaft von Anfang an massive politische Ansprüche geltend gemacht wurden und man absolute Loyalität forderte. Vor allem während der ersten Jahre der Etablierung und Machtfestigung ist dieses Entweder-Oder von den einzelnen Führern des Regimes oft und drohend formuliert und vor allem in den katholischen Lehrerzeitschriften wiedergegeben worden.

Die Lehrerschaft war zudem während dieser Jahre auch starken wirtschaftlichen und rechtlichen Pressionen ausgesetzt. So gingen die schon vor 1933 begonnenen rigiden Einsparungsbemühungen im Bildungsbereich weiter, was durchwegs zu empfindlichen Verdiensteinbußen führte und für viele das Ausscheiden aus dem Schuldienst bzw. frühzeitige Pensionierung bedeutet hat. Zur Illustration seien die wichtigsten Varianten dieser Einsparungen angeführt: Gehaltskürzungen, Pensionskürzungen, Ausdehnung der Lehrverpflichtung ohne gleichzeitige Anhebung des Gehalts, Auflösung von Klassen und damit verbunden eine Erhöhung der allgemeinen Schülerhöchstzahlen pro Klasse, Verbot von Doppelverdienertum pro Familie, Vorrückungsstop, frühzeitige Pensionierung auf freiwilliger Basis, teilweise oder völlige Aufhebung der Pragmatisierung und schließlich der gefürchtete Zwangsabbau. Es ist klar, daß dieser Sparkurs permanente Unruhe und Angst unter die Lehrerschaft gebracht hat, zumal damit nicht selten auch die Möglichkeit gegeben war, den politischen Gegner zu treffen oder zumindest einzuschüchtern. Daß diese Schwierigkeiten den Glauben vieler Lehrer an die Problemlösungsfähigkeit des neuen Regimes und damit die Loyalität zu diesem alles andere als gefördert haben, ist einsichtig.

Wie wir zeigten, ist das Regime schon sehr früh daran gegangen, ein dichtes Netz rechtlicher Bestimmungen zu schaffen, welche die Loyalität oder zumindest das Wohlverhalten der BeamtInnen und damit auch der LehrerInnen kontrollieren und sichern sollte. Verstöße dagegen konnten rasch und mit schärfsten Strafen bis hin zur Entlassung ohne Pensionsanspruch geahndet werden. Daneben gab es noch den schriftlichen Verweis, Kürzung der Bezüge, Vorrückungsstop, Entziehung der Schulleitung, Versetzung und Zwangspensionierung mit vollen oder reduzierten Bezügen.

Charakteristisch für dieses System war der Umstand, daß alle Mitglieder der Disziplinar- oder Qualifikationsausschüsse ernannt und nicht – wie vor 1933 – gewählt worden sind. Damit war die Besetzung dieser Gremien mit absolut loyalen Beamten garantiert. Dazu kam noch die Tendenz, alle Entscheidungen über wichtigere Disziplinarangelegenheiten auf hoher und höchster Ebene zu konzentrieren. Damit sollte u. a. verhindert werden, daß entsprechende Vergehen vertuscht oder verharmlost wurden.

Auch die Aufgabengebiete der beiden noch zugelassenen Lehrervereine – des katholischen und des deutschnationalen – und deren Zeitschriften mußten geändert werden. So gingen die politischen und gewerkschaftlichen Agenden offiziell auf die Führung des „Standes" über, und die bisherigen Vereine hatten sich auf kulturelle, humanitäre und gesellige Aktivitäten zu beschränken. [25] Die Organisationsstrukturen und die Publikationsorgane blieben aber erhalten, und das war ein Umstand, der vor allem für die große deutschnationale Lehrergruppe von eminenter Bedeutung war. Trotz verschiedener Pressionen und Erschwernisse bildeten nämlich ihre Landesorganisationen nach wie vor Rückhalt und Schutz, sodaß es diesem Verband einerseits gelang, seinen Mitgliederstand nicht nur zu halten, sondern sogar leicht auszubauen – ein Umstand übrigens, der jeweils voller Zufriedenheit und ausführlich publiziert worden ist [26] – und der andererseits vor allem seit Mitte des Jahres 1936 zunehmend deutlicher wieder eigene nationale Positionen und inhaltliche Akzente formulierte, ohne deshalb seitens des Regimes nennenswert behelligt zu werden.

---

[25]   BGBl. 1934/Nr. 294.

[26]   Z. B. Wiener Deutsche Lehrerzeitung 15 (1934) 2, S. 15; Wiener Deutsche Lehrerzeitung 15 (1934) 3, S. 23 f.; Zeitschrift des Salzburger Landeslehrervereins (1934) 12, S. 3; Zeitschrift des Salzburger Landeslehrervereins (1935) 11, S. 3.

Diese Doppelbödigkeit und Ambivalenz dürfte damals auch weithin den Schulunterricht geprägt und bestimmt haben. Es ist für uns heute natürlich nicht möglich, die damalige Erziehungswirklichkeit im einzelnen zu rekonstruieren, eine Analyse der Lehrerzeitschriften vermittelt aber deutliche Hinweise und Indizien, in welche Richtung die Argumente gingen. Zumindest gut belegte Aussagen über die wichtigsten inhaltlichen Trends kann man also durchaus formulieren.

Die dem katholischen Lager zugehörigen Publikationsorgane zeigten – wie nicht anders zu erwarten – volle Übereinstimmung mit der offiziell vorgegebenen Politik allgemein und der Schulpolitik im besonderen, während die Deutschnationalen gezwungen waren, bei verschiedenen Themen zu lavieren, wobei uns heute immer wieder überrascht, wie groß trotz aller repressiver Maßnahmen seitens der Schulbürokratie ihr Spielraum geblieben ist. Es gab ja immerhin eine ganze Reihe von Themen, bei deren Beurteilung weitgehende Einigkeit bestand: So waren beide Gruppen von einem starken Antimarxismus geprägt (zeigte sich etwa in sogenannten „Abrechnungen" mit der angeblich marxistischen Wiener Schulreform) und sich 1934 im Wunsche einig, daß in der Schulpolitik ein radikal neuer Kurs eingeschlagen werden müßte. Die konkrete Realisierung fand bei den Deutschnationalen freilich immer weniger Zustimmung. So klagten sie z.B. immer wieder bewegt etwa über die Bevorzugung katholischer Lehrer und die geringe Berücksichtigung Deutschnationaler bei Postenbesetzungen usw. – Ähnliches galt auch in der Frage, welche Rolle Schule und Lehrer in der Gesellschaft spielen sollten: Konsens gab es darin, daß die Schule als Instrument einzusetzen sei, mit dem Eingliederung und Einordnung zu erzielen wäre, Dissens aber in der Bewertung der konkreten Realisierung. So konnte man etwa dazu 1934 in der Deutsch-österreichischen Lehrerzeitung folgende sybillinischen Aussagen finden: Die Schule hätte vor allem nationale Erziehung zu vermitteln. „Sie hat als vornehmste Pflege unseres Volkstums Staatserziehung zu sein. Diese Erziehung muß ein Bekenntnis zu Volk und Staat sein, sie muß Erziehung zu wahrer Religiosität sein, zu wahrer Heimat- und Vaterlandsliebe, mit dem Endziel der vollen Hingabe an Volk und Staat."[27]

Eng verwandt war auch der zugrundegelegte Politikbegriff, der mit organologischen, an der Gesamtheit, der Ganzheit orientierten Begriffen hantierte und sich gegen jede Art von sogenanntem Partikularismus stellte. Die für die jeweilige Gruppe höchsten Werte wie Volk, Religion, Kirche, Vaterland usw. erschienen als tabuisierte Größen, der Einsatz dafür galt nicht als Politik, denn – so etwa Bundeskanzler Schuschnigg 1935: „Ich halte dafür, daß die Befassung mit Heimat und Vaterland nicht als Politik betrachtet werden darf und wir uns auch in Österreich in diesem Punkt geistig so einstellen müssen wie in anderen Staaten der Welt."[28] Was nun außer Streit gestellt wurde und welche Werte an die Spitze gesetzt werden sollten, war eine Frage der Macht und konnte daher 1934 anders entschieden werden als 1938.

Die vom „Austrofaschismus" zur Profilierung und Stärkung eines eigenen Selbstwert- und Identitätsgefühls und zur Abgrenzung gegenüber dem Nationalsozialismus forcierte Österreich-Ideologie machten die deutschnationalen Lehrer bis zu einem gewissen Punkt zumindest verbal mit, faktisch unterlief man aber diese Profilierungsbemühungen durch permanente Verweise auf das „Fronterlebnis" während der Jahre 1914-1918, als man das sogenannte „größere Vaterland" aller Deutschen verteidigt habe, und durch das – im damaligen politischen Kontext schwer abzulehnende – politische Argument, der Einsatz für das Vaterland nutzte letztlich auch dem deutschen Volk. Schwer abzulehnen vor allem wegen des zweiten wichtigen Argumentationsstranges der damaligen Staatsideologie, wonach Österreich ein urdeutscher Staat sei, hervorgegangen aus der Ostmark, reich an Verdiensten um das Ge-

---

[27] Vaterländische Erziehung – Erziehung zu Volk und Staat, in: Deutsch-österreichische Lehrerzeitung 39 (1934) 7, S. 112.

[28] Kanzlerworte, in: Österreichische Schule (1935) 1, S. 6.

samtdeutschtum und mit signifikanten Eigenarten ausgestattet. Die deutschnationale Version überging die kulturhistorische Fundierung dieser Geschichtsinterpretation, setzte dem eine am Rassischen orientierte Schau entgegen und akzeptierte Österreichs Rolle in der Vergangenheit. Spätestens dort aber, wo Argumente ins Spiel kamen, die Österreichs Selbständigkeit begründen sollten, schwiegen die deutschnationalen Autoren oder – wie das ab 1937 der Fall war – opponierten zunehmend deutlicher. Die Divergenzen in der Einschätzung der Religion bzw. des Stellenwertes, den der Katholizismus im Erziehungsbereich konkret spielen sollte, waren unüberbrückbar. Die deutschnationalen Autoren konnten gegen die massive Betonung des Katholizismus konkret zwar nicht an, ihre Verweise auf die einschlägigen Bestimmungen des Reichsvolksschulgesetzes – das in dieser Hinsicht ja einen interkonfessionellen Standpunkt bezogen hatte – signalisierten jedoch deren Mißvergnügen und Reserve gegenüber dem offiziellen Regierungskurs recht deutlich. [29]

Wesentlich weitergehende Übereinstimmung finden wir hingegen wieder bei den Fragen „Führertum" und „Wehrhaftigkeit". Daß die Zeit und insbesondere die Jugend nach starken Führern verlange, darin waren sich beide Seiten prinzipiell einig (so waren auch die katholischen Lehrerzeitschriften voll von sogenannten „Führerworten"). Die Deutschnationalen gingen aber auf die eingrenzenden katholischen Kriterien – wonach ein echter Führer nicht nur den Anforderungen von Staat und Volk, sondern auch denen der Kirche genügen müßte – meist nicht näher ein, sondern sprachen sich eher allgemein für die Notwendigkeit einer starken Führung aus. So schrieb man z. B. kryptisch, wenn ein Volk überdauern und Schwierigkeiten überwinden wolle, „muß es notwendigerweise alles Starke an die Spitze stellen und das Verderbte zurückdrängen und vernichten". [30] Eine ähnliche Doppelbödigkeit läßt sich schließlich am Beispiel der Erziehung zur Wehrhaftigkeit, wie sie ja in den Lehrplänen des Jahres 1935 und in den Geschichtslehrbüchern gefordert worden ist, feststellen. In einer katholischen Lehrerzeitschrift hieß es dazu, es sollten die Bildungswerte des Soldatentums und „die Bedeutung von Zucht, Gehorsam, Kameradschaft, Treue, Mut, Entschlossenheit" der Schuljugend vermittelt werden. „Nicht blinde Unterordnung, sondern lebendiger Gefolgschaftswille, nicht Herden-, sondern Heldengesinnung, nicht bequeme Gedankenlosigkeit in der Masse, sondern verantwortungsbewußte Einfügung ins Gemeinschaftsleben muß das Hochziel der militärischen wie der Gesamterziehung überhaupt sein." [31] In den deutschnationalen Lehrerzeitungen stellte man dazu etwa mit Befriedigung fest, daß in Österreich „nach den Jahren einer durch internationale und pazifistische Auffassungen verdorbenen Zeit [gemeint war damit die Wiener Schulreform, H. D.], ein Wiedererwachen seines alten Wehrgeistes" feststellbar sei. [32] Der Jugend liege ohnehin „das Heldische, das Soldatische im Blute, ob wir es fördern oder nicht: es verlangt sein Recht". [33] Auch hier ließen die Autoren in den deutschnationalen Lehrerzeitschriften aber zunehmend deutlicher durchblicken, daß das Ziel dieser allgemeinen „Mobilmachung" letztlich nicht Österreich sein sollte, sondern man hoffte damit den sogenannten Interessen des deutschen Volkes zu dienen. Die „Wehrhaftmachung unseres

---

[29] Vgl. z. B.: Die große Zeit fordert große Taten, in: Deutsch-österreichische Lehrerzeitung 38 (1933) 5, S. 77 f.; Die Wendung in der deutschen Politik und die Schule, in: Deutsch-österreichische Lehrerzeitung 38 (1933) 4, S. 59.

[30] J. Streicher, Die geistigen Grundlagen der Nachkriegspädagogik und ihre Überwindung, in: Zeitschrift des Salzburger Landeslehrervereins (1934) 4, S. 2.

[31] E. Schwarzinger, Über die praktische Anwendung militärischer Formen im Schulbetrieb, in: Österreichische Schule (1938) 2, S. 122.

[32] Gedanken über die vormilitärische Erziehung, in: Zeitschrift des Salzburger Landeslehrervereins, Juni-August 1935, S. 1 f.

[33] J. Schmidt, Wehrgedanke im Turnen, in: Zeitschrift des Salzburger Landeslehrervereins, Dezember 1933, S. 98.

Volkes"[34] stand nämlich auf dem Programm, denn gerade das deutsche Volk habe „schwere, entscheidende Jahre vor sich. Keinem Volk der Erde ist der Kampf um seine Selbstbehauptung schwerer gemacht als dem deutschen. Erziehen wir daher unsere Jugend zu tüchtigen, wehrhaften jungen Menschen, die fähig sind, unser hartes Schicksal zu meistern."[35]

Schon die wenigen angeführten Beispiele – sie könnten beliebig vermehrt werden – zeigen die Doppelbödigkeit, das permanente Unterlaufen des offiziell vorgegebenen Erziehungsauftrages durch die deutschnationale bzw. schon damals zum großen Teil zumindest mit dem Nationalsozialismus stark sympathisierende nationale Lehrerschaft. Man dürfte zudem mit der Annahme nicht fehlgehen, daß die nationalen Akzente, Anspielungen und Zweideutigkeiten dann im konkreten Unterricht noch deutlicher zum Tragen gekommen sind, als das schon in den Zeitschriften ablesbar war.

Versuchte politische Normierung der SchülerInnen

Schon vorhin wurde darauf verwiesen, wie rasch sich nach Ausschaltung des Nationalrates die Schulbürokratie darum bemüht hatte, jede oppositionelle Betätigung unter der Schülerschaft zu unterdrücken. Abgesehen von Wien – wo es auch sozialdemokratische Schülergruppen gab, die freilich damals nicht sonderlich aktiv waren – ging es dabei vor allem darum, die nationalsozialistische Propaganda bzw. die in diesem Sinne agitierenden Schüler in den Griff zu bekommen. Um deren damalige Dominanz an vielen Lehranstalten – vor allem an Mittelschulen – zu illustrieren, sei als unverdächtiger Zeuge ein Autor aus der katholischen „Österreichischen Pädagogischen Warte" zitiert, der die Situation im Jahre 1933 folgendermaßen charakterisierte:

„Einst herrschte die nationalsozialistische Jugend an der Mittelschule. Jedes andere offene Leben war – wir sind ehrlich genug es einzugestehen – fast erstickt und verurteilt, im geheimen zu arbeiten; freie, wirksame Propaganda durfte nur diese eine Gruppe betreiben."[36] Wollte nun das Regime sicherstellen, daß die Schule die vorgeschriebenen neuen Inhalte in möglichst ungestörter und glaubwürdiger Weise an die SchülerInnen vermittelte, dann mußten diese provozierenden Elemente zumindest neutralisiert werden. Seitens der Schulbürokratie legte man sich dabei folgende Vorgangsweise zurecht: „[...] die unbelehrbaren Elemente mundtot [...] machen, jeden Kontakt zwischen ihnen und den noch unbeeinflußten jüngeren Elementen unterbinden, sie [...] zwingen, bei jeder vaterländischen Schülerveranstaltung im positiven Sinne mitzutun, damit auch das leiseste Anzeichen anderer Einstellung verborgen bleibt und die Jungen nicht zu Vermutungen und Neugierde verleitet werden."[37] Um das zu erreichen, wurde im Laufe der Jahre 1933 und 1934 das Disziplinarinstrumentarium drastisch ausgeweitet und verschärft. Die angedrohten Strafen reichten bis hin zum Schulausschluß im ganzen Bundesgebiet. Ab 1934 gab es auch für die Reifezeugnisse wieder Betragensnoten.[38] Hatte ein Maturant in seinem Abschlußzeugnis die Sittennote „Nicht entsprechend" stehen, mit dem Zusatzvermerk, diese wegen politischer Betätigung erhalten zu haben, dann wurde er zum Hochschulstudium nicht zugelassen.[39]

---

[34] Vormilitärische Jugenderziehung, in: Zeitschrift des Salzburger Landeslehrervereins, September-Oktober 1935, S. 2.

[35] Schmidt, Wehrgedanke im Turnen.

[36] E. Hampl, Vaterländische Erziehung an Mittelschulen und ihr Einfluß auf die Gestaltung des Turnunterrichts, in: Österreichische Pädagogische Warte 29 (1934) 11, S. 253.

[37] Ebenda.

[38] Erlaß v. 2. 5. 1934.

[39] Erlaß v. 1. 9. 1934.

Einige Zahlen beweisen, daß die rechtlich gegebenen Handhaben auch benutzt worden sind: So wurden allein im Schuljahr 1933/34 1.340 Schüler wegen verbotener nationalsozialistischer Betätigung registriert und bestraft, nur 49 hingegen wegen sozialistischer oder kommunistischer Aktivitäten, wobei mehr als 2/3 dieser politischen Vergehen an Mittelschulen geahndet wurden. [40] Im gleichen Zeitraum wurden – ebenfalls im Bereich der Mittelschulen – 25 Schüler mit der schärfsten Strafe belegt – nämlich mit dem allgemeinen Schulausschluß – und 150 mit dem lokalen. [41]

Parallel zu diesen defensiven Vorkehrungen wurde versucht, durch eine eigene Jugendpolitik die heranwachsende Generation für die offiziellen Anliegen und Ziele zu gewinnen. Eine wesentliche Rolle spielte in diesem Zusammenhang das Bemühen, neben der schulischen auch die außerschulische Jugenderziehung unter eine zentrale Kontrolle zu vereinigen. Gemäß der damals verfolgten, u. a. von Dollfuß ganz offen formulierten Methode, wonach man den Nationalsozialismus nur dadurch aufhalten könne, daß man das, was dieser verspreche, selbst ausführe [42], strebte man die Gründung eines allgemeinen Jugendverbandes nach Art von Hitlers HJ bzw. der Balilla von Mussolini an. Nach langem, zähen Tauziehen mit der katholischen Kirche – die auf der Selbständigkeit der katholischen Jugendorganisationen beharrte (= Katholisches Jungvolk) und sich schließlich auch durchsetzte – kam es erst im August 1936 zum „Bundesgesetz über die vaterländische Erziehung der Jugend außerhalb der Schule" [43]. Ab sofort durften neben dem „österreichischen Jungvolk" keine anderen Jugendorganisationen existieren, mit Ausnahme der schon erwähnten, zahlenmäßig sehr starken katholischen Gruppen (Anfang 1938 zählte das österreichische Jungvolk 130.000 Mitglieder und die katholischen Gruppen 300.000) [44]. Wichtig für die Beinahe-Monopolstellung des österreichischen Jungvolkes war der Paragraph 5 des Jugendgesetzes. Demnach konnten auf Anordnung des Unterrichtsministeriums oder der bevollmächtigten Landesschulbehörden alle in Österreich wohnenden Jugendlichen „zu vaterländischen Feiern, Übungen, Vorträgen und sonstigen Veranstaltungen herangezogen werden". Konsequenterweise wurden auch die – vor allem jüngeren – Lehrer immer wieder aufgefordert, sich als Jugendführer zur Verfügung zu stellen. [45]

Stark forciert wurden auch Gemeinschaftsformen wie Feiern, Appelle, Aufmärsche und sogenannte Treuekundgebungen. Ein Großteil dieser ganz bewußt den reichsdeutschen und italienischen Vorbildern nachempfundenen Formen spielte auch in den Schulen eine bedeutende Rolle. Feiern und Massenaufmärsche sollten – so hofften die Initiatoren – einerseits den Gegner beeindrucken, die Identifikation mit den neuen Ideen steigern und schließlich das Gemeinschaftsgefühl heben. Sieht man die gedruckten Jahresberichte der Schulen aus jenen Jahren durch, so findet sich – was die „Festkultur" betrifft – ein buntes Bild. Es gab da z. B.: Türkenfeiern, Heldengedenkfeiern, Schülerversammlungen der Vaterländischen Front, Prinz-Eugen-Feiern, Teilnahme an den vaterländischen Feiern am 1. Mai, Trauerkundgebungen für den ermordeten Bundeskanzler Dollfuß, vaterländische Sonnwendfeiern, feierlichen Fahnengruß, Treuegelöbnisse von Schülerschaften für „Gott, Volk und Heimat", Besuche des Bundesheeres mit Vorführungen, Sportfeste, Fackelzüge usw. [46]

---

[40] G. Tidl, Die sozialistischen Mittelschüler Österreichs 1918 – 1938, Wien 1977, S. 107.
[41] Erlaß v. 7. 7. 1934.
[42] Vgl. W. Goldinger (Hg.), Protokolle des Klubvorstandes der Christlichsozialen Partei 1932 - 1934, Wien 1980, S. 212.
[43] BGBl. 1936/Nr. 293.
[44] I. Bärnthaler, Vaterländische Front. Geschichte und Organisation, Wien 1971, S. 177.
[45] Verordnungsblatt des Bundesministeriums für Unterricht 1937/Nr. 40.
[46] Vgl. dazu ausführlicher Dachs, Schule und Politik, S. 354 - 358.

Allein diese knappe Skizze damaliger Veranstaltungsformen in den Schulen zeigt ganz klar, daß hier genau die gleichen Instrumentarien eingesetzt wurden, wie sie von der Vaterländischen Front bzw. vom Nationalsozialismus verwendet worden sind. Ganz aufs Emotionale abgestellt, dominierten das Soldatische, Uniformen und Rangzeichen, militärische Bewegungs- und Befehlsformen, strenge hierarchische Gliederungen, Führerverehrung, feierliche Dank- und Gedenkgottesdienste, Erinnerung an große Gestalten aus der österreichischen Vergangenheit und Treuebekenntnisse zu Österreich und dessen Führern. Auf dem Gebiet der Feiern und Rituale schien der „Austrofaschismus" dem Nationalsozialismus – zumindest was die Intensität betraf – ebenbürtig zu werden.

Versucht man nun nach dem Erfolg, den Ergebnissen all dieser bürokratischen Zwangsmaßnahmen und organisatorischen Bemühungen zu fragen, dann ist festzuhalten, daß den meisten dieser von oben aufgesetzten Maßnahmen eine breite Basis fehlte und allzu vieles mehr oder weniger resonanzlos verkam. Ganz ähnlich, wie sich ja auch im Funktionärskader der Vaterländischen Front nach dem sogenannten „Juli-Abkommen" von 1936, das ja praktisch über deren Kopf hinweg abgeschlossen worden war, zunehmende Resignation breitmachte [47], so ist eine ähnliche Entwicklung insbesondere auch unter der katholischen Lehrerschaft feststellbar. Auch hier wurde man sich immer deutlicher dessen bewußt, wie wenig die vaterländischen Erziehungsbemühungen bei der Schuljugend gegriffen hatten und wie wenige SchülerInnen für die „österreichische Sache" hinzugewonnen worden sind. Vor allem in den Städten wurde das Scheitern besonders drastisch sichtbar. So bekannte etwa 1937 ein Jugendbildner: „Wenn wir die Großstadtjugend, wie sie heute ist, als Norm nähmen, müßten wir ja verzweifeln, wir alle mitsammen, die Lehrerschaft, die Regierung und das Volk." [48] Auch sonst gestand man – wenn auch meist nur in Nebensätzen – ein, daß die Erfolge der politischen Erziehungsbemühungen in den Schulen bei weitem hinter den Erwartungen zurückgeblieben waren. [49]

Insgesamt hat sich der Großteil der SchülerInnen – teils wegen der möglichen schweren Strafen, aber auch aus Überzeugung – zumindest ruhig verhalten, wobei man bei einer Gewichtung sicher zwischen Wien und den Landeshauptstädten bzw. zwischen ländlichen und städtischen Gebieten überhaupt unterscheiden müßte. Hans Fischl hat auch sicher Recht, wenn er mit Nachdruck auf die damals entstandene „Vergiftung der pädagogischen Atmosphäre" hinweist, denn viele SchülerInnen mußten zynisch oder zumindest moralisch abgestumpft werden, „durch das klägliche Schauspiel, das ihnen die zu ihrer Erziehung berufenen Gewalten darboten. Was sie in der Schule zu atmen bekamen, war eine Atmosphäre gesättigt mit Unaufrichtigkeit, Heuchelei und Lüge [...]." [50] Sahen sie doch z. B. nicht selten LehrerInnen, „die plötzlich ihre Neigung zur Frömmigkeit entdeckt zu haben schienen, und sie umso augenfälliger betätigten, je mehr sie nach ihrem früheren Verhalten mißtrauische Beobachtung und allenfalls sogar Denunziationen fürchten zu müssen glaubten." [51]

Das immer raschere Voranschreiten auf dem sogenannten „Deutschen Weg" [52] seit Mitte 1936 hat sich natürlich auch im Schulbereich und hier insbesondere auf die illegal tätigen nationalsozialistischen Schülergruppen bzw. die damit sympathisierenden LehrerInnen aus-

---

[47] Vgl. z. B. F. Bock, Diskussion zur Festsitzung, in: Österreich 1927 bis 1938, Wien 1973, S. 235; vgl. dazu auch die Polizeiberichte über die Aufnahme des Juliabkommens in den verschiedenen Kreisen vom 30. Juli 1936, in: L. Jedlicka / R. Neck (Hg.), Vom Justizpalast zum Heldenplatz. Studien und Dokumentationen 1927 - 1938, Wien 1975, S. 449 ff.

[48] J. Neumair, Zur Vaterlandskunde, in: Österreichische Schule (1937) 8, S. 601.

[49] Vgl. z. B. J. Neumair, Gemeinschaftserziehung, in: Österreichische Schule (1938) 1, S. 20 ff.

[50] Fischl, Schulreform, S. 89.

[51] Ebenda, S. 93.

[52] Ludwig Jedlicka spricht von einem „atemberaubenden Tempo"; vgl. ders., „Die Ära Schuschnigg", in: Österreich 1927 bis 1938, S. 200.

gewirkt. Die im Sommer 1938 gedruckten Jahresberichte der verschiedenen Mittelschulen zeigen, daß an den meisten von ihnen illegale NS-Jugendgruppen existiert haben und daß viele Gruppen geschlossen dem österreichischen Jungvolk beigetreten sind und sich dort auch nachhaltig und mit Erfolg um Führungsposten beworben haben, um solchermaßen getarnt wirken und die staatliche Jugendorganisation unterwandern zu können.

Resümee

Das System des „Austrofaschismus" bzw. ihre führenden Protagonisten empfanden sich überwiegend in einer Abwehrhaltung „gegen die existentielle Bedrohung durch das nationalsozialistische Deutschland, gegen die ideelle Bedrohung durch ein komplexes, liberales, säkularisiertes, pluralistisches Gesellschaftsbild". [53] Wir konnten zeigen, daß die Schule schon kurz nach der Ausschaltung des Nationalrates in diesem Sinne ganz offen und direkt als Instrument der Regierungspolitik eingesetzt worden ist. In einer ersten Phase konzentrierten sich diese Bemühungen vor allem gegen den Einfluß der als laizistisch-materialistisch eingeschätzten Sozialdemokraten (vor allem in Wien). Des weiteren wollte man nicht nur verlorenen kulturpolitischen Einfluß für das katholische Lager wiedergewinnen (worauf die Zurückdrängung eines liberalen Pluralismus hinauslief), sondern auch die politische „Beruhigung" der Schule und die Kontrolle über vor allem nationalsozialistische Schüler und Lehrer erreichen. Überwölbt wurden diese kurz- oder mittelfristig erreichbaren Anliegen von dem Auftrag, Deutungsmuster der Geschichte, der Politik usw. zu vermitteln, die das neue Regime als gut, gerecht und als einzig mögliche Option darstellen, d. h. also legitimieren sollten. Dieses, teils werbend vertretene und teils drohend vorangetriebene Anliegen konnte aber nicht realisiert werden. Es blieb also letztlich beim Instrumentalisierungsversuch. Die Gründe für dieses Scheitern waren vielfältig. Während sozialdemokratische LehrerInnen und SchülerInnen vergleichsweise selten offen opponierten, spielte die große Zahl der deutschnationalen LehrerInnen eine wesentliche Rolle, weil sie nur – wenn unbedingt nötig – taktische Zugeständnisse machten und sonst aber in inhaltlicher Hinsicht die offiziell propagierten Erziehungsziele durch zweideutiges, unklares und doppelbödiges Argumentieren und Agitieren unterliefen und ab 1936 zunehmend unverblümter und selbstbewußter auftraten.

Die nun favorisierte komplizierte Österreich-Ideologie konnte sich zudem gegenüber der Faszination des damals im Nachbarland Deutschland politisch und vor allem ökonomisch ungemein erfolgreichen Nationalsozialismus nie entscheidend durchsetzen, zumal ja auch im Rahmen des neuen Österreich-Konzepts immer wieder auf das nationale deutsche Element verwiesen worden ist. Damit wurde ein Erziehungsmuster fortgeführt, das schon vor 1933 alle Schulbücher, Lehrpläne und einschlägigen Verordnungen beherrscht hatte: Das Denken und Argumentieren im Rahmen gesamtdeutscher Kategorien. Für diese großdeutsche Orientierung hatten sich damals – mit geringen Einschränkungen – alle Gruppen mit Nachdruck ausgesprochen. Angesichts des Aufstiegs des Faschismus im deutschen Nachbarland formulierten dann die katholischen und sozialdemokratischen LehrerInnen zwar Vorbehalte, an der grundsätzlichen und eindeutigen Bejahung der gesamtdeutschen Thematik änderte sich aber weiterhin nicht viel. Abgesehen von diesen Einschränkungen mußte man also davon ausgehen, daß zwischen 1918 und 1938 bei den politischen Erziehungsbemühungen in erster Linie „gesamtdeutsches, nationales Denken und Fühlen" zum Tragen gekommen ist und auch bei den SchülerInnen eine grundlegend positive Einstellung dazu erreicht wurde. Alle komplizierten Differenzierungsversuche in Richtung „zwar deutsch, aber doch Österreich als selbständiger Staat" mußten demgegenüber ins Hintertreffen geraten.

---

[53] G. Steiner, Wahre Demokratie? Transformationen und Demokratieverständnis in der Ersten Republik Österreich und im Ständestaat Österreich 1918 - 1938, Frankfurt/M. 2004, S. 294.

Die zumindest mentale Resistenz großer Teile der Lehrer-, aber auch der Schülerschaft, das diffuse und nach wie vor unerfüllte „nationale Fühlen und Sehnen", die ungeschminkt und direkt versuchte Instrumentalisierung der Schule durch die Regierung und das auf weiten Strecken ganz offen und bewußt betriebene Nachahmen des nationalsozialistischen Stils und teilweise auch der Inhalte, alle diese Komponenten spielten zusammen und führten zum Scheitern der damaligen autoritären Schulpolitik. Die Legitimationsgrundlage konnte über die katholischen Lagergrenzen hinaus nicht verbreitet werden. Die hier betriebene Politik verfehlte – teilweise wegen der vertretenen Inhalte, vor allem aber wegen der angewandten Methoden – nicht nur die erstrebte Immunisierung gegenüber dem Nationalsozialismus, sondern leitete letztlich zumindest indirekt in vielerlei Hinsicht auf diesen hin und bereitete ihn vor.

Literatur

Bärnthaler, Irmgard: Vaterländische Front. Geschichte und Organisation, Wien 1971.

Battista, Ludwig: Die pädagogische Entwicklung des Pflichtschulwesens und der Lehrerbildung von 1848 - 1948, in: Edgar Loebenstein (Hg.), 100 Jahre Unterrichtsministerium, Wien 1948, S. 139 - 167.

Bock, Fritz: Diskussion zur Festsitzung, in: Österreich 1927 bis 1938, Wien 1973, S. 227 - 251.

Dachs, Herbert: Schule und Politik. Die politische Erziehung an den österreichischen Schulen 1918 - 1938, Wien-München 1982.

Deutsch-Österreichische Lehrerzeitung, Jg. 1933, 1934.

Engelbrecht, Helmut: Geschichte des österreichischen Bildungswesens, Bd. 5, Wien 1988.

Erben, Friedrich: Schule und „Ständestaat" – Die österreichische Schule und ihre Bedeutung für das autoritäre Regime 1934 - 1938, Dipl., Neidling 1999.

Fischl, Hans: Schulreform, Demokratie und Österreich 1918 - 1950, Wien 1950.

Gloeckel, Otto: Selbstbiographie. Sein Lebenswerk: Die Wiener Schulreform, Zürich 1939.

Goldinger, Walter (Hg.): Protokolle des Klubvorstandes der Christlichsozialen Partei 1932 - 1934, Wien 1980.

Jedlicka, Ludwig: Die Ära Schuschnigg, in: Österreich 1927 bis 1938, Wien 1973, S. 195 - 206.

Jedlicka, Ludwig / Rudolf Neck (Hg.): Vom Justizpalast zum Heldenplatz. Studien und Dokumentationen 1927 - 1938, Wien 1975.

Kriechbaumer, Robert: Zwischen Kruckenkreuz und Hakenkreuz. Schule im autoritären und totalitären Staat. Dargestellt am Beispiel Pongauer Schulchroniken 1934 - 1945, Salzburg 1993.

Österreichische Pädagogische Warte, Jg. 1934, 1939.

Österreichische Schule, Jg. 1935, 1937, 1938.

Reichspost, Jg. 1933, 1934

Staudinger, Anton: Zur „Österreich"-Ideologie des Ständestaates, in: Das Juliabkommen von 1936, Wien 1977, S. 198 - 240.

Steiner, Guenther: Wahre Demokratie? Transformationen und Demokratieverständnis in der Ersten Republik Österreich und im Ständestaat Österreich 1918 - 1938, Frankfurt/M. 2004.

Sorgo, Wolfgang: Autoritärer „Ständestaat" und Schulpolitik 1933 - 1938, Wien 1978.

Tancsits, Claudia: Manifestationen des Österreichbewußtseins im Schulwesen der Zwischenkriegszeit unter besonderer Berücksichtigung der Zeit von 1933 bis 1938, phil. Diss., Wien 2002.

Tidl, Georg: Die sozialistischen Mittelschüler Österreichs 1918 - 1938, Wien 1977.

Wiener Deutsche Lehrerzeitung, Jg. 1934.

Wiener Zeitung, Jg. 1933.

Zach, Elke-Maria: Schule und Gesellschaft in der Ersten Republik. Eine sozialhistorische Analyse der österreichischen Schulpolitik der Zwischenkriegszeit, Dipl., Wien 1994.

Zeitschrift des Salzburger Landeslehrervereins, Jg. 1934, 1935.

Das vom Bundesheer im Februar 1934 zerschossene Ottakringer Arbeiterheim

Repressionsapparat und -maßnahmen 1933 - 1938

Wolfgang Neugebauer

Die Transformationsphase 1933/34 – Einführung von Standrecht und Todesstrafe – Die Justiz gegen Februarkämpfer – Die Justiz gegen die Juliputschisten – Die Justiz gegen „illegale" AktivistInnen – Repression in Publizistik und Kunst – Polizeistrafen und Anhaltelager – Weitere Repressionsmaßnahmen

Vorbemerkung

Der Aufbau eines Repressionsapparates und die Durchführung von Repressionsmaßnahmen gegen politische GegnerInnen und andere als Feinde qualifizierte Gruppen von Menschen sind integrierende Bestandteile diktatorischer und totalitärer Systeme, aber keineswegs die einzigen Komponenten von Herrschaftsaufrichtung und -ausübung. In der Regel werden dabei nicht völlig neue Einrichtungen geschaffen, sondern überkommene Systeme wie Justiz, Verwaltung und Polizei im Sinne des herrschenden Regimes umgeformt und zu Instrumenten der Repression gemacht, wobei vielfach – aus Legitimitätsgründen – die Fassade von Verfassungsmäßigkeit und Rechtsstaatlichkeit aufrechterhalten wird. Ausmaß und Intensität der Repression sind in verschiedenen Systemen sehr unterschiedlich und hängen von verschiedenen Faktoren (wie z. B. Ideologie und Mentalität der Machthaber, politische Traditionen und Kultur, innere und äußere Stabilität des Herrschaftsystems u. a.) ab. Jedenfalls ist in diesem Beitrag durch die Subsumierung der NS-Herrschaft und des sich selbst als „christlichen Ständestaat" bezeichnenden Austrofaschismus unter den Begriff „Faschismus" keineswegs eine Gleichsetzung dieser Systeme intendiert; gerade im Bereich der Repression werden die großen quantitativen und qualitativen Unterschiede besonders deutlich. Während in NS-Deutschland der von Heinrich Himmler zu einem gewaltigen Machtapparat verschmolzene SS- und Polizeikomplex (mit dem angeschlossenen KZ- und Lagersystem) das Hauptinstrument eines vielfältigen, nicht nur gegen politisch Andersdenkende gerichteten Terrorsystems wurde und die – ohnehin gleichgeschaltete und willfährige Justiz – als Repressionsfaktor zunehmend in die Zweitrangigkeit drängte, stützte sich das austrofaschistische Regime bei der Ausschaltung und Unterdrückung politischer GegnerInnen – neben polizeilichen und anderen Maßnahmen – primär auf den Justizapparat. [1] Entsprechend dieser Wertigkeit wird in diesem Beitrag das Schwergewicht auf die Strafjustiz gelegt. Tendenziell wurden aber auch im Austrofaschismus die polizeilichen Repressionsmöglichkeiten ausgeweitet und Haftstrafen ohne Gerichtsurteil (Anhaltelagelager) verhängt, die jedoch nicht mit Gestapo und KZ verglichen werden können.

---

[1] W. Neugebauer, Politische Justiz in Österreich 1934 - 1945, in: E. Weinzierl / O. Rathkolb (Hg.), Justiz und Zeitgeschichte – Symposionsbeiträge 1976 - 1933, Bd. 1, Wien 1995, S. 114 - 138.

In diesem Zusammenhang ist eine weitere Differenzierung vorauszuschicken: Auf der einen Seite ist die Ausschaltung der parlamentarischen Demokratie, des pluralistischen Parteienstaates, der Gewerkschaften und grundlegender Menschenrechte durch das austrofaschistische Regime aus heutiger Sicht in keiner Weise zu rechtfertigen – auch nicht als „Kollateralschaden" eines „Staatswiderstandes"[2] gegen den Nationalsozialismus -; auf der anderen Seite ist die Bekämpfung der nationalsozialistischen Bewegung, die verbrecherische Ziele verfolgte, sich terroristischer Methoden bediente und in Zusammenarbeit mit Hitlerdeutschland die gewaltsame Vernichtung des Staates Österreich betrieb, als durchaus gerechtfertigt anzusehen.

Die Transformationsphase 1933/34

Die Umwandlung des Polizei- und Justizapparates der demokratischen Republik in ein Repressionsinstrument gegen politische GegnerInnen begann nicht erst am bzw. nach dem 12. Februar 1934, als die Sozialdemokratie und mit ihr die letzten Reste demokratischer Einrichtungen gewaltsam beseitigt wurden. Sie hatte – wenn man die zunehmende Zahl von Erscheinungen der „Klassenjustiz" in der Ersten Republik außer acht läßt – bereits bald nach der Ausschaltung des Nationalrates und der Einleitung des autoritären Kurses durch die Regierung Dollfuß im März 1933 eingesetzt. Die heute allgemein als gesetz- und verfassungswidrig angesehene Verordnungspraktik dieser Regierung (aufgrund des Kriegswirtschaftlichen Ermächtigungsgesetzes 1917) konzentrierte sich zwar vorerst auf die Verwaltungs- und Polizeibehörden, deren quasigerichtliche Kompetenzen ausgeweitet und die zur „erforderlichen Strenge" angehalten wurden, griff aber auch in die Rechtsprechung ein. Schon am 8. März 1933 hatte das von Kurt Schuschnigg geleitete Justizministerium die Oberstaatsanwaltschaften in Wien, Graz und Innsbruck auf die neuen Methoden und Maßstäbe autoritärer Politik hingewiesen und die Verordnung gegen die Pressefreiheit mit der Notwendigkeit der Bekämpfung „staats- und volksschädlicher Mißbräuche der Pressefreiheit" begründet. Die Staatsanwaltschaften wurden im ministeriellen Wege zur verschärften Antragstellung in politischen Verfahren angehalten.[3] Ein nicht unwichtiger Vorgang in dieser Periode des Übergangs von der Demokratie zur Diktatur war die Ausschaltung des Verfassungsgerichtshofs im Mai 1933[4], um die formaljuristische Möglichkeit zur Aufhebung aller illegalen Verordnungen und Maßnahmen der Regierung Dollfuß zu beseitigen. Damit war der unabhängigen Rechtsprechung zumindest eine Spitze abgebrochen.

Neben der zunehmenden Einschränkung der Pressefreiheit wurde auch das Versammlungs- und Demonstrationsrecht immer stärker eingeengt, wie insbesondere im Verbot der traditionellen 1.-Mai-Feier der Sozialdemokratie 1933 zum Ausdruck kam. Die Verbote von politischen Parteien und Organisationen (Republikanischer Schutzbund 31. 3. 1933, KPÖ 26. 5 1933, NSDAP 20. 6. 1933) machten deutlich, daß die Intention der Machthaber in Richtung Beseitigung der politischen Freiheit und schrittweiser Aufrichtung einer Diktatur ging.[5]

---

[2]   Von den zahlreichen apologetischen Werken dieser Tendenz sei hier besonders auf die Arbeiten von K.-G. Kindermann hingewiesen, u. a.: Österreich gegen Hitler. Europas erste Abwehrfront 1933 - 1938, München 2003.

[3]   E. Holtmann, Zwischen Unterdrückung und Befreiung. Sozialistische Arbeiterbewegung und autoritäres Regime in Österreich 1933 - 1938, München 1978, S. 46 ff.

[4]   Siehe dazu P. Huemer, Sektionschef Robert Hecht und die Zerstörung der Demokratie in Österreich. Eine historisch-politische Studie, Wien 1975, S. 178 ff.

[5]   Zum NSDAP-Verbot ist allerdings zu bemerken, daß diese Maßnahme nach einer beispiellosen, von Hitlerdeutschland unterstützten Terrorkampagne, die in einem Handgranatenüberfall auf christliche Turner am 19. Juni 1933 in Krems gipfelte, erfolgte. Eine solche terroristische Organisation wäre auch in einem demokratischen

Da der geschickt taktierende Dollfuß vor dem Februar 1934 vor einem unverhüllten Verfassungsbruch zurückschreckte, standen der beabsichtigten politischen Tendenzjustiz erhebliche Hindernisse, wie die Laiengerichtsbarkeit, die proporzmäßige Zusammensetzung der Schöffen- und Geschwornenlisten u. a., entgegen. Robert A. Kann hat auf den Umstand aufmerksam gemacht, daß das Gros der Richter keineswegs regierungsfreundlich, sondern großdeutsch eingestellt war – nicht zuletzt, weil die Justizminister durch mehr als zehn Jahre von den Großdeutschen gestellt worden waren [6]. Ludwig Jedlicka berichtet in diesem Zusammenhang über einen aufschlußreichen Ausspruch des Heimwehr-Ministers Stockinger, der im Ministerrat wörtlich sagte: „Und jetzt ist Schluß mit der Justiz, wir müssen endlich die Richter bestrafen, einsperren, denn sie sind ja eigentlich alle gegen uns." [7] In der Ministerratssitzung am 26. Juli 1933 wurde – anläßlich der Vorlage der VIII. Gerichtsentlastungsnovelle – die als unerträglich empfundene nationalsozialistische Zersetzung der Justiz debattiert. Innenminister Vinzenz Schumy (Landbund) forderte, von Dollfuß unterstützt, eine schärfere Disziplinierung der Rechtsanwälte. Der Staatssekretär für Arbeitsbeschaffung Odo Neustädter-Stürmer (Heimwehr) kritisierte die Tätigkeit der Richter und das Verfassungsprinzip der Unabsetzbarkeit der Richter und trat für eine Revision der Gerichtsverfassung ein, die es ermögliche, „die notwendige Auswechslung von Richtern durchzuführen, ohne an die sonst vorgeschriebenen Förmlichkeiten gebunden zu sein". Dieser angepeilte Bruch der Verfassung fand die Zustimmung des Bundeskanzlers, der auch den Vorschlag machte, „gewisse Angelegenheiten politischer Natur an einen Sondergerichtshof zu verweisen". Er berief sich dabei ausdrücklich auf das Vorbild des Deutschen Reiches, wo die richterliche Unabhängigkeit „praktisch so gut wie außer Kraft gesetzt" sei. Justizminister Schuschnigg lehnte jedoch diese Vorschläge entschieden ab. Von der verfassungsmäßigen Möglichkeit, Richter bis zu einem halben Jahr anderen Gerichten zuzuteilen, sollte allerdings „in stärkerem Maße als bisher" Gebrauch gemacht werden. Der Justizminister warnte davor, ein Sondergericht für politische Zwecke im Verordnungsweg einzuführen, da dies vom Gericht als verfassungswidrig angefochten werden würde. Im wesentlichen war sich aber Schuschnigg mit Dollfuß und den Heimwehrministern einig: Die Unabsetzbarkeit der Richter lasse sich „aus Gründen der Wahrnehmung der Staatsautorität" und des Ansehens der Gerichte nicht mehr aufrechterhalten, ebensowenig die autonome Geschäftseinteilung durch die Gerichte selbst. Schuschnigg legte aber voererst auf ein formalrechtlich korrektes bzw. korrekt erscheinendes Vorgehen Wert, damit Österreich nicht auf eine Stufe mit dem Deutschen Reich gerate. [8]

Drei Tage vor Ausbruch des Bürgerkriegs, am 9. 2. 1934, stellte Schuschnigg allerdings diese seine Bedenken zurück, und es wurde doch eine Änderung der Gerichtsverfassung mittels Regierungsverordnung beschlossen. Mit dieser Verordnung wurde die Unabhängigkeit der Justiz, soweit sie in der Autonomie der Richterkollegien gegenüber der Justizverwaltung gründete, aufgehoben. Die Richter des Gerichtshofs der Ersten Instanz wurden nun durch den Gerichtshofpräsidenten auf die zugeordneten Senate verteilt, und die jährliche Geschäftsverteilung wurde gleichfalls den Präsidenten übertragen. Die Geschäfts- und Personalverteilung, bisher Aufgabe von Selbstverwaltungskörpern der Richter, unterlag der Genehmigung des Präsidenten des Oberlandesgerichts bzw. des Justizministeriums. Dieses enthielt nicht nur das Recht, die Geschäftsverteilung sämtlicher Gerichte bis zum OGH während des Jahres

---

Rechtsstaat verboten und verfolgt worden. Siehe dazu den Beitrag von Winfried Garscha (und die dort angeführte Literatur) in diesem Band.

[6] Diskussionsbeitrag R. A. Kann, in: Das Jahr 1934: 12. Februar. Protokoll des Symposiums in Wien am 5. Februar 1974, München 1975, S. 155.

[7] Diskussionsbeitrag Ludwig Jedlicka, ebenda, S. 157.

[8] R. Neck / A. Wandruszka (Hg.), Protokolle des Ministerrats der Ersten Republik, Abt. VIII, 20. Mai 1932 bis 25. Juli 1934, Bd. 4, Wien 1984, S. 251 ff.; Holtmann, Unterdrückung, S. 60 f.

„aus wichtigen Gründen" zu ändern, sondern auch Richter gegen ihren Willen „aus wichtigen dienstlichen Rücksichten" bis zu einem Jahr außerhalb ihres Amtssitzes einzusetzen.

Diese dehnbaren Bestimmungen gestatteten dem Ministerium den direkten Zugriff auf politisch unbequeme Richter oder, wie es offiziell verschleiernd hieß, „den wechselnden Bedürfnissen in der Besetzung der einzelnen Senate oder Abteilungen innerhalb desselben Gerichtes rasch zu folgen". Justizstaatssekretär Franz Glas erklärte bei den Beratungen im Ministerrat, daß die Kontrolle der Geschäftsverteilung auf Gerichtssprengel mit „politisch unsicheren Verhältnissen" abziele.[9]

Zur Disziplinierung der Richterschaft wurde eine Disziplinarkommission beim OGH eingesetzt. Außerdem wurden im Zuge einer Verordnung (10. 5. 1933), die sämtliche Staatsbeamte zur Leistung eines zusätzlichen Diensteides zwang, die beamteten Richter verpflichtet, einen Richtereid auf die autoritäre Regierung abzulegen[10]. Trotzdem wurde im Ministerrat immer wieder die politische Unzuverlässigkeit der Richterschaft beklagt. Als eine der „verhängnisvollsten Entgleisungen" wurde der Freispruch von Nationalsozialisten in zwei Papierböllerprozessen in Innsbruck kritisiert. Nach einer ministeriellen Prüfung wurde in zehn Fällen parteiische, zum Teil gesetzwidrige Rechtsfindung konstatiert.[11]

Die zweite Stoßrichtung der autoritären Justizpolitik betraf die Laiengerichtsbarkeit, die durch zahlreiche Freisprüche in politischen Strafsachen in den letzten Jahren den Herrschenden ein Dorn im Auge war. Mit Verordnung vom 24. März 1933 wurde die Zahl der Geschwornen von 12 auf 6 verringert. Gleichzeitig wurde dem Gerichtshof das Recht eingeräumt, den Spruch der Geschwornen auszusetzen und den Fall dem OGH vorzulegen, falls die drei Berufsrichter einhellig der Meinung waren, daß sich die Geschwornen zugunsten des Angeklagten geirrt hätten.[12]

Einführung von Standrecht und Todesstrafe

Zur Umgehung der Geschworngerichte, vor allem aber um die im ordentlichen Verfahren mit der Verfassung 1920 abgeschaffte Todesstrafe wieder anwenden zu können, wurde mit Regierungsverordnung vom 11. November 1933 das Standrecht verkündet – vorerst für Mord, Brandstiftung und boshafte Sachbeschädigung, am 12. Februar 1934 auch für Aufruhr und später zudem für Sprengstoffdelikte. Die Standgerichte setzten sich aufgrund der Strafprozeßordnung 1873 aus vier Berufsrichtern beim Gerichtshof Erster Instanz zusammen, agierten in einem abgekürzten Verfahren und hatten in der Regel auf Todesstrafe oder Überweisung an das ordentliche Gericht zu entscheiden. Aus dem Ministerratsprotokoll vom 19. November 1933 geht hervor, daß Justizminister Schuschnigg mit dem Präsidenten des Landesgerichts I in Wien betreffend die Auswahl der Richter schon Fühlung genommen hatte.[13]

Schon die ersten beiden Fälle – zwei kriminelle Delikte – warfen auf die „Gerechtigkeit" der Dollfuß-Justiz ein bezeichnendes Licht. In einem Fall – Johann Breitwieser, Sohn eines reichen Bauern, der seine schwangere Geliebte, eine Magd, ermordet hatte – wurde das vom Standgericht verhängte Todesurteil auf Antrag von Justizminister Schuschnigg von Bundespräsident Miklas in eine lebenslängliche Kerkerstrafe umgewandelt. Der andere, Peter Strauss, ein aus ärmstem Milieu kommender, schwachsinniger Vagabund, der im Rausch

---

9   Ebenda, S. 62 f.
10 Verordnung vom 10. Mai 1933, BGBl. 1933, Nr. 173/1933 (zitiert nach Holtmann, Unterdrückung, S. 56).
11 Holtmann, Unterdrückung, S. 58 f.
12 Ebenda, S. 55.
13 Neck / Wandruszka (Hg.), Ministerratsprotokolle, Bd. 5, Wien 1984, S. 60.

und Affekt eine Scheune angezündet hatte, wurde hingerichtet.[14] Zwar war der Bundespräsident – ebenso wie das Grazer Standgericht – für die Begnadigung eingetreten, doch hatte Justizminister Schuschnigg trotz Aufforderung durch Miklas keinen Gnadenantrag vorgelegt.[15] Bundespräsident Miklas, der die Auffassung vertrat, daß das „Kriegswirtschaftliche Ermächtigungsgesetz moralisch keine genügend rechtliche Grundlage sei", wenn es sich um Leben und Tod eines Menschen handle, artikulierte seinen Protest in der Kremser Zeitung[16], fand jedoch nie die Kraft, gegen die von ihm privat kritisierten Verfassungsbrüche der Regierung Dollfuß einzuschreiten. Justizminister Schuschnigg, der die volle Verantwortung für die unterschiedliche Behandlung zweier Täter trug, begründete die Begnadigung im Ministerrat damit, daß „der Mann aus einer guten Familie stammt, aus einem Bauernhaus". Mit Recht stellte der Historiker Rudolf Neck fest, daß sich darin „der klassenkämpferische Charakter der faschistischen Justiz" zeigte.[17] Die standrechtliche Aburteilung einzelner Krimineller war jedoch lediglich das Vorspiel für die massenhafte Aburteilung politischer Täter im Jahr 1934.

Die Justiz gegen Februarkämpfer

Mit der von der Regierung gesteuerten Auswahl der Richter und der Abschaffung der Laiengerichtsbarkeit durch die Standgerichte war die Justiz zum Kampfmittel der sich etablierenden austrofaschistischen Diktatur im bevorstehenden Bürgerkrieg gegen die Sozialdemokratie geworden. Unmittelbar nach Bekanntwerden der ersten Kampfhandlungen zwischen Schutzbündlern und Exekutivangehörigen am 12. Februar 1934 in Linz – noch vor Ausbruch der Kämpfe in Wien – setzten neben den militärischen Aktionen die Unterdrückungsmaßnahmen der Regierung Dollfuß ein. In einer Verordnung wurde das Standrecht auf Aufruhr ausgedehnt. Um die Mittagszeit wurde vom Polizeipräsidenten von Wien in seiner Funktion als Sicherheitsdirektor für das Bundesland Wien das Standrecht verkündet und im Einvernehmen mit dem Präsidenten des Oberlandesgerichtes Wien und der Oberstaatsanwaltschaft Wien das standrechtliche Verfahren in Fällen des Aufruhrs für das Bundesland Wien angeordnet.[18] Auf Weisung von Vizekanzler Fey wurden gleichartige Maßnahmen in den anderen Bundesländern getroffen.[19] Fey glaubte, durch die rasche Aburteilung die Kämpfe schneller beenden zu können.

Auf die Gesetzwidrigkeiten, Verfahrensmängel, ja Brutalitäten der Standgerichte im Februar 1934 kann hier im einzelnen nicht eingegangen werden. Als erste wurden am 14. Februar 1934 der Hietzinger Schutzbündler Karl Münichreiter und der Kommandant der Floridsdorfer Feuerwache Ing. Georg Weissel zum Tode verurteilt und nach Ablauf der sogenannten „dritten Stunde" gehenkt. Die Hinrichtung Münichreiters, der – laut Spitalsbefund schwer verletzt – auf einer Tragbahre zum Galgen gebracht wurde, nachdem ihm ein Amtsarzt die Verhandlungsfähigkeit bescheinigt hatte, war wohl der ärgste Exzeß der Justiz des sich „christlich" nennenden „Ständestaates". Justizminister Schuschnigg, der das Gnadengesuch nicht an den Bundespräsidenten weiterleitete, rechtfertigte diesen klaren Justizmord –

---

[14]   R. Neck, Thesen zum Februar. Ursprünge, Verlauf und Folgen, in: Das Jahr 1934: 12. Februar, S. 15 - 24, hier 19 f., 158 ff. Siehe dazu auch die Flugblätter DÖW-Bibliothek 4002/186 u. 4073/171.
[15]   Diskussionsbeitrag Hilde Verena Lang, in: Das Jahr 1934: 12. Februar, S. 158.
[16]   H. V. Lang, Bundespräsident Miklas und das autoritäre Regime 1933 - 1938, phil. Diss., Wien 1972, S. 200.
[17]   Neck, Thesen, S. 158 ff.
[18]   Kurt Peball, Die Kämpfe in Wien im Februar 1934, Wien 1974 (= Militärhistorische Schriftenreihe 25), S. 23.
[19]   Ministerratsprotokoll vom 12. Februar 1934, in: L. Jedlicka / R. Neck (Hg.), Vom Justizpalast zum Heldenplatz, Wien 1975, S. 387.

laut § 389 StPO war die Vollziehung eines Todesurteils an körperlich schwer kranken Delin-
quenten nicht gestattet – mit „Rücksicht auf die zahlreichen Opfer der Exekutive" und durch
„das dringend nötige abschreckende Beispiel"[20]. Viele Jahre später bezeichnete Schuschnigg
in einem Fernsehinterview den Fall Münichreiter als „Fauxpas".

Obwohl der Rundfunk am 14. Februar gegen 23 Uhr den Pardon-Appell Dollfuß' ausgestrahlt hatte, gingen die Standgerichtsprozesse unvermindert weiter. Die Richter vertraten
die Rechtsauffassung, daß Pardonierung sich lediglich als eine Maßnahme der Regierung
im Gnadenwege" darstelle und juristisch „nicht zur Anwendung komme".[21] Insbesondere
die Verhandlung gegen den steirischen Nationalratsabgeordneten Koloman Wallisch sprach
jeder ordentlichen Prozeßführung Hohn.[22] Rudolf Neck meint, daß Wallisch „aus niederen
Rachemotiven ein in jeder Hinsicht unfairer Prozeß gemacht wurde", und kommt zu dem
vernichtenden Urteil: „Auf Grund der Aktenlage handelt es sich um einen von oben anbe-
fohlenen Justizmord, für den Dollfuß, Schuschnigg und Fey gemeinsam die Verantwortung
tragen."[23]

Als am 21. Februar um 7 Uhr das Standrecht und die Todesstrafe für „Aufruhr" aufgehoben wurden, waren 140 Schutzbundangehörige standrechtlich abgeurteilt; von einigen Dutzend Todesurteilen waren neun vollstreckt worden. Das Ausmaß der Repression wird daraus
ersichtlich, daß bis Mitte März 1934 allein in den Polizei- und Gerichtsgefängnissen in Wien
7823 Personen inhaftiert waren, von denen bis 24. April 2133 an die ordentlichen Gerichte
übergeben wurden. Bei diesen wurden ingesamt 6141 Verfahren eingeleitet.[24]

Die brutale Unterdrückung der österreichischen Arbeiterbewegung, insbesondere die
Hinrichtungen, führten im Ausland zu einem Sturm der Empörung. Unzählige Proteste –
nicht nur von der europäischen Linken, sondern auch von eher neutralen Kreisen sowie von
westlichen Regierungsstellen – gingen in Wien ein. So berichtete der österreichische Botschafter Franckenstein aus London, „daß die von der Wiener Regierung angewendeten Mittel
sie [die Regierung] und die hiesige Öffentlichkeit tief bewegten". Kabinett und öffentliche
Meinung Großbritanniens hegten die „dringendste Hoffnung", daß die österreichische Regierung „sich den Gefangenen und Gegnern gegenüber milde zeigen" werde.[25] Nicht zuletzt die
drohende Schädigung der politischen Reputation im Ausland ließ die Regierung Dollfuß auf
einen milderen Kurs einschwenken. In diesem Sinne sind die schon bald einsetzenden diversen „Befriedungsbemühungen" der Regierung zu sehen, d. h. die demagogischen Bemühungen zur Gewinnung der „ehrlichen", „verhetzten" Arbeiter, die vom „radikalen marxistischen
Führerklüngel", von „verrotteten, bankrotten Parteibonzen des Marxismus" in die Irre geführt
worden waren. Die Justizpraxis stand freilich in diametralem Gegensatz dazu. Vor die Standgerichte kamen – mit Ausnahme von Wallisch – eher die kleinen Leute, die Kämpfer, während
die politisch Verantwortlichen, die „Bürgerkriegsgenerale", eher glimpflich davonkamen. Der
gegen die sozialdemokratische Parteiführung geplante spektakuläre Hochverratsprozeß – in
der Polizeianzeige gegen zwanzig Mitglieder des Parteivorstandes hieß es: „langvorbereiteter
offensiver marxistischer Putsch" – kam aus verschiedenen Gründen nicht zustande; die Verfahren wurden sang- und klanglos eingestellt und die Politiker nach und nach aus der Haft

---

[20] Landesgericht für Strafsachen Wien, 3 Vr 654/34 (Kopie DÖW 6715). E. Holtmann, Politische Tendenzjustiz
während des Februaraufstands 1934, in: Das Jahr 1934: 12. Februar, S. 45 - 57, hier 47 f.; Lang, Miklas, S. 201.

[21] Landesgericht für Strafsachen Wien, 3 Vr 704/34 (Kopie DÖW 7071), Urteil gegen Dangl, Fidra und andere
vom 16. Februar 1934. Siehe dazu auch das Urteil gegen den langjährigen späteren DÖW-Mitarbeiter Bruno
Sokoll (Landesgericht für Strafsachen Wien, 3 Vr 7o6/34; DÖW, 5557), der am 16. Februar unmittelbar vor der
Hinrichtung vom Bundespräsidenten begnadigt wurde.

[22] Bezüglich Einzelheiten siehe: Holtmann, Februarjustiz, S. 50 f.

[23] Neck, Thesen, S. 23. Neck stützt sich dabei auf die Ministerratsprotokolle.

[24] Holtmann, Februarjustiz, S. 48, 51.

[25] Zitiert nach ebenda, S. 52.

entlassen. Lediglich die militärischen Führer des Republikanischen Schutzbundes wurden vor Gericht gestellt. [26]

Die Gerichtshöfe verletzten ihre Sorgfaltspflicht auch insofern, als sie schwerwiegende Vorwürfe von Angeklagten, die Polizei habe Geständnisse – aufgrund derer Todesurteile ausgesprochen wurden! – durch Mißhandlungen erzwungen, bewußt bagatellisierten, obwohl die Prügelmethoden der Polizei auch den Standrichtern bekannt waren. Everhard Holtmann, dessen Untersuchungen über politische Tendenzjustiz im Jahre 1934 ich hier weitgehend folge, kommt zu folgender Gesamtbeurteilung der Februarjustiz:

„Die hier aktenkundlichen richterlichen Praktiken, eine kompromittierte Exekutive eilfertig zu entlasten, das In-dubio-pro-reo-Prinzip zu mißachten und politische Gesinnungstäter mit gemeinen Schwerverbrechern gleichzusetzen, dokumentieren nicht etwa nur prozessuale Fahrlässigkeit, sondern Voreingenommenheit und eine über die institutionalisierten Unterdrückungsmechanismen hinausweisende, subjektive Bereitschaft, dem Regime bei der gewaltsamen und rechtswidrigen Ausschaltung der sozialdemokratischen Arbeiterbewegung mittels tendenziöser Rechtsprechung zu assistieren." [27]

Die nach der Aufhebung des Standrechts am 21. 2. 1934 tätigen ordentlichen Gerichte unterschieden sich deutlich von den Standgerichten. Hier war nicht nur die Prozeßführung relativ fair, auch die verhängten Strafen – meist einige Monate, höchstens einige Jahre Kerker – waren wesentlich milder; vielfach erfolgten Freisprüche oder Verfahrenseinstellungen. Grundsätzlich waren alle vom Gericht Entlassenen der Polizei zur weiteren Verfügung zu übergeben, die vielfach Einweisungen in Anhaltelager vornahm. Der auf die Richter ausgeübte politische Druck wird etwa im Schutzbund-Prozeß 1935 deutlich. Obwohl drakonische Strafen (bis zu 18 Jahren Kerker) gefällt wurden, ordnete das Justizministerium eine Untersuchung der Prozeßführung des Vorsitzenden Vizepräsidenten Dr. Wilhelm an, weil dieser den Ausführungen des (als Sozialdemokraten bekannten) Verteidigers Dr. Heinrich Steinitz [28] über das staatsbürgerliche Notwehrrecht der Angeklagten nicht entschieden genug entgegengetreten war. Das Präsidium des Landesgerichts II billigte jedoch die Vorgangsweise Wilhelms, weil in diesem „hochpolitischen Prozeß", dem zahlreiche Vertreter der Weltpresse beigewohnt hätten, „auch der Schein einer Beeinträchtigung der Verteidigerrechte und der damit verbundenen Redefreiheit" habe vermieden werden müssen [29].

Die Justiz gegen die Juliputschisten

Aufgrund der bekannten großdeutschen, zum Teil schon pro-nazistischen Sympathien vieler Richter hatte das Regime weder in die ordentlichen Gerichte noch in die Standgerichte genügend Vertrauen, um ihnen die Aburteilung der nationalsozialistischen Putschteilnehmer im Juli 1934 zu überantworten. Da eine große Zahl von Exekutivangehörigen verwickelt war, wurde mit Gesetz vom 26. Juli 1934 eine neue gerichtliche Instanz, der Militärgerichtshof (MGH), geschaffen. Die MGH-Senate funktionierten wie Standgerichte und waren aus einem Berufsrichter (als Verhandlungsleiter) und drei Offizieren zusammengesetzt, die ausnahmslos vom Justiz- bzw. Verteidigungsminister bestimmt wurden. In dieser Zusammensetzung – sowohl Laiengerichtsbarkeit als auch professionelle Richter waren praktisch ausgeschaltet – spiegelte sich der geringe Rückhalt des Regimes im Volke wider.

---

[26] DÖW 5601 und 7268; Holtmann, Unterdrückung, S. 58, 76, 78 ff., 81, 88-113; Ch. A. Gulick, Österreich von Habsburg zu Hitler, Wien 1948, Bd. IV, S. 360-401.

[27] Holtmann, Unterdrückung, S. 49.

[28] Ch. Pal, Heinrich Steinitz: Rechtsanwalt – Dichter – Volksbildner, phil. Diss., Wien 2004.

[29] Holtmann, Unterdrückung, S. 141 f.; M. Marschalek, Der Wiener Schutzbundprozeß, in: K. R. Stadler (Hg.), Sozialistenprozesse. Politische Justiz in Österreich 1870-1936, Wien-München-Zürich 1986, S. 381-428.

Die Prozeßführung des MGH war nicht weniger tendenziös als die Februar-Standgerichte: kurze Verhandlung, Voreingenommenheit der Richter, Behinderung der Verteidigung, ausschließlich Ladung anklagekonformer Zeugen, Ablehnung sämtlicher der Entlastung dienenden Beweisanträge. Justizminister Berger-Waldenegg berichtet in seinen Erinnerungen, daß er den Leiter des MGH zwecks Erteilung von Weisungen zu sich beorderte. Der Verteidiger des Kanzlermörders Otto Planetta, der bekannte Nationalsozialist Erich Führer, der die Verhandlungsführung kritisierte, wurde wenige Tage später verhaftet und wegen nationalsozialistischer Betätigung für drei Monate in das Anhaltelager Wöllersdorf eingewiesen.[30] Die nationalsozialistische Propaganda stellte später die Militärrichter als Marionetten der Regierung hin. Manche, wie Major Franz Heckenast, der 1939 im KZ Buchenwald ermordet wurde, traf die Rache der Sieger.[31]

Von einigen Dutzend Todesurteilen waren zwölf vollstreckt worden. Wie im Februar 1934 wurden die Gnadenanträge vom nunmehrigen Justizminister, dem Heimwehrfunktionär Egon Berger-Waldenegg, nicht an den Bundespräsidenten weitergeleitet, sodaß keine Begnadigung erfolgen konnte; allerdings hatte Miklas dies so gewünscht.[32] Auch der Scharfrichter Johann Lang, der die Hinrichtungen im Februar und im Juli 1934 im Hof des Wiener Landesgerichtes durchführte, sollte 1938 ein Opfer der Nationalsozialisten werden.[33]

Am 22. Oktober meldete der MGH-Präsident dem Justizminister 527 Personen in 213 Verfahren rechtskräftig verurteilt; 23 Verfahren mit 126 Angeklagten waren an ordentliche Gerichte abgetreten und 96 Fälle mit 231 Beteiligten eingestellt worden; 313 Strafverfahren mit 672 Beschuldigten waren noch anhängig. Einschließlich jener rund 3500 Angezeigten, die als „Minderbeteiligte" von der Strafverfolgung verschont blieben, kamen insgesamt 5300 bis 5500 Nationalsozialisten mit den Gerichten in Berührung.[34]

Die Tendenz zur Klassenjustiz, Härte gegen die „Kleinen", die Kämpfer, Milde gegen die „Großen", die Drahtzieher, zeigte sich auch im Juli 1934. Im Falle des von den NS-Putschisten als Bundeskanzler vorgesehenen Anton Rintelen, des ehemaligen christlichsozialen Landeshauptmannes der Steiermark, wies Berger-Waldenegg den Staatsanwalt an, den Prozeß so zu führen, daß Rintelen nur lebenslangen Kerker zu erwarten hätte. Auch die zwielichtige Rolle des Sicherheitsministers Emil Fey wurde aus Gründen der Staatsräson nicht aufgedeckt.[35] Everhard Holtmann weist in seinen Arbeiten nach, daß die Februarkämpfer durchwegs härter behandelt wurden als die Juliputschisten, insbesondere was die vorzeitige Entlassung Verurteilter betraf.[36] Dabei spielte neben großdeutschen und nationalsozialistischen Sympathien im Richter- und Beamtenapparat der politische Druck von seiten Hitlerdeutschlands eine ausschlaggebende Rolle.

Sowohl während der Februarkämpfe als auch im Zuge des Juliputschs kam es zu schweren Übergriffen, die mit Justiz nichts mehr zu tun hatten. So wurden in Holzleiten bei Steyr sechs gefangengenommene Schutzbündler ohne gerichtliches Verfahren auf einer Bühne erschossen, und ähnliches spielte sich in Lamprechtshausen ab, als mehrere nationalsozialistische Aufständische auf Befehl des Stadtkommandanten von Salzburg von Bundesheerangehörigen erschossen wurden.[37]

---

[30] G. Jagschitz, Der Putsch. Die Nationalsozialisten 1934 in Österreich, Graz-Wien-Köln 1976, S. 172.

[31] F. Loidl, Oberst Franz Heckenast, in: Franz Loidl: Fünf Katholikenführer, Wien 1975, S. 1 - 3.

[32] Jagschitz, Putsch, S. 172.

[33] E. Walters, Tiere bewachen Menschen (Manuskript in: DÖW 9622).

[34] E. Holtmann, Zwischen „Blutschuld" und „Befriedung": Autoritäre Julijustiz, in: Das Jahr 1934: 25. Juli. Protokoll des Symposiums in Wien am 8. Oktober 1974, Wien 1975, S. 38.

[35] Holtmann, Julijustiz, S. 36 - 45.

[36] Ebenda, S. 43 f.

[37] R. W. Litschel, 1934 – Das Jahr der Irrungen, Linz 1974, S. 82 f.; Landesgericht für Strafsachen Wien 106 c Vr 1009/42 (DÖW 13050). Der Verantwortliche des Lamprechtshausener Massakers, Generalmajor Josef Stochmal,

Die Justiz gegen „illegale" AktivistInnen [38]

Nach dem Sieg im Bürgerkrieg im Februar 1934 hatten die Machthaber ihre volle Diktatur aufgerichtet, wovon auch die Justiz als eines der wichtigsten Herrschaftsinstrumente betroffen war. In der am 1. Mai 1934 oktroyierten Verfassung des „christlichen, deutschen Bundesstaates auf ständischer Grundlage" wurden zwar formell die richterliche Unabhängigkeit (Artikel 101), das Prinzip vom „gesetzlichen Richter" (Artikel 100) und die Unabsetzbarkeit und Unversetzbarkeit der Richter (Artikel 102) beibehalten [39], doch wurden im Verfassungsübergangsgesetz vom 19. Juni 1934 (§ 28) Unabsetzbarkeit und Unversetzbarkeit der Richter auf ein Jahr, d. h. vom 1. 7. 1934 bis 30. 6. 1935, suspendiert [40]. Der Justizminister hatte nun das Recht, im Falle einer Schädigung des „Ansehens der Rechtspflege" Richter abzusetzen und zu versetzen. Damit war der Grundsatz einer gegenüber den politischen Machtträgern unabhängigen Gerichtsbarkeit faktisch beseitigt.

Zur besseren Steuerung der ordentlichen Gerichte wurden durch das Strafrechtsänderungsgesetz vom 19. 6. 1934 die Geschworenengerichte, die schon durch eine Regierungsverordnung vom 9. 3. 1934 von politisch Unzuverlässigen gesäubert worden waren, in paritätisch (von Richtern und – gesiebten – Laien) besetzte Schwurgerichte umgewandelt. Schließlich bestimmte das neue Schöffenlistengesetz vom 28. 8. 1934, daß das Schöffenamt nur mehr von „vaterlandstreuen" Bürgern ausgeübt werden durfte, wobei anstelle der bisher geübten nachträglichen Aussiebung ein ausgeklügeltes System präventiver politischer Selektion trat. [41]

Mit der Ausschaltung der Sozialdemokratie, der massenhaften Verfolgung politischer GegnerInnen und der Aufrichtung des „Ständestaats" auf den Trümmern der Demokratie hatten die austrofaschistischen Kräfte ihre GegnerInnen keineswegs endgültig ausgeschaltet. Sowohl die Linke, SozialistInnen, KommunistInnen, GewerkschafterInnen, als auch die NationalsozialistInnen entfalteten eine starke Untergrundtätigkeit. Mit der Auflösung der gegnerischen Parteien und Organisationen war auch ein Verbot jeglicher Tätigkeit in deren Sinne untersagt, das die polizeiliche und gerichtliche Verfolgung einer solchen Betätigung ermöglichte. Vor allem der zunehmende, von Hitlerdeutschland massiv geförderte Terrorismus der Nationalsozialisten machte der Regierung zu schaffen. [42] Als Reaktion wurde die Todesstrafe

---

wurde nach 1938 zu acht Jahren Zuchthaus verurteilt, jedoch im Juli 1942 auf höhere Weisung der Gestapo Wien übergeben und nach seiner Überführung in das KZ Auschwitz erschossen.

[38] Der Ausdruck „Illegale" für die im Untergrund tätigen AktivistInnen bzw. „Illegalität" für die Zeit 1933/34 - 1938 wurde sowohl von der Linken als auch von den Nationalsozialisten – sogar mit Stolz – verwendet, obwohl er die juristische Sicht der Regierung wiedergibt. Nach 1945 wurde aufgrund des NS-Gesetzes 1947 die Zugehörigkeit zur „illegalen" NS-Bewegung von österreichischen Volksgerichten verfolgt, während die „illegale" Tätigkeit für linke Organisationen nach dem Opferfürsorgegesetz 1947 in der Regel als Widerstand (bzw. politische Verfolgung) gewertet wurde.

[39] H. Baltz-Balzberg, Die österreichische Verfassung, das Konkordat vom 1. Mai 1934 und das Verfassungs-Übergangsgesetz vom 19. Juni 1934, 2., erweiterte Aufl., Graz 1934, S. 60 ff.

[40] Ebenda, S. 157 f.

[41] Holtmann, Unterdrückung, S. 110.

[42] Siehe dazu: G. Botz, Gewalt in der Politik. Attentate, Zusammenstöße, Putschversuche, Unruhen in Österreich 1918 bis 1938, 2. Aufl., München 1983, S. 190 ff.; Jagschitz, Putsch, S. 34 ff.; K. Bauer, Elementar-Ereignis. Die österreichischen Nationalsozialisten

für Mord, Totschlag, gewaltsame Sachbeschädigung, Brandstiftung und Sprengstoffdelikte mit Wirkung vom 1. Juli 1934 wiedereingeführt. Am 19. Juli wurde die Todesstrafe auf den bloßen Besitz von Sprengmitteln erstreckt – eine Radikalität der Strafandrohung, wie sie nicht einmal die NS-Justiz kannte. [43]

Es war jedoch bezeichnend, daß die erste Anwendung nicht einen der zahlreichen nationalsozialistischen Terroristen traf, zu deren Bekämpfung die Todesstrafe vorgeblich eingeführt worden war, sondern einen Parteigänger der Linken. Am 24. Juli 1934 wurde der arbeitslose sozialistische Jugendliche Josef Gerl, der einen – lediglich geringen Sachschaden verursachenden – Sprengstoffanschlag auf ein Bahngeleise durchgeführt und auf der Flucht einen Polizeibeamten angeschossen hatte, von einem Standgericht in Wien zum Tode verurteilt. [44] Wie Ernst Karl Winter, damals Vizebürgermeister von Wien, und andere berichteten, lehnte Bundeskanzler Dollfuß, kaum zwölf Stunden später selbst Opfer politischer Gewalt, eine Begnadigung ab. „Wir können Gott danken," sagte Dollfuß zu seinem Freund Winter, „daß es ein Roter und kein Nazi war, gegen das wir das neue Gesetz zuerst anwenden mußten." [45] Der hingerichtete Josef Gerl wurde zum Märtyrer der illegalen sozialistischen Bewegung. [46]

Nach der Niederwerfung des nationalsozialistischen Aufstandes und der relativen Stabilisierung des „Ständestaates" konnte die Regierung Schuschnigg auf die weitere Anwendung von Standgerichtsbarkeit und Todesstrafe verzichten. Es wurden zwar noch Todesurteile verkündet – etwa gegen die illegalen Schutzbündler Karl Ditscheiner, Franz Poslusny und Otto Reisl –, jedoch nicht mehr vollstreckt. [47] Lediglich an kriminellen Tätern wurde die Todesstrafe weiter vollzogen. Für diese unverkennbare Milderung der Strafjustiz dürfte weniger christliche Nächstenliebe als vielmehr der ausländische Druck – Hitlerdeutschland für die Nationalsozialisten, die internationale Arbeiterbewegung und die demokratischen Länder für die Linken – ausschlaggebend gewesen sein.

Besonders deutlich wurde dies im Sozialistenprozeß im März 1936, als die Staatsanwaltschaft Wien gegen zwei führende Funktionäre der Revolutionären Sozialisten, Karl Hans Sailer und Marie Emhart, die Todesstrafe beantragte. Eine breite internationale Solidaritätskampagne – von diplomatischen Protesten über öffentliche Kundgebungen bis zur Prozeßbeobachtung durch bekannte ausländische Sozialdemokraten – führte dazu, daß die Urteile relativ mild ausfielen. [48]

---

und der Juliputsch 1934, Wien 2003, S. 197 ff.; knapp: W. Neugebauer, Die Anfänge des NS-Terrorismus in Österreich – Wurzeln, Motive, politische Hintergründe, in: G. Schefbeck (Hg.), Österreich 1934. Vorgeschichte – Ereignisse – Wirkungen, Wien 2004, S. 70 - 77.

[43]   BGBl. Nr. 77/1934/II (Strafrechtsänderungsgesetz) bzw. Nr. 119/1934/II. Siehe dazu auch: Holtmann, Unterdrückung, S. 111 f.

[44]   Landesgericht für Strafsachen Wien, 6 b Vr 5216/34 (Kopie DÖW 7000); siehe dazu auch die Auszüge in: Widerstand und Verfolgung in Wien 1934 - 1945. Eine Dokumentation, hg. v. Dokumentationsarchiv des österreichischen Widerstandes, Bd. 1, Wien 1975, S. 169 ff. W. Neugebauer, Das Standgerichtsverfahren gegen Josef Gerl, in: Stadler (Hg.), Sozialistenprozesse, S. 369 - 379.

[45]   E. K. Winter, Christentum und Zivilisation, Wien 1956, S. 384; Widerstand und Verfolgung Wien, Bd. 1, S. 557 f.; siehe dazu ferner: W. Neugebauer, Bauvolk der kommenden Welt. Geschichte der sozialistischen Jugendbewegung in Österreich, Wien 1975, S. 368, Anm. 4.

[46]   Siehe dazu etwa die illegal in Österreich verbreitete Broschüre: E. Papanek, Die Idee steht mir höher als das Leben. Ein Buch über Josef Gerl und seine Freunde, Karlsbad 1935.

[47]   Widerstand und Verfolgung Wien, Bd. 1, S. 361

[48]   Landesgericht für Strafsachen Wien, 26 b Vr 3327/35 (Kopie DÖW 8050); siehe dazu auch: Widerstand und Verfolgung Wien, Bd. 1, S. 100 - 111, 184 ff., 267; I. Kykal, Der Sozialistenprozeß 1936, phil. Diss., Wien 1968; M. Marschalek, Der Wiener Sozialistenprozeß, in: Stadler (Hg.), Sozialistenprozesse, S. 429 - 490. Der vorsitzende Richter OLGR Dr. Alois Osio, der auch zahlreiche „illegale" Nationalsozialisten verurteilt hatte, wurde im Jänner 1939 im KZ Buchenwald ermordet.

Durch den nach dem Abkommen vom 11. Juli 1936 eingeleiteten „Deutschen Kurs", der mit einer zunehmenden Durchdringung des Staatsapparates durch nationalsozialistische Parteigänger und Sympathisanten verbunden war, verstärkte sich die Tendenz zur Begünstigung nationalsozialistischer Aktivisten gegenüber Angehörigen der Linken. „Österreichs Gleichschaltung seit dem 11. Juli ist unverkennbar. Aber nirgends ist sie so mit Händen zu greifen wie bei der Rechtsprechung", schrieb die illegale „Arbeiter-Zeitung" am 1. 11. 1936. [49] Während illegal tätige Nationalsozialisten bei vielen sympathisierenden Richtern auf Nachsicht rechnen konnten [50], wurde bei sozialistischen oder kommunistischen Angeklagten der Strafrahmen meist ausgeschöpft. Wo ein direkter Vergleich der Spruchpraxis eines Gerichts möglich ist, wird das Urteilsgefälle deutlich. So verurteilte das Kreisgericht Leoben einen Bergarbeiter, der für Spanien Spenden sammelte, zu zwei Jahren schweren Kerkers und einen Chauffeur, der kommunistische Flugblätter verteilt hatte, wegen Hochverrats zu fünf Jahren, während am selben Tag führende Nationalsozialisten, die Flugblätter verbreitet hatten, mit vier bis sechs Monaten Arrest davonkamen. Solche Beispiele ließen sich in großer Zahl anführen. Auf einer Konferenz der Sicherheitsdirektoren wurde das „überaus laxe Vorgehen der Gerichte" gegen nationalsozialistische Täter kritisiert. Nicht nur bei den Gerichten herrschte ein eindeutiges Urteilsgefälle zugunsten der Nationalsozialisten, auch bei den Amnestien wurden diese bevorzugt. [51]

Eines der härtesten Urteile wurde im Februar 1936 gegen die Funktionäre der (sozialdemokratischen) „illegalen" Freien Gewerkschaften Rudolf Holowatyj und Ferdinand Steindl verhängt, die wegen Verbreitung von Gewerkschaftszeitungen zu 10 Jahren bzw. fünf Jahren schweren Kerker verurteilt wurden. [52] Nach heftigen internationalen Protesten gegen das „Schandurteil" wurde die Strafe gegen den von Dr. Heinrich Steinitz verteidigten Holowatyj in der Berufung vom Obersten Gerichtshof auf sechs Jahre reduziert; nach der allgemeinen Amnestie im Juli 1936 wurde Holowatyj in das Anhaltelager Wöllersdorf gebracht und schließlich im Juli 1937 mit der Auflage, nach Dänemark auszuwandern, aus dem Lager entlassen. [53]

Unter den zahlreichen wegen Herstellung und Verbreitung „illegaler" Druckwerke inhaftierter RegimegegnerInnen befand sich auch die bekannte Sozialwissenschaftlerin Maria Lazarsfeld-Jahoda, damals leitende Mitarbeiterin der Österreichischen Wirtschaftspsychologischen Forschungsstelle, die gleichfalls nach ausländischen Interventionen freigelassen und aus Österreich weggehen mußte. [54]

Repression in Publizistik und Kunst

Einer der wichtigsten Bereiche der Repression war die Unterdrückung gegnerischer Propaganda und Publizistik. Sowohl die linken Organisationen als auch die Nationalsozialisten legten auf die Verbreitung „illegaler" Zeitungen, Flugblätter, Streuzettel u. dgl. großen Wert,

---

[49] Arbeiter-Zeitung, Nr. 44, l. 11. 1936, S. 5.
[50] W. Stadler, „Juristisch bin ich nicht zu fassen." Die Verfahren des Volksgerichtes Wien gegen Richter und Staatsanwälte 1945 - 1955, Dipl., Universität Wien 2004, führt zahlreiche Belege für die Unterstützung „illegaler" NS-Aktivisten durch sympathisierende Richter und Staatsanwälte, die nach 1938 Karriere in der NS-Justiz machten, an.
[51] Holtmann, Unterdrückung, S. 262 f.
[52] Landesgericht für Strafsachen Wien, 26 Vr 6260/35 (Kopie DÖW 6828).
[53] Pal, Steinitz, S. 111 - 125; Widerstand und Verfolgung Wien, Bd. 1, S. 461 ff. Holowatyj ging später nach Schweden, wo er in der sozialdemokratischen Exilorganisation mit Bruno Kreisky zusammenarbeitete, und kehrte nach 1945 nach Österreich zurück. Steinitz wurde 1942 im KZ Auschwitz ermordet.
[54] DÖW 6414; Widerstand und Verfolgung Wien, Bd. 1, S. 147.

zumal sie sich in den Medien nicht äußern konnten. Unter großem organisatorischen Auf-wand und mit hohen Risiken wurden regierungskritische Druckwerke entweder im Inland heimlich hergestellt oder aus dem Ausland (Deutsches Reich bzw. Tschechoslowakei) her-eingeschmuggelt und verbreitet, wobei immer wieder AktivistInnen und Material der Polizei in die Hände fielen. Das strafrechtliche Instrumentarium gegen die Publizistik der „illegalen" Parteien wurde durch ein Bundesgesetz zur Bekämpfung staatsfeindlicher Druckwerke vom 31. Jänner 1935 erweitert. Darin waren Strafen bis zu fünf Jahren Kerker für Personen vor-gesehen, die in geheimgehaltenen Druckwerken zum Hochverrat aufriefen, die öffentliche Ruhe störten, Verfügungen der Behörden herabwürdigten, gegen Staats- und Gemeindebe-hörden aufwiegelten oder falsche beunruhigende Gerüchte verbreiteten.[55] Durch ein Gesetz „zum Schutze des Ansehens Österreichs" sollten Druckwerke verboten werden, in denen die Geschichte Österreichs oder verstorbene um Österreich verdiente Personen verunglimpft werden[56] – damit sollten offenbar Angriffe auf Dollfuß hintangehalten werden.

Neben spezifischen presserechtlichen Vorschriften kam aber auch das ganze Instrumenta-rium der Strafgesetze und der Verwaltungsstrafverfahren gegen die HerstellerInnen und Ver-breiterInnen „illegaler" Publizistik zur Anwendung. Das in § 58 StG normierte Verbrechen des Hochverrats, also die „gewaltsame Veränderung der Regierungsform", war allerdings ge-rade bei der „illegalen" Publizistik schwer nachzuweisen, da sich die Beschuldigten meist darauf hinausredeten, den Inhalt nicht gekannt zu haben. Für die Verfolgung von Pressede-likten kamen besonders die Paragraphen 65 („Störung der öffentlichen Ruhe") sowie 300, 305 und 308 StG in Frage, in denen zahlreiche Delikte wie Herabsetzung der Behörden, Aufreizung zum Haß gegen Beamte bzw. zu ungesetzlichen und unmoralischen Handlungen angeführt sind, die mit bis zu einem Jahr Arrest bestraft werden konnten.[57] Als weitere straf-rechtliche Verschärfung trat am 11. Juli 1936 das Bundesgesetz zum Schutz des Staates, kurz Staatsschutzgesetz, in Kraft. Darin wurde die Betätigung für illegale bewaffnete oder staats-feindliche Verbindungen zum Verbrechen erhoben, das mit schwerem Kerker zwischen einem und fünf Jahren, bei „besonders erschwerenden Umständen" bis zu zehn Jahren zu ahnden war.[58]

Für die Bekämpfung der „illegalen" Publizistik waren also die Gerichte zuständig. Da vielfach aber nur die inkriminierten Schriften, nicht aber die HerstellerInnen und Verbreite-rInnen ausgeforscht werden konnten, wurden die von der Polizei aufgebrachten Druckwer-ke beschlagnahmt und nach einem Gerichtsverfahren gegen unbekannte Täter, in dem die „Staatsfeindlichkeit" des Druckwerks festgestellt wurde, für verfallen erklärt.[59] Solche Maß-nahmen richteten sich auch gegen politisch unerwünschte Publikationen im Regierungslager. So verfiel z. B. das 1936 erschienene Buch „Monarchie und Arbeiterschaft" von Ernst Karl Winter der Beschlagnahme nach §§ 300, 308 und 310 StG.[60] Der von Bundeskanzler Dollfuß 1934 als Vizebürgermeister von Wien eingesetzte Winter, ein österreichisch-patriotisch und legitimistisch gesinnter Katholik, versuchte sich als Brückenschlager zur Arbeiterbewegung;

[55]   Bundesgesetz vom 31. Jänner 1935, BGBl. Nr. 33/1935.
[56]   Bundesgesetz vom 5. Juni 1935, BGBl. Nr. 214/1935.
[57]   Österreichisches Strafgesetz, hg. v. der Staatskanzlei am 3. November 1945, 3. Aufl., Wien 1945.
[58]   Bundesgesetz vom 14. Juli 1936, BGBl. Nr. 223/1936.
[59]   Die in diesen zahlreichen Gerichtsakten als Beweismittel enthaltenen Druckwerke sind einer der wichtigsten Überlieferungen der „illegalen" Publizistik. Die daraus gespeiste Sammlung illegaler Flugschriften 1933 - 1945 im DÖW umfaßt mehr als 9000 verschiedene Exemplare.
[60]   Ein Exemplar dieses Buches mit den handschriftlichen Vermerken zur Beschlagnahme befindet sich in der Bi-bliothek des DÖW (Signatur 1831b).

seine Propagierung einer von rechts bis links reichenden österreichischen „Volksfront" gegen den Nationalsozialismus stieß jedoch unter Schuschnigg auf keine Zustimmung. [61]

Im übrigen bemühte sich die Regierung auch um die Kontrolle der legalen Presse, wenngleich die Beeinflussung der Presse in keiner Weise das Ausmaß der Pressesteuerung durch Propagandaminister Goebbels im Deutschen Reich erreichte. [62] In einem am 26. Oktober 1934 erlassenen Bundesgesetz wurde bestimmt, daß die Herausgabe einer Zeitung von einer besonderen polizeilichen Bewilligung abhängig ist. Das Recht auf eine Zeitungsherausgabe war nicht übertragbar, konnte zurückgenommen und auf bestimmte Zeit entzogen werden. [63] Damit hatte die Regierung ein äußerst brauchbares Werkzeug in der Hand, die Zeitungsherausgabe nach ihrem Gutdünken zu regeln bzw. einen permanenten Druck auf die Herausgeber auszuüben.

Das Preß-Bureau der Bundes-Polizeidirektion Wien stellte ständig unfangreiche Listen und Verzeichnisse von in- und ausländischen Druckwerken zusammen, deren Verbreitung auf Grund der Regierungsverordnungen vom 26. Mai 1933 (KPÖ-Verbot), 19. Juni 1933 (NSDAP-Verbot) und 12. Februar 1934 (SDAP-Verbot) bzw. von Gerichtsbeschlüssen in Österreich untersagt war. Dazu gehörten Werke von Karl Marx und Friedrich Engels, von Lenin, Trotzki und Stalin, von Otto Bauer und Robert Danneberg, antifaschistische, anarchistische und pazifistische Werke. Gleichfalls betroffen waren Bücher mit antiklerikaler und antikatholischer Tendenz, Schriften der Zeugen Jehovas und anderer Sekten, aber auch Romane von Anna Seghers, Oskar Maria Graf, Jack London u. v. a. sowie erotische und pornographische Literatur. [64]

In diesem Zusammenhang kann eine weitere Dimension politisch motivierter Repression nur angerissen werden: Eingriff bzw. Ausübung von Druck und Zensur im künstlerischen Bereich, [65] insbesondere in Literatur und Kleinkunst (Kabarett). Bereits von den ersten restriktiven Maßnahmen des sich etablierenden autoritären Regimes 1933 waren u. a. der Sozialdemokratie nahestehende Kabarett-Gruppen betroffen. So wurden in Wiener Neustadt im August 1933 sozialistische „Rote Spieler" von der Bühne weg verhaftet, da sie am Tag zuvor in Sollenau in ihrer Aufführung Regierungsmitglieder beleidigt hatten: „Gestern wurden über die Schauspieler Arreststrafen verhängt", meldete das Neue Wiener Tagblatt. „Der Führer der Gruppe [...] erhielt vier Wochen, der Einberufer der Veranstaltung drei Wochen, die anderen Mitglieder ein bis zwei Wochen Arrest." Die Bestraften mußten die Strafe sofort antreten. [66] Spätestens mit dem 12. Februar 1934 kam diese linke politisch-künstlerische Agitation zum Erliegen. Autoren wie der junge Jura Soyfer verlegten ihre künstlerischen Aktivitäten in die – damals sehr lebendige und vielfältige – Wiener Kleinkunstszene. Ungeachtet der verfassungsmäßig garantierten Meinungsfreiheit kamen die Zensurmaßnahmen des Regimes in dieser von Kreativität, Brillanz und Witz geprägten Subkultur voll zum Tragen – Direktoren, Autoren und Regisseure mußten darauf in ihrer Arbeit Bedacht nehmen. Die Kritik am austrofaschistischen System konnte nur verschlüsselt zum Ausdruck gebracht werden, während das NS-Regime und die Nationalsozialisten umso schärfer attackiert wurden. [67] Wie Stella Kadmon, die Direktorin des „Lieben Augustin", berichtete, mußten die Textbücher

[61]   Siehe dazu: K. H. Heinz, E. K. Winter. Ein Katholik zwischen Österreichs Fronten 1933 - 1938, Wien-Köln-Graz 1984.
[62]   Siehe den Beitrag von Wolfgang Duchkowitsch in diesem Band.
[63]   Bundesgesetz vom 26. Oktober 1934, BGBl. Nr. 340/1934.
[64]   Eine Sammlung dieser Listen findet sich im DÖW (Bibliothek 8075).
[65]   Siehe den Beitrag von Alfred Pfoser und Gerhard Renner in diesem Band.
[66]   Neues Wiener Tagblatt, 29. 8. 1933; siehe dazu ausführlicher: H. Jarka, Jura Soyfer. Leben, Werk, Zeit, Wien 1987, S. 171 ff.
[67]   R. Thumser, „Ernst ist das Leben, heiter ist die Kunst" – Kabarett im Österreich der Zwischenkriegszeit, in: Zeitgeschichte, 27. Jg., Nr. 6/2000, S. 386 - 396, hier 393.

vierzehn Tage vor der Premiere der Polizei vorgelegt werden; Polizeibeamte saßen – wie im Ersten Weltkrieg – im Zuschauerraum und verglichen Textbücher und Bühnengeschehen. Bei Verstößen beorderte der Zensor Kadmon auf das Kommissariat und drohte ihr, die „Bude zuzusperren". [68] Mitunter griffen die Zensoren auch direkt während der Vorstellung ein. Von den vielen repressiven Maßnahmen gegen KünstlerInnen sei hier nur das Vorgehen gegen Jura Soyfer, des wohl größten Talents der österreichischen Literatur, angeführt. Der „Hausdichter" des Kabaretts „ABC" wurde im Dezember 1937 wegen kommunistischer Betätigung von der Polizei verhaftet, sowohl zu Verwaltungs- als auch zu Anhaltestrafe verurteilt und schließlich wegen Verstoßes gegen das Staatsschutzgesetz, Hochverrats und anderer Delikte in Untersuchungshaft genommen, ehe er im Zuge der Februaramnestie 1938 – für kurze Zeit, bis zum 13. März 1938 – freikam. Im Zuge der Verhaftungen und Hausdurchsuchungen ging ein Teil des Manuskripts seines Romans „So starb eine Partei" – eine Auseinandersetzung mit der Sozialdemokratie – unwiederbringlich verloren. [69]

Im Unterschied zum NS-Regime wurden unter dem „Ständestaat" KünstlerInnen in der Regel nicht wegen ihrer künstlerischen Ausdrucksformen verfolgt, sondern meist auf Grund ihrer politischen Tätigkeit. So wurden etwa Axl Leskoschek, Herbert Eichholzer und Ferdinand Bilger wegen ihrer Teilnahme am Februaraufstand in Graz verhaftet. Leskoschek wurde wegen kommunistischer Betätigung 1936 neuerlich verhaftet und in Wöllersdorf inhaftiert, wo eine Reihe von in allegorischer Form gehaltenen Aquarellen entstand. Kunstwerke mit sozialistischer oder pazifistischer Tendenz – wie z. B. das 1932 in Donawitz errichtete Antikriegsdenkmal von Fritz Wotruba oder das von Wilhelm Thöny geschaffene Porträt Ferdinand Hanusch' in der Grazer Arbeiterkammer – wurden entfernt bzw. zerstört. [70] Auch andere von Künstlern geschaffene Denkmäler von zu Unpersonen gewordenen Politikern wurden demontiert.

Polizeistrafen und Anhaltelager

Die Justiz war nicht alleiniger Arm des staatlichen Repressionsapparates. Dem Regime stand eine Reihe weiterer, für die Betroffenen äußerst unangenehmer polizeilicher und administrativer Maßnahmen zur Bekämpfung politischer GegnerInnen zur Verfügung. Ein besonderes Charakteristikum der politischen Verfolgung im austrofaschistischen System bildete die geradezu zum Prinzip gewordene Mehrfachbestrafung. Da die gerichtlichen Strafen zur Abschreckung und Ausschaltung der RegierungsgegnerInnen den politisch Verantwortlichen offenbar nicht ausreichend erschienen, wurden in fast jedem Fall einer Festnahme von politisch Verdächtigen – unabhängig von der gerichtlichen Ahndung – Verwaltungsstrafen, und zwar in nicht geringer Höhe, ausgesprochen.

Das Verwaltungsstrafverfahren, also die Verhängung von Geld- und Haftstrafen durch Verwaltung und Polizei in Fällen geringfügiger Übertretungen, hatte zwar bereits bestanden (und gibt es auch noch heute), es wurde jedoch 1933 zu einem wichtigen Instrument der Bekämpfung politischer GegnerInnen ausgebaut. In diesem Zusammenhang ist die mit Verordnung vom 13. Juni 1933 erfolgte Einrichtung von Sicherheitsdirektionen in allen Bundesländern zu sehen, die „für die Aufrechterhaltung der öffentlichen Ruhe, Ordnung und Sicher-

---

68   H. Veigl, Kabarett und Kleinkunst in Wien, Wien 1986, S. 125; Jarka, Soyfer, S. 249.

69   Ebenda, S. 423 ff. Der an der Schweizer Grenze verhaftete Jura Soyfer starb – 26 Jahre alt – am 26. Februar 1939 im KZ Buchenwald.

70   H. Halbrainer, Steirische Kunst zwischen 1933 - 1945 – ein kulturgeschichtlicher Streifzug, in: G. Eisenhut / P. Weibel, Moderne in dunkler Zeit. Widerstand, Verfolgung und Exil steirischer Künstlerinnen und Künstler 1933 - 1948, Graz 2001, S. 22 - 45, hier 24 f. Abgesehen von diesem vorzüglichen Ausstellungskatalog sind diese Aspekte von der zeitgeschichtlichen Forschung bislang kaum noch aufgearbeitet.

heit" verantwortlich waren. Die Sicherheitsdirektionen waren direkt dem Bundeskanzleramt, das damals auch die Agenden Inneres hatte, unterstellt und konnten den Bezirkshauptmannschaften, Gendarmerie- und Polizeidienststellen Weisungen in Sicherheitsbelangen erteilen. AktivistInnen verbotener Parteien konnten nun ohne Gerichtsverfahren und weitgehend ohne Berufungsmöglichkeit bis zu sechs Wochen inhaftiert oder mit bis S 1000,- Strafzahlung bestraft werden.[71] Durch weitere Verordnungen und Gesetze wurden ab Februar 1934 die Strafmöglichkeiten von Verwaltung und Polizei vergrößert.

Nicht selten wurde zwecks Kumulierung der zulässigen polizeilichen Höchststrafe eine Straftat in mehrere Delikte zerlegt. In der „illegalen" Arbeiter-Zeitung wurde u. a. der Fall des Schutzbündlers Lukaschofsky angeprangert, der auf diese Weise insgesamt drei Jahre Polizeiarrest erhielt. Gelegentlich wurden Verdächtige, wie z. B. die RS-Funktionäre Karl Holoubek und Heinrich Widmayer, zwei nachmalige SPÖ-Abgeordnete, monatelang ohne Strafverfügung in Polizeihaft gehalten.[72] Der Vollständigkeit halber sei noch erwähnt, daß Sozialdemokraten, die der „illegalen" Tätigkeit für die RS verdächtig waren, von der Verwaltungsbehörde mittels eines auf die Verordnung der Bundesregierung vom 1. September 1933 gestützten Bescheids gezwungen werden konnten, (von anderen) gestreute Flugzettel persönlich zu entfernen, andernfalls eine Haftstrafe ausgesprochen wurde.[73]

In diesem Zusammenhang ist auch anzuführen, daß Polizei und Gendarmerie verhaftete politische Gegner immer wieder mißhandelte. So gaben die wegen eines Sprengstoffdelikts vor dem Standgericht stehenden Jungsozialisten Josef Gerl und Rudolf Anzböck an, daß sie von der Polizei bis zur Bewußtlosigkeit geschlagen und ihr Geständnis durch Folterungen erpreßt worden sei, was auch durch den im Gerichtsakt liegenden „Ärztlichen Befund" bestätigt wird.[74] Der eines Terroranschlags verdächtige kommunistische Arbeiter Franz Szydzina aus Wien-Brigittenau wurde in der Polizeihaft derartig mißhandelt, daß er im Juni 1936 zwei Selbstmordversuche unternahm, an deren Folgen er starb.[75] Aus einem Schreiben des Landesgerichts für Strafsachen Wien II an das Polizeikommissariat Ottakring vom 25. Jänner 1937 geht hervor, daß 14 kommunistischer Tätigkeit beschuldigte Untersuchungshäftlinge ihr Geständnis mit dem Hinweis widerrufen haben, daß dieses durch Mißhandlungen seitens des Polizeikommissärs Dr. Auinger erpreßt worden wäre.[76]

Wie in Diktaturen üblich wurden gegen die Täter keine Maßnahmen ergriffen, da offenbar solche Polizeimethoden durchaus erwünscht waren. Manche als Schläger berüchtigte Polizeibeamte, wie der „illegale" Nationalsozialist Dr. Josef Auinger, machten später bei der Gestapo Karriere; solche, die auch Nationalsozialisten mißhandelt hatten, wie der – wie Auinger am Polizeikommissariat Ottakring tätige – Dr. Josef Paul, landeten im KZ.[77] Auch hier ist zu betonen, daß diese Übergriffe nicht die Qualität der systematischen Anwendung von Folter durch die Gestapo hatten.

Als Opfer polizeilicher Willkür des Austrofaschismus sind auch die Liesinger Jungsozialisten Richard Lehmann und Johann Fröhlich, beide 23 Jahre und arbeitslos, anzusehen, die bei einer Gedenkkundgebung der RS für die Juliereignisse 1927 am 15. Juli 1934 im

---

[71] G. Jagschitz, Die Anhaltelager in Österreich, in: Jedlicka / Neck (Hg.), Vom Justizpalast zum Heldenplatz, S. 128 - 151, hier 131.

[72] Arbeiter-Zeitung, 3. Jg., Nr. 26, 28. 6. 1936, u. Nr. 35, 30. 8. 1935; Gulick, Österreich von Habsburg zu Hitler, Bd. V, S. 139 - 164.

[73] Siehe dazu: Bescheid der Bezirkshauptmannschaft Hietzing-Umgebung, 17. 10. 1936, DÖW 7297.

[74] Neugebauer, Gerl, S. 373.

[75] Bericht der Staatsanwaltschaft Wien I an die Oberstaatsanwaltschaft Wien vom 12. 10. 1935 (Kopie DÖW 5587); Widerstand und Verfolgung Wien, Bd. 1, S. 257, 441 u. Bildteil.

[76] Widerstand und Verfolgung Wien, Bd. 1, S. 323. Siehe dazu weiters: Ebenda, S. 280.

[77] Ebenda, S. 282 f.

Wienerwald von Angehörigen der Gemeindewache Kaltenleutgeben bzw. Ortswehr Liesing erschossen wurden. [78]

Eine weitere, die Gesundheit gefährdende Auswirkung polizeilicher Verfolgung bestand darin, daß sich unter Umständen verdächtige oder gesuchte AktivistInnen aus konspirativen Gründen nicht in Spitalsbehandlung begaben. So verstarb die seit Jänner 1935 polizeilich gesuchte RS-Funktionärin Paula Mistinger-Mraz am 20. Mai 1935 im Alter von 28 Jahren im Krankenhaus Lainz an den Folgen einer Angina, weil sie es nicht gewagt hatte, einen Arzt aufzusuchen, und zu spät in das Spital eingeliefert wurde. [79]

In jenen Fällen, wo Tatbestände nicht nachzuweisen waren und nur Verdachtsmomente vorlagen, aber auch zusätzlich zu bereits verhängten Polizei- und Gerichtsstrafen wurde die Einweisung in ein Anhaltelager verfügt. Es war gewiß kein Zufall, daß die Errichtung von Lagern zur Inhaftierung politischer Gegner des sich etablierenden austrofaschistischen Systems im Herbst 1933 erfolgte – wenige Monate nachdem in Dachau bei München das erste nationalsozialistische Konzentrationslager durch Heinrich Himmler, den damaligen Polizeipräsidenten von München, geschaffen worden war und bald zahlreiche weitere KZ zur Ausschaltung von Sozialdemokraten, Kommunisten und anderen politischen Oppositionellen folgten. Gerhard Jagschitz hat herausgearbeitet, daß die Heimwehr zwar bei der Errichtung der Anhaltelager eine dominierende Rolle spielte, daß es ihr aber – im Unterschied zur SS im Deutschen Reich – niemals gelang, diese Lager zu ihrem Herrschaftsinstrument auszubauen. [80] Das – ungleich kleinere und mildere – österreichische Lagersystem blieb fest in den Händen der traditionellen Machtträger von Verwaltung und Exekutive.

Treibende Kräfte der Errichtung von Anhaltelagern waren der Sicherheitsminister Emil Fey und der Tiroler Landesrat Richard Steidle, beide führende Funktionäre der in der Regierung Dollfuß vertretenen Heimwehr, während der andere Koalitionspartner, der Landbund, sich heftig dagegen wehrte und darin den ersten Schritt in Richtung Heimwehrputsch sah. Im September 1933 kam es mehrfach im Ministerrat zu Auseinandersetzungen zwischen Vizekanzler Winkler und Sicherheitsminister Fey; auch die christlichsozialen Minister Schuschnigg und Buresch unterstützten die Heimwehr, auf deren Seite sich schließlich der von ihnen immer stärker unter Druck gesetzte Bundeskanzler Dollfuß stellte. [81] Nach dem Ausscheiden des Landbundes aus der Regierung am 21. September 1933 wurde zwei Tage später eine Verordnung betreffend die „Verhaltung sicherheitsgefährlicher Personen zum Aufenthalt in einem bestimmten Orte oder Gebiete" erlassen. [82] Die Anhaltung konnte nun von den Sicherheitsdirektoren mittels Bescheid ausgesprochen werden; die dazu erforderliche Ermächtigung durch den Bundeskanzler wurde auf Grund der großen Zahl der Anhaltungen zu einem bloßen Formalakt. Die Angehaltenen hatten dem Bund einen Pauschalbetrag von S 6,- pro Tag und Person, also einen für die damaligen Verhältnisse sehr hohen Betrag, für die Kosten der Anhaltung zu ersetzen. [83] Vor Ablauf der Anhalteverordnung im September 1934 wurde ein Bundesgesetz beschlossen, das eine Reihe von Verschärfungen brachte. [84] So genügte schon die Verleitung, Vorschubleistung oder Förderung einer verbotenen Partei zur Anhaltung, für die nun keine Ermächtigung durch den Bundeskanzler mehr notwendig war; die Berufungsmög-

---

[78] Arbeiter-Zeitung, 1. Jg., Nr. 22, 22. 7. 1934; Flugblatt des ZK der RS „Der Faschismus mordet weiter" (DÖW Bibliothek 4028b/5).

[79] Schreiben der Bundespolizeidirektion Wien an die Staatsanwaltschaft Wien I, 13. 6. 1935, 26 b Vr 3327/35 (Kopie DÖW 8050/4); Steckbrief des Landesgerichts für Strafsachen Wien, 19. 6. 1935, ebenda; Marschalek, Sozialistenprozeß, S. 438.

[80] Jagschitz, Anhaltelager, S. 128 ff.

[81] Ebenda, S. 132 f.

[82] Verordnung vom 23. September 1933, BGBl. Nr. 431/1933.

[83] Verordnung vom 28. November 1933, BGBl. Nr. 525/1933.

[84] Bundesgesetz vom 24. September 1934, BGBl. Nr. 253/1934.

lichkeiten wurden weiter eingeschränkt, und eine Verlängerung der Anhaltung auf bestimmte Zeit durch den Bundeskanzler ermöglicht; Sozialversicherungs- und Invalidenrentnern wurde die Verfügung über ihre Renten entzogen, um die Abdeckung der Anhaltekosten zu sichern. In einem Erlaß wurde der Ausdruck „Konzentrationslager" für die Anhaltelager untersagt. [85] Frauen wurden grundsätzlich nicht in die Anhaltelager eingewiesen; sie verblieben in Polizei- oder Gerichtshaft.

Das wichtigste, geradezu zum Synonym gewordene Anhaltelager war Wöllersdorf in Niederösterreich, in das am 17. Oktober 1933 die ersten Häftlinge eingewiesen wurden. Das Anhaltelager unterstand der Generaldirektion für die öffentliche Sicherheit im Bundeskanzleramt; eine eigens geschaffene Gendarmerieexpositur in Wöllersdorf sorgte für die Bewachung, wobei ca. 50 Gendarmen und an die 40 Bundesheerangehörige als Assistenz eingesetzt waren. Ob seiner Strenge berüchtigt war der Lagerkommandant Gendarmeriemajor Emanuel Stillfried, der mit dem ersten Österreichertransport am 1. April 1938 in das KZ Dachau kam. [86]

Der rasche Anstieg der Zahl der inhaftierten politischen Gegner führte zu Errichtung weiterer Anhaltelager, u. a. in Kaisersteinbruch/Niederösterreich, Messendorf und Waltendorf, beide in der Steiermark, sowie zur zeitweisen Einrichtung von Notarresten während der Bürgerkriege im Februar und Juli 1934. Auf das Bettler-Anhaltelager in Schlögen in Oberösterreich kann in diesem Zusammenhang nicht eingegangen werden. [87]

Das politische Spektrum der Angehaltenen spiegelte die gesamte Opposition wider: Sie reichte von Repräsentanten der Sozialdemokratie wie Karl Renner, Adolf Schärf, Hugo Breitner, Paul Speiser, Otto Glöckel, den führenden KPÖ-Funktionären Franz Honner und Friedl Fürnberg über Spitzenleute der NSDAP wie Alfred Eduard Frauenfeld, Hugo Jury, Josef Leopold und Hermann Neubacher bis zu dem Landbündler Karl Hartleb, einem ehemaligen Vizekanzler. [88]

Die Zahl der in Anhaltelager Eingewiesenen war beträchtlich. Von den 7823 im Zuge der Februarkämpfe 1934 Verhafteten wurden 1023 in ein Anhaltelager abgegeben, darunter 4 Bundesräte, 25 Nationalratsabgeordnete, 3 Stadträte und 49 Gemeinderäte. Nach dem NS-Putsch im Juli 1934 erreichte die Zahl der Wöllerdorfer Häftlinge mit 4767 den Höchststand. Den Stand der politischen Häftlinge im September 1934 gibt Gerhard Jagschitz mit 13.388 an; die Gesamtzahl aller 1933 bis 1938 in Anhaltelagern und Notarresten Inhaftierten schätzt er auf über 16.000. Amnestien, wie etwa im Zuge des Juliabkommens 1936, sorgten immer wieder für eine starke Reduzierung der Häftlingszahlen. So gab es etwa im Dezember 1937 nur mehr 114 Häftlinge in Wöllersdorf, davon 45 Nationalsozialisten, 11 Sozialdemokraten und 58 Kommunisten. Nach dem Berchtesgadener Abkommen vom 12. Februar 1938 wurden sämtliche Häftlinge entlassen. Das NS-Regime inszenierte Anfang April 1938 eine feierliche Auflassung des Lagers Wöllersdorf – nahezu zeitgleich mit der Einweisung der ersten Österreicher in das KZ Dachau. [89]

Ein Beispiel für die Mehrfachverfolgung einer Straftat ist die behördliche Vorgangsweise im Falle des RS-Aktivisten Franz Heigelmayer aus Wien. Der seit 1. Dezember 1936 inhaftierte Heigelmayer wurde vom Bezirkspolizeikommissariat Margareten gemäß § 1 der Verordnung der Bundesregierung vom 12. Februar 1934, BGBl. 78/34, und § 3 des Bundesgesetzes vom 31. Jänner1935, BGBl. 33/35, mit sechs Monaten Arrest bestraft. [90] Während der

[85]   Jagschitz, Anhaltelager, S. 133.
[86]   Ebenda, S. 134 f.
[87]   Siehe dazu: S. Ganglmair, „Die hohe Schule von Schlögen". Zur Geschichte und Rezeption eines Bettlerlagers im Ständestaat, in: Medien & Zeit 5 (1990), H. 2, S. 19 - 29; Jagschitz, Anhaltelager, S. 135.
[88]   Ebenda, S. 137.
[89]   Ebenda, S. 146 ff.
[90]   DÖW 6232; Widerstand und Verfolgung Wien, Bd. 1, Bildteil.

Polizeihaft erhielt er einen Anhaltebescheid des Polizeipräsidenten von Wien, in dem er für drei Monate in ein Anhaltelager eingewiesen wurde. In diskret-juristischer Sprache hieß es in dem Bescheid: „[...] wird zwecks Hintanhaltungen von Störungen der öffentlichen Ruhe, Ordnung und Sicherheit zum Aufenthalte in einem bestimmten Orte oder Gebiete vorläufig auf die Dauer von drei Monaten verhalten." Darüber hinaus wurde gegen Heigelmayer beim Landesgericht für Strafsachen Wien I ein Strafverfahren gemäß § 4 des Gesetzes zum Schutz des Staates, BGBl. Nr. 223/36, geführt. Die juristisch-bürokratische Ähnlichkeit zum Vorgang der Einweisung in ein deutsches KZ ist unübersehbar. Gegen Heigelmayer wurde am 5. Jänner 1940 ein Schutzhaftbefehl der Geheimen Staatspolizei wegen Verdachts der Betätigung für die RS erlassen, auf Grund dessen er in ein Konzentrationslager gebracht wurde.[91]

Diese administrative Parallelität bedeutete jedoch keineswegs einen Gleichklang der Repression. Wöllersdorf, das wichtigste Anhaltelager des austrofaschistischen Regimes, ist mit hitlerdeutschen KZ nicht vergleichbar. In Wöllersdorf mußten die Häftling keine Zwangsarbeit leisten; Ernährung und medizinische Versorgung waren gut. Sport und diverse Freizeitbetätigungen, Verwandtenbesuche und Gottesdienste unterschieden Wöllerdorf wesentlich von KZ und Gulag. Mißhandlungen und Demütigungen standen nicht auf der Tagesordnung; es gab allerdings Disziplinarmaßnahmen wie Einzel- und Dunkelhaft, hartes Lager, Besuchs-, Post- und Paketverbote, Entzug der Leseerlaubnis u. dgl. Mehrfach kam es zu Selbstmordversuchen von Häftlingen; so erhängte sich der ehemalige niederösterreichische sozialdemokratische Parteisekretär und Landtagsabgeordnete Rudolf Posch. Gegen Mißstände wurden mehrmals Hungerstreiks durchgeführt.[92]

Brief- und Pressezensur sollten die Kommunikation nach außen unterbinden, was jedoch nicht gelang. In Wöllersdorf ging es weder um die politische Umerziehung, noch um die Brechung des Willens der Inhaftierten oder deren Entpersönlichung und schon gar nicht um Vernichtung.[93] Die Häftlinge waren zwar der Freiheit beraubt, mußten jedoch nicht um ihr Leben bangen; sie konnten sich im Lager politisch unterhalten und bilden, Pläne schmieden und mit der Außenwelt – eingeschränkt – kommunizieren. Der Aufenthalt in einem austrofaschistischen Anhaltelager bedeutete also eine zeitlich begrenzte, die Menschen unversehrt lassende Ausschaltung von Regimegegnern, während die hitlerdeutschen KZ in zunehmendem Maße auf die physische Vernichtung der Häftlinge und damit auf die Zerstörung der gegnerischen Organisationen abzielten, wobei eine weitere, noch umfassendere Dimension nationalsozialistischer Repression, die ab 1940/41 arbeitenden Tötungsanstalten und Vernichtungslager zur massenhaften Ermordung von als „minderwertig" qualifizierten Menschen, in diesem Vergleich außer acht bleibt.

Weitere Repressionsmaßnahmen

Der Freiheitsentzug wurde durch Verfolgungsmaßnahmen wirtschaftlicher und sozialer Natur ergänzt, wobei hier auf die umfassenden Maßnahmen des Regimes zur Entziehung des Vermögens der aufgelösten sozialdemokratischen Organisationen und der Freien Gewerkschaften im Februar 1934 nicht eingegangen werden kann.[94]

---

[91] Siehe dazu die Faksimile beider Dokumente in: Widerstand und Verfolgung Wien, Bd. 1, Bildteil; ebenda, Bd. 2, Bildteil.

[92] Jagschitz, Anhaltelager, S. 142 f.

[93] Ebenda, S. 139 ff., 143 f. Eine Erziehung zu „staatstreuen Bürgern" wurden von der Lagerleitung für „aussichtslos" gehalten.

[94] Der Schriftsteller Gerhard Roth hat darauf aufmerksam gemacht, daß zahlreiche Bücher aus aufgelösten sozialdemokratischen Bibliotheken in der Österreichischen Nationalbibliothek gelandet sind. Siehe dazu: Die Presse, 11. 12. 2004, Spectrum, S. II.

SchülerInnen und StudentInnen wurden wegen verbotener politischer Betätigung von den Lehranstalten relegiert, wobei ein auf Grund eines eigenen Gesetzes von der Regierung eingesetzter „Kommissär für die Aufrechterhaltung der Disziplin unter den Studierenden an den Hochschulen" (Ministerialrat Dr. Otto Skrbensky) die zu milden Akademischen Senate ersetzte. So wurde etwa der sozialistische Studentenfunktionär Josef Wacke 1935 „für immer" von allen österreichischen Hochschulen ausgeschlossen, weil er vom Polizeikommissariat Wien Innere Stadt eine Arreststrafe von 180 Tagen wegen Betätigung für die RS erhalten hatte. [95] Die Studentin Anna Wischin, die wegen Verwahrung kommunistischer Druckschriften zu 21 Tagen Polizeiarrest verurteilt worden war, wurde hingegen in einem Erkenntnis des Akademischen Senats der Universität Wien 1935 nur mit der „Rüge durch den Rektor" bestraft. [96]

Gerichtlich verurteilte öffentlich Bedienstete konnten auf Grund der Dienstpragmatik ohne weiteres entlassen werden; allein in Wien erfolgten bis 1. April 1934 1200 Entlassungen und Kündigungen, fast ausschließlich von sozialdemokratischen Parteigängern. Nach dem 23. Februar 1934 konnten Beamte auch ohne vorangegangene Polizei- oder Gerichtsstrafe vom Dienst suspendiert werden. [97] Auch in der Privatwirtschaft konnten (und wurden in der Regel) Dienstverhältnisse auf Grund des Bundesverfassungsgesetzes vom 17. August 1934 durch den „Generalstaatskommissär für außerordentliche Maßnahmen zur Bekämpfung staats- und regierungsfeindlicher Bestrebungen in der Privatwirtschaft" aufgelöst werden – eine Maßnahme, die sich angesichts der Massenarbeitslosigkeit besonders negativ auswirkte. So wurde z. B. der im Geschäft seines Vaters (!) angestellte Max Eckstein 1935 vom Staatskommissär „wegen Staatsgefährlichkeit" entlassen. In der Begründung wurde angeführt, daß Eckstein wegen Beteiligung an einer illegalen Demonstration am Jahrestag des Februar 1934 in Ottakring mit drei Monaten Polizeiarrest bestraft wurde. [98] Ärzten, wie z. B. Dr. Richard Berczeller, der sich im Burgenland für die RS betätigte, wurde der Kassenvertrag gekündigt. [99]

Schließlich kam es auch vor, daß politische Gegner des Regimes ihrer Wohnung verlustig gingen; dies betraf besonders als Sozialdemokraten hervorgetretene Mieter in Wiener Gemeindebauten, für die ein entsprechender Erlaß der Magistratsabteilung 17 vorlag. Einem Gemeindemieter wurde von der Magistratsabteilung 21 unter Androhung der Wohnungskündigung aufgetragen, ein Betretungsverbot für seinen aus politischen Gründen inhaftierten Sohn auszusprechen. Auf Grund einer Verordnung vom 4. März 1934 konnten auch Mieter in Privathäusern im Falle „staats- und regierungsfeindlicher Handlungen" gekündigt werden. [100]

Schließlich wurde gegnerischen politischen AktivistInnen, die vor Verfolgung ins Ausland flüchteten, z. B. den in die Sowjetunion emigrierten Februarkämpfern bzw. den freiwilligen Kämpfern auf der Seite der Spanischen Republik die österreichische Staatsbürgerschaft aberkannt. Wie einer Ausbürgerungsliste der Bundespolizeidirektion Wien vom 15. Mai 1936 zu entnehmen ist, befanden sich unter den Ausgebürgerten sowohl Nationalsozialisten als auch Linke. Diese Schikane konnte sich durchaus negativ auswirken, wenn die Betroffenen

---

[95] Bundesgesetz vom 6. 9. 1934, BGBl. Nr. 232, 1934/II, und vom 18. 9. 1935, BGBl. Nr. 381/1935; Widerstand und Verfolgung Wien, Bd. 1, S. 202.
[96] Ebenda, Bd. 1, S. 348.
[97] BGBl. Nr. 120, 1934/II; Gulick, Österreich von Habsburg zu Hitler, Bd. IV, S. 359.
[98] BGBl. Nr. 193/1934/II; Widerstand Wien, Bd. 1, S. 254.
[99] T. Horvath / M. Snowdon-Prötsch (Hg.), Richard Berczeller. 1902 - 1994. Sopron – Mattersburg – New York, Mattersburg 1996, S. 38.
[100] BGBl. Nr. 127/1934/II; Arbeiter-Zeitung, 3. Jg., Nr. 25, 21. 6. 1936.

z. B. keinen Reisepaß mehr erhielten, und auch die Prozedur der Wiedererlangung der Staatsbürgerschaft nach 1945 war mühsam. [101]

Insgesamt ist zu diesen außergerichtlichen Verfolgungsmaßnahmen festzustellen, daß sie – in einer Zeit großen sozialen Elends – in ihren Auswirkungen für die Betroffenen oft noch härter waren als vorübergehender Freiheitsentzug, nicht zuletzt weil sie auch die Familienangehörigen in Mitleidenschaft zogen.

Resümee

Standgerichtsbarkeit und Todesstrafe, Strafhaft und Anhaltelager haben den „Ständestaat" nicht stabilisiert – im Gegenteil: Sie trugen zur noch schärferen Ablehnung des austrofaschistischen Regimes bei dessen politischen GegnerInnen bei. Vor allem verfehlte die Todesstrafe die abschreckende Wirkung. Weder die Nationalsozialisten noch die Linken ließen sich aus Angst vor Strafe in ihrer illegalen Aktivität einschränken. Die Hinrichtung von politischen Aktivisten bewirkte den gegenteiligen Effekt. Haß und Empörung gaben neue Impulse zum Widerstand, und die illegale Propaganda erhielt dadurch neue Munition. Die Namen der Hingerichteten wurden zu Symbolen des Kampfes gegen ein ungerechtes System. Nach dem hingerichteten Georg Weissel etwa wurde im Spanischen Bürgerkrieg eine Maschinengewehrkompanie der Internationalen Brigaden benannt. [102] Die Nationalsozialisten wiederum betrieben nach dem März 1938 einen regelrechten Märtyrerkult um ihre Opfer, die „Blutzeugen der Bewegung". [103]

Zusammenfassend kann für die Justiz des „Ständestaates" gesagt werden, daß sie zwar viele Parallelen zur NS-Justiz dieser Zeit aufwies, vor allem in der Methodik der Beseitigung der Unabhängigkeit der Rechtsprechung, daß aber doch erhebliche, qualitative Unterschiede bestanden. Diese betrafen die Durchdringung der Rechtsprechung mit „ständestaatlichen" bzw. nationalsozialistischen Prinzipien, die Gleichschaltung des Apparats, den Primat der Justiz über den Polizeiapparat, die Bindung an das geschriebene Recht und das Ausmaß der Strafen. Ebenso muß festgestellt werden, daß die repressiven Methoden des Polizei- und Verwaltungsapparates des Austrofaschismus, wie z. B. Polizeiwillkür, die Einweisung in ein Lager, Studierverbote, Arbeitsplatzverlust u. dgl., Parallelen zu Maßnahmen des NS-Regimes aufwiesen, in ihrem Wesen und in ihrer Gesamtheit aber nicht mit dem massenmörderischen Gestapo-, KZ- und SS-Terror gleichgesetzt werden können. Diese Unterschiede machten das Leben von Zehntausenden Menschen in Österreich aus.

Zuletzt sei noch darauf hingewiesen, daß das NS-Regime 1938 eine gründliche Säuberung des Schuschniggschen Polizei- und Justizapparates von politischen und „rassischen" Gegnern durchführte und mit einzelnen, besonders verhaßten Funktionären des „Ständestaates" blutig abrechnete – wie etwa dem Richter Dr. Alois Osio, dem Militärrichter Oberstleutnant Franz Heckenast, dem Justizminister Dr. Robert Winterstein und dem Sektionschef Dr. Robert Hecht, die auf diese Weise zu Opfern zu des Nationalsozialismus wurden. [104] Hin-

---

[101] DÖW E 19 711/Rudolf Schober; K. R. Stadler, Opfer verlorener Zeiten. Die Geschichte der Schutzbundemigration 1934, Wien 1974; Österreichische Historikerkommission (Hg.), Staatsbürgerschaft und Vertreibung, Beiträge v. Dieter Kolonovits, Hannelore Burger und Harald Wendelin, Wien-München 2004, S. 85, 95, 110 (Veröffentlichungen, Bd. 7).

[102] Für Spaniens Freiheit. Österreicher an der Seite der Spanischen Republik 1936 - 1939. Eine Dokumentation, hg. v. Dokumentationsarchiv des österreichischen Widerstandes, Wien 1986, S. 141 ff.

[103] Siehe dazu die bei Jagschitz, Putsch, S. 195 ff., zitierte NS-Literatur.

[104] Siehe dazu u. a.: W. Neugebauer, Der erste Österreichertransport in das KZ Dachau 1938, in: Dachauer Hefte, H. 14, 1998, S. 17 - 30; Ch. Broda, 1938 - 1974: Was ist geblieben? Rede bei der Jahresversammlung des DÖW, in: Zeitgeschichte, Mai 1974, S. 181 - 196, hier 181 ff.

gegen ist in der Zweiten Republik eine politische und juristische Auseinandersetzung mit den für die Repressionsmaßnahmen des Austrofaschismus Verantwortlichen nicht erfolgt. [105]

Literatur

Baltz-Balzberg, Hugo: Die österreichische Verfassung, das Konkordat vom 1. Mai 1934 und das Verfassungs-Übergangsgesetz vom 19. Juni 1934, 2., erweiterte Aufl., Graz 1934.

Bauer, Kurt: Elementar-Ereignis. Die österreichischen Nationalsozialisten und der Juliputsch 1934, Wien 2003.

Botz, Gerhard: Gewalt in der Politik. Attentate, Zusammenstöße, Putschversuche, Unruhen in Österreich 1918 bis 1938, 2. Aufl., München 1983.

Broda, Christian: 1938 - 1974: Was ist geblieben? Rede bei der Jahresversammlung des DÖW, in: Zeitgeschichte, Mai 1974.

Das Jahr 1934: 12. Februar. Protokoll des Symposiums in Wien am 5. Februar 1974, München 1975.

Das Jahr 1934: 25. Juli. Protokoll des Symposiums in Wien am 8. Oktober 1974, Wien 1975.

Für Spaniens Freiheit. Österreicher an der Seite der Spanischen Republik 1936 - 1939. Eine Dokumentation, hg. v. Dokumentationsarchiv des österreichischen Widerstandes, Wien 1986.

Ganglmair, Siegwald: „Die hohe Schule von Schlögen". Zur Geschichte und Rezeption eines Bettlerlagers im Ständestaat, in: Medien & Zeit 5 (1990), H. 2, S. 19 - 29.

Gulick, Charles Adam: Österreich von Habsburg zu Hitler, Wien 1948.

Halbrainer, Heimo: Steirische Kunst zwischen 1933 - 1945 – ein kulturgeschichtlicher Streifzug, in: Günter Eisenhut / Peter Weibel, Moderne in dunkler Zeit. Widerstand, Verfolgung und Exil steirischer Künstlerinnen und Künstler 1933 - 1948, Graz 2001, S. 22 - 45.

Heinz, Karl Hans: E. K. Winter. Ein Katholik zwischen Österreichs Fronten 1933 - 1938, Wien-Köln-Graz 1984.

Holtmann, Everhard: Zwischen Unterdrückung und Befreiung. Sozialistische Arbeiterbewegung und autoritäres Regime in Österreich 1933 - 1938, München 1978.

Horvath, Traudl / Milenia Snowdon-Prötsch (Hg.): Richard Berczeller. 1902 - 1994. Sopron – Mattersburg – New York, Mattersburg 1996.

Huemer, Peter: Sektionschef Robert Hecht und die Zerstörung der Demokratie in Österreich. Eine historisch-politische Studie, Wien 1975.

Jagschitz, Gerhard: Der Putsch. Die Nationalsozialisten 1934 in Österreich, Graz-Wien-Köln 1976.

Jarka, Horst: Jura Soyfer. Leben, Werk, Zeit, Wien 1987.

Jedlicka, Ludwig / Rudolf Neck (Hg.): Vom Justizpalast zum Heldenplatz, Wien 1975.

Kindermann, Karl-Gottfried: Österreich gegen Hitler. Europas erste Abwehrfront 1933 - 1938, München 2003.

Kykal, Inez: Der Sozialistenprozeß 1936, phil. Diss., Wien 1968.

Lang, Hilde Verena: Bundespräsident Miklas und das autoritäre Regime 1933 - 1938, phil. Diss., Wien 1972.

Litschel, Rudolf Walter: 1934 – Das Jahr der Irrungen, Linz 1974.

Loidl, Franz: Fünf Katholikenführer, Wien 1975.

Neck, Rudolf / Adam Wandruszka (Hg.): Protokolle des Ministerrats der Ersten Republik, Bd. 4 u. 5, Wien 1984.

Neugebauer, Wolfgang: Bauvolk der kommenden Welt. Geschichte der sozialistischen Jugendbewegung in Österreich, Wien 1975.

---

[105] Das einzige gegen einen Repräsentanten des „Ständestaates" geführte, mit einem Freispruch endende Gerichtsverfahren gegen den Außenminister Dr. Guido Schmidt bezog sich nicht auf Unterdrückungsmaßnahmen, sondern auf das Verhalten gegenüber Hitlerdeutschland. Siehe dazu: Der Hochverratsprozeß gegen Dr. Guido Schmidt vor dem Wiener Volksgericht, Wien 1947.

Neugebauer, Wolfgang: Politische Justiz in Österreich 1934 - 1945, in: Erika Weinzierl / Oliver Rath-
    kolb (Hg.), Justiz und Zeitgeschichte – Symposionsbeiträge 1976 - 1933, Bd. 1, Wien 1995, S. 114 -
    138.
Neugebauer, Wolfgang: Der erste Österreichertransport in das KZ Dachau 1938, in: Dachauer Hefte, H.
    14, 1998, S. 17 - 30.
Österreichische Historikerkommission (Hg.), Staatsbürgerschaft und Vertreibung, Beiträge v. Dieter
    Kolonovits, Hannelore Burger u. Harald Wendelin, Wien-München 2004 (Veröffentlichungen,
    Bd. 7).
Pal, Christine: Heinrich Steinitz: Rechtsanwalt – Dichter – Volksbildner, phil. Diss., Wien 2004.
Papanek, Ernst: Die Idee steht mir höher als das Leben. Ein Buch über Josef Gerl und seine Freunde,
    Karlsbad 1935.
Peball, Kurt: Die Kämpfe in Wien im Februar 1934, Wien 1974 (= Militärhistorische Schriftenreihe
    25).
Schefbeck, Günther (Hg.): Österreich 1934. Vorgeschichte – Ereignisse – Wirkungen, Wien 2004.
Stadler, Karl R.: Opfer verlorener Zeiten. Die Geschichte der Schutzbundemigration 1934, Wien 1974.
Stadler, Karl R. (Hg.): Sozialistenprozesse. Politische Justiz in Österreich 1870 - 1936, Wien -München-
    Zürich 1986.
Stadler, Wolfgang: „Juristisch bin ich nicht zu fassen." Die Verfahren des Volksgerichtes Wien gegen
    Richter und Staatsanwälte 1945 - 1955, Dipl., Universität Wien 2004.
Thumser, Regina: „Ernst ist das Leben, heiter ist die Kunst" – Kabarett im Österreich der Zwischen-
    kriegszeit, in: Zeitgeschichte, 27. Jg., Nr. 6/2000, S. 386 - 396.
Veigl, Hans: Kabarett und Kleinkunst in Wien, Wien 1986.
Walters, Eric: Tiere bewachen Menschen (Manuskript in: DÖW 9622).
Widerstand und Verfolgung in Wien 1934 - 1945. Eine Dokumentation, hg. v. Dokumentationsarchiv
    des österreichischen Widerstandes, 3 Bd.e, Wien 1975.
Winter, Ernst Karl: Christentum und Zivilisation, Wien 1956.

Unterzeichnung der Römischen Protokolle durch Mussolini, Dollfuß und Gömbös, 17. März 1934

Austrofaschistische Außenpolitik – ihre Rahmenbedingungen und ihre Auswirkungen

Karl Stuhlpfarrer

Bestimmungs- und Bedingungsfaktoren – Dollfuß' innen- und außenpolitische Strategie – Italien: Rückendeckung und Druck – Hauptziel: Konsolidierung der internationalen Stellung – Juliabkommen 1936 und seine Folgen

Vorbemerkung

In der beginnenden Formierungsphase des Austrofaschismus bestand die Welt des offiziellen Österreich aus einem sehr begrenzten, traditionellen Ausschnitt des Globus. Das amtliche Wahrnehmungsvermögen der österreichischen Gesandtschaften reichte über Europa kaum hinaus, erreichte schon in Ankara und in Kairo seine Grenzen in Asien und Afrika und bildete jenseits des Atlantiks nur in Washington und in Rio de Janeiro Brennpunkte diplomatischer Aufmerksamkeit Österreichs. Dieses Bild eines ganz auf die Hauptzentren in Europa und bestenfalls noch auf den Völkerbund in Genf ausgerichteten außenpolitischen Interesses der damaligen österreichischen Bundesregierungen ändert sich auch nicht, wenn die wenigen Berufsgeneralkonsulate und -konsulate, die damals existierten, in die Beobachtung einbezogen werden.[1]

Diesen eng begrenzten Blickwinkel und diese mehr oder weniger strenge Beschränkung auf die nächste Umgebung teilten die österreichischen Produzenten und Konsumenten mit der Reichweite amtlicher Wahrnehmung, soweit sie am österreichischen Außenhandel teilnahmen oder durch ihn betroffen waren. Über 60 Prozent der österreichischen Einfuhr und fast 60 Prozent der österreichischen Ausfuhr wurden zum Beispiel im Jahre 1933 nur mit den Nachbarstaaten Österreichs abgewickelt. Unter den elf wichtigsten Handelspartnern Österreichs befand sich zu dieser Zeit nur ein einziges nichteuropäisches Land, die Vereinigten Staaten von Amerika.[2] Im wesentlichen änderte sich an dieser Situation auch bis 1938 nichts.

Bestimmungs- und Bedingungsfaktoren

Zwei Hauptelemente bestimmten die internationale Stellung der österreichischen Republik und bildeten die permanenten Orientierungspunkte der österreichischen Außenpolitik. Auf der einen Seite stand das System der Pariser Friedensverträge und seine Weiterentwicklung durch eine Politik der Friedenssicherung und der Aufrechterhaltung des Status quo in einem

---

[1]   Österreichischer Amts-Kalender für das Jahr 1933, Wien 1933, S. 39 - 46.

[2]   E. Haas, Die Außenhandelspolitik der ehemaligen Republik Österreich während der Weltwirtschaftskrise bis zum Anschluß unter besonderer Berücksichtigung der Handelsvertragspolitik, Würzburg 1939, Tabelle III.

System der kollektiven Sicherheit, auf der anderen Seite standen die auf die Revision dieses Systems ausgerichteten Mächte unter der Führung des wiedererstarkten Deutschlands, das es in immer größere Bedrängnis brachte. [3] Die Selbständigkeit Österreichs oder sein „Anschluß" an Deutschland wurden in diesem Zusammenhang diskutiert. Die Frage nach der Existenz oder Nichtexistenz eines unabhängigen Österreichs verschränkte sich aber mit der Alternative bürgerliche Demokratie oder Faschismus, seit die kurzfristige Optionsmöglichkeit auf ein sozialistisches Österreich in der unmittelbaren Nachkriegszeit nicht wahrgenommen worden war.

Die Optionen der gesellschaftlich führenden Schichten in Österreich, die darauf aus waren, ihre früheren Positionen wiederzuerringen, die sie nach der Auflösung der Habsburgermonarchie infolge der Niederlage im Krieg und durch die Gründung der Republik verloren hatten oder aufgeben hatten müssen, waren nicht sehr vielfältig. Sie konnten abwägen, ob sie ihr Ziel besser und rascher, vor allem aber unangefochtener im Bündnis mit dem wiederauflebenden deutschen Imperialismus oder mit dem westlichen Kapital erreichen würden, das Wien auch als Drehscheibe für die finanzielle Durchdringung Südosteuropas benützte.

Weil aber gesamtösterreichische und österreichisch-regionale Interessen nicht unbedingt immer übereinstimmen mußten und weil sich auch das Gewicht der möglichen Bündnispartner im Laufe der Zeit veränderte, konnte sich die Einschätzung der Erfolgsaussichten ändern und einen Wechsel der Option sinnvoll und notwendig, vielleicht sogar unabwendbar erscheinen lassen. Die faschistische Diktatur konnte eben unter solchen veränderten außenpolitischen Rahmenbedingungen einmal in einem selbständigen, ein anderes Mal in einem nichtexistenten Österreich besser gewährleistet sein.

Zumindest seit der finanziellen Rekonstruktion Österreichs durch die Genfer Anleihe von 1922 und der Fortsetzung dieser Politik in der Anleihe von Lausanne 1932 bildete die Sicherheit angemessener Verwertungsbedingungen für das Auslandskapital in Österreich zu Lasten der arbeitenden Bevölkerung die zentrale Achse, um die sich die Politik der Aufrechterhaltung der Selbständigkeit Österreichs drehte. Das bildete auch den Rahmen für alle Sanierungsmaßnahmen nach dem Zusammenbruch der Creditanstalt im Jahre 1931. Die politische Alternative, die Auswirkungen der Weltwirtschaftskrise auf Österreich durch eine engere Zusammenarbeit mit dem seit Mitte der zwanziger Jahre wiedererstarkenden Deutschland in einer Zollunion aufzufangen, war 1931 gescheitert.

Seit ungefähr Mitte des Jahres 1929 begann zudem der Aufbau von österreichischen Sonderbeziehungen zu Italien und die Formierung einer italienisch-ungarisch-österreichischen Kombination, die deshalb so charakteristisch ist, weil Italien nicht nur die Politik der Äquidistanz zwischen den revisionistischen und westlichen – verkürzt den deutschen und französischen – Interessen zumindest tendenziell repräsentierte, sondern weil seine Politik in besonders eindringlicher Weise die Verschränkung jener innen- und außenpolitischen Interessen ausdrückte, die in der Politik der Herrschaftsstabilisierung der österreichischen Bourgeoisie und im politischen und wirtschaftlichen Durchdringungsprogramm gegenüber Südosteuropa bestand, die selbst wieder in einen permanenten Interessenkonflikt mit den deutschen Expansionsabsichten nach Südosteuropa gerieten. [4]

Die Stationen der Annäherung Italiens, Ungarns und Österreichs von Handelsverträgen mit geheimen Präferenzen über Zollunionspläne bis hin zu den Römer Protokollen im März 1934 manifestieren den Gleichklang der italienisch-faschistischen und der auf die Errichtung

---

[3] H. Haas, Österreich im System der kollektiven Sicherheit: Der Völkerbund und Österreichs Unabhängigkeit im Jahre 1934, in: E. Fröschl / H. Zoitl (Hg.), Februar 1934. Ursachen, Fakten, Folgen, Wien 1984, S. 407-449, hier 413.

[4] Vgl. K. Haas, Die Römische Allianz 1934, in: E. Fröschl / H. Zoitl (Hg.), Der 4. März 1933. Vom Verfassungsbruch zur Diktatur, Wien 1984, S. 69-91.

der Diktatur in Österreich ausgerichteten inneren Kräfte. Nicht die Bedrohung durch den deutschen Faschismus erzwang die Anlehnung Österreichs an Italien und die Errichtung der Diktatur in Österreich, sondern die Etablierung und Stabilisierung der Diktatur in Österreich durch das Dollfußregime bedingte die verstärkte Anlehnung an das faschistische Italien und bedurfte seiner Rückendeckung. [5]

Die Betonung der außengeleiteten Bedingungsfaktoren der Errichtung des austrofaschistischen Systems in Österreich und die Vernachlässigung der autonomen Rahmenbedingungen, wie sie durch die Interessen der gesellschaftlich führenden Schichten in Österreich an der Errichtung der faschistischen Diktatur bestimmt waren, verhalfen der nationalen Konsensdemokratie in Österreich nach der Zerschlagung des deutschen Faschismus durch die Alliierten zu jener Legitimation, die ihr umfassende Problemlösungskapazität bescheinigte, weil ihr historisches Scheitern als schicksalhaft oder naturwüchsig verharmlost und ihre Mitverantwortung am Aufkommen des Faschismus nach außen abgewälzt werden konnte. Diese nachträgliche Rechtfertigung kann jedoch nicht Maßstab historischer Analyse werden. Das bedeutet indessen nicht, daß von der Auffassung ausgegangen werden kann, die politische Führung in Österreich habe nicht auf internationale Konstellationen Rücksicht nehmen müssen. Eine wesentliche Rolle kam dabei tatsächlich auch der Politik des Deutschen Reiches zu.

Bundeskanzler Dollfuß richtete sich nicht prinzipiell gegen eine Politik, in der die deutschen Südosteuropa-Aspirationen berücksichtigt waren. Den deutschen Botschafter in Rom ließ er im März 1934 wissen, „Österreich wünsche und erstrebe nach wie vor eine Verständigung mit dem Reich und sein allgemeines Ziel bleibe ein Zusammenwirken mit Deutschland im Südostraum, wobei aber, wie er (Dollfuß) betonte, die Freundschaft mit Italien ein unentbehrlicher Faktor für Österreich bleibe, dergestalt also, daß er sich ein enges Zusammenwirken dieser drei Länder als Ideal vorstelle". [6]

Entscheidend für ein solches Programm blieb, ob Dollfuß mit einer solchen Politik des Juniorpartners die nötige Unterstützung im Inland und im Ausland fand. Die österreichische Industrie ging jedenfalls sehr zielbewußt daran, ihre Interessen und ihre politische Strategie den durch die Weltwirtschaftskrise veränderten Bedingungen anzupassen. Sie strebte über ein Regime mit erweiterten Vollmachten die Errichtung der Diktatur in Österreich an. Die mit der Industrie verbündeten gesellschaftlichen und politischen Kräfte fanden sich seit 1932 in der Regierung Dollfuß zusammen. [7]

Dollfuß' innen- und außenpolitische Strategie

In seiner innen- und außenpolitischen Strategie hatte sich auch Dollfuß an den weltwirtschaftlichen Rahmenbedingungen zu orientieren, wenngleich seine Politik nicht zwangsläufig daraus abzuleiten sein wird. Dollfuß hatte darüber hinaus im bürgerlichen Sektor der gesellschaftlichen und politischen Kräfte in Österreich mit einem politischen Machtdreieck zu rechnen, in dem er und seine Anhängerschaft auf der einen Seite den Heimwehren und den Nationalsozialisten auf den beiden anderen Seiten gegenüberstanden. Diese drei Kräfte waren allerdings durch ein gemeinsames Ziel miteinander verbunden. Sie wollten die organisierte Arbeiterbewegung in Österreich aus Politik, Gesellschaft und Wirtschaft ausschalten, um die

---

[5]   Haas, Römische Allianz, S. 83.

[6]   Der Botschafter in Rom von Hassell an das Auswärtige Amt, 17. 3. 1934, Anlage 2, Aufzeichnung, 15. 3. 1934, AdAP, C, II, Nr. 232, S. 614.

[7]   K. Haas, Industrielle Interessenpolitik in Österreich zur Zeit der Weltwirtschaftskrise, in: Jahrbuch für Zeitgeschichte 1978, Wien 1979, S. 96 - 126.

Interessen der gesellschaftlich führenden Schichten zu Lasten der arbeitenden Bevölkerung durchsetzen zu können. [8]

Eine konfliktfreie Kooperation innerhalb dieses Machtdreiecks zur Niederwerfung der österreichischen Arbeiterbewegung kam indessen nicht zustande. Die Heimwehren waren stark durch ihre Bindungen an Ungarn und vor allem an Italien bestimmt, die Nationalsozialisten fungierten als verlängerter Arm der deutschen Partei- und Staatsführung. Wie eine Zusammenarbeit innerhalb dieses Machtdreiecks beschaffen sein sollte und wer vor allem in ihm die führende Rolle beanspruchen durfte, hing wesentlich davon ab, wer diese Rolle definierte und wie sie neu definiert werden sollte: durch innen- und außenpolitisches Paktieren, wie dies Dollfuß wollte, weil er den Verlust seiner Vormachtstellung fürchtete, durch Neuwahlen, wie es die Nationalsozialisten forderten, oder durch Gewalt, wie es schließlich beim nationalsozialistischen Putschversuch im Juli 1934 geschah. [9]

Es ist gerade diese Konstellation, die dazu verführt, Dollfuß zuzugestehen, er habe sich in einer ausweglosen Situation befunden, er wäre die Marionette zwangsläufiger Entwicklungen oder das Opfer der Erpressung oder Druckausübung übermächtiger Nachbarn geworden. Das ergibt sich nicht einmal aus den beiden Voraussetzungen, daß er unter allen Umständen an der Macht bleiben und daß er mit der organisierten Arbeiterbewegung nicht kooperieren wollte. Sofern nämlich die Wahrung der Unabhängigkeit und Selbständigkeit Österreichs sein und seiner Bündnispartner Hauptziel gewesen wäre und nicht die Ausschaltung der Arbeiterbewegung, dann hätte er dieses Ziel in einem breiten Bündnis mit der Arbeiterbewegung mit sehr viel größeren Erfolgschancen angehen können. Es ist sein Konzept der Errichtung der Diktatur in Österreich, das diese Konstellation ausschloß.

Im Bündnis mit den Nationalsozialisten wäre die Diktatur zweifellos rascher und konfliktfreier einzurichten gewesen. Nur hätte dieses Bündnis eine Neudefinition des Machtanteils der Bündnispartner vorausgesetzt, die weder mit Dollfuß als Diktator noch mit der Durchsetzung der Interessen der österreichischen gesellschaftlichen Führungsschicht allein geendet hätte. Die Diktatur mit Dollfuß als Diktator verlangte daher eine Konstellation, in der Dollfuß alle drei Linien seiner Politik gleichwertig vorantreiben konnte: die Aufrechterhaltung der österreichischen Unabhängigkeit, die Errichtung der Diktatur in Österreich und die Wahrung seiner persönlichen Machtposition als Treuhänder der österreichischen Bourgeoisie.

Italien: Rückendeckung und Druck

Das war nicht ohne außenpolitische Rückendeckung möglich. Diese Rückendeckung fand Dollfuß an Italien, weil Italien so lange den logischen Konkurrenten Deutschlands und der mit Deutschland verbundenen österreichischen Nationalsozialisten bildete, als Deutschland und Italien noch keine Abgrenzung ihrer Einflußsphären in Südosteuropa in der einen oder anderen Form durchgeführt hatten, so lange daher Italien Österreich als Barriere gegen die Südosteuropapolitik Deutschlands benötigte. Die österreichisch-italienische Interessenübereinstimmung abzuklären war der Sinn der Zusammenkünfte von Dollfuß mit Mussolini seit dem Frühjahr 1933.

Das starke Motiv, das Dollfuß nach Rom geführt hatte, war die Gefahr gewesen, die Heimwehren und die Nationalsozialisten könnten sich mit der Unterstützung Italiens ohne ihn auf eine diktatorische Regierung einigen und durch Neuwahlen das bürgerliche Machtdreieck

---

[8]   Vgl. zu folgendem K. Stuhlpfarrer, Zur außenpolitischen Lage Österreichs im Jahre 1934, in: Fröschl / Zoitl, Februar 1934, S. 451 - 461.

[9]   Vgl. D. Ross, Hitler und Dollfuß. Die deutsche Österreichpolitik 1933 - 1934, Hamburg 1966, und G. Jagschitz, Der Putsch. Die Nationalsozialisten 1934 in Österreich, Graz-Wien-Köln 1976.

neu definieren wollen. Dollfuß interpretierte daher die italienische Unterstützung zur faschistischen Umgestaltung Österreichs, die er von seinem Rom-Besuch im April 1933 mitbrachte, aber auch das italienische Interesse an der österreichischen Selbständigkeit ganz auf seine Person bezogen. „Es hat auch das Motiv mitgespielt", berichtete er am 20. April 1933 gespielt bescheiden dem Parteivorstand der Christlichsozialen, „daß Mussolini in meiner Person den Bundeskanzler eines selbständigen Staates begrüßte."[10]

Alle anderen Zusammenkünfte des österreichischen Bundeskanzlers mit Mussolini und auch mit dem ungarischen Ministerpräsidenten Gömbös verfestigten diese Identität von Person und politischem Programm, das Dollfuß um sich geschaffen hatte, nur noch mehr. Jede Unterstützungserklärung, jede Konsultationsverabredung, jede Wirtschaftsvereinbarung mußte immer auch seiner Funktion als Diktator nützlich sein. Da bedurfte es keiner Drohungen, keiner Ausübung von Druck, da bestand ein weitestgehendes Maß an Interessenidentität zwischen den von Dollfuß ausgedrückten Wünschen und den von langjähriger Erfahrung als Diktator getragenen Ratschlägen Mussolinis.[11]

Vergegenwärtigen wir uns doch, welche Mittel einer italienischen Regierung tatsächlich zur Verfügung gestanden wären, die einen widerspenstigen Dollfuß hätte erpressen oder auf ihn Druck ausüben müssen, damit er gegen seine Absicht einem italienischen Programm der Faschisierung hätte folgen müssen. Ein Ausgleich allein mit den österreichischen Nationalsozialisten entsprach nicht den damaligen Interessen Italiens, weil dies einer Kapitulation vor der deutschen Österreichpolitik gleichgekommen wäre. Ein Putsch der Heimwehren war ein schon seit den Anfängen der italienischen Heimwehrfinanzierung in den zwanziger Jahren vielfach erträumtes, immer jedoch unrealisiertes und unrealisierbares Programm, so daß es außerhalb der Überlegungen hätte bleiben müssen. Wirtschaftlicher Druck allein Italiens auf Österreich hätte wenig erfolgversprechende Ergebnisse gehabt. Blieb als extreme Möglichkeit militärische Gewalt. Eine militärische Intervention Italiens in Österreich hätte aber sofort die anderen Nachbarstaaten auf den Plan gerufen, so daß sie für Italien, das Wien kontrollieren mußte, um erfolgreich bleiben zu können, sehr problematisch hätte werden können. „Die Drohung mit einer italienischen militärischen Intervention in Österreich", befand daher auch der deutsche Militärattaché in Wien, Generalleutnant Muff, in seiner realistischen Einschätzung der Verhältnisse im März 1934, „ist deshalb doch wohl nur ein Schreckgespenst, um politische und militärische Laien kopfscheu zu machen."[12] So bleibt daher die Schlußfolgerung: Mussolini benötigte zur Durchsetzung seiner Interessen in Österreich Dollfuß ebenso dringend wie Dollfuß Mussolini für seine.

Nur über das Tempo, das im Faschisierungsprozeß Österreichs eingeschlagen werden sollte, waren sich die beiden nicht einig. Hier drängte Mussolini. Die Hirtenberger Waffenaffäre hatte ihm gezeigt, welchen internationalen Reflex zuungunsten Italiens und Ungarns, aber auch der Heimwehren eine Aktion der österreichischen Sozialdemokratie auslösen konnte. Mussolini konnte aber auch kein Interesse daran haben, daß das Geschäft der Errichtung der Diktatur in Österreich vielleicht doch noch durch die Nationalsozialisten erledigt würde und daß er sich dann in einer Viererkombination mit Deutschland, die Gömbös ohnehin schon vorgeschlagen hatte, hoffnungslos in der Minderheit befand, gar nicht mehr benötigt wurde.

---

[10] W. Goldinger (Hg.), Protokoll des Klubvorstandes der Christlichsozialen Partei 1932 – 1934, Wien 1980 (= Studien und Quellen zur österreichischen Zeitgeschiche 2), S. 231.

[11] Vgl. P. Enderle, Die ökonomischen und politischen Grundlagen der Römischen Protokolle aus dem Jahre 1934, geisteswiss. Diss., Wien 1979, S. 89; D. A. Binder, Dollfuß und Hitler. Über die Außenpolitik des autoritären Ständestaates in den Jahren 1933/34, Graz 1979 (= Dissertationen der Universität Graz 43), S. 149; Geheimer Briefwechsel Mussolini-Dollfuß, Wien 1949, S. 17 - 21; M. Adám / G. Juhasz / L. Kerekes, Allianz Hitler-Horthy-Mussolini, Budapest 1966, S. 122 ff.

[12] Deutsche Gesandtschaft Wien, Militärattaché Muff, an Auswärtiges Amt Berlin, 16. 3. 1934, NAW, T-120/2496/E269708.

Gerade auf die Nationalsozialisten schob Dollfuß alle Verantwortung für die Verzögerungen, die eingetreten waren. Sie seien ihm in den Rücken gefallen, sie allein hemmten den schrittweisen Ausbau des faschistischen Österreichs, seitdem die Aktion der österreichischen Sozialdemokraten, über ihre französischen Genossen in der Anleihefrage Druck auf die Regierung Dollfuß auszuüben, mit einer Niederlage geendet hatte. [13]

Die Austrifizierung der österreichischen Nationalsozialisten, das heißt die deutsche Anerkennung der Unabhängigkeit Österreichs und die deutsche Nichteinmischung in seine inneren Angelegenheiten, bildete für Dollfuß den Grundsatz und die Voraussetzung für eine Aussöhnung Österreichs mit Deutschland, aber auch für die Sicherstellung seiner eigenen Machtposition. Die Unabhängigkeit eines faschistischen Österreichs zu unterstützen, das sagte Mussolini mehrmals und gerne seit seiner Zusammenkunft mit Dollfuß in Riccione im August 1933 zu. [14]

Ob dieser Faschisierungsprozeß in Österreich gemeinsam mit den Nationalsozialisten oder in Konkurrenz zu ihnen durchgeführt werden würde, hing nicht zuletzt von den Ausgleichsverhandlungen ab, die Dollfuß und der Landesinspekteur der österreichischen NSDAP, Habicht, über Beauftragte miteinander führten. Habicht akzeptierte die Forderungen von Dollfuß nicht, weil dann die Position der Nationalsozialisten in Österreich empfindlich geschwächt worden wären, Dollfuß kam den Forderungen Habichts nicht entgegen, weil diese auf die völlige Gleichberechtigung der Nationalsozialisten in der Regierung und im öffentlichen Leben hinausgelaufen wären, was Dollfuß in Wirklichkeit in die Minderheitsposition versetzt hätte. Nur in einer Forderung bestand Einverständnis zwischen den Verhandlungspartnern, in der Forderung nach „Eröffnung des schärfsten Kampfes gegen den Marxismus". [15]

Gerade aber diesen Kampf gegen die organisierte Arbeiterbewegung hatte Dollfuß, wie er dem deutschen Gesandten in Wien erläuterte, bis dahin nicht wagen können, weil er fürchtete, gleichzeitig von den Nationalsozialisten angegriffen zu werden. „Eine Befürchtung", setzte der deutsche Gesandte seinem Bericht nach Berlin hinzu, „die meines Wissens nicht unbegründet ist." [16]

Der Beseitigung dieses Haupthindernisses für den Faschisierungsprozeß in Österreich dienten die Besuchsreisen des italienischen Staatssekretärs Suvich nach Berlin im Dezember 1933 und nach Wien im darauffolgenden Jänner 1934. Verbindlich nahm Suvich in Berlin die Erklärungen Hitlers zu Kenntnis, die Anschlußpolitik sei kein vorrangiges deutsches Interesse. Es dürfe in Österreich nur keine antideutsche Politik gemacht werden, die das Land in die Arme Frankreichs und der Kleinen Entente triebe, und den österreichischen Nationalsozialisten müsse freie Entfaltungsmöglichkeit und jener Platz eingeräumt werden, der ihnen zukäme. [17]

Um Dollfuß die nötige Atempause zu sichern, betonte Suvich gegenüber Hitler die vorgeblichen Gemeinsamkeiten ihrer Interessen: Beide Länder wollten keinen Anschluß, in Österreich solle eine antimarxistische oder antidemokratische Politik gemacht werden, und Österreich solle kein Bauer im Schachspiel Frankreichs und der Kleinen Entente werden. Suvich warb für Dollfuß, den er als energischen Mann beschrieb, der sein Programm bis zum En-

---

[13]   Vgl. K. Haas, Der „12. Februar 1934" als historiographisches Problem, in: L. Jedlicka / R. Neck (Hg.), Vom Justizpalast zum Heldenplatz. Studien und Dokumentationen 1927 bis 1938, Wien 1975, S. 156 - 168, hier 162 f.

[14]   Binder, Dollfuß und Hitler, S. 158 ff.; Enderle, Ökonomische und politische Grundlagen, S. 99 ff.; Geheimer Briefwechsel Mussolini-Dollfuß, S. 27 f.

[15]   Aufzeichnung des Gesandtschaftsrats Hüffer, 30. 10. 1933, AdAP, C, II, Nr. 35, S. 54.

[16]   Der Gesandte in Wien Rieth an Staatssekretär des Auswärtigen Amtes von Bülow, 21. 12. 1933, AdAP, C, II, 1, Nr. 143, S. 259.

[17]   Aufzeichnung des Reichsministers des Auswärtigen, Freiherr von Neurath, 13. 12. 1933, AdAP, C, II, 1, Nr. 126, S. 219 f.

de verfolgen werde, der sich aber im Kampf gegen die Linke keinen Zweifrontenkrieg mit den Nationalsozialisten in Österreich leisten könne. Suvich plädierte daher dafür, einige Zeit verstreichen zu lassen, bis sich die Gemüter beruhigt hätten, die Agitation von beiden Seiten einzustellen und den Eindruck zu beseitigen, als wollten die Nationalsozialisten Österreich liquidieren. [18]

In Wien zeigte dann Suvich im Jänner 1934, worauf es ihm angekommen war. Er drängte Dollfuß, die Verhandlungen mit Habicht abzubrechen, riet von einer seiner Meinung nach voreiligen Befassung des Völkerbundes ab und signalisierte die Beschleunigung des Faschisierungstempos in Österreich, um eine Abwanderung der Heimwehren zu den Nationalsozialisten zu verhindern und diesen den Wind aus den Segeln zu nehmen. Dollfuß bekräftigte sein Programm der Zerschlagung der sozialdemokratischen Machtpositionen in Wien, der Auflösung der Parteien und der Verfassungsreform. Er blieb aber dabei, das Tempo selbst bestimmen zu wollen, auch wenn dessen Beschleunigung Voraussetzung für wirtschaftliche Vereinbarungen bilden sollte. [19] Diese Wirtschaftsvereinbarung benötigte Dollfuß, um die Drosselung und die Umorientierung der deutschen Importe aus Österreich kompensieren zu können. [20]

Die Niederlage der Arbeiterbewegung im Februar 1934 festigte nicht nur das Bündnis zwischen Dollfuß und den Heimwehren, sondern auch die Stellung von Dollfuß im Ausland, auch wenn sich die internationale Öffentlichkeit kurzfristig über die Brutalität erregt hatte, mit der die Exekutive und die Heimwehren die Kämpfe geführt hatten. Die Erklärung Großbritanniens, Frankreichs und Italiens vom 17. Februar 1934 [21] kann, auch wenn sie nicht so gemeint war, so gedeutet werden, die einen Monat später abgeschlossene Dreierallianz zwischen Italien, Ungarn und Österreich muß so interpretiert werden. Das machte einen Wechsel in der deutschen Österreichpolitik notwendig, der sich aber letztlich nicht auf ihre Inhalte auswirkte. Sie mußte aber nunmehr stärker die Position von Italien und Dollfuß in ihre Überlegungen einbeziehen. Das war der Sinn des von Gömbös angeregten und durch Papen vorbereiteten Treffens zwischen Hitler und Mussolini in Venedig im Juni 1934.

Hitler präsentierte Mussolini dort ein Programm von fünf Punkten. Er sagte erstens zu, daß der „Anschluß" selbst nicht aktuell sei. Er forcierte zweitens die Abhaltung von Neuwahlen in Österreich, drittens eine nationalsozialistische Regierungsbeteiligung im Verhältnis zum Wahlergebnis und viertens die Ablösung des Bundeskanzlers durch eine unabhängige Persönlichkeit. Dafür sagte er fünftens zu, über alle österreichischen Fragen werde einvernehmlich zwischen Deutschland und Italien entschieden werden. Hitler und seine Paladine gaben sich kurzfristig der Illusion hin, Mussolini habe dieses Programm, das im wesentlichen auf eine Teilung des Einflusses in Österreich zwischen Italien und Deutschland hinauslief, tatsächlich akzeptiert.

Dieses Programm gab auch tatsächlich der deutschen Politik die Richtung an. Aber Mussolini drückte seine Ablehnung gegenüber dem deutschen Botschafter in Rom unmißverständlich, wenngleich verschieden interpretierbar aus, als er ihm zu verstehen gab: „Keine Regierung werde freiwillig einer sie mit allen Mitteln bekämpfenden Bewegung mehr oder weniger den Platz räumen; und darauf komme es" – nämlich in den fünf Punkten Hitlers – „schließlich hinaus." [22]

Tatsächlich hatte auch der deutsche Gesandte in Wien bei seiner Unterredung mit Hitler am 9. Februar 1934 schon als Haupthindernis einer Verständigung zwischen Dollfuß und

[18] Ebenda; vgl. Enderle, Ökonomische und politische Grundlagen, S. 111 f.
[19] Binder, Dollfuß und Hitler, S. 215 - 218; Geheimer Briefwechsel Mussolini-Dollfuß, S. 47.
[20] Vgl. Rieth an Clodius, 27. 6. 1934, NAW, T-120/2495/E269405 - 414.
[21] Haas, Österreich, S. 437 f.
[22] Der Botschafter in Rom von Hassell an das Auswärtige Amt, 5. 7. 1934, AdAP, C, III, 1, Nr. 62, S. 126.

den Nationalsozialisten bezeichnet, daß Dollfuß und seine Mitarbeiter Zweifel daran hätten, „welche Garantien sie nicht nur für eine Fortdauer ihrer politischen Tätigkeit nach Abschluß eines Abkommens, sondern sogar für ihre persönliche Sicherheit erlangen könnten."[23] Ein verständliches Sicherheitsbedürfnis, das noch vor dem 25. Juli 1934 durch den 30. Juni in Deutschland dramatisch bestätigt wurde.

Die Römischen Protokolle zwischen Italien, Ungarn und Österreich sollten nach der übereinstimmenden Auffassung des italienischen und des österreichischen Diktators jene internationalen Rahmenbedingungen schaffen, innerhalb derer ein selbständiges Österreich sich immer mehr den italienischen Donauraum-Aspirationen öffnen und diese gemeinsam weiterentwickeln konnte. Entsprechend dem internationalen Gewicht der drei Vertragspartner sicherte das erste Protokoll, das unterzeichnet wurde und das aus einem Konsultativabkommen bestand, Italien die Kontrolle und permanente Koordinierungsmöglichkeit für sein künftiges politisches Entwicklungsprogramm in Südosteuropa.[24]

Daß allein damit das Problem einer Interessenabgrenzung mit Deutschland für Italien in einer längerfristigen Perspektive nicht automatisch aus der Welt geschafft war, zeigte die ungarische Haltung zu einer rigiden italienischen Politik der Barrierebildung gegenüber der deutschen Südosteuropapolitik, weil Ungarn davon ausging, daß die römischen Vereinbarungen seinen Interessen entsprechend dem nationalsozialistischen Deutschland offenstehen müßten. In Übereinstimmung mit dem austrofaschistischen Regime sollte dies jedoch nicht ohne dessen vorherige Anerkennung und damit auch einer Garantie der Selbständigkeit Österreichs geschehen.

So blieben neben der italienischen politischen Protektion Österreichs als vorerst wirklich allein nur tragende Elemente der Römischen Vereinbarungen diese Teile, die sich mit der engeren wirtschaftlichen Zusammenarbeit der drei Vertragspartner beschäftigten. Präferenzzölle, Kredit- und Frachtbegünstigungen und vor allem Abmachungen über einen billigeren Hafenumschlag für den österreichischen Export über Triest sollten dem austrofaschistischen Regime auch in weiterer Folge wirtschaftliche Vorteile sichern. Was von der Dauerhaftigkeit eines solchen Begünstigungsregimes zu halten war, zeigte sich jedoch schon 1937, als es durch Italien gekündigt wurde.[25]

Die politische Funktion der Römischen Protokolle, so zeigte sich dadurch, war daher in erster Linie an der Intensität von Konkurrenz und Kooperation von Italien und Deutschland zu messen. Dieser fortlaufende Funktionsverlust der Römischen Allianz geht daher weitgehend mit der italienischen Annäherung an Deutschland konform. Immerhin galt aber das italienische Interesse auch nach der Einleitung der „Achsen"-Formierung im Jahre 1936 auch noch 1937 während des Deutschlandbesuchs Mussolinis dessen Vorstellung, er könne den künftigen deutschen Partner auf die territoriale Integrität Österreichs durch die Einbindung Deutschlands in ein Vierer-Bündnis festlegen.[26]

Die Verhandlungen, die in den Jahren 1933 und 1934 zur engeren italienisch-ungarisch-österreichischen Zusammenarbeit geführt hatten, waren in ihrer Anfangsphase synchron zur Ausarbeitung von Vereinbarungen zwischen Österreich und dem Vatikan gelaufen, die von April bis Juni 1933 zum Abschluß eines Konkordates und damit zu einer ganz erheblichen Sicherstellung der affirmativen Ideologieproduktion für das austrofaschistische Regime führte,

---

[23] Aufzeichnung des Gesandten in Wien Rieth, 10. 2. 1934, AdAP, C, II, Nr. 247, S. 454.

[24] Zu den Römer Protokollen vgl. neben Enderle, Ökonomische und politische Grundlagen, Haas, Römische Allianz, S. 84 - 87, auch G. Ránki, Il patto tripartito di Roma e la politica estera della Germania (1934), in: Studi storici 3 (1962), S. 343 - 375, und T. Rafalski, Italienischer Faschismus in der Weltwirtschaftskrise (1925 - 1936), Opladen 1984, S. 220 - 227.

[25] Haas, Römische Allianz, S. 84 ff.

[26] Ebenda, S. 87.

die es neben dem Polizei- und Heimwehrterror für die Stabilisierung des Regimes unumgänglich benötigte. Der Vertreter des Vatikans in Österreich hatte ja schon vorher die Skrupel des österreichischen Bundespräsidenten gegenüber der Unterstützung oder der Duldung eines Verfassungsbruches zu beseitigen gewußt und ihm eine Art präventiver Absolution für seine Handlungsweise erteilt. [27]

Der Putschversuch der österreichischen Nationalsozialisten im Juli 1934 verdeutlichte die italienische Schutzfunktion für Österreich durch den Aufmarsch italienischer Truppen am Brenner, manifestierte aber gleichzeitig, daß es ihr Nichteinsatz war, der die österreichische Unabhängigkeit mehr schützte, als es ihr Einsatz hätte tun können, weil dieser zur Aufteilung oder langwierigen mehrfachen Besetzung Österreichs hätte führen können. [28] Das Scheitern des NS-Putsches leitete aber eine weitere internationale und innerösterreichische Stabilisierung des austrofaschistischen Regimes ein, weil auch NS-Deutschland nunmehr seine politische Absicht der raschen Absorbierung Österreichs, wie sie seit der Einführung der Tausend-Mark-Sperre und des Beginns des Wirtschafts- und Propagandakrieges gegen Österreich unverkennbar war, umstellen, und, wie es hieß, evolutionär gestalten mußte.

Als Nachfolger des ermordeten Bundeskanzlers Dollfuß setzte Schuschnigg die bisherige außenpolitische Linie fort. Auch er betonte die Zugehörigkeit Österreichs zu einem deutschen Schicksals- und Lebenskreis und das österreichische Desinteresse an einem antideutschem Bündnis, aber er hielt an der Sonderbeziehung mit den Römer Protokoll-Staaten fest und versuchte, das Interesse der Hauptmächte des Völkerbundes an der Selbständigkeit Österreichs stärker manifest werden zu lassen. Daß es keine Wende der italienischen Österreichpolitik gab, ließ sich Schuschnigg persönlich durch Mussolini schon im August 1934 bestätigen. [29] Vor dem Völkerbund ließ Schuschnigg seinen Außenminister um weitere Unterstützung für Österreich werben. Vor der Völkerbundversammlung im September 1934 betonte Berger-Waldenegg: „Der Kampf Österreichs um Wahrung seiner Selbständigkeit sei aber noch nicht endgültig durchgekämpft. In der Wahrung dieser Selbständigkeit sehe Österreich seine europäische Mission. Die Bundesregierung glaube, daß sie bei der Erfüllung dieser Mission weiter auf die Mithilfe der im Völkerbund vereinigten Staatengemeinschaft rechnen könne." [30]

Zumindest was eine solche verbale Unterstützung betrifft, sollte Österreich nicht enttäuscht werden. Frankreich, Großbritannien und Italien bekräftigten am 27. September 1934 die Deklaration vom 17. Februar 1934 über die Notwendigkeit, die Integrität Österreichs zu erhalten. [31]

Hauptziel: Konsolidierung der internationalen Stellung

Aber damit war das Hauptziel der austrofaschistischen Außenpolitik dieser Zeit noch nicht erreicht, nämlich mit der Konsolidierung seiner internationalen Stellung, mit den Erklärungen über seine Selbständigkeit und seine Integrität zugleich auch eine Bestätigung des herrschenden Regimes zu erreichen und dessen Sturz von innen und außen zu verhindern, indem eine möglichst breite Vereinbarung über eine Nichtintervention abgeschlossen würde.

---

[27] J. Petersen, Das faschistische Italien und der 12. Februar 1934, in: Fröschl / Zoitl, Februar 1934, S. 511 - 532. Zum Konkordat von 1933 siehe: E. Weinzierl, Die österreichischen Konkordate von 1855 und 1933, Wien 1960.

[28] Vgl. dazu L. Jedlicka, Aufteilungs- und Einmarschpläne um Österreich 1918 - 1934, in: L. Jedlicka, Vom alten zum neuen Österreich, St. Pölten 1975, S. 147 - 165.

[29] Archiv der Gegenwart v. 22. 8. 1934, 1586C.

[30] Archiv der Gegenwart v. 14. 9. 1934, 1622B.

[31] H. Haas, Die Garantieerklärung europäischer Völkerbundmächte für Österreich vom 27. September 1934, in: MÖSTA 30 (1977), S. 317 - 345.

Mit der italienisch-französischen Erklärung vom Jänner 1935 sollte sie diesem Ziel einen beachtlichen Schritt näherrücken. Frankreich und Italien vereinbarten gemeinsame Maßnahmen im Falle einer Bedrohung der Unabhängigkeit Österreichs, aber sie beabsichtigten darüber hinaus, den mitteleuropäischen Staaten ein Abkommen vorzuschlagen, „das Nichteinmischung in die inneren Angelegenheiten und Nichtduldung bzw. Nichtbegünstigung von Handlungen vorsieht, die auf einen gewaltsamen Angriff gegen das Gebiet oder das politische und soziale Regime eines der vertragsschließenden Länder gerichtet ist." [32]

Nichts verständlicher, als daß der österreichische Außenminister sofort das österreichische Interesse an einem Beitritt Deutschlands zu einem solchen Abkommen verkündete. [33] Ein weniger weitreichendes britisch-französisches Kommuniqué vom Februar 1935 sah allerdings nur Konsultationen im Falle einer Bedrohung der österreichischen Integrität vor. [34] Trotzdem bestätigte die Konferenz von Stresa im April 1935 die Absicht, ein solches Vertragswerk auf einer Donaukonferenz in Rom zu beraten. Hektische Besprechungen des österreichischen Außenministers in Italien und in der Tschechoslowakei sollten diesen Prozeß beschleunigen. [35]

Im vollen Bewußtsein dieses starken internationalen Rückhalts antwortete Schuschnigg daher sehr selbstbewußt auf die Reichstagsrede Hitlers vom 21. Mai 1935. Österreich habe viele Freunde in der Welt und sei als friedliebender Kulturfaktor im Herzen Europas anerkannt. Österreich sei ein deutscher Staat, dessen Beziehungen zu Deutschland mit Trauer erfüllten. „Die natürliche und unverrückbare Voraussetzung für eine Normalisierung dieses Verhältnisses", meinte Schuschnigg in seiner Rede vor dem österreichischen Bundestag am 29. Mai 1935, „ist und bleibt für die Bundesregierung und die geschlossene Mehrheit der friedliebenden und deutsch fühlenden Bevölkerung in Österreich – es kann dies nicht oft genug betont werden – die rückhaltlose Anerkennung der Berechtigung Österreichs, über sein Schicksal selbst frei und ohne offene oder versteckte Einflußnahme von Faktoren oder Strömungen außerhalb seiner Grenzen entscheiden zu können." [36]

Dieses Hochgefühl Schuschniggs, in dem er gleiche Behandlung, gleiches Recht und gleiche Ehre für die Österreicher wie für die deutschen Schweizer verlangte, [37] mußte sich ihm noch bestätigen, als er erfuhr, daß die italienische Regierung die Festigung der Unabhängigkeit Österreichs und die Verpflichtung der Unterzeichner, sich jeder Einmischung in die inneren Angelegenheiten der Vertragspartner einschließlich der Propaganda zu enthalten, als Hauptzüge des Paktentwurfes vorschlagen werde, der darüber hinaus eine Nichtangriffs-Vereinbarung und eine Konsultationsklausel enthalten sollte. [38] Daß der Ständige Rat der Kleinen Entente bei seiner Sitzung in Bled im August 1935 das Donaupakt-Programm auch noch positiv würdigte, mußte in der österreichischen politischen Führung die allergrößten Erwartungen wecken. [39]

Der italienische Angriff auf Äthiopien veränderte diese so scheinbar erfolgversprechenden österreichischen Aussichten vollständig. Völkerbund-Interessen und italienische Sonderbeziehungen konnten jetzt nicht mehr auf einen gemeinsamen Nenner gebracht werden. Sie waren Alternativen geworden, für oder gegen die entschieden werden mußte. Österreich beteiligte sich an den Sanktionen des Völkerbundes gegen den italienischen Aggres-

---

[32] Archiv der Gegenwart v. 10. 1. 1935, 1805K.
[33] Archiv der Gegenwart v. 10. 1. 1935, 1806B.
[34] Österreichisches Jahrbuch 1933/34, Wien 1935, S. 47.
[35] Archiv der Gegenwart v. 14. 4. 1935, 1987G; v. 7. 5. 1935, 2028G; v. 20. 5. 1935, 2047B; zum Donaupakt siehe Haas, Garantieerklärung, S. 321 f., 328.
[36] Archiv der Gegenwart v. 30. 5. 1935, 2067E.
[37] Ebenda.
[38] Archiv der Gegenwart v. 27. 7. 1935, 2155G.
[39] Archiv der Gegenwart v. 31. 8. 1935, 2203E.

sor nicht. Wenn es auch der österreichische Außenminister noch nicht wahrhaben wollte, die Donaupakt-Idee zur Sicherung der Selbständigkeit Österreichs gegen die Subversion NS-Deutschlands war nicht mehr zu realisieren. [40]

Für Österreich begann sich die Falle der Isolierung von den Völkerbundmächten und der Verständigung zwischen Italien und Deutschland zu öffnen. Die Forcierung oder auch nur die Duldung der Ideen von der Restauration der Habsburger in Österreich, wenngleich vielleicht erst in einer nicht zu nahen Zukunft, wie sie Vizekanzler Starhemberg dem Daily Telegraph erzählte, [41] konnte den Nachfolgestaaten der Habsburgermonarchie nicht gefallen und mußte alle Anstrengungen Schuschniggs als naiv erscheinen lassen, wirtschaftliche Zusammenarbeit unter den Donaustaaten unter Außerachtlassung der politischen Seite zu fördern. [42]

Auch wenn der britische Außenminister im Unterhaus versicherte, „England beabsichtige auch keineswegs der österreichischen Regierung mitzuteilen, daß Österreich den Anspruch auf Schutz seiner Unabhängigkeit infolge seiner Haltung in der Sanktionsfrage oder infolge der Einführung der allgemeinen Dienstpflicht verloren habe", [43] der innen-, aber auch der außenpolitische Kurs Österreichs hinderte England daran, „ihre Sicherheitspolitik im Hinblick auf den Alpenstaat zu verstärken". [44] Österreich hatte sich auf den Weg der Revision des Vertrags von Saint Germain begeben und band sich auch noch stärker an den italienischen Imperialismus, weil es sich auch an der wirtschaftlichen Ausbeutung Äthiopiens beteiligen wollte.

Juliabkommen 1936 und seine Folgen

Eine zentrale Funktion bei der außenpolitischen Wende Österreichs, die schließlich zu seinem Untergang führen sollte, kam dem deutsch-österreichischen Abkommen vom Juli 1936 zu, dessen erklärte Absicht vor allem darin bestand, die Beziehungen zwischen den beiden Staaten nach dem Wirtschafts- und Propagandakrieg, den NS-Deutschland seit 1933 in unterschiedlicher Intensität mit dem Höhepunkt im Juli 1934 führte, wieder zu – wie gesagt wurde – normalisieren.

Auf den ersten Blick schien Österreich zumindest nun auf bilateraler Ebene alles erhalten zu haben, was der Donaupakt auf multilateraler Ebene versprochen hatte: die deutsche Anerkennung der Souveränität Österreichs und die Sicherstellung der Nichteinmischung in seine inneren Angelegenheiten. Österreich brauchte dafür, ohne auf die Sonderbeziehungen im Rahmen der Römer Protokolle verzichten zu müssen, nur das bestätigen, was öffentlich ohnehin dauernd zugesichert wurde, nämlich daß es als deutscher Staat agieren würde. [45]

Das nicht veröffentlichte Zusatzprotokoll vom gleichen Tag, das sogenannte Gentlemen-Agreement, stellte diese Vereinbarung jedoch geradewegs auf den Kopf, vereinbarte die permanente deutsche Einmischung. Schuschnigg stimmte darin einer engen politischen, wirtschaftlichen und kulturellen Zusammenarbeit zwischen Österreich und Deutschland, der Orientierung der österreichischen auf die deutsche Außenpolitik und darüber hinaus einer Klausel zu, die eine permanente österreichische Konsultation Deutschlands vorsah. Mit der österreichischen Erklärung aber, eine weitreichende politische Amnestie durchzuführen und die Vertreter der am „Anschluß" an NS-Deutschland orientierten sogenannten nationalen Op-

[40]   Archiv der Gegenwart v. 28. 11. 1935, 2320A.
[41]   Archiv der Gegenwart v. 12. 2. 1936, 2420B.
[42]   Archiv der Gegenwart v. 17. 1. 1936, 2383D.
[43]   Archiv der Gegenwart v. 20. 5. 1936, 2562E.
[44]   Haas, Garantieerklärung, S. 344.
[45]   Kommuniqué v. 11. 7. 1936, AdAP, D, 1, Nr. 153.

position in die Regierung aufzunehmen, sanktionierte Schuschnigg noch dazu die deutsche Subversionsstrategie der vergangenen Jahre gegenüber Österreich. [46]

In direkten finanziellen Zuwendungen, in der Durchdringung Österreichs auf der Ebene des Privatkapitals durch die deutschen Konzerne und Wirtschaftsverbände und in Aktivitäten auf der Ebene der in Staatsbesitz befindlichen, staatlich kontrollierten und privatwirtschaftlich fungierenden Konzernorganisation der Ossa bestanden die drei wesentlichen Bereiche der wirtschaftlichen Durchdringung Österreichs durch Deutschland seit den zwanziger und verstärkt seit Anfang der dreißiger Jahre. [47]

Der konzentrierten und konzertierten Subversion Österreichs durch NS-Deutschland hatten die österreichischen Behörden recht wenig entgegenzustellen, wenn nicht ohnehin davon ausgegangen werden muß, daß eine tiefgreifende Unterwanderung der österreichischen Beamtenschaft durch „Anschluß"-Idee und NS-Ideologie eine wirksame Bekämpfung erst gar nicht in Frage kommen ließ. In den Jahren zwischen 1934 und 1938 sind von den deutschen Stellen über 10 Millionen Schilling damaliger Kaufkraft allein für die Unterstützung der illegalen NSDAP und ihrer Anhängerschaft in Österreich aufgebracht und mit Hilfe von Banken, Privatunternehmen, Vereinen und Privatpersonen nach Österreich transferiert und dort verteilt worden. Das in Österreich arbeitende Verteilernetz funktionierte so klaglos, daß es in der ganzen Phase seines Bestehens bis 1938 durch die österreichischen Polizeibehörden nicht aufgedeckt wurde. [48]

Über diese konspirativ verteilten verlorenen Zuschüsse hinaus wurden auch Kredite für politische Zwecke – zum Beispiel für reichsdeutsche Siedler in Kärnten – und zur Stützung reichsdeutscher Wirtschaftsinteressen in Österreich bereitgestellt. Die österreichische Regierung stellte diesen Aktionen das Büro des Generalstaatskommissärs für die Bekämpfung staats- und regierungsfeindlicher Bestrebungen in der Privatwirtschaft entgegen. Seine Befugnisse standen in einem umgekehrt proportionalen Verhältnis zu seiner Wirksamkeit. Prinzipiell hatte er Interventionsmöglichkeiten gegen Unternehmen und Unternehmer, gegen Arbeiter und Angestellte genug. Er konnte Entlassungen verfügen, Gewerbeberechtigungen entziehen, Berufsverbote aussprechen, Unternehmen auf staatsfeindliche Tätigkeit hin überprüfen, die Abgabe von Loyalitätserklärungen fordern, Unternehmen von Staatsaufträgen oder Abgabenerleichterungen ausschließen und auch zur Zahlung von Sühnegeldern verurteilen.

Aber die Intervention wirkte weniger gegen Unternehmen als gegen Lohnabhängige, weniger gegen Nationalsozialisten als gegen Sozialdemokraten und Kommunisten, und die beabsichtigte wirtschaftliche Austrifizierungspolitik des Generalstaatskommissärs scheiterte kläglich. [49]

Die Interventionsmöglichkeiten des Generalstaatskommissärs gegen die deutsche Subversion fanden nämlich sofort dort ihre Grenze, wo sie die Interessen der österreichischen Industrie, staatliche Zwangsverfügungen gegen wen aus ihren Reihen auch immer möglichst zu vermeiden, geschädigt hätten. Die österreichische Regierung hatte daher der klaren Strategie NS-Deutschlands, „wirtschaftliche Beteiligungen in Österreich zu halten", kaum etwas entgegenzusetzen, und das Juliabkommen von 1936, das von deutscher Seite „lediglich als Ausgangspunkt für die Deutscherhaltung Österreichs" betrachtet wurde, leitete eine neue

---

[46]   Gentlemen-Agreement, 11. 7. 1936, AdAP, D, 1, Nr. 152.
[47]   K. Stuhlpfarrer, Zum Problem der deutschen Penetration Österreichs, in: Das Juliabkommen 1936, Wien 1977, S. 314.
[48]   Ebenda, S. 316 - 319.
[49]   Ebenda, S. 321 f.

Etappe der Germanisierung ein, bildete den Ausgangspunkt und die Basis zur Durchführung der NS-Machtübernahme in Österreich im März 1938.[50]

Drei nicht nur aufeinanderfolgende, sondern auch aufeinander aufbauende Etappen im deutsch-österreichischen Verhältnis der Jahre 1936 bis 1938 – und es ist dieses, das die österreichische Außenpolitik in immer größerer Ausschließlichkeit dominierte – lassen sich feststellen: die Ausweitung der deutsch-österreichischen Handelsbeziehungen, der Plan einer deutschen Währungsunion mit Österreich und schließlich die Anwendung von Gewalt, die militärische Besetzung Österreichs, um das allemal gleichbleibende Ziel deutscher Außenpolitik gegenüber Österreich zu erreichen, in der einen oder in der anderen Form die Verfügungsgewalt über die österreichischen Ressourcen zu erhalten.[51]

Ein erster Schritt bestand in der Einbeziehung Österreichs in das System des deutschen Verrechnungsverkehrs. Diese durch das Abkommen vom Jänner 1937 eingeleitete Entwicklung steigerte zwar das österreichisch-deutsche Außenhandelsvolumen, verschuldete aber Deutschland im Laufe der Zeit bis März 1938 in immer größerem Ausmaß bei Österreich. Aber diese Politik fand nicht nur in den technischen Rahmenbedingungen des Verrechnungsverkehrs, sondern auch in der wirtschaftspolitischen Linie jener politischen Fraktion im Austrofaschismus ihre Grenze, die mit ihrer Deflationspolitik an den Interessen des westlichen Kapitals orientiert waren.[52] Bis zum März 1938 ist es daher zu einer weiteren Interessenübereinstimmung im Handelsvertragsverhältnis der beiden Länder nicht mehr gekommen.

Aber die Ereignisse des Februar und März 1938 sind nur aus dem Zusammenhang von internationaler Situation, Stand der Nazifizierung und Germanisierung Österreichs und österreichischer Verfügbarkeit für die ökonomischen Interessen Deutschlands zu erklären. Den Erfordernissen der deutschen Rüstungswirtschaft erweisen sich recht bald die bestehenden Abmachungen mit Österreich als zu eng, um sich im gewünschtem Ausmaß die österreichische Wirtschaft nutzbar machen zu können. Eine deutsch-österreichische Währungsunion hätte mit einem Schlag alle diese Schwierigkeiten gelöst. Seit dem Herbst 1936 und verstärkt im ganzen Jahr 1937 bedrängte daher immer wieder der für die deutschen Kriegsvorbereitungen verantwortliche Göring die österreichischen Politiker mit diesem Vorschlag. Mussolini war aber während seines Deutschlandbesuchs im September 1937 für die Zustimmung zu einem solchen Projekt nicht zu gewinnen.[53]

Aber nicht nur eine Währungsunion war offensichtlich vorerst für Deutschland nicht kurzfristig zu erreichen. Nachdem ein Putschplan der österreichischen Nationalsozialisten, der sogenannte Tavs-Plan, den österreichischen Behörden in die Hände gefallen war, schien ganz im Gegenteil sogar auch die „Befriedungs"-Aktion Seyss-Inquarts, die Aushöhlung der österreichischen Selbständigkeit auf politischer Ebene gefährdet zu sein. Göring gelang es nur mit Mühe, Seyss-Inquart am Rücktritt zu hindern. Neuerliche Verhandlungen zwischen Seyss-Inquart und Schuschnigg waren die Folge, die schließlich zu den Abmachungen zwischen Hitler und Schuschnigg in Berchtesgaden im Februar 1938 führten, die die letzte Phase des Unterganges des Austrofaschismus und seine Überwältigung durch den deutschen Faschismus einleitete.

Die Berchtesgadener Abmachungen unterzeichnete Schuschnigg unter dem subjektiven Eindruck starken deutschen militärischen Drucks. Ob Schuschnigg unter diesem Eindruck über die schriftlichen Vereinbarungen hinaus möglicherweise auch zu größeren Zugeständnissen bereit war, mag offen bleiben. Die schriftlichen Vereinbarungen waren für die Zukunft

---

[50]   K. Stuhlpfarrer / L. Steurer, Die Ossa in Österreich, in: Jedlicka / Neck (Hg.), Vom Justizpalast zum Heldenplatz, S. 38.

[51]   K. Stuhlpfarrer, Der deutsche Plan einer Währungsunion mit Österreich, in: Anschluß 1938, Wien 1981, S. 275.

[52]   Stuhlpfarrer, Plan, S. 281 f.

[53]   Ebenda, S. 287.

Österreichs als selbständiger Staat schlimm genug. Hitler konnte jedenfalls nunmehr damit rechnen, die Österreichfrage würde sich sozusagen automatisch lösen, das heißt, die Nazifizierung Österreichs konnte, nachdem der österreichische Generalstabschef abgelöst wurde und Seyss-Inquart das Sicherheitsressort übernahm, abgeschlossen werden. [54]

Größere Schwierigkeiten ergaben sich allerdings im ökonomischen Sektor, da es Schuschnigg gelungen war, den deutschen Versuch zu verhindern, die wirtschaftliche Angleichung Österreichs an Deutschland, und das bedeutete nichts anderes als die Währungsunion, in die Berchtesgadener Abmachungen aufzunehmen. Schuschniggs Plan, am 13. März 1938 eine Volksabstimmung durchzuführen und damit Österreichs Selbständigkeit zu manifestieren, wurde daher maßgebend von jenen österreichischen Kräften unterstützt, die sich von Anfang an gegen eine Auslieferung der österreichischen Wirtschaft an Deutschland gestemmt hatten, an erster Stelle Nationalbankpräsident Kienböck. [55]

Der Gefahr einer Bestätigung der Selbständigkeit Österreichs durch ein allgemeines Plebiszit, das auch die illegale Arbeiterbewegung in Österreich unterstützt hätte, wollte sich Deutschland nicht aussetzen, weil damit auch die deutsche Strategie einer wirtschaftlichen Durchdringung Österreichs einen entscheidenden Schlag erhalten hätte. Und nichts konnte NS-Deutschland mehr beunruhigen, als die Möglichkeit einer stärkeren ökonomischen Bindung Österreichs an Großbritannien oder Frankreich.

Die internationale Lage war allerdings für Deutschland günstig. Italien, die bisherige Schutzmacht Österreichs, das sich selbst schon weitgehend an Deutschland angenähert hatte, unterstützte den Volksabstimmungsplan Schuschniggs nicht und erklärte sich an einer Intervention in innenpolitische Angelegenheiten Österreichs desinteressiert. Großbritannien setzte den deutschen Expansionsbestrebungen keinen Widerstand entgegen. Frankreich scheiterte daher an einer Neuauflage einer Art Garantieerklärung für Österreich durch die drei Großmächte. [56]

Der deutsche Überfall auf Österreich am 11./12. März 1938 verlief nach den Regeln klassischer Interventionsstrategie: deutsches Ultimatum auf Absage der Volksabstimmung und Rücktritt Schuschniggs, ohne daß er einen Einsatzbefehl an das Bundesheer gegeben hätte; Staatsstreich des Sicherheitsministers in Verbindung mit der illegalen NSDAP und deren angeschlossenen Organisationen; Bitte Seyss-Inquarts im Namen einer nicht existenten provisorischen österreichischen Regierung um Entsendung deutscher Truppen nach Österreich. Nur Bundespräsident Miklas blieb vorerst standhaft. Erst als er Österreich außenpolitisch und sich selbst völlig isoliert sah, trieb ihn das Gespenst des Bolschewismus, der allein als Retter der österreichischen Unabhängigkeit auftreten könne, in die Illusion, Österreich könne seine Eigenart auch in einer losen Verbindung mit dem Deutschen Reich retten. Knapp nach Mitternacht unterwarf sich Miklas dem Zwang des deutschen Ultimatums und ernannte Seyss-Inquart zum neuen Bundeskanzler.

Damit war die austrofaschistische Außenpolitik, wenn Außenpolitik den Staat erhalten und als erhaltenswert präsentieren soll, schließlich vollständig gescheitert. Italien, auf dessen Sonderbeziehung die Austrofaschisten so zentral gesetzt hatten, hat Österreich als selbständigen Staat nicht mit allen Mitteln aufrechterhalten wollen. Der Völkerbund, das immer mehr vernachlässigte zweite Element austrofaschistischer Außenpolitik, hat die österreichische Selbständigkeit nicht bewahren können.

---

[54] W. Rosar, Deutsche Gemeinschaft, Seyss-Inquart und der Anschluß. Wien-Frankfurt-Zürich 1971, S. 209 ff.; vgl. auch N. Schausberger, Der Griff nach Österreich. Der Anschluß, Wien-München 1978.

[55] Stuhlpfarrer, Plan, S. 293.

[56] H. Haas, Die Okkupation Österreichs in den internationalen Beziehungen, in: Anschluß 1938, S. 39 f.

Literatur

Adám, Magda / Gyula Juhasz / Lajos Kerekes: Allianz Hitler-Horthy-Mussolini, Budapest 1966.

Binder, Dieter Anton: Dollfuß und Hitler. Über die Außenpolitik des autoritären Ständestaates in den Jahren 1933/34, Graz 1979 (= Dissertationen der Universität Graz 43).

Enderle, Peter: Die ökonomischen und politischen Grundlagen der Römischen Protokolle aus dem Jahre 1934, geisteswiss. Diss., Wien 1979.

Geheimer Briefwechsel Mussolini-Dollfuß, Wien 1949.

Goldinger, Walter (Hg.): Protokoll des Klubvorstandes der Christlichsozialen Partei 1932 - 1934, Wien 1980 (= Studien und Quellen zur österreichischen Zeitgeschichte 2).

Haas, Ernst: Die Außenhandelspolitik der ehemaligen Republik Österreich während der Weltwirtschaftskrise bis zum Anschluß unter besonderer Berücksichtigung der Handelsvertragspolitik, Würzburg 1939.

Haas, Hanns: Die Garantieerklärung europäischer Völkerbundmächte für Österreich vom 27. September 1934, in: MÖSTA 30 (1977), S. 317 - 345.

Haas, Hanns: Österreich im System der kollektiven Sicherheit: Der Völkerbund und Österreichs Unabhängigkeit im Jahre 1934, in: Erich Fröschl / Helge Zoitl (Hg.), Februar 1934. Ursachen, Fakten, Folgen. Wien 1984, S. 407 - 449.

Haas, Hanns: Die Okkupation Österreichs in den internationalen Beziehungen, in: Anschluß 1938.

Haas, Karl: Der „12. Februar 1934" als historiographisches Problem, in: Ludwig Jedlicka / Rudolf Neck (Hg.), Vom Justizpalast zum Heldenplatz. Studien und Dokumentationen 1927 bis 1938, Wien 1975, S. 156 - 168.

Haas, Karl: Industrielle Interessenpolitik in Österreich zur Zeit der Weltwirtschaftskrise, in: Jahrbuch für Zeitgeschichte 1978, Wien 1979, S. 96 - 126.

Haas, Karl: Die Römische Allianz 1934, in: Erich Fröschl / Helge Zoitl (Hg.), Der 4. März 1933. Vom Verfassungsbruch zur Diktatur, Wien 1984, S. 69 - 91.

Jagschitz, Gerhard: Der Putsch. Die Nationalsozialisten 1934 in Österreich, Graz-Wien-Köln 1976.

Jedlicka, Ludwig: Aufteilungs- und Einmarschpläne um Österreich 1918 - 1934, in: Ludwig Jedlicka, Vom alten zum neuen Österreich, St. Pölten 1975, S. 147 - 165.

Österreichischer Amts-Kalender für das Jahr 1933, Wien 1933.

Österreichisches Jahrbuch 1933/34, Wien 1935.

Petersen, Jens: Das faschistische Italien und der 12. Februar 1934, in: Erich Fröschl / Helge Zoitl (Hg.), Februar 1934. Ursachen, Fakten, Folgen, Wien 1984, S. 511 - 532.

Rafalski, Traute: Italienischer Faschismus in der Weltwirtschaftskrise (1925 – 1936), Opladen 1984.

Ránki, György: Il patto tripartito di Roma e la politica estera della Germania (1934), in: Studi storici 3 (1962), S. 343 - 375.

Rosar, Wolfgang: Deutsche Gemeinschaft, Seyss-Inquart und der Anschluß, Wien-Frankfurt-Zürich 1971.

Ross, Dieter: Hitler und Dollfuß. Die deutsche Österreichpolitik 1933 – 1934, Hamburg 1966.

Schausberger, Norbert: Der Griff nach Österreich. Der Anschluß, Wien-München 1978.

Stuhlpfarrer, Karl: Der deutsche Plan einer Währungsunion mit Österreich, in: Anschluß 1938, Wien 1981.

Stuhlpfarrer, Karl / Leopold Steurer: Die Ossa in Österreich, in: Ludwig Jedlicka / Rudolf Neck (Hg.), Vom Justizpalast zum Heldenplatz. Studien und Dokumentationen 1927 bis 1938, Wien 1975, S. 35 - 64.

Stuhlpfarrer, Karl: Zur außenpolitischen Lage Österreichs im Jahre 1934, in: Erich Fröschl / Helge Zoitl (Hg.), Februar 1934. Ursachen, Fakten, Folgen. Wien 1984, S. 451 - 461.

Stuhlpfarrer, Karl: Zum Problem der deutschen Penetration Österreichs, in: Das Juliabkommen 1936, Wien 1977.

Weinzierl, Erika: Die österreichischen Konkordate von 1855 und 1933, Wien 1960.

Leicht - Variete

• PRATER • HAUPTALLEE •

Preise: 50 ⁏ ⁏ 2.⁻²⁰	Kartenvorverkauf: Gronner's Kartenzentrale Wien I, Graben 28 Kapelle Hermann Steinitz	Telefon: R-46-4-87 (A-26-1-90-B)

▶ **Bei Schönwetter im Varieté-Garten** ◀

Samstag 29. Aug. 8 Uhr **S**onntag 30. „ 8 Uhr	**S**amstag 5. Sept. ½9 Uhr **S**onntag 6. „ 8 Uhr

„Sensationell"
Lösung des Problems
„Mann und Weib"
„Das Weib gehorche Er, -der Mann ist der Herr"
80 Minuten lacht man Tränen.

Armin Berg

Herm. Leopoldi
Betja Milskaja

Der geniale Filmstar a. d. Film „OPERNRING"

Alfred Neugebauer

Karl Libal

Josef Fleischmann

Alex. Trebitsch

Prof. Leo Erhart

spricht: **Johann Wolfgang Göthe**

■ Jonny and Edgar Agonns ■

Kurt Reding, Mizzi Halmy, Mizzi Tesar, Hella Brog, Otto Schnitzer

„Ein feiner Gast"
Lachstürme über Lachstürme

Dela Lipinskaya

Prof. Wilh. Klitsch

Der geniale

Eugen Hoffmann

Erwin Engel
mit neuem Programm

Die grosse Sensation. Zum 1. Mal.

Gastspiel

≡ **Literatur** am ≡
≡ **Naschmarkt** ≡

80 Min. der Bewunderung und Lachstürme

„Pratermärchen"

von A. L. Weiss	Musik: Otto Andreas

Dirigent: Dr. Karl Knaplitsch

Taschenziagafranzl	. . . . Adolf Müller
Maurerklavierpepi	. . . . Franz Böheim
Mizzi	. . . . Gerda Waschinsky
Tschikarretierer	. . . . Hugo Gottlich
Ballonbettl	. . . . Elsa Pircher
Schnappe	. . . . Oskar Wegrostek
Der Schuppo	. . . . Anton Ressognier

Die Kellnerprüfung
Eine Schale Nussgold

GARDEROBE FREI!	Hausspezialität: Klobasser in Saft u. Kartoffel 50g	KEIN KONSUMZWANG!

Plakat: Literatur am Naschmarkt gastiert 1937 im Leicht-Varieté im Prater

„Ein Toter führt uns an!"

Anmerkungen zur kulturellen Situation im Austrofaschismus

Alfred Pfoser / Gerhard Renner

Ortswechsel in zweierlei Richtung – Die Heimat wird zur Fremde – Kulturpolitikskultur – Erlaubt oder verboten? – Österreich ohne Deutschland – Der Glanz der Massen – Flucht zum grünen Herrgott – Zum ewigen Österreich

Vorbemerkung

Je genauer man hinschaut, desto amorpher wird jenes seltsame Gebilde, das auf dem tausend-jährigen Österreich aufbaute, bis ein anderes tausendjähriges Reich den vierjährigen Gehver-such unterband. Zu den Stützen, auf die sich der „Ständestaat" verlassen wollte, zählten „die Geschichte" und „die Kultur". In ihrer Kombination ergaben sie die Ideologie eines universa-listischen „Österreich", dessen phantastische Geographie in diametralem Gegensatz zur sich stetig verschmälernden Machtbasis stand. Umso hartnäckiger hielt man an dem Konstrukt in seiner evidenten Abstraktion fest, als diejenigen, die darunter subsumiert werden sollten, schon längst fahnenflüchtig waren, während andere, Unvereinbare, Liberale, SozialistInnen, von vornherein ausgeschlossen waren. Die austrofaschistische „Kulturpolitikskultur" (Robert Musil) machte sich selbst noch mit, als die Kultur vor ihrer politischen Verwaltung schon längst die Flucht ergriffen hatte. Die Forschung über diese vier Jahre ist zwar in den ver-gangenen Jahren vorangekommen, aber insgesamt noch so dürftig, daß Verallgemeinerungen wegen der Wissensmängel im konkreten Detail fragwürdig sind. Trotzdem haben wir uns entschlossen, in Form von Thesen einzelne, uns wichtig erscheinende Phänomene gezielt vorzustellen. Dabei haben wir uns auf Arbeiten gestützt, die bereits vorliegen, in einigen Fäl-len wollen wir auch auf Unbekanntes verweisen. Im übrigen kann man der Forschung nur zur Tücke des Details raten. [1]

Ortswechsel in zweierlei Richtung

Eine genuin austrofaschistische Kulturpolitik existierte höchstens in Ansätzen, am ehesten noch in Absichtserklärungen. Während die traditionellen Institutionen des Kulturbetriebes bei konservativ-reaktionären Zugeständnissen autonom bleiben konnten, warteten in der

---

[1] Eine brauchbare, teilweise allerdings zu anderen Ergebnissen kommende Zusammenfassung gibt H. Jarka, Zur Literatur- und Theaterpolitik im „Ständestaat", in: Franz Kadrnoska (Hg.), Aufbruch und Untergang. Österrei-chische Kultur zwischen 1918 und 1938, Wien-München-Zürich 1981, S. 499 - 538. Eine um den Staatspreis zentrierte Analyse des literarischen Lebens hat F. Aspetsberger vorgelegt: Der Staatspreis. Literarisches Leben im Austrofaschismus, Kronberg 1981.

Volksbildung arbeitende Gruppen der staatlichen und kirchlichen Administration darauf, die Arbeiterbildungseinrichtungen auszuschalten.

Als Joseph Buttinger von Waldzell nach Schneegattern übersiedelte, legte er mehr als die wenigen Kilometer zwischen den beiden Orten zurück. Die Arbeiterbildungs- und Freizeitvereine im sozialdemokratisch dominierten Industriedorf, die er zu seinem Erstaunen entdeckte und bei denen er bald aktiv mitmachte, nahmen dem aus dem katholisch-bäuerlichen Milieu emigrierenden Neuankömmling das niederdrückende Gefühl sozialer Obdachlosigkeit und gaben ihm eine Heimat, in der Weltoffenheit und Fortschrittsoptimismus, Geselligkeit und relative Unverklemmtheit den unter dürftigen Umständen verlaufenden Arbeits-, Eß- und Wohnalltag überlagerten. [2] In den vergangenen Jahren ist über die von den Sozialdemokraten aufgezogene Gegenkultur viel geschrieben worden. [3] Als „Staat im Staate" sollte sie das Leben des einzelnen in einen historischen und existentiellen Sinnzusammenhang einweben, um innerhalb der kapitalistischen Lebenswelt Sicherheit, Geborgenheit, Selbstbewußtsein und Zukunftsgewißheit zu bieten. Vom ASKÖ bis zu den Freidenkern, von den Kinderfreunden bis zu den Arbeiterbüchereien, von den Sängern bis zum Arbeiterbestattungsverein wurde ein globales alltagskulturelles „Aussteigersystem" geschaffen, das vor allem in Wien und in den Gemeindebauten modellhaft funktionierte. Allerdings ist einzuschränken, daß das, was sich überall als autochthone Arbeiterkultur gab, oft nichts anderes war als der Ausdruck einer sich international entwickelnden modernen Industriekultur (Hygiene, Sport) oder die popularisierte Version von ehemals reformbürgerlichen Attitüden (Bubikopf, Reformkleid). So meinen manche Historiker zu Recht, daß diese Bestrebungen letzten Endes weniger einer gegenkulturellen Orientierung als einer Integration der Arbeiterschaft in Staat und Gesellschaft Vorschub leisteten. [4]

Wichtig ist in diesem Zusammenhang das Feindbild des politischen Katholizismus, der sich im ausgedehnten Orientierungsversuch der Sozialdemokratie kopiert und konkurrenziert sah. Lineare manichäistische Projektionen (auf beiden Seiten) ließen in der Kulturkampfsituation nicht auf sich warten, so daß im geschichtspessimistischen Nachsinnen über den „kulturellen Verfall" von vornherein ein Verursacher anstelle einer komplexen Ursachenbefragung trat: die Sozialdemokratie. Egal ob der „Reigen" im Theater oder „Jonny spielt auf" in der Oper gespielt wurde, egal ob Josephine Baker in einer Wiener Revue auftrat oder sich „Schmutz und Schund" am Kiosk gut verkauften, in hypnotischer Fixierung sichtete man einzig die rote Partei als satanischen Drahtzieher, obwohl sich die Sozialdemokratie einzig um liberale Prinzipien des Kulturbetriebes sorgte. [5]

Die Kulturpolitik des Austrofaschismus blieb in diesem Schematismus gefangen. Er trat dort autoritär und rigid auf, wo man SDAP-nahe Organisationen verbieten oder deren kulturellen Impetus im Sinn eines „heimattreuen Katholizismus" umfunktionieren konnte. Die Vorgänge in den Arbeiterbüchereien, deren Säuberungen oft von Kaplänen durchgeführt und in der „Reichspost" von Jesuitenpater Georg Bichlmair streng überwacht wurden, deuten auf das starke Engagement der Kirche in diesem Bereich. Von der Politik zog sich die Kirche zwar offiziell zurück, auf der kulturellen Ebene aber fühlte man sich durchaus berechtigt, das Siegerrecht der Usurpation in Anspruch zu nehmen. Der lästige Konkurrent mit der antiklerikalen Propaganda, der Fronleichnamsprozessionen durch Frühlingsfeiern störte, war endlich

---

2   J. Buttinger, Ortswechsel. Die Geschichte meiner Jugend, Frankfurt/M. 1979.

3   "Mit uns zieht die neue Zeit". Arbeiterkultur in Österreich 1918 - 1934, Wien 1981. Vgl. auch Informationen des Projektteams für Geschichte der Arbeiterbewegung, Wien 1975 ff.

4   D. Langewiesche, Zur Freizeit des Arbeiters. Bildungsbestrebungen und Freizeitgestaltung österreichischer Arbeiter im Kaiserreich und in der Ersten Republik, Stuttgart 1980; A. Pfoser, Literatur und Austromarxismus, Wien 1980.

5   Ebenda, S. 175 - 206.

beseitigt.⁶ Zugleich bot aber der durch das Dollfuß-Regime gewaltsam angeeignete Kultur-
und Freizeitraum eine überaus empfindliche Konfliktzone, die die Interessengegensätze der
Sieger hervortreten ließ. Der etatistische Autoritatismus konkurrierte mit den verbliebenen
Interessenorganisationen, die Vaterländische Front kam mit ihren sonntäglichen Vormittags-
veranstaltungen und dem Schauturnen der Jungvolk-Mädchen der Kirche ins Gehege. Nicht
zuletzt wollten auch die an den Februarkämpfen beteiligten Heimwehren an der kulturellen Beute profitieren. Die staatlich gelenkte Variante autoritärer Politik war zumindest im
Volksbildungsbereich am gewichtigsten und den Interessen der Kammern/Gewerkschaften,
der Kirche oder der Heimwehren vorgeordnet.⁷ Die Fixierung auf die Beseitigung des kulturellen Einflusses der Sozialdemokratie erklärt auch den Verzicht auf eine darüber hinaus-
reichende kulturpolitische Konzeption. Zensur- und Kontrollvorstellungen wie im nationalsozialistischen Deutschland wurden in Österreich nicht einmal formuliert. Programmatische
Äußerungen beschäftigten sich mehr mit der großen Vergangenheit der „österreichischen Tradition" als mit der Gestaltung der Gegenwart. Einzig im kulturellen Ortswechsel, diesmal in
umgekehrter Richtung, waren sich die Machthaber sicher, wenn auch die Adressaten die be-
fohlene Umsiedlung nicht mitvollzogen.⁸

Die Heimat wird zur Fremde

*Daß Österreich kein freundliches Gastland für deutsche EmigrantInnen sein sollte, zeichne-
te sich bereits in den Reaktionen der offiziösen Presseorgane „Reichspost" und „Schönere
Zukunft" auf die Bücherverbrennungen ab. Das Dollfuß- und Schuschnigg-Regime war zu
mißtrauisch gegenüber jedweder liberalen und linken Opposition, plante es doch selbst die
Eindämmung des kritischen Geistes. EmigrantInnen wurden zwar geduldet, ihre Arbeitsmög-
lichkeiten aber eingeschränkt, sodaß in Wien kein Exilzentrum entstehen konnte.⁹*

Die Kulturschaffenden, die 1933 aus Deutschland nach Österreich flüchteten, wußten, daß
dieses Land, dessen Regierung eben dabei war, nach dem Parlament auch die politische Opposition auszuschalten, ihren Arbeitswünschen nicht eben entgegenkommen wollte. Wenn die
„Reichspost" und die „Schönere Zukunft" mit den Bücherverbrennungen, den Säuberungen
in der Preußischen Akademie der Künste und den Maßnahmen gegen den „Bücherschund"
sympathisierten, hieß dies, daß man in Österreich als unwillkommener Gast angesehen wurde. Die offiziöse Verhöhnung von EmigrantInnen fand ein offizielles Äquivalent in der Be-
und Verhinderung jener Zeitschrift, deren Redaktion zu den Hauptfeinden der Nationalsozialisten zählte und die in Wien für wenige Monate Unterschlupf suchte. Die österreichische
Zensur löste dieses Problem, indem sie die „Weltbühne" von Wien nach Prag vertrieb (ab 6.
4. 1933).¹⁰ So konnte sich in Österreich als Exilzeitschrift nur das katholische Organ „Der

⁶ Ebenda, S. 207 - 243.
⁷ Ebenda.
⁸ Allgemeines Verwaltungsarchiv (AVA), Bundesministerium für Unterricht, Faszikel 466 2 D/2: Volksbildung:
   Bücherei 1935 - 36 und 467/1937.
⁹ P. M. Lützeler, Die Exilsituation in Österreich, in: M. Durzak (Hg.), Die deutsche Exilliteratur 1933 - 1945,
   Stuttgart 1973, S. 56 - 63.
¹⁰ F. Achberger, Lehrstück Weimar? Österreichische Perspektiven auf den Untergang der deutschen Republik, in:
    T. Koebner (Hg.), Weimars Ende, Frankfurt/M. 1982, S. 399 - 423. Die österreichischen Kommentare zu den
    Ereignissen im Jahr 1933 sind zusammengestellt in: A. Pfoser, Öffentliche Reaktionen in Österreich auf die
    Bücherverbrennungen 1933, in: Die verbrannten Bücher, 10. 5. 1983, S. 4 - 9. Zur „Reichspost" vgl. H. Bußhoff,
    Das Dollfuß-Regime in Österreich in geistesgeschichtlicher Perspektive unter besonderer Berücksichtigung der
    „Schöneren Zukunft" und „Reichspost", Berlin 1968, sowie P. Eppel, Zwischen Kreuz und Hakenkreuz. Die
    Haltung der Zeitschrift „Schönere Zukunft" zum Nationalsozialismus in Deutschland 1934 – 1938, Wien-Köln-
    Graz 1980.

christliche Ständestaat" des ehemaligen Münchner Philosophieprofessors Dietrich von Hildebrand halten. Auch diese von Dollfuß unterstützte Zeitschrift kam aber mehr und mehr ins politische und finanzielle Gedränge, auch wenn sie prominenten geflüchteten Intellektuellen wie J. Roth und W. Mehring zur Verfügung stand. [11]

Prominente AutorInnen zogen aus solchem politischen Dilemma die Konsequenz, Wien als Durchgangsstation zu nützen. Bert Brecht, Anna Seghers oder Friedrich Wolf hielten sich wohl einige Zeit in Wien auf, ihre Anwesenheit blieb aber in der Öffentlichkeit unbemerkt. Sie beschränkten sich auf Freundinnen und Freunde, beobachteten die Chronik des politischen Unheils, um nach der neuerlichen Emigration auch die Österreich-Erlebnisse in ihren Werken zu verarbeiten. [12] Anders war die Situation der aus Berlin rückströmenden Österreicher, die sich immerhin auf vertraute Freundeskreise und vertraute Örtlichkeiten stützen konnten, auch wenn die Heimat längst nicht mehr Heimat war. Franz Blei, Ferdinand Bruckner, Ödön von Horvath, Robert Musil, Alfred Polgar oder Joseph Roth, die im München und Berlin der 20er Jahre die angemessene Anerkennung erfahren hatten, wählten Österreich als das „kleinere Übel", das bei aller politischen Unterdrückung ihnen nicht nach dem Leben trachtete. Das war immerhin, nach den Erfahrungen des Reichstagsbrandes, schon viel, auch wenn die Bedingungen des Schreibens sich verschlechterten und die Angriffe gegen moderne Literatur und Kunst sich mehrten. Die öffentliche Rechtfertigung des Mordes an dem Philosophen und Begründer des „Wiener Kreises", Moritz Schlick, die Attacken gegen Sigmund Freud im Geiste des „neuen Österreich" sind symptomatische Beispiele für das vorherrschende reaktionäre kulturelle Klima. [13]

Das Dollfuß-Österreich war, beschleunigt durch den Februar 1934, selbst Ursache einer Emigrationswelle. Verhaftung und Verfolgung entflohen Ernst Fischer, Hugo Sonnenschein, Julius Hay oder Fritz Brügel. Viele andere, nicht unmittelbar politisch Engagierte, erkannten beizeiten, daß die Dollfuß-Straße nur bei Hitler münden konnte. Für Stefan Zweig etwa war die Zerschlagung der österreichischen Sozialdemokratie der „Selbstmord der österreichischen Unabhängigkeit". Nach einer Hausdurchsuchung in seinem Salzburger Domizil auf dem Kapuzinerberg verlegte er seinen Wohnsitz nach London. [14] Hilde Spiel war von den öffentlichen Reaktionen auf die Ermordung Schlicks derart entsetzt, daß sie Österreich verließ. [15] Robert Neumann setzte sich nach England ab, Ödön von Horvath und Franz Theodor Csokor bereiteten sich durch Englischstudium auf das Kommende vor. Joseph Roth, in Paris logierend, kritisierte die österreichische Entwicklung, Max Reinhardt wählte trotz allen Engagements New York zu seinem zweiten Wohnsitz.

Das Gefühl einer temporären Bleibe, das Österreich den EmigrantInnen vermittelte, kommentierte Karl Kraus, obwohl in der Theorie des „kleineren Übels" befangen, mit der ihm eigenen Lakonie: „Die Ratten betreten das sinkende Schiff."

---

[11] R. Ebneth, Die österreichische Wochenschrift „Der christliche Ständestaat", Deutsche Emigration in Österreich 1933 - 1938, Mainz 1976.

[12] Anna Seghers, Der Weg durch den Februar; Friedrich Wolf, Floridsdorf; Bertolt Brecht, Koloman Wallisch-Kantate; Oskar Maria Graf, Die gezählten Jahre; u. a. Vgl. U. Weinzierl (Hg.), Februar 1934. Schriftsteller erzählen, Wien 1984, W. Göhring, Roter Feber. Gedichte zum Februar 1934, Wisenstadt 1984.

[13] W. Huber, Psychoanalyse in Österreich seit 1933, Wien-Salzburg 1977.

[14] K. Zelewitz / H. Holl, Hausdurchsuchung 1934. Versuch einer Dokumentation über Stefan Zweigs Abschied von Österreich, in: Stefan Zweig 1881/1981. Aufsätze und Dokumente, hg. v. der Dokumentationsstelle für neuere österreichische Literatur in Zusammenarbeit mit dem Salzburger Literaturarchiv, Wien 1981, S. 77 - 96.

[15] H. Spiel, Rückkehr nach Wien. Tagebuch 1946, München 1968, S. 116.

Kulturpolitikskultur

Eine systematische Bestandsaufnahme der kulturpolitischen Aktivitäten in den dreißiger Jahren – noch liegt sie nicht vor – würde wahrscheinlich kein eindrucksvolles Bild ergeben. Dem Staatspreis, der nicht zuletzt ein Vehikel der „Österreich"-Ideologie war, standen keine in die Breite gehenden Förderungs- oder Kontrollmaßnahmen gegenüber.

Seit 1934 vergab das „Bundesministerium für Unterricht" einen Staatspreis, der in zwei Teilen, einem „Würdigungspreis" und einem „Förderungspreis", vergeben wurde. Werke, deren „Inhalt dem Stoffkreis der österreichischen Heimat und des österreichischen Menschen" entnommen war, wurden durch eine Jury ausgewählt, deren Mitglieder sich aus jener relativ kleinen Gruppe rekrutierten, die – meist in offiziellen Funktionen – im ständestaatlichen Umkreis mit Literatur befaßt war. Wie sehr sich die damals in Österreich geförderte Literatur mit jener im Nationalsozialismus geschätzten überschneidet, zeigte sich 1935 am Beispiel Josef Wenters. Den „Förderungspreis für Dramatik", für den er von der Jury vorgeschlagen worden war, erhielt er in diesem Jahr aufgrund einer Intervention der Innsbrucker Polizeidirektion nicht. Er stand im Verdacht, sich nationalsozialistisch betätigt zu haben. Ein Jahr später – das Juli-Abkommen war inzwischen abgeschlossen worden – schlug ihn die Jury erneut vor, und diesmal ist das Hindernis des Jahres 1935 keines mehr, er erhält den Preis. [16]

Als „Freizeitorganisation" nach dem Muster der entsprechenden italienischen und deutschen Vorbilder sollte das im Juli 1936 gegründete VF-Werk „Neues Leben" ausgebaut werden. Wichtiger als die Vermittlung von Theaterkarten war aber am „Neuen Leben" das Konzept der Umerziehung der Österreicher. Der Landeskulturreferent für das Burgenland, Rudolf Dechant, formulierte dies in einer bei den Politikern nicht anzutreffenden deutlichen Sprache: „Es muß endlich mit der Erkenntnis ernst gemacht werden, daß das Gelingen des staatlichen Ideals (christlich deutsche, ständisch gegliederte Volksgemeinschaft) nur davon abhängt, ob es gelingt, die Menschen nach diesem Ideal umzugestalten. Ohne Geld aber keine durchgreifende Arbeit, keine Umwandlung der Leute, keine Durchsetzung des staatlichen Willens und letzten Endes Sieg des Kultur- und Staatsbolschewismus und Untergang Österreichs und Europas." [17] Die Finanzierung der Organisation und die Konkurrenz mit verschiedenen staatlichen Stellen (z. B. in der Volksbildung) waren die ungelösten Probleme, an denen das „Neue Leben" letztlich scheiterte.

Eine andere, vom Konzept des „Ständestaates" her gesehen, zentrale Institution im Kulturbereich kam überhaupt nicht zustande. Schon 1933 hatte Schuschnigg angekündigt, man stehe „am Vorabend der Errichtung einer österreichischen Künstlerkammer". Erst Ende 1936 aber wurde bei einem vom „Neuen Leben" veranstalteten „1. österreichischen Dichtertreffen" das Konzept einer Schrifttumskammer vorgestellt. Die juristischen Debatten aber waren zu diesem Zeitpunkt keineswegs abgeschlossen, sodaß nur ein Ausschnitt aus der laufenden Diskussion präsentiert werden konnte. Das Interesse der anwesenden Autoren konzentrierte sich zudem auf konkrete Vorschläge zur Verbesserung ihrer Lage und auf entsprechende Einflußmöglichkeiten bei der endgültigen Formulierung des Gesetzes. Die von Rudolf Henz angesprochene Intention der Kammer, als kompetente Verhandlungsinstanz mit den entsprechenden nationalsozialistischen Monopolorganisationen zu dienen, blieb von den Autoren

---

[16] Zur Konvergenz der Topoi vgl. K. Amann, Zur Österreich-Ideologie der völkischnationalen Autoren, in: K. Amann / A. Berger (Hg.), Die österreichische Literatur der dreißiger Jahre. Ideologische Verhältnisse – Institutionelle Voraussetzungen – Fallstudien, Wien-Köln-Graz 1985, S. 60 - 78. Zum Staatspreis vgl. Aspetsberger, Der Staatspreis. Die Würdigungspreise erhielten Karl Heinrich Waggerl (1934), Josef Friedrich Perkonig (1935), Josef Wenter (1936), Heinrich Suso Waldeck (1937), die Förderungspreise wurden an Ernst Scheibelreiter (1934), Marie Grengg (1937), Johannes Freumbichler und Erich August Mayer (beide 1937) vergeben.

[17] R. Schubert, Das Vaterländische Frontwerk „Neues Leben". Ein Beitrag zur Geschichte der Kulturpolitik der Vaterländischen Front, phil. Diss., Wien 1978, hier S. 49.

unbeachtet. Sie wollten über Österreich diskutieren, und der Schluß liegt nahe, daß sie Henz und die geplante Kammer für Deutschland nicht zuständig hielten. Denn ein ähnlicher Kreis von Autoren gründete unmittelbar nach dem Dichtertreffen den „Bund der deutschen Schriftsteller Österreichs", der gute Kontakte mit verschiedenen deutschen Kulturfunktionären unterhielt. Diesem „Bund" trauten die Autoren wohl eher die Lösung der schwebenden Probleme mit Deutschland zu. [18] Für den Fall allerdings, daß die österreichische Schrifttumskammer doch zustande kommen sollte, war ihre nationalsozialistische Unterwanderung bereits geplant.

Es muß auch bezweifelt werden, ob eine noch so gut funktionierende Organisation in den drängenden Fragen des Honorartransfers aus Deutschland, der Zugänglichkeit des deutschen Marktes oder der Durchsetzung von Büchern im nationalsozialistischen Empfehlungs- und Kontrolldschungel Erfolg hätte haben können. Die Filmwirtschaft, die wesentlich besser organisiert war, konnte dem Druck aus Deutschland ebenfalls nicht standhalten.

Musils Diktum der „Kulturpolitikskultur", gemünzt auf den „Ständestaat", geht insoferne fehl, als Kulturpolitik im wesentlichen aus Ankündigungen und Vorsätzen bestand, während bündige Konzepte nirgends formuliert wurden. Es trifft aber den Sachverhalt, daß man sich im Umkreis der Macht nicht für Kultur – nicht einmal für die ideologisch nahestehende –, sondern für deren politische Verwertung interessierte.

Erlaubt oder verboten?

Während die Zensur im Volksbildungswesen in großem Umfang die Bestände säuberte, blieb die Kontrolle von Verlagen, Buchhandel und Theater vergleichsweise unentwickelt. Das kulturelle Klima war anscheinend einflußreicher als polizeiliche Maßnahmen.

Die Entwicklung der Zensur im Ständestaat ging von jenem Medium aus, in dem die politischen Auseinandersetzungen öffentlich wurden, von der Presse. Einen frühen Vorstoß für weitergehende Zensurmaßnahmen unternahm im April 1933 der Wiener Gemeinderat Franz Stöger. Er forderte die Regierung in der „Reichspost" auf, „Schutz gegen das Filmgift" zu schaffen. [19] Dabei ließ er sich allerdings noch auf Diskussionen im Rahmen der geltenden Verfassung ein. Es galt ja noch der Beschluß des provisorischen Nationalrates vom 30. 10. 1918, der später in die Verfassung übernommen worden war und der in Österreich „jede Zensur" als „rechtsungültig" abschaffte. Zwar hatten die Versuche, unter „Zensur" nur die Zensur der Presse zu verstehen, die Wirkung dieses Beschlusses erheblich verzögert: Für den Film erlangte er noch 1918 Rechtskraft, erst 1926 setzte sich die Zensurfreiheit auch im Bereich des Theaters durch. [20]

Die Verfassung von 1934 allerdings schien völlig neue Möglichkeiten zu eröffnen, im Artikel 26, der von der freien Meinungsäußerung handelt, heißt es im Absatz 2: „Durch Gesetz können insbesondere angeordnet werden: a) zur Verhütung von Verstößen gegen die öffentliche Ruhe, Ordnung und Sicherheit oder gegen die Strafgesetze eine vorgängige Prüfung der Presse, ferner des Theaters, des Rundfunks, der Lichtspiele und ähnlicher öffentlicher Dar-

---

[18] K. Amann, Die literaturpolitischen Voraussetzungen und Hintergründe für den 'Anschluß' der österreichischen Literatur im Jahre 1938, in: Zeitschrift für deutsche Philologie 101 (1982), S. 216 - 244; G. Renner, Österreichische Schriftsteller und der Nationalsozialismus. Der „Bund der deutschen Schriftsteller Österreichs" und der Aufbau der Reichsschrifttumskammer in der „Ostmark", phil. Diss., Wien 1981.

[19] Reichspost, 12. 4. 1933.

[20] I. Wickenhauser, Die Geschichte und Organisation der Filmzensur in Österreich 1895 - 1918, phil. Diss., Wien 1967.

bietungen, verbunden mit der Befugnis der Behörde, solche Darbietungen zu untersagen."[21] Diese Ermächtigung bot zwar für eventuell geplante Zensurgesetze den gewünschten verfassungsrechtlichen Rahmen, sie wurde aber kaum genützt. Im Film- und Theaterbereich hatte die Bundesregierung ohnehin nur begrenzte Möglichkeiten, hier war die Gesetzgebung nach wie vor Landessache.

Ein Aufruf von Kardinal Innitzer, publiziert am 8. 12. 1934 in der „Reichspost", enthielt trotzdem einen Appell an die Regierung, sie möge unverzüglich ein wirksames Filmgesetz beschließen. Die Filmproduzenten wurden ermahnt, sich ihrer Aufgabe zu besinnen und vermittels des Films „das Volk in seiner Not" zu heben. Der Kardinal drohte mit Selbsthilfe nach dem Muster der amerikanischen „Legion of Decency": Die Österreicher mögen „in machtvoller Abwehr" zeigen, daß sie nicht ein „unlauteres, entnervtes, phäakenhaftes, allen Trieben und Lüsten ergebenes Volk sind". Geplant waren Aufrufe zum Boykott von bestimmten Filmen, deren Titel über die katholische Presse bekanntgegeben werden sollten. Diese Aktion sollte vom „Institut für Filmkultur", das vor allem von der Vaterländischen Front gefördert wurde, getragen werden.[22]

Die Interessenvertretung der Filmproduzenten, der „Bund der Filmindustriellen", bat daraufhin, aufgeschreckt durch die Erfolge der Boykottaktionen in den USA, die Regierung ebenfalls um eine einheitliche Filmzensur. Im Jänner 1935 wurde das Problem im Ministerrat behandelt und auch beschlossen, die erforderlichen „Schritte zu einer gesetzlichen Regelung auf dem Gebiete der Filmzensur einzuleiten".[23]

Die Initiative zu einer zentralen Filmprüfstelle ging aber von der Stadt Wien aus. Nachdem ein entsprechendes Wiener Kinogesetz am 1. 5. 1935 in Kraft getreten war, versuchte die Stadtverwaltung, die übrigen Länder zu bindenden Reziprozitätsbestimmungen in ihren jeweiligen Gesetzen zu bewegen. Die Gültigkeit der Wiener Entscheidungen sollte so auf alle Bundesländer ausgedehnt werden. Vorarlberg und Tirol aber, bedrängt von der Vaterländischen Front und der Katholischen Aktion, stellten sich diesem Ansinnen entgegen und brachten es zum Scheitern. Die Wiener Zensur hatte sich zum Verdruß der Vertreter dieser beiden Länder allzu milde gezeigt, wurden doch 1935 von den 372 eingereichten Filmen nur fünf gänzlich verboten, im Jahre 1936 (bis Ende Oktober) von 319 eingereichten nur sechs. Die Zahl der für Jugendliche verbotenen bzw. zu ändernden Filme lag allerdings wesentlich höher.[24]

Während für den Film eine eigene Zensurbehörde unterstützt durch zahlreiche „Sachverständige" eingerichtet wurde, lassen sich ähnliche Maßnahmen für Theater- und Buchzensur nicht feststellen. Für die Klagen über eine regelrechte und ständige Vorzensur von Theateraufführungen wie sie vor allem aus dem Umkreis des aufblühenden Kabaretts bekannt sind, hat sich eine gesetzliche Basis nicht finden lassen. Hier bestand aber offenbar die Möglichkeit, über technische Vorschriften entsprechende Disziplinierungsprozesse in Gang zu bringen. Von der Hand zu weisen ist auch nicht der Verdacht, daß die Zensur von Theateraufführungen in ähnlicher Weise wie die Buchzensur gehandhabt wurde. Hier waren nicht eigene Zensurvorschriften die Grundlage, sondern die diversen Parteienverbotsgesetze.[25]

---

[21]　Die neue österreichische Verfassung, eingeleitet u. erläutert v. Bundesminister Dr. Otto Ender, Wien-Leipzig 1934, S. 39.

[22]　Eine Übersicht über die Auswirkungen dieser Aktion findet sich in: Der gute Film, Folge 158, 4. 1. 1936.

[23]　Ebenda.

[24]　Zum Versuch, die Filmzensur zu vereinheitlichen vgl. Wiener Stadt- und Landesarchiv, M. Abt. 104, A 10, K. 21. Dem Konvolut sind auch die statistischen Daten entnommen.

[25]　Einen Überblick über diese Gesetze und ihre Auswirkungen im Buchbereich bietet P. Malina, Bücherverbote in Österreich 1933 - 1938. Zur Kontrolle systemverdächtiger Literatur am Beispiel der Universitätsbibliothek Wien, in: Zeitgeschichte 10 (1982/83), S. 311 - 335.

Zwar sollte, nach einer entsprechenden Anweisung der „Generaldirektion für die öffentliche Sicherheit" bei unerwünschter Literatur zuerst versucht werden, eine gerichtliche Beschlagnahme aufgrund des Strafgesetzes zu erwirken. Nur wenn das nicht möglich sei, oder „nach dem Inhalt des betreffenden Werkes nicht damit zu rechnen ist", sollten die Sicherheitsbehörden aufgrund der Parteienverbote gegen diese Literatur vorgehen. [26] Das Problem war, daß die polizeiliche Beschlagnahme nur für den betreffenden Einzelfall gültig war. Um daher in der Praxis der Polizei eine gewisse Kontinuität zu sichern, gab es seit Ende 1934 Listen von verbotenen Büchern, die die Bundespolizeidirektion Wien zusammenstellte: Eine für NS-Propagandawerke, eine für kommunistische bzw. sozialdemokratische Druckschriften und eine weitere für Werke, die gerichtlich beschlagnahmt worden waren. [27] Der größte Anteil der reinen Propagandaschriften findet sich auf der die NSDAP betreffenden Liste, während aus dem sozialistischen Umfeld auch sozialwissenschaftliche Literatur inkriminiert wurde. Eigenartig ist, daß mit der sozialistischen Literatur auch eine Reihe von Büchern, die vehement gegen den Nationalsozialismus auftraten, verboten wurden. Dies dürfte zum Teil der Wachsamkeit der Deutschen Botschaft in Wien zuzuschreiben sein. So forderte der deutsche Gesandte ein Verbot von Hermynia zur Mühlens Roman „Unsere Töchter, die Nazinen" (Wien: Gsur-Verlag 1936), da er „schwere persönliche Beleidigungen des Führers und Reichskanzlers Adolf Hitler, von Mitgliedern der Reichsregierung und auch herabsetzende Bemerkungen über den deutschen Gesandten von Papen" enthalte. Das Buch wurde zwar nicht aus diesem Grunde verboten, doch stellten die Beamten bei der Lektüre fest, daß es „eine ausgesprochen marxistische, ja kommunistische Tendenz" habe. Das führte dann, wie anscheinend auch bei anderen Kritiken Hitlers von links, zum Verbot. [28] Auch die wenigen belletristischen Bücher, die verboten wurden, finden sich auf dieser Liste. [29] Wie wirksam die Zensur war und welche Bereiche sie wirklich intensiv abdeckte, ist noch nicht eindeutig klargelegt worden. Zwar weiß man relativ genau, was die Polizei verbot, bei den gerichtlichen Beschlagnahmungen ergibt sich aber das Problem, daß hier aufgrund der Strafgesetze gehandelt wurde, die bereits in der Ersten Republik Gültigkeit hatten, spezifische Differenzen in der Anwendung sind mangels entsprechender Untersuchungen nicht erkennbar. Schließlich ist der Buchhandels- und Verlagsbereich erst in Ansätzen untersucht. So offenbarte sich bei den Wiener Buchhändlern nach dem „Anschluß" ein überdurchschnittlich hoher Anteil an Mitgliedern der illegalen NSDAP. Klagen des Heimatdienstes, wonach Literatur gegen den Nationalsozialismus gar nicht erst in die Buchhandlungen gelangte, während illegale NS-Literatur im Stillen ihre Käufer fände, könnten durchaus der Wirklichkeit entsprechen. So besteht zwar vorläufig Klarheit über die Intentionen des Regimes, aber keineswegs über das Ausmaß, in dem diese Intentionen durchgesetzt werden konnten.

Österreich ohne Deutschland

Vor der Machtergreifung der Nationalsozialisten hatte Deutschland dem kleinen Österreich und vor allem jenen, denen es zu klein geworden war, Gelegenheit zur Entfaltung ihrer Talente oder zur Amortisation ihres Kapitals geboten. So setzten österreichische Verlage 60 bis

---

[26] Ebenda, S. 317.
[27] Nach den Listen in der Wiener Stadt- und Landesbibliothek, bei denen allerdings ebensowenig wie bei den von Malina benützten Listen der UB Wien geklärt ist, ob sie vollständig sind.
[28] Zitiert bei M. G. Hall, Biographie als Legende, in: W. Mehring, Text + Kritik, H. 78, April 1983, S. 20 - 35. Zum Roman vgl. auch S. Schmid-Bortenschlager, Thema Faschismus. Zu einigen Romanen österreichischer Autorinnen der dreißiger Jahre, in: Zeitgeschichte 9 (1981/82), S. 1 - 17.
[29] Verboten waren u. a. Bücher von Toller, Gladkow, London, Seghers, Kuh, Malraux, Kisch, F. Wolf, F. Brügel, Graf und Hašek.

75 Prozent ihrer Produktion in Deutschland ab. Filmproduktionen wurden in der Regel zu 65 Prozent durch Garantien der deutschen Verleihfirmen finanziert. Der kulturelle Bereich konnte in Österreich wegen dieser Abhängigkeit nicht in dem Ausmaß wie in Deutschland für politische Ziele instrumentalisiert werden.

Die enge Zusammenarbeit zwischen Österreich und Deutschland auch im kulturellen Bereich offenbarte sich nach 1933 als unlösbare Abhängigkeit vom deutschen Markt, der nun klaren politischen Zielen unterworfen war. Schon früh kam es zu Zerwürfnissen mit den österreichischen Autoren, die gewohnt waren, unbehindert für deutsche Medien arbeiten zu können, sich aber nun in die ausgreifende Kontrolle von Verlagen und Zeitungen einbezogen sahen. Seit Mitte 1933 bereits hatten sich die Versuche intensiviert, den „Reichsverband der deutschen Schriftsteller" (RDS), die spätere Reichsschrifttumskammer (RSK), auch auf Österreich auszudehnen. Was im Sinne der nationalsozialistischen Zensurpolitik notwendig war – es ging schließlich nicht an, den RDS und damit das literarische Leben von Juden, Kommunisten und Sozialisten freizuhalten, sie aber aus Österreich quasi durch die Hintertür weiter gewähren zu lassen –, verursachte in Österreich einige Aufregung. Das pessimistische Resümee eines Beamten im Unterrichtsministerium läßt aber erkennen, daß die Österreicher in diese Auseinandersetzung wenig Selbstbewußtsein einbrachten: „In Zukunft wird zu erwarten sein, daß der deutsche Verlag nur mehr Mitgliedern der vor kurzem gegründeten Reichsschrifttumskammer zugänglich sein wird. Die Zugehörigkeit zur Reichsschrifttumskammer setzt jedoch, soweit in Erfahrung gebracht werden konnte, das Bekenntnis zur deutschen Staatspolitik des deutschen Reiches voraus. Hiedurch kommen die österreichischen Autoren in eine außerordentlich schlechte Lage [...]."[30]

Tatsächlich existierte ein österreichischer Zweig des RDS in einer zwiespältigen, offenbar illegalen Form bis September 1934, dann wurde er von Deutschland aus – anscheinend im Gefolge der Verwicklungen nach dem nationalsozialistischen Putschversuch im Juli 1934 – aufgelöst. Eine einheitliche Front der österreichischen AutorInnen gegen diesen Anpassungsdruck aus Deutschland kam nicht zustande. Jene, die die „Kulturgemeinschaft" mit Deutschland nicht aufgekündigt sehen wollten, gingen hier und öfter noch mit dem nationalsozialistischen Stoßtrupp unter den österreichischen Autoren eine unvorsichtige Koalition ein. So führte eine Resolution des Wiener PEN-Clubs in Dubrovnik (Mai 1933), die sich deutlich gegen die nationalsozialistische Kulturpolitik richtete, zur Spaltung des Wiener Clubs.[31] Andere österreichische Schriftstellerorganisationen, die 1933 noch versuchten, sich dem Druck aus Deutschland zu widersetzen, fanden sich zunehmend der traditionellen juristischen Möglichkeiten beraubt, eine Verlagerung ihrer Probleme auf die diplomatische Ebene aber brachte ebenfalls nicht den gewünschten Erfolg.

Österreichische Verlage sahen sich in den dreißiger Jahren einer fortwährenden Einengung ihrer Absatzmöglichkeiten gegenüber. Die Liste der Behinderungen in Deutschland reichte von der Konzentrierung der Einfuhr auf wenige große Händler in Leipzig, der Zuteilung von monatlichen Kontingenten, deren Umfang dem einzelnen Verleger allerdings unbekannt war, der Verweigerung von Anzeigen im „Börsenblatt für den Deutschen Buchhandel" bis zur Sperre der Erlöse in Deutschland. Österreichische Verlage sahen sich schließlich dazu gezwungen, in Deutschland zu produzieren, um diese Guthaben aufzubrauchen.

Zwar wurden durchaus verschiedene Wege eingeschlagen, um diese Krise zu meistern. So übernahm der Wiener Verleger Herbert Reichner die Bücher Stefan Zweigs, die bis dahin im Insel-Verlag erschienen waren.[32] Der Zsolnay-Verlag hingegen eliminierte Heinrich

---

[30]   Renner, Österreichische Schriftsteller und der Nationalsozialismus.

[31]   Ebenda; vgl. auch Amann, Die literaturpolitischen Voraussetzungen.

[32]   M. G. Hall, Literatur- und Verlagspolitik der dreißiger Jahre in Österreich. Am Beispiel Stefan Zweigs und seines Verlegers Herbert Reichner, in: Stefan Zweig 1881/1981, S. 113 - 136.

Mann aus seinem Programm und nahm eine stattliche Reihe von „nationalen" bis nationalsozialistischen Autoren neu auf. Die Unterschiede sind offenkundig: Auf der einen Seite wurde
zaghaft versucht, den in Deutschland verfemten Autoren neue Möglichkeiten in Österreich
zu eröffnen – geraume Zeit hindurch konnte ja Reichner auch Stefan Zweigs Bücher noch
in Deutschland verkaufen –, auf der anderen Seite wurden von den Nationalsozialisten befürchtete Zensurversuche antizipiert. Im Lichte wirtschaftlicher Vernunft erscheinen dann
möglicherweise Autoren als ökonomisches Risiko und werden wegkalkuliert. [33]

Auf Unterstützung seitens der österreichischen Regierung konnten die Verleger in den
seltensten Fällen zählen. Nur als sich Deutschland, seinerseits mit dem Problem des schrump-
fenden ausländischen Marktes konfrontiert, 1935 entschloß, den Buchexport nach Österreich
mit Subventionen zu stützen, konnten die Verleger sich vorläufig durchsetzen. Da deutsche
Bücher in Österreich um 25 Prozent billiger wurden, sahen sich die Verleger in ihrer Existenz bedroht und konnten auch eine gesetzlich fundierte Gegenmaßnahme erzwingen: einen
„Verlagsförderungsfonds". Dieser Fonds war eine der wenigen Institutionen, die im Geld
schwammen, aber nicht wußten, was sie damit machen sollten. Obwohl durchaus die Möglichkeit bestanden hätte, eine zielbewußte Förderung der österreichischen Verlage ins Werk
zu setzen, konzentrierte sich der Fonds in der Praxis auf die Förderung belangloser Publikationen und musikalischer Werke. [34]

Während AutorInnen und Verlage ökonomisch unwirtlichen Zeiten entgegensahen, verzeichnete der österreichische Film der dreißiger Jahre einen geradezu fulminanten Aufstieg,
Filme wie „Maskerade" (W. Forst, 1934) und „Episode" (W. Reisch, 1935) begründeten den
Welterfolg des „Wiener Films". Daß sich auch in diesen Bereich deutsche Zensurkriterien
eingeschlichen hatten, wurde erst bekannt, als die österreichische Filmindustrie dies hochof-
fiziell und schriftlich vermerkte. [35] Bei den Kontingentverhandlungen zwischen der österreichischen und der deutschen Filmindustrie im Jahre 1935 wurde ein Passus aufgenommen, der
die Eliminierung von Juden und Emigranten aus dem österreichischen Film festschrieb. Auch
verpflichteten sich die österreichischen Produzenten, „keinen Film [zu] unterstützen, dessen
Inhalt oder dessen Besetzung in Deutschland unwillkommen sein könnte". [36] Sie erwarben
ferner das Privileg, Buch und Besetzung vor Drehbeginn der Reichsfilmkammer vorlegen
zu dürfen, was das Risiko einer nachträglichen Ablehnung beträchtlich minderte. Der „unabhängige" Film – in den dreißiger Jahren ist damit der ohne Rücksicht auf den deutschen
Markt gedrehte gemeint – erlitt durch das Abkommen einen schweren Rückschlag, prominente Schauspieler weigerten sich nun, in Filmen dieser Art zu spielen. [37] Quer zur Entwicklung
der politischen Beziehungen zwischen Österreich und Deutschland waren die Kontakte im
Film also durchwegs recht eng. Bedenken, die im nationalsozialistischen Deutschland gegen
den österreichischen Film auftauchten – immerhin hatte eine erhebliche Zahl von deutschen
Emigranten und österreichischen Heimkehrern versucht, in der österreichischen Filmindustrie Fuß zu fassen –, konnten vorerst durch den erwähnten Vertrag zerstreut werden. Und in
Österreich fand der „neue" deutsche Film sogar Beifall, wie z. B. bei einer offiziösen „katho-

---

[33] Renner, Österreichische Schriftsteller und der Nationalsozialismus.
[34] M. G. Hall, Buchhandel und Verlag im Spiegel von Außen- und Innenpolitik, in: Amann / Berger, Die österreichische Literatur, S. 164 - 177.
[35] Der folgende Teil ist ein erster Versuch, im Überblick die Probleme beim Film darzustellen. Er stützt sich auf
   Beiträge in den Zeitschriften „Der gute Film" (1933 - 1938), „Der Wiener Film" (1936 - 1938), „Internationale
   Filmschau" (Prag, 1935 - 1937) sowie auf Artikel in jenen Zeitungen, die das Problem besonders aufmerksam
   verfolgten: „Wahrheit", „Die Stimme", sowie auf amtliche Veröffentlichungen der „Wiener Zeitung". Für die
   Unterstützung bei der Materialsuche habe ich Eckart Früh zu danken. (G. R.)
[36] Die neue Welt, Nr. 446, 12. 3. 1935.
[37] Internationale Filmschau, Nr. 14, 17. 7. 1935. Es handelte sich um Hermann Thimig, Hans Moser und Leo
   Slezak.

lischen Filmtagung". Hier stellte der Filmkritiker Roman Herle fest, daß sich die Filme aus Deutschland „seit geraumer Zeit [durch] eine Reihe auffallender, fast durchwegs erfreulicher Neuerungen" auszeichneten. [38] Das bezog sich natürlich auf die mit Hilfe der Zensur gereinigten Stoffe, die nach der Meinung des VF-„Institutes für Filmkultur" von „erfreuliche[r] Sauberkeit" geprägt waren. Die intensive Zusammenarbeit der Filmindustrien beider Länder führte 1936, noch vor dem Juliabkommen, zu einem „deutsch-österreichischen Filmaustauschübereinkommen", in dem noch einmal der „Ausschluß von Filmschaffenden in analoger Weise der für die Filmherstellung im Reiche selbst geltenden Vorschriften" fixiert wurde. Das Abkommen ersetzte die jährlich fällige Neuverhandlung der Kontingentverträge durch eine längerfristige Strategie. Von offizieller österreichischer Seite wurde dazu bemerkt: „Es mag in den letzten Jahren in der Presse und besonders in den Rundfunksendungen der beiden Staaten Dissonanzen gegeben haben; der Film war stets ein gemeinsamer Nenner." [39]

Aber auch der Film geriet in den Sog der politischen Entwicklung. Immer restriktivere Devisenregelungen, die im Sinne einer Konzentration der deutschen Wirtschaft auf die Durchführung des Rüstungsprogramms unnötige Importe einschränken sollten, verhinderten, daß die von der florierenden Filmindustrie (wie auch von den Verlagen und den wenigen in Deutschland noch publizierenden Autoren) in Deutschland erzielten Einnahmen auch nach Österreich transferiert werden konnten. Von Dezember 1936 bis Mai 1937 schließlich standen die österreichischen Ateliers leer. Das Kapital lag in Deutschland und durfte nur zu genau definierten Zwecken verwendet werden. „Filmzahlungsabkommen" wurden geschlossen, die wenig bewirkten, außer daß die Diskussion um den „unabhängigen" Film wieder aufflammte. Denn immer öfter wurde beklagt, daß sich österreichische Filme von jenen, die unter dem nationalsozialistischen Regime gedreht wurden, kaum unterschieden. Die legitimistische Wochenschrift „Der Österreicher" forderte die Filmindustrie auf, sich nach dem Westen zu orientieren, nach England, Frankreich und Amerika. [40] Aber auch Filmzeitschriften setzten sich mit diesem Problem auseinander, der „Wiener Film" errechnete in einer Musterkalkulation die finanziellen Folgen des Verzichtes auf den deutschen Markt. [41] Es zeigte sich dabei allerdings, daß eine Änderung der österreichischen Filmpolitik – wie sie im Rahmen einer allgemeinen Änderung der österreichischen Handelspolitik im Laufe des Jahres 1937 auch vorsichtig angedeutet wurde – nicht von heute auf morgen mit Erfolgen rechnen könnte. Eduard Heinl, ehemals österreichischer Handelsminister und seit 1937 im Verwaltungsrat der österreichischen Tobis-Sascha, spielt überdies noch 1938 den deutschen Einfluß herunter: „Ein österreichischer Film und ein österreichischer Stoff bleiben auch dann österreichisch, wenn dieser oder jener Dialog geändert wurde, wenn ferner in der Wahl der Darsteller vielleicht bei manchen Rollen nach den Wünschen des deutschen Filmeinkäufers vorgegangen wird." [42] Diese fast naiven Äußerungen spiegeln wahrscheinlich die Meinung der österreichischen Filmindustrie, die zwar die Forderung nach einem „unabhängigen" Film mit dem Wunsch nach Subventionen verband, finanziell aber auf Gedeih und Verderb mit der deutschen Industrie verbunden war.

Der Glanz der Massen

Der „Ständestaat" als „Ständestaat" blieb massenästhetisches Spiel, dessen Attraktion nach und nach verblaßte. Standardisiert am 1. Mai 1934, wurden alljährlich Ständehuldigungen

---

[38]   Der gute Film, Folge 75, 4. 5. 1935.
[39]   Ebenda, Folge 205, 18. 4. 1937.
[40]   Der Österreicher, 10. 12. 1937.
[41]   Der Wiener Film, Nr. 8, 23. 2. 1937.
[42]   Ebenda, Nr. 5, 1. 2. 1938.

abgehalten, aber das Machtgefüge zeigte sich gegenüber den literarischen, programmatischen Avancen unbeeindruckt. So ging die Feierkultur, die in Konkurrenz zur Sozialdemokratie entstanden war, den Weg in die vom Publikum abgelehnte Bedeutungslosigkeit.

Die Beschreibung einer Türken-Feier im Wiener Belvedere, die Rudolf Brunngrabers Hans Jesser im Roman „Der Weg durch das Labyrinth"[43] gibt, umschreibt die Malaise, in der die mit Notverordnungen agierende Dollfuß-Regierung festsaß. Die Begeisterung, die demonstrative Schaustellung einer Massenmacht wollte nicht gelingen, wo Honoratioren, Frauen in großen Abendtoiletten, Männer in Smoking und Uniform, Militärs und Priester dominierten. Das Klatschen bleibt in „vornehmer Blasiertheit", die Repräsentation der Christlichsozialen und der Heimwehren erreichen weder das Publikum noch Popularität.[44] In solcher Situation ist es ärgerlich, wenn der Gegner Zehntausende von Menschen, manchmal sogar Hunderttausend zu kultischen Aufmärschen zusammenführen kann. So geschehen im Sommer 1931 bei der Eröffnung des Stadions und der Arbeiterolympiade, so jeden Ersten Mai mit dem Ringstraßenaufmarsch. Die Sozialdemokratie hatte es seit je in ihren Ritualen verstanden, den Beteiligten ein Hochgefühl der Geborgenheit im Kollektiv zu spenden, Massenästhetik als emotionalisierender Faktor in der Politik blieb für sie wichtiges Ingrediens einer rationalen Politik. So war es für das Freund-Feind-Schema der „Reichspost" geradezu typisch, daß das Stadion, ein intendierter Ort der Masse, eindeutig den „Roten" zugeordnet wurde. Die Töne des Neids in der Polemik, auch in Geringschätzung der viermal vor insgesamt 260.000 Zuschauern in Szene gehenden Geschichtsrevue im Juli 1933, ließen sich nicht überhören, immerhin sprachen doch andere konservative Organe von einem herausragenden, einschneidenden Ereignis nicht nur der Theatergeschichte.[45] Das Dilemma hieß für die Christlichsozialen: Wie ließ sich bei gleichzeitigem programmatischen Antikollektivismus eine Massenbewegung hervorzaubern? Die martialischen Heimwehraufmärsche reichten an das selbstbewußte Feiergepränge der Sozialisten nicht heran, sie blieben Drohgeste und drangen nicht in jene Gefühlswelten ein, die die Sozialisten mit dem „Wir sind jung und das ist schön" ansprachen.

Repräsentation ließ sich für die Christlichsozialen nur über ihre verläßliche Stütze, die Kirche, erreichen. In ihr besaß man auch jene Kraft, die tatsächlich Massen, und nicht nur einige Tausend, zu einer Feier mobilisieren konnte. Der Katholikentag im September 1933 sollte endlich augenscheinlich im Wir-Gefühl den Beweis erbringen, daß sie, der offiziell 90 Prozent der Bevölkerung angehörten, de facto eine Einheit und damit jenen Fels bildeten, auf den Dollfuß seinen Staat bauen konnte. Die Tage dauernden Aufmärsche, Prozessionen, Feiern, Kundgebungen, künstlerischen Darbietungen und Fackelzüge kleideten mit ihren hunderttausenden TeilnehmerInnen die bis dahin bloß behauptete Definition von Österreich als einem katholischen Staat in eine machtbewußte Repräsentation. Das Symbol vom Christkönig verhieß politisch gesehen, den Anspruch einer Ecclesia militans auf den ganzen Staat. Daß Dollfuß bei dieser Gelegenheit die kommenden Umwälzungen in Richtung Ständestaat ankündigte, war nicht zufällig Bestandteil eines Szenarios, das der Kirche und den politischen Eliten des Katholizismus die Gewißheit der Macht in Form von Massen und die Legitimation durch den quantitativen Zustrom bringen sollte. In der Rückversicherung auf die Straßenmacht ließ sich nun auch die Staatsmacht erobern.[46]

---

43   R. Brunngraber, Der Weg durch das Labyrinth, Wien 1949.
44   Ebenda, S. 173 - 182.
45   Vgl. die Zusammenstellung, Saure Wochen, Frohe Feste, in: Berichte zur Kultur- und Zeitgeschichte 1930/31, S. 70 - 96; A. Pfoser, Massenästhetik, Massenromantik, Massenspiel. Am Beispiel Österreichs: Richard Wagner und die Folgen, in: Das Pult 1982, Nr. 66, S. 58 - 76.
46   Vgl. Berichte der Reichspost, 2. 9. 1933, 14. 9. 1933.

Inmitten einer Stadt, deren Theater und Konzertsäle unisono die Wiederkehr des Barocken und den „Sieg des Glaubens" (Legendenspiel in der Hofburg) bezeugten, gelingt dem Katholizismus der Sprung in die moderne Massenästhetik. Er geht nun auch an jenen Ort, den er bisher verpönt hatte: das Stadion, das griechisch-heidnische Symbol, wird zum Theater- und Sakralraum. Rudolf Henz, der Dichter des Festspiels, mußte viele in den eigenen Reihen erst überzeugen, ehe sein „Sankt Michael führe uns!"[47], eine katholische Paraphrase auf das sozialistische Massenspiel zwei Jahre zuvor, vonstatten gehen konnte. Sankt Michael, der gegürtete Heilige in der Rüstung, rettet mit dem Schwert Bauern, Arbeiter, Frauen, Turner, Akademiker und Kleriker, indem er die rebellische Meute ("Nieder mit den Bauern! Nieder mit den Pfaffen! Herunter mit dem Kreuz!")[48] in die Flucht treibt. Die Internationale erstirbt im musikalischen Duell mit dem „Heiligen Kreuz, sei hoch verehrt". So kann Sankt Michael, Sinnbild einer wehrhaften, gegen das Böse kämpfenden Kirche, am Schluß resümieren und Gott emphatisch bitten: „Lasse dieses Volk/In harten Tagen/Wieder hinausgestellt an die Front der Christenheit/Sieghaft werden wie jene."[49] Wobei mit „jene" die Soldaten der Entsatzmacht gemeint waren, die den türkischen Feind anno 1683 vor Wien vertrieben hatten. Glockengeläut' begleitet die Einleitung des liturgischen Aktes, der auf dem vom Übel gereinigten Feld nun Platz greift! 900 Priester und Mönche, als Signum der religiösen Macht, ziehen mit dem Kardinal ins Stadionrund. Nach Gelöbnis, Gemeinschaftsgebet, „Tantum ergo" und Segen schließt die Feier bezeichnenderweise mit der Bundeshymne, die die knapp 60.000 BesucherInnen in den politischen Alltag begleitet.

Analog der literarisch-ästhetischen Vorbereitung des „Ständestaates" im religiösen Weihespiel vollzog sich seine Selbstdarstellung vornehmlich auf der gleichen Ebene. Es kann sogar zutreffend behauptet werden, daß der proklamierte Ständestaat nie über die Literatur hinauskam und zu seiner Existenzbezeugung auf ein äußerliches Zeremoniell verweisen mußte, das mit der politischen Realität überhaupt nichts zu tun hatte. Weil Dollfuß und Schuschnigg nichts in der Umsetzung ihres göttlich legitimierten Programmes zu bieten hatten, griffen sie zum Medium der Literatur, um zumindest als Massenästhetik scheinen zu lassen, was der Austrofaschismus nicht war: ein korporativer Staat. Wiewohl noch nicht im Detail untersucht, wissen wir, daß nur im Bereich Landwirtschaft Ständewahlen stattfanden, und zwar aus dem Grund, weil diese mit der Vertretungswahl des Reichsbauernverbandes zusammenfielen. In allen anderen Bereichen versandete der „Ständestaat" in der konstitutiven Phase, wohl auch deshalb, weil die traditionellen Institutionen der Meinungsbildung und Macht, die Kammern und Gewerkschaften, im Staatsgefüge sich gegenüber vorindustriellen Korporatismus-Vorstellungen durchsetzten.[50]

Höhepunkt einer sich selbst ornamentierenden Diktatur war der 1. Mai 1934, der als Tag der Verkündung der neuen Verfassung ganz im Zeichen ästhetisch-literarischer Repräsentation stand. Am Vormittag wurde eine „Kinderhuldigung im Stadion" abgewickelt, die krause österreichische Geschichtsmetaphysik von den Babenbergern bis Dollfuß betrieb und in der jene Bollwerk-Ideologie komprimiert-versimpelt aufbewahrt war, die die verschiedenen intellektuellen Sprecher des Regimes in komplizierten Verästelungen weiterdachten. Die Babenberger, die Kreuzzüge, die Türkenbelagerung, Andreas Hofer bis Feldmarschall Radetzky wurden bemüht, um die Heldenverehrung des mit einer Ehrenkompanie aufmarschierenden Bundesheeres vorzubereiten, das sich als Erbe der Tradition vorstellte. Dollfuß-Rede und

47   R. Henz, Festliche Dichtung, Gesammelte Sprüche und Spiele, Wien 1935, S. 31 - 45.
48   Ebenda, S. 37.
49   Ebenda, S. 45.
50   H. J. Krüger, Faschismus oder Ständestaat. Österreich 1934 - 1938, phil. Diss., Kiel 1970.

Bundeshymne schlossen als markante Schlußpunkte die Feier, die ebenfalls von Rudolf Henz vorbereitet worden war. [51]

Der Nachmittag der feierlichen Inaugurierung des „Ständestaates" gehörte einem gigantischen, stundenlangen Festzug vor dem Rathaus, der „eine staatspolitische Feier in dichterische Form" kleidete. [52] Die einzelnen in der Verfassung vorgesehenen Stände marschierten auf und gaben in der ebenfalls von Henz vorbereiteten Form eine Selbstdarstellung. Das Eigentümliche an diesem Zeremoniell war die Verwischung von Spiel und Wirklichkeit, denn die tatsächlichen Sprecher der Stände waren Prominente aus der betreffenden Gesellschaftsgruppe. Den Part der Kirche übernahm der Ehrendomherr von St. Stephan, den der Wissenschaft der Rektor der Universität, den der Kunst Architekt Clemens Holzmeister (zugleich für die Ausgestaltung des Festzuges verantwortlich), den des Gewerbes der Präsident des Wiener Gewerbegenossenschaftsverbandes usw. Prominente und führende Vertreter spielten also im Spiel sich selbst und täuschten damit eine Kongruenz von Rolle und Funktion vor. [53]

Die „Ständehuldigungen" wurden, wenn auch in immer weniger prunkvoller Form, jährlich wiederholt, genauso wie die „Kinderhuldigung" im Stadion für den Bundeskanzler und den Wiener Bürgermeister fixer Bestandteil im Feierkanon blieb. Zumindest einmal im Jahr sollte der Anspruch als Realität vorgespielt werden. Dieses Spiel wurde aber für die Betroffenen zunehmend durchschaubarer, denn die in Wien wie in Österreich praktizierten Spiele verwandelten sich, wie wir aus Berichten aus den Bundesländern wissen, in Massenästhetik, der die Masse fernzubleiben vorzog. [54]

Flucht zum grünen Herrgott

Als der Austrofaschismus an die Macht kam, hatte die Literatur ideologisch vorgearbeitet. Die katholische Heimatliteratur, die sich in den 20er Jahren mächtig formierte, gehört in den Rahmen jener „konservativ-revolutionären" Strömungen, die die Herausforderung der demokratischen Republik und der entwickelten Industriegesellschaft mit Kulturpessimismus, Großstadtfeindschaft, Agrarromantik, Antisemitismus und völkischem Nationalismus beantworteten. Der „christlich-autoritäre Ständestaat" suchte sich mit dieser Literatur zu schmücken, die Loyalität der Autoren gegenüber der Dollfuß/Schuschnigg-Diktatur war allerdings begrenzt. Der politisch erfolgreichere, ökonomisch potentere Nationalsozialismus lockte zu neuer Dienstbarkeit. [55]

Am Beginn von Karl Heinrich Waggerls Roman „Brot" [56] findet sich nur eine Einöde, „hoch im Gebirge, ein elendes, verlassenes Stück Erde" [57]. Aber der Mann, der mit einer ungewissen, vielleicht sogar kriminellen Vergangenheit aus dem Nirgendwo der Stadt kommt, legt Hand an, rodet, ackert, baut, erntet. Wie mit urkreatürlicher Gewalt kämpft er („wie ein Soldat in der Schlacht") [58] seinen Kampf gegen die Natur und ringt ihr Stück für Stück ab. Frau und Kinder bleiben dem einsamen Helden nicht aus, und während das Dorf unter den Konjunkturen von Kapital und Tourismus, zwischen zerbrechlichem Bildungswillen und

---

[51] Henz, Festliche Dichtung, S. 45 - 52.
[52] Ebenda, S. 53.
[53] Vgl. Berichte der Reichspost, 1. 5. 1934.
[54] Schubert, Das Vaterländische Frontwerk.
[55] Allgemein zur Literatur der dreißiger Jahre vgl. W. Schmidt-Dengler, Literatur, in: E. Weinzierl / K. Skalnik (Hg.), Österreich 1918 - 1938, Graz 1983, S. 631 - 649.
[56] K. H. Waggerl, Brot, Leipzig 1931. Zum Sozialmodell in Waggerls Romanen und dem Verhältnis des Erzählers zu seinen Figuren vgl. L. Wolf, Die Rolle des Erzählers im Werk von Karl Heinrich Waggerl, phil. Diss., Salzburg 1974.
[57] Waggerl, Brot, S. 85.
[58] Ebenda, S. 87.

rabiater Selbstzerstörung auseinanderzubrechen droht, feiert der monumentale Urbauer, ein Mann „wie die Erde selbst", seinen kargen, überzeitigen kolonisatorischen Triumph. Das Haus, das er errichtet, die Hauswirtschaft, die er praktiziert, stilisieren sich zu monumentalen Urbildern, deren Berührung jeden, vor allem die kränkelnden Stadtkinder, gesunden lassen.

Waggerls „Brot" ist einer von vielen Romanen, die die Urkräftigkeit des Landes und Dorfes gegen die Dekadenz der Stadt behaupten. Schollenhaftes, dumpfes Welken und Treiben ersetzt reflexive Sensibilität, mythische Erdverbundenheit steht gegen urbane Wurzellosigkeit, vor allem aber erlebt sich die Protagonistenschar als gesunde Entität, die von außen gestört wird. Aber bei allen Polypenarmen einer verderbten Industriegesellschaft, die, wie Waggerls „Schweres Blut"[59] beweisen will, durch Kapital und Sozialismus Unruhe in die Täler gebracht, bewährt sich noch die urtümliche Regenerationskraft der Bergwelt, die sogar an abgefallenen, aber bedürftigen, nach Änderung Gierenden ihre Wunderenergien zur Schau stellt. Marie Grenggs „Der Weg zum grünen Herrgott"[60] führt einen dieser Heimkehrer vor, Josef Friedrich Perkonigs „Bergsegen"[61] einen anderen. Einzelne schaffen es hier noch, aus dem kranken Verblendungszusammenhang der städtischen Kultur auszubrechen und die Seele zu retten. Ein kräftiger Paganismus durchzieht alle diese Romane, die mit Dezidiertheit die menschliche Verwachsenheit mit Blut, Boden und Natur behaupten, darüber erhält sich ein gottergebener Katholizismus, der sich eins weiß mit dem Heilsplan. Es ist zwar nicht so, daß die Konflikte in diesem Mikrokosmos ausgespart bleiben; Schwäche und Leidenschaften, Sünde und Sühne exhibitionieren sich geradezu in Reinkultur, sie sind aber im Ordo, dem Othmar Spann in seiner Staatslehre gehuldigt hat, vollkommen aufgehoben.[62] Oben und Unten, die Rollen von Herr und Knecht sind, wie in Hofmannsthals „Großen Salzburger Welttheater" fix verteilt, und jeder soll zum Wohl der Seele sich in dieses Schicksal einfügen. Auf dieser Folie erscheinen Freiheit und Demokratie als Atomisierung der einzelnen, der Gesellschaftsvertrag im Sinn der Aufklärung erhält das Stigma einer Blasphemie.

Solche literarische Regression, verbunden mit der Denunzierung der „Sinnlosen Stadt" (so der Titel eines Romans von Zernatto)[63], war ideologische Vorarbeit einer Politik, die das Rad der Geschichte zweihundert Jahre zurückdrehen wollte. Der Hauptschuldige der Entfremdung von Blut, Boden und Heimat war, nach Engelbert Dollfuß, der „jüdisch-marxistische Geist"[64], der seit der Französischen Revolution das Individuum aus allen außer- und überpersönlichen Bindungen herausgerissen hatte. Wenn Dollfuß den Staat im Bild eines großen Bauernhofes gespiegelt sah, so trifft er sich ganz mit der Heimatliteratur, in der die bäuerliche Welt in ihrer traditionellen Lebensform für die Welt schlechthin steht.

Und ganz wie der Politische Katholizismus antrat, um Österreich sein Konzept einer ständestaatlichen Gegenreformation zu verpassen, so entwickelte auch die Heimatliteratur den Typus des Bekehrungsromanes. Was einzelne freiwillig, als Vorbild leisten, verspricht auch als etwas gewaltsame Gesundungskur für alle Erfolg. Dollfuß und Schuschnigg nahmen aus gutem Grund die dieserart strukturierte Schollenliteratur an die Brust.

Freilich wurde in der Wiederholung die Fragwürdigkeit der dem Regime so willkommenen Literatur deutlich. Die Handlungsschemata waren vorgeprägt, die Typisierung verkam zur Stereotypie, die Rebhendlliteratur geriet in die Attitüde der Pose. Das Thema war frei-

---

[59]   K. H. Waggerl, Schweres Blut, Leipzig 1932.
[60]   M. Grengg, Die Flucht zum grünen Herrgott, Wien-Leipzig 1930.
[61]   J. F. Perkonig, Bergsegen (1928), in: Ders., Ausgewählte Werke, Bd. 7, Klagenfurt 1968.
[62]   K. Rossbacher, Literatur und Ständestaat, in: Staat und Gesellschaft in der modernen österreichischen Literatur, Wien 1977, S. 93 - 107; ders., Dichtung und Politik bei Guido Zernatto, in: Kadrnoska (Hg.), Aufbruch und Untergang, S. 539 - 559; W. Weiss, Salzburger Mythos? Hofmannsthals und Reinhardts Welttheater, in: Zeitgeschichte 2 (1975/76), S. 109 - 116.
[63]   G. Zernatto, Sinnlose Stadt. Roman eines einfachen Menschen, Leipzig 1934.
[64]   E. Dollfuß, Aufbruch zum neuen Österreich, in: Reichspost, 12. 9. 1933.

lich keineswegs ausgeschöpft, wie Brochs „Bergroman"[65] bewies, aber die Realitätsflucht der Autoren verhinderte jede echte Auseinandersetzung, die Mystifikation und Glorifizierung auswich. Immerhin müssen innerhalb der sich einstellenden Verkrustung erfreuliche Ausnahmen wie Freumbichlers Roman[66] und Theodor Kramers Lyrik[67] genannt werden.

Bei allem Naheverhältnis zum Austrofaschismus bewahrten sich Autoren und Werke durch ihre politische Uneindeutigkeit eine konjunkturelle Mobilität. Denn die regressiven Utopien eines ländlichen Mystizismus waren so weit von unmittelbarer Aktualität entfernt, daß sie den ideologischen Einvernahmungsbedürfnissen sowohl des Austrofaschismus wie des Nationalsozialismus entgegenkamen.

Zum ewigen Österreich

Der ideologische Kitt, der den „autoritären, christlichen Ständestaat" zusammenhalten sollte, war die Theorie einer spezifischen österreichischen Menschengattung, der spezielle historische Aufgaben zufallen sollten. Intellektuelle Versuche, Politikerreden wurden dabei massiv untermauert durch die Popularmythologien eines „ewigen Österreichs". Die illustrierten Bilderbogen der „Österreichischen Woche" waren eine Ausprägung, andere Ausprägungen waren der Wiener Film oder die Operette.

„An heißen Tagen Ende Juli und Anfang August steigen die Bergbauern bis zu den steilsten Felswänden des Hochgebirges empor, um das köstliche Bergheu zu schneiden und heimzubringen. Sie gehen 'ins Bergheu', und all die sommerliche Pracht fällt unter den geschickt an steilen Hängen und Bändern geschwungenen Sensen."[68] Schwer ist die Arbeit, doch die Berge im Hintergrund geben ihr einen schönen Zug. Umgeben von Marterln und Kreuzen, umrahmt von den Feiern des Kirchenjahres und der in Tracht gekleideten demütigen Anmut leben die ÖsterreicherInnen ihre selbstzufriedene Bescheidenheit.

Die Bilder und Bildunterschriften, die die repräsentative, halbamtliche Illustrierte „Die Österreichische Woche" abdruckt, ergeben in ihrer Gesamtheit so etwas wie ein Idealbild des „Ständestaates". So wollte, so sollte er gesehen werden. Viele von diesen Versatzstücken des Feier-, Bauern-, Kirchen-, Handwerks- und Kunstlandes lassen Fremdenverkehrswerbung vermuten, sind aber der Humus jener „österreichischen Ideologie", auf dem der Austrofaschismus baute. Das Menschenbild, das sich hier darbietet, ist bei aller Verwandtschaft noch um eine Dimension ärmer als das des Heimatromanes. Die Tragik fehlt, weil der Hang zum abgerundeten Stilleben keine schwarzen Tupfer erlaubt. Einzig der Dollfuß-Märtyrerkult („Ein Toter führt uns an!") deutet auf die Tatsache, daß Gewalt bei der Etablierung und Absicherung der Macht mit im Spiel ist.

Dollfuß' Ankündigung in der Trabrennplatzrede, er werde das Rad der Geschichte zweihundert Jahre zurückdrehen, wird in der „Österreichischen Woche" als Klischee fotografiert, dokumentiert Wirklichkeit. So schwierig es war, den Fokus der Kamera auf einen sehr kleinen Teil des Lebens scharf zu stellen, so wurde diese Technik doch weitgehend beherrscht. Von Industrie ist soviel wie überhaupt nichts zu merken, nur bei Prestigebauten wie der neuen Reichsbrücke oder der Errichtung der Vermuntkraftwerke in Vorarlberg kommen Ausschnitte der modernen Technik ins Blickfeld. Die Verbindung zur Bergwelt, dem Fetisch der

---

65 Vgl. die ausführliche Analyse der Fassungen des Bergromans: N. Mecklenburg, Erzählte Prosa. Regionalismus und Moderne im Roman, Königstein 1982, S. 129 - 224.

66 F. Aspetsberger, Johannes Freumbichlers Bauernroman „Philomena Ellenhub", in: Österreich in Geschichte und Literatur 23 (1979), S. 279 - 297.

67 Vgl. K. Kaiser (Hg.), Theodor Kramer 1897 - 1958. Dichter im Exil, Wien 1983.

68 Die österreichische Woche, 23. 7. 1936.

„Österreich"-Ideologie ist aber gewahrt: So können sie zu Prestigebauten des Austrofaschismus werden. Die industriellen Ballungszentren mit ihrer katastrophalen sozialen Situation und ihren stillstehenden Hochöfen sind dagegen aus der Wahrnehmung völlig verschwunden.

Dafür wird dem Handwerk und dem Bauerntum als Ursprung allen Brotes gehuldigt: Von den Weinbauern und der Zuckerrübenernte bis zur Harzgewinnung, der Steinmetzkunst, der Imkerei und den Sensenschmieden im Ennstal wird das Bild eines vorindustriellen „glücklichen Österreich" evoziert, dem auf künstlerischer Seite die Schaustellung mächtiger Klöster wie St. Florian, Melk oder Seckau entspricht. Hermann Bahr hatte sie nicht umsonst als geistige Renovationszentren gefeiert, die Materialismus und Bolschewismus vertreiben. Bilder und Kleinplastiken aus der Barock- und Biedermeierzeit werden in der „Österreichischen Woche" in Fortsetzung vorgestellt und verweisen auf jenes Volk der „Tänzer und Geiger", das Anton Wildgans in seiner Rede über Österreich beschwor und das im Burgtheater oder den Salzburger Festspielen konkrete Gestalt annahm. Zugleich wird mit dem Verweis auf sportliche Feste, auf Trachtenumzüge, Brauchtum und kleine Weihespiele auf die außergewöhnliche universale Potenz des Österreichers verwiesen, der sich einerseits internationaler Spitzenleistungen, andererseits der großen Tradition und damit seiner geschichtlichen Sendung verbunden wissen konnte. Auf Kontinuität, auf Geschichte wird in ungewöhnlichem Ausmaß Bedacht genommen: Sie sollten wohl für die schlechte Gegenwart und ihre Schwierigkeiten entschädigen. Die Türkenbefreiung, die Schlacht bei Aspern, Marco d'Aviano werden angerufen, um unter anderem regierungsoffizielle Festakte zu inszenieren. Nur einmal durchbricht die offiziöse Illustrierte ihre üblichen Schaustellungen. Statt der üblichen demütig blickenden, in Tracht gekleideten, mit Gretlfrisur versehenen Frau blickte im Juli 1937 eine in Pelz gehüllte, an Femmes fatales erinnernde Dame den LeserInnen entgegen: Herma von Schuschnigg war gestorben. Dieses Foto enthüllte momenthaft auch für das damalige Publikum die Bruchlinien von populistischem Schein und aristokratischem Selbstverständnis, von altvorderer alpenländischer Familienideologie und moderner Welt, wie dies auch in der kuriosen Affäre von Starhembergs kirchlich gebilligter Scheidung publik wurde. Die Repräsentanten widerlegten selbst die behauptete Geschlossenheit der Kultur.[69]

Literatur

Achberger, Friedrich: Lehrstück Weimar? Österreichische Perspektiven auf den Untergang der deutschen Republik, in: Thomas Koebner (Hg.), Weimars Ende, Frankfurt/M. 1982, S. 399 - 423.

Amann, Klaus: Die literaturpolitischen Voraussetzungen und Hintergründe für den 'Anschluß' der österreichischen Literatur im Jahre 1938, in: Zeitschrift für deutsche Philologie 101 (1982), S. 216 - 244.

Amann, Klaus: Zur Österreich-Ideologie der völkischnationalen Autoren, in: Klaus Amann / Albert Berger (Hg.), Die österreichische Literatur der dreißiger Jahre. Ideologische Verhältnisse – Institutionelle Voraussetzungen – Fallstudien, Wien-Köln-Graz 1985, S. 60 - 78.

Aspetsberger, Friedbert: Johannes Freumbichlers Bauernroman „Philomena Ellenhub", in: Österreich in Geschichte und Literatur 23 (1979), S. 279 - 297.

Aspetsberger, Friedbert: Der Staatspreis. Literarisches Leben im Austrofaschismus, Kronberg 1981.

Brunngraber, Rudolf: Der Weg durch das Labyrinth, Wien 1949.

Bußhoff, Heinrich: Das Dollfuß-Regime in Österreich in geistesgeschichtlicher Perspektive unter besonderer Berücksichtigung der „Schöneren Zukunft" und „Reichspost", Berlin 1968.

Buttinger, Joseph: Ortswechsel. Die Geschichte meiner Jugend, Frankfurt/M. 1979.

---

[69]   G. E. R. Gedye, Die Bastionen fielen. Wie der Faschismus Wien und Prag überrannte, Wien o. J.

Die neue österreichische Verfassung, eingeleitet u. erläutert v. Bundesminister Dr. Otto Ender, Wien-Leipzig 1934.

Dollfuß, Engelbert: Aufbruch zum neuen Österreich, in: Reichspost, 12. 9. 1933.

Ebneth, Rudolf: Die österreichische Wochenschrift „Der christliche Ständestaat", Deutsche Emigration in Österreich 1933 - 1938, Mainz 1976.

Eppel, Peter: Zwischen Kreuz und Hakenkreuz. Die Haltung der Zeitschrift „Schönere Zukunft" zum Nationalsozialismus in Deutschland 1934 - 1938, Wien-Köln-Graz 1980.

Gedye, G. E. R.: Die Bastionen fielen. Wie der Faschismus Wien und Prag überrannte, Wien o. J.

Göhring, Walter: Roter Feber. Gedichte zum Februar 1934, Wisenstadt 1984.

Grengg, Marie: Die Flucht zum grünen Herrgott, Wien-Leipzig 1930.

Hall, Murray G.: Literatur- und Verlagspolitik der dreißiger Jahre in Österreich. Am Beispiel Stefan Zweigs und seines Verlegers Herbert Reichner, in: Stefan Zweig 1881/1981. Aufsätze und Dokumente, hg. v. der Dokumentationsstelle für neuere österreichische Literatur in Zusammenarbeit mit dem Salzburger Literaturarchiv, Wien 1981, S. 113 - 136.

Hall, Murray G.: Biographie als Legende, in: Walter Mehring, Text + Kritik, H. 78, April 1983, S. 20 - 35.

Hall, Murray G.: Buchhandel und Verlag im Spiegel von Außen- und Innenpolitik, in: Klaus Amann / Albert Berger (Hg.), Die österreichische Literatur der dreißiger Jahre. Ideologische Verhältnisse – Institutionelle Voraussetzungen – Fallstudien, Wien-Köln-Graz 1985, S. 164 - 177.

Henz, Rudolf: Festliche Dichtung, Gesammelte Sprüche und Spiele, Wien 1935.

Huber, Wolfgang: Psychoanalyse in Österreich seit 1933, Wien-Salzburg 1977.

Jarka, Horst: Zur Literatur- und Theaterpolitik im „Ständestaat", in: Franz Kadrnoska (Hg.), Aufbruch und Untergang. Österreichische Kultur zwischen 1918 und 1938, Wien-München-Zürich 1981, S. 499 - 538.

Kaiser, Konstantin (Hg.): Theodor Kramer 1897 - 1958. Dichter im Exil, Wien 1983.

Krüger, Hans Jürgen: Faschismus oder Ständestaat. Österreich 1934 - 1938, phil. Diss., Kiel 1970.

Langewiesche, Dieter: Zur Freizeit des Arbeiters. Bildungsbestrebungen und Freizeitgestaltung österreichischer Arbeiter im Kaiserreich und in der Ersten Republik, Stuttgart 1980.

Lützeler, Paul Michael: Die Exilsituation in Österreich, in: Manfred Durzak (Hg.), Die deutsche Exilliteratur 1933 - 1945, Stuttgart 1973, S. 56 - 63.

Malina, Peter: Bücherverbote in Österreich 1933 - 1938. Zur Kontrolle systemverdächtiger Literatur am Beispiel der Universitätsbibliothek Wien, in: Zeitgeschichte 10 (1982/83), S. 311 - 335.

Mecklenburg, Norbert: Erzählte Prosa. Regionalismus und Moderne im Roman, Königstein 1982.

„Mit uns zieht die neue Zeit". Arbeiterkultur in Österreich 1918 - 1934, Wien 1981.

Perkonig, Josef Friedrich: Bergsegen (1928), in: Ders., Ausgewählte Werke, Bd. 7, Klagenfurt 1968.

Pfoser, Alfred: Literatur und Austromarxismus, Wien 1980.

Pfoser, Alfred: Massenästhetik, Massenromantik, Massenspiel. Am Beispiel Österreichs: Richard Wagner und die Folgen, in: Das Pult 1982, Nr. 66, S. 58 - 76.

Pfoser, Alfred: Öffentliche Reaktionen in Österreich auf die Bücherverbrennungen 1933, in: Die verbrannten Bücher, 10. 5. 1983, S. 4 - 9.

Renner, Gerhard: Österreichische Schriftsteller und der Nationalsozialismus. Der „Bund der deutschen Schriftsteller Österreichs" und der Aufbau der Reichsschrifttumskammer in der „Ostmark", phil. Diss., Wien 1981.

Rossbacher, Karlheinz: Literatur und Ständestaat, in: Staat und Gesellschaft in der modernen österreichischen Literatur, Wien 1977, S. 93 - 107.

Rossbacher, Karlheinz: Dichtung und Politik bei Guido Zernatto, in: Franz Kadrnoska (Hg.), Aufbruch und Untergang. Österreichische Kultur zwischen 1918 und 1938, Wien-München-Zürich 1981, S. 539 - 559.

Saure Wochen, Frohe Feste, in: Berichte zur Kultur- und Zeitgeschichte 1930/31, S. 70 - 96.

Schmid-Bortenschlager, Sigrid: Thema Faschismus. Zu einigen Romanen österreichischer Autorinnen der dreißiger Jahre, in: Zeitgeschichte 9 (1981/82), S. 1 - 17.

Schmidt-Dengler, Wendelin: Literatur, in: Erika Weinzierl / Kurt Skalnik (Hg.), Österreich 1918 - 1938, Graz 1983, S. 631 - 649.

Schubert, Rainer: Das Vaterländische Frontwerk „Neues Leben". Ein Beitrag zur Geschichte der Kulturpolitik der Vaterländischen Front, phil. Diss., Wien 1978.

Spiel, Hilde: Rückkehr nach Wien. Tagebuch 1946, München 1968.

Waggerl, Karl Heinrich: Brot, Leipzig 1931.

Waggerl, Karl Heinrich: Schweres Blut, Leipzig 1932.

Weinzierl, Ulrich (Hg.): Februar 1934. Schriftsteller erzählen, Wien 1984.

Weiss, Walter: Salzburger Mythos? Hofmannsthals und Reinhardts Welttheater, in: Zeitgeschichte 2 (1975/76), S. 109 - 116.

Wickenhauser, Ida: Die Geschichte und Organisation der Filmzensur in Österreich 1895 - 1918, phil. Diss., Wien 1967.

Wolf, Liselotte: Die Rolle des Erzählers im Werk von Karl Heinrich Waggerl, phil. Diss., Salzburg 1974.

Zelewitz, Klaus / Hildemar Holl: Hausdurchsuchung 1934. Versuch einer Dokumentation über Stefan Zweigs Abschied von Österreich, in: Stefan Zweig 1881/1981. Aufsätze und Dokumente, hg. v. der Dokumentationsstelle für neuere österreichische Literatur in Zusammenarbeit mit dem Salzburger Literaturarchiv, Wien 1981, S. 77 - 96.

Zernatto, Guido: Sinnlose Stadt. Roman eines einfachen Menschen, Leipzig 1934.

Beim fehlgeschlagenen Putsch der Nationalsozialisten im Juli 1934 war die Eroberung des RAVAG-Gebäudes in Wien ein wichtiger Bestandteil

Umgang mit „Schädlingen" und „schädlichen Auswüchsen".

Zur Auslöschung der freien Medienstruktur im „Ständestaat"

Wolfgang Duchkowitsch

1. Einleitung

Die Ausschaltung des Nationalrates, der Auftakt zur Errichtung eines autoritären Regimes, aktivierte wie von selbst Prinzipien, die schon im Absolutismus ausgereift waren, Mittel der öffentlichen, halböffentlichen wie auch geheimen Kommunikation in Dienst zu stellen und politische Nachrichten von Amts wegen zu kanalisieren. Drei Tage nach dem 4. März 1933, an dem die „neue Zeit" begann, wie Funktionäre des „Ständestaates" gern betonten, wurde über die österreichische Presse eine bedingte Vorzensur verhängt, gleichsam als Beginn weiterer „Notverordnungen" zur Kontrolle und Repression gegnerischer Presse. Auf der Oberfläche betrachtet unterscheidet sich der Kontroll- und Repressionsapparat des „Ständestaates" mitsamt seinen speziellen Zensuradaptionen nur wenig vom Regulierungssystem früherer Tage. Vorlagepflicht (Vorzensur), Zensur, Beschlagnahme und Verbot sowie Nachrichtensteuerung mit Hilfe eines eigenen Propagandadienstes gehörten zu integralen Bestandteilen der austrofaschistischen Kommunikationskontrolle wie schon vorher in der Monarchie. Und ebenso wie früher stand die Tagespresse im Zentrum des Visiers. Die „Amtliche Nachrichtenstelle" (ANA) und die „Politische Korrespondenz", die primären Kommunikationsinstanzen zur Umsetzung der austrofaschistischen Politik, stellten auch keine Neuartigkeit dar. Sie entstanden als Nachfolgeinstitutionen von Einrichtungen mit einer jahrzehntelangen Vergangenheit. Ungeachtet dieser und ähnlicher Parallelen unterscheiden fünf Punkte die Medien- und Kommunikationspolitik des „Ständestaates" von früheren Regulierungssystemen: 1. Sie gab vor, der Presse sowie dem gesprochenen Wort kämen keine andere Aufgaben zu, als dem „Volk" zu dienen. 2. Sie negierte, Presse- und Meinungsfreiheit abgeschafft zu haben. 3. Sie wurde funktional zur Zerstörung bereits gelebter Demokratie eingesetzt. 4. Sie richtete sich primär gegen den „Bolschewismus", ein Zauberwort, zumal auf den Sozialismus übertragbar. 5. Sie kehrte sich kraft Eigengesetzlichkeit totalitärer Praktiken letztlich nicht nur gegen das eigene Gesellschaftsbild und Staatsgefüge, sondern assistierte tatkräftig bei der Zusteuerung auf den „Untergang" Österreichs im März 1938.

„Ständestaatliche" Politiker und Pressemänner agierten symbiotisch. „Alte" Diktion verschmolz mit neuen Hauptstoßrichtungen. So bekundete am Beginn der „neuen Zeit" ein

Aufruf des „Heimatschutzes", gezeichnet von Franz Hueber, Landesführer der Heimwehr in Salzburg, veröffentlicht zwei Wochen nach Ausschaltung des Nationalrats in der „Salzburger Chronik", die Entschlossenheit, „gemeinsam mit den staatlichen Organen und allen Organisationen, die den Kampf gegen den Bolschewismus auf ihre Fahnen geschrieben haben, unser Vaterland von allen bolschewistischen Hetzern, von Schmarotzern und Korruptionisten restlos zu säubern. Ein Zurück gibt es nicht!" Verblüffen die Sprachmittel dieser bedenkenlosen Vorwärtsstrategie? Sie sollten es nicht! Eben sowenig sollte verwundern, dass Joseph Eberle, Herausgeber der „Schöneren Zukunft", des bedeutendsten katholischen Blattes in Österreich, bemüht um neue Leserkreise im „Deutschen Reich", am 18. Juni 1933 im Rahmen seiner Gegenüberstellung des „Deutschen" und des „Österreichers" u. a. hervorhob: „Österreichs Kampf gilt nicht dem Wertvollen der nationalsozialistischen Bewegung; dieses Wertvolle ist im Gegenteil auch im Programm der österreichischen Regierung wirksam. Auch Österreich hat Schluß gemacht mit dem unmöglichen, rein parlamentarischen System und besitzt heute eine autoritäre Regierung."

2. Administrativ-legistische Maßnahmen – Stufen und Etappen auf dem Weg zur Ausschaltung der Opposition

Nachdem die Regierung Dollfuß am 7. März mit Hilfe des Kriegswirtschaftlichen Ermächtigungsgesetzes von 1917 eine Verordnung unter dem Titel „Verletzung des vaterländischen, religiösen oder sittlichen Empfindens" verabschiedet hatte, die zur bedingten Einführung der Vorzensur führte – sie betraf jene Blätter, die bereits einmal aufgrund einer strafbaren Handlung vom Gericht beschlagnahmt worden waren – überzog sie die Produktion systemkritischer Medien als Reaktion auf deren Gegenstrategien Schritt für Schritt mit einem immer dichter werdenden Überwachungsnetz. Repressionen sahen sich zunächst kommunistische und sozialistische Medien ausgesetzt. Deren sukzessive Demontage leistete Hilfe bei der Destruktion demokratischer Strukturen.

Das Tempo, mit dem die Regierung den medialen Freiheitsraum beschnitt und die Oppositionspresse unterdrückte, knebelte und schließlich verbot, demonstriert die zeitliche Abfolge der Maßnahmen. Die Verordnung vom 7. März, als ökonomische Schutzmaßnahme getarnt, weil „staats- und volksschädliche Mißbräuche der Pressefreiheit sowie Verstöße gegen die Sittlichkeit [...] erfahrungsgemäß [...] auch immer die schwersten wirtschaftlichen Schäden mit sich bringen"[1], erwies sich sechs Tage später als politische. Die „Rote Fahne", das Zentralorgan der Kommunistischen Partei Österreichs, wurde unter Vorzensur gestellt, am 24. März wurden die Hauptorgane der Sozialisten, die „Arbeiter-Zeitung", das „Kleine Blatt" und der „Arbeiter-Wille" davon betroffen und zuletzt erst – am 4. April – die „Deutschösterreichische Zeitung", das „Flaggschiff" der österreichischen Nationalsozialisten.[2] Während das gesamte Personal aller Wiener Druckereien gegen die Verhängung der Vorzensur über die sozialdemokratischen Blätter mit Streik protestierte, hatten Nationalsozialisten bereits zu einer weitaus effektiveren Methode gegriffen. Indem sie Blätter einstellten und anschließend unter geändertem Titel wiederbelebten, gelang es ihnen, die Verordnung vom 7. März zu umgehen. Um solchen Praktiken gegenzusteuern und die Exekutierbarkeit der Verordnung zu verbreitern, verschärfte die Regierung Dollfuß ihren Kurs am 10. April.[3] Die öffentliche Be-

---

[1]   BGBl. 217 v. 10. 6. 1933.
[2]   Zur nationalsozialistischen „Presselandschaft" in Österreich siehe W. Duchkowitsch, Die österreichische NS-Presse 1918 - 1933, Wien 2001 (= Schriftenreihe des Ludwig Boltzmann Instituts für neuere österreichische Kommunikationsgeschichte 2).
[3]   BGBl. 120 v. 10. 4. 1933.

leidigung der Bundesregierung, einer Landesregierung, einer ausländischen Regierung oder von Mitgliedern dieser Regierungen wurde unter Strafe gestellt. Am 26. April wurden Plakate und Flugblätter mit der Begründung „Gefährdung der öffentlichen Ruhe, Ordnung und Sicherheit" unter staatliches Kuratel gestellt.[4] Am 19. Mai wurde der Kommunistischen Partei Österreichs jede Betätigung verboten, worunter auch die Herausgabe von Periodika fiel. Die „Rote Fahne" konnte nur deshalb weiter erscheinen, weil die Partei nicht als Eigentümerin zeichnete, mußte aber am 22. Juli ihren Betrieb schließlich doch einstellen. Am 10. Juni erließ die Regierung die nächste Verordnung, die v. a. die Wiener Zeitungen betrafen, weil sie auf der Straße sowie in Verschleißstellen verkauft wurden. Sie schuf die Möglichkeit, über eine Zeitung für die Dauer von drei Monaten ein Kolportageverbot zu verhängen, wenn diese wegen Hochverrats, Störung der öffentlichen Ruhe, Religionsstörung, Herabwürdigung der Verfügung von Behörden, Aufwiegelung gegen Staats- und Gemeindebehörden und Verbreitung falscher beunruhigender Gerüchte beschlagnahmt worden war und eine oder mehrere der genannten Taten schon zweimal begangen hatte.[5] Welche Veränderungen des Kommunikationsklimas damit verbunden gewesen waren, enthüllt die Triumphmeldung der „Reichspost" anderntags, in ihrer Diktion dem nationalsozialistischen Vokabular nicht nachstehend: „Der Schädlingspresse, die in ihrer Hemmungslosigkeit auf das Volks- und Staatswohl keine Rücksicht nimmt, wird endlich das Handwerk gelegt [...]" (Damit war die „Arbeiter-Zeitung" ab 9. Oktober 1933 und erneut ab 21. Jänner 1934 betroffen.) Am 19. Juni wurde der NSDAP (Hitlerbewegung), die ein vielfältiges Presseprogramm entwickelt hatte, sowie dem mit ihr verbündeten Steirischen Heimatschutz jede Betätigung, also auch die Produktion von Zeitungen und Zeitschriften in Österreich verboten. Hingegen lebte die „Deutsche Arbeiter Presse", 1918 als Organ der „Deutschen nationalsozialistischen Partei" von Walter Riehl in Wien gegründet, nach ihrem Einschwenken in die Politik des Regimes Dollfuß bis Juli 1935 fort. Mit 30. Juni machte die Verordnung über die „Veröffentlichung amtlicher Verlautbarungen in Zeitungen" es der Regierung möglich, erstmals in die Gestaltung einer Zeitung einzugreifen. Verlautbarungen der „Amtlichen Nachrichtenstelle" (ANA), die administrativ dem Bundespressedienst unterstellt war, sowie der „Politischen Korrespondenz", die vom „Österreichischen Heimatdienst" gepachtet war, mußten im politischen Teil ohne Einschaltungen, Weglassungen, Zusätze und ohne Gegenbemerkungen abgedruckt werden.[6] Zuwiderhandeln sah eine Geldstrafe von 2.000,– Schilling und/oder Arrest bis zu drei Monaten vor. Der nächste Eingriff richtete sich gegen „Mißbräuche im Pressewesen". Er regelte einerseits das Verbot von Überschriften und Zwischentiteln, die nicht mit dem Inhalt der Nachricht im Einklang standen, andererseits reglementierte er Schriftgröße und Schriftgrad. Unter Verbot fiel demnach „auch das Anbringen von sogenannten 'Blickfängern' (Pfeile, große Kreise, geometrische Figuren aller Art) [...], die zum Zwecke der sensationellen Aufmachung bei Überschriften verwendet werden." Letztere Bestimmungen richteten sich v. a. gegen „Sensationsblätter" sowie gegen getarnte NS-Blätter, als deren Herausgeber stets eine „neutrale" Figur diente. Mit der Verordnung vom 12. Februar 1934 wurde der Sozialdemokratischen Arbeiterpartei Österreichs jede Betätigung in Österreich verboten und mit ihr die reich gefächerte sozialdemokratische Presse[7]. Damit war dann endgültig die Möglichkeit gegeben, rigoros jede Aktion der politisch organisierten Opposition in Österreich zu unterdrücken.

Insgesamt verabschiedete das Regime 18 Verordnungen, die direkt oder indirekt die Presse sowie Plakate und Flugblätter betrafen, zwölf davon 1933, sichtbares Zeichen für die große Bedeutung von aktualitätsbezogenen Druckmedien nach der Ausschaltung des Parlaments.

---

[4]   BGBl. 155 v. 26. 4. 1933.
[5]   BGBl. 217 v. 10. 6. 1933.
[6]   BGBl. 282 v. 30. 6. 1933.
[7]   BGBl. 78 v. 12. 2. 1934.

Vorerst hatte sich das Regime also darauf konzentriert, mit Hilfe einer scheinlegalen Verordnungspolitik sich selbst und ihre politischen Aktionen zur Ausschaltung oppositioneller Kräfte zu rechtfertigen. Auf erreichte Machtpositionen innerhalb des Staates gestützt und unterstützt durch einen mehrheitlich willfährigen Verwaltungsapparat, ging es in der nächsten Etappe darum, die „Wahrung von Interessen des Volkes und Staates" auf gesetzlicher Ebene zu fixieren. Auf diese Weise wurde im Oktober 1934 die Herausgabe einer Zeitung sowie einer Zeitschrift oder Zeitungskorrespondenz (= private Nachrichtenagentur), die mindestens einmal im Monat erschien, an eine besondere polizeiliche Bewilligung gebunden.[8] Über den Umweg der Gewerbeordnung unterstellte im Jänner 1935 das Bundesministerium für Handel und Verkehr die Presse einem Konzessionszwang. Personen, die mit Presseprodukten handeln wollten, hatten einen Befähigungsnachweis zu erbringen. Dieser mußte den erfolgreichen Abschluß einer „Untermittelschule oder eine höhere schulmäßige Bildung und außerdem Zeugnisse über die Verwendung als Lehrling in der Dauer von drei Jahren und eine darauffolgende praktische Verwendung in derselben Dauer" beinhalten.[9] Noch im selben Monat verbot ein Bundesgesetz die Herstellung staatsfeindlicher Druckwerke. Aufruf zum Hochverrat, Störung der öffentlichen Ruhe, Herabwürdigung behördlicher Verfügungen, Aufwiegelung gegen Staats- und Gemeindebehörden sowie falsche beunruhigende Gerüchte und Vorhersagen wurden mit einem Strafausmaß von einem bis drei Jahren Arrest bedacht. Im Mai 1935 kamen „staatsfeindliche Vorführungen", Pendant zu staatsfeindlichen Druckschriften, hinzu. Gemeint waren v. a. deutsche Rundfunksendungen. Wer Personen, die nicht zum Haushalt gehören, derartige Sendungen vorführte, hatte mit einer Geldstrafe von 2.000,– Schilling und/oder Arrest bis zu drei Monaten zu rechnen.[10] Die gleichen Strafbestimmungen waren für Erwerb, Besitz oder Vorführungen von Schallplatten, Filmen oder Stehbildern staatsfeindlichen Inhalts vorgesehen. Als staatsfeindlich im Sinne des Gesetzes galten Vorführungen gegen das Ansehen des Staates, gegen die Verfassung oder staatliche Einrichtungen, gegen die öffentliche Ordnung und Sittlichkeit, gegen die Sicherheits-, Wirtschafts- und Kulturinteressen sowie für eine in Österreich verbotene Partei.

Mit dem Verbot sozialistischer und kommunistischer Blätter, die keine Rücksicht auf „Staats- und Volkswohl" genommen hatten, wie es offiziell hieß, war zwar keine Gleichschaltung nach nationalsozialistischem Muster erreicht. Die Wirkung war gleichwohl folgenschwer:

1. Kommunistische und sozialistische Blätter waren entweder ins Exil vertrieben oder gezwungen worden, in die Illegalität unterzutauchen.
2. Die Monotonie der legal erscheinenden Presse führte zu einem zunehmenden „Leserstreik". Deutschsprachige Schweizer Zeitungen wurden zu immer gefragteren Informationsquellen.[11]
3. Der Imageverlust der legal erscheinenden nationalen Presse nährte die bestehenden Probleme einer selbstbewußten Identifikation mit dem Staat Österreich.[12]

---

[8]   BGBl. 340 v. 26. 10. 1934.
[9]   BGBl. 11 v. 14. 1. 1935 aufgrund § 23, Abs. 1 der Gewerbeordnung.
[10]   BGBl. 174 v. 15. 5. 1935.
[11]   Der Versand deutschsprachiger Zeitungen aus der Schweiz nach Österreich stieg von rund 227.000 Stück im Jahre 1931 auf rund 1,050.000 im Jahre 1935; vgl. K. Skalnik, Die österreichische Presse, Wien 1964, S. 13.
[12]   Vgl. zur „Überfremdung des Zeitungswesens", wenngleich unter verkürzter Perspektive gesehen: „Das ist ein Verlust auch für den Staat [...] Die jetzige Praxis ist gegen das Interesse des Staates, und sie begünstigt Mißbräuche." AVA-ANA, Karton 129: „Parlamentskorrespondenz", vom 17. 11. 1936, 6. Bogen eingelegt in den Akt Zl. 2092 / 18. 11. 1936: Bundestagsrede von Friedrich Funder, zit. bei W. Köhler, Amtliches Nachrichtenwesen und Nachrichtenpolitik im „Austrofaschismus". Amtliche Nachrichtenstelle und „Politische Korrespondenz" im Umfeld des „austrofaschistischen" Mediensystems 1933 bis 1938, phil. Diss., Wien 1985, S. 120; vgl. ferner die Argumente für die Errichtung der Österreichischen Pressekammer. H. Mailler, Die Bedeutung der neuen Pressekammer, in: Der Gewerkschafter, August 1936, S. 115 - 116, hier 115: „Eine Bevormundung der Presse durch

All dies konnte passieren, ohne daß das Regime Dollfuß die Zensur jemals direkt eingeführt hätte: „Es geschah alles indirekt, hintenherum." [13]

Zensur wurde aber tatsächlich ausgeübt, nur wurde das Wort selbst peinlich vermieden oder, wenn es nicht anders ging, durch einen anderen Begriff ersetzt. Im Sachregister einer broschierten „Zusammenstellung der auf dem Gebiete des Pressewesens derzeit geltenden Vorschriften", bearbeitet von Friedrich Meister, findet sich daher unter der Eintragung „Zensur" der Hinweis „s. vorläufige Prüfung". [14] Dieser wiederum weist direkt auf den Artikel 26 der Verfassung 1934. Abschnitt 1 klang ja recht „verheißungsvoll": „Jeder Bundesbürger hat das Recht, seine Meinung durch Wort, Schrift, Druck, Bild oder in sonstiger Weise innerhalb der gesetzlichen Schranken frei zu äußern." Unter Zugrundelegung des austrofaschistischen Rechtsverständnisses bedeutet dies, daß hier höchstens der Schein eines verfassungsmäßigen Grundrechts aufrechterhalten bleibt. Reduziert auf den Rang eines einfachen Grundrechts engte Abschnitt 2a) weiter ein:

„Durch Gesetz können insbesondere angeordnet werden:

a) zur Verhütung von Verstößen gegen die öffentliche Ruhe, Ordnung und Sicherheit oder gegen die Strafgesetze eine vorläufige Prüfung der Presse, ferner des Theaters, des Rundfunks, der Lichtspiele und ähnlicher Darbietungen, verbunden mit der Befugnis der Behörde, solche Darbietungen zu untersagen." [15]

Darüber hinaus sah dieses Gesetz vor: Maßnahmen zur Bekämpfung der Unsittlichkeit oder grober Verstöße gegen den Anstand, zum Schutze der Jugend sowie zur Wahrung sonstiger Interessen des Volkes und des Staates. Mit unbestimmten, weit gedehnten Ausdrücken zu operieren und damit gleichzeitig die Möglichkeit für jeden Eingriff zu eröffnen ging selbst Verfechtern des autoritären Staates gegen den Strich: Man könne in diesem Falle nur schwerlich von einem „Grundrecht der Freiheit der Meinungsäußerung" sprechen, meinte der Verfassungsjurist Adolf Merkl. In den „Juristischen Blättern" empfahl er „im Hinblick auf die optische Wirkung [!] [...] des Rechts der Meinungsäußerung in der Verfassung überhaupt nicht zu gedenken." [16]

Das erste Pressegesetz auf Basis der Maiverfassung regelte, wie oben erwähnt, die Herausgabe von Periodika neu. Die Herausgabe einer Zeitung, einer Zeitschrift oder Zeitungskorrespondenz, die mindestens einmal monatlich erschien, war nun an eine besondere polizeiliche Bewilligung gebunden. Damit konnte das Regime auf legaler Basis systemkritischen oder unliebsamen Personen die Bewilligung für die Herausgabe eines mindestens einmal monatlich erscheinenden Periodikums verweigern. Ferner konnte sie damit eine bereits erteilte Konzession widerrufen oder für eine bestimmte Zeit untersagen. [17] Auf institutioneller Ebene entwickelte das Regime entlang seiner Grundintention, alle Berufsfelder „ständisch" zu organisieren, um damit seine „Politisierung" zu sichern, die mit einem großen Programm ausgestattete Idee eines „Hauses der österreichischen Presse". Mit der Etablierung der Österreichischen Pressekammer erlebte diese Idee 1936 ihre Teilverwirklichung. Der Kammer

---

den Staat muß zwangsläufig zu seiner Uniformierung der Blätter führen, die nicht im Staatsinteresse gelegen sein kann, weil sie der Presse die Erfüllung ihrer Funktion, die öffentliche Meinung zu bilden, unmöglich macht."

[13] G. Jagschitz, Die Presse in Österreich von 1918 bis 1945, in: H. Pürer u. a. (Hg.), Die österreichische Tagespresse, Salzburg 1983 (= Hefte des Kuratoriums für Journalistenausbildung. 1983, 5), S. 42 - 62, hier 54.

[14] Zusammenstellung der auf dem Gebiete des Pressewesens derzeit geltenden Vorschriften, im Auftrag der Landeshauptmannschaft Niederösterreich bearbeitet v. F. Meister, 2. Aufl., Wien 1935, S. 127.

[15] Vgl. dazu das Preßgesetz vom Jahre 1922, Abschnitt 1, § 1: Danach war Freiheit der Presse durch folgenden Zusatz gewährleistet: „Sie unterliegt nur den Beschränkungen, die durch dieses Gesetz bestimmt sind." BGBl Nr. 216 v. 7. 4. 1922.

[16] A. Merkl, Das neue Verfassungsrecht, in: Juristische Blätter, 1934, S. 229.

[17] BGBl. 340 v. 26. 10. 1934, basierend auf dem Bundesgesetz über außerordentliche Maßnahmen im Bereich der Verfassung, BGBl. I 255 v. 30. 4. 1934, Art. III, Abs. 2.

war u. a. die „Überwachung der Moral der Presse" und „Regelung des journalistischen Nachwuchses" als besondere Aufgabe übertragen.

3. Propagandadienst und Presseorganisation

Fragen des Grundrechts auf Meinungsäußerung waren im autoritären Regime nicht tabu, aber auch kein Hauptthema. Dem Regime war es zunächst allemal wichtiger, „in der Bevölkerung das Verständnis für das Vorgehen der Regierung zu wecken" und die „Zustimmung der öffentlichen Meinung für ihre Handlungen zu gewinnen."[18] Dabei ging der Ministerrat ganz bewußt vom Vorbild der nationalsozialistischen Propagandaorganisation aus, bedauerte aber, infolge der geringen Mittel doch nichts Gleichwertiges zusammenzubringen. Der ins Leben gerufene „Österreichische Heimatdienst", zunächst als „Bundeskommissariat für Propaganda", ab Juli 1934 als „Bundeskommissariat für Heimatdienst" konstituiert, agierte neben seiner Grundaufgabe auch als Instanz zur Abwehr staatsfeindlicher Propaganda. Zensurfunktionen übte er nur intern aus. Mit der unregelmäßig erscheinenden „Zeitungs-Schau für die Instruktoren des Heimatdienstes und Amtwalter der Vaterländischen Front" versah er die Vertrauensleute mit Sprachregelungen.[19]

Zum Zweck, Zeitungsherausgeber und Journalisten politisch noch fester in den Griff zu bekommen und sich direkte Verbote zu ersparen, wurde im Juli 1936 die Österreichische Pressekammer gegründet.[20] Orientiert am mussolinischen und nationalsozialistischen Vorbild, war das Gremium ermächtigt, die Herausgabe einer Zeitung zu genehmigen oder abzulehnen. Desgleichen war ihr als exklusives Recht zuerkannt, die Zustimmung zur hauptberuflichen Tätigkeit eines Redakteurs schon bei begründetem Verdacht einer verbotenen politischen Betätigung zu verweigern.[21] Weniger straff organisiert als das nationalsozialistische Muster,[22] kam es nicht zur Einführung einer Berufsliste, mit Hilfe derer es möglich gewesen wäre, die politische Zuverlässigkeit der Journalisten zu überprüfen. So war die Mitgliedschaft in der Kammer nur für Herausgeber, nicht aber für Journalisten verpflichtend. Die programmierte „Überwachung der Moral der Presse" durch einen Standesstrafsenat, dessen Urteile für inappellabel erklärt wurden, macht aber immerhin deutlich, wie es um die von Dollfuß immer wieder propagierte und unter Schuschnigg teilweise realisierte Idee eines „Hauses der österreichischen Presse" bestellt gewesen war.

Im engeren oder weiteren Kontext mit dieser „Idee" wurde immer wieder die Frage Pressefreiheit angeschnitten. Das sprachliche Argumentationsspektrum reicht von Anklängen an nationalsozialistische Rhetorik bis zu genuinem Zynismus. So gab beispielsweise Eduard Ludwig, u. a. Präsident der Österreichischen Pressekammer, auf die wiederholte Klage von

---

[18]   Vgl. Ministerratsprotokoll Nr. 663 v. 31. 3. 1933. Protokolle des Ministerrats Abt. VIII, Bd. 3. Kabinett Dr. Engelbert Dollfuß, 22. März 1933 bis 14. Juni 1933, Wien 1963, S. 80.

[19]   Köhler, Amtliches Nachrichtenwesen, S. 71.

[20]   W. Duchkowitsch, Das unfreie „Haus der Presse" – Zensur im „Ständestaat", in: E. Weinzierl u. a. (Hg.), Justiz und Zeitgeschichte. Symposiumsbeiträge 1976 - 1993, Bd. 2, Wien 1995, S. 565 - 573.

[21]   Der Präsident der „Österreichischen Pressekammer und enge Vertraute Schuschniggs, a.o. Gesandter und bev. Minister Eduard Ludwig, Staatsrat und nachmaliger Vorstand des Instituts für Zeitungswissenschaft der Universität Wien in den Jahren 1946 bis 1958, scheute sich keineswegs davor, die nationalsozialistische „Gleichschaltung" der Presse als „beachtliche Pressereform im Deutschen Reich" zu bezeichnen. E. Ludwig, Der ständische Aufbau der österreichischen Presse. Wien 1937, S. 7.

[22]   Vgl. dazu u. a. die entsprechenden Ausführungen des Bundeskanzlers Kurt Schuschnigg, des Präsidenten der Österreichischen Pressekammer Eduard Ludwig sowie seines Vizepräsidenten Edmund Weber in St. Dörfler (Hg.), Die feierliche Eröffnung der österreichischen Pressekammer am 29. Oktober 1936, Wien 1936; vgl. ferner die entsprechenden Passagen in Ludwig, Der ständische Aufbau, sowie in Der Zeitungsverleger 23 (1936), Nr. 4/5: St. Dörfler, Staat und Presse, S. 29; E. Weber, Neuzeitliches Nachrichtenwesen und Presse, S. 9 - 15; E. Löbl, Die Presse im Weltbild der Gegenwart, S. 15 - 17.

seiten der Opposition über „die sogenannte Knebelung des freien Wortes, der freien Meinungsäußerung" 1937 folgendes von sich: „Ich glaube nicht, daß diese Klagen berechtigt sind, denn Presse und überhaupt das geschriebene Wort haben in einem Staat keine besondere Aufgabe zu erfüllen, sondern sie haben sich in den Rahmen der Gesamtarbeit einzugliedern, um so Staat und Volk entsprechende Dienste erweisen zu können."[23] Bei einer anderen Gelegenheit wiederum betonte er, daß ohne die Zeitung „wirkliche politische, wirtschaftliche oder kulturelle Propaganda kaum möglich wäre, da Kino und Radio in der Wiedergabe von Tatsachen und Ereignissen notwendigerweise zu flüchtig sind, um nachhaltige Wirkung vor allem überzeugender Art hervorrufen zu können."[24] Von Journalisten – noch hießen sie nicht Schriftleiter – verlangte er die „Erkenntnis richtigen Staatswohles", „wohlerwogen zu beschreitender Wege" und der „Grenzen, bis zu denen gegangen werden kann": „Über diese Grenzen hinauszugehen ist schädlich, ein Überschreiten dieser Grenzen schadet der Volksmoral und gegen solche willkürliche Überschreitungen muß der Staat von den ihm zustehenden Machtmitteln gegebenenfalls Gebrauch machen."[25] Und was schloß Ludwig daraus? Delikates: „Wir haben also in dem neuen Staate sämtliche Möglichkeiten der freien Meinungsäußerung."[26]

4. Film- und Kinopolitik

Die Etablierung des Tonfilms zu Beginn der 30er Jahre verursachte die erste Krise inländischer Kinobetriebe. Viele Stummfilmkinos kamen mit der neuen Technik nicht zu Rande. Für die zweite Krise war das Regime Dollfuß verantwortlich. Es löste die Arbeiterkinos auf, beschlagnahmte das Vermögen der „Kinobetriebsaktiengesellschaft" (KIBA), die aus Mitteln der Sozialdemokraten gespeist war, und erklärte die KIBA zum Eigentum der Stadt Wien. Welche Folgen die „neue Zeit" auf das Kino österreichweit hatte, bezeugt ein Vergleich: 1934 gab es 99 Kinos weniger als 1933.[27] Der zweite Schritt und Schnitt galt Interessenverbänden. Am 9. Juni 1933 wurde der „Zentralverband der österreichischen Lichtspieltheater" aufgelöst, als Reaktion auf Proteste von Kinobetreibern gegen die zwingend vorgeschriebene Vorführung der österreichischen Wochenschau „Österreich in Bild und Ton", die das Filmatelier „Selephon" für die Vaterländische Front herstellte, und in das „Gremium der Lichtspielunternehmer Österreichs" übergeführt. Dieses Gremium unterstand Dollfuß sowie dem Bundesministerium für Handel und Verkehr.[28] Den „Filmbund", eine Vereinigung künstlerischer und kunsttechnischer MitarbeiterInnen der Filmproduktion in Österreich, löste das Regime am 26. April 1934 wegen seiner Nähe zur Sozialdemokratischen Partei Österreichs auf und gliederte ihn dem Gewerkschaftsbund der österreichischen Arbeiter und Angestellten ein.[29]

Dieser „Neuordnung" folgte die Gründung des „Instituts für Filmkultur" am 1. Oktober 1934, organisatorisch hervorgegangen aus der Filmstelle des „Deutschösterreichischen Jugendbundes", eines Dachverbandes von etwa 50 Jugendorganisationen mit rund 64.000 Mitgliedern, der wegen Nähe zum NS-Gedankengut verboten worden war. Das Institut bediente sich der Struktur der Filmstelle, es übernahm Ressourcen sowie Mitarbeiter, die nun dem

---

[23]   E. Ludwig, Moderne Zeitungswissenschaft, Wien 1937, S. 2.
[24]   Ludwig, Der ständische Aufbau, S. 4.
[25]   Ludwig, Moderne Zeitungswissenschaft, S. 2.
[26]   Ebenda.
[27]   G. Wirgler, Österreichische Filmpublizistik im sogenannten „Ständestaat" 1934 - 1938, Dipl., Wien 1998, S. 36.
[28]   A. Loacker, Die ökonomischen und politischen Rahmenbedingungen der österreichischen (Ton-) Spielfilmproduktion der 30er Jahre, Dipl., Wien 1992, S. 92.
[29]   Ebenda, S. 12.

neuen „Geist" verpflichtet waren, Filme nach „volks- und jugenderzieherischen Gesichtspunkten" zu bewerten sowie filmfördernd zu wirken. Es war Kanal der katholischen Kirche und halboffizielle Einrichtung des Regimes, ersichtlich aus der Besetzung des Präsidiums, dem u. a. Kardinal Innitzer sowie der Polizeipräsident angehörten. Es fungierte als Vertrauensstelle zwischen der Vaterländischen Front, dem Filmausschuß der Katholischen Aktion, dem Gewerkschaftsbund sowie dem Volksbildungsreferat des Wiener Bürgermeisters. Die Bewertung der Filme veröffentlichte das Institut in der Zeitschrift „Der gute Film", die in zwei Ausgaben erschien. Eine ging an LehrerInnen, Seelsorger und Jugendführer sowie an alle an der Volksbildungsarbeit beteiligten Stellen, die andere an Kinobesitzer. Diese enthielt zusätzlich filmtechnische Angaben. Die zweite Zeitschrift des Instituts, die „Österreichische Filmkorrespondenz", war konzipiert, um die Filmkritik der Tagespresse zu unterstützen. [30] Flankierend gestaltete es eine Radiosendung, in der jene Filme diskutiert wurden, die es gemeinsam mit dem Bundesministerium für Unterricht als kulturell, religiös oder staatspolitisch „wertvolle" Unterhaltung bewertet hatte. Wie in den beiden Zeitschriften ging es in dieser Sendung darum, „das Gute im Filmschaffen zu unterstützen" und „schädliche Auswüchse abzuwehren". [31]

Am 24. Dezember 1935 berief das Bundesministerium für Handel und Verkehr über sein Amt für Wirtschaftspropaganda die „Österreichische Filmkonferenz" ein. Diese „Konferenz" vereinigte die wichtigsten Kräfte der Filmwirtschaft: Vertreter der Wiener Handels- und Arbeiterkammer, der Atelier-, Kopier- und Lichtspielunternehmer sowie der Spiel- und Kurzfilmhersteller. Als ministerielles Beratungsorgan oblag ihr die Aufgabe, die filmwirtschaftlichen Interessen im In- und Ausland zu vertreten sowie zwischen den einzelnen Sparten der Filmwirtschaft zu vermitteln. Das Ziel, der Filmwirtschaft Österreichs nach dem Vorbild Italiens sowie des „Deutschen Reichs" jene Einheit zu geben, die sie zur Erfüllung ihrer wirtschaftlichen, kulturellen und auch politischen Funktionen befähigen sollte, erreichte sie nicht. [32]

Die Anlehnung an „Ordnungen" im Faschismus und Nationalsozialismus stellte keinen „Sonderfall" dar. Gleiches galt ja für die Etablierung der Österreichischen Pressekammer (siehe oben). Zumindest akzeptierte Nähe zum „Dritten Reich" bekundet, daß die Reichsfilmkammer jene einheitliche Zensur über den österreichischen Film vollziehen konnte, die in Österreich am Widerstand von Tirol und Vorarlberg gescheitert war, weil ihnen die Zensur in Wien zu zahm war. Die geistige Auslieferung an die Reichsfilmkammer kam deshalb zustande, weil der österreichische Film auf den Absatzmarkt im Nachbarland angewiesen war. 50 Prozent seines Einspielergebnisses erzielte er dort. So pflegten österreichische Filmschaffende, Drehbuch und Besetzung ihrer geplanten Produktion der Reichsfilmkammer vorzulegen, um ökonomische Einbußen wegen nachträglicher Ablehnung zu vermeiden oder zumindest

---

[30]   Ebenda, S. 50 ff.

[31]   Der gute Film, Nr. 100, 1934, S. 1. Welche Ideen der „Filmstelle" im vaterländisch gerahmten „Institut für Filmkultur" nachlebten und welche Ideen dieses Instituts sich dann unter anderen gesellschaftlichen Rahmenbedingungen bis weit in die 60er Jahre hinein hielten, ist aus Sichtweisen der Kommunikationswissenschaft noch nicht erhoben. Ich denke da etwa an die mißraten simulierten Diskussionen im Hörfunk am Sonntag Nachmittag, in denen einige der eben angelaufenen Filme nach kulturgewohnten Kriterien beschnuppert, gemustert und beurteilt wurden, um die Entscheidung für einen Kinobesuch, das damalige Sonntagsvergnügen schlechthin, zu erleichtern. Fragen nach ideologischen Kontinuitäten der Filmkritik als Segment von Kulturkritik, Hand in Hand mit Fragen nach personellen Kontinuitäten in der Filmkritik sollten sich im Kontext mit Fragen nach Lebensstilen im Alltag sowie nach jenen am Sonntag vor dem Hintergrund eines neu belebten Interesses an einer Auseinandersetzung mit Phänomenen des Austrofaschismus nun bald einstellen; eingedenk des Satzes von Jörn Rüsen, daß mit der Erinnerung an die Vergangenheit immer auch Gegenwart und Zukunft als Dimension der aktuellen Lebenspraxis thematisch sind. J. Rüsen, Historische Orientierung. Über die Arbeit des Geschichtsbewußtseins, sich in der Zeit zurechtzufinden, Köln-Weimar-Wien 1994, S. 7.

[32]   Loacker, Die ökonomischen und politischen Rahmenbedingungen, S. 24 ff.

zu reduzieren, [33] für manche unter ihnen ein Privileg, das schon in Jahrhunderten zuvor die Relation zwischen Medienproduzenten und der „Obrigkeit" reguliert hatte. Die Nutznießung lag auf beiden Seiten. Mehr aber diente sie dem „Dritten Reich".

1935 gewann die inoffizielle „Gleichschaltung" des österreichischen Films an Gegebenheiten im „Dritten Reich" statutarischen Charakter. Verhandlungen zwischen beiden Ländern über die beiderseitige Kontingentierung von Filmen führten zum Passus, Jüdinnen und Juden sowie EmigrantInnen aus dem „Dritten Reich" im österreichischen Film nicht mehr zu beschäftigen. Mit einer Ausnahme: „Juden können in einer Filmrolle dann beschäftigt werden, wenn dieselbe der Mentalität der Rasse entspricht." [34] Die Kooperation der Filmindustrie beider Länder hallte 1936 im „deutsch-österreichischen Filmaustauschübereinkommen" wider. [35] Was Wunder, daß der Vorsitzende der „Österreichischen Filmkonferenz" und Leiter des Amtes für Wirtschaftspropaganda 1937 rückblickend festhielt: „Es mag in den letzten Jahren in der Presse und besonders in den Rundfunksendungen beider Staaten Dissonanzen gegeben haben; der Film war stets ein gemeinsamer Nenner." [36] Der „Anschluß" im März 1938 bedeutete für den österreichischen Film in vielerlei Hinsicht keine Zäsur, [37] schon davor kontrollierte die Reichsfilmkammer „die Filme von der Nordsee bis zum Brenner". [38]

Anderen Stellenwert besaß die Wochenschau „Österreich in Bild und Ton". Zwar versehen mit Berichten aus der Weltpolitik, geschmückt mit Allotrias und Kuriositäten aus dem In- und Ausland, aufgelockert durch Sportübertragungen, emotional bedeutsam insbesondere wegen des Wiedererkennungswertes alpenländischen Brauchtums, verklärend im Sinne ständestaatlichen Kulturprogramms, Identität fördernd und unterhaltsam zugleich, war „Österreich in Bild und Ton" zentral ein Propagandainstrument der österreichischen Regierung und der Vaterländischen Front. Die Wochenschau wurde über ein eigens aufgezogenes internationales Propagandanetz in abertausenden Kinos abgespielt und nach eigener Angabe von vielen Millionen Menschen gesehen. [39] Sie wehrte sich erfolgreich gegen eine mögliche Gleichschaltung mit dem „Dritten Reich", verwahrte sich 1934 erfolgreich gegen den Plan, der englischen Fox-Gesellschaft unterstellt zu werden, nicht zuletzt kraft des Arguments, daß die im „Dritten Reich" redigierte Fox-Wochenschau „selbstverständlich im gleichgeschalteten Sinne" erscheint. [40]

5. „Ihr Ätherwellen lobet den Herrn!"

So dankte Kardinal Innitzer der RAVAG (Radio-Verkehrs AG) für die Einführung einer „geistlichen Stunde", die erstmals am 2. Juli 1933 ausgestrahlt wurde. Angetan von dieser neuen Sendereihe, die gemäß der früher geübten neutralen Haltung der österreichischen Radioanstalt undenkbar gewesen wäre, stellte er nach dem zitierten Mahnruf selbstzufrieden fest: „Wir dürfen eben das Böse nicht dulden, das daraus in frevelhafter Hand entstehen könnte, sondern müssen das Neue in den Dienst des Guten stellen und uns freuen, daß uns nun

[33] Ebenda, S. 61 ff.
[34] Ebenda, S. 116.
[35] G. Renner, Der Anschluß der deutschen Filmindustrie seit 1934, in: O. Rathkolb / W. Duchkowitsch / F. Hausjell (Hg.), Die veruntreute Wahrheit. Hitlers Propagandisten in Österreich '38, Salzburg 1988, S. 1 - 34, hier 23 ff.
[36] "Der gute Film", Folge 205, 1937, S. 3.
[37] G. Schmid, Kinogeschichte in der Zwischenkriegszeit, in: E. Weinzierl / K. Skalnik (Hg.), Österreich 1918 - 1938. Geschichte der Ersten Republik, Bd. 2, Graz-Wien-Köln 1983, S. 705 - 712, hier 712.
[38] P. Caneppele, Beschnittene Schaulust. Entstehung und Entwicklung der Filmzensur in Österreich. Ein Abriß, in: Medien & Zeit 16 (2001), H. 2, S. 22 - 34, hier 32.
[39] Allgemeines Verwaltungsarchiv (AVA) – ANA, Karton 220: Mappe „Tonfilm". Zit. nach Köhler, Amtliches Nachrichtenwesen, S. 104.
[40] Ebenda.

ein neues Mittel und Werkzeug zu segensreicher Arbeit gegeben wurde."[41] Das „Böse" für ihn wie das Regime waren offensichtlich Sendungen gewesen, die früher einmal volksbild-nerische Aufgaben anderer Art erfüllt hatten, als nun obligat war. Nun pflegten Sendereihen „vaterländische" Ideen. Dazu gehörten: „Die vaterländische Gedenkstunde", „Die Stunde des Heimatdienstes" und die „Mitteilungen des Heimatdienstes". Um Jugendliche möglichst früh für sich zu gewinnen, unterstand gerade der Schulfunk „vaterländischer" Propaganda. Stolz ließ der Unterrichtminister Hans Pertner zum fünf Jahre alt gewordenen Schulfunk in ei-nem Radiovertrag u. a. wissen: „Der Pflege des Vaterlandsbewußtseins dienten die Sendun-gen wie 'Rot-Weiß-Rot', 'Heldenfriedhöfe ferne der Heimat', 'Ein Tag bei den Einjährig-Freiwilligen'."[42] Anläßlich der Feier „10 Jahre Radio Wien" betonte Kurt Schuschnigg, ein „autoritär geleiteter Staat" sei berechtigt, sich des Hörfunks zu bedienen: „Mit der Ausschal-tung des Parteienwesens darf und muß auch der Rundfunk vom Staate zu seinen Zwecken her-angezogen werden. Ein so geleiteter Staat muß sich des Rundfunks bedienen."[43] Über den neu geschaffenen Werkzeugcharakter des Radios ließ Oskar Czeija, Generaldirektor der RAVAG, keinen Zweifel aufkommen: „Der Rundfunk hat eine neue Aufgabe übernommen, nämlich die Aufgabe, das gesamte Volk in einheitlicher Willensbildung zusammenzufassen."[44] Dies kam nicht einer Gleichschaltung nahe, es war eine.

Die Kursänderung des Hörfunks, die Absage an eine neutrale Haltung (von Viktor Ergert als „unfruchtbarer Neutralismus" abgetan) nimmt sich für Ergert, Angehöriger des ORF, in den 70er Jahren zu einer „Hausgeschichte" verpflichtet, so aus: „1933, als die Opposition gegen die Regierungspolitik auch innerhalb des Rundfunks kaum mehr nennenswerten Wi-derstand aufbrachte, fiel das Tabu, das seit der RAVAG alles betraf, was auch nur entfernt als politische Äußerung gelten konnte: die politische Aufklärung im Sinne der Regierung wurde zur Tugend. Zum Schutze dieser Tugend wurden wie auch bei den Zeitungen bei der RAVAG zensurähnliche Maßnahmen eingeführt."[45] Dabei beläßt er es. Kein Wort der Distanz. Ein Beispiel für Herrschaftsgeschichte schlechthin, „Zensurähnlichkeiten" als Tugendhaftigkeit deklarierend, Unterdrückung glättend, verdeckend, ausblendend, mißachtend.

Sprachlos und aktionslos hatten nämlich weder die „Opposition" noch Hörer und Höre-rinnen die politische Vereinnahmung der RAVAG hingenommen. Mit Bezug auf die Kon-fiskation vieler Freiheiten – etwa der Meinungsäußerung in Versammlungen – kritisierten die „Arbeiter-Zeitung" und das „Das kleine Blatt" die Einzwängung des Radioprogramms in die Regierungspolitik.[46] In Form eines „Hörerstreiks" meldeten 66.000 Haushalte ihre Emp-fangsgeräte ab, was laut Ergert zu „mancherlei Bedenken" seitens der Regierung geführt hat. Die RAVAG sah sich veranlaßt, „der Flut von propagandistischen vaterländischen Sendun-gen [...] gute musikalische Sendungen gegenüber[zu]stellen und damit das Interesse der Hörer am Programm [zu] erhöhen."[47] War es dies, die Faszination des Hörfunks als damals relativ neues Medium, zunehmende Resignation angesichts geschaffener Verhältnisse oder Bedürfnis, sich authentisch zu vergewissern, was das Regime aus dem Radio macht oder ein Konglomerat daraus, daß die Lizenzen für den Empfang der RAVAG ab 1935 wieder stiegen?

Ob die im September 1934 anläßlich des 10-Jahresjubiläums der RAVAG postulierte Idee realisiert wurde, kollektives Radiohören einzurichten, ist noch zu erheben. Gedacht war dar-an, „Radiohörstuben" bei den Gendarmeriekommandos, Gemeindevorstehern und in Schulen

---

[41]   Reichspost, Nr. 280, 8. 10. 1934.
[42]   Köhler, Amtliches Nachrichtenwesen, S. 88.
[43]   Zit. nach V. Ergert, 50 Jahre Rundfunk in Österreich, Bd. 1, Wien 1974, S. 134.
[44]   Ebenda.
[45]   Ebenda, S. 137.
[46]   Arbeiter-Zeitung, Nr. 84, 26. 9. 1933; Das kleine Blatt, Nr. 109, 21. 4. 1933.
[47]   Ergert, 50 Jahre Rundfunk, S. 142 - 143.

einzurichten, um alle Kreise der Bevölkerung insbesondere in den Alpenregionen zu erfassen: „Es könnte dabei eine kurze Übersicht über die wichtigsten Ereignisse der Woche gegeben werden, eine Art politische Wochenschau, knapp, volkstümlich, mit aufklärenden und erläuternden Vergleichsziffern. Nach dem Bericht könnte ein landwirtschaftlicher Vortrag gesendet werden, im Anschluß daran allenfalls Schallplatten mit Bauernmusik."[48]

6. Das Gentlemen's Agreement 1936 und seine fatalen Folgen

Mit dem unveröffentlichten Zusatzabkommen zum Juliabkommen 1936, dem „Gentlemen's Agreement", wurde die kommunikationspolitische Position Österreichs gegenüber dem nationalsozialistischen Deutschland schwer erschüttert. Beide Länder hatten sich im dritten Abschnitt „Presse" dieses Agreements verpflichtet, den eigenen Medien vorzuschreiben, sich nicht in die inneren Angelegenheiten des jeweils anderen „deutschen" Staates einzumischen, geschweige denn Kritik zu äußern.

Die Einhaltung des Abkommens war allerdings ebenso einseitig wie die gegenseitige Erlaubnis, je fünf Zeitungen zur Verbreitung zuzulassen. Während nämlich vorerst weiterhin mit Ausnahme der „Neuen Freien Presse", die – milde formuliert – „deutschfreundlich" schrieb, kein einziges großes österreichisches Blatt in Deutschland zugelassen war, konnten fortan in Österreich fünf der wichtigsten nationalsozialistischen Zeitungen öffentlich vertrieben werden, allen voran das Organ von Hermann Göring, die „Essener Nationalzeitung". Im Gefolge des Abkommens ergoß sich über Österreich eine wahre Flut an nationalsozialistischem Propagandamaterial mit der paradoxen Konsequenz, daß viele österreichische Nationalsozialisten auf den Bezug ihrer weiterhin verboten gewesenen, jedoch illegal produzierten Blätter verzichten konnten.

Ähnlich wirkte sich das Juliabkommen 1936 auf die Praxis des „Pressebüros" der Bundespolizeidirektion Wien aus, gemäß BGBl 240/33 (Propaganda für die NSDAP) die Verbreitung reichsdeutscher Bücher, Broschüren und Zeitschriften zu untersagen.[49] 1934 wurde die Verbreitung von insgesamt 237 Büchern, Broschüren und Zeitschriften untersagt.[50] 1935 waren es sogar 286, 1936 hingegen nur mehr 252 und schließlich 1937 gar nur mehr 109. Von diesem Rückgang abgesehen, erscheint es für die veränderten politischen Verhältnisse bezeichnend, daß zwischen dem Juliabkommen und Ende 1937 das Verbreitungsverbot für insgesamt 65 „reichsdeutsche" Bücher, Broschüren und Zeitschriften widerrufen wurde.

Die Zahl jener Bücher und sonstiger Druckwerke, „deren Verbreitung eine Propaganda für die kommunistische bzw. sozialdemokratische Partei darstellt, welchen [...] jede Betätigung in Österreich untersagt ist", beläuft sich für die Zeit 1934 bis 1937 auf insgesamt 325.[51] Im

---

[48] Reichspost, Nr. 256, 14. 9. 1934.

[49] Vgl. dazu die ausführliche Darstellung von P. Malina, Bücherverbote in Österreich 1933 - 1938. Zur Kontrolle systemverdächtiger Literatur am Beispiel der Universitätsbibliothek Wien, in: Zeitgeschichte 10 (1983), H. 8, S. 311 - 335.

[50] Die Listen finden sich gesammelt im Bestand der Universitätsbibliothek Wien unter der Signatur II 592.995/1.2 und im Bestand der Österreichischen Nationalbibliothek unter der Signatur 758.281-C.

[51] Ein rein quantitativer Vergleich dieser Titel mit der untersagten nationalsozialistischen Literatur erscheint zumindest aus fünf Gründen äußerst problematisch: 1. müßte geklärt werden, ob diese Listen vollständig sind (vgl. Malina, Bücherverbote, S. 327), 2. darf nicht übersehen werden, daß die „Erstellung dieser Listen nicht systematisch, sondern jeweils nach dem 'Angebot' an oppositioneller politischer" Literatur erfolgt war (ebenda, S. 328), 3. stammt die – aufgrund der Verordnungen vom 26. April 1933 bzw. 12. Februar 1934 für eine Verbreitung untersagte – Propaganda-Literatur für die kommunistische bzw. sozialdemokratische Partei aus verschiedenen Ländern, so aus der Sowjetunion, aus Frankreich, Holland und der Schweiz, aber auch aus Deutschland, 4. wäre vorher zu klären, welche der angeführten Titel der kommunistischen Literatur und welche Titel der sozialdemokratischen Literatur zuzurechnen sind, 5. müßte in einem äußerst arbeitsintensiven Rechercheverfahren erhoben werden, welchen Anteil diese Titel an der gesamten Buchproduktion der Ursprungsländer überhaupt haben.

Gegensatz zur „Kulanz" gegenüber nationalsozialistischen Druckwerken wurde das einmal gefällte Verbreitungsverbot nicht ein einziges Mal widerrufen.

In diesem Lichte gewinnt die Scheinheiligkeit des Austrofaschismus – Vorzensur wie Nachzensur sind genuiner Bestandteil von Zensur – scharfe Konturen. Während der Spielraum für NS- Literatur ab dem Juliabkommen 1936 größer wurde, blieb für kommunistische und sozialdemokratische Literatur kein Platz. Auf diese Weise blieb der öffentlichen Kommunikation jedes kritische Potential entzogen. Dies erhellt allein die Tatsache, daß der Bericht eines aus dem Konzentrationslager Oranienburg geflüchteten Häftlings [52] ebenso wie zwei Arbeiten über Carl von Ossietzky [53] unter das Verbreitungsverbot gefallen waren, weil sie „Propaganda" für die kommunistische und/oder sozialistische Partei darstellten.

Literatur

Caneppele, Paolo: Beschnittene Schaulust. Entstehung und Entwicklung der Filmzensur in Österreich. Ein Abriß, in: Medien & Zeit 16 (2001), H. 2, S. 22 - 34.

Dörfler, Stefan (Hg.): Die feierliche Eröffnung der österreichischen Pressekammer am 29. Oktober 1936, Wien 1936.

Dörfler, Stefan: Staat und Presse, in: Der Zeitungsverleger 23 (1936), H. 4/5, S. 29.

Duchkowitsch, Wolfgang: Das unfreie „Haus der Presse" – Zensur im „Ständestaat", in: Erika Weinzierl u. a. (Hg.), Justiz und Zeitgeschichte. Symposiumsbeiträge 1976 - 1993, Bd. 2, Wien 1995, S. 565 - 573.

Duchkowitsch, Wolfgang: Die österreichische NS-Presse 1918 - 1933, Wien 2001 (= Schriftenreihe des Ludwig Boltzmann Instituts für neuere österreichische Kommunikationsgeschichte 2).

Ergert, Viktor: 50 Jahre Rundfunk in Österreich, Bd. 1, Wien 1974.

Jagschitz, Gerhard: Die Presse in Österreich von 1918 bis 1945, in: Heinz Pürer (Hg.), Die österreichische Tagespresse, Salzburg 1983 (= Hefte des Kuratoriums für Journalistenausbildung. 1983, 5), S. 42 - 62.

Köhler, Walter: Amtliches Nachrichtenwesen und Nachrichtenpolitik im „Austrofaschismus". Amtliche Nachrichtenstelle und „Politische Korrespondenz" im Umfeld des „austrofaschistischen" Mediensystems 1933 bis 1938, phil. Diss., Wien 1985.

Loacker, Armin: Die ökonomischen und politischen Rahmenbedingungen der österreichischen (Ton-)Spielfilmproduktion der 30er Jahre, Dipl., Wien 1992.

Löbl, Emil: Die Presse im Weltbild der Gegenwart, in: Der Zeitungsverleger 23 (1936), H. 4/5, S. 15 - 17.

Ludwig, Eduard: Der ständische Aufbau der österreichischen Presse, Wien 1937.

Ludwig, Eduard: Moderne Zeitungswissenschaft, Wien 1937.

Mailler, Herrmann: Die Bedeutung der neuen Pressekammer, in: Der Gewerkschafter, August 1936, S. 115 - 116.

Malina, Peter: Bücherverbote in Österreich 1933 - 1938. Zur Kontrolle systemverdächtiger Literatur am Beispiel der Universitätsbibliothek Wien, in: Zeitgeschichte 10 (1983), H. 8, S. 311 - 335.

Merkl, Adolf: Das neue Verfassungsrecht, in: Juristische Blätter, 1934, S. 229.

Renner, Gerhard: Der Anschluß der deutschen Filmindustrie seit 1934, in: Oliver Rathkolb / Wolfgang Duchkowitsch / Fritz Hausjell (Hg.), Die veruntreute Wahrheit. Hitlers Propagandisten in Österreich '38, Salzburg 1988, S. 1 - 34.

Rüsen, Jörn: Historische Orientierung. Über die Arbeit des Geschichtsbewußtseins, sich in der Zeit zurechtzufinden, Köln-Weimar-Wien 1994.

---

[52] G. Seger, Oranienburg. Erster authentischer Bericht eines aus dem Konzentrationslager Geflüchteten, Karlsbad 1934.

[53] F. Burger, Carl von Ossietzky, Zürich 1937; B. Jacob, Weltbürger Ossietzky, Paris 1937.

Schmid, Georg: Kinogeschichte in der Zwischenkriegszeit, in: Erika Weinzierl / Kurt Skalnik (Hg.), Österreich 1918 - 1938. Geschichte der Ersten Republik, Bd. 2, Graz-Wien-Köln 1983, S. 705 - 712.

Skalnik, Kurt: Die österreichische Presse, Wien 1964.

Weber, Edmund: Neuzeitliches Nachrichtenwesen und Presse, in: Der Zeitungsverleger 23 (1936), H. 4/5, S. 9 - 15.

Wirgler, Gerhard: Österreichische Filmpublizistik im sogenannten „Ständestaat" 1934 - 1938, Dipl., Wien 1998.

Zusammenstellung der auf dem Gebiete des Pressewesens derzeit geltenden Vorschriften, im Auftrag der Landeshauptmannschaft Niederösterreich bearbeitet v. Friedrich Meister, 2. Aufl., Wien 1935.

Parallelen zur maskulinen Konstruktion des Sportlers im Nationalsozialismus waren durchaus erwünscht: Turnlehrer Karl Kopp auf der Alten Donau in Wien

Turnen und Sport im Austrofaschismus (1934 - 1938)

Matthias Marschik

Sport in der Ersten Republik Österreich – Turnen und Sport im Austrofaschismus – Organisatorische Basis – Zielvorgaben des austrofaschistischen Sportes – Strukturelle Maßnahmen – Der Arbeitersport nach dem Februar 1934 – Deutsch-nationale Sportverbände – Jüdischer und tschechischer Sport – Frauensport – Bürgerlicher Massensport

Vorbemerkung

Eine Analyse sportlicher Praxen und ihrer gesellschaftlichen Bedeutungen im Österreich der Jahre 1934 - 1938 ist nicht ohne kursorischen Rückblick auf voranliegende Entwicklungen möglich. Obwohl sportliche Aktivitäten auf antike und mittelalterliche Vorbilder zurückgehen und im adeligen Sport wie in den Spektakeln der Vorstadt und der Kirtage unmittelbare Vorläufer besitzen, greift die moderne Körperertüchtigung doch auf drei Wurzeln zurück, die sich ansatzweise ab 1820, massiv ab 1860 in Österreich etablierten, als sich das deutsche Turnen, die schwedische Gymnastik und der englische Sport [1] in Form einer Diffusion von ihren Mutterländern in Europa verbreiteten. [2] Ihre Rezeption steht in engem Konnex mit dem jeweiligen Fortschritt des Industrialisierungsprozesses [3], ihre Konkretisierung erfolgte dagegen primär klassenspezifisch. Turnen wie Sport durchliefen eine Phase der Vereinsgründungen in den 1860er Jahren, der eine Phase der Verbandsgründungen ab den 1890er Jahren und die massiv um 1920 einsetzende Eroberung von Turnen und Sport durch die Arbeiterschaft folgten. Die großen Trennlinien verliefen zu Ende der Monarchie zwischen Turnen und Sport sowie innerhalb des Sportes zwischen Breiten- und Spitzensport.

Sport in der Ersten Republik Österreich

Noch im Jahr 1918 erfuhren Turnen und Sport eine enorme Erweiterung durch den *Arbeitersport*, der sowohl Turnen als auch Sport umfasste. Er war „nicht auf dem Reißbrett austromarxistischer Theorie entstanden" [4], doch wurden arbeitersportliche Aktivitäten rasch der Partei unterstellt, die den genuinen Interessen der Aktiven ambivalent gegenüberstand und

---

[1] H. Strohmeyer, Vom adeligen zum bürgerlichen Sport in Österreich (16.-19. Jh.), in: E. Bruckmüller / H. Strohmeyer (Hg.), Turnen und Sport in der Geschichte Österreichs, Wien 1998, S. 28 - 55.

[2] G. Norden, Breitensport und Spitzensport von 19. Jahrhundert bis zur Gegenwart, in: Bruckmüller / Strohmeyer (Hg.), Turnen und Sport, S. 57.

[3] A. Guttmann, Vom Ritual zum Rekord. Das Wesen des modernen Sports, Schorndorf 1980, S. 66.

[4] R. Krammer, Der ASKÖ und die Wiener Arbeiter-Olympiade 1931, in: H. J. Teichler / G. Hauk (Hg.), Illustrierte Geschichte des Arbeitersports, Berlin-Bonn 1987, S. 207 - 221, hier 208.

dem Sport eine effiziente Zweckorientierung [5] unterlegte: Er wurde zur Vorfeldorganisation der SDAP und Bestandteil ihres Kampfes um eine neue Gesellschaftsordnung; der Arbeitersportler [6] wurde Sinnbild des „Neuen Menschen". [7] Die „Rote Sportinternationale" [8] dagegen blieb in Österreich bedeutungslos.

Die Prämissen des Arbeitersports entsprachen weitgehend jenen der Turnbewegung: Abgelehnt wurden Rekordstreben und Wettkampfgedanke, dafür wurden Solidarität und aktive Betätigung gefördert [9], die sich in Massenvorführungen artikulieren sollte. [10] Sportkontakte zu anderen weltanschaulichen Gruppierungen wurden abgelehnt. Ziele waren eine ideale sozialistische (statt einer bürgerlichen) Gesinnung und die Wehrhaftmachung des Proletariats (statt der Nation). Die Turner waren die Vorreiter des Arbeitersports, die Fußballer, die im Österreichischen Fußball-Bund die Mehrheit bildeten und den gesamten Fußballbetrieb in die Sozialdemokratie überführen wollten, waren das bremsende Element. [11] Ab dem Jahr 1927 geriet mit der Sozialdemokratie auch der Arbeitersport in die Defensive, doch konnte der ASKÖ mit der Ausrichtung der Arbeitersport-Olympiade 1931 in Mürzzuschlag und Wien nochmals für internationale Aufmerksamkeit sorgen.

Trotz programmatischer Parallelen war die *Turnbewegung* das primäre Feindbild des Arbeitersportes. Die Turnerschaft hatte sich schon um 1890 in einen deutsch-nationalen und einen christlich-deutschen Flügel ausdifferenziert [12], nach 1918 wurden beide als „Gesinnungsgemeinschaften" wieder gegründet, wobei sie ihre politischen Zielsetzungen nicht (wie die Arbeiterturner) explizit, sondern implizit über die „Turnarbeit" stellten und sich nicht (wie die Sportbewegung) als „Dienstleistungsbetrieb", sondern als Hüter wahrer Körperkultur sahen. [13] Der 1919 gegründete „Deutsche Turnerbund" (DTB) [14] stand politisch den Großdeutschen und später den Nationalsozialisten [15] nahe. Die Satzungen aller seiner Vereine inkludierten den Arierparagraphen [16], doch waren auch Angehörige „nichtdeutscher" Völker und organisierte Arbeiter ausgeschlossen. [17] Dietwarte forcierten die völkische Erziehung im deutschen „Stammesbewußtsein". [18] Die geistige galt gleich viel wie die körperliche Schulung, die

[5]   J. Weidenholzer, Auf dem Weg zum „Neuen Menschen". Bildungs- und Kulturarbeit der österreichischen Sozialdemokratie in der Ersten Republik, 2. Aufl., Wien 1981, S. 16.

[6]   Eine geschlechtsneutrale Schreibweise wird in der Folge nur dann verwendet, wenn tatsächlich Männer und Frauen gemeint sind. Ansonsten würde der Einsatz weiblicher Endungen nur verschleiern, daß der Sport die ganze Erste Republik hindurch extrem männlich konnotiert war und in der Geschlechterfrage zum Teil sogar noch deutlich hinter anderen gesellschaftlichen Terrains zurückblieb.

[7]   M. Marschik, „Wir spielen nicht zum Vergnügen". Arbeiterfußball in der Ersten Republik, Wien 1994, S. 11.

[8]   A. Gounot, Die Rote Sportinternationale, 1921 - 1937. Kommunistische Massenpolitik im europäischen Arbeitersport, Münster-Hamburg-London 2002.

[9]   R. Krammer, Arbeitersport in Österreich. Ein Beitrag zur Geschichte der Arbeiterkultur in Österreich bis 1938, Wien 1981.

[10]   H. Gastgeb, Vom Wirtshaus zum Stadion. 60 Jahre Arbeitersport in Österreich. Entstehung und Entwicklung der österreichischen Arbeiter-Turn- und Sportbewegung, Wien 1952.

[11]   M. Marschik, Arbeiterfußball im Austromarxismus, in: R. Horak / W. Reiter (Hg.), Die Kanten des runden Leders. Beiträge zur europäischen Fußballkultur, Wien 1991, S. 197 - 202.

[12]   H. Strohmeyer, Sport und Politik: Das Beispiel der Turnbewegungen in Österreich 1918 - 1938, in: Bruckmüller / Strohmeyer (Hg.), Turnen und Sport, S. 212 - 244, hier 223.

[13]   Ebenda, S. 217.

[14]   F. Benda, Der Deutsche Turnerbund 1889, Wien 1991.

[15]   W. Weber, „Kraftquellen der nationalsozialistischen Bewegung"? Deutschnationale Turnvereine und NSDAP in Österreich 1918 - 1938, in: E. Müller / H. Schwameder (Hg.), Aspekte der Sportwissenschaft, Salzburg 1996, S. 23 - 36.

[16]   A. Wachter, Antisemitismus im österreichischen Vereinswesen für Leibesübungen 1918 - 1938 am Beispiel der Geschichte ausgewählter Vereine, Dissertation, Wien 1983.

[17]   R. Krammer, Die Turn- und Sportbewegung, in: E. Weinzierl / K. Skalnik (Hg.), Österreich 1918 - 1938. Geschichte der Ersten Republik, Graz-Wien-Köln 1983, S. 731 - 743, hier 734.

[18]   Strohmeyer, Sport und Politik, S. 223.

sich ab 1924 zunehmend zum „Angewandten Turnen", also zum Wehrturnen, wandelte (der CDTÖ folgte 1925, der ASKÖ 1927).

Im Zentrum der Ideologie der „Christlich-deutschen Turnerschaft Österreichs" (CDTÖ) stand dagegen das katholische Christentum. Bis zum Beginn der 1930er Jahre stand die CDTÖ im Schatten der Deutschen Turner. Aufnahmekriterien waren „deutscharische" Abstammung sowie das Bekenntnis zu christlicher, vaterländischer und völkischer Gesinnung. Das Österreichertum wurde als Teil eines Gesamtdeutschtums verstanden. Insgesamt umfaßte das Turnen in Österreich maximal etwa 400.000 Aktive, wobei auf den ASKÖ 250.000 (1931), auf den DTB 115.000 (1932) und den CDTÖ 45.000 (1932) TurnerInnen entfielen. [19]

Die größte öffentliche Wirkung kam nach 1918 der (bürgerlichen) *Sportbewegung* zu, die im schroffen Gegensatz zu den Turnbewegungen und zum Arbeitersport agierte. Auch wenn der Skiverband 1923, so wie zwei Jahre zuvor der Alpenverein, einen Arierparagraphen eingeführt hatte [20], sah sich der Spitzen-, aber sogar der Breitensport als Vergnügen ohne weltanschauliche Ziele, er war modern im eigentlichen Sinn. Organisatorisch wie sportlich war er orientiert an sozialem Fortschritt und materiellem Gewinn. Siege und Rekorde wurden zum Rückgrat des Sportes, die Olympischen Spiele, zu denen Österreich erst 1924 wieder zugelassen war, wurden zu Festakten dieser „Zivilreligion". [21]

Sowohl die Verbände und Vereine als auch die Aktiven agierten primär nach ökonomischen Prämissen. Große Stadien wurden errichtet; Mäzene und Sponsoren schalteten sich ein; Städte und Gemeinden finanzierten den Sport, genauso wie sie aus ihm steuerlichen Nutzen zogen; Werbung und mediale Präsenz wurden zu unabdingbaren Faktoren sportlicher Aktivität. Das Spektrum der Sportarten weitete sich zu Beginn der 1920er Jahre enorm aus, doch erreichten alpiner Skilauf und Eiskunstlauf, Tennis, Leichtathletik, Radfahren, Boxen und Leichtathletik die größte Beliebtheit. Die avancierteste (massen-)sportliche Praxis in der Ersten Republik entwickelte allerdings der Fußballsport, der als Paradebeispiel eines modernen, urbanen, internationalen und ab 1924 professionellen Sportes gelten kann. [22]

Turnen und Sport verbreiteten sich in ganz Österreich. War sportliche und turnerische Ertüchtigung bis 1918 besonders in Wien und Böhmen beheimatet (das gilt auch für Alpinismus [23] und Skilauf [24]), so fand die territoriale Erweiterung erst in der Mitte der 1920er Jahre ihren Abschluß: Nun hatte fast jeder Ort, je nach sozialer und politischer Konstellation, zwei oder drei Turn- und etliche Sportvereine. [25] Das verweist auch darauf, dass im Gegensatz zum Turnbetrieb die Sportpraxen primär vom Engagement der Arbeiterschaft auf seiten der

---

[19]   Krammer, Turn- und Sportbewegung, S. 735, 737; Beckmanns Sport Lexikon, A – Z, Leipzig-Wien 1933, S. 575, 660.

[20]   L. Stecewicz, Sport und Diktatur. Erinnerungen eines österreichischen Journalisten 1934 - 1945, hg. v. M. Marschik, Wien 1996, S. 44.

[21]   T. Alkemeyer, Die Wiederbegründung der Olympischen Spiele als Fest einer Bürgerreligion, in: G. Gebauer (Hg.), Olympische Spiele – die andere Utopie der Moderne. Olympia zwischen Kult und Droge, Frankfurt/M. 1996, S. 65 - 100, hier 72 ff.

[22]   R. Horak / W. Maderthaner, Mehr als ein Spiel. Fußball und populare Kulturen im Wien der Moderne, Wien 1997; M. Marschik, Vom Herrenspiel zum Männersport: Modernismus – Meisterschaft – Massenspektakel. Die ersten dreißig Jahre Fußball in Wien, Wien 1997; M. Marschik, „Even the parliament interrupted its session … " Creating Local and National Identity in Viennese Football, in: Journal of Sport and Social Issues 22/2 (1998), S. 199 - 211.

[23]   R. Amstädter, Der Alpinismus. Kultur – Organisation – Politik, Wien 1996.

[24]   H. Polednik, Das Glück im Schnee. 100 Jahre Skilauf in Österreich, Wien-München 1991; H. Frank, Die Entwicklung von Alpinistik und Wintersport in Österreich, in: Bruckmüller / Strohmeyer (Hg.), Turnen und Sport, S. 105 - 132, hier 120.

[25]   Vgl. etwa W. Weber, Von Jahn zu Hitler. Politik und Organisationsgeschichte des deutschen Turnens in Vorarlberg 1847 - 1938, Konstanz 1995; H. Schobesberger / F. Mayrhofer, Geschichte der Linzer Arbeiter-Turn- und Sportbewegung (1903 - 1934), hg. v. ASKÖ-Bezirk Linz-Stadt aus Anlaß des 75-jährigen Bestehens, Linz 1978 (= Sonderdruck aus dem Historischen Jahrbuch der Stadt Linz 1978).

Aktiven wie der ZuschauerInnen lebten. ArbeiterInnen waren auch in christlichen Vereinen vertreten, in den unpolitischen Klubs in der Überzahl. Vor allem entstammte ein Gutteil des Publikums im bürgerlichen Sport der Arbeiterschaft. Es muß somit differenziert werden in den sozialdemokratischen Arbeitersport und einen genuinen Arbeitersport [26], der das unpolitische Sportgeschehen entscheidend prägte. So waren sportliche Massenspektakel zwar vom Bürgertum verwaltet, aber vom Proletariat beseelt.

Für den Frauensport bedeuteten die Entwicklungen zwischen 1918 und 1934 Fortschritt und Rückschritt zugleich. Die Freiräume, die sich gutsituierten Frauen vor 1918 im Turnen [27] und sogar in „Männersportarten" wie Eishockey oder Skispringen [28] geboten hatten, wurden radikal eingeschränkt, dafür wurden Turnen und Sport generell für Frauen geöffnet, wobei sie nach dem Motto „gleichwertig, aber nicht gleichartig" viele Sportarten gar nicht, andere nicht wettkampfmäßig ausüben durften. [29] Frauenturnen und -sport trugen so zur Verfestigung geschlechtssegregierter Kodierungen bei [30], indem sie einer „wesensgemäßen weiblichen Körperkultur" [31] dienten. Gesundheit, Anmut und Natürlichkeit waren Parameter weiblicher Körperarbeit. [32] So waren Frauen in Turn- und Sportvereinen krass unterrepräsentiert, während sie 97 Prozent der Aktiven in Gymnastikkursen stellten. [33]

Was die Bedeutung des Sportes ab 1920 radikal veränderte, waren die massensportlichen Spektakel: Denn erst sie wandelten den Sport zur Popularkultur und damit zu einem „Agens im politischen Geschehen" [34]. Nur in einer solchermaßen versportlichten Gesellschaft vermochte etwa der Fußball eigene Artikulationen zu entfalten oder Stars, Mythen und Geschichten zu produzieren, die den Wiener Fußball zu Zeiten des „Wunderteams" zu einem der wenigen Repräsentanten eines nationalen Bewußtseins und Matthias Sindelar zu einem österreichischen Helden machten. [35]

Turnen und Sport im Austrofaschismus

Wenn Emmerich Tálos – in Anknüpfung an Willi Holzer – formuliert, die Transformation von der parlamentarischen Demokratie zum autoritären Ständestaat sei „Ausdruck des Faschisierungsprozesses innerhalb der Christlichsozialen Partei selbst" [36], kann hinzugefügt werden,

---

26　R. Horak / M. Marschik, Vom Erlebnis zur Wahrnehmung. Der Wiener Fußball und seine Zuschauer 1945 - 1990, Wien 1995, S. 25.

27　G. Pfister, Die Anfänge des Frauenturnens und Frauensports in Österreich, in: Bruckmüller / Strohmeyer (Hg.), Turnen und Sport S. 88 - 104.

28　G. Pfister, Frau und Sport. Frühe Texte, Frankfurt/M. 1978, S. 80.

29　G. Wesp, Frisch, fromm, fröhlich, Frau. Frauen und Sport zur Zeit der Weimarer Republik, Königstein/Ts. 1998, S. 142.

30　M. Marschik, Frauenfußball und Maskulinität. Geschichte – Gegenwart – Perspektiven, Münster-Hamburg-London 2003, S. 95; J. Dorer / M. Marschik, Gender, Class and Popular Culture. Die Anfänge des Frauenfußballs in Mitteleuropa, in: J. Schùtová / M. Waic (Hg.), Turnen und Sport der Frauen in den böhmischen und anderen mitteleuropäischen Ländern, Praha 2004, S. 206 - 212.

31　C. Merk-Rudolph, Sportgeschichte aus Frauenperspektive. Eine Möglichkeit für Mädchen zur geschlechtsspezifischen Identitätsfindung im Rahmen des Schulsports, Frankfurt/M. et al. 1999, S. 88.

32　C. Feuchtner, „Jeder Rekord kostet Anmut, meine Damen!" Die konzeption der weiblichkeit im bürgertum am beispiel des bewegungskultur und des sports in wien. 1880 - 1930, Innsbruck 1991 [DA].

33　Norden, Breitensport, S. 65.

34　Krammer, Turn- und Sportbewegung, S. 731.

35　J. Skocek / W. Weisgram, Wunderteam Österreich. Scheiberln, wedeln, glücklich sein, Wien-München-Zürich 1996, S. 31 ff.

36　E. Tálos, Das Herrschaftssystem 1934 - 1938: Erklärungen und begriffliche Bestimmungen, in: E. Tálos / W. Neugebauer (Hg.), Austrofaschismus. Beiträge über Politik, Ökonomie und Kultur 1934 - 1938, Wien 1984, S. 345 - 369, hier 358.

daß die Transformation ihren paradigmatischen Ausdruck im austrofaschistischen Sportgeschehen fand. Schon die Änderungen in den Rahmenbedingungen des Sportes machen deutlich, wie sehr Turnen und Sport als Beiträge zu Wehrhaftigkeit und Volksgesundheit wie in ihrer Massenwirkung und nationalen Bedeutung für das austrofaschistische Regime interessant wurden. Zugleich bot der Sport, nach dem Februar 1934, konkrete Ansatzpunkte zur Gewinnung der Arbeiterschaft für den neuen Kurs.

Organisatorische Basis

Der Zugriff auf Turnen und Sport gehörte nicht zu den primären Aktivitäten des neuen Regimes und erfolgte mit zumindest halbjähriger Verzögerung: Leitete die Ausschaltung des Parlaments im März 1933 radikale Schritte der Entdemokratisierung ein, blieb das Terrain des Sportes vorerst unangetastet. Erst im Oktober 1933 gab es Diskussionen zur Einführung eines zentralen Sportkommissärs. Im Jänner 1934 wurde dann ein staatliches „Sport- und Turnkollegium" etabliert [37], in dem keine Funktionäre des Arbeitersportes mehr vertreten waren. Als eine Art Beirat fungierte die „Arbeitsgemeinschaft für Turnen und Sport", während sich die „Sport- und Turnzentrale" um Verwaltungsagenden kümmerte. Damit war eine Vereinheitlichung der Sportadministration gelungen, die in Österreich seit 1911 in Gestalt eines „Zentralverbandes für gemeinsame Sportinteressen" angestrebt worden war, die jedoch auch vom 1919 entstandenen „Hauptverband für Körpersport", der zugleich als Olympisches Komitee fungierte, nicht umgesetzt werden konnte: Weder der Deutsche Turnerbund noch die Christlich-Deutsche Turnerschaft waren ihm beigetreten.

Das Haupthindernis der Vereinheitlichung, nämlich die Organisationen des Arbeitersports, wurden radikal beseitigt: Noch am 14. Februar wurde der ASKÖ mit allen seinen Vereinen aufgelöst. Weit vorsichtiger wurde der „Deutsche Turnerbund" behandelt. Zwar wurden im Juni 1933 insgesamt 43 deutschnationale Turnvereine nach einem nationalsozialistischen Handgranatenüberfall auf christlich-deutsche Turner aufgelöst und der gesamte DTB nach dem Juliputsch 1934 unter staatliche Verwaltung gestellt, aufgelöst wurde er jedoch nicht. [38] Der CDTÖ schließlich galt als „systemkonform" und beanspruchte aufgrund seiner Vorreiterrolle und seines Einsatzes für das Vaterland eine Sonderstellung, die ihm weniger organisatorisch, dafür aber inhaltlich gewährt wurde.

Am 1. Mai 1934 wurde die neue Verfassung verkündet, und erst ab diesem Zeitpunkt ließ das Regime erkennen, welche Bedeutung es dem Sport nun beimaß: Noch im Mai wurden mit Ausnahme des Turnunterrichts und der TurnlehrerInnenausbildung alle Sportagenden aus dem Unterrichtsministerium ans Bundeskanzleramt übertragen, am 9. Juni wurde Ernst Rüdiger Starhemberg als neuer Sportführer präsentiert. Er stellte am 30. Oktober 1934 das Gesetz über die „Österreichische Sport- und Turnfront" (ÖSTF) vor, dessen Grundzüge von Dollfuß stammen sollen. [39] Alle österreichischen Verbände und Vereine, in denen Turnen oder Sport betrieben wurde, sollten in der ÖSTF zusammengefaßt werden, einem „auf autoritärer Grundlage aufgebaute[n] Verband öffentlichen Rechtes". [40] Ihr „Oberster Führer" wurde von der Regierung ernannt und bestimmte seine Mitarbeiter, aber auch die Leitungsorgane aller

---

[37]   K. Matscheko, Sport und Austrofaschismus. Die Entwicklung vom pluralistischen Sportwesen der 1. Republik zur Einheitssportfront im österreichischen Ständestaat 1934 - 1938, Wien 2000 [DA].

[38]   Krammer, Turn- und Sportbewegung, S. 731.

[39]   Sport-Jahrbuch 1935. 4. Jahrgang des Körpersport-Jahrbuches des österreichischen Hauptverbandes für Körpersport, hg. v. der Österreichischen Turn- und Sportfront mit der Österreichischen Turn- und Sportzentrale, Wien 1935, S. 5.

[40]   Stecewicz, Sport und Diktatur, S. 89.

Verbände und Vereine, wofür Starhemberg meist Adelige aus seinem Familien- oder Bekanntenkreis heranzog. Die Fachverbände wurden zu 15 Fachgruppen zusammengefaßt, um den Gegensatz von Turnen und Sport zu nivellieren. Der Sportführer entschied über die Abhaltung und Terminisierung aller Sport- und Turnveranstaltungen, sogar über die Teilnahme von SportlerInnen an Wettkämpfen sowie über alle finanziellen Belange. Der Hauptverband für Körpersport blieb – unter Führung von Ulrich Kinsky – vorerst bestehen, erledigte aber nur untergeordnete Agenden und ging erst 1937 in der ÖSTF auf. [41] Die Rechtsstellung der ÖSTF demonstrierte die Unterordnung des Sportes unter die Politik: Sie war der „Vaterländischen Front" als Teilorganisation der Wehrfront eingegliedert. [42] Die Umsetzung der programmatischen Veränderungen des Sportes war Ende 1935 abgeschlossen.

Die Sportpraxen erwiesen sich in vielerlei Hinsicht resistent, was ihre ideologische Überformung betraf: Die Mehrzahl der Turn- und Sportvereine nahm die Prämisse des austrofaschistischen Sportes, fernab jeder politischen Betätigung zu agieren, allzu wörtlich. Der mangelnden Zugriffsmöglichkeit auf die Jugend sollte daher 1936 durch die Gründung des „Österreichischen Jungvolks" entgegengewirkt werden, um damit direkten Einfluß speziell auf die außerschulische Jugend bis zum 18. Lebensjahr zu bekommen: Alle Vereine, die Jugendarbeit betrieben, bedurften einer Konzession des Unterrichtsministeriums, andernfalls wurden sie mit Jahresbeginn 1937 aufgelöst. Das betraf auch die CDTÖ, nur die katholische Jugendarbeit blieb mit Verweis auf das Konkordat selbständig. Trotz zahlreicher sportlicher Anreize wie etwa der Intensivierung von Jugendwettkämpfen ging die Etablierung des Jungvolks schleppend vor sich, sodaß im Oktober 1937 alle Sportvereine gezwungen wurden, ihre Jugendlichen zwangsanzumelden. [43] Doch waren noch im März 1938 im Jungvolk etwa 130.000, in katholischen Verbänden aber 300.000 Jugendliche engagiert. [44]

Zielvorgaben des austrofaschistischen Sportes

Die Organisationsstrukturen bildeten die Basis für die Stoßrichtung austrofaschistischer Sportpolitik,die primär darauf abzielte, die pluralistischen Sport- und Turnpraxen zugunsten monokratischer Kontrolle abzuschaffen, um von der Bedeutungsproduktion des Sportes nicht nur indirekt zu profitieren, sondern ihn aktiv zu instrumentalisieren. Direkte Eingriffe waren schon deshalb nötig, weil nicht die Werte des populären Sportes, sondern jene der Turner zur obersten Doktrin werden sollten, und dazu noch jene der dritten Kraft im Turnen, der CDTÖ. Neben die christliche und deutsche trat das Führerprinzip als dritte Säule des Selbstverständnisses. Dem nationalsozialistischen Führermodell wurde eine entschärfte österreichische Variante kontrastiert, die auch Momente von Freiheit erlauben sollte, aber in ein letztlich widersprüchliches Modell mit unerfüllbaren Zielen führte.

Zur Erzielung genereller Wirkmächtigkeit war es nötig, den Gegensatz zwischen Turnen und Sport aufzulösen. Dieses Ziel sollte durch die Formulierung gemeinsamer Ziele für jede Art körperlicher Ertüchtigung dienen, dazu gehörten aber auch massive Anstrengungen, die ÖSTF als „unpolitisch" darzustellen. Starhemberg versprach, sie von jeder Art von Politik fernzuhalten, denn gerade der Jugend sollte „jede Lust an Politik genommen werden und der Trieb, sich in ungesunder Art mit politischen Dingen zu beschäftigen". [45] Zwar wurden

[41]   Matscheko, Sport und Austrofaschismus, S. 111.
[42]   I. Bärnthaler, Die Vaterländische Front. Geschichte und Organisation, Wien 1971, S. 58.
[43]   Ebenda, S. 155.
[44]   H. Engelbrecht, Geschichte des österreichischen Bildungswesens. Erziehung und Unterricht auf dem Boden Österreichs. Bd. 5: Von 1918 bis zur Gegenwart, Wien 1988, S. 273.
[45]   Österreichisches Sport-Jahrbuch 1936. Handbuch für Sport und Turnen. Amtliches Jahrbuch der Österreichischen Sport- und Turnfront, Wien 1936, S. 5.

dabei die resistenten Potentiale sportlicher Massenkultur unterschätzt und die intendierten Absichten nur zum Teil erreicht, dennoch ließen sich manche Erfolge erzielen, besonders dort, wo die Pläne des Regimes sich mit sportlichen Konzepten zur Deckung bringen ließen.

Schon der oberste Grundsatz der ÖSTF unterminierte die Gewährung genuiner sportlicher Entwicklungen, denn körperliche und sportliche Ausbildung sollte zuallererst „ein Dienst am Vaterlande, ein Dienst am Volk" sein. [46] Das bedeutete zunächst, ein Wir-Gefühl, eine positive nationale Identität und ein Österreich-Bewußtsein überhaupt erst zu erwecken. Darüber hinaus sollte in Turnen und Sport die Rolle Österreichs als Träger wahrer deutscher Kultur transportiert und eine übernationale kulturpolitische Führungsposition in Mitteleuropa behauptet werden, wie viele Sportpraxen dies demonstrierten. Dienst am Volk bedeutete eine Hebung der Volksgesundheit: Die Bewahrung (weiblicher) „Natürlichkeit" sollte die Frau zur Retterin des „Volksganzen" ermächtigen, die (männliche) Leistungsfähigkeit in der Verteidigung der Heimat ihren Ausdruck finden: Starhemberg wies stets unverblümt auf die Aufgabe des Sport- und Turnwesens hin, Ersatz und Vorläufer für die fehlende allgemeine Wehrpflicht zu sein. Während die nationale Komponente nach innen wie nach außen vor allem vom Sport erfüllt werden konnte, war die Förderung soldatischer Tugenden wie Mut, Härte, Disziplin, Gehorsam und Opferbereitschaft traditionell im Turnbereich angesiedelt. In den meisten Turnvereinen wurden daher sportliche Aktivitäten ebenso gepflogen wie vormilitärische Aktivitäten in Form von Exerzieren, Marschieren und Geländeübungen.

Obwohl beiden Strängen durchaus Erfolge beschieden waren, veränderte sich um 1936 die primäre Stoßrichtung der Sportpolitik: Nachdem schon 1935 vormilitärische Ziele in die Lehrpläne von Volks-, Haupt- und Mittelschulen integriert worden waren und Wandertage mitunter zu Lokalmanövern ausarten konnten [47], wurde die Erziehung und Disziplinierung der Jugend durch das VF-Werk „Österreichisches Jungvolk", das als einheitliche staatliche Jugendorganisation zur Förderung geistiger und körperlicher Erziehung nach italienischem Vorbild („Balilla") gegründet worden war, auf eine staatliche und verpflichtende Basis gestellt, wußte man doch um die enorme Anziehungskraft der NS-Jugendarbeit und fürchtete um die Jugend als Bastion im Kampf gegen den Nationalsozialismus. Aufgaben der vormilitärischen Ausbildung waren die Erziehung zum Soldatentum, die Vermittlung von Kenntnissen aus dem Wehrwesen und die körperliche Ertüchtigung mit militärischem Einschlag. [48] Sie fanden in Gestalt von „Mutschulung" und „Manneszucht" Eingang in den übrigen Turnunterricht. Auch an der Universität gab es verpflichtende Sportstunden. [49] Bezüglich der theoretischen Einbettung brauchte die Sport- und Turnfront nur wenig zu ändern, denn der führende Sporthistoriker Erwin Mehl kam ebenso wie Karl Gaulhofer und Margarete Streicher, BegründerInnen des „Natürlichen Turnens" [50], aus dem DTB. [51]

Ludwig Stecewicz bezeichnet die Vorgaben der ÖSTF als ein von „Schreibtischmenschen" geschaffenes Konvolut, das in vielen Punkten an den internationalen Gepflogenheiten

---

[46] Sport-Jahrbuch 1935, S. 5.

[47] R. Müllner, Die Mobilisierung der Körper. Schul- und Hochschulsport im nationalsozialistischen Österreich, Wien 1993, S. 51.

[48] H. Bernett, Die österreichischen Schulturnreformer unter den politischen Rahmenbedingungen der nationalsozialistischen Ära, in: St. Größing (Hg.), Margarete Streicher – Ein Leben für die Leibeserziehung, Salzburg 1991.

[49] Ebenda, S. 101.

[50] H. Strohmeyer, Österreich, in: H. Ueberhorst, Geschichte der Leibesübung, Berlin-München-Frankfurt/M. 1976, S. 296 - 299.

[51] R. Diketmüller, Margarete Streicher, in: B. Keintzel / I. Korotin (Hg.), Wissenschafterinnen in und aus Österreich: Leben – Werk – Wirken, Wien-Köln-Weimar 2002, S. 714 - 717; Größing (Hg.), Margarete Streicher; W. Rechberger, Karl Gaulhofer. Historisch-biographische Untersuchung zu Leben und Werk des österreichischen Schulturnreformers, Salzburg 1999; A. Toifl, Biographische Untersuchung zum Leben Erwin Mehls, Wien 1998 [DA].

des Sportes vorbeiging und daher gar nicht „buchstabengetreu angewendet" werden konnte. „Die Verbände hatten eigentlich einen großen Spielraum."[52]

Strukturelle Maßnahmen

In den vier Jahren des Austrofaschismus wurden wichtige Strukturveränderungen durchgeführt, die noch in der Zweiten Republik Bestand hatten. Das betrifft zum einen die weitere Aufwertung und den Ausbau des Sportes in den Bundesländern, sodaß erstmals von einer flächendeckenden Versorgung mit Sportangeboten, sportlichen Wettbewerben und Sportplätzen gesprochen werden konnte: Der Mangel an Übungsstätten wurde zunächst durch die Neuzuteilung der ehemaligen Plätze des Arbeitersportes merklich gelindert. Den Kontroversen um deren Zuteilung wurde durch ein weitreichendes Konzept zum Sportstättenbau entgegengewirkt, das mithilfe arbeitsloser Jugendlicher im Rahmen des „Freiwilligen Arbeitsdienstes" umgesetzt wurde.[53] Zum anderen war der Sport von Zentralisierungstendenzen gekennzeichnet. Divergierende Interessen sollten sowohl personell in Form hierarchischer Kompetenzverteilungen als auch räumlich zusammengeführt werden: Das 1935 erworbene Schloß Schielleiten wurde mit großem Finanzaufwand zu einem Übungs- und Ausbildungszentrum für Sportlehrer und für aktive SportlerInnen ausgebaut, das 1937 erworbene „Haus des Sports" wurde zur Organisationszentrale des Sportes, in der sowohl die Sport- und Turnfront, als auch die meisten Verbände beheimatet waren.

Andere strukturelle Veränderungen entfalteten nur kurzfristige Wirkungen. Das betrifft Versuche, im Sport eine ständische Ordnung zu etablieren, beispielsweise durch Wettkämpfe für bestimmte Berufsgruppen wie etwa Bäcker- oder Postbeamtenrennen.[54] Das betrifft aber auch die Einschränkung oder Forcierung bestimmte Sportarten, etwa des Flugsports. Der begeisterte Sportflieger Starhemberg sah darin, weil die Sport- von der Militärfliegerei kaum zu trennen war, eine Chance zur technischen und fliegerischen Aufrüstung der nationalen Luftfahrt.[55] Letztlich erwies sich der Ausbau der Fliegerei insofern als fatal, da der „Aero-Club" zu einem Hort illegaler Nationalsozialisten wurde.[56] Nur kurzfristige Konsequenzen hatten auch die Versuche, mit dem Sport konkrete Außenpolitik zu betreiben. Die vorübergehende Intensivierung von Sportkontakten zu Italien und zur Tschechoslowakei blieb ebenso von politischen Rahmenbedingungen abhängig wie der Abbruch des Sportverkehrs mit Deutschland, der schon vor den Olympischen Spielen wieder aufgenommen wurde.

Zum Prüfstein des austrofaschistischen Weges im Sport wurde letztlich der Umgang mit den Gruppen, die andere Sportmodelle propagierten und andere Ziele verfolgten, mit dem Arbeiter- und dem nationalsozialistischen Sport ebenso wie mit dem jüdischen und dem Frauensport.

Der Arbeitersport nach dem Februar 1934

Was den im ASKÖ organisierten Arbeitersport betrifft, so wurden schon am 14. Februar 1934 seitens des Bundeskanzleramtes alle sozialdemokratischen Sportverbände und ihre Vereine aufgelöst, also neben dem ASKÖ auch der ARBÖ und die Naturfreunde. Dies war eine

---

[52] Stecewicz, Sport und Diktatur, S. 90.
[53] Ebenda, S. 88.
[54] Norden, Breitensport, S. 67.
[55] E. R. Starhemberg, Die Reden des Vizekanzlers, hg. v. Österreichischen Pressedienst, Wien 1935, S. 109.
[56] M. Marschik, Heldenbilder. Kulturgeschichte der österreichischen Aviatik, Münster-Hamburg-London 2002, S. 143.

länger vorbereitete Aktion und keine direkte Folge des Bürgerkriegs, denn Arbeitersportler waren zwar als Angehörige des Schutzbundes an den Kämpfen beteiligt, aber nicht in Gestalt eigener Abteilungen der Wehrturner. Im Gegensatz dazu sollen über 5000 christlich-deutsche Turner vielfach in eigenen Turnerkompanien „unter den Waffen" gestanden sein.[57]

Noch im Februar wurde mit der Verteilung des sportlichen Erbes, von den Sportplätzen über die Turngeräte bis zu den Hütten der Naturfreunde, an den „unpolitischen" Sport begonnen.[58] Besonders intensiv wurde die Auseinandersetzung um das Erbe der Naturfreunde betrieben, die national etwa 100.000, im Rahmen der „Naturfreunde-Internationale" weltweit sogar 200.000 Mitglieder gehabt hatten. Die Diskussion um die weitere Tätigkeit ehemaliger Arbeiterfunktionäre wurde im Mai 1934 zu deren Ungunsten entschieden[59] – mit weitreichenden Folgen für den übrigen Arbeitersport.

Bis heute wird die Eingliederung des Arbeitersportes kontrovers diskutiert. Während die ÖSTF natürlich über massenhafte Übertritte berichtete, behauptete die in Brünn exilierte Arbeiter-Zeitung das Gegenteil. Generell muß der Beitritt zum austrofaschistischen Sport nach Sportarten unterschieden werden: Gerade im Fußball soll es wenig Widerständigkeit gegeben haben, ebenso im Boxen, im Schwimmen, im Kraftsport und der Leichtathletik. Speziell in der „Provinz" hat das regierungsseitige Angebot, die sportliche Betätigung lediglich unter Auswechslung des Vereinsvorstandes weiterzuführen, gewirkt, einerseits, weil gute ArbeitersportlerInnen von „unpolitischen" Klubs regelrecht umworben wurden, und andererseits, weil erfolgreiche Sportler bei der Vergabe der wenigen Jobs oft bevorzugt behandelt wurden.[60] Auf der anderen Seite wird auf die Teilnahme Hunderter ArbeitersportlerInnen bei der Arbeiterolympiade in Prag im Juli 1934 hingewiesen. Aus dieser Gruppe, die sich um den Präsidenten der SASI, Julius Deutsch, sammelte, entstand ein „Zentralkomitee für den Arbeitersport". Doch traten auch etliche ArbeitersportlerInnen der „Zentralen Kommission" bei, die für eine Zusammenarbeit mit kommunistischen Sportorganisationen plädierte.[61] Noch 1936 wurde auf einer illegalen Länderkonferenz des Arbeitersportes ergebnislos über eine Einigung verhandelt. Zumindest bis 1936 versuchte der Arbeitersport, durch illegal eingeführte Exemplare des „Arbeitssports" und durch Flugblätter gegen die sportlichen Entwicklungen im nationalsozialistischen Deutschland und im austrofaschistischen Österreich mobil zu machen. Die Arbeiter-Zeitung rief regelmäßig zum Boykott von Sportveranstaltungen auf. Etliche Geselligkeitsvereine galten als Tarnorganisationen ehemaliger Arbeitersportlerinnen. Intensiv wurde noch die Boykottierung der Olympischen Sommerspiele in Berlin betrieben, ehe die Quantität illegaler Aktionen verflachte. Im Sport selbst wurde sowohl die Konsequenz der Unterwanderung bestehender Sportvereine als auch die sportliche Abstinenz verfolgt.[62]

Deutsch-nationale Sportverbände

Kontrovers zum Arbeitersport verliefen die Eingriffe und Entwicklungen im deutschnationalen Sport: Mit der Machtergreifung der Nationalsozialisten in Deutschland im Jänner 1933 verstärkte sich deren – verbale und auch tätliche – Agitation auch in Österreich und führte im Juni 1933 zu einem Anschlag auf christlich-deutsche Turner in Krems mit

[57] Stecewicz, Sport und Diktatur, S. 61.
[58] Ebenda, S. 63.
[59] Ebenda, S. 75 ff.
[60] Ebenda, S. 65.
[61] Krammer, Arbeitersport in Österreich, S. 239.
[62] Ebenda, S. 250.

einem Todesopfer. In der Folge wurden 43 Vereine des DTB aufgelöst und die österreichischen Nationalsozialisten veränderten ihre sportliche Strategie: Die öffentliche Agitation von Sportvereinen wurde durch den Versuch ersetzt, bei Sportereignissen mit Flugblättern und Broschüren eine anti-österreichische Stimmung zu erzeugen, während sich die im DTB engagierten Aktiven als Sportler weitgehend neutral verhielten. Auch im Februar 1934 blieb der DTB zunächst passiv, erst ab dem 15. Februar griffen Teilverbände der DTF in die Kämpfe ein. Der Putschversuch im Juli 1934 ging dagegen unter direkter Beteiligung des DTB vor sich, in dessen Turnhalle die Aktion ihren Ausgang nahm.[63] Auch in der „Provinz" war oft der DTB Ausgangspunkt der „Erhebung".[64]

Die Konsequenzen von Regierungsseite waren nicht mit jenen für den Arbeitersport nach dem Februar 1934 vergleichbar: Wurde anfangs nur das Tragen der DTB-Abzeichen verboten, erfolgte erst am 7. August 1934 die Auflösung des DTB in der Form, daß ein Verwalter die Vereine in die ÖSTF überführen sollte. Für diese Aufgabe wurde mit Georg Trauner ein langjähriges führendes Mitglied des DTB bestellt, also der „Bock zum Gärtner gemacht".[65]

Von den Vereinen selbst nominierte Kontrollore sollten deren vaterländische Gesinnung kontrollieren. Im positiven Fall durfte der Turnbetrieb wiederaufgenommen werden, sodaß schon 1935 zwei Drittel der 652 Vereine die Reaktivierungsbedingungen erfüllten. Trotz Protesten der CDTÖ wurde der DTB in die ÖSTF integriert und in der Fachgruppe Turnen bzw. ab Sommer 1935 in der „Österreichischen Turnerschaft" dem CDTÖ gleichgestellt. Der DTB war äußerlich angepaßt und nahm die Treue zu Österreich in seine Statuten auf. Durch das Juliabkommen 1936 zwischen Hitler und Schuschnigg bekam er weiteren Auftrieb und auf einem legal einberufenen Bundesturntag im Oktober 1936 erklärte Trauner seine Aufgabe für beendet: Er trat als Verwalter zurück, womit der DTB seine Selbstverwaltung zurückerhielt. Trauners Nachfolger wurde der polizeibekannte illegale Parteigenosse Fritz Müller.[66]

Nationalsozialistische Aktivitäten im Sport waren nicht auf den DTB beschränkt; sie waren in fast allen Sportarten zu finden, vor allem im Aero-Club, im Alpenverein und im Skiverband, der daher auch unter ständiger Kontrolle stand. Doch verkündeten etwa einige Leichtathleten, nach den Olympischen Spielen, im Deutschen Reich bleiben zu wollen. Insgesamt aber manifestierte sich der illegale Nationalsozialismus in Österreich weniger im Sport selbst, als daß sportliche Ereignisse als Anlässe zur Agitation genutzt wurden: So geriet die Verabschiedung des Olympiateams für Berlin, obwohl vorsichtshalber 30.000 Eintrittskarten an ausgewählte Vereine verteilt worden waren, zu einer gewaltigen NS-Demonstration: Der Präsident des ÖOC mußte seine Rede abbrechen und die Radioübertragung wurde gestoppt, als lautstark die Absetzung von Bundeskanzler und Regierung gefordert wurde.[67] Auch ein 1937 in Wien ausgetragenes Handball-Länderspiel wurde zur NS-Kundgebung: Das deutsche Team wurde von einer mit Bussen herbeigeschafften Menge mit „Heil Hitler-Rufen" und dem „Horst Wessel-Lied" begrüßt, weshalb ein zweites Spiel in Graz verboten wurde.[68] Nach dem Treffen Hitler-Schuschnigg im Februar 1938 wurden die Beschränkungen des DTB fast vollständig aufgehoben: Die Turner durften sich nun ungestraft mit „Heil Hitler" grüßen, ihre Wappen und Abzeichen öffentlich tragen und die Jugendarbeit wieder aufnehmen. Der DTB

---

63 Nach dem „Anschluß" brüsteten sich die Turner stolz damit, am Putschversuch maßgeblich beteiligt gewesen zu sein.
64 K. Bauer, Elementar-Ereignis. Die österreichischen Nationalsozialisten und der Juliputsch 1934, Wien 2003.
65 Stecewicz, Sport und Diktatur, S. 87.
66 Ebenda, S. 121.
67 Ebenda, S. 272.
68 Ebenda, S. 138 f.

entfaltete ab Mitte Februar eine überaus rege Tätigkeit, neue Ortsgruppen wurden gegründet, andere traten aus der Illegalität wieder an die Öffentlichkeit. [69]

Jüdischer und tschechischer Sport

Das jüdische Sporttreiben in Österreich war de iure von den Neuordnungen des Austrofaschismus vorerst gar nicht betroffen; vielmehr wurden antisemitische Manifestationen auf Sportveranstaltungen gerichtlich verfolgt und als nationalsozialistische Betätigung geahndet, galten doch jüdische Institutionen als Verbündete im Kampf gegen NS-Deutschland. [70] Mit der Zeit wurde jedoch die antisemitische Stimmung immer unverblümter zum Ausdruck gebracht, besonders auf Fußballplätzen und in Schwimmstadien: So erinnert sich die Hakoah-Schwimmerin Lucie Goldner, jüdische Aktive seien „bei jedem sportlichen Treffen [...] in irgendeiner Form angegriffen, brüskiert oder diskriminiert" worden. Jüdische SportlerInnen mußten sogar darum kämpfen, daß ihre Leistungen in die Rekordlisten eingetragen wurden. [71]

Als im Vorfeld der Olympischen Spiele in Berlin 1936 der Maccabi-Weltverband zu einem Boykott der Spiele aufrief [72], schlossen sich fast alle seine Landesverbände, auch der jüdische Turn- und Sportverband Österreichs, an. [73] Vom ÖOC wurden acht jüdische SportlerInnen, die Hakoah-Schwimmerinnen Langer, Deutsch [74] und Goldner, der Gewichtheber Fein, der Ringer Fincsus und die LeichtathletInnen König, Gottlieb und Neumann, ins Olympia-Aufgebot einberufen, doch lehnten alle außer Fein und König die Einberufung aus politischen Gründen ab, was laut den Statuten des Internationalen Olympischen Comitees ebenso legal war wie nach den Richtlinien des ÖOC. [75] Während Robert Fein in Berlin eine Goldmedaille errang, wurden die Schwimmerinnen Deutsch, Langer und Goldner zunächst lebenslänglich, nach massiven internationalen Protesten auf zwei Jahre gesperrt, alle nationalen Titel wurden ihnen aberkannt. [76] Auch in der CSR gab es ähnliche Konsequenzen, während die Absagen jüdischer SportlerInnen aus den USA, England oder Frankreich konsequenzlos blieben.

1936 verschärfte sich das antisemitische Klima gerade auch im Sport. Dies ging von groben Injurien gegen jüdische Fußballer, LeichtathletInnen und SchwimmerInnen [77] über massive antisemitische Ausfälle beim Olympia-Festzug auf der Ringstraße, bei dem jüdische SportlerInnen beschimpft und bespuckt wurden [78], bis zu ersten legistischen Maßnahmen: Zwar herrschte über die Integration der jüdischen Jugend in das „Österreichische Jungvolk"

---

[69]   Ebenda. S. 154.
[70]   M. John, „Körperlich ebenbürtig ... " Juden im österreichischen Fußballsport, in: D. Schulze-Marmeling (Hg.), Davidstern und Lederball. Die Geschichte der Juden im deutschen und internationalen Fußball, Göttingen 2003, S. 231 - 262, hier 246.
[71]   L. Goldner [Brief an den Herausgeber], in: J. Bunzl (Hg.), Hoppauf Hakoah. Jüdischer Sport in Österreich. Von den Anfängen bis in die Gegenwart, Wien 1987, S. 119 - 121, hier 119.
[72]   A. Krüger, „One the Olympics are through, we'll beat up the Jew". German Jewish Sport 1898 - 1938 and the Anti-Semitic Discourse, in: Journal of Sport History 26/2 (1999), S. 353 - 375, hier 354.
[73]   Bunzl, Hoppauf Hakoah, S. 117 f.
[74]   Noch 1935 wurde Judith Deutsch allerdings mit der goldenen Ehrennadel des Marathon-Komitees als beste österreichische Sportlerin geehrt; M. Meisels, Judith Deutsch-Haspel – die beste Sportlerin des Jahres 1935, in: Die Gemeinde, 2. 11. 1990, S. 27.
[75]   A. Baar, 50 Jahre Hakoah. 1909 - 1959, Tel Aviv 1959, S. 233 ff.
[76]   H. Woggon, Mut statt Medaillen: Die Geschichte von Ruth Langer-Lawrence, in: Sozial- und Zeitgeschichte des Sports 13/2 (1999), S. 59 - 63.
[77]   Im Schwimmverband, aber auch bei allen schwimmsportlichen Veranstaltungen sorgte der nationalsozialistisch dominierte „Erste Wiener Amateurschwimmklub" (EWASK) für ein extrem anti-jüdisches Klima, das nicht selten auch in tätliche Attacken ausartete.
[78]   Bunzl, Hoppauf Hakoah, S. 122 f.

zunächst Uneinigkeit, doch wurde die von Schuschnigg forcierte Eingliederung von Starhemberg abgelehnt, sodaß eigene jüdische Verbände, deren Leitung vom Sportführer bestimmt wurde, eingerichtet wurden. [79] Weit weniger massiv, aber gleichfalls mit steigender Tendenz, verliefen die Ausgrenzungen des nach ideologischen Kriterien ausdifferenzierten tschechischen Sportes. Während zunächst die kommunistische FDTJ und dann im Februar 1934 der sozialdemokratische DTJ aufgelöst wurden [80], blieben die übrigen Verbände, der nationaltschechische Sokol und der katholische Orel [81], organisatorisch bis zum März 1938 unbehelligt. Doch wurde auch anti-tschechischen Ressentiments im sportlichen Alltag freier Lauf gelassen, wobei Aktive oder Teams aus der Tschechoslowakei öfter das Ziel von Injurien wurden als Wiener Tschechen. [82]

Frauensport

Quantitativ forciert, qualitativ reduziert wurde im Austrofaschismus der *Frauensport*, denn zu Beginn der 1930er Jahre kann von einem 30-prozentigen Frauenanteil ausgegangen werden. [83] Seine Ausweitung schien wesentlich für die Durchsetzung der austrofaschistischen Sportkonzeption, galt es doch, auch die „andere" Hälfte der Bevölkerung durch Turnen und Sport zu erreichen. Quantitativ jedoch bedeutete, da sich Unterschiede in den Sportkonzepten für Frauen weniger zwischen Turnen und Sport als zwischen bürgerlichem und Arbeitersport manifestierten [84], das Verbot des ArbeiterInnensports einen massiven Rückschlag: Träger dieses „backlash" waren vor allem Kirche und Ärzteschaft, die das Frauenbild einer „gottgewollten" Funktion als Hausfrau und Mutter im intakten Familienverband restituierten. Mütterlichkeit wurde als Rettungsanker gegen den Verfall des Vaterlandes propagiert. [85]

Die Konzepte der ÖSTF für turnende und sporttreibende Frauen gingen sogar noch hinter die Praxen in der christlich-deutschen Turnerschaft zurück: Frauen seien zu Unterwürfigkeit und Opferbereitschaft geboren, ihre Körper „von Natur aus zur Gegensätzlichkeit geschaffen". [86] Frauen- und Männerturnen sollten sich grundsätzlich voneinander unterscheiden, sonst wäre eine „Vermännlichung" von Frauen die unabwendbare Folge. Frauen im Leistungssport oder solche, die männliche Wettkampfnormen aufgriffen, wurden schlicht „pathologisiert". Die den Frauen im Turn- und Sportverein zugewiesene Position beschränkte sich auf die Wahrung von Anstand und Sittlichkeit sowie den Vorweis von Grazie und Schönheit körperlicher Ertüchtigung. Auf dieser Basis standen Frauen zwar viele Sportarten offen, so lange ihre Aktivität leichte Übungen zur Steigerung der Gesundheit nicht überschritt.

In der Praxis erwies sich diese Konzeption auf der Basis weiblicher Sporterfahrungen der 1920er Jahre und der Entwicklungen im internationalen Frauensport als kaum umsetzbar, die Vorgaben wurden von etlichen Vereinen und SportlerInnen negiert. Und selbst in der ÖSTF rückte man speziell im Vorfeld der Olympischen Spiele von diesen Idealen ab, wurden doch im patriotischen Sinn auch von Frauen Siege in internationalen Wettkämpfen gefordert.

[79] Matscheko, Sport und Austrofaschismus, S. 159 f.

[80] G. Fischer, Multikulturelle Erfahrungen der Wiener Tschechen vor dem Hintergrund des Sportvereins Slovan, in: IWK-Mitteilungen 48/4 (1993), S. 2 - 9, hier 7.

[81] Brousek, Wien und seine Tschechen, S. 57.

[82] M. Marschik / D. Sottopietra, Erbfeinde und Haßlieben. Konzept und Realität Mitteleuropas im Sport, Münster-Hamburg-London 2000, S. 270 ff.

[83] Strohmeyer, Sport und Politik, S. 224.

[84] B. Kasser, Das Frauenbild der drei großen Turnbewegungen in der Ersten Republik, Wien 1990 [DA].

[85] I. Brandhauer-Schöffmann, Frauenpolitik im Austrofaschismus, in: Tálos / Neugebauer (Hg.), Austrofaschismus, S. 317 - 343, hier 319.

[86] A. Klampferer, Frauensport im Austromarxismus im Spiegel repräsentativer Sportfachzeitschriften, Wien 1997 [DA].

Zugleich wurden Vorschläge präsentiert, bei Wettbewerben stärkere Rücksicht auf Frauen zu nehmen und Bewerbe wie Langstreckenlauf oder Wurfkonkurrenzen durch Teambewerbe auf dem Gebiet der Gymnastik oder Eurhythmie zu ersetzen.[87]

Bürgerlicher Massensport

Was der austrofaschistischen Sportpolitik vor allem mißlang, war die Einflußnahme auf die massensportlichen Praxen in Österreich, wie sie sich primär im alpinen Skilauf und Wiener Fußballsport, der „sogar in autoritärer Zeit ein Staat im Staate" blieb[88], aber auch im Umgang mit den Olympischen Spielen 1936 in Berlin und Garmisch-Partenkirchen, die enormes mediales und öffentliches Interesse hervorriefen, zeigten. Gerade diese Veranstaltung machte den Wankelmut der Sportführung evident. Wurde schon im August 1935 den österreichischen SportlerInnen ein Antreten in Deutschland untersagt, um die Abgrenzung zu NS-Deutschland zu demonstrieren, war dieses Verbot auf Druck Deutschlands und Italiens[89] rechtzeitig für die Olympischen Spiele aufgehoben worden. Dies war aber ohnedies im Sinne der ÖSTF, die genau um die Chance Olympias im Aufbau nationaler Identität Bescheid wußte. Indem ab Herbst 1935 bei Sportveranstaltungen eine Olympiasteuer eingehoben wurde[90], war abzusehen, daß ein Boykott der Spiele ohnedies nicht ernstlich erwogen wurde.

Das Ziel, in Garmisch-Partenkirchen und Berlin eine selbstbewußte Nation zu repräsentieren, wurde in Gestalt sportlicher Erfolge eingelöst, doch mißlang es auf politischer Ebene. Zu widersprüchlich waren die Botschaften an das österreichische Publikum. Nachdem Österreich schon im Vorfeld den Streit um die Entsendung von Skilehrern, die vom Internationalen Olympischen Comitee als Profis von der Teilnahme ausgeschlossen wurden, verloren hatte, zerstörte die enthusiastische Begrüßung des österreichischen Teams bei der Eröffnung der Winterspiele die geplante Inszenierung österreichischer Eigenstaatlichkeit: Die Zeremonie demonstrierte nicht das Trennende, sondern eine Gemeinschaft beider Staaten[91], zumal die ÖsterreicherInnen mit dem „Hitlergruß" an der Ehrentribüne vorbeidefilierten.[92] Noch zwiespältiger gestaltete sich die Rezeption der Sommerspiele: Vom Einmarsch zur Eröffnungszeremonie bis zur Schlußfeierlichkeit erlagen die österreichischen SportlerInnen und mit ihnen das sportinteressierte Publikum teils freiwillig, teils gegen den eigenen Willen den propagandistischen Inszenierungen der „Nazi-Olympiade".[93]

Die Olympischen Spiele 1936 waren ein singuläres Ereignis, das die Grenzen der austrofaschistischen Sportkonzeption vorwies – die Massensportarten Fußball und Skilauf taten dies regelmäßig, wenn auch auf höchst unterschiedliche Weise. Doch wird evident, daß die Fußballkultur in Wien viele der Bedeutungen, die die ÖSTF dem Sport zuschreiben wollte, quasi von selbst erfüllte: Sie inszenierte sich „unpolitisch", sie brachte für viele Aktive konkrete Aufstiegschancen und löste bei den ZuschauerInnen starke „Wir-Gefühle" und eine Massenbegeisterung aus. Auf dem politischen Terrain evozierte sie ein intensives Österreich-Bewußtsein und vertrat durch internationale Sportkontakte die österreichische Nation im

---

[87] Marschik, Frauenfußball, S. 140 f.

[88] Ebenda, S. 142.

[89] E. R. Starhemberg, Memoiren, Wien-München 1971, S. 271.

[90] Stecewicz, Sport und Diktatur, S. 99.

[91] E. Niedermann, Nazi Olympics in foreign perspectives – Austria, in: The Annual of CESH 2001, Berlin 2001, S. 83 - 88, hier 86.

[92] Die ÖSTF trat dieser Ansicht vehement entgegen: Die Aktiven hätten sich nicht mit dem „deutschen", sondern dem üblichen „Olympischen Gruß" präsentiert; ebenda.

[93] A. Krüger, The Ministry of Popular Enlightenment and Propaganda and the Nazi Olympics of 1936, in: R. K. Barney / K. B. Wamsley / Sc. G. Martyn / G. H. MacDonald (Hg.), Global and Cultural Critique: Problematizing the Olympic Games, Los Angeles 1998, S. 33 - 47.

Ausland. Woran die austrofaschistischen Sportkonzepte weitgehend scheiterten, nämlich am Aufbau eines österreichischen Sportpatriotismus, das wurde im Fußball vom „Wunderteam" ebenso produziert wie von den Teilnehmern am Mitropa-Cup.[94] Und der Fußball beruhte sogar auf einer impliziten autoritären Struktur; lediglich seine ökonomische Ausrichtung unterschied ihn maßgeblich von den Standpunkten der Sport- und Turnfront.

Dabei zeigen sich schon die gravierenden Differenzen zum alpinen Skisport. Der Skiverband hatte schon 1923 einen Arierparagraphen eingeführt, unter seinen Funktionären wie Aktiven fanden sich etliche Nationalsozialisten, etwa der Abfahrtsstar Heli Lantschner, der im Frühjahr 1934 gesperrt wurde und nach Deutschland auswanderte. Im Jänner 1935 wurde sogar ein Regierungskommissar in den Skiverband entsandt, um dessen deutsch-nationale Aktivitäten zu kontrollieren.[95] Während im und durch den Wiener Fußball letztlich ein – auch im Sinne des Regimes – positives Österreich-Bild entworfen wurde, zeigte der landesweit aktive Skisport ein Zerrbild eines anschlußwilligen Österreich.

Resümee

Wenn Kanzler Dollfuß am 11. September 1933 das zukünftige Regierungsprogramm gerade am Wiener Trabrennplatz präsentierte, fiel die Wahl nicht zufällig auf ein Sportstadion: Denn eine Stadt bietet außer Sportstätten kaum Orte, die den geschätzten 70.000 ZuhörerInnen Platz geboten hätten. Dollfuß, der sich stets gerne bei großen Sportereignissen der Öffentlichkeit präsentierte, hatte die massenwirksamen Potentiale des Sportes durchaus erkannt. Es bedurfte gar keiner Anleihen bei der Instrumentalisierung des Sportes durch den italienischen Faschismus, damit der Austrofaschismus aufgrund der sportlichen Erfolge und Massenmobilisierung rasch das Potential des Sportes im Vorweis der nationalen Idee und das Potential des Turnens im Sinne der Volksertüchtigung und Wehrerziehung erkannte. Was Turnen und Sport anboten, waren aber zugleich ideelle Werte der Disziplin und Kontrolle, waren sozialdarwinistische Modelle der Eliteauslese und soziale Normen von Leistung und Einsatz. Zugleich galten Turnen und Sport ihren Betreibern stets als „politikfreie" Räume. Was Sport dem Austrofaschismus entgegensetzte, war lediglich sein Egalitarismus.

Die komplexe ideologische Konstruktion Österreichs war zu keiner Zeit imstande, das gesamte nationale Sportgeschehen zu determinieren, denn in den 1930er Jahren hatten sich längst Sportkulturen etabliert, die sich weder politisch noch ökonomisch indoktrinieren ließen. Wenn in einem Alpendorf der lokale Turnverein einen Großteil der Freizeitaktivitäten abdeckt oder in einer Metropole wie Wien Hunderttausende im Bann eines Fußballspiels stehen, entstehen dabei Bedeutungen, die einerseits weit über das Terrain des Sportes hinausgehen und andererseits nicht von außen kontrolliert und gesteuert werden können. Es sind auch diese Großveranstaltungen wie Fußball-Ländermatches oder die Olympischen Spiele, die im öffentlichen Gedächtnis tiefere Spuren hinterlassen und an deren völliger Kontrolle später sogar das NS-Regime scheiterte.[96]

Dennoch können der Sportideologie des Austrofaschismus Erfolge konzediert werden: Im Raum zwischen ökonomisiertem Massensport und deutsch-nationalem Turnen entfaltete die Sport- und Turnfront eine Sportpraxis, die die vielfach komplexen Gedankenkonstruktionen

---

[94] M. Marschik, Die Entstehung Österreichs im Sport, in: Katalin Szikora et al. (Red.), Sport and Politics, Budapest 2003, S. 393 - 403; W. Maderthaner, Österreich in den Beinen und im Kopf: Fußball, in: Österreichische Zeitschrift für Geschichtswissenschaften 6/1 (1995), S. 125 - 130.

[95] Stecewicz, Sport und Diktatur, S. 93.

[96] M. Marschik, Vom Nutzen der Unterhaltung. Der Wiener Fußball in der NS-Zeit: Zwischen Vereinnahmung und Resistenz, Wien 1998.

der ideologischen Konstruktion Österreichs als Teil der deutschen Nation und doch als eigenständiger Staat mit einer starken Konzentration auf Mitteleuropa paradigmatisch verständlich zu machen imstande war. Turnen und noch mehr Sport waren geeignet, die schmale Basis der vaterländischen „Bewegung" zu verbreitern, aber auch die Jugend zu gewinnen bzw. zu schulen.

Literatur

Alkemeyer, Thomas: Die Wiederbegründung der Olympischen Spiele als Fest einer Bürgerreligion, in: Gunter Gebauer (Hg.), Olympische Spiele – die andere Utopie der Moderne. Olympia zwischen Kult und Droge, Frankfurt/M. 1996, S. 65 - 100.

Amstädter, Rainer: Der Alpinismus. Kultur – Organisation – Politik, Wien 1996.

Baar, Arthur: 50 Jahre Hakoah. 1909 - 1959, Tel Aviv 1959.

Bärnthaler, Irmgard: Die Vaterländische Front. Geschichte und Organisation, Wien 1971.

Bauer, Kurt: Elementar-Ereignis. Die österreichischen Nationalsozialisten und der Juliputsch 1934, Wien 2003.

Beard, Adrian: The Language of Sport, London 1998.

Beckmanns Sport Lexikon, A – Z, Leipzig-Wien 1933.

Benda, Franz: Der Deutsche Turnerbund 1889, Wien 1991.

Bernett, Hajo: Nationalsozialistische Leibeserziehung, Schorndorf 1966.

Bernett, Hajo: Die österreichischen Schulturnreformer unter den politischen Rahmenbedingungen der national-sozialistischen Ära, in: Stefan Größing (Hg.), Margarete Streicher – Ein Leben für die Leibeserziehung, Salzburg 1991, S. 175 - 197.

Brousek, Karl: Wien und seine Tschechen. Integration und Assimilation einer Minderheit im 20. Jahrhundert, Wien 1980.

Diketmüller, Rosa: Margarete Streicher, in: Brigitta Keintzel / Ilse Korotin (Hg.), Wissenschafterinnen in und aus Österreich: Leben – Werk – Wirken, Wien-Köln-Weimar 2002, S. 714 - 717.

Dorer, Johanna / Matthias Marschik: Gender, Class and Popular Culture. Die Anfänge des Frauenfußballs in Mitteleuropa, in: Jitka Schùtová / Marek Waic (Hg.), Turnen und Sport der Frauen in den böhmischen und anderen mitteleuropäischen Ländern, Praha 2004, S. 206 - 212.

Engelbrecht, Helmut: Geschichte des österreichischen Bildungswesens. Erziehung und Unterricht auf dem Boden Österreichs. Bd. 5: Von 1918 bis zur Gegenwart, Wien 1988.

Feuchtner, Carmen: „Jeder Rekord kostet Anmut, meine Damen!" Die konzeption der weiblichkeit im bürgertum am beispiel der bewegungskultur und des sports in wien. 1880 - 1930, Innsbruck 1991 [DA].

Fischer, Gero: Multikulturelle Erfahrungen der Wiener Tschechen vor dem Hintergrund des Sportvereins Slovan, in: IWK-Mitteilungen 48/4 (1993), S. 2 - 9.

Frank, Heinrich: Die Entwicklung von Alpinistik und Wintersport in Österreich, in: Ernst Bruckmüller / Hannes Strohmeyer (Hg.), Turnen und Sport in der Geschichte Österreichs, Wien 1998, S. 105 - 132.

Gastgeb, Hans: Vom Wirtshaus zum Stadion. 60 Jahre Arbeitersport in Österreich. Entstehung und Entwicklung der österreichischen Arbeiter-Turn- und Sportbewegung, Wien 1952.

Goldner, Lucie: [Brief an den Herausgeber], in: John Bunzl (Hg.), Hoppauf Hakoah. Jüdischer Sport in Österreich. Von den Anfängen bis in die Gegenwart, Wien 1987, S. 119 - 121.

Gounot, André: Die Rote Sportinternationale, 1921 - 1937. Kommunistische Massenpolitik im europäischen Arbeitersport, Münster-Hamburg-London 2002.

Größing, Stefan (Hg.): Margarete Streicher – Ein Leben für die Leibeserziehung, Salzburg 1991.

Guttmann, Allen: Vom Ritual zum Rekord. Das Wesen des modernen Sports, Schorndorf 1980.

Horak, Roman / Wolfgang Maderthaner: Mehr als ein Spiel. Fußball und populare Kulturen im Wien der Moderne, Wien 1997.

Horak, Roman / Matthias Marschik: Vom Erlebnis zur Wahrnehmung. Der Wiener Fußball und seine Zuschauer 1945 - 1990, Wien 1995.

John, Michael: „Körperlich ebenbürtig … " Juden im österreichischen Fußballsport, in: Dietrich Schulze-Marmeling (Hg.), Davidstern und Lederball. Die Geschichte der Juden im deutschen und internationalen Fußball, Göttingen 2003, S. 231 - 262.

Just, Franz: Der Fußballsport im Burgenland (von den Anfängen bis zur Jetztzeit), hg. v. Bgld. Fußball-verband zum 25jährigen Bestandsjubiläum, Eisenstadt 1970.

Kasser, Barbara: Das Frauenbild der drei großen Turnbewegungen in der Ersten Republik, Wien 1990 [DA].

Klampferer, Anita: Frauensport im Austromarxismus im Spiegel repräsentativer Sportfachzeitschriften, Wien 1997 [DA].

Krammer, Reinhard: Arbeitersport in Österreich. Ein Beitrag zur Geschichte der Arbeiterkultur in Ös-terreich bis 1938, Wien 1981.

Krammer, Reinhard: Die Turn- und Sportbewegung, in: Erika Weinzierl / Kurt Skalnik (Hg.), Österreich 1918 - 1938. Geschichte der Ersten Republik, Graz-Wien-Köln 1983, S. 731 - 743.

Krammer, Reinhard: Die Arbeitersportbewegung in Österreich, in: Arnd Krüger / James Riordan (Hg.), Der internationale Arbeitersport. Der Schlüssel zum Arbeitersport in 10 Ländern, Köln 1985, S. 85 - 102.

Krammer, Reinhard: Der ASKÖ und die Wiener Arbeiter-Olympiade 1931, in: Hans Joachim Teichler / Gerhard Hauk (Hg.), Illustrierte Geschichte des Arbeitersports, Berlin-Bonn 1987, S. 207 - 221.

Krüger, Arnd: The Ministry of Popular Enlightenment and Propaganda and the Nazi Olympics of 1936, in: Robert K. Barney / Kevin B. Wamsley / Scott G. Martyn / Gordon H. MacDonald (Hg.), Global and Cultural Critique: Problematizing the Olympic Games, Los Angeles 1998, S. 33 - 47.

Krüger, Arnd: „One the Olympics are through, we'll beat up the Jew". German Jewish Sport 1898 - 1938 and the Anti-Semitic Discourse, in: Journal of Sport History 26/2 (1999), S. 353 - 375.

Maderthaner, Wolfgang: Österreich in den Beinen und im Kopf: Fußball, in: Österreichische Zeitschrift für Geschichtswissenschaften 6/1 (1995), S. 125 - 130.

Marschik, Matthias: Arbeiterfußball im Austromarxismus, in: Roman Horak / Wolfgang Reiter (Hg.), Die Kanten des runden Leders. Beiträge zur europäischen Fußballkultur, Wien 1991, S. 197 - 202.

Marschik, Matthias: „Wir spielen nicht zum Vergnügen". Arbeiterfußball in der Ersten Republik, Wien 1994.

Marschik, Matthias: Vom Herrenspiel zum Männersport: Modernismus – Meisterschaft – Massenspek-takel. Die ersten dreißig Jahre Fußball in Wien, Wien 1997.

Marschik, Matthias: „Even the parliament interrupted its session … " Creating Local and National Identity in Viennese Football, in: Journal of Sport and Social Issues 22/2 (1998), S. 199 - 211.

Marschik, Matthias: Vom Nutzen der Unterhaltung. Der Wiener Fußball in der NS-Zeit: Zwischen Ver-einnahmung und Resistenz, Wien 1998.

Marschik, Matthias: „Kehren wir endlich zurück zum Sportlichen!" Überlegungen zur Neutralität des Sportes, in: SWS-Rundschau 44/2 (2004) (in Druck).

Marschik, Matthias / Rudolf Müllner: Probleme und Perspektiven der Geschichte des Sports in Öster-reich, in: Sozial- und Zeitgeschichte des Sports 12/2 (1998), S. 7 - 36.

Marschik, Matthias: Heldenbilder. Kulturgeschichte der österreichischen Aviatik, Münster-Hamburg-London 2002.

Marschik, Matthias: Frauenfußball und Maskulinität. Geschichte – Gegenwart – Perspektiven, Münster-Hamburg-London 2003.

Marschik, Matthias: Die Entstehung Österreichs im Sport, in: Katalin Szikora et al. (Red.), Sport and Politics, Budapest 2003, S. 393 - 403.

Marschik, Matthias: Frauenfußball und Maskulinität. Geschichte – Gegenwart – Perspektiven, Münster-Hamburg-London 2003.

Marschik, Matthias / Doris Sottopietra: Erbfeinde und Haßlieben. Konzept und Realität Mitteleuropas im Sport, Münster-Hamburg-London 2000.

Matscheko, Klaus: Sport und Austrofaschismus. Die Entwicklung vom pluralistischen Sportwesen der 1. Republik zur Einheitssportfront im österreichischen Ständestaat 1934 - 1938, Wien 2000 [DA.].

Meisels, Moshe: Judith Deutsch-Haspel – die beste Sportlerin des Jahres 1935, in: Die Gemeinde, 2.
    11. 1990, S. 27.

Merk-Rudolph, Carola: Sportgeschichte aus Frauenperspektive. Eine Möglichkeit für Mädchen zur ge-
    schlechtsspezifischen Identitätsfindung im Rahmen des Schulsports, Frankfurt/M. et al. 1999.

Müllner, Rudolf: Die Mobilisierung der Körper. Schul- und Hochschulsport im nationalsozialistischen
    Österreich, Wien 1993.

Niedermann, Erwin: Nazi Olympics in foreign perspectives – Austria, in: The Annual of CESH 2001,
    Berlin 2001, S. 83 - 88.

Norden, Gilbert: Breitensport und Spitzensport von 19. Jahrhundert bis zur Gegenwart, in: Ernst Bruck-
    müller / Hannes Strohmeyer (Hg.), Turnen und Sport in der Geschichte Österreichs, Wien 1998,
    S. 56 - 85.

Österreichisches Sport-Jahrbuch 1936. Handbuch für Sport und Turnen. Amtliches Jahrbuch der Öster-
    reichischen Sport- und Turnfront, Wien 1936.

Pfister, Gertrud: Frau und Sport. Frühe Texte, Frankfurt/M. 1978.

Pfister, Gertrud: Die Anfänge des Frauenturnens und Frauensports in Österreich, in: Ernst Bruckmüller /
    Hannes Strohmeyer (Hg.), Turnen und Sport in der Geschichte Österreichs, Wien 1998, S. 88 - 104.

Polednik, Heinz: Das Glück im Schnee. 100 Jahre Skilauf in Österreich, Wien-München 1991.

Rechberger, Wolfgang: Karl Gaulhofer. Historisch-biographische Untersuchung zu Leben und Werk
    des österreichischen Schulturnreformers, Salzburg 1999.

Schobesberger, Hans / Fritz Mayrhofer: Geschichte der Linzer Arbeiter-Turn- und Sportbewegung
    (1903 - 1934), hg. v. ASKÖ-Bezirk Linz-Stadt aus Anlaß des 75-jährigen Bestehens, Linz 1978
    (= Sonderdruck aus dem Historischen Jahrbuch der Stadt Linz 1978).

Schöffmann, Irene: Frauenpolitik im Austrofaschismus, in: Emmerich Tálos / Wolfgang Neugebauer
    (Hg.), Austrofaschismus. Beiträge über Politik, Ökonomie und Kultur 1934 - 1938, Wien 1984,
    S. 317 - 343.

Skocek, Johann / Wolfgang Weisgram: Wunderteam Österreich. Scheiberln, wedeln, glücklich sein,
    Wien-München-Zürich 1996.

Sport-Jahrbuch 1935. 4. Jahrgang des Körpersport-Jahrbuches des österreichischen Hauptverbandes für
    Körpersport, hg. v. der Österreichischen Turn- und Sportfront mit der Österreichischen Turn- und
    Sportzentrale, Wien 1935.

Starhemberg, Ernst Rüdiger: Die Reden des Vizekanzlers, hg. v. Österreichischen Pressedienst, Wien
    1935.

Starhemberg, Ernst Rüdiger: Memoiren, Wien-München 1971.

Stecewicz, Ludwig: Sport und Diktatur. Erinnerungen eines österreichischen Journalisten 1934 - 1945,
    hg. v. Matthias Marschik, Wien 1996.

Strohmeyer, Hannes: Österreich, in: Horst Ueberhorst, Geschichte der Leibesübung, Berlin-München-
    Frankfurt/M. 1976, S. 296 - 299.

Strohmeyer, Hannes: Vom adeligen zum bürgerlichen Sport in Österreich (16.-19. Jh.), in: Ernst Bruck-
    müller / Hannes Strohmeyer (Hg.), Turnen und Sport in der Geschichte Österreichs, Wien 1998,
    S. 28 - 55.

Strohmeyer, Hannes: Sport und Politik: Das Beispiel der Turnbewegungen in Österreich 1918 - 1938,
    in: Ernst Bruckmüller / Hannes Strohmeyer (Hg.), Turnen und Sport in der Geschichte Österreichs,
    Wien 1998, S. 212 - 244.

Tálos, Emmerich: Das Herrschaftssystem 1934 - 1938: Erklärungen und begriffliche Bestimmungen, in:
    Emmerich Tálos / Wolfgang Neugebauer (Hg.), Austrofaschismus. Beiträge über Politik, Ökono-
    mie und Kultur 1934 - 1938, Wien 1984, S. 345 - 369.

Toifl, Alexandra: Biographische Untersuchung zum Leben Erwin Mehls, Wien 1998 [DA].

Wachter, Andrea: Antisemitismus im österreichischen Vereinswesen für Leibesübungen 1918 - 1938 am
    Beispiel der Geschichte ausgewählter Vereine, Dissertation, Wien 1983.

Weber, Wolfgang: Von Jahn zu Hitler. Politik und Organisationsgeschichte des deutschen Turnens in
    Vorarlberg 1847 - 1938, Konstanz 1995.

Weber, Wolfgang: „Kraftquellen der nationalsozialistischen Bewegung"? Deutschnationale Turnvereine und NSDAP in Österreich 1918 - 1938, in: Erich Müller / Hermann Schwameder (Hg.), Aspekte der Sportwissenschaft, Salzburg 1996, S. 23 - 36.

Weidenholzer, Josef: Auf dem Weg zum „Neuen Menschen". Bildungs- und Kulturarbeit der österreichischen Sozialdemokratie in der Ersten Republik, 2. Aufl., Wien 1981.

Wesp, Gabriela: Frisch, fromm, fröhlich, Frau. Frauen und Sport zur Zeit der Weimarer Republik, Königstein/Ts. 1998.

Woggon, Helga: Mut statt Medaillen: Die Geschichte von Ruth Langer-Lawrence, in: Sozial- und Zeitgeschichte des Sports 13/2 (1999), S. 59 - 63.

IV.

Resümee

Die Rede von Bundeskanzler Dollfuß auf dem Wiener Trabrennplatz am 11. September 1933 war ein wichtiger Markstein bei der Etablierung der austrofaschistischen Diktatur

Das austrofaschistische Herrschaftssystem

Emmerich Tálos

Vorbemerkung

Die Zwischenkriegszeit ist durch einschneidende Umbrüche in einer Reihe europäischer Länder geprägt.[1] Mit der Etablierung neuer politischer Strukturen waren unterschiedliche Zielvorstellungen und Zeitperspektiven verbunden. In einigen ostmitteleuropäischen Präsidialdiktaturen wurde der Eindruck zu erwecken gesucht, daß die neue Herrschaftsform „nur eine
zeitlich begrenzte 'Regentschaft für die bedrohte Demokratie' (Päts)[2] sei, die nach einem
'Heilungs-' oder 'Gesundungsprozeß' der Gesellschaft zur Wiederherstellung der demokratischen Ordnung 'auf neuer Grundlage' führen werde".[3] Die Regierung Dollfuß erweckte
diesen Eindruck nicht. Die ventilierten Veränderungsvorstellungen liefen darauf hinaus, eine politische Alternative zur parlamentarisch-rechtsstaatlichen Demokratie in Österreich zu
realisieren und dauerhaft zu etablieren:

„Das Parlament hat sich selbst ausgeschaltet, ist an seiner eigenen Demagogie und Formalistik zugrunde gegangen. Dieses Parlament, eine solche Volksvertretung, eine solche Führung unseres Volkes wird und darf nie wieder kommen [. . .] Die Zeit der Parteienherrschaft

---

[1]   Siehe dazu die Analysen in E. Oberländer (Hg.), Autoritäre Regime in Ostmittel- und Südosteuropa 1919-
      1944, Paderborn u. a. 2001; W. Wippermann, Europäischer Faschismus im Vergleich, Frankfurt 1983; St. Payne,
      Geschichte des Faschismus, München-Berlin 2001; M. Mann, Fascists, Cambridge 2004.
[2]   Konstantin Päts stand an der Spitze der Präsidialdiktatur in Estland.
[3]   E. Oberländer, Die Präsidialdiktaturen in Ostmitteleuropa, in: Ders. (Hg.), Autoritäre Regime, S. 3 - 17, hier 7.

ist vorbei. Wir lehnen Gleichschalterei und Terror ab, wir wollen den sozialen, christlichen, deutschen Staat Österreich auf ständischer Grundlage, unter starker autoritärer Führung."[4]

Die Umsetzung dieser Option weist Gemeinsamkeiten mit und Unterschiede zu Entwicklung und Herrschaftsformen in Italien und Deutschland ebenso wie in vielen ostmitteleuropäischen Ländern auf.[5]

Nach wie vor besteht in einschlägigen Analysen Dissens in essentiellen Fragen wie den Ursachen, dem Anspruch und den Zielen, dem Durchdringungsgrad, den Auswirkungen der österreichischen Diktatur[6] und ihrer herrschaftstypologischen Einordnung.[7]

Die folgenden Ausführungen stützen sich vor allem auf die Analysen des gegenständlichen Sammelbandes, die das 1933/34 etablierte Herrschaftssystem in seinen zentralen Dimensionen ausleuchten – reichend von seiner Konstituierung, seinen Trägern, deren ideologischem Selbstverständnis und Zielvorstellungen, der rechtlichen und realen Verfaßtheit bis hin zur Gestaltung von Politik und wichtigen Bereichen der Gesellschaft. Auf dieser breiten inhaltlichen Basis[8] ist eine differenzierte Einschätzung dieses Herrschaftssystems möglich, für die der Begriff Austrofaschismus[9] steht.

1. Zur Konstituierung des Austrofaschismus

1. 1. Ansätze politischer Veränderungsbestrebungen

Die Ausschaltung des Nationalrates im März 1933 und die Zerschlagung der Sozialdemokratie im Gefolge des 12. Februar 1934 sind weder zufällige noch zusammenhanglose Ereignisse. Obwohl gravierende Einschnitte in die politische Struktur mit der ökonomischen und

---

[4] Zit. bei K. Berchtold (Hg.), Österreichische Parteiprogramme, 1868 - 1966, Wien 1967, S. 429 f.; siehe auch H. Wohnout, Regierungsdiktatur oder Ständeparlament?, Wien 1993, S. 430. Aufgrund dieser strukturell und dauerhaft angepeilten politischen Alternative sind typologische Zuordnungen der hinter dieser Entwicklung stehenden Kräfte zu der „konservativ-autoritären Rechten" (so insbesondere Payne, Geschichte, S. 29) unzutreffend: Seiner Meinung nach sei im Unterschied zu den Faschisten und radikalen Rechten die konservativ autoritäre Rechte „nur in dem sehr eingeschränkten Sinne antikonservativ, als sie zum Teil mit den parlamentarischen Formen des gemäßigten parlamentarischen Konservatismus gebrochen hatte. Radikale Brüche in der juristischen Kontinuität wollte sie nach Möglichkeiten vermeiden und trat normalerweise nur für eine teilweise Transformation des Systems in eine autoritäre Richtung ein." Im Gegenteil dazu ging die Zielsetzung und Politik jener einst konservativen Kräfte, die für die Veränderung der demokratischen politischen Struktur in Österreich verantwortlich zeichneten, weit darüber hinaus.

[5] Präsidialdiktaturen wie Estland, Lettland und Litauen, in denen die Diktatoren auch formell das Präsidentenamt bekleideten, erhielten unter anderem von der österreichischen Diktatur Anregungen (siehe Oberländer, Die Präsidialdiktaturen, S. 3; W. Wippermann, Was ist Faschismus, in: W. Loh / W. Wippermann (Hg.), „Faschismus" kontrovers, Stuttgart 2002, S. 19).

[6] Unter Diktatur wird verallgemeinert ein Herrschaftssystem verstanden, in dem alle staatlichen Machtmittel in den Händen einer Person (eines Diktators), einer Gruppe, Partei oder Klasse monopolisiert sind und die Macht uneingeschränkt bzw. ohne große Einschränkung ausgeübt wird (siehe Diktatur, in: H. Drechsler u. a. (Hg.), Gesellschaft und Staat. Lexikon der Politik, München 2003, S. 249 - 250; Diktatur, in: D. Nohlen u. a. (Hg.), Lexikon der Politik, Bd. 7: Politische Begriffe, München 1998, S. 126 - 128). Zu ihren Kennzeichen werden weiters gezählt: die Unterdrückung der politischen Opposition, das Verbot von Parteien, die Beseitigung des gesellschaftlichen und politischen Pluralismus, die Abschaffung freier Wahlen, die Einschränkung der Presse- und Medienfreiheit, die Etablierung eines Überwachungsapparates, der Einsatz von Terror, die Beseitigung der Gewaltenteilung. Aus dieser Definition wird deutlich, daß der Begriff Diktatur in erster Linie auf die politisch institutionelle Dimension abstellt.

[7] Siehe näher dazu unten Punkt 4 dieses Beitrages.

[8] In Abgrenzung von verbreiteten inhaltlich selektiven Beiträgen zum Austrofaschismus z. B. bei U. Kluge, Der österreichische Ständestaat, Wien 1984; K. D. Bracher, Nationalsozialismus, Faschismus und autoritäre Regime, in: G. Stourzh / B. Zaar (Hg.), Österreich, Deutschland und die Mächte, Wien 1990; Wohnout, Regierungsdiktatur; Payne, Geschichte; G.-K. Kindermann, Österreich gegen Hitler, München 2003; R. Kriechbaumer, Ein vaterländisches Bilderbuch, Wien 2002; Mann, Fascists.

[9] Zur Begründung dieses Begriffes siehe unten Abschnitt 4.

politischen Entwicklung ab 1931/32 in engem Zusammenhang stehen, gibt es Ansätze zu politischen Veränderungen bereits in den Jahren davor. Exemplarisch zeigt sich dies an der Verfassungsnovelle aus dem Jahr 1929.

Im Kontext verschärfter innenpolitischer Konflikte traten 1928 die Heimwehren, der Landbund und Bundeskanzler Seipel, Obmann der christlichsozialen Partei, mit Forderungen und Vorstellungen über eine Verfassungsänderung an die Öffentlichkeit. [10] Diese Vorstellungen zielten auf die Stärkung der Staatsautorität durch Aufwertung der Stellung des Bundespräsidenten gegenüber dem Parlament, auf die Schwächung der Dominanzposition des Parlaments im politischen Entscheidungsprozeß sowie auf die Schwächung der Sozialdemokratie. Trotz dieser weitreichenden Veränderungsvorstellungen stellt die Verfassungsnovelle von 1929 vorerst noch einen Kompromiß dar. Die Kompetenzen des Bundespräsidenten wurden erweitert und das politische System durch präsidiale Elemente ergänzt. [11] Damit konnten die angepeilten Ziele der bürgerlichen Parteien und der Heimwehren nur teilweise realisiert werden. Daß die Veränderung Ende der 20er Jahre im Vergleich mit jener von 1933/34 noch so „moderat" ausfiel, resultiert unter anderem aus dem unterschiedlichen Ausgangspunkt der Veränderungsbestrebungen: 1928/29 war es in erster Linie ein politischer: nämlich der vor allem auch durch den Druck der Heimwehren [12] forcierte Angriff auf die parlamentarische Struktur ebenso wie auf die parlamentarische und außerparlamentarische Machtposition der Sozialdemokratie. Die ökonomische Krise, die bereits 1929 ihre Schatten auf Österreich warf (z. B. Zusammenbruch der Bodenkreditanstalt), wurde erst 1932 zu einem der Anknüpfungspunkte politischer Veränderungsbestrebungen. Im Unterschied zu 1932 hatte das bürgerliche Lager 1929 noch über eine relativ gut abgesicherte politische Vorherrschaft auf parlamentarischer Ebene verfügt.

Mit der Verfassungsnovellierung waren die Bestrebungen um politische Veränderungen keineswegs zu einem Abschluß gekommen. Dies wird am Vordringen und an der Verbreitung antiparlamentarischer, antidemokratischer, antimarxistischer, autoritärer und (berufs-)ständischer Vorstellungen ersichtlich. [13] Das Thema Veränderungen wurde virulent in einer Situation, in der sich ökonomische und politische Krise verschränkten.

1. 2. Ökonomische Krise und politischer Veränderungsprozeß

Die Weltwirtschaftskrise 1931 äußerte sich im Zusammenfallen einer internationalen Agrar-, Industrie- und Kreditkrise. [14] Letztere wurde durch den drohenden Zusammenbruch der österreichischen Creditanstalt für Handel und Gewerbe ausgelöst. Diese war nicht bloß die größte Bank in Österreich, sondern ein multinationales Unternehmen mit einigen hundert Beteiligungen an Banken und Industrieunternehmungen im gesamten Donauraum. Ihre Verluste machten mehr als 10 Prozent des Bruttonationalprodukts von 1931 aus. Nur mehr die Haftungsübernahme durch den Staat konnte ihren Zusammenbruch verhindern, dies allerdings mit beträchtlichen politischen Implikationen, wie der politische Veränderungsprozeß in der Folgezeit zeigt.

---

[10]   Siehe K. Berchtold, Die Verfassungsreform von 1929, Teil I, Wien 1979, S. 3 - 4.
[11]   Siehe auch O. Lehner, Österreichische Verfassungsentwicklung, in: E. Tálos / H. Dachs / E. Hanisch / A. Staudinger (Hg.), Handbuch des politischen Systems Österreichs. Erste Republik, Wien 1995, S. 49 - 58, hier 52 f.
[12]   Siehe auch C. E. Edmondson, Heimwehren und andere Wehrverbände, in: Tálos / Dachs / Hanisch / Staudinger (Hg.), Handbuch des politischen Systems, S. 261 - 276, hier 261, 276.
[13]   Siehe z. B. H. Mommsen, Theorie und Praxis des österreichischen Ständestaates, Wien 1981, S. 176 ff.; W. Maderthaner, Legitimationsmuster des Austrofaschismus, in: W. Maderthaner / M. Maier (Hg.), „Der Führer bin ich selbst", Wien 2004, S. 129 - 157, hier 140 ff.; Wohnout, Regierungsdiktatur, S. 13 ff.
[14]   Siehe F. Weber, Die wirtschaftliche Entwicklung, in: Tálos / Dachs / Hanisch / Staudinger (Hg.), Handbuch des politischen Systems, S. 23 - 42, hier 37.

Die österreichische Wirtschaft war zum anderen von der internationalen Wirtschaftskrise einschneidend betroffen: Das BIP ging um 22,5 Prozent zurück, die Industrieproduktion schrumpfte um 38 Prozent. [15] Löhne und Gehälter wurden reduziert. Die Arbeitslosigkeit stieg rapide an: Die Zahl der Arbeitslosen erhöhte sich von 243.000 im Jahr 1930 auf 557.000 im Jahr 1933 und verblieb auch noch in den folgenden Jahren auf einem sehr hohen Niveau. [16]

Der Zusammenhang von ökonomischer und politischer Krise, von interessenpolitischen Krisendeutungen, Krisenlösungspolitik und Veränderungen der politischen Struktur ist an der konkreten politischen Entwicklung erkennbar: Die von den Christlichsozialen, der dominanten Partei des Bürgerblocks, forcierte Krisenlösungspolitik umfaßte sowohl die Sanierung des Budgets – dessen bereits prekäre Situation sich durch die Haftungsübernahme für die Schulden der Creditanstalt noch zuspitzte – als auch die Sanierung der Banken. Beides war zugleich Voraussetzung für eine neuerliche Völkerbundanleihe. Die andere Seite der Krisenlösungspolitik bestand in einer Belastungspolitik zu Lasten großer Teile der Bevölkerung durch neue Steuern und sozialpolitischen Abbau. Daraus resultierte vorerst ein Erosionsprozeß innerhalb des bürgerlichen Lagers: Die Großdeutschen, der langjährige Koalitionspartner der Christlichsozialen, schieden aus der Regierung aus, die bürgerlichen Parteien erlitten bei den Landtags- und Gemeinderatswahlen im Jahr 1932 zum Teil beträchtliche Verluste.

Die seit Mai 1932 im Amt befindliche Regierung Dollfuß verfolgte – ungeachtet äußerst knapper parlamentarischer Mehrheitsverhältnisse und schwindender politischer Unterstützung – diesen Pfad der Krisenlösungspolitik weiter. In Zusammenhang damit stehen Überlegungen, jene Institutionen zu schwächen bzw. auszuschalten, die potentiell wie real einen Hemmschuh für die Realisierung der für notwendig erachteten Maßnahmen darstellten: in erster Linie das Parlament und die oppositionelle Arbeiterbewegung.

Für die Konstituierung des Austrofaschismus ist festzuhalten: Einschneidende politische Veränderungen waren bereits 1932, und nicht erst im März 1933, Thema in Regierungs- und Unternehmerkreisen. Ministerratsprotokolle geben diesbezüglich Aufschluß [17]: Konsens bestand dahingehend, daß die Stärkung der Machtposition der Regierung auf Kosten des Parlaments und der Parteien Voraussetzung für die Durchführung der Krisenlösungspolitik sei. Eine Möglichkeit wurde in Maßnahmen auf dem Weg von Notverordnungen gesehen – analog dem Präsidialregime vor der Machtübernahme durch die Nationalsozialisten in Deutschland. Repräsentanten der österreichischen Industrie hatten bereits zu Beginn 1932 für eine derartige Lösung als einzig realistische Variante optiert. [18] Von Regierungsmitgliedern, wie dem Justizminister und späteren Bundeskanzler Schuschnigg, wurde bereits im Juni 1932 explizit eine noch weitergehende Variante formuliert: die Ausschaltung des Parlaments. [19]

Bis zum 1. März 1933 wurde die erste Variante, die teilweise Einschränkung des Parlaments durch eine Politik auf dem Verordnungswege, nur ansatzweise realisiert: Anfang Oktober 1932 erließ die Regierung eine Verordnung betreffend die Haftung der für den Zusammenbruch der Creditanstalt verantwortlichen Funktionäre. Der ökonomische Effekt der Verordnung war marginal. Wichtiger jedoch ist die Maßnahme hinsichtlich ihrer politischen Perspektive. Sie fungierte als Versuchsballon für die Durchsetzung einer autoritären Politik

---

[15] Siehe Weber, Wirtschaftliche Entwicklung, S. 36.

[16] Siehe dazu näher D. Stiefel, Arbeitslosigkeit, Berlin 1979.

[17] Die Ministerratsprotokolle werden zitiert nach: Protokolle des Ministerrates der Ersten Republik, Bearbeiterin G. Enderle-Burcel, Wien 1980 ff. Siehe näher dazu z. B. Schuschnigg, Ministerratsprotokoll Nr. 808, 17. 6. 1932, S. 244; Winkler, Ministerratsprotokoll Nr. 808, S. 246; Nr. 846, 24. 2. 1933, S. 306.

[18] Siehe dazu K. Haas, Industrielle Interessenpolitik in Österreich zur Zeit der Weltwirtschaftskrise, in: Jahrbuch für Zeitgeschichte 1978, Wien 1979, S. 97 - 126, hier 109, 114 - 116; E. Hanisch, Der lange Schatten des Staates, Wien 1994, S. 302.

[19] Ministerratsprotokoll Nr. 808, S. 244, zit. bei Tálos / Manoschek, Zum Konstituierungsprozeß des Austrofaschismus, in diesem Band.

und lag auf Linie der von der Regierung Dollfuß eingeschlagenen Strategie – was Dollfuß selbst bestätigte:

„Die Regierung […] geht Schritt um Schritt auf ihrem vorgezeichneten Weg weiter […] Die Tatsache, daß es der Regierung möglich ist, selbst ohne vorherige endlose parlamentarische Kämpfe sofort gewisse dringliche Maßnahmen in die Tat umzusetzen, wird zur Gesundung unserer Demokratie wesentlich beitragen."[20]

Die Regierung unterband weitere Wahlen auf Länderebene, die Forderung der Nationalsozialisten und Sozialdemokraten nach Neuwahlen auf Bundesebene wurde abgelehnt. Auch innerhalb der christlichsozialen Partei bestand Konsens, daß sie zu den Verlierern von Neuwahlen zählen würde. [21]

Das politische Gewicht der Heimwehren in der österreichischen Innenpolitik wuchs, da sie zum politisch notwendigen Koalitionspartner der Christlichsozialen und zudem von Mussolini massiv unterstützt wurden. Sie suchten nunmehr ihre gestärkte Position in der Regierung dahingehend zu nutzen, den politischen Veränderungsprozeß im Sinne ihrer selbst deklarierten faschistischen Optionen (siehe den „Korneuburger Eid" von 1930) voranzutreiben.

Der 1932 eingeleitete politische Veränderungsprozeß erfuhr durch die parlamentarischen Vorgänge vom 4. März 1933 eine enorme Dynamik. Die Regierung Dollfuß nützte die durch den Rücktritt der drei Nationalratspräsidenten ausgelöste formale Blockade des Nationalrates, die durch Ausrufung von Neuwahlen überwindbar gewesen wäre, zu dessen Defactoausschaltung. Damit war die zweite der bereits 1932 thematisierten Veränderungsvarianten realisiert. Sie wurde zum Grundstein für den in Folge realisierten politischen Umbruch. Die Regierung agierte dabei keineswegs isoliert, sie stützte sich auf die Zustimmung des Bundespräsidenten, auf die christlichsoziale Partei [22] und die Heimwehren, auf die Unterstützung von Unternehmerverbänden und der Katholischen Kirche [23] – nicht zuletzt auf die faschistische Regierung Italiens, ihren wichtigsten außenpolitischen Partner. Aufgrund der Regierungsübernahme durch die Nationalsozialisten im Jänner 1933 blieb auch die (mögliche) Kritik an der antiparlamentarischen und antidemokratischen Entwicklung in Österreich insbesondere durch Frankreich und England weitgehend aus.

Das Kriegswirtschaftliche Ermächtigungsgesetz von 1917 bildete nach dem 4. März 1933 die Legitimationsbasis für Regierungsmaßnahmen. In welche Richtung der Veränderungsprozeß steuern sollte, wurde schon bald offenkundig. [24] Wie die Rede Dollfuß' bei der Türkenbefreiungsfeier im Mai 1933 exemplarisch belegt, zählten zu dessen Kernpunkten die Ausschaltung von Parlament und Parteien, die Etablierung einer autoritären Regierung, die Einführung einer (berufs-)ständischen Ordnung als neuer Modus gesellschaftlicher Interessenorganisierung. Realiter betraf der eingeschlagene Veränderungsprozeß neben dem Nationalrat

---

[20] Zit. in: Reichspost, 4. 10. 1932.
[21] Siehe A. Staudinger, Christlichsoziale Partei und die Errichtung des 'Autoritären Ständestaates' in Österreich, in: L. Jedlicka / R. Neck (Hg.), Vom Justizpalast zum Heldenplatz, Wien 1975, S. 65 - 81, hier 68.
[22] Siehe u. a. J. G. Lackner, Die Ideologie und die Bedeutung der Christlichsozialen Partei bei der Errichtung des 'Dollfuß-Schuschnigg-Regimes',Dipl., Wien 1995, S. 30 - 32.
[23] Hanisch (in diesem Band) spricht vom „katholischen Flankenschutz beim Marsch in die Diktatur". Siehe ähnlich Pelinka (in diesem Band) über die Rolle der Katholischen Arbeiterbewegung im Konstituierungsprozeß des Austrofaschismus.
[24] Bereits Ende März 1933 wurde innerhalb des regierenden Lagers Konsens darüber erzielt, daß es um eine grundlegende Änderung des politischen Systems mittels einer neuen Verfassung geht – siehe dazu näher Wohnout, Regierungsdiktatur, S. 57 ff. Nicht nachvollziehbar und der Realität widersprechend heißt es bei Payne, Geschichte, S. 308: „So waren in Österreich – anders als in Deutschland – die nichtfaschistischen Kräfte der Rechten in der Lage, vorbeugend eine eigene autoritäre Regierung zu errichten und den Nazis den Weg zur Macht zu versperren, was vor allem auf die breite, wenn auch nicht mehrheitliche Unterstützung für die Christlichsozialen und die entschlossene Führung des zum Märtyrer gewordenen Dollfuß zurückzuführen war."

auch andere rechtsstaatliche Einrichtungen und Garantien[25]: der Verfassungsgerichtshof wurde ausgeschaltet, die Versammlungs- und Pressefreiheit ebenso wie die Justiz eingeschränkt. Die Beseitigung der Parteien gestaltete sich als Prozeß der gewaltsamen Veränderungen der politischen Kräfteverhältnisse. Während die Kommunistische Partei und die Nationalsozialistische Deutsche Arbeiterpartei schon im Mai/Juni 1933 verboten wurden, verfolgte die Regierung gegenüber der Sozialdemokratie (als der stärksten oppositionellen Kraft) den Weg der sukzessiven und systematischen Ausschaltung und Zerschlagung. Dieser Strategie hatte die Sozialdemokratie mit ihrer Defensivtaktik und widersprüchlichen Doppelstrategie zwischen Aussöhnung und Aufstand nur wenig entgegenzusetzen.[26] Der 12. Februar 1934 stellt den Abschluß der von Mussolini wiederholt eingeforderten, von Regierung und Heimwehren forcierten Offensive gegen die Sozialdemokratie dar.[27] Mit der Auflösung und dem Verbot der Sozialdemokratie war das letzte große Hindernis für den endgültigen Bruch mit der nach 1918 grundgelegten politischen Struktur und für die Aufrichtung eines autoritären Herrschaftssystems beseitigt.

Auf die Entwicklung 1933/34 hatte der wichtigste außenpolitische Partner der Regierung Dollfuß, Italien, direkt und indirekt – über die Heimwehren – großen Einfluß genommen. Auf der anderen Seite stand Österreich seit der nationalsozialistischen Machtergreifung unter wachsendem Druck seitens des deutschen Faschismus.[28]

Der politische Umbruch Österreichs vollzog sich im Kontext gravierender politischer Veränderungen in den Nachbarstaaten. Die Übereinstimmung im Ausgangspunkt und in der Zielrichtung dieser Veränderungen wurde von Politikern wie Schuschnigg hervorgehoben.[29] Zentraler Motor der Beseitigung der Demokratie und politischen Opposition sowie der Etablierung der austrofaschistischen Diktatur war in Österreich, im Unterschied zu Deutschland und Italien, die bestehende Regierung: eine Koalition aus Vertretern der christlichsozialen Partei mit Vertretern der offen als faschistisch deklarierten Heimwehren – mit Unterstützung durch die entscheidungsrelevanten politischen und gesellschaftlichen Akteure.[30] Trotz äußeren Einflusses und Drucks seitens des italienischen und deutschen Faschismus und trotz Differenzen im Regierungsbündnis (so zwischen Landbund und Heimwehren[31]) ist diese Transformation in erster Linie Ergebnis des vom regierenden „Lager" forcierten und realisierten Weges in die Diktatur.[32]

2. Kennzeichen des Austrofaschismus

2. 1. Ideologie

Im Unterschied zu den pragmatisch ausgerichteten Präsidialdiktaturen in ostmitteleuropäischen Ländern[33] präsentierte sich die österreichische Diktatur mit einem eigenen, nicht

---

[25] Siehe auch G. Enderle-Burcel, Mandatare im Ständestaat 1934 bis 1938, Wien 1991, S. 7 - 9.

[26] Siehe dazu A. Rabinbach, Der Parteitag im Oktober 1933, in: E. Fröschl / H. Zoitl (Hg.), Februar 1934,Wien 1984, S. 341 ff.; E. Holtmann, Zwischen Unterdrückung und Befriedung, Wien 1978, S. 65 ff.

[27] Siehe dazu W. Maderthaner / M. Maier (Hg.), „Der Führer bin ich selbst". Engelbert Dollfuß – Benito Mussolini Briefwechsel, Wien 2004, S. 23 ff.;. W. Maderthaner, Der 12. Februar 1934, in: M. Achenbach / K. Moser (Hg.), Österreich in Bild und Ton, Wien 2002, S. 29 - 44, hier 29 ff.; H. Konrad, Der 12. Februar in Österreich, in: G. Schefbeck (Hg.), Österreich 1934, Wien 2004, S. 91 - 98, hier 91 ff.

[28] Siehe dazu L. Kerekes, Abenddämmerung einer Demokratie, Wien 1966, S. 121 ff.; Mommsen, Theorie und Praxis, S. 175; Kindermann, Österreich gegen Hitler, S. 40 ff.

[29] K. Schuschnigg (Hg.), Die neue Bundesverfassung für Österreich, Wien 1936, S. 5.

[30] Siehe auch F. L. Carsten, Faschismus in Österreich, München 1978, S. 219 f.

[31] Siehe z. B. Kerekes, Abenddämmerung, S. 156 - 159.

[32] Siehe dazu auch W. Holzer, Faschismus in Österreich, S. 138 ff., in: Austriaca, Juli 1978, S. 69 - 155.

[33] Siehe E. Oberländer, Die Präsidialdiktaturen, S. 17.

immer eigenständigen ideologischen Selbstverständnis. In dieses sind Ideologietraditionen ebenso wie genuine ideologische Elemente eingeflossen.

Antidemokratische, antiparlamentarische, antimarxistische und berufsständische Vorstellungen, die bereits in der Ersten Republik ventiliert worden waren [34], wurden nunmehr zu festen Bestandteilen des ideologischen Selbstverständnisses. Die Nähe zur Ideologie des deutschen und italienischen Faschismus ist unübersehbar.

Die Antiklassenkampfideologie steht mit berufsständischen Optionen in einem engen Zusammenhang. Der (modifizierte) Rückgriff auf ein Strukturprinzip, das durch die politische, soziale und ökonomische Entwicklung längst überholt war, zielte darauf ab, bei Beibehaltung der kapitalistischen Wirtschaftsordnung [35] die daraus resultierenden gesellschaftlichen und politischen Konflikte als Störfaktoren für das Herrschaftssystem auszuschalten.

Das Verbot von Streiks und Aussperrungen liegt ebenso auf Linie dieser Ideologie wie die Ausschaltung jener Faktoren, die – wie die Arbeiterbewegung – für den Klassenkampf verantwortlich gemacht wurden, und jener Einrichtungen, die wie das Parlament oder die Betriebsräte die offene Austragung gesellschaftlicher Konflikte institutionell ermöglichten. Der Umsetzung des Zieles des sozialen Ausgleiches gesellschaftsstrukturell konträrer Interessen sollte die organisatorische Zusammenfassung von Unternehmen und ArbeiterInnen/Angestellten in den sogenannten Berufsständen dienen.

Da in Österreich aufgrund der ökonomischen Bedingungen in den 1920er und 1930er Jahren die Basis für eine imperialistische Ideologie à la Nationalsozialismus fehlte, wurde eine Binnenideologie entwickelt: die „Österreich"-Ideologie. [36] Gestützt auf die ideologische Tradition völkisch-antidemokratischer, antisemitischer katholischer Rechter und deren Perspektive auf Errichtung eines neuen deutschen Reiches bildete die Österreich-Ideologie die österreichisch orientierte Variante der deutschen Volkstumsideologie. Sie sollte zur Legitimation der Selbständigkeit Österreichs gleichermaßen wie zur nationalen Identifikation beitragen. Das darin deklarierte Sendungsbewußtsein enthält merkbar kulturimperialistische Züge: Das österreichische Volk müsse zur „Treuhänderin der universalen, völkerbefriedenden, abendländischen Aufgabe des Deutschtums werden" [37]. Oder in Worten des Generalsekretärs der Vaterländischen Front, Guido Zernatto: Österreichs spezifische und historische Sendung in der Gegenwart sei „die Rettung des Abendlandes". [38] Diese Ausprägung der ideologischen „Deutschtümelei" stand einer klaren Abgrenzung vom deutschen Nationalsozialismus entgegen.

In der Selbstcharakterisierung als „christlicher Staat" [39] spiegelt sich der ideologische Hintergrund des überwiegenden Teils der Träger des Austrofaschismus. Mit der Berufung auf die päpstliche Enzyklika „Quadragesimo Anno" sollten die berufsständischen Vorstellungen ebenso wie die autoritäre Umgestaltung der Organisierung und Wahrnehmung gesellschaftlicher Interessen legitimiert werden.

Nicht weniger legitimationsträchtig ist die ideologische Selbstbestimmung als „sozialer Staat". Wiederholt wurde das soziale Profil hervorgestrichen: „Wenn ununterbrochen von der Regierung in Form feierlichster Versprechen verkündet wird, daß am Arbeitsrecht und am

---

34 Siehe Literaturhinweise in Fußnote 13.
35 Antikapitalistische Strömungen spielten weder vor noch nach 1934 eine besondere Rolle. In diesem Sinne auch G. Jagschitz, Der österreichische Ständestaat, in: E. Weinzierl / K. Skalnik (Hg.), Österreich 1918 - 1938, Graz u. a. 1983, S. 479 - 515.
36 Siehe ausführlich dazu Staudinger in diesem Band.
37 Zit. bei Staudinger, Zur Österreichideologie, S. 213, sowie in diesem Band.
38 Zit. bei Kriechbaumer, Ein Vaterländisches Bilderbuch, Wien 2002, S. 53.
39 Siehe z. B. die Präambel der Verfassung von 1934.

Arbeiterschutz nicht gerüttelt werden soll, so ist das absoluter Ernst, diktiert von der Überzeugung, daß in Tatsache und Wirklichkeit dieser neue Staat ein sozialer Staat sein muß."[40]

Der Rückgriff auf „glorreiche Zeiten" wie die Türkenbefreiung und die Verortung in der österreichischen Geschichte untermauerten den offenkundigen Legitimationsbedarf des unter Bruch mit dem demokratischen Österreich etablierten Herrschaftssystems. Die Berufung auf die Geschichte „erwies sich als Legitimation politischer Gegenwartsziele".[41]

Die in Österreich bereits lange bestehende und ausgeprägte Tradition des Antisemitismus fand nach 1933 ihre Fortsetzung. Während die austrofaschistische Diktatur Jüdinnen und Juden zum einen in der Verfassung uneingeschränkt bürgerliche Rechte und Religionsfreiheit einräumte, setzte die Regierung auf der anderen Seite Maßnahmen, die direkt oder indirekt die Diskriminierung und Ausgrenzung von Jüdinnen und Juden zur Folge hatten. Im Februar 1935 unterzeichneten Vertreter der österreichischen Regierung in Deutschland ein Filmabkommen, womit die vollständige Ausgrenzung jüdischer KünstlerInnen akzeptiert wurde.[42] Die Gewerbeordnungsnovelle von 1934 verbot – ohne eine bestimmte Gruppe explizit zu nennen – Tätigkeiten wie z. B. den Kundenbesuch und vernichtete damit die Existenz zahlreicher kleiner ostjüdischer Händler.[43] Wenn auch von der Regierung nicht offen propagiert, war der Antisemitismus im Austrofaschismus weit verbreitet. Auf ideologischer Ebene wurde vielfach, wenngleich keineswegs durchgängig, die Abgrenzung des „eigenen" Antisemitismus vom Rassenantisemitismus des Nationalsozialismus betont. Die Tradition kirchlicher Judenfeindschaft trug ebenso wie die Stellungnahmen einzelner Bischöfe und diverser Institutionen zur Verbreitung antisemitischen Gedankenguts und zur Legitimierung antisemitischer Verhaltensweisen bei. Christlichsoziale Politiker betonten die Überlegenheit des eigenen Antisemitismus, der zugleich wesentlicher Bestandteil des Programms der christlichen Arbeiterbewegung war.[44] Der gesellschaftlich breit verankerte Antisemitismus bildete den Nährboden für die offen aggressive und gewalttätige Judenfeindschaft im Österreich des Jahres 1938.

Insgesamt stellt die Ideologie des Austrofaschismus einen Mix von (teils rückwärtsgewandten) gesellschaftsharmonisierenden, den deutschen und katholischen Charakter betonenden sowie kulturimperialistischen ideologischen Vorstellungen dar.

2. 2. Verfassungsrechtlicher Rahmen

Mit der Verfassung vom 1. Mai 1934 hat die Regierung Dollfuß die bereits in der Übergangsphase 1933/34 realisierten Veränderungen festgeschrieben[45] und in sehr allgemeiner Weise und unvollständig den formalrechtlichen Rahmen der neuen politischen Struktur abgesteckt. Damit war der radikale Bruch mit der 1920 festgelegten parlamentarischen Demokratie besiegelt.

Die zentralen Kennzeichen der Verfassung vom Mai 1934 sind:
- *Autoritäre Organisation von Herrschaft*: Die politische Herrschaft im Austrofaschismus beruhte auf hierarchisch bestimmter Entscheidung, Verordnung und Ernennung. Die po-

---

40 So z. B. Schuschnigg, in: Der Gewerkschafter, März 1935, S. 40; Dobretsberger, in: Der Gewerkschafter, Februar 1936, S. 26. Zum Widerspruch zwischen Ankündigungen und Praxis siehe den Beitrag über Sozialpolitik in diesem Band.
41 Maderthaner, Legitimationsmuster, S. 131.
42 Siehe P. Dusek, Nehmen Sie es als Omen, in: Die Presse. Spectrum, 23. 10. 2004, S. V-VI, hier V; Duchkowitsch in diesem Band.
43 Siehe Königseder in diesem Band.
44 Siehe Königseder in diesem Band; Pelinka in diesem Band.
45 Siehe auch O. Lehner, Österreichische Verfassungs- und Verwaltungsgeschichte, Linz 1992, S. 287 ff.; N. Bei, Die Bundesregierung verordnet sich, Wien 2004; Tálos / Manoschek, Aspekte der politischen Struktur, in diesem Band.

litische Partizipation der Bevölkerung ist ausgeschaltet. Die „durchgreifende Führung im Staat"[46] ist abgesichert durch die verfassungsrechtlich festgelegte Führungsposition des Bundeskanzlers, durch dessen Vorrangstellung gegenüber anderen Regierungsmitgliedern, durch dessen herausragende Position bei der Kreierung diverser Funktionsträger. Das „Führerprinzip" galt ebenso für die anderen Ebenen politischer Herrschaft, Bundesländer und Gemeinden. In Wien war dieses per Gesetz noch stärker ausgeprägt als in den anderen Bundesländern.[47] Die autoritäre Komponente ist zudem an den Notrechten und der Stellung der Regierung im Gesetzgebungsprozeß ersichtlich. Mit der Vereinigung von legislativer und exekutiver Gewalt in der Hand der Regierung ist ein Kernprinzip rechtstaatlicher Demokratie beseitigt. Anstelle parteienstaatlicher Konkurrenz trat mit zeitgleichem Beschluß die Monopolorganisation Vaterländische Front, die ebenso durch das Führerprinzip und eine autoritäre Binnenstruktur gekennzeichnet ist.

– *Stellung des Bundespräsidenten*: Der Bundespräsident erfuhr eine formalrechtliche Aufwertung und sollte durch die Bürgermeister Österreichs gewählt werden. Er besaß allerdings keinen unmittelbaren Einfluß auf die Gesetzgebung und die Politik der Regierung.

– *Berufsständische Ordnung*: Obwohl in der Präambel und im Artikel 2 der Verfassung die ständische Grundlage hervorgehoben wird, enthielt die Verfassung selbst dazu nur wenige Anhaltspunkte: Als ständische Elemente scheinen die Berufsstände (Artikel 32, Artikel 48) und Kulturgemeinschaften (Artikel 47) auf. Laut Verfassung waren sieben Berufsstände vorgesehen, die unter Aufsicht des Staates stehen sollten. Die Verfassung von 1934 konzipierte im Gegensatz zur päpstlichen Enzyklika „Quadragesimo Anno" die ständische Ordnung als staatliche Ordnung. Die vage formulierte ständische Grundlage sollte in Ausführungsgesetzen noch näher konkretisiert werden – was allerdings weitgehend unterblieb.

– *Berufung der Repräsentanten*: Der Modus der Ernennung der Repräsentanten der neu formierten (Interessen-)Bünde wie auch das freie Abberufungsrecht bot der Regierung die verfassungsmäßig verankerte Möglichkeit zur Ausschaltung der politischen Opposition im politischen Willensbildungs- und Entscheidungsprozeß.

– *Politische Entscheidungsfindung*: Die Verfassung räumte der Regierung im Bereich der Gesetzgebung die Monopolstellung ein.[48] Darüber hinaus unterschied sie zwischen vier vorberatenden Organen (Staatsrat, Länderrat, Bundeskulturrat und Bundeswirtschaftsrat) und zwei beschließenden Organen (Bundestag, Bundesversammlung). Den vorberatenden Organen kam die Aufgabe zu, Gutachten zu den von der Regierung vorgelegten Gesetzentwürfen zu erstellen. Im Bundestag, der aus Vertretern der vorberatenden Organe zusammengesetzt war, wurden die Regierungsvorlagen beschlossen. Die Monopolstellung der Regierung zeigte sich auch darin, daß sie an die Gutachten der vorberatenden Organe nicht gebunden war und im Fall der Ablehnung eines Gesetzentwurfes durch den Bundestag diesen einer Volksabstimmung hätte unterziehen können. Prolongiert wurde zudem der Artikel III, Absatz 2 des Gesetzes vom 30. April 1934 über außerordentliche Maßnahmen im Bereich der Verfassung – womit die Regierung Gesetze, auch Verfassungsgesetze ohne jegliche Befassung der vorberatenden Organe erlassen konnte.

– *Grundrechte*: Die in einem eigenen Katalog zusammengefaßten Grundrechte erfuhren gegenüber der bestehenden Verfassungslage von 1920 mehr (wie vor allem der Gleichheitsgrundsatz, die Meinungs- und Pressefreiheit) oder weniger (wie das Brief- und Postgeheimnis) weitreichende Veränderungen.[49] Die abstrakte Gleichheitsnorm konnte durch einfache Gesetze konterkariert werden, wie das Beispiel der Geschlechterungleichheit be-

---

[46]   Schuschnigg, Die neue Bundesverfassung, S. 6.
[47]   Siehe eingehend dazu Seliger in diesem Band.
[48]   Siehe eingehend dazu Wohnout, Regierungsdiktatur, S. 160 ff.; auch Enderle-Burcel,Mandatare,S. 23 - 25.
[49]   Siehe dazu vor allem W. Putschek, Ständische Verfassung, Frankfurt 1993.

legt.[50] Gleiches gilt für das Grundrecht der Meinungs- und Pressefreiheit. Die Aushöhlung durch Verordnungen und Gesetze bedeutete, daß im Austrofaschismus höchstens der Schein eines verfassungsmäßigen Grundrechts aufrechterhalten wurde.[51] Zudem konnten durch das Notrecht der Verwaltung Grundrechte zeitweilig ganz oder teilweise eingeschränkt werden.

Lassen bereits die Verfassung und der damit verknüpfte, sehr allgemein formulierte Anspruch Aussagen über den Charakter dieses Herrschaftssystems zu, so sind sie doch nur selektive Indikatoren. Für eine umfassende Bestimmung ist die Berücksichtigung der politischen Wirklichkeit, der Umsetzung von Ansprüchen wie auch der Gestaltung von Politik und Gesellschaft unabdingbar.

2. 3. Akteure und Organisationen

Wie an den Verfassungsbestimmungen und am Verfassungsprovisorium ersichtlich, bildeten Bundeskanzler und Regierung das Machtzentrum der österreichischen Diktatur. Das hierarchische Gefälle ist unter anderem daran ersichtlich, daß bei der Kreierung von Akteuren auf der Bundesebene (z. B. Mandatare der vorberatenden Organe der Gesetzgebung) sowie auch auf der Länderebene (der Landeshauptmann) neben dem Bundespräsidenten vor allem der Bundeskanzler eine zentrale Rolle spielte. Der Bundespräsident hat zwar im Rahmen der neuen Verfassung eine Aufwertung erfahren[52], realiter stand er im Schatten der Machtposition des Bundeskanzlers.

Der Föderalismus erfuhr einen beträchtlichen Bedeutungsverlust. Die Schwächung der Position der Länder ist unter anderem daran ersichtlich, „daß die Gesetzgebung und Vollziehung der Länder von der ausdrücklichen oder stillschweigenden Zustimmung des Bundes abhängig gemacht wurde. Die formelle Intervention des Bundes in Landesangelegenheiten [laut Verfassung 1929, E. T.] wurde also zu einer materiellen Intervention erweitert."[53] Durch die Verankerung des Zustimmungsrechtes des Bundeskanzlers zu Ländergesetzen war die Autonomie der Länder im Bereich der Gesetzgebung aufgehoben.

Der Austrofaschismus basierte auf einem Bündnis von zwei Gruppierungen, den ehemals Christlichsozialen und den Heimwehren – wobei erstere durchgängig und ab 1936 noch verstärkt eine Dominanzposition besaßen. Diese Form eines beschränkten Machtdualismus kennzeichnete die Akteurekonstellation der österreichischen Diktatur ebenso wie die spezifische Ausprägung einer politischen Monopolorganisation, die Vaterländische Front.

Die Heimwehren erwiesen sich für Dollfuß als notwendige Stütze und als Machtfaktor bei der Etablierung der Diktatur. Ihre eigenständige Weiterexistenz als Wehrorganisation verdankten sie dem wichtigsten Bündnispartner der austrofaschistischen Regierung, dem italienischen Faschismus. Ihre Machtposition zeigt sich an ihrer Stellung in Regierung und Vaterländischer Front. Die Veränderungen in den Beziehungen zwischen Italien und Deutschland ab 1936 und das daraus resultierende Abkommen zwischen Österreich und Deutschland bildeten den Hintergrund für die weitgehend reibungslos verlaufende Entmachtung der Heimwehren. Der beschränkte Machtdualismus war damit weitgehend zu Ende – ungeachtet ihrer Repräsentanten in den vorberatenden Organen, in der Frontmiliz oder in der Vaterländischen Front.

---

50 Siehe dazu Bandbauer-Schöffmann in diesem Band.
51 Siehe dazu Duchkowitsch in diesem Band.
52 Beispielsweise war er laut Verfassung 1934 für die Ausübung seines Amtes niemandem verantwortlich.
53 A. Merkl, Die ständisch- autoritäre Verfassung Österreichs, Wien 1935, S. 94.

In formaler Hinsicht bildete die Vaterländische Front (VF)[54], die analog der Struktur des Herrschaftssystems hierarchisch und autoritär strukturiert und als Ersatz für eine eigenständige Massenbewegung etabliert worden war, die politische Monopolorganisation des Austrofaschismus. Ihr Organisationsgrad war aufgrund des korporativen Beitrittes ganzer Körperschaften und Organisationen ein beträchtlich hoher: Ende 1935 umfaßte sie bereits mehr als 2,15 Millionen Mitglieder – was annähernd einem Drittel der Gesamtbevölkerung entsprach. Die Ausdifferenzierung der VF in Referate und Frontwerke spiegelt den Versuch, auch verschiedene soziale Gruppen – wie Jugend, Frauen, Arbeiterschaft – institutionell in die Monopolorganisation zu integrieren.

Mit dem Status einer Monopolorganisation korrelierte die reale politische Machtposition nur wenig. Die VF hatte Einfluß auf die personelle Zusammensetzung der öffentlichen Vertretungskörper und der Interessenvertretungen. Sie besaß und benützte das Interventionsrecht bei den staatlichen Behörden. Sie fungierte als Organ der Kontrolle und des Gesinnungsterrors im öffentlichen Dienst. Die angepeilte Spaltung der nationalsozialistischen Opposition durch Integration der „Nationalen Opposition" erwies sich als krasser Fehlschlag, der die Instabilität der Diktatur noch verstärkte.

Die anstelle der pluralistischen und klassenkämpferischen gesellschaftlichen Interessenorganisationen geschaffenen Institutionen, die sog. Bünde, kamen über das Zwischenstadium des proklamierten berufsständischen Aufbaues nicht hinaus. Als Körperschaften öffentlichen Rechts waren sie zuständig für die jeweiligen Berufsgruppen der ArbeitnehmerInnen und der ArbeitgeberInnen. Sie nutzten ihren durch staatlichen Zwang begrenzten Handlungsspielraum für wirtschaftliche und soziale Lobbyingtätigkeiten. Daß sie nicht aus dem Schatten des autoritären Staates zu treten vermochten, zeigt sich auch daran, daß sich ihre Repräsentanten in den vorberatenden Organen nicht aus Wahlen rekrutierten, sondern ihr Mandat auf Vorschlag des Bundeskanzlers erhielten.

2. 4. Ansprüche und Wirklichkeit

2. 4. 1. Austrofaschismus: kein Ständestaat

Aus der Sicht der Repräsentanten der österreichischen Diktatur, aber auch einiger Wissenschafter stellt die in der Verfassung proklamierte berufsständische Ordnung ein zentrales Charakteristikum dieses Herrschaftssystems dar – ablesbar am Begriff „Ständestaat". Ab 1934 wurde eine substantielle Umgestaltung der gesellschaftlichen Interessenorganisierung in Anlehnung an den italienischen Faschismus durchgeführt. Von der Realisierung der proklamierten berufsständischen Ordnung und des berufsständischen Prinzips kann allerdings in Österreich ebenso wenig wie in Italien die Rede sein.[55] Es wurden zwar neue Ebenen der funktionalen Interessenrepräsentation und Zusammenarbeitsformen zwischen Vertretern der Unternehmer und ArbeiterInnen/Angestellten in Österreich etabliert. Von den in der Verfassung vorgesehenen sieben Berufsständen wurden bis 1938 nur zwei eingerichtet. Dabei war einer dieser beiden, der Berufsstand „Öffentlicher Dienst", kein echter, da darin nur unselbständig Erwerbstätige erfaßt waren. Die anderen Berufsstände kamen über das Vorbereitungsstadium nicht hinaus. Aus dem diesbezüglichen Provisorium, den als „Bünde" eingerichteten Interessenverbänden der ArbeiterInnen/Angestellten und der Unternehmer, wurde im Austrofaschismus das Definitivum getrennter Interessenorganisierung.

---

[54]   Siehe dazu Tálos / Manoschek, Aspekte der poliitschen Struktur, in diesem Band.
[55]   Siehe dazu P. C. Mayer-Tasch, Korporativismus und Autoritarismus, Frankfurt 1971, S. 143; Enderle-Burcel, Mandatare, S. 13 - 15; E. Tálos / W. Manoschek, Austrofaschismus, Halbfaschismus, Ständestaat, in: J. Tabor (Hg.), Kunst und Diktatur, Baden 1994, S. 112 - 123, hier 113 ff.

Gleiches zeichnet sich auf regionaler bzw. kommunaler Ebene ab. So ist am Beispiel Wiens evident, daß die vorgesehene Berücksichtigung der berufsständischen Gliederung der Bevölkerung bei der Zusammensetzung des Vertretungskörpers „Bürgerschaft" nicht funktionierte bzw. funktionieren konnte. Der Bürgermeister bestimmte autoritär die Mitglieder dieser Institution. Aus dem Provisorium autoritärer, jederzeit widerrufbarer Ernennung wurde ein Definitivum. Die Berufsstände, die die Entsendung des Großteiles der Mitglieder hätten vornehmen sollen, wurden nicht eingerichtet. Die vom kommunalen „Führer", dem Bürgermeister, vorgenommene Zusammensetzung der Bürgerschaft, wies eine klare soziale Schieflage auf.[56]

Das verfassungsrechtlich verankerte und real praktizierte Prinzip autoritärer Herrschaft erwies sich grundsätzlich als Blockade für die Realisierung des für die Selbstdarstellung der Regierung Dollfuß/Schuschnigg zentralen Anspruchs. Die Ausschaltung der Autonomie der Interessenorganisationen, die autoritäre Zuweisung von Handlungsspielräumen, die durch staatlichen Zwang abgesicherte und kontrollierte Zusammenarbeit und Konfliktausschaltung ließen die Berufung auf die Enzyklika „Quadragesimo Anno" aus dem Jahr 1931 zur Farce werden. Der berufsständische Aufbau verblieb ein schwaches Torso, mit den neu etablierten Formen der Interessenorganisierung waren Ziele wie die Entproletarisierung, die Ausschaltung des Klassenkampfes und Herstellung des sozialen Ausgleichs nicht verwirklichbar. Im Gegenteil: Auch wenn staatliche Zwangsmittel die offene Austragung von Interessenkonflikten unterdrückten, waren die Beziehungen zwischen Arbeiterschaft und Unternehmern durchgängig davon bestimmt.

Der Begriff „Ständestaat" erweist sich somit als gänzlich unzutreffend, den spezifischen Charakter dieses Herrschaftssystems zu bestimmen. Das heißt aber weder, daß die neu etablierten Interessenorganisationen in der Durchsetzung ihrer Interessen wirkungslos, noch daß sie durch ihre Instrumentalisierung für die Absicherung des Herrschaftssystems ohne Bedeutung waren. Die Ausschaltung offener Konfliktaustragung verhinderte unter anderem, daß die Arbeiterschaft gegen den auf gesetzlicher Ebene und in den Betrieben realisierten Sozialabbau Widerstand leisten konnte.

2. 4. 2. Austrofaschismus: ein sozialer Staat?

Der Austrofaschismus hat die Sozialpolitik entlang seiner gesellschaftspolitischen, budget- und wirtschaftspolitischen Optionen und Prioritäten umgestaltet. Die gesellschaftspolitische Intention der Ausschaltung des Klassenkampfs ist in die Gestaltung der Sozialpolitik eingeflossen und hat in Änderungen des Arbeitsrechtes praktischen Ausdruck erhalten.[57] Mit der Beseitigung der Autonomie des 1934 eingerichteten Gewerkschaftsbundes der österreichischen Arbeiter und Angestellten korreliert die Ausschaltung der Autonomie der betrieblichen Interessenvertretung nach Beseitigung der Betriebsräte. Das Verbot von Streiks, das Aussperrungsverbot, die Zwangsschlichtung und die Errichtung berufsständischer Ausschüsse ist ebenso Ausfluß autoritärer Eingriffsversuche wie ein Spiegel autoritärer Befriedungspolitik. Die Gestaltung der Arbeitsbeziehungen in Österreich unterscheidet sich zwar von der im deutschen Faschismus, weist auf der anderen Seite aber deutlich Gemeinsamkeiten mit Italien auf.[58]

Im Bereich der Sozialversicherung erfolgten Leistungskürzungen auf allen Ebenen. Besonders betroffen davon waren die Arbeitslosenversicherung und die Pensionsversicherung

---

[56] Siehe Seliger in diesem Band.
[57] Siehe Tálos, Sozialpolitik, in diesem Band.
[58] Siehe dazu H. J. Krüger, Faschismus oder Ständestaat. Österreich 1934 - 1938, phil. Diss., Kiel 1970, S. 220 ff.; Mayer-Tasch, Korporatismus, S. 133 f.

der Angestellten. ArbeiterInnen blieb nach wie vor eine Altersrente vorenthalten. Die Sozialpolitik des Austrofaschismus lief somit auf eine extreme Schieflage zu Lasten der ArbeiterInnenschaft hinaus. [59] Entgegen den Ankündigungen erwies er sich nicht als sozialer Staat.

Dies bestätigt auch die Entwicklung des sog. zweiten sozialen Netzes, die Armenfürsorge. [60] Die restriktive staatliche Budget- und Finanzpolitik hinterließ in diesem Bereich
der Sozialpolitik ebenso merkbar ihre Spuren. In Reaktion auf den eingeschränkten materiellen Handlungsspielraum sahen die Kommunen den zielführenden Weg in massiven Einschränkungen. Anstelle von Geldunterstützungen gab es vielfach nur Naturalunterstützungen.
Der Austrofaschismus belebte zudem die alte Tradition einer mit Kontrolle und Repression verbundenen Armenpolitik. Dies fand vor allem in den Bemühungen um eine systematische Bekämpfung des Bettler- und Landstreicherunwesens seinen Niederschlag. Die aus dem
Gewerblichen Sozialversicherungsgesetz von 1935 resultierenden Leistungseinschränkungen
schlugen in einer erhöhten Inanspruchnahme der Armenfürsorge zu Buche. Die Kommunen
gaben den Druck an die Betroffenen weiter.

2. 4. 3. Politik der Umgestaltung, Gleichschaltung und Nachahmung

Intention und Praxis der Umgestaltung der Gesellschaft – mit Zielrichtung, diese den Optionen und Strukturen der austrofaschistischen Diktatur gleichzuschalten – sind für viele Bereiche aufzeigbar. Daß dabei bei den faschistischen Regimen der Nachbarstaaten Italien und
Deutschland Anleihen genommen wurden, macht deutlich, daß die österreichische Diktatur
wesentlich auch ein Imitationsfaschismus [61] war.

Die Wiederherstellung einstiger Machtverhältnisse im *Bildungsbereich* – wozu auch die
Rekonfessionalisierung der Schule zählt –, die Disziplinierung politisch Oppositioneller
(LehrerInnen und SchülerInnen) sowie die Instrumentalisierung der Schule [62] zum Zweck der
Legitimation und zur Herstellung politischer Konformität sind keineswegs auf dem Papier
gebliebene Ziele: Die Beseitigung des als „revolutionärer Schutt" eingeschätzten Glöckel-
Erlasses [63] ist ebenso Beispiel für diesbezügliche Realisierungsversuche wie die Absetzung
sozialdemokratischer Schuldirektoren, die expliziten politischen Ansprüche an die LehrerInnen, der Einsatz materieller Lockmittel zur Absicherung von Loyalität und die Gestaltung von
Lehrplänen und Lehrbüchern. Führertum, Heldentum, Wehrhaftigkeit und Opferbereitschaft
wurden in den Lehrbüchern als Werte hervorgehoben. Feiern, Appelle, Aufmärsche und Treuekundgebungen wurden nach italienischem und deutschem Vorbild durchgeführt. Die schulischen Veranstaltungen wurden durch Uniformen, Rangzeichen, militärische Befehlsformen
und Führerverehrung dominiert. Wenn auch einige Anhaltspunkte dafür gegeben sind, daß
der Versuch der inhaltlichen und personellen Gleichschaltung des schulischen Bereichs und
seiner Instrumentalisierung nur teilweise Erfolge zeitigte, sind dessen Auswirkungen beim
derzeitigen Forschungsstand noch nicht voll abzuschätzen.

Das Bemühen, legitimationsträchtige gesellschaftliche Bereiche den zentralen Optionen
des austrofaschistischen Herrschaftssystems anzupassen und für seine Ziele zu instrumentalisieren, zeigt auch die Entwicklung des Sports. [64] Der politische Zugriff ist an der Auflösung
des sozialdemokratischen ASKÖ und der Beseitigung pluralistischer Strukturen – bei weit-

---

[59]   Siehe dazu die Beiträge über Sozialpolitik und Sozialhilfe in diesem Band.
[60]   Siehe dazu Melinz in diesem Band.
[61]   Siehe Hanisch in diesem Band; auch Maderthaner, Legitimationsmuster, S. 142.
[62]   Siehe dazu Dachs in diesem Band.
[63]   Der Sozialdemokrat Otto Glöckel verfügte als Leiter des Unterrichtsressorts in einem Erlaß vom 10. April 1919,
       daß jede Art von Zwang zur Teilnahme an religiösen Übungen künftig untersagt ist und auch die Nichtteilnahme
       auf die Klassifikation des Schülers keinen Einfluß haben dürfe.
[64]   Siehe dazu Marschik in diesem Band.

gehender Aufrechterhaltung des Deutschen Turnerbundes – ebenso ersichtlich wie an der Neuorganisation des Sports. Per Gesetz wurde die „Österreichische Sport- und Turnfront" geschaffen und der Vaterländischen Front eingeordnet. Die Binnenstruktur wurde mit Führerprinzip und hierarchischer Ordnung der autoritären politischen Struktur nachgebildet. Ähnlich wie die schulische Ausbildung sollte der Sport als „Dienst am Vaterland" der Förderung soldatischer Tugenden wie Mut, Härte und Disziplin dienen. Entgegen allen Bemühungen um einen „unpolitischen" Sport wurden sportliche Ereignisse wie beispielsweise die Olympiade 1936 zu Anlässen massiver nationalsozialistischer Agitation.

Das Herrschaftssystem entwickelte eine eigenständige Kulturpolitik[65] nur in Ansätzen. Das als Freizeitorganisation nach italienischem und deutschem Muster gegründete Vaterländische Front-Werk „Neues Leben", womit das Konzept der Umerziehung der ÖsterreicherInnen verbunden war, scheiterte. Der staatliche Zugriff auf Kultur und Presse sowie die Realisierung der Intention, den kulturellen Bereich politisch zu verwerten,[66] blieb jedoch nicht folgenlos. Der Zugriff zeigt sich auf mehreren Ebenen: Im Volksbildungsbereich galt es, den Einfluß der Sozialdemokratie auszuschalten. Die Zensur kam trotz unterschiedlicher gesetzlicher Grundlagen und unterschiedlicher Reichweite bei Presse, Film, Theater und Büchern zum Tragen. Für den Film gab es eine eigene Zensurbehörde, die Bundespolizeidirektion Wien stellte Listen von verbotenen Büchern zusammen. Für den Bereich des Films lassen sich quer zur Entwicklung der politischen Beziehungen zwischen Österreich und Deutschland enge Kontakte feststellen. Feierkultur (unter Einbeziehung kirchlicher Veranstaltungen), Ständehuldigungen und Festzüge zeigen den Versuch der Massenmobilisierung und der Kreierung einer Massenästhetik. Vieles davon blieb äußerliches Zeremoniell.

Die Gleichschaltung der Medien, von Zeitungen, Rundfunk und Film, war im Austrofaschismus nicht nur Ziel, sondern auch Realität.[67] Die diesbezüglich eingesetzten Mittel der Repression und Umorganisierung reichten von der gesetzlich eingeführten Vorzensur und real praktizierten Zensur, der Ausschaltung der politischen Opposition und ihrer Medien, der Einführung von Geld- und Arreststrafen bei Zuwiderhandeln bis hin zur Durchorganisierung der Medienszenerie durch Ausschaltung bestehender und Einführung neuer Institutionen. Dabei orientierte sich die austrofaschistische Medienpolitik an den Vorbildern des italienischen Faschismus und deutschen Nationalsozialismus – ablesbar an der Institutionalisierung der Propaganda in Form des „Bundeskommissariates für Heimatdienst" und der „Österreichischen Pressekammer". Die Ausschaltung oppositioneller Öffentlichkeit betraf auch Film und Kino. Dem Präsidium des neugegründeten „Instituts für Filmkultur" gehörten u. a. der Erzbischof von Wien, Kardinal Innitzer, ebenso an wie der Polizeipräsident. Ungeachtet der Ausschaltung nationalsozialistischer Medien wurde mit dem Abkommen über die beiderseitige Kontingentierung von Filmen die nationalsozialistische Ausgrenzungspolitik von Jüdinnen, Juden und EmigrantInnen in die österreichische Filmproduktion übernommen. Die Abgrenzung gegenüber dem Nationalsozialismus erlitt vor allem im Zusammenhang mit der Umsetzung des Zusatzprotokolls zum Juliabkommen aus 1936 Schiffbruch: In Österreich konnten damit fünf der wichtigsten nationalsozialistischen Zeitungen vertrieben werden. Die austrofaschistische Regierung öffnete damit einer Flut nationalsozialistischer Propaganda die Tore.[68]

Im Unterschied zum Nationalsozialismus[69] war im Bereich der *Justiz* - trotz Auflösung

---

[65] Siehe dazu Pfoser / Renner in diesem Band.

[66] Siehe dazu auch A. Vasak, Kulturpolitik im Austrofaschismus hinsichtlich der bildenden Künste: Architektur, Bildhauerei, Malerei, Wien 1996.

[67] Siehe näher dazu Duchkowitsch in diesem Band.

[68] Siehe ebenda.

[69] E. Holtmann, Autoritätsprinzip und Maßnahmegesetz, in: Die österreichische Verfassung von 1918-1938, S. 210-222, hier 215; ders., Zwischen Unterdrückung und Befriedung, Wien 1978, S. 268, 271 f.

des rechtsstaatlichen Gesetzesbegriffes im Maßnahmegesetz – „eine gewisse Rechtsförmig-
keit des Verfahrens wie auch eine relative Berechenbarkeit der Sanktionen garantiert". [70] Auf
der anderen Seite wurde in Folge der materiellen Wandlung des Gesetzesbegriffes das Bekenntnis der Mai-Verfassung zum unabhängigen Richter zur wirklichkeitsfremden Phrase.
Zudem verschwand mit der Machtbefugnis der Regierung, jederzeit und unkontrolliert Gesetze zu erlassen, die wirkliche Gewähr persönlicher Rechtssicherheit. Die „Reform des Ge-
richtswesens" bewirkte das Ende der Justiz als autonome Institution. [71] Die Kontrolle der
Richter wurde durch die Einführung einer Disziplinarkommission verstärkt. Die Laiengerichtsbarkeit wurde beträchtlich eingeschränkt, die Geschworenengerichte in Schwurgerichte mit paritätischer Besetzung mit Richtern und Laien umgewandelt. Daß letztere loyal gegenüber dem Herrschaftssystem agierten, dem sorgte das Schöffenleistungsgesetz von 1934
vor: Laut diesem durfte das Schöffenamt nur von „vaterlandstreuen" Bürgern ausgeübt werden. [72] Die Frage, inwieweit die Regierung ihre Vollmacht zur Säuberung des Richterstandes
realisiert hat, ist aufgrund des derzeitigen Forschungsstandes nicht definitiv beantwortbar.
Dennoch wurde „die eigentlich intendierte Vereinnahmung der Rechtssprechung als willfäh-
riges Werkzeug der politischen Führung" [73] bei den Beratungen über „Säuberungen der Richter" deutlich und kann aufgrund bisheriger Erkenntnisse bereits der Schluß gezogen werden, „daß die Regierung auf die Besetzung wichtiger, mit politischen Verfahren betrauter
Senate gezielt Einfluß genommen hat, speziell im exponierten Bereich der Ausnahmegerich-
te [. . .]" [74]. Die Umgestaltung der Justiz wird darüber hinaus an der Ausweitung des Poli-
zeistrafrechts ersichtlich.

Unstrittig gab es hinsichtlich der Reichweite der staatlichen Kontrolle, der Repression und
des Terrors zur Absicherung des Herrschaftssystems zwischen Deutschland und Österreich
beträchtliche Unterschiede. Für die Verharmlosung der diesbezüglichen Praxis des österreichischen Herrschaftssystems besteht allerdings kein Grund. Die Überwachungs- und Hand-
lungsbefugnisse der Sicherheitsbehörden wurden ausgeweitet. Das „Bundeskommissariat für
Personalangelegenheit" (betreffend Beamte) und das „Generalkommissariat für außerordentliche Maßnahmen zur Bekämpfung staats- und regierungsfeindlicher Bestrebungen in der
Privatindustrie" [75] wurden als Kontrollorgane eingeführt. Wie Wolfgang Neugebauer [76] aufzeigt, stützte sich der Austrofaschismus bei der Ausschaltung und Unterdrückung politischer
GegnerInnen vor allem auf den Justizapparat, der zu einem Repressionsinstrument umgewandelt wurde. Die Regierung bediente sich des Standrechtes und der Todesstrafe – wie an
den Vorgängen im Februar 1934 ersichtlich ist: 140 Angehörige des Schutzbundes wurden
strafrechtlich abgeurteilt, neun Todesurteile wurden vollstreckt. Im Zusammenhang mit dem
Juliputsch der österreichischen Nationalsozialisten wurde ein Militärgerichtshof geschaffen,
12 Todesurteile wurden vollstreckt.

Zu einem Charakteristikum der Repression wurde die Mehrfachbestrafung: Neben gerichtlichen Strafen kam das Verwaltungsstrafverfahren zur Anwendung. Geld- und Haftstrafen konnten ohne Gerichtsurteil durch Verwaltung und Polizei verhängt werden. Zusätzlich
gab es als Strafe für politische Gegner die Einweisung in sog. Anhaltelager. Die Einrichtung eines solchen Lagers war einige Monate nach der Schaffung des Konzentrationslagers

---

[70]   Holtmann, Autoritätsprinzip, S. 215.
[71]   Siehe auch Neugebauer in diesem Band.
[72]   Siehe ebenda.
[73]   Holtmann, Autoritätsprinzip, S. 218.
[74]   Ebenda, S. 221.
[75]   Allerdings hatte dieses aufgrund des großen Widerstandes bei der Industrie nur eine kurze „Lebensdauer" (siehe
       Mattl in diesem Band).
[76]   Siehe Neugebauer in diesem Band

in Dachau erfolgt. Auch diese Einrichtungen weisen wesentliche Unterschiede im Hinblick auf das Ausmaß von Terror und Repression auf.

Zu den Repressionsmaßnahmen sind auch die Entlassung gerichtlich verurteilter öffentlicher Bediensteter, die Unterdrückung und das Verbot oppositioneller Medien sowie die Relegierung von SchülerInnen und StudentInnen wegen verbotener politischer Betätigung oder der Verlust einer Gemeindewohnung zu zählen.

Die Dienststellenorganisationen der Vaterländischen Front nahmen im öffentlichen Dienst Kontrollfunktionen wahr und übten – wie sich empirisch nachweisen läßt – offenen Gesinnungsterror aus, der von schriftlichen Verwarnungen bis hin zu Entlassungen reichte. [77]

Der veränderte politische Stellenwert der Katholischen Kirche war für das Herrschaftssystem nicht nur unter dem Aspekt des Versuchs der Legitimationsbeschaffung und Massenmobilisierung relevant. Ihre dominante Stellung im ländlichen Bereich ermöglichte es ihren Trägern, soziale Kontrollfunktionen [78] im Sinne der Intentionen und Interessen des Herrschaftssystems wahrzunehmen.

Unübersehbar hat der Austrofaschismus bei den gewählten Formen der Selbstdarstellung und bei der Umsetzung seiner Ziele deutliche Anleihen beim italienischen und deutschen Faschismus genommen. Exemplarisch kann hier auf den berufsständischen Aufbau in Anlehnung an Italien, die Vaterländische Front als Korrelat zu den faschistischen Einheitsparteien in den Nachbarländern, auf Wehrverbände, auf den Jugendverband und die Freizeitorganisation nach italienisch-deutschem Vorbild und auf Formen der Massenmobilisierung (Appelle, Feierstunden, Aufmärsche, Muttertagsfeiern) verwiesen werden. Insofern kann der Austrofaschismus auch als „Imitationsfaschismus" [79] bezeichnet werden. Daß diese Adaptionen sowie darüber hinaus von der Regierung unternommene Versuche der Massenmobilisierung, Militarisierung, der politischen Umerziehung, der Gleichschaltung der Justiz, der Schule und Presse, der Kultur oder des Aufbaues von Instrumenten wirtschaftsdiktatorischer Art nicht immer den erhofften Erfolg zeitigten, ist weder Grund, diese zu verharmlosen, noch die damit verbundenen Intentionen auszublenden.

2. 4. 4. Interessenpolitische Prioritäten: von Nutznießern und Verlierern

Entgegen der prominenten Ankündigung des sozialen Ausgleichs zwischen den gesellschaftlichen Interessen ist der Austrofaschismus von einer merkbaren sozialen Schieflage geprägt. Insbesondere im Bereich der Sozial- und Wirtschaftspolitik kamen die ökonomischen Interessen der die Diktatur bestimmenden politischen und gesellschaftlichen Kräfte zum Tragen.

Hatte die wirtschaftsliberale Doktrin Anfang der 1930er Jahre die wirtschaftspolitische Untätigkeit in der Wirtschaftskrise legitimiert, läßt die Wirtschaftspolitik ab 1934 deutlich interessenpolitische Prioritätensetzungen erkennen: Der Schutz und die Förderung des Agrarsektors besaßen oberste Priorität. [80] Im Gewerbe zeigten sich antimodernistische Züge an den Zugangsbeschränkungen. Die Industrie zog aus der austrofaschistischen Politik selektiven Nutzen vor allem daraus, daß unter den Bedingungen autoritärer Konfliktregelung bzw. Konfliktunterbindung die Lohnkosten gesenkt und Soziallasten abgebaut werden konnten. [81] Der Konsumrückgang zeigt sich auf allen Ebenen – nicht zuletzt in Folge der verschlechterten Einkommensverhältnisse.

---

[77] Siehe dazu Tálos / Manoschek, Aspekte der politischen Struktur, in diesem Band.

[78] Siehe dazu Hanisch in diesem Band

[79] Siehe ebenda.

[80] Siehe Senft in diesem Band; Mattl in diesem Band; J. W. Miller, Engelbert Dollfuß and Austrian Agriculture, in: G. Bischof et al.(Eds.), The Dollfuß/Schuschnigg Era in Austria, New Brunswick-London 2003, S. 122 - 142, hier 134 ff.

[81] Siehe eingehend dazu Senft in diesem Band.

Einen wichtigen Bestimmungsfaktor für die wirtschaftliche Entwicklung bildete die Budget- und Währungspolitik. Im Zusammenhang mit der Wirtschaftskrise 1931/1932 hatte die Regierung eine scharfe Deflationspolitik mit Budgetausgabenkürzungen und Erhöhung des Zinssatzes der Nationalbank verfolgt. An diesem restriktiven Kurs hat sich auch in den folgenden Jahren wenig geändert. Dies ist an der Budgetpolitik und hier vor allem wieder an der Investitionspolitik ablesbar. [82]

Ungeachtet des beträchtlichen Propagandaaufwandes blieben die Infrastrukturausgaben im Straßenbau, bei den Bundesbahnen, bei Wasserkraftwerken auf niedrigem Niveau. Die Investitionstätigkeit in der Zeit des Austrofaschismus lag deutlich unter den Werten der 1920er Jahre.

Die auf dem Weg von Anleihen aufgebrachten Mittel für die „Arbeitsschlacht" [83] wurden in großem Umfang anderen Zwecken, wie insbesondere der „Festigung der Staatsfinanzen" [84], zugeführt. Die Priorität der Sanierung des österreichischen Bankenapparates und der Abtragung der Bundesschuld, die aus der Haftung für die Creditanstalt erwachsen war, stand einer aktiven und konsequenten Arbeitsbeschaffungspolitik entgegen. Das bis zum Ende des Austrofaschismus anhaltend hohe Niveau der Arbeitslosigkeit von über 20 % ist eine der Konsequenzen. [85] Die Politik der harten Währung, des stabilen Preisgefüges und des ausgeglichenen Budgets sollte die Währung sichern. Im Gegensatz zu anderen Staaten hatte sich die austrofaschistische Regierung nicht dazu entschlossen, zu einer aktiven Konjunkturpolitik überzugehen. [86]

Die interessenpolitische Schieflage ist vor allem auch an der Sozial- und Arbeitsbeschaffungspolitik des Austrofaschismus evident. Mit der Belastung der ArbeiterInnenschaft durch den realisierten Sozialabbau korrespondiert die Entlastung von Unternehmen und Staat. Die restriktive Budgetpolitik und die Politik der Bankensanierung stehen mit der Politik der Produktionskostensenkung durch Leistungseinschränkungen in einem engen Zusammenhang. Von den weitreichenden Leistungskürzungen in der Sozialversicherung profitierten alle industriellen, gewerblichen und landwirtschaftlichen Unternehmungen.

Ungeachtet der durchgängigen Loyalität der Frauenorganisationen und ihrer Gleichschaltung sind Frauen zu den großen VerliererInnen des Austrofaschismus zu zählen. [87] Die frauendiskriminierende Konstruktion dieser Diktatur zeigt sich daran, daß Frauen de jure und de facto aus der Politik ausgeschlossen wurden. Durch Gesetze konnte der verfassungsmäßig verankerte Gleichheitsgrundsatz unterlaufen werden – ablesbar an Gesetzen wie der Doppelverdienerverordnung, die verheiratete Frauen aus der Erwerbstätigkeit, in erster Linie im öffentlichen Dienst, ausschloß. Der institutionelle Ausschluß aus der Politik ist exemplarisch daran ersichtlich, daß es unter 213 Mandataren des Austrofaschismus nur zwei Frauen (im Bundeskulturrat) gab. Die Kirche unterstützte die organisatorische Gleichschaltung der Frauenorganisationen durch eine Reorganisation des traditionellen demokratisch organisierten katholischen Vereinswesens. Die Struktur der neu geordneten katholischen Organisation entsprach der politischen Struktur des Austrofaschismus: streng hierarchisch und führerzentriert aufgebaut.

Die Regierung Dollfuß, die bei ihrem Marsch in die Diktatur von der Katholischen Kirche – vom Episkopat, vom Klerus und vom Vatikan – unterstützt worden war, ließ es ihrer-

---

[82]   Siehe eingehend dazu Mattl in diesem Band.
[83]   Siehe dazu die einschlägigen Beiträge von Mattl, Melinz und Tálos in diesem Band sowie ausführlich G. Senft, Im Vorfeld der Katastrophe, Wien 2002, S. 480 ff.
[84]   Senft, Im Vorfeld, S. 488; Mattl in diesem Band.
[85]   Siehe näher dazu Stiefel, Arbeitslosigkeit, S. 29.
[86]   Siehe Mattl in diesem Band.
[87]   Siehe dazu Bandhauer-Schöffmann in diesem Band.

seits nicht an Zuwendungen fehlen.[88] Dies ist nicht nur am deklarierten Selbstverständnis als „christlicher Staat" und am Gottesbezug in der Verfassung offenkundig. Das Konkordat von 1933, das mit wesentlichen Bestimmungen auch in der Verfassung von 1934 verankert wurde[89], sicherte der Katholischen Kirche auf breiter Ebene institutionelle und materielle Privilegien ebenso wie die überragende Vorrangstellung unter den Religionsgemeinschaften. Die Regierung hob zudem den von der Kirche vehement bekämpften Glöckelerlaß auf, löste den Freidenkerbund auf und sorgte dafür, daß die Katholische Kirche in Institutionen wie dem Bundeskulturrat und in den Landtagen vertreten war. Der Kirchenaustritt war durch gesetzliche Zwänge behindert. Angesichts dessen überrascht es nicht, daß sich der Antiklerikalismus in den 1930er Jahren verstärkte.

Auch die christliche Arbeiterbewegung, Teil des Regierungslagers bis 1938, zählte zu den Gewinnern der Diktatur.[90] Sie war vor allem Nutznießerin der Ausschaltung des in der Ersten Republik übermächtigen sozialdemokratischen Konkurrenten. Dies ist ablesbar an ihrer führenden Rolle im neu errichteten Einheitsgewerkschaftsbund und in der Sozialen Arbeitsgemeinschaft, an Mandaten in der Verwaltungskommission der Arbeiterkammern und an Repräsentanten im Bundeswirtschaftsrat.

3. Verhältnis des Austrofaschismus zu den faschistischen Nachbarstaaten Italien und Deutschland

Die Errichtung einer politischen Diktatur in Österreich erfolgte im Kontext einer Entwicklung, die international durch die Verbreitung faschistischer und autoritärer Bewegungen sowie die Etablierung derart orientierter Herrschaftssysteme geprägt ist.[91] Sie war nicht unbeeinflußt von den Entwicklungen in den Nachbarländern Italien und Deutschland. Bis 1934 erwies sich das faschistische Italien als jener Faktor, der den Entwicklungsprozeß in Richtung Diktatur in Österreich von außen maßgeblich bestimmte und sich bis 1936 als Protektor der Selbständigkeit Österreichs erwies.[92] Die Beziehungen wurden durch wirtschaftliche und politische Abkommen gefestigt – von Handelsverträgen mit geheimen Präferenzen über Zollunionspläne bis hin zu den Römischen Protokollen im März 1934. Die Schutzfunktion Italiens zeigte sich exemplarisch, als im Zusammenhang mit dem Putsch der österreichischen Nationalsozialisten[93] im Juli 1934 Mussolini italienische Truppen an der Brennergrenze aufmarschieren ließ.

Ganz anders gestalteten sich die Beziehungen zu Deutschland. Die deutsche Regierung übte von außen, die österreichische NSDAP von innen massiven Druck auf den Austrofaschismus aus.[94] Die nationalsozialistische Regierung setzte dazu wirtschaftliche Druckmittel wie beispielsweise die sog. 1000-Mark-Sperre für deutsche TouristInnen ein. Die österreichischen Nationalsozialisten führten zahlreiche Propagandaaktionen durch und verübten viele gewaltsame Anschläge. Einen diesbezüglichen Höhepunkt stellten vorerst der (mißlungene) Putsch und die Ermordung Bundeskanzler Dollfuß' im Juli 1934 dar.[95] Die putschisti-

---

[88]   Siehe Hanisch in diesem Band.
[89]   Siehe Ch. A. Gulick, Österreich von Habsburg zu Hitler, Bd. V, Wien 1948, S. 101.
[90]   Siehe Pelinka in diesem Band.
[91]   Siehe dazu die in Fußnote 1 angegebene Literatur.
[92]   Siehe dazu z. B. Stuhlpfarrer in diesem Band.
[93]   Siehe z. B. G. Jagschitz, Der Putsch, Graz u. a. 1976.
[94]   Siehe dazu Garscha in diesem Band; Kindermann, Österreich gegen Hitler, S. 240 ff.
[95]   Siehe näher dazu Jagschitz, Der Putsch; K. Bauer, Elementar-Ereignis. Die österreichischen Nationalsozialisten und der Juliputsch 1934, Wien 2003.

sche Strategie der Nationalsozialisten war damit vorerst gescheitert. Die deutsche Österreich-
Politik wurde auf einen „evolutionären" Kurs umgestellt. [96]

Unstrittig ist, daß die Regierungen Dollfuß und Schuschnigg gegen NS-Terror und nationalsozialistischen Expansionismus Widerstand [97] geleistet haben. Ihr Widerstand galt allerdings nicht der Verteidigung eines selbständigen und demokratischen Österreichs, sondern
der Aufrechterhaltung einer Diktatur, die in Konkurrenz zum Nationalsozialismus stand.

Als folgenreich für die Beziehungen zu Italien und Deutschland erwies sich die im Jahr
1936 erfolgte Annäherung zwischen diesen beiden Staaten. Damit veränderte sich die Lage
Österreichs insofern, als Mussolini seine „schützende Hand" zurückzog – ungeachtet dessen,
daß dies von italienischer Seite noch kein grünes Licht für den Anschluß Österreichs an
Deutschland bedeutete. [98]

Das Verhältnis des Austrofaschismus zu Nationalsozialisten und deutscher Regierung war
in der Folgezeit durch eine merkbare Ambivalenz gekennzeichnet. Zum einen orientierte
sich die Politik Schuschniggs an der Erhaltung der Eigenständigkeit Österreichs und an der
Ablehnung einer Einmischung von außen, insbesondere seitens Deutschlands. Zum anderen
wurden die Möglichkeiten der Abgrenzung immer beschränkter. Das sog. Juli-Abkommen [99]
von 1936, das im Gefolge der Annäherung zwischen Italien und Deutschland zustande gekommen war, bildete die Basis für die permanente deutsche Einmischung – ablesbar an der
Zusammenarbeit auf wirtschaftlichem und kulturellem Gebiet, an der Aufnahme der sogenannten „betont nationalen Opposition" in die Regierung und am zunehmenden Spielraum
für die illegale NSDAP (Amnestie verurteilter und verhafteter Nationalsozialisten, Einrichtung des sogenannten Volkspolitischen Referates innerhalb der Vaterländischen Front). Die
Ablehnung einer Kooperation mit der illegalen antifaschistischen Opposition schwächte das
System gegen die Offensive des Nationalsozialismus. Auf ideologischem Gebiet erwies sich
die Österreich-Ideologie immer mehr als untaugliche Abgrenzungs- und Stabilisierungsideo-
logie. Die prekären sozialen Verhältnisse (Arbeitslosigkeit, Hunger, Lohnkürzungen, Kürzungen von und Ausgrenzung aus Sozialleistungen) wurden zu beliebten Anknüpfungspunkten
für sozialpopulistische nationalsozialistische Propaganda, sie vergrößerten zugleich die Labilität der Diktatur. Die Politik der Regierung Schuschnigg schuf ein politisch-soziales Vaku-
um, „aus dem der Nationalsozialismus die staatszerstörende Kraft schöpfte, bevor Österreich
der militärischen Okkupation erlag". [100] Die seit dem Jahr 1936 infolge des anwachsenden nationalsozialistischen Drucks von innen und außen sowie des Verlustes des italienischen Pro-
tektors verstärkte politische Dynamik endete im Jahr 1938 im Desaster der vergleichsweise
wenig gefestigten Diktatur und in der Annexion Österreichs durch den deutschen Faschismus.

---

[96] Siehe dazu Garscha in diesem Band.
[97] Ebensowenig wie die Dimension des Widerstandes der austrofaschistischen Regierungen verschwiegen oder
      geleugnet werden soll (so die Kritik von Kindermann, Österreich gegen Hitler, S. 355), sollte sie, wie von Kin-
      dermann, einseitig herausgestellt werden.
[98] Siehe dazu H. Haas, Der 'Anschluß', in: E. Tálos u. a. (Hg.), NS-Herrschaft in Österreich, Wien 2000, S. 26 - 54.
[99] Siehe dazu L. Jedlicka / R. Neck (Hg.), Das Juliabkommen 1936, Wien 1977; G. Volsansky, Pakt auf Zeit, Wien
      u. a. 2001.
[100] Siehe Kluge, Ständestaat, S. 96.

4. Zur Einordnung und begrifflichen Bestimmung des Herrschaftssystems 1934 - 1938

Ob die österreichische Diktatur ein faschistisches Regime war, bleibe laut Kirk[101] nach derzeitigem Forschungsstand „an open question". Es könnte sein, daß der Begriff „Faschismus" im Grunde nicht so sehr unpassend als wenig dienlich für die Förderung unseres Verständnisses der österreichischen Diktatur sei, weil er die Aufmerksamkeit von den politischen Realitäten des Systems und seiner Konsequenzen ablenke.[102] Mein Ausgangspunkt ist ein anderer: Erst wenn dieses Herrschaftssystem in seinen zentralen Dimensionen, wozu wesentlich die Methoden politischer Herrschaft, deren ideologisches Selbstverständnis und Anspruch, politische Wirklichkeit und Auswirkungen zählen, bearbeitet und erfaßt wird, läßt sich die Frage nach dem Charakter dieser Diktatur und seiner Nähe zu den Faschismen à la Italien und Deutschland beantworten.

Die österreichische Diktatur repräsentiert einen Mix einschneidender Veränderungen auf mehreren Ebenen. Das politische System einer rechtsstaatlich-parlamentarischen Demokratie erfuhr einen substantiellen Bruch in institutionell-struktureller Hinsicht. Dies ist evident an der Etablierung autoritär-hierarchischer Strukturen mit Führerprinzip, mit Notrechten der Regierung, mit dem Prinzip autoritärer Ernennung und jederzeit widerrufbarer Absetzung von Mandataren, an der Ersetzung des Parteienpluralismus durch eine politische Monopolorganisation, an der Beseitigung rechtsstaatlicher Gewaltenteilung und demokratischer Beteiligung, an der Abschaffung freier interessenpolitischer Organisierung, nicht zuletzt an der radikalen Beschränkung der Freiheitsrechte.

Ideologisch stützte sich der Austrofaschismus auf ein Konglomerat von Ideen und Zielvorstellungen, die zum einen diesen mit ihren Anti-Ideologien merkbar von der parlamentarisch-rechtsstaatlichen Demokratie, vom Marxismus/Sozialismus und (nicht durchgängig) vom deutschen Nationalsozialismus abgrenzten, zum anderen neue Gestaltungsoptionen und -ansprüche enthielten. Letzteres ist an (berufs-)ständisch- gesellschaftsharmonisierenden, aber auch kulturimperialistischen Vorstellungen ablesbar.

Das ideologische Selbstverständnis wie auch die politische Realität belegen, daß der Austrofaschismus nicht nur den Anspruch hatte, das politische System (mit seinen Entscheidungs- und Beteiligungsstrukturen, mit seiner Justiz und den Sicherheitsapparaten) im Sinne seiner Zielvorstellungen und Prioritäten um- bzw. neuzugestalten. Der Begriff der „Regierungsdiktatur"[103] stellt insofern eine Verkürzung dar, als der Gestaltungsanspruch des Austrofaschismus weit über die institutionell politische Dimension hinausging. Dieser betraf wesentlich auch die sozialen Bedingungen und Beziehungen in der Arbeitswelt, die zentralen Sozialisationsinstanzen wie Schule, Bildung, Kultur, Sport, Medien usw. Nicht zuletzt auch die persönlichen Handlungsspielräume – zum Teil unter Mithilfe der Katholischen Kirche. Der Austrofaschismus bediente sich bei der Umsetzung seines Gestaltungs- und Gleichschaltungsanspruches verschiedener Instrumente der Repression.

Ungeachtet dessen, daß aufgrund der innen- und außenpolitisch bedingten Labilität die österreichische Diktatur[104] deutliche Diskrepanzen zwischen Anspruch und politischer, gesellschaftlicher Wirklichkeit aufweist: Eine adäquate Bestimmung des Charakters des Austrofaschismus hat die Berücksichtigung der Veränderungen auf rechtlicher und realpolitischer Ebene, seines Selbstverständnisses und seiner Zielvorstellungen, der damit verbundenen An-

---

[101] T. Kirk, Fascism and Austrofascism, in: G. Bischof u. a. (Eds.), The Dollfuß/Schuschnigg Era in Austria, Brunswick-London 2003, S. 10 - 31, hier 25.

[102] Ebenda, S. 26.

[103] Siehe Wohnout, Regierungsdiktatur.

[104] Siehe auch Maderthaner, Legitimationsmuster, S. 142.

sprüche und deren Umsetzung ebenso wie die Auswirkungen auf Politik und Gesellschaft zur Voraussetzung.

Dabei zeigt sich, daß dieses Herrschaftssystem sowohl Gemeinsamkeiten mit als auch Unterschiede zu Diktaturen in anderen europäischen Ländern aufweist. Die Etablierung autoritär-hierarchischer Strukturen ist ein weit verbreitetes Muster in jenen Ländern, die in der Zwischenkriegszeit politische Umbrüche realisierten. Während ostmitteleuropäische Länder für die Ausgestaltung ihrer Diktaturen Anregungen unter anderen von der österreichischen Diktatur erhielten [105], galten für Österreich zwei Nachbarstaaten als Vorbild: Die Regierungen Dollfuß und Schuschnigg haben bei ihrem Versuch einer autoritären Durchorganisierung gesellschaftlicher Bereiche und bei den gewählten Formen der politischen Selbstdarstellung – wie angeführt – deutliche Anleihen vor allem beim italienischen, aber auch beim deutschen Faschismus genommen. Der Einsatz von Terror und Kontrolle wurde – wenn auch in vergleichsweise geringerem Ausmaß – zum Mittel der Sicherung politischer Herrschaft.

Unübersehbar gibt es aber auch merkbare Unterschiede zwischen Österreich und den verschiedenen Diktaturen in den ostmitteleuropäischen und südeuropäischen [106] Ländern ebenso wie im Vergleich zu den Nachbarstaaten. Der gesellschaftliche Durchdringungs- und Durchorganisierungsgrad des Nationalsozialismus [107] war weitreichender als der des italienischen Faschismus, mehr noch als der der österreichischen Diktatur – auch wenn keineswegs zutrifft, daß letztere „betont antitotalitär war" [108]. Substantiell und strukturell tiefreichende Unterschiede zum Nationalsozialismus bestanden hinsichtlich Ausmaß und Intensität des Terrors und der Repression [109] ebenso wie betreffend die rassistische [110] und imperialistische Ausrichtung der Politik. Die Vernichtung [111] von Juden, Roma und Sinti im deutschen Faschismus hat – abgesehen vom kroatischen Ustascha-Staat [112] – keine Parallele in den anderen Diktaturen.

Die Bemühungen, die angedeuteten Gemeinsamkeiten und Unterschiede der Diktaturen in der Zwischenkriegszeit zu verallgemeinern und zu kategorisieren, fanden in einschlägigen Typologien und Begriffsbestimmungen ihren Niederschlag. Ungeachtet dessen, ob Ausprägungen à la italienischer Faschismus und deutscher Nationalsozialismus im generischen Begriff „Faschismus" [113] gefaßt werden oder nicht: Durchwegs werden diese beiden Ausprägungen abgrenzend allen anderen zeitgenössischen Diktaturen gegenübergestellt.

Die Gemeinsamkeiten und zugleich substantiell von anderen Diktaturen abweichenden Charakteristika des italienischen und deutschen Faschismus werden vor allem in folgenden Aspekten gesehen [114]: extremer Nationalismus, positive Bewertung von Gewalt und Krieg,

---

[105]   Siehe Oberländer, Präsidialdiktatur, S. 3; Wippermann, Was ist Faschismus, S. 19.

[106]   Siehe dazu z. B. Payne, Geschichte; Mann, Fascists.

[107]   Siehe dazu Kirk, Fascism, S. 23.

[108]   So Bracher, Nationalsozialismus, S. 9. Siehe dazu die Kritik von E. Hanisch, in: Stourzh / Zaar (Hg.), Österreich, S. 54, der davon ausgeht, „daß jeder Versuch, eine einheitliche Weltanschauung in dieser modernen Gesellschaft durchzusetzen, tendenziell zu totalitären Mitteln greifen muß" – ungeachtet dessen, daß dieser tendenzielle Totalitarismus in Österreich, seiner Meinung nach, ein sehr unvollkommener gewesen sei.

[109]   Siehe Neugebauer in diesem Band.

[110]   Siehe Th. Mayer, Akademische Netzwerke um die „Wiener Gesellschaft für Rassenpflege (Rassenhygiene)" von 1924 bis 1948, Wien 2004.

[111]   Siehe R. Hilberg, Die Vernichtung der europäischen Juden, Frankfurt 1990; W. Benz, Der Holocaust, München 1995; R. Rose (Hg.), Der nationalsozialistische Völkermord an den Sinti und Roma, Heidelberg 1995.

[112]   Siehe Wippermann, Was ist Faschismus, S. 21 f.

[113]   Siehe dazu Payne, Geschichte, S. 11 ff., 561 ff.; sowie die kontroversen Beiträge in: Loh / Wippermann (Hg.), „Faschismus" kontrovers.

[114]   Siehe z. B. Payne, Geschichte, S. 15, 259 f.; Bracher, Nationalsozialismus, S. 8 f.; R. Kühnl, Der Faschismus, Heilbronn 1983, S. 100 ff.; W. Wippermann, Hat es Faschismus überhaupt gegeben?, in: Loh / Wippermann (Hg.), „Faschismus" kontrovers, S. 51 - 70, hier 54.

ideologische Negationen wie Antimarxismus, Antiparlamentarismus und Antiliberalismus, Ausschließlichkeitsanspruch und Durchorganisierung der Gesellschaft – im Sinne der umfassenden, alle gesellschaftlichen Bereiche erfassenden Gleichschaltung und Kontrolle –, Führerprinzip und autoritär charismatischer Stil der Befehlsgewalt, Massenmobilisierung, Propaganda und Massenlenkung, Gewalttätigkeit und Terror, Parteimiliz und Einparteiendiktatur. Bei allen Gemeinsamkeiten gab es zwischen dem italienischen und deutschen Faschismus auch gewichtige Unterschiede – beispielsweise betreffend Rassenideologie und Antisemitismus, die Stellung des Diktators und der Einheitspartei, das Ausmaß des Terrors und des Expansionismus. [115]

In Abgrenzung dazu wird für andere Diktaturen der Begriff „autoritäre Diktatur", „autoritäres Regime" oder „autoritärer Staat" [116] verwendet. Verstanden als eigener Systemtypus, der sowohl von der Demokratie wie vom Faschismus abgegrenzt wird, gelten als dessen Charakteristika: das Vorhandensein eines begrenzten Pluralismus, das Fehlen einer umfassend ausformulierten, fest umrissenen Ideologie, kein Rückgriff auf Mobilisierung der Bevölkerung, die Abhängigkeit der Zulassung und Handlungsspielräume politischer und gesellschaftlicher Akteure von der autoritären Staatsführung, das Vorhandensein variierender Formen politischer Partizipation innerhalb von Grenzen. [117] Mit einer derartigen Typusbestimmung ist eine merkbare Engführung des Sachverhaltes diktatorischer Herrschaftssysteme verbunden. Denn diese Konstruktion stellt im wesentlichen nur auf die Art der Machtausübung, auf Organisationsformen, Glaubens- und Wertesysteme sowie auf die Rollenzuweisung der Bevölkerung im politischen Prozeß ab. Zentrale Aspekte wie die Ziele, der Gestaltungsanspruch, der Policy output, die gesellschaftlichen und politischen Auswirkungen eines Herrschaftssystems werden in dieser gängigen Bestimmung des Typus der autoritären Diktatur ausgeblendet [118]- Aspekte, deren Berücksichtigung für die Bestimmung des Austrofaschismus unumgänglich sind.

Der Begriff „autoritäres Regime" bildet beim derzeitigen Stand der Forschung sozusagen eine Restkategorie für alle jene Länder, deren Diktaturen mehr oder weniger von den „Vollfaschismen" in Italien und Deutschland abweichen.

Dabei sind die Unterschiede in der begrifflichen und typologischen Konstruktion von Faschismus und autoritärer Staat schärfer gezeichnet als in der Realität vorfindbar. Unübersehbar weicht die österreichische Diktatur – in all ihren Dimensionen betrachtet – sowohl vom Typus „Faschismus" als auch von dem des „autoritären Regimes" ab: von ersterem vor allem hinsichtlich des Stellenwerts von Terror und Kontrolle, des Ausschließlichkeitsanspruches oder des Vorhandenseins einer Massenbasis. Allerdings sei angemerkt: Auch wenn eine Mo-

---

[115] Siehe z. B. Payne, Geschichte, S. 259 ff.

[116] Bracher, Nationalsozialismus, S. 7, der zwischen den angeführten Herrschaftsformen unterscheidet, verweist selbst darauf, daß der Begriff des autoritären Staates alles andere als exakt ist, da er sehr mannigfache Formen umfasse.

[117] So eine viel rezipierte Umschreibung von J. Linz, Autoritäre Regime, in: D. Nohlen / R.-O. Schultze (Hg.), Politikwissenschaft, München-Zürich 1985, S. 62, in der das österreichische Herrschaftssystem dem noch enger gefaßten Typus „autoritärer Korporatismus" zugeordnet wird. Siehe z. B. auch D. Nohlen, Autoritäre Systeme, in: Ders. u. a. (Hg.), Lexikon der Politik, Bd. 4, S. 67 f.

[118] So Linz, Autoritäre Regime, S. 62. Ähnlich selektiv fokussiert Ableitinger (Autoritäres Regime, Innsbruck 1980, S. 209 ff.) den Typus des autoritären Regimes „auf den Bereich des Staatlichen". Derartige Regime würden einen von diesem abgrenzbaren, mehr oder weniger autonomen gesellschaftlichen Bereich anerkennen. Sie seien ganz pragmatisch, ideologisch vorwiegend auf Ablehnungen gerichtet, das Ziel der Gleichschaltung sei nur ein begrenztes. Eine derartige Bestimmung des autoritären Regimes und dessen Übertragung auf Österreich verstellt den Blick auf das Insgesamt des Austrofaschismus. Daß die von Linz verwendeten Definitionsmerkmale auch sonst Probleme aufwerfen, zeigt sich daran, daß einige der als autoritär bestimmten Regime durchaus eine beachtliche Mobilisierung aufweisen (so H.-J. Lauth, Autoritäre versus totalitäre Regime, in: D. Nohlen / R.-O. Schultz (Hg.), Lexikon der Politik. Bd. 1: Politische Theorien, München 1995, S. 28).

bilisierung der Bevölkerung und Durchorganisierung der Gesellschaft weniger als in Italien und noch weniger als im Nationalsozialismus gelang, so fehlte es nicht an diesbezüglichen Bemühungen und Aktivitäten.

Deutlicher noch weicht die österreichische Diktatur in mehrfacher Hinsicht vom Typus des autoritären Regimes ab: Nicht nur insofern, als sie sehr wohl über leitende und ausformulierte Ideologien verfügte. Darüber hinaus hatte der Austrofaschismus nachweisbar den Anspruch, wichtige gesellschaftliche Bereiche im Sinne seiner Vorstellungen umzugestalten, gleichzuschalten und durchzuorganisieren. Dieser Anspruch wurde, wie an der Schaffung diverser Organisationen, an der Gestaltung von Politikfeldern und Regulierungen gesellschaftlicher Bereiche ablesbar, zum Teil auch realisiert. Anders gesagt: Der Austrofaschismus war in Anspruch und Praxis keineswegs nur auf den „Bereich des Staatlichen" beschränkt.

Da die österreichische Diktatur – ebenso wie andere – realiter einen Mix und nicht die Reinform konstruierter Charakteristika darstellt und zudem keineswegs immer alle wichtigen Dimensionen dieses Herrschaftssystems in der einschlägigen Literatur [119] Berücksichtigung finden bzw. aufgrund des Quellenzugangs finden konnten [120], läßt dies Spielraum für Begriffsbestimmungen und typologische Zuordnungen. Beleg dafür sind eine Reihe unterschiedlicher Begriffe ebenso wie differierende typologische Bestimmungen [121]: „Autoritäres System" bzw. „Konkurrenzfaschismus" [122], „autoritärer Staat" [123], „autoritäres Regime" bzw. „autoritäres Notstandsregime" [124], „Imitationsfaschismus" [125], „Regierungsdiktatur" [126], „Defacto-Diktatur" von Christlichsozialen und Heimwehr bzw. „autoritäre Regierung", die einen begrenzten Faschisierungsprozeß durchmachte [127], „Ständestaat" [128], „Autoritätsstaat" bzw. „Ständestaat" [129], „bürgerlich-konservative Diktatur" [130], „Klerikal-Faschismus" [131], „a border line fascism" [132], ein „auf ständische Strukturelemente abhebendes diktatorisches Herrschaftssystem italienisch-faschistischen Zuschnitts" [133] oder „Austrofaschismus" [134]. Ungeachtet dieser Pluriformität von Begriffen ist die Bestimmung des österreichischen Herrschaftssystems 1934 - 1938 meines Erachtens keine offene Frage.

---

[119] Siehe z. B. Carsten, Faschismus in Österreich; Kluge, Ständestaat; Bracher, Nationalsozialismus; Payne, Geschichte; Kindermann, Österreich gegen Hitler.

[120] Hier sei vor allem auf frühere Arbeiten verwiesen, für die es noch keinen bzw. nur beschränkten Zugang zu einschlägigen Quellen gab: Holtmann, Zwischen Unterdrückung und Befriedung; Jagschitz, Der österreichische Ständestaat; J. Rath / C. W. Schum, The Dollfuß-Schuschnigg-Regime: Fascist or Authoritarian?, in: Who Were the Fascists, ed. by St. U. Larsen et al., Bergen 1980, S. 249 - 256; K.-J. Siegfried, Klerikal-Faschismus, Frankfurt 1979.

[121] Siehe Überblick bei Tálos, Das Herrschaftssystem, Wien 1988, S. 345 ff.; G. Steiner, Wahre Demokratie?, Frankfurt 2004, S. 39 ff.

[122] So Mommsen, Theorie und Praxis., S. 176, 183.

[123] So Holtmann, Unterdrückung, S. 15.

[124] So Bracher, Nationalsozialismus, S. 57.

[125] So Hanisch in diesem Band.

[126] So Wohnout, Regierungsdiktatur, S. 434.

[127] So Payne, Geschichte, S. 306, 309.

[128] So Jagschitz, Ständestaat.

[129] So Kluge, Ständestaat, S. 7.

[130] So Rath / Schum, The Dollfuß-Schuschnigg Regime, S. 253.

[131] So Siegfried, Klerikal-Faschismus.

[132] So Mann, Fascists, S. 211.

[133] So Holzer, Faschismus, S. 138.

[134] So G. Spann, Austrofaschismus, in: W. Benz u. a. (Hg.), Enzyklopädie des Nationalsozialismus, München 2001, S. 385; Mann, Fascists; J. Lewis, Austria: 'Heimwehr', 'NSDAP' and the 'Social Christian' State, in: A. A. Kallis (Ed.), The Fascism Reader, London-New York 2003, S. 212 - 222, hier 220: „Parliamentary democracy in Austria was destroyed in order to wipe out the Social Democratic movement, not to protect the country against fascism. The result was a form of fascism itself: Austrofascism."

Die österreichische Diktatur weist sowohl Gemeinsamkeiten mit wie Unterschiede zu den Prototypen des Faschismus als auch zu Regimen auf, die sich auf autoritäre Herrschaftsmethoden stützten und (wie beispielsweise Lettland und Estland) keine dauerhafte Veränderung bzw. Alternative anpeilten. Da der Typus des „autoritären Regimes" bisher eine nur wenig trennscharfe „Restkategorie" darstellt und zudem eine unübersehbar größere Nähe [135] des österreichischen Herrschaftssystems 1934 - 1938 zu den Faschismen in den Nachbarstaaten besteht, halte ich dieses nach wie vor [136] mit dem Begriff Austrofaschismus charakterisierbar. Dabei sei angemerkt, daß dieser von mir verwendete Begriff

- auf einschlägigen Forschungsarbeiten fundiert und nicht ein aus der parteipolitischen Auseinandersetzung abgeleiteter Begriff ist,
- das Insgesamt und nicht bloß die politisch-institutionelle Dimension des Herrschaftssystems meint,
- das Naheverhältnis zu politischen Veränderungsprozessen, Ideologien, Strukturen und Realisationen der Faschismen in Italien und Deutschland zum Ausdruck bringt, aber auch
- Ausdruck der spezifischen Bedingungen und Ausprägung des 1933/1934 in Österreich etablierten Herrschaftssystems mit seinen Unterschieden zu anderen faschistischen Diktaturen ist.

Literatur

Ableitinger, Alfred: Autoritäres Regime, in: Katholisches Soziallexikon, hg.v. Alfred Klose u. a., Innsbruck 1980, S. 209 - 220.

Bracher, Karl Dietrich: Nationalsozialismus, Faschismus und autoritäre Regime, in: Gerald Stourzh / Brigitta Zaar (Hg.), Österreich, Deutschland und die Mächte, Wien 1990, S. 1 - 27.

Bauer, Kurt: Elementar-Ereignis. Die österreichischen Nationalsozialisten und der Juliputsch, Wien 2003.

Bei, Neda: Die Bundesregierung verordnet sich, in: Stephan Neuhäuser (Hg.), „Wir werden ganze Arbeit leisten ... ", Der austrofaschistische Staatsstreich 1934, Wien 2004, S. 161 - 225.

Benz, Wolfgang: Der Holocaust, München 1995.

Berchtold, Klaus (Hg.): Österreichische Parteiprogramme 1868 - 1966, Wien 1967.

Berchtold, Klaus: Die Verfassungsreform von 1929, Teil 1, Wien 1979.

Carsten, Francis L.: Faschismus in Österreich, München 1978.

Diktatur, in: Hannno Drechsler u. a. (Hg.), Gesellschaft und Staat. Lexikon der Politik, München 2003, S. 249 - 250.

Diktatur, in: Dieter Nohlen u. a. (Hg.), Lexikon der Politik, Bd. 7: Politische Begriffe, München 1998, S. 126 - 128.

Dusek, Peter: „Nehmen Sie es als Omen", in: Die Presse. Spectrum, 23. 10. 2004, S. V-VI.

Edmondson, C. Earl: Heimwehren und andere Wehrverbände, in: Emmerich Tálos / Herbert Dachs / Ernst Hanisch / Anton Staudinger (Hg.), Handbuch des politischen Systems Österreichs. Erste Republik 1918 - 1933, Wien 1995, S. 261 - 276.

Enderle-Burcel, Gertrude (unter Mitarbeit von Johannes Kraus): Mandatare im Ständestaat 1934 - 1938, Wien 1991.

Geheimer Briefwechsel Mussolini – Dollfuß, Wien 1949.

Gulick, Charles A.: Österreich von Habsburg zu Hitler, Bd. V, Wien 1948.

Haas, Hanns: Der Anschluß, in: Emmerich Tálos / Ernst Hanisch / Wolfgang Neugebauer / Reinhard Sieder (Hg.), NS-Herrschaft in Österreich, Wien 2000, S. 26 - 54.

---

[135] Auch M. Kitchen, Fascism and the Capitalist System, in: A. A. Kallis (Ed.), The Fascism Reader, London-New York 2003, S. 57 - 63, hier 61, betont die Nähe des „clerical fascism" in Österreich zum faschistischen Modell.

[136] Siehe Resümee in der 4. Auflage des „Austrofaschismus"-Bandes von 1988.

Haas, Karl: Industrielle Interessenpolitik in Österreich zur Zeit der Weltwirtschaftskrise, in: Jahrbuch für Zeitgeschichte 1978, Wien 1979, S. 97 - 126.

Hanisch, Ernst: Der lange Schatten des Staates, Wien 1994.

Hilberg, Raul: Die Vernichtung der europäischen Juden, 3 Bde., Frankfurt 1990.

Holtmann, Everhard: Autoritätsprinzip und Maßnahmegesetz, in: Die österreichische Verfassung von 1918 - 1938, Wien-München 1980, S. 210 - 222.

Holtmann, Everhard: Zwischen Unterdrückung und Befriedung, Wien 1978.

Holzer, Willibald: Faschismus in Österreich, in: Austriaca, Juli 1978, S. 69 - 155.

Jagschitz, Gerhard: Der österreichische Ständestaat, in: Erika Weinzierl / Kurt Skalnik (Hg.), Österreich 1918 - 1938, Bd. 1, Wien 1983, S. 497 - 525.

Jagschitz, Gerhard: Der Putsch, Graz u. a. 1976.

Jedlicka, Ludwig / Rudolf Neck (Hg.): Das Juliabkommen 1936, Wien 1977.

Kerekes, Lajos: Abenddämmerung einer Demokratie – Mussolini, Gömbös und die Heimwehr, Wien 1966.

Kindermann, Gottfried-Karl: Österreich gegen Hitler. Europas erste Abwehrfront 1933 - 1938, München 2003.

Kirk, Tim: Fascism and Austrofascism, in: G. Bischof et al. (Eds.), The Dollfuß/Schuschnigg Era in Austria, Contemporary Austrian Studies, Vol. 11, Brunswick-London 2003, S. 10 - 31.

Kitchen, Martin: Fascism and the capitalist system: A Marxist view, in: Aristotle A. Kallis (Ed.), The Fascism Reader, London-New York 2003, S. 57 - 63.

Kluge, Ulrich: Der österreichische Ständestaat 1934 - 1938, Wien 1984.

Konrad, Helmut: Der 12. Februar 1934 in Österreich, in: Günther Schefbeck (Hg.), Österreich 1934, Wien 2004, S. 91 - 98.

Kriechbaumer, Robert: Ein Vaterländisches Bilderbuch, Wien u. a. 2002.

Krüger, Hans Jürgen: Faschismus oder Ständestaat 1934 - 1938, Kiel 1970.

Kühnl, Reinhard: Der Faschismus. Ursachen, Herrschaftsstruktur, Aktualität, Heilbronn 1983.

Lackner, Johann G.: Die Ideologie und die Bedeutung der Christlichsozialen Partei bei der Einrichtung des „Dollfuß-Schuschnigg Regimes", Dipl., Wien 1995.

Lauth, Hans-Joachim: Autoritäre versus totalitäre Regime, in: Dieter Nohlen / Rainer-Olaf Schultz (Hg.), Lexikon der Politik, Bd. 1: Politische Theorien, München 1995, S. 27 - 32.

Lehner, Oskar: Österreichische Verfassungs- und Verwaltungsgeschichte, Linz 1992.

Lehner, Oskar: Österreichische Verfassungsentwicklung, in: Emmerich Tálos / Herbert Dachs / Ernst Hanisch / Anton Staudinger (Hg.), Handbuch des politischen Systems Österreichs. Erste Republik 1918 - 1933, Wien 1995, S. 49 - 58.

Lewis, Jill: Austria: 'Heimwehr', 'NSDAP' and the 'Christian Social' State, in: Aristotle A. Kallis (Ed.), The Fascism Reader, London-New York 2003, S. 212 - 222.

Linz, Juan J.: Autoritäre Regime, in: Dieter Nohlen / Rainer-Olaf Schultz (Hg.), Politikwissenschaft, München-Zürich 1985, S. 62 - 65.

Loh, Werner / Wolfgang Wippermann (Hg.): „Faschismus" kontrovers, Stuttgart 2002.

Maderthaner, Wolfgang / Michaela Maier (Hg.): „Der Führer bin ich selbst". Engelbert Dollfuß – Benito Mussolini Briefwechsel, Wien 2004.

Maderthaner, Wolfgang: Legitimationsmuster des Austrofaschismus, in: Wolfgang Maderthaner / Michaela Maier (Hg.), „Der Führer bin ich selbst". Engelbert Dollfuß – Benito Mussolini Briefwechsel, Wien 2004, S. 129 - 157.

Maderthaner, Wolfgang: Der 12. Februar 1934, in: Michael Achenbach / Karin Moser (Hg.), Österreich in Bild und Ton. Die Filmwochenschau des austrofaschistischen Ständestaates, Wien 2002, S. 29 - 44.

Mann, Michael: Fascists, Cambridge 2004.

Mayer, Thomas: Akademische Netzwerke um die „Wiener Gesellschaft für Rassenpflege (Rassenhygiene)" von 1924 bis 1948, Dipl., Wien 2004.

Mayer-Tasch, Cornelius: Korporatismus und Autoritarismus, Frankfurt 1971.

Merkl, Adolf: Die ständisch-autoritäre Verfassung Österreichs, Wien 1935.

Miller, James William: Engelbert Dollfuß and Austrian Agriculture, in: Günter Bischof et al. (Eds.), The

Dollfuß/Schuschnigg Era in Austria, Contemporary Austrian Studies, Vol. 11, Brunswick-London 2003, S. 122 - 142.

Mommsen, Hans: Theorie und Praxis des österreichischen Ständestaates 1934 – 1938, in: Das geistige Leben Wiens in der Zwischenkriegszeit. Wissenschaftliche Leitung Norbert Leser, Wien 1981, S. 174 - 192.

Nohlen, Dieter: Autoritäre Systeme, in: Dieter Nohlen u. a. (Hg.), Lexikon der Politik, Bd. 4: Die östlichen und südlichen Länder, München 1997, S. 67 - 74.

Oberländer, Erwin (Hg.): Autoritäre Regime in Ostmittel- und Südosteuropa 1919 - 1944, Paderborn u. a. 2001.

Oberländer, Erwin: Die Präsidialdiktaturen in Ostmitteleuropa – „Gelenkte Demokratie"?, in: Ders. (Hg.), Autoritäre Regime in Ostmittel- und Südosteuropa 1919 - 1944, Paderborn u. a. 2001, S. 3 - 17.

Payne, Stanley G.: Geschichte des Faschismus, München-Berlin 2001.

Protokolle des Ministerrates der Ersten Republik, Bd. I. Bearbeiterin Gertrude Enderle-Burcel, Wien 1980.

Putschek, Wolfgang: Ständische Verfassung und autoritäre Verfassungspraxis in Österreich 1933 - 1938, Frankfurt 1993.

Rabinbach, Anson: Der Parteitag im Oktober 1933: Die innere Krise der österreichischen Sozialdemokratie und die Ursprünge des Februar 1934, in: Erich Fröschl / Helge Zoitl (Hg.), Februar 1934, Wien 1984, S. 341 - 366.

Rath, R. John / Carolyn W. Schum: The Dollfuß-Schuschnigg Regime: Fascist or Authoritarian, in: Stein Ugelvik Larsen et al. (Eds.), Who Were the Fascists, Bergen et al. 1980, S. 249 - 256.

Rose, Romani (Hg.), Der nationalsozialistische Völkermord an den Sinti und Roma, Heidelberg 1995.

Schuschnigg, Kurt (Hg.): Die neue Bundesverfassung für Österreich, Wien 1936.

Senft, Gerhard: Im Vorfeld der Katastrophe. Die Wirtschaftspolitik des Ständestaates, Wien 2002.

Siegfried, Klaus Jörg: Klerikal-Faschismus, Frankfurt 1979.

Spann, Gustav: Austrofaschismus, in: Wolfgang Benz u. a. (Hg.), Enzyklopädie des Nationalsozialismus, München 2001, S. 384 - 386.

Staudinger, Anton: Christlichsoziale Partei und Errichtung des „Autoritären Ständestaates" in Österreich, in: Ludwig L. Jedlicka / Rudolf Neck (Hg.), Vom Justizpalast zum Heldenplatz, Wien 1975, S. 65 - 81.

Staudinger, Anton: Zur „Österreich"-Ideologie des Ständestaates, in: Das Juliabkommen von 1936, Wien 1977, S. 198 - 240.

Steiner, Günther: Wahre Demokratie?, Frankfurt 2004.

Stiefel, Dieter: Arbeitslosigkeit, Berlin 1979.

Tálos, Emmerich / Ernst Hanisch / Wolfgang Neugebauer / Reinhard Sieder (Hg.), NS-Herrschaft in Österreich, Wien 2000.

Tálos, Emmerich: Das Herrschaftssystem 1934 - 1938: Erklärungen und begriffliche Bestimmungen, in: Emmerich Tálos / Wolfgang Neugebauer (Hg.), „Austrofaschismus". Beiträge über Politik, Ökonomie und Kultur 1934 - 1938, Wien 1988, S. 345 - 369.

Tálos, Emmerich / Walter Manoschek: Austrofaschismus, Halbfaschismus, Ständestaat. Herrschaftssysteme in Österreich und Italien im Vergleich, in: Jan Tabor (Hg.), Kunst und Diktatur, Bd. 1, Baden 1994, S. 112 - 123.

Ucakar, Karl: Demokratie und Wahlrecht in Österreich, Wien 1985.

Vasak, Alexandra: Kulturpolitik im Austrofaschismus hinsichtlich der bildenden Künste: Architektur, Bildhauerei, Malerei, Dipl., Wien 1996.

Volsansky, Gabriele: Pakt auf Zeit. Das Deutsch-Österreichische Juli-Abkommen 1936, Wien u. a. 2001.

Weber, Fritz: Die wirtschaftliche Entwicklung, in: Emmerich Tálos / Herbert Dachs / Ernst Hanisch / Anton Staudinger (Hg.), Handbuch des politischen Systems. Erste Republik 1918 - 1933, Wien 1995, S. 23 - 42.

Wippermann, Wolfgang: Europäischer Faschismus im Vergleich 1922 - 1982, Frankfurt 1983.

Wippermann, Wolfgang: Was ist Faschismus?, in: Werner Loh / Wolfgang Wippermann (Hg.), „Faschismus" kontrovers, Stuttgart 2002, S. 1 - 50.

Wippermann, Wolfgang: Hat es Faschismus überhaupt gegeben?, in: Werner Loh / Wolfgang Wippermann (Hg.), „Faschismus" kontrovers, Stuttgart 2002, S. 51 - 70.

Wohnout, Helmut: Regierungsdiktatur oder Ständeparlament?, Wien 1993.

Zeittafel 1929 - 1938

Emmerich Tálos

1929

6. Oktober	Zusammenbruch der Bodencreditanstalt, Fusion mit der Creditanstalt
25. Oktober	Kurszusammenbruch an der New Yorker Börse, Beginn der **Weltwirtschaftskrise**
7. Dezember	Änderung der Bundesverfassung von 1920: u. a. Schwächung des Parlaments, Stärkung der Position des Bundespräsidenten durch Kompetenzerweiterung (**Verfassungsnovelle 1929**)

1930

18. Mai	**„Korneuburger Eid"** der Heimwehr: Verwerfung der parlamentarischen Demokratie, Plädoyer für einen Führerstaat und Ständeorganisation
30. September	Bildung der Minderheitsregierung Vaugoin mit Beteiligung der **Heimwehren**

1931

18. März	**Engelbert Dollfuß** wird Minister für Land- und Forstwirtschaft in der Regierung Ender
12. Mai	Mitteilung des **Zusammenbruchs der Creditanstalt** durch die Österreichische Regierung, Vollmacht zur Haftungsübernahme
13. September	Gescheiterter Putschversuch des steirischen Heimwehrführers Pfrimer

1932

24. April	Landtagswahlen in Wien, Niederösterreich, Salzburg: Desaster von Heimatblock und Großdeutscher Volkspartei, Verluste der Christlich-Sozialen, Zugewinne der NSDAP; Gemeinderatswahlen in der Steiermark und in Kärnten: Gewinne der NSDAP
20. Mai	Bildung der **Regierung Dollfuß** aus Christlich-Sozialer Partei, Landbund und Heimatblock

1. Oktober	Erstmalige Anwendung des „**Kriegswirtschaftlichen Ermächtigungsgesetzes**" (von 1917) gegenüber den Verantwortlichen für den Zusammenbruch der Creditanstalt
6. November	Landtagswahlen in Vorarlberg: Gewinne der NSDAP, Halten eines Wählerkernbestandes bei den Deutschnationalen

1933

8. Jänner	Aufdeckung illegaler Waffentransporte zwischen Italien und Ungarn auf österreichischem Territorium; internationale Kritik an der österreichischen Regierung
30. Jänner	Ernennung Adolf Hitlers zum Reichskanzler
1. März	Proteststreik österreichischer Eisenbahner gegen Gehaltszahlung in Raten, Verhaftungen und Disziplinarverfahren
4. März	**Außerordentliche Nationalratssitzung** betreffend die Sanktionen der Regierung gegen Verantwortliche des Eisenbahnerstreiks, Formfehler bei der Abstimmung, Geschäftsordnungsprobleme, **Rücktritt der drei Präsidenten** des Nationalrates
5. März	Beschluß der Spitzen von Christlich-sozialer Partei und Christlich-sozialem Parlamentsklub, einige Zeit autoritär zu regieren
5. März	Reichstagswahl in Deutschland: Gewinne der NSDAP
7. März	Übereinstimmung bei Christlichsozialen über den von Bundeskanzler Dollfuß vorgeschlagenen **autoritären Weg**, Appell der Regierung an das österreichische Volk: Notwendigkeit von Frieden und Ordnung, Verordnung betreffend Vorzensur der Presse, Verbot von Aufmärschen und Versammlungen
15. März	Verhinderung der versuchten Wiedereinberufung des Nationalrates mit Hilfe der Exekutivorgane
31. März	Auflösung und Verbot des Republikanischen Schutzbundes
21. April	Erlaß der Streikverbotsverordnung
23. April	Gemeinderats-Ergänzungswahlen in Innsbruck: Gewinne für die NSDAP, Verluste für Sozialdemokraten, Christlich-Soziale und Deutschnationale
5. Mai	Unterzeichnung des **Konkordates** zwischen Österreich und dem Vatikan (Privilegierung der Katholischen Kirche)
10. Mai	Umbildung der Regierung Dollfuß: **Heimwehrführer Fey** wird Sicherheitsminister, Verbot von Landtags- und Gemeindewahlen
15. Mai	Großdeutsche Volkspartei und NSDAP beschließen ein „Kampfbündnis"
20. Mai	Gründung der „**Vaterländischen Front**"
26. Mai	Verbot der Kommunistischen Partei Österreichs

27. Mai	Ausschaltung des Verfassungsgerichtshofs durch den Rücktritt der von der Christlich-sozialen Partei ernannten Mitglieder des Verfassungsgerichtshofs
19. Juni	Betätigungsverbot für die NSDAP
19./20. August	Treffen von Mussolini und Dollfuß in **Riccione**, Zusage Dollfuß' für einen harten Kurs gegen die Sozialdemokratie
11. September	**„Trabrennplatzrede"** von Bundeskanzler Dollfuß: Ankündigung von einschneidenden Veränderungen, Grundkonturen der austrofaschistischen Diktatur: Ende der Parteienherrschaft, starke autoritäre Führung, ständische Grundlage
21. September	Umbildung der Regierung Dollfuß: Entlassung Winklers (Landbund), Ernennung des Heimwehrführers Fey zum Vizekanzler
23. September	Beschluß der Regierung zur Errichtung sogenannter **„Anhaltelager"** zur Internierung politisch Oppositioneller
11. November	Verhängung des **Standrechtes** und Wiedereinführung der Todesstrafe
1934	
18. Jänner	Besuch des italienischen Unterstaatssekretärs Suvich in Wien
28. Jänner	Aufruf **Starhembergs** (Bundesführer der Heimwehr) zum „Endkampf gegen den Marxismus"
12. Februar – 16. Februar	Waffensuche der Polizei im **Linzer Arbeiterheim**, Beginn des bewaffneten Widerstandes von Formationen des Republikanischen Schutzbundes, Kämpfe in ganz Österreich, Einsatz von Militär und schweren Waffen, Auflösung und **Verbot der sozialdemokratischen Partei**, der Freien Gewerkschaften und aller anderen sozialdemokratischen Organisationen, Aberkennung ihrer politischen Rechte und Mandate, Massenverhaftungen, Einsatz des Standgerichtes und Vollzug der Todesstrafe
2. März	Errichtung einer Einheitsgewerkschaft durch Verordnung
17. März	Unterzeichnung der „Römischen Protokolle" zwischen Österreich, Italien und Ungarn: wirtschaftliche Zusammenarbeit, Aufrechterhaltung der Unabhängigkeit Österreichs
30. April	Einberufung des „Rumpfparlaments" regierungsloyaler Abgeordneter: Verabschiedung des **Bundesverfassungsgesetzes über außerordentliche Maßnahmen im Bereich der Verfassung** (sog. „Ermächtigungsgesetz"): Auflösung des National- und Bundesrates, Übertragung ihrer Befugnisse auf die Regierung, Ermächtigung der Regierung zur Kundmachung der Verfassung 1934, Ratifizierung des Konkordates zwischen Österreich und dem Vatikan

1. Mai	Proklamation der **Verfassung 1934** (sollte schrittweise in Kraft gesetzt werden), Aufnahme (von Teilen) des Konkordates in die Verfassung, gesetzliche Verankerung der Vaterländischen Front, Ernennung **Starhembergs** zum **Vizekanzler** an Stelle von Fey
14. Mai	Selbstauflösung des Parlamentsklubs der **Christlichsozialen Partei**
19. Juni	Beschluß des Verfassungsübergangsgesetzes (Relativierung der Verfassung 1934), Umgestaltung der Geschworenengerichte
25. Juli	Beginn des **nationalsozialistischen Putschversuches** und **Ermordung** von Bundeskanzler Dollfuß, Niederschlagung des Putsches durch Militär, Polizei und Heimwehr, Starhemberg übernimmt Führung der Vaterländischen Front, Schuschnigg wird Stellvertreter
26. Juli	Bundesverfassungsgesetz über die Einführung eines Militärgerichtshofes als Ausnahmegericht zur Aburteilung der mit dem Putschversuch vom 25. Juli im Zusammenhang stehenden strafbaren Handlungen
30. Juli	**Schuschnigg** übernimmt das Amt des **Bundeskanzlers**, Starhemberg bleibt Vizekanzler
24. August	Auflösungsbescheid für den Landbund
27. September	Selbstauflösung der Bundesparteileitung der Christlichsozialen Partei
1. November	Inkrafttreten der Verfassungsbestimmungen betreffend Gesetzgebung des Bundes und der Länder
1935	
11. – 14. April	Garantieerklärung für politische Unabhängigkeit Österreichs durch Großbritannien, Frankreich und Italien (Konferenz in Stresa)
18. Oktober	Umbildung der Regierung mit Entmachtung des Heimwehrführers Fey
1936	
16. – 23. März	Sozialistenprozeß
14. Mai	**Entmachtung der Heimwehr**, Ablösung Starhembergs als Bundesführer der Vaterländischen Front durch Schuschnigg, Starhemberg wird Vorsitzender des Mutterschutzwerkes der VF, Funktionskumulierung: **Schuschnigg** als Bundeskanzler und **Bundesführer der VF**

11. Juli	**"Juliabkommen"** zwischen Österreich und dem deutschen Reich: Anerkennung der Souveränität Österreichs und pro forma Verzicht auf Einmischung in innerösterreichische Angelegenheiten durch die deutsche Regierung, Verpflichtung der österreichischen Regierung in einem damit verbundenen Geheimabkommen zur Zulassung verbotener deutscher Zeitschriften, zu weitreichender Amnestie angeklagter und verurteilter Nationalsozialisten, zur Hereinnahme von Vertretern der den Nationalsozialisten nahestehenden "nationalen Opposition" in politische Verantwortung, damit Erleichterung für "Anschluß von innen"
10. Oktober	**Auflösung** aller **Wehrverbände** und damit formelles Ende der Heimwehr-Bewegung als legale Organisation
14. Oktober	Gründung der "Frontmiliz" an Stelle der aufgelösten Wehrverbände, Unterstellung unter Kommando des Bundesheeres
3. November	Regierungsumbildung: Regierung ohne Heimwehrvertreter
1937	
17. Juni	Errichtung des **Volkspolitischen Referates** im Rahmen der Vaterländischen Front zur Beschleunigung der Integration der "Nationalen Opposition"
1938	
12. Februar	Treffen zwischen Schuschnigg und Hitler in **Berchtesgaden**. Ergebnis: weitreichende Zugeständnisse Schuschniggs und der österreichischen Regierung
9. März	Veröffentlichung des Plans einer **Volksbefragung** für ein "freies und deutsches, unabhängiges und soziales, für ein christliches und einiges Österreich" für den 13. März
10. März	Verlangen der deutschen Regierung nach Absetzung dieser Volksbefragung
11. März	Erfüllung der deutschen Forderung nach Absetzung der Volksbefragung, Forderung Görings (im Einvernehmen mit Hitler) nach Rücktritt von Schuschnigg, Rücktritt Schuschniggs und des Kabinetts, Beginn der nationalsozialistischen Machtergreifung, **Kapitulation Schuschniggs, Einmarschbefehl Hitlers**, Akzeptanz des Kabinetts Seyss-Inquarts durch Bundespräsident Miklas, **Rücktritt des Bundespräsidenten**
12. März	**Besetzung** Österreichs in den Morgenstunden
13. März	**"Anschluß"** Österreichs an das Deutsche Reich (Bundesverfassungsgesetz über die "Wiedervereinigung" Österreichs mit dem Deutschen Reich)

Personenregister

AutorInnen

Irene Bandhauer-Schöffmann, Univ.-Doz. Dr., Studium der Geschichte an der Universität Wien, 2004 Habilitation in Zeitgeschichte, Universitätslektorin für Geschichte und *gender studies*.
Jüngste Buchveröffentlichungen: Unternehmerinnen (hg. 2000 gem. mit R. Bendl), When the War Was Over: Women, War and Peace in Europe, 1940-1956 (hg. 2000 gem. mit C. Duchen), Entzug und Restitution im Bereich der Katholischen Kirche (2004).
irene.bandhauer-schoeffmann@uni-klu.ac.at

Herbert Dachs, Univ.-Prof. Dr., geb. 1943, Studium der Geographie und Geschichte (mit Schwerpunkt auf Zeitgeschichte) – Univ.-Prof. für Politikwissenschaft an der Universität Salzburg (Fachbereich Geschichts- und Politikwissenschaft).
Arbeitsschwerpunkte: Entwicklung des österreichischen politischen Systems, Österreichische Zeitgeschichte, österreichische Parteien, Föderalismus, Politik in den Bundesländern, Politische Bildung.
herbert.dachs@sbg.ac.at

Wolfgang Duchkowitsch, Univ.-Prof. Dr., geb. 1942, Studium der Publizistikwissenschaft und Kunstgeschichte, Univ.-Prof. am Institut für Publizistik- und Kommunikationswissenschaft der Universität Wien, Leiter des „Arbeitskreises für historische Kommunikationsforschung".
Hauptarbeitsgebiet: Medien- und Kommunikationsgeschichte.
wolfgang.duchkowitsch@univie.ac.at

Winfried R. Garscha, Dr., geb. 1952, Studium der Geschichte, Slawistik und Germanistik, wissenschaftlicher Mitarbeiter des Dokumentationsarchivs des österreichischen Widerstandes, Ko-Leiter der Zentralen österreichischen Forschungsstelle Nachkriegsjustiz.
Arbeitsschwerpunkte: NS-Verbrechen und ihre „Bewältigung" nach 1945, Justizgeschichte.
winfried.garscha@doew.at

Ernst Hanisch, Univ.-Prof. Dr., geb. 1940, Studium der Geschichte und Germanistik in Wien, seit 1967 an der Universität Salzburg tätig, seit 1979 als Prof. für Neuere Österreichische Geschichte, derzeit i. R.
Forschungsschwerpunkt: Österreichische Gesellschaftsgeschichte im 20. Jahrhundert.
ernst.hanisch@sbg.ac.at

Angelika Königseder, Dr., geb. 1966, in München Studium der Politischen Wissenschaften, Neuere Geschichte und Soziologie, 1996 Promotion in Berlin in Neuerer Geschichte mit dem Thema „Jüdische Displaced Persons in Berlin 1945 - 1948". Wissenschaftliche Mitarbeiterin am Zentrum für Antisemitismusforschung (Berlin), redaktionelle und organisatorische Betreuung des Projektes einer Gesamtgeschichte der nationalsozialistischen Konzentrationslager.
Schwerpunkte: Jüdische Nachkriegsgeschichte in Deutschland, Justiz im Nationalsozialismus, nationalsozialistische Konzentrationslager.

koenig@zfa.kgw.tu-berlin.de

Walter Manoschek, ao. Univ.-Prof., geb. 1957, Studium der Politikwissenschaft, ao. Univ. Prof. am Institut für Staatswissenschaft an der Universität Wien.
Arbeitsschwerpunkte: Nationalsozialismus, Holocaustforschung, Vergangenheitspolitik.

walter.manoschek@univie.ac.at

Matthias Marschik, Dr. phil. habil., geb. 1957, Studium der Psychologie und Philosophie in Wien, Lehrbeauftragter der Universitäten Wien, Linz und Klagenfurt.
Arbeitsschwerpunkte: Individuelle und kollektive Identitäten, Alltagskulturen insbesondere des Sports.

matthias.marschik@univie.ac.at

Siegfried Mattl, Univ.-Doz. Dr., geb. 1954, Studium von Geschichte und Politikwissenschaft an der Universität Wien (1972 - 1980), seit 1983 wissenschaftlicher Mitarbeiter des Ludwig Boltzmann-Instituts für Geschichte und Gesellschaft, Lektor (seit 1986) und Dozent (seit 1995) am Institut für Zeitgeschichte der Universität Wien.
Forschungsschwerpunkte: Zeitgeschichte, Stadtgeschichte, Mediengeschichte, Cultural Studies.

siegfried.mattl@univie.ac.at

Gerhard Melinz, Univ.-Doz. Dr., geb. 1955, Studium der Geschichte, Promotion in Sozial- und Wirtschaftsgeschichte; post-graduate Diplom in Politikwissenschaft; Habilitation für das Fach „Wirtschafts- und Sozialgeschichte".
Arbeitsschwerpunkte: Geschichte und Gegenwart von Sozialpolitik und Sozialarbeit, (vergleichende) Stadtgeschichte, Globalgeschichte und Entwicklung. Institut für Wirtschafts- und Sozialgeschichte (Universität Wien); hauptamtlich tätig am Studiengang Sozialarbeit / Studium für Berufstätige an der Fachhochschule fh campus wien.

gerhard.melinz@univie.ac.at

Wolfgang Neugebauer, Dr. phil., Hon.-Prof. für Zeitgeschichte, geb. 1944, wissenschaftlicher Leiter des Dokumentationsarchivs des österreichischen Widerstandes 1983 - 2004.
Forschungsschwerpunkte: Widerstand und Verfolgung in Österreich 1934 - 1945, NS-Justiz, NS-Euthanasie, Rechtsextremismus nach 1945, FPÖ, Geschichte der Sozialdemokratie.

wolfgang.neugebauer@doew.at

Anton Pelinka, Univ.-Prof. Dr., geb. 1941, seit 1975 Professor für Politikwissenschaft an der Universität Innsbruck; Wissenschaftlicher Leiter des Instituts für Konfliktforschung Wien. Forschungsschwerpunkt: Demokratietheorie, Politisches System und Politische Kultur in Österreich, Vergleichende Parteien- und Verbändeforschung.

anton.pelinka@uibk.ac.at

Alfred Pfoser, Dr., geb. 1952, Studium der Geschichte und Germanistik in Salzburg, Leiter der Büchereien Wien seit 1998.
Arbeitsschwerpunkte: Österreichische Kultur-, Literatur- und Bibliotheksgeschichte.

alfred.pfoser@buechereien.wien.at

Gerhard Renner, Dr., geb. 1952, Pädagogische Akademie, danach Studium der Germanistik und Romanistik in Wien, seit 1991 Mitarbeiter der Wiener Stadt- und Landesbibliothek, seit 1999 stellvertretender Direktor der Bibliothek.
Veröffentlichungen zur österreichischen Literatur- und Filmgeschichte sowie zum Archiv- und Bibliothekswesen.

ren@m09.magwien.gv.at

Maren Seliger, Dr., geb. 1937, Studium Politikwissenschaft Otto-Suhr-Institut (Dipl.-Pol.), Doktoratsstudium mit Nebenfach Sozialgeschichte an der Uni Wien, wissenschaftliche Mitarbeiterin am Institut für Stadtforschung sowie Wiener Stadt- und Landesarchiv.
Arbeitsschwerpunkte: Forschungsmanagement, Betreuung, Mitarbeit an Stadtforschungs- und Stadtgeschichtsforschungsprojekten, kommunalpolitische Dokumentation mit dem Schwerpunkt Parteien, Verbände sowie Landtag und Gemeinderat (Web-Informationsdatenbank), Publikationen in den genannten Bereichen.

maren.seliger@chello.at

Gerhard Senft, ao. Univ.- Prof., geb. 1956, mehrjährige Berufstätigkeit im Industrieanlagenbau, Studium der Volkswirtschaft, an der Wirtschaftsuniversität Wien tätig seit 1988.
Arbeitsschwerpunkte: Dogmenhistorie der Nationalökonomie; politische Ideengeschichte der Neuzeit; Geschichte der sozialen Bewegungen; Arbeitswelt, Geldwesen und Wirtschaftspolitik in historischer Dimension; Technologie und Sozialisation.

gerhard.senft@wu-wien.ac.at

Anton Staudinger, Univ.-Prof. Dr., geb. 1940, Studium der Germanistik, Geschichte, Theaterwissenschaft und Kunstgeschichte, Univ.-Prof. für Neuere Geschichte mit besonderer Berücksichtigung der Zeitgeschichte am Institut für Zeitgeschichte der Universität Wien (1983 - 2000).
Forschungsschwerpunkte: Geschichte der österreichischen Republik und Kulturgeschichte.

anton.staudinger@univie.ac.at

Karl Stuhlpfarrer, Univ.-Prof. Dr., geb. 1941, Studium der Geschichte/Zeitgeschichte in Wien, Univ.-Prof. an der Universität Klagenfurt.
Fachgebiete: Zeitgeschichte, aktuelle Fragen des Alpen-Adria-Raumes, Holocaust und die Gegenwart der Erinnerung, Erweiterung der Europäischen Union, Film und Geschichte, österreichische Identitäten im Wandel.

karl.stuhlpfarrer@uni-klu.ac.at

Emmerich Tálos, Univ.-Prof. Dr., geb. 1944, Studium der Katholischen Theologie und Geschichte in Wien und Tübingen, sowie der Politikwissenschaft am Institut für Höhere Studien
in Wien, Prof. für Politikwissenschaft an der Universität Wien (seit 1983).
Arbeitsschwerpunkte: Sozialstaat Österreich, Wohlfahrtsstaatsvergleich, Sozialpartnerschaft,
Entwicklung der politischen Systeme im Österreich des 20. Jahrhunderts.

emmerich.talos@univie.ac.at

Fotonachweis

Cover: Republiksdenkmal mit Kruckenkreuzfahne. Aus: Vaterländische Front (Hg.), „Wer trägt die Schuld?", ca. 1934.

Coverinnenseite: DÖW

S. 5: DÖW.

S. 20: Aufnahme von H. Hoffmann, München.

S. 27: DÖW.

S. 53: Aus: Bischof Alois Hudal, Die Grundlagen des Nationalsozialismus, Leipzig-Wien: Johannes Günther-Verlag 1937.

S. 67: Aus: Robert Körber, Rassesieg in Wien der Grenzfeste des Reiches, Wien 1939, Universitätsverlag Wilhelm Braumüller, Wien.

S. 76: Aus: Schriftenreihe des NÖ Landesjugendreferates, H. 1967/48.

S. 87: Aus: Bildzeitschrift der VF, 17. Oktober 1937. Institut für Zeigeschichte, Wien.

S. 99: Aus: Observator, Die Tragödie Österreichs, Genf 1934.

S. 123: Aus: Erika Weinzierl / Peter Hofrichter, Österreich, Zeitgeschichte in Bildern 1918 – 1975, Wien-Innsbruck-München: Tyrolia-Verlag 1975. Bildnachweis: Universitätsbibliothek Wien.

S. 144 oben: Aus: Ludwig Jedlicka, Ein Heer im Schatten der Parteien. Die militärpolitische Lage Österreichs 1918 – 1938, Graz-Köln: Hermann Böhlau-Verlag 1955. Bildnachweis: Bildarchiv der österreichischen Nationalbibliothek.

S. 144 unten: DÖW.

S. 161: Wien Museum Karlsplatz.

S. 181: Aus: Erika Weinzierl / Peter Hofrichter, Österreich, Zeitgeschichte in Bildern 1918 – 1975, Wien-Innsbruck-München: Tyrolia-Verlag 1975. Bildnachweis: Zeitschriften Wiener Bilder und Interessantes Blatt (mit freundlicher Genehmigung der Universitätsbibliothek Wien).

S. 201: NSDAP-Gauarchiv Wien (Pressefotos: Lothar Rübelt, Wien I Wollzeile 14).

S. 221: Aus: Max Dachauer, Das Ende Österreichs. Aus der k. u. k. Monarchie ins Dritte Reich, Berlin: Vaterländischer Verlag C.A. Weller (o. D.). Bildnachweis: Associated Press.

S. 237: DÖW.

S. 253: Aus: „Der Stürmer,„ 1938.

S. 281: DÖW.

S. 297: Archiv der KPÖ, Wien.

S. 321: Aus: Schriftenreihe des NÖ Landesjugendreferates, H. 1967/48.

S. 337: Rudolf Weys, Cabaret und Kabarett in Wien, Wien-München 1970. Bildnachweis: Archiv Rudolf Weys.

S. 357: Aus: Otto Reich von Rohrwig, Der Freiheitskampf der Ostmark.Deutschen. Von St. Germain bis Adolf Hitler, Graz-Wien-Leipzig: Leopold Stocker Verlag 1942. Bildnachweis: NSDAP-Gauarchiv, Wien.

S. 371: Archiv Dr. Karl Kopp jun.

S. 393: DÖW.

Politik und Zeitgeschichte

hrsg. von Univ.-Prof. Dr. Emmerich Tálos (Universität Wien)

Maren Seliger
Scheinparlamentarismus im Führerstaat
„Gemeindevertretung" im Austrofaschismus und Nationalsozialismus. Funktionen und politische Profile
Wiener Räte und Ratsherren 1934 – 1945 im Vergleich
Die Publikation leistet einen Beitrag zur Erforschung der faschistischen Systeme 1934 bis 1945 auf Wiener Lokalebene.
Die vergleichende Untersuchung umfasst ideologische Begründung, Funktionsweise und personelle Zusammensetzung
der „Gemeindevertretung" in Austrofaschismus und NS-Staat. Die Abgrenzung zwischen beiden Gruppen von Gemein-
devertretern war fließend, was sich in mehrfacher Hinsicht dokumentieren ließ: an teils übereinstimmenden antidemo-
kratischen Einstellungen, der Parteizugehörigkeit einzelner Mandatsträger sowie politischen „Grenzgängern" zwischen
Austrofaschismus und Nationalsozialismus.
Bd. 6, 2010, 888 S., 34,90 €, br., ISBN 978-3-643-50233-9

LIT Verlag Berlin – Münster – Wien – Zürich – London
Auslieferung Deutschland / Österreich / Schweiz: siehe Impressumsseite

Emmerich Tálos
Das Austrofaschistische Herrschaftssystem
Österreich 1933 – 1938
In den 1930er Jahren vollzogen sich in Österreich, wie in anderen europäischen Ländern, einschneidende politische Ver-änderungen. Sie kummulierten in der Etablierung des Austrofaschismus. Dieses Herrschaftssystem wird von Emmerich Tálos, einem ausgewiesenen Kenner, erstmals einer umfassenden Untersuchung unterzogen.
Analysiert werden: Konstituierungsprozess, ideologisches Selbstverständnis, die politischen Strukturen, zentrale Akteure, die Um- und Neugestaltung der wesentlichen Politikfelder, die politische Stimmungslage, die folgenreichen Beziehungen zu Italien und Deutschland.
Der Austrofaschismus weist insbesondere Ähnlichkeit mit dem italienischen Faschismus auf. Eine angemessene Interpre-tation des „Anschlusses"' (im März '38) kann nur vor dem Hintergrund des Austrofaschismus erfolgen.
Bd. 8, 2. Aufl. 2013, 632 S., 34,90 €, br., ISBN 978-3-643-50494-4; gb., 79,90 €, ISBN 978-3-643-50495-1

LIT Verlag Berlin – Münster – Wien – Zürich – London
Auslieferung Deutschland / Österreich / Schweiz: siehe Impressumsseite

Emigration – Exil – Kontinuität
Schriften zur zeitgeschichtlichen Kultur- und Wissenschaftsforschung
hrsg. von Prof. Dr. Friedrich Stadler (Institut für Zeitgeschichte der Universität Wien und Institut Wiener Kreis)

Friedrich Stadler (Hg.)
Vertriebene Vernunft I
Emigration und Exil österreichischer Wissenschaft 1930 – 1940
Seit 50 Jahren steht eine wissenschaftliche Aufarbeitung der „intellektuellen Emigration" nach dem „Anschluß" Öster-reichs aus. Die Chance einer „Wissenschaft von der Emigration" liegt im fundierten Aus- und Ansprechen wohlbehüteter Tabus und latenter Gegensätze jenseits von persönlicher Schuldzuweisung und Denunziation. *Vertriebene Vernunft I* re-duziert die Vertreibung und Vernichtung der Intellektuellen nicht zu einem isolierten historischen Ereignis, sondern sucht das Verdrängte zum spürbaren und warnenden Bestandteil unserer kollektiven Erinnerung zu machen.
Ao. Prof. Dr. Friedrich Stadler lehrt Wissenschaftsgeschichte und Wissenschaftstheorie an der Universität Wien.
Bd. 1, 2. Aufl. 2004, 584 S., 19,90 €, br., ISBN 3-8258-7372-2

LIT Verlag Berlin – Münster – Wien – Zürich – London
Auslieferung Deutschland / Österreich / Schweiz: siehe Impressumsseite

Friedrich Stadler (Hg.)
Vertriebene Vernunft II
Emigration und Exil österreichischer Wissenschaft 1930- 1940
Dieser illustrierte Sammelband ist die Dokumentation über Emigration und Exil Tausender österreichischer Wissen-schaftler/innen in der Epoche der Faschismen. Der Band vereint Beiträge der einschlägigen Exilforschung mit den autobiographischen Berichten von heute großteils weltberühmten Frauen und Männern der verlust- und folgenreichen Wissenschaftsemigration – als Zeitzeugen der Vertreibung und Vernichtung der Intellektuellen. Der Untergang und die Vertreibung der Vernunft durch Austrofaschismus und Nationalsozialismus aus der Perspektive der wenigen noch leben-den Betroffenen und der gegenwärtigen Exil- und Emigrationsforschung werden eindrucksvoll vermittelt.
Ao. Prof. Dr. Friedrich Stadler lehrt Wissenschaftsgeschichte und Wissenschaftstheorie an der Universität Wien.
Bd. 2, 2. Aufl. 2004, 1114 S., 29,90 €, br., ISBN 3-8258-7373-0

LIT Verlag Berlin – Münster – Wien – Zürich – London
Auslieferung Deutschland / Österreich / Schweiz: siehe Impressumsseite

Friedrich Stadler (Hg.)
Kontinuität und Bruch 1938 – 1945 – 1955
Beiträge zur österreichischen Kultur- und Wissenschaftsgeschichte
Am Beispiel der Wissenschaften dokumentiert *Kontinuität und Bruch* personelle, institutionelle und intellektuelle Entwicklungen jenseits gängiger Periodisierungen in vergleichender Perspektive und kritischer Absicht. Neben den bekannten Zäsuren von 1938, 1945 und 1955 ergeben sich damit auch bislang vernachlässigte Kontinuitäten von der Ersten zur Zweiten Republik mit den austrofaschistischen und nationalsozialistischen Herrschaftssystemen als anti-demokratische Zwischenspiele. Damit ergibt sich ein neues Bild „österreichischer Geistesgeschichte" vom Ende der Ersten Republik bis zur Phase des „Kalten Kriegs", welches gerade im Zusammenhang offizieller Jubiläumsveranstaltungen im Jahre 2005 (60 Jahre Zweite Republik und 50 Jahre Staatsvertrag) an Bedeutung gewinnt.
Friedrich Stadler ist Universitätsprofessor für Wissenschaftsgeschichte und Wissenschaftstheorie und Vorstand des Instituts Wiener Kreis der Universität Wien.
Bd. 3, 2. Aufl. 2004, 416 S., 19,90 €, br., ISBN 3-8258-7489-3

LIT Verlag Berlin – Münster – Wien – Zürich – London
Auslieferung Deutschland / Österreich / Schweiz: siehe Impressumsseite

Andreas Huber; Katharina Kniefacz; Manès Weisskircher; Alexander Krysl
Universität und Disziplin
Angehörige der Universität Wien und der Nationalsozialismus
Dieser Band thematisiert einzelne Aspekte von Disziplin (-losigkeit) unter Lehrenden, Studierenden und administrativen Mitarbeitern der Universität Wien von 1938 bis 1950. Die AutorInnen untersuchen regimekritische Handlungen sowie die Involvierung der Universitätsangehörigen in das politische System der NS-Zeit ebenso wie Vorfälle um Antisemitismus und Nationalsozialismus unter den Studierenden nach Kriegsende. Schwerpunkte sind die Disziplinarfälle der Universität Wien von 1938 bis 1945, die nationalsozialistische Ausrichtung des 1942 eröffneten Instituts für Zeitungswissenschaft sowie die von NS-Parolen überschatteten Wahlen zur Österreichischen Hochschülerschaft 1946.
Bd. 11, 2011, 328 S., 29,90 €, br., ISBN 978-3-643-50265-0

LIT Verlag Berlin – Münster – Wien – Zürich – London
Auslieferung Deutschland / Österreich / Schweiz: siehe Impressumsseite